आर्थिक पर्यावरण
(Economic Environment)

आर्थिक पर्यावरण
(Economic Environment)

डॉ॰ बी॰ एल॰ माथुर

अर्जुन पब्लिशिंग हाउस

आर्थिक पर्यावरण

प्रथम संस्करण, 2024

ISBN 978-81-8330-070-4

प्रकाशक :

अर्जुन पब्लिशिंग हाउस

4831/24, गोविन्द लेन,
अंसारी रोड, दरियागंज,
नई दिल्ली—110002
फोन : 23272541, 23242541
e-mail : arjunbooks2001@gmail.com

टाइपसेटिंग :

प्रियंका कम्प्यूटर्स

जयपुर

प्रिन्टर्स :

मिलन इंटरप्राइजेस

दिल्ली

प्रस्तावना

पर्यावरण एक अत्यन्त ही नवीन विचारधारा है। आर्थिक पर्यावरण एक जटिल अवधारणा है। आर्थिक पर्यावरण से अभिप्राय मानव के निकट उन परिस्थितियों से है जो उसकी आर्थिक क्रियाओं को प्रभावित करती है। आर्थिक पर्यावरण सदैव स्थिर नहीं रहता। आर्थिक पर्यावरण के घटक प्रत्येक राष्ट्र की गतिविधियों के अनुसार बदलते रहते है। प्रत्येक देश की अर्थव्यवस्था का संचालन उसके इर्द-गिर्द विद्यमान आर्थिक पर्यावरण से निर्धारित होता है। आर्थिक पर्यावरण पर विभिन्न घटकों का प्रभाव पड़ता है। यही कारण है कि विश्व का प्रत्येक राष्ट्र पर्यावरण को प्रभावित करने वाले घटकों को अनुकूल बनाने की दिशा में निरन्तर प्रयासरत है। जिससे विकास की तेज गति को प्राप्त किया जाना सम्भव हो सके। आर्थिक पर्यावरण विषय पर प्रस्तुत इस पुस्तक में आर्थिक पर्यावरण को प्रभावित करने वाले विभिन्न घटकों एवं इसमें सम्मिलित विभिन्न पहलुओं का विस्तृत विवेचन किया गया है जिसके अन्तर्गत जनसंख्या, बेरोजगारी, आर्थिक असमानता, आर्थिक नियोजन, कृषि, औद्योगिक विकास, लघु एव कुटीर उद्योग, सार्वजनिक क्षेत्र, निजीकरण, विदेशी व्यापार एवं भुगतान शेष, निर्यात संवर्द्धन आदि प्रमुख है। इन विषयों से सम्बन्धित नवीनतम जानकारी प्रस्तुत करने की दृष्टि से विभिन्न सरकारी प्रतिवेदनों, वार्षिक प्रतिवेदन एवं विषय विशेषज्ञों द्वारा तैयार किये गये मौलिक ग्रन्थों का विस्तृत प्रयोग किया गया है।

सभी अध्यायों में चर्चित विषय से सम्बन्धित प्रसिद्ध विद्वानों के विचारों का उद्धृत किया गया है। लेखक इन ग्रन्थों में प्रमुख सामग्री को पुस्तक के विभिन्न स्थानों पर प्रयोग करने हेतु इनके रचयिताओं का अभारी है। लेखक का यह विश्वास है कि पुस्तक न केवल विषय के विद्यार्थियों वरन् इसमें रुचि रखने वाले प्रत्येक के लिए उपयोगि सिद्ध होगी।

पुस्तक के आकर्षक प्रस्तुतीकरण के लिए पुस्तक के प्रकाशक विशेष धन्यवाद के पात्र है।

विषय सूची

1

आर्थिक पर्यावरण
(Economic Environment)

आर्थिक पर्यावरण का आशय उन समस्त वटको से है जो किसी राष्ट्र की अर्थव्यवस्था के संचालन पर प्रभाव डालते हैं। पर्यावरण के आर्थिक संघटक के अन्तर्गत प्रशुल्क एवं मौद्रिक नीतियां, औद्योगिक, कृषि, व्यापार तथा परिवहन नीतियां, अर्थव्यवस्था का ढॉचा, अर्थव्यवस्था की वृद्धि दर, राष्ट्रीय आय का आकार तथा वितरण, पूंजी तथा पूंजीगत वस्तुओं की उपलब्धि, प्रतिस्पर्धा के दबाव, मूल्य स्तर, विभिन्न वस्तुओं की माँग तथा पूर्ति आदि तत्वों को सम्मिलित किया जाता है। उदाहरण के लिये निम्न आय किसी वस्तु की निम्न माँग के रूप में परिलक्षित होती है, स्थिर तथा त्वरित विनियोग तथा आय वृद्धि श्रेष्ठ व्यापार सम्भावना व्यक्त करता है, प्रतिबन्धित आयात नीति आयात प्रतिस्पर्धी उद्योगों के लिए सहायक हो सकती है। प्राथमिकता प्राप्त उद्योग अनेक प्रलोभन प्राप्त कर सकते है, आर्थिक सकेन्द्रण सम्बन्धि सरकारी चिन्ता बड़े उद्योगों की भूमिका को सीमित कर सकती है। मौद्रिक एवं प्रशुल्क नीति उद्योगों को अनेक प्रकार से प्रभावित कर सकती है। औद्योगिक नीति तथा लाइसेंसिग नीति यह निर्धारित करती है कि कोई विशिष्ट उद्योग, लोक क्षेत्र अथवा निजी क्षेत्र अथवा सयुक्त क्षेत्र के अन्तर्गत स्थापित होगा। राष्ट्र में विद्यमान आर्थिक प्रणाली भी व्यावसायिक उपक्रमों को अत्यधिक प्रभावित करती है।

आर्थिक पर्यावरण की विशेषताएँ (Characteristics of Economic Environment)

किसी राष्ट्र की अर्थव्यवस्था आर्थिक विकास हेतु आवश्यक आदानों (Inputs) की पूर्ति बहुत हद तक आर्थिक पर्यावरण पर निर्भर करती है। तैयार माल का विक्रय भी आर्थिक पर्यावरण पर निर्भर करता है। औद्योगिक उत्पादन, राष्ट्रीय आय, प्रति व्यक्ति आय, मुद्रा आपूर्ति, मूल्य स्तर, जनसंख्या, बचत, व्यापारिक चक्र आदि महत्वपूर्ण घटक है जो सम्पूर्ण आर्थिक पर्यावरण की संरचना करते है। आर्थिक परिस्थितियाँ, आर्थिक नीतियाँ तथा आर्थिक प्रणाली, आदि महत्वपूर्ण बाहरी घटक है जो किस राष्ट्र के आर्थिक पर्यावरण के संघटक होते है। आर्थिक पर्यावरण की प्रमुख विशेषताएं निम्नलिखित है:

1 आर्थिक पर्यावरण मानवीय आर्थिक गतिविधियों से सम्बन्धित है। आर्थिक पर्यावरण के अन्तर्गत उन समस्त मानवीय गतिविधियों को सम्मिलित किया जाता है जो आय अर्जन तथा उसके आर्थिक प्रयोग से सम्बन्धित है। अतः वे समस्त वैधानिक गतिविधियाँ तथा कृषि उद्योग, व्यापार-वाणिज्य, परिवहन, संचार बीमा तथा बैंकिंग, सरकार का आय तथा व्यय आदि आर्थिक पर्यावरण की विषय वस्तु है।

2. आर्थिक पर्यावरण भौगोलिक, सामाजिक, तथा राजनैतिक पर्यावरण से प्रभावित होता है। राष्ट्रीय एवं अन्तर्राष्ट्रीय परिस्थितियाँ भी आर्थिक पर्यावरण पर समान रूप से प्रभाव डालती है। इन परिस्थितियों की संरचना राजनैतिक पर्यावरण से होती है जिसके अन्तर्गत राष्ट्र के आर्थिक तथा प्रशासनिक व्यवस्था को सम्मिलित किया जाता है। भौगोलिक पर्यावरण के अन्तर्गत स्थिति, धरातल, मिट्टीयाँ जल, खनिज सम्पदा, वन सम्पदा, विघुत सम्पदा, जलवायु, समुद्र तट आदि को प्रमुख रूप से सम्मिलित किया जाता है। सामाजिक पर्यावरण के अन्तर्गत प्रमुख रूप से सामाजिक रीति-रीविज प्रशासनिक ढाँचा आर्थिक प्रणाली, शिक्षा, स्वास्थ्य इत्यादि का अध्ययन किया जाता है। उपयुक्त वर्णित सभी घटक समान रूप से किसी राष्ट्र के आर्थिक पर्यावरण को प्रभावित करते है।

3. आर्थिक पर्यावरण का संचालन सरकारी नेतृत्व तथा निर्देशन के अन्तर्गत सम्पन्न होता है। पूँजीवादी आर्थिक व्यवस्था के अन्तर्गत सरकार अर्थव्यवस्था में न्यूनतम हस्तक्षेप की नीति का अनुसरण करती है, जबकि समाजवादी आर्थिक व्यवस्था के अन्तर्गत समस्त गतिविधियों का संचालन सरकार द्वारा स्वयं किया जाता है। आर्थिक पर्यावरण सरकारी नीतियों, नेतृत्व, निर्देशन, प्रोत्साहन, नियन्त्रण तथा सहायता आदि से अत्यधिक प्रभावित होता है।

4. आर्थिक पर्यावरण राष्ट्र में विद्यमान आधारभुत संरचना सुविधाओं से भी समान रूप से प्रभावित होता है यथा विधुत, जल, शक्ति, परिवहन, संचार, बैंकिंग तथा बीमा आदि। उपर्युक्त वर्णित आधारभुत संरचना सम्बन्धित सुविधाओं की पर्याप्त आपूर्ति आर्थिक विकास को गति प्रदान करती है। इन सुविधाओं की कमी विपरीत रूप से आर्थिक विकास को प्रभावित करती है।

5.यदि जन विचारधारा भौतिकवाद पर आधारित है जिसके अन्तर्गत मानव प्रकृति खाने पीने तथा खुश रहने पर अधिक विश्वास करता है, तो ऐसी विचारधारा राष्ट्र में पूंजी निर्माण को प्रोत्साहित नहीं करती। ऐसे समाज में व्यक्ति अपनी आवश्यकताओं की पूर्ति पर अधिक व्यय करने की लालसा में अधिक से अधिक आय अर्जन की दिशा में प्रयासरत रहता है चाहे इस उद्देश्य की पूर्ति में उसे कोई अवैधानिक कार्य भी क्यो ना करना पड़े। यदि व्यक्ति आध्यत्मिकता में विश्वास रखता है तो ऐसे आर्थिक पर्यावरण में विकास गतिविधियाँ प्रतिबन्धित रहेगी।

6. किसी राष्ट्र का आर्थिक पर्यावरण समाज में सम्पत्ति के वितरण से अत्यधिक प्रभावित होता है। यदि समाज में सम्पत्ति के असमान वितरण की प्रवृत्ति विद्यमान है तो यह आर्थिक असमानता तथा शोषण को प्रोत्साहित करेगा। इससे समाज में व्याकुलता का जन्म होगा जो अन्ततोगत्वा समाज में कालाबाजारी, रिश्वतखोरी तथा भ्रष्टाचार आदि को प्रोत्साहित करेगा।

7. पूंजी की पर्याप्त उपलब्धि प्राकृतिक एवं मानवीय संसाधनों के अधिकतम प्रयोग को सम्भव बनाती है। इससे समाज में आय, रोजगार, विनियोग तथा अन्ततोगत्वा आर्थिक विकास के स्तर में वृद्धि होती है।

8. किसी राष्ट्र द्वारा विशिष्ट आर्थिक प्रणाली का अनुगमन भी आर्थिक पर्यावरण को प्रभावित करता है। राष्ट्र द्वारा कोई भी आर्थिक प्रणाली (यथा पूँजीवाद, समाजवाद, साम्यवाद, मिश्रित तथा गाँधीवाद) का अनुसरण किया जाये, इसका स्पष्ट प्रभाव आर्थिक पर्यावरण पर दृष्टिगत होता है।

9. आर्थिक नियोजन की व्यवस्था के अन्तर्गत किसी राष्ट्र में उपलब्ध समस्त संसाधनों पर राज्य का स्वामित्व होता है तथा केन्द्रीय नियोजन सत्ता द्वारा इन संसाधनों का प्रयोग राष्ट्र के श्रेष्ठ हित में किया जाता है। समस्त निर्णय केन्द्रिय नियोजन सत्ता द्वारा लिये जाते है। क्या उत्पादन किया जाए? कितना उत्पादन किया जाय? उत्पादन कौन करे? उत्पादन कहाँ किया जाये? मूल्य नीति क्या हो? उपयुक्त वर्णित सभी निर्णय केन्द्रीय नियोजन सत्ता द्वारा लिये जाते है।

10. किसी राष्ट्र के आर्थिक पर्यावरण को नागरिकों के मनोबल का स्तर भी समान रूप से प्रभावित करता है। यदि नागरिकों का मनोबल ऊँचा है तो जनता द्वारा राष्ट्र के हित को सर्वोच्च प्राथमिकता प्रदान की जायेगी जिससे आर्थिक विकास को प्रोत्साहन मिलेगा। इसके विपरीत यदि जनता का मनोबल निम्नस्तर का है तो व्यक्ति सदैव कैसे भी तथा किन्हीं साधनों तथा माध्यम से अधिक धन कमाने हेतु लालायित रहेगा। इस प्रकार की प्रवृत्ति अन्तोगत्वा अर्थव्यवस्था तथा आर्थिक विकास को प्रभावित करेगी।

आर्थिक पर्यावरण का उद्देश्य
(Objectives of Economic Environment)

किसी राष्ट्र के आर्थिक विकास हेतु श्रेष्ठ आर्थिक पर्यावरण की विद्यमानता एक अनिवार्य शर्त है। अर्थव्यवस्था में श्रेष्ट आर्थिक पर्यावरण के निम्नलिखित उद्देश्य होते हैं –

1. आर्थिक पर्यावरण का सर्वप्रमुख उद्देश्य अर्थव्यवस्था तथा आर्थिक विकास की प्रक्रिया का सफलतम संचालन होता है। यह आवश्यक है कि आर्थिक विकास हेतु आर्थिक पर्यांवरण की सम्पूर्ण जानकारी उपलब्ध हो।

2. आर्थिक पर्यावरण आर्थिक विकास हेतु नवीन संसाधनों तथा अवसरों का पता लगाने हेतु सहायता प्रदान करता है।

3. आर्थिक पर्यावरण अर्थव्यवस्था में परिवर्तन योग्य घटकों के सम्बन्ध में जानकारी प्रदान करता है। यह परिवर्तनीय घटक आर्थिक विकास के मार्ग में विद्यमान बाधाओं तथा चुनौतियों को समझने में सहायता प्रदान करते हैं।

4. आर्थिक पर्यावरण उन घटकों की प्रकृति तथा विशेषताओं का अध्ययन करने में भी सहायता प्रदान करता है, जो अर्थव्यवस्था को नियंत्रित करते हैं। इससे उत्पन्न परिस्थितियों में आर्थिक परिस्थितियों के अनुरूप अर्थव्यवस्था को समायोजित करना संभव होता है।

5.आर्थिक पर्यावरण आर्थिक विकास में प्रमुख भूमिका का निर्वांह करता है। यही कारण है कि आर्थिक पर्यावरण को आर्थिक विकास के अनुरूप बनाने का प्रयास किया जाता है।

6. आर्थिक विकास हेतु पर्यावरण का अतिउत्तम प्रयोग करने हेतु प्रयास किये जाते है। यह कहा जाता है कि मानव अपने पर्यावरण की उपज है, उसी प्रकार अर्थव्यवस्था भी आर्थिक पर्यावरण से संचालित होती है।

आर्थिक पर्यावरण को प्रभावित करने वाले तत्त्व

(Factors Affecting Economic Environment)

आर्थिक पर्यावरण सदैव परिवर्तनशील है। आर्थिक पर्यावरण के विभिन्न संघटकों एवं घटकों में सदैव परिवर्तन परिलक्षित होते है। ये परिवर्तन आर्थिक विकास की प्रक्रिया में भी परिलक्षित होते हैं। किसी राष्ट्र का आर्थिक पर्यावरण आन्तरिक एवं समान रूप से बाहरी परिस्थितियों से प्रभावित होता है। आर्थिक वृद्धि एवं विकास पूर्णतया आर्थिक पर्यावरण पर आश्रित होता है। उपयुक्त प्राकृतिक एवं सामाजिक पर्यावरण आर्थिक विकास हेतु , आर्थिक विकास वृद्धि एवं पूर्ण रोजगार के द्वार खोलता है। यदि राष्ट्र का आर्थिक पर्यावरण पक्ष में नहीं है। तो राष्ट्र को विभिन्न प्रकार की आर्थिक समस्याओं तथा चुनौतियों का सामना करना पड़ सकता है। जैसे गरीबी, बेरोजगारी इत्यादि समस्याऐ। सामान्यतः निम्नलिखित घटक आर्थिक पर्यावरण को प्रभावित करते है:

1.उपलब्ध आर्थिक संसाधन अर्थात भूमि, विभिन्न प्रकार की मिट्टी, खनिज सम्पदा, जल संसाधन, वनस्पति, धरातल का आकार, जलवायु, वर्षा इत्यादि प्रमुख रूप से आर्थिक पर्यावरण को प्रभावित करते हड्डै। अनूकूल प्राकृतिक स्थिति तथा प्राकृतिक संसाधनों की प्रचुरता तथा उनका उपयुक्त विदोहन आर्थिक वृद्धि, विकास एवं रोजगार के अवसरों में वृद्धि करता है। इसके विपरीत प्राकृतिक संसाधनों की विपणता गरीबी, बेरोजगारी, पिछड़ापन इत्यादि समस्याओं को जन्म देता है। विश्व के तथाकथित विकसित राष्ट्र विकसित कहलाते है क्योंकि उनके द्वारा उपलब्ध संसाधनों का अतिउत्तम विदोहन किया गया है। विश्व के अन्य राष्ट्र निर्धन है क्योंकि वे स्वयं को उपलब्ध आर्थिक संसाधनों के प्रकृति द्वारा प्रदत्त खजाने का उपयुक्त प्रयोग करने में असफल रहे है।

2. मानव संसाधन उत्पादन का सक्रिय तथा महत्वपूर्ण साधन है, किन्तु दूसरी तरफ उत्पादन का उपभोक्ता भी है। अतः मानव संसाधन आर्थिक विकास का एक महत्वपूर्ण भाग है। बुद्धिमत्तापूर्ण स्वस्थ्य, प्रभावी, प्रशिक्षित तथा पर्याप्त संख्या में राष्ट्र को उपलब्ध मानव संसाधन आर्थिक विकास की दर में वृद्धि करते है। मानव संसाधनो की अपर्याप्तता अथवा अकुशल एवं बीमार श्रम शक्ति आर्थिक विकास के मार्ग में बाधा उपस्थित करते है।

अत्यधिक जनसंख्या (अति जनसंख्या की समस्या) भी अर्थव्यवस्था में अनेक प्रकार की समस्यायें उत्पन्न करते है। किन्तु आवश्यकता से कम मानव शक्ति (न्यून जनसंख्या की स्थिति) प्राकृतिक संसाधनों के विदोहन में बाधक होती है। अतः किसी राष्ट्र को उपलब्ध मानव शक्ति अति उत्तम होनी चाहिये जो कि आर्थिक विकास को प्रोत्साहित कर सके।

3. सामाजिक एवं सांस्कृतिक संस्थान भी आर्थिक विकास की गति को प्रभावित करते है। विकसित तथा विकासवादी सामाजिक एवं सांस्कृतिक संस्थान आर्थिक विकास एवं समृद्धि हेतु प्रभावी सिद्ध होते है। परम्परावादी विचारधाराएँ, सामाजिक संगठन, धर्म में अंधविश्वासी, पुराने ख्यालों आदि में विश्वास रखने वाला समाज आर्थिक विकास में बाधक सिद्ध होता है। आलस्य, भाग्यवादिता, तथा कार्य को टालने सम्बन्धी प्रवृत्ति पर्यावरण को प्रदुषित करने हेतु पर्याप्त कारण सिद्ध होते है।

4. आर्थिक पर्यावरण राष्ट्र के वैज्ञानिक तथा तकनीकी विकास से भी प्रभावित होते है। नवीन वैज्ञानिक तथा तकनीकी अन्वेक्षण, कृषि, उद्योग तथा अर्थव्यवस्था के अन्य क्षेत्रों में विकास को प्रोत्साहित करते है। उत्पादन की आधुनिक तकनीक, उत्पादन वृद्धि, लागत कमी, आधुनिक वस्तुओं का उत्पादन, नवीन वस्तुओं एवं बाजार की खोज में महत्वपूर्ण भूमिका निभाते है। अतः वैज्ञानिक तथा तकनीकी विकास आर्थिक विकास में वृद्धि करते है।

5. राष्ट्र की आर्थिक प्रणाली समान रूप से आर्थिक पर्यावरण को प्रभावित करती हैं। पूँजीवादी आर्थिक प्रणाली के अन्तर्गत त्वरित आर्थिक वृद्धि सम्भव है क्योंकि इसके अन्तर्गत समस्त व्यवस्था व्यक्तिगत लाभ, व्यक्तिगत प्रेरणा, प्रभावशाली प्रबन्ध तथा शीघ्र निर्णय सम्भव होता है। निसंदेह इस प्रकार की व्यवस्था के अन्तर्गत आर्थिक विदोहन, आथिक सत्ता का केन्द्रीयकरण , व्यापारिक चक्रो का घटित होना, भ्रष्टाचार आदि सामान्य घटना होती है। समाजवादी आर्थिक व्यवस्था के अन्तर्गत अधिकतम सामाजिक कल्याण के लक्ष्य को आर्थिक नियोजन, सामाजिक स्वामित्व, कुशल तथा व्यवसायिक प्रबन्ध की प्रणाली द्वारा प्राप्त किया जाता है।

6. सरकारी प्रणाली भी आर्थिक पर्यावरण को समान रूप से प्रभावित करती है। साम्यवादी प्रणाली के अन्तर्गत केन्द्रिय नियोजन सत्ता द्वारा उत्पादन के साधनों पर सामुहिक स्वामित्व के अन्तर्गत सरकार द्वारा अधिकतम सामाजिक कल्याण की प्राप्ति के सरकारी प्रयास किये जाते है। किन्तु इसके अन्तर्गत व्यक्तिगत पहल तथा व्यक्तिगत प्रयास का अन्त तथा कतिपय व्यवधानों की उत्पत्ति हेतु अनेक समस्याओं उत्पन्न हो जाती है। यद्यपि राजनैतिक स्थिरता राष्ट्र के आर्थिक विकास हेतु प्रेरक सिद्ध होती है जबकि राजनैतिक अस्थिरता आर्थिक वृद्धि हेतु बाधक सिद्ध होती है। अतः विद्यमान परिस्थितियों के अनुरूप सरकारी प्रणाली आर्थिक विकास हेतु प्रेरक सिद्ध होती है।

7.आर्थिक पर्यावरण बाजार की स्थिति से भी प्रभावित होता है। बाजार में विद्यमान पूर्ण प्रतियोगिता की स्थिति में संसाधनों का अति उत्तम विदोहन अति उत्पादन, लागत कमी प्रतिस्पर्धा, सामान्य लाभ की प्रवृत्ति आदि के कारण संभव होता है। इसके विपरीत एकाधिकारी प्रवृत्ति विद्यमान होने पर एकाधिकारी अधिक उत्पादन लागत ऊँचे मूल्य तथा एकाधिकारी लाभ के रूप में आर्थिक विकास के मार्ग में अनेक बाधाएँ उपस्थित करते है। इस स्थिति के अन्तर्गत साधनों का अति उत्तम प्रयोग संभव नहीं हो पाता। बाजार में अपूर्ण प्रतिस्पर्धा के अन्तर्गत गलाकाट प्रतिस्पर्धा उत्पादन के विविधिकरण के साथ उच्चतम लाभ एवं दुर्लभ उत्पादन के द्वारा बाजार में अनेक समस्या उत्पन्न करते है। अतः राष्ट्र का आर्थिक पर्यावरण बाजार परिस्थितियों के अनुरूप निर्धारित होता है। कभी कभी ऐसी परिस्थितियां उत्पन्न हो जाती है जबकि बाजार पर सरकारी नियंत्रण स्थापित करना आवश्यक हो जाता है।

8. पूँजी तथा मुद्रा बाजार भी आर्थिक पर्यावरण के महत्वपूर्ण संघटक होते है। पूँजी के अभाव में मानव तथा प्राकृतिक संसाधनों का अतिउत्तम प्रयोग संभव नहीं हो पाता है। अनेक योजनाओं तथा परियोजनाओं का क्रियान्वयन भी पूँजी के अभाव में बाधित हो जाता है। पूँजी तथा मुद्रा बाजार कृषि तथा उद्योग इत्यादि को पर्याप्त वित्त प्रदान कर आर्थिक विकास का मार्ग प्रशस्त करते है।

9. अर्थव्यवस्था के निर्देशन, नियंत्रण एवं नियमन की दृष्टि से राष्ट्र द्वारा विभिन्न आर्थिक नीतियों का सुत्रपात किया जाता है। आर्थिक नीति के प्रमुख संघटक के अन्तर्गत औद्योगिक नीति, लाइसेंसिंग नीति, कृषि नीति, राजकोषीय नीति, प्रशुल्क नीति, श्रम नीति, मूल्य नीति, रोजगार नीति आदि को सम्मिलित किया जाता है। संयुक्त रूप से तथा प्रत्येक नीति आर्थिक पर्यावरण को समान रूप से प्रभावित करती है। सरकार की उपयुक्त, मर्यादित तथा ठोस आर्थिक नीति आदि आर्थिक वृद्धि हेतु प्रेरक सिद्ध होती है। ये नीतियाँ उत्पादन, आय , बचत, विनियोग तथा पूँजी तथा अन्ततोगत्वा आर्थिक विकास में वृद्धि करते है। इसके विपरीत आर्थिक नीतियों का दोषपूर्ण निर्माण आर्थिक विकास के मार्ग में बाधाएँ उपस्थित करता है।

10. आर्थिक विकास की प्रक्रिया में मौद्रिक एवं राजकोषीय नीतियों के महत्व का गलत अनुमान नहीं लगाना चाहिये। सरकार की आर्थिक नीतियाँ जैसे मौद्रिक, औद्योगिक, प्रशुल्क, कृषि श्रम, व्यापार नीति आर्थिक पर्यावरण को प्रभावित करती है। पूर्व निर्धारित उद्देश्यों की प्राप्ति हेतु मौद्रिक नीति सरकार के हाथों में एक प्रभावी उपकरण है जो मुद्रा पूर्ति तथा साख की मात्रा को नियंत्रित करती है। अर्थव्यवस्था में तेजी के दौरान मुद्रा तथा साख की मात्रा को कम करके आर्थिक स्थिरता स्थापित की जा सकती है। उपयुक्त मौद्रिक नीति अपनाकर अर्थव्यवस्था को व्यापारिक चक्रो के दुष्प्रभावों से भी बचाया जा सकता है।

राजकोषीय नीति अन्य सरकारी अस्त्र है जिसके द्वारा सरकार विभिन्न प्रकार के करारोपण द्वारा आय एकत्रित करती है। इस प्रकार एकत्रित आय का उपयोग सार्वजनिक कल्याण हेतु किया जाता है। सार्वजनिक ऋण तथा घाटे का बजट राजकोषीय नीति के प्रमुख भाग होते है। कर नीति, व्यय नीति, सार्वजनिक ऋण नीति इत्यादि समान रूप से आर्थिक पर्यावरण को प्रभावित करते है। इन नीतियों के माध्यम से सरकार संसाधनों के अपव्यय को नियंत्रित कर विकास कार्य हेतु प्रयुक्त करती है। मौद्रिक तथा राजकोषीय नीति के मध्य उपयुक्त समन्वय भावी आर्थिक विकास प्रक्रिया में सहायक सिद्ध होता है।

11. श्रम केवल उत्पादन का सक्रिय साधन ही नहीं वरन उत्पादन का आदि तथा अन्त भी है। इस दृष्टि से श्रमिक दशाएं, अवसर तथा श्रम अधिनियम का आर्थिक पर्यावरण में महत्वपूर्ण स्थान है। एक तरफ पर्याप्त तथा कुशल श्रम शक्ति, श्रम विभाजन, बड़े आकार का उत्पादन, सौहार्द्रपूर्ण औद्योगिक सम्बन्ध, श्रेष्ठ कार्य दशाएँ आर्थिक विकास का मार्ग प्रशस्त करती है, दूसरी तरफ श्रम की अपर्याप्तता अकुशलता तथा उनकी देशान्तर की प्रवृत्ति आर्थिक विकास में बाधाएँ उपस्थिति करती है।

12. आर्थिक सन्नियम भी आर्थिक पर्यावरण को प्रभावित करते है। आर्थिक सन्नियम के अन्तर्गत सामान्यत: एकाधिकार तथा प्रतिबन्धात्मक व्यापार गतिविधि अधिनियम, श्रम अधिनियम, औद्योगिक सन्नियम, व्यापारिक सन्नियम, कारखाना अधिनियम इत्यादि को

सम्मिलित किया जाता है। उपयुक्त वर्णित अधिनियम के अतिरिक्त विभिन्न करो से सम्बन्धित अधिनियम अर्थात आय कर इत्यादि भी आर्थिक अधिनियमों की श्रेणी में सम्मिलित किये जाते है। उपर्युक्त सभी अधिनियम किसी न किसी रूप में आर्थिक पर्यावरण को प्रभावित करते है।

13. अन्तर्राष्ट्रीय स्थिति विदेशी सहायता का आकार, विदेशी नीति, व्यापार तथा भुगतान संतुलन, विनिमय दर इत्यादि का भी किसी राष्ट्र के आर्थिक पर्यावरण पर महत्वपूर्ण प्रभाव पड़ता है। अन्तर्राष्ट्रीय समझौते, द्विपक्षीय समझौते, विदेशी व्यापार नीति, विदेशी प्रतिनिधी मण्डल का आगमन तथा पारस्परिक समझौते इत्यादि अन्तर्राष्ट्रीय आर्थिक पर्यावरण की संरचना करते है। सौहार्दपूर्ण अन्तर्राष्ट्रीय सम्बन्ध आर्थिक तथा तकनीकि सहयोग को प्रोत्साहित करते है जिससे नवीन तकनीकि प्रयोग तथा रोजगार के अवसरों मे वृद्धि होती है। अन्तर्राष्ट्रीय तनाव, अन्तर्राष्ट्रीय सहयोग को विपरीत रूप से प्रभावित करता है।

14. परिवहन एवं संचार व्यवस्था राष्ट्र के आर्थिक पर्यावरण के महत्वपूर्ण तत्व होते है। राष्ट्रीय अर्थव्यवस्था का विकास महत्वपूर्ण रूप से पूर्णतया विकसित एवं कुशल परिवहन एवं संचार के साधनों पर निर्भर करता है। रेल, सड़क, वायु तथा जल परिवहन प्रमुख रूप से परिवहन व्यवस्था, जबकि डाक एवं तार, टेलिफान तथा इलेक्ट्रोनिक्स संदेशवाहन उपकरण आदि राष्ट्र की संचार प्रणाली निर्मित करते हैं। राष्ट्रीय परिवहन एवं संचार व्यवस्था आर्थिक पर्यावरण में वैसी ही भूमिका का निर्वाह करते है जिस प्रकार मानव शरीर में रक्त।

15.आर्थिक पर्यावरण भौगोलिक पर्यावरण के प्रति मानवीय जागरूकता से भी प्रभावित होता है। भौगोलिक पर्यावरण के अन्तर्गत प्रमुख रूप से वायु, जल , मिट्टी, जलवायु इत्यादि सम्मिलित होते है। यदि मानव पर्यावरणिय संतुलन में सहायता प्रदान करता है तो पर्यावरण का विकास संभव होता है।

16. नवाचार तथा तकनीकी जानकारी आर्थिक विकास के महत्वपूर्ण माध्यम स्वीकार किये जाते है। आधुनिक तकनीक के प्रयोग से संसाधनों का विदोहन हेतु उद्यमशील दक्षता की आवश्यकता होती है। उद्यमी साधनों के विदोहन हेतु नवीनतम तकनीको का प्रयोग कर आर्थिक विकास में सहयोग प्रदान करते है। उद्यमी को प्राप्त दूरदर्शिता तथा आत्मविश्वास का गुण का प्रयोग उत्पादन कार्यो में किया जाता है। विकासशील राष्ट्रों में उद्यमशील योग्यता का अभाव पाया जाता है। इसी कारण विकासशील राष्ट्रों द्वारा सामान्यतया विदेशी पूँजी एवं उद्यमशीलता आमन्त्रित की जाती है।

17. किसी राष्ट्र का आर्थिक पर्यावरण शिक्षा तथा प्रशिक्षण प्रणाली से भी प्रभावित होता है। सामान्य शिक्षा तथा उसी प्रकार तकनीकी शिक्षा आर्थिक पर्यावरण को समान रूप से प्रभावित करती है। आर्थिक विकास की प्रक्रिया निर्बाध रूप से संचालित होती रहती है यदि राष्ट्र की शिक्षा व्यवस्था आर्थिक पर्यावरण के अनुरूप संचालित होती है। इससे युवा वर्ग का उत्थान भी सम्भव होता है। शिक्षा का विस्तार कृषि, उद्योग तथा व्यापार को भी समान रूप से प्रभावित करता है। इंग्लैण्ड की औद्योगिक क्रान्ति में तकनीकि शिक्षा की महत्वपूर्ण भूमिका सर्वविदित है। दुर्भाग्यवश भारतीय शिक्षा व्यवस्था राष्ट्र की परिवर्तित स्थिति के अनुकूल सिद्ध नहीं हुई है।

18. अधिक तथा न्यून जनसंख्या, दोनों राष्ट्र के आर्थिक विकास को विपरीत रूप से प्रभावित करते है। उन क्षेत्रों में जहां जनसंख्या घनत्व अधिक है वहाँ तुलनात्मक रूप से रहन सहन का स्तर कम जनसंख्या घनत्व वाले क्षेत्रों की अपेक्षा सर्वथा भिन्न होगा। कुशल एवं सस्ती श्रम आपूर्ति आर्थिक विकास को प्रोत्साहित करती है। अधिक जनसंख्या वाले क्षेत्रों द्वारा परिवहन एवं संचार के साधनों की अधिक माँग की जाती है। इसके विपरीत अधिक जनसंख्या क्षेत्रों में विभिन्न प्रकार की समस्यायें जैसे बेरोजगारी, गरीबी, अनैतिक क्रियाएँ उत्पन्न होना सामान्य प्रवृत्ति होती है। राष्ट्रीय आय तथा प्रति व्यक्ति आय का आकार भी जीवन स्तर को विपरीत रूप से प्रभावित करता है।

आर्थिक पर्यावरण एक बदलती हुई घटना
(Economic Environment - A Changing Phenomenon)

आर्थिक पर्यावरण सदैव समान नहीं रहता वरन् यह सदैव परिवर्तनीय होता है। आर्थिक पर्यावरण को प्रभावित करने वाले घटक सदैव परिवर्तनीय होते है। तकनीक में सदैव नवाचार विद्यमान होते है। जनसंख्या का आकार तथा इसकी विशेषताए परिवर्तन दर्शाती हैं। मानव की प्रवृत्ति, फैशन, विचारधारा, मानसिकता, मनोबल, कल्पनाएँ इत्यादि सदैव समान नही रहते। इन सभी का सम्मिलित प्रभाव नागरिकों की आय, सरकारी नीतियों, बाजार परिस्थिति, शासन व्यवस्था, अन्तर्राष्ट्रीय सम्बन्धों इत्यादि पर प्रभाव पड़ता है। उपयुक्त वर्णित सभी घटक एक दूसरे से जुड़े रहते है। एक में परिवर्तन प्रत्येक में परिवर्तन का कारण बनता है जिससे सम्पूर्ण राष्ट्रीय पर्यावरण में परिवर्तन दृष्टिगत होता है। आर्थिक पर्यावरण में परिवर्तन अत्यन्त कठिन कार्य होता है। यद्यपि उपलब्ध समंकों की सहायता से सांख्यिकी तकनीकों का प्रयोग कर आर्थिक प्रवृत्ति का पुर्वानुमान लगाया जा सकता है।

भारतीय आर्थिक पर्यावरण
(Indian Economic Environment)

किसी राष्ट्र की अर्थव्यवस्था उन सभी आर्थिक घटकों से प्रभावित होती है जो इसकी सीमा के बाहर घटित होते हैं। कोई भी अर्थव्यवस्था सामाजिक, राजनैतिक तथा आर्थिक गतिविधियों के बिना संचालित नहीं होती। इन सभी का राष्ट्रीय अर्थव्यव्था के संचालन पर महत्वपूर्ण प्रभाव होता है। किसी राष्ट्र की अर्थव्यवस्था को प्रभावित करने वाले अनेक प्रत्यक्ष तथा अप्रत्यक्ष घटक होते हैं जिनकी अर्थव्यवस्था के संचालन में अनेदखी किया जाना सम्भव नहीं होता। पर्यावरण शब्द का आशय उन समस्त घटकों से होता है जो पूर्ण विदित तथा बाहरी होते हैं तथा जिन पर अर्थव्यवस्था का कोई प्रत्यक्ष नियन्त्रण नहीं होता।

भारत में केन्द्र तथा राज्य स्तर पर सरकार, अर्थव्यवस्था के संचालन में महत्वपूर्ण हस्तक्षेप करती है। यह सरकारी हस्तक्षेप प्रत्यक्ष रूप से विभिन्न विधानों तथा प्रशासनिक नियम तथा अधिनियमों द्वारा तथा अप्रत्यक्ष रूप से समष्टि–आर्थिक नीतियों यथा मौद्रिक, प्रशुल्क, औद्योगिक, कीमत तथा आय नीतियों के द्वारा सम्पन्न किया जाता है।

आर्थिक पर्यावरण में हस्तक्षेप एक द्विमार्गीय व्यवस्था है। यदि पर्यावरण अर्थव्यवस्था को प्रभावित करता है, अर्थव्यवस्था भी पर्यावरण को प्रभावित करती है।

आर्थिक पर्यावरण तथा अर्थव्यवस्था के कार्य निष्पादन में पारस्परिक अन्तर-निर्भरता होती है। यह प्राय: चक्रीय होती है। स्वस्थ आर्थिक वातावरण विभिन्न आर्थिक नीतियों के माध्यम से अर्थव्यवस्था का श्रेष्ठ कार्य संचालन प्रस्तुत किया जा सकता है। निर्बाध आर्थिक नीतियों का संचालन आर्थिक पर्यावरण को नष्ट कर सकता है तथा अर्थव्यवस्था का असंतोषजनक कार्य निष्पादन प्रस्तुत करता है। आर्थिक सिद्धान्तों में अनेक ऐसे उद्धरण दृष्टिगत होते हैं जो यह इंगित करते है कि आर्थिक पर्यावरण अर्थव्यवस्था के कार्य निष्पादन में कारण तथा प्रभाव दोनों होते हैं।

भारतीय आर्थिक पर्यावरण - एक आर्थिक पुनर्विलोकन

(Indian Economic Environment- Economic Review)

भारत द्वारा अपनायी गयी वर्तमान आर्थिक नीति की यह प्रमुख विशेषता है कि यह उदारीकरण की प्रवृत्ति से निर्देशित है। 1950 तथा 1960 के दशक में भारतीय आर्थिक विकास द्वारा अनेक चुनौतियों का सामना किया गया तथा समाजवादी व्यवस्था के दर्शन द्वारा प्रभावित रहा है। भारत सरकार द्वारा अनेक प्रतिबन्धात्मक नीतियों का अर्थव्यवस्था में प्रयोग किया गया। 1955 में समाजवादी पद्धति पर आधारित अर्थव्यव्था स्थापित करने का लक्ष्य निर्धारित किया गया और उसी के अनुरूप आर्थिक नीति का क्रियान्वयन किया गया। 1956 की औद्योगिक नीति के प्रस्ताव द्वारा निजी क्षेत्र का कार्य-कलाप सीमित कर दिया गया तथा सार्वजनिक क्षेत्र के क्रियाओं के विस्तार का लक्ष्य निर्धारित किया गया। 1956-58 ऐसे वर्ष थे जिनमें विदेशी विनिमय की विकट समस्या का सामना किया गया। इस औद्योगिक नीति की मूलधारणा आयात प्रतिस्थापन द्वारा औद्योगिकीकरण, सार्वजनिक क्षेत्र के अन्तर्गत आधारभूत उद्योगों का विकास से एक ऐसा आर्थिक वातावरण तैयार हुआ जो निजी क्षेत्र के विकास तथा व्यक्तिगत पहल का विरोधि था

1960 का दशक भारतीय आर्थिक पर्यावरण के लिये अत्यन्त बेकार सिद्ध हुआ। इस दशक में भारत को चीन तथा पाकिस्तान के साथ युद्ध लड़ना पड़ा तथा भारत के प्रथम प्रधानमन्त्री पण्डित जवाहर लाल नेहरू तथा उसके पश्चात लाल बहादुर शास्त्रिजी का निधन भी इसी दशक की महत्वपूर्ण घटना रही। इसी दशक की अन्य महत्वपूर्ण घटनाओं में वाणिज्यिक बैंकों का राष्ट्रीयकरण, प्रीविपर्स की समाप्ति, एकाधिकार आयोग का गठन आदि महत्वपूर्ण आर्थिक घटनायें रही। इसके पश्चात् युद्ध में पाकिस्तान पर विजय से भारत में बंगलादेशी शरणार्थियों के आगमन से गरीबी की समस्या में हुई वृद्धि हुई। इस समस्या का संतोषजनक समाधान करने के प्रयास किये गये। इसी समय विश्व में कच्चे तेल की कीमतें बढ़ जाने के कारण मुद्रा प्रसार का संकट अधिक गहरा गया जिससे देश में बेरोजगारी तथा गरीबी की समस्या सर्वोच्च स्तर पर पहुँच गयी। 1975-77 की अवधि में सत्ताधारी दल द्वारा राष्ट्र आपात स्थिति की घोषणा कर दी गयी। इस अवधि में औद्योगिक नीति प्रतिबन्धात्मक हो गयी, एम आर टी पी तथा फेरा आदि अधिनियम अधिक प्रभाव से अस्तित्व में आये तथा बहु राष्ट्रीय निगमों के प्रवेश को हतोत्साहित किया गया। इसके पश्चात् सत्ता में आये जनता दल का अत्यन्त ही अल्प कार्य काल का राष्ट्रीय अर्थव्यवस्था के लिए घातक सिद्ध हुआ। इस सम्पूर्ण अवधि में आर्थिक पर्यावरण मुद्रा प्रसार, अकुशलता, भ्रष्टाचार, सरकारी प्रभुत्व, भुगतान शेष की समस्या तथा निराशापूर्ण वातावरण से प्रभावित रहा।

अर्थव्यवस्था का उदारीकरण (Liberalisation of Economy)

1980 का दशक सरकार के आर्थिक दर्शण में एक महत्वपूर्ण परिवर्तन इंगित करता है। यह परिवर्तन इसलिए आवश्यक समझा गया क्योंकि पूर्व में अपनायी गयी नियन्त्रण, नियम तथा अधिनियम, प्रतिबन्धात्मक तथा प्रशासनिक अधिनियम अर्थव्यवस्था को गरीबी की समस्या से उभारने में असफल रहे। अत: सरकार ने आधुनिकीकरण तथा उदारीकरण का कठोर कदम उठाया।

अर्थव्यवस्था के उदारीकरण के पश्चात् भारत के वर्तमान आर्थिक पर्यावरण की प्रमुख बातें निम्न प्रकार स्पष्ट की जा सकती है:

1. भारत में उद्योगों को नियन्त्रित करने वाले अधिनियमों को नियमित रूप से संशोधित किया गया है। पूर्व में लागू कि गयी लाइसेंस की व्यवस्था को या तो सुधारा गया है अथवा समाप्त कर दिया गया है। लाइसेंस प्राप्ति की उच्चतम सीमा को बढ़ा दिया गया है। एम आर टी पी अधिनियम में सुधार किये गये है। उत्पादन क्षमता में वृद्धि की बाधाओं में सुधार किया गया है अथवा समाप्त कर दिया गया है। औद्योगिक कार्यवाही में होने वाले विलम्ब को कम किया गया है। औद्योगिकीकरण की प्रक्रिया को त्वरित करने के उद्देश्य से अनेक प्रशासनिक परिवर्तन लागु किये गये है।

2. सरकार द्वारा यह अनुभव किया गया कि अर्थव्यवस्था के उत्पादन आधार में तकनीकी आदानों के सम्बन्ध में आधारभूत परिवर्तनों की आवश्यकता है। आधुनिकीकरण का आशय एक ऐसी प्रक्रिया से है जिसके अन्तर्गत दुर्लभ तकनीक को अर्थव्यवस्था की समस्त गतिविधियों जैसे कृषि, उद्योग तथा सेवा क्षेत्र में प्रयोग करने की योजना सम्मिलित होती है। वर्तमान वर्षों में इस प्रकार के आधुनिकीकरण की नीति ने इलेक्ट्रोनिक्स तथा अन्य सम्बन्धित उद्योगों के विकास में महत्वपूर्ण भूमिका निभायी है। आधुनिकीकरण केवल मात्र भौतिक व्यवस्था नहीं है। इसके अन्तर्गत सोच के परम्परागत तरीके में आधारभूत परिवर्तन को भी ध्यान में रखा जाता है। उदारीकरण की प्रक्रिया अपनाये जाने के पश्चात भारत के कृषि तथा गैर कृषि दोनों क्षेत्रों में इस प्रकार के विचार बदलाव को अनुभव किया जा सकता है।

3 1960 तथा 1970 के दशक में भारत सरकार द्वारा अपनायी गयी राजकोषीय नीति का प्रमुख उद्देश्य सरकारी आय में कर वृद्धि द्वारा वृद्धि करने की योजना विद्यमान थी। इससे काली मुद्रा की वृद्धि की प्रवृत्ति अनुभव की गयी। इस समस्या को भांप कर परिवर्तन किये गये तथा करों में कम करने की नीति का अनुसरण किया गया। इस परिवर्तित नीति ने उच्च आय स्तर की प्राप्ति में सहायता की। 1985 में सरकार द्वारा दीर्घकालीन राजकोषीय नीति की घोषणा की गयी। इस दीर्घकालीन अवधि में कर दरों तथा कर नीतियों में सुधार की व्यवस्था की गयी।

4. प्रशुल्क नीति के समान ही सरकार द्वारा आयात नीति में दीर्घकालीन व्यवस्थाएँ की गयी। यह अनुभव किया गया कि विशाल आयात बिल का भुगतान केवल निर्यात बढ़ा कर ही सम्भव है। अत: सरकार द्वारा निर्यात वृद्धि हेतु अनेक प्रशासनिक उपायों की घोषणा की गयी। वित्तीय क्षेत्र को अनेक उदार अनुदान तथा अन्य वित्तीय प्रलोभन प्रदान किये गये। आयकर अधिनियम में भी निर्यात सम्बन्धि विशेष प्रावधान किये गये। इन सभी प्रयासों का सकारात्मक प्रभाव निर्यात वृद्धि के रूप में परिलक्षित हुआ।

5. सरकार द्वारा अत्यन्त उदार तकनीकी आयात नीति की घोषणा की गयी। आर्थिक नियोजन अवधि में लगभग तीन दशक से भी अधिक के दौरान भारतीय उद्योग पिछड़ी हुई तकनीक प्रयोग करने की समस्या से पीड़ित रहे। इसके परिणमस्वरूप उत्पादन की ऊँची लागत ने भारतीय उद्योगों को प्रतिस्पर्द्धात्मक होने से बाधित किया। वर्तमान तकनीकी आयात का उदारीकरण तथा विदेशी कम्पनियों द्वारा भारतीय उद्योगों में वित्तीय हिस्सेदारी ने भारतीय अर्थव्यव्था में औद्योगिक विकास का एक नये युग का प्रारम्भ किया।

6. भिारतीय आर्थिक पर्यावरण में एक महत्वपूर्ण परिवर्तन वित्तीय बाजार के कार्य संचालन में परिलक्षित हुआ। भारत सरकार की सकारात्मक सोच इस दिशा में अत्यन्त कारगर सिद्ध हुई। इस सोच के परिणामस्वरूप भारतीय वित्तीय बाजार में अनेक महत्वपूर्ण घटनाएं परिलक्षित हुई। परिवर्तनीय ऋण पत्रों का निर्गमन, जिनसे भारतीय वित्तीय बाजार अब तक अनभिज्ञ था, वह भारतीय व्यवसायिक जगत द्वारा वित्तीय संसाधनों को जुटाने हेतु एक महत्वपूर्ण उपकरण सिद्ध हुआ। निजी क्षेत्र द्वारा सार्वजनिक निर्गमनों द्वारा पूंजी बाजार से अधिक संसाधन जुटाने में सफलता प्राप्त की गयी। कुल मिलाकर इन प्रवृत्तियों ने निगमिय प्रजातन्त्र की स्थापना हेतु श्रेष्ट वातावरण की उत्पत्ति हुई।

उद्योंगों द्वारा कार्यशील पूँजी प्राप्त करने हेतु वाणिज्यिक बैंकों द्वारा अधिक उदार नीति की घोषणा की गयी। रिजर्व बैंक ऑफ इण्डिया की नीति के अन्तर्गत वाणिज्यिक बैंकों द्वारा उद्योग तथा व्यवसाय को अत्यन्त नवीन एवं आधुनिक सुविधाओं की उपलब्धि की घोषणा की गयी। भारत में बिल बाजार का विकास इस परिवर्तन का महत्वपूर्ण संकेतक है। 1980 के दशक में अपनायी गयी सरकारी नीति के परिणामस्वरूप सार्वजनिक वित्तीय संस्थाओं तथा विदेशी बैंकों के कार्य कलापों में विस्तार किया गया। इन सभी परिवर्तनों के परिणामस्वरूप वर्तमान में भारतीय वित्तीय क्षेत्र सर्वाधिक तेज उभरता हुआ सेवा क्षेत्र बन चुका है। विगत 20 वर्षों में अनेक वित्तीय सेवा कम्पनियों का विकास हुआ है। अब एकाधिकार प्राप्त बीमा क्षेत्र को निजी क्षेत्र के लिए खोल दिया गया । गैर-बैंकिंग वित्तीय कम्पनियों को विकास का उपयुक्त वातावरण प्रदान किया गया।

भारतीय अर्थव्यस्था को विगत दो दशकों में जो आर्थिक पर्यावरण प्राप्त हुआ है उससे भारतीय अर्थव्यवस्था के कार्य निष्पादन में महत्वपूर्ण सुधार हुआ है। इसी तथ्य से प्रेरित होकर भारत सरकार द्वारा अत्यन्त उदार आर्थिक नीतियां अपनाने हेतु अपने निर्णय को व्यक्त किया गया है। इस सम्बन्ध में अपनायी गई कतिपय उदार आर्थिक नीतियों तथा उससे अर्थव्यवस्था में हुये सकारात्मक कार्य निष्पादन का कार्य विवेचन निम्न प्रकार प्रस्तुत किया जा सकता है।

आयातों में उदारीकरण से निर्यात में महत्वपूर्ण वृद्धि हुई है। इस प्रवृत्ति से प्रभावित होकर सरकार द्वारा ओर अधिक उदार आयात नीति की घोषणा की गयी है।

औद्योगिक नीति के उदारीकरण के औचित्य को स्वीकार करते हुये निगमिय क्षेत्र में और अधिक उदार नीतियों के क्रियान्वयन का निर्णय किया गया है। निगमिय क्षेत्र की सफलता पहले से अधिक उदारीकरण का वातावरण तैयार किया है। निगमिय क्षेत्र के कार्य निष्पादन ने औद्योगिक लाइसेंसिंग के और अधिक उदारीकरण की नीति का वातावरण तैयार किया है।

वित्तीय संस्थाओं से सम्बन्धित सुधार की नीति को अपनाये जाने के बावजुद वित्तीय बाजार में वृद्धि का वातावरण विकसित हुआ है। इससे प्ररित होकर सरकार ने वित्तीय

क्षेत्र से सम्बन्धित और अधिक उदार नीति की घोषणा की है। इसके अन्तर्गत वाणिज्यिक बैंकों द्वारा उत्साह पूर्वक अनेक गैर परम्परागत वित्तीय क्षेत्रों जैसे लीजिंग, म्यूचल फण्ड, अन्तर्राष्ट्रीय स्वाप समझौते आदि में प्रेवश किया गया है। इस क्षेत्र में अपनायी गयी उदार नीति के परिणामस्वरूप अर्थव्यवस्था में अधिक वित्तीय कोषों को प्रवाह सम्भव हुआ है। सुधारात्मक गतिविधियों के परिणामस्वरूप गैर निवासीय नागरिकों द्वारा भारत के व्यवसायिक जगत में अधिक रूचि दर्शायी गयी है। इससे अधिक प्रतिस्पर्द्धात्मक वातावरण का विकास हुआ है जिससे औद्योगिक कार्यक्षमता में सुधार हुआ है।

विभिन्न प्रकार की सरकारी एजेन्सियों की कार्य प्रणाली में सुधार तथा कार्य प्रणाली में सरलीकरण ने यह सिद्ध कर दिया की आर्थिक पर्यावरण तथा अर्थव्यवस्था के कार्य निष्पादन में पारस्परिक निर्भरता है। भारत का वर्तमान आर्थिक परिदृश्य यह इंगित करता है कि किस प्रकार स्वच्छ आर्थिक वातावरण अर्थव्यवस्था का श्रेष्ठ कार्य संचालन प्रदर्शित करता है। अतः यह निष्कर्ष प्रस्तुत किया जा सकता है कि आर्थिक पर्यावरण तथा अर्थव्यवस्था का कार्य निष्पादन दोनों आपस में जुड़े हुये है।

परिक्षापयोगी प्रश्न

1. आर्थिक पर्यावरण से आप क्या समझते है। इसके उद्धेश्य बतलाइये।

   What do you mean by Economic Environment. What are its main objectives.

2. आर्थिक पर्यावरण को परिभाषित कीजिये। आर्थिक पर्यावरण की प्रमुख विशेषताएँ क्या है।

   Define Economic Environment. What are main characteristics of its.

3. आर्थिक पर्यावरण को प्रभावित करने वाले घटकों को संक्षेप में समझाइये।

   Discuss briefly factors affecting economic environment.

4. आर्थिक पर्यावरण से आप क्या समझते है? उन घटाको को समझाइये जो आर्थिक पर्यावरण को प्रभावित करते है।

   What do you mean by Economic Environment? Discuss Factors which affects Economic Environment.

5. आर्थिक पर्यावरण को परिभाषित कीजिये। निम्नलिखित घटक आर्थिक पर्यावरण को कैसे प्रभावित करते है।

   (अ) बैंक, (ब) पूँजी बाजार, (स) आर्थिक नियोजन, तथा (4) व्यापार चक्र।

   Define Economic Environment. How the following factors affects Economic Environment.

   (a) Bank, (b) Capital Market, (c) Economic Planning, (d) Trade Cycle.

□□□

2

भारतीय अर्थव्यवस्था—प्रमुख विशेषताएँ तथा विश्व अर्थव्यवस्था में स्थिति

(Indian Economy—Main Characteristics and Place in World Economy)

आर्थिक विकास एक सतत प्रक्रिया है तथा इसकी कोई उच्चतम सीमा नहीं है। प्रत्येक राष्ट्र आर्थिक विकास के सर्वोच्च स्तर को प्राप्ति हेतु सदैव प्रयत्नशील रहता है। विश्व के समस्त राष्ट्र आर्थिक विकास की दृष्टि से एक समान नहीं है। विभिन्न राष्ट्रों के आर्थिक विकास का स्तर भिन्न भिन्न है। विश्व के विभिन्न राष्ट्र आर्थिक विकास की दृष्टि से विश्व अर्थव्यवस्था में जिस स्थान पर विद्यमान है, उन्हें अनेक आधारों पर वर्गीकृत किया जाता है। सम्पूर्ण विश्व को आर्थिक विकास एवं संवृद्धि के आधार पर तीन वर्गो में बाँटा जा सकता है-

(1) विकसित देश (Developed Nations) - विकसित अर्थव्यवस्था के अन्तर्गत वे देश सम्मिलित किये जाते है जो अपने नागरिकों की मूल आवश्यकता भोजन, कपड़ा व मकान को सरलता से पूरी कर देते है। इन देशों में बेरोजगारी एवं निर्धरता नियन्त्रित रहती है। इनमें जापान, अमेरिका आदि आते है।

(2) अर्द्ध-विकसित या विकासशील (Developing Nations) - इसके विपरीत विश्व के ऐसे देश जहाँ के नागरिकों को भरपेट भोजन, पहनने का कपड़े, आवास, सीमित मात्रा में मिल पाते हैं, अशिक्षा एवं बेरोजगारी भारी मात्रा में पायी जाती है तथा जीवन स्तर नीचा है, ऐसे देशों में भारत, पाकिस्तान, श्रीलंका, बर्मा आदि आते है। ये सभी देश अल्प विकसित अथवा विकासशील अर्थव्यवस्था वाले देश कहलाते हैं। विकासशील एवं अल्प विकसित देशों को ''तीसरी दुनिया'' के देश भी कहा गया है।

(3) अल्प-विकसित देश (Under Developed Nations) -अल्प विकास का सही-सही मापदण्ड दे सकना अत्यन्त कठिन है। वस्तुत: अल्प विकास को मापने के अनेक मापदण्ड है जैसे दरिद्रता, अज्ञानता, रोग की स्थिति आदि। अत: साइमन कुजनेट,

"अल्पविकास की तीन परिभाषाएँ देते हैं। प्रथम, वर्तमान तकनीकी ज्ञान द्वारा सामाजिक संस्थाओं की रूकावटों के कारण देश के उत्पादकीय संभाव्य को पूरी तरह से प्रयोग करने की असफलता। द्वितीय, उस काल के कुछ आर्थिक दृष्टिकोण से प्रमुख देशों की तुलना में आर्थिक कार्यशीलता में पिछड़ापन। तीसरे, इसका अभिप्राय आर्थिक दरिद्रता भी हो सकता है- इस अर्थ में कि देश की अधिक जनसंख्या को पर्याप्त निर्वाह और भौतिक सुविधाएँ देने में असफलता।

भारत – एक अल्पविकसित अर्थव्यवस्था (India-An Underdeveloped Economy)

ऐशिया तथा अफ्रीका के अनेक राष्ट्रों को द्वितीय विश्व युद्ध के पश्चात् स्वतन्त्रता प्राप्त हुई। भारत ब्रिटिश साम्राज्य के पूर्व यूरोप की तुलना में अधिक साधन सम्पन्न राष्ट्र था। अंग्रेजों द्वारा 200 वर्ष तक भारत पर शासन किया गया। इस दिर्घ-अवधि के दौरान भारतीय अर्थव्यवस्था का अंग्रेजों द्वारा खुल कर शोषण किया गया। अंग्रेजों द्वारा भारत में शासन के अतिरिक्त अर्थव्यवस्था में लुटमार की निती अधिक प्रभावी रही। अंग्रेजी शासन की सम्पूर्ण लम्बी अवधि में शोषण का ढ़ंग एक समान नही रहा। दिर्घकाल तक लूटमार तथा शोषण के परिणमस्वरूप स्वतन्त्रता के पश्चात् 15 अगस्त 1947 को भारतीय अर्थव्यवस्था को जो स्वरूप विरासत में प्राप्त हुआ उस की स्थिति अत्यन्त ही चिन्तनिय थी। देश की जनसंख्या का अधिकांश भाग निर्धन तथा असहाय था, कृषि की स्थिति पिछड़ी हुई तथा देश के औद्योगिक मानचित्र पर आधारभूत उद्योगों का अभाव था। कुल मिलाकर स्वतन्त्रता की पूर्व संध्या पर भारतीय अर्थव्यवस्था की पहचान एक अल्पविकसित, गतिहीन, अर्द्ध-सामन्ती, घिसी हुई तथा विच्छेदीत अर्थव्यवस्था के रूप में कि जाती थी।

प्रमुख विशेषताएँ (Main Characteristics)

स्वतन्त्रता के पश्चात् भारतीय अर्थव्यवस्था को नियोजित दिशा प्रदान कर, देश के विकास के प्रयास किये जा रहे हैं। इसके लिए विभिन्न पंचवर्षीय योजनाएँ लागू की गई हैं, जिनके क्रियान्वयन से ही अर्थव्यवस्था के समस्त क्षेत्रों में विकास की लहर का संचार हुआ है। इसके बावजूद भारत विकसित देशों की श्रेणी में पहुँचने से अभी बहुत दुर है। यद्यपि देश में प्राकृतिक संसाधन प्रचुर मात्रा में हैं, लेकिन उपलब्ध संसाधनों अधिकतम दोहन नहीं हो पाने से आर्थिक सुदृढ़ता में सुदृढ़ता में इनका स्थान नगण्य है। इन तथ्यों के आधार पर भारतीय अर्थव्यवस्था यदि उपर्युक्त वर्णित तथ्यों के आधार पर भारतीय अर्थव्यवस्था आर्थिक विकास के जिस संवर्ग में रखा जाय तो अर्थव्यवस्था अल्पविकसित दृष्टिगत होती है। भारतीय अर्थव्यवस्था की एक अल्प विकसित अर्थव्यवस्था के रूप में विशेषताओं को निम्नलिखित बिन्दुओं से भली भाँति समझा जा सकता है :

(1) जनसंख्या वृद्धि (Population Growth)- विश्व के लगभग सभी विकासशील देशों की यह विशेषता है कि इनकी जनसंख्या वृद्धि की दर विकसित राष्ट्रों की तुलना में काफी ऊँची है। भारत की जनसंख्या वृद्धि की दर बहुत अधिक है। वर्तमान में भारत जनसंख्या की दृष्टि से विश्व में चीन के बाद दूसरे स्थान पर है।

जनसंख्या की वृद्धि की समस्या से विश्व के अधिकांश विकासशील एवं अर्द्ध विकसित देश ग्रसित है। भारत में जनसंख्या की समस्या गंभीर रूप धारण करती जा रही है।

सरकारी प्रयासों के बावजूद जनसंख्या वृद्धि की समस्या में कोई लाभदायक परिणाम अभी तक सामने नहीं आये हैं। मार्च 2001 की जनगणना के अनुसार भारत की जनसंख्या 102.7 करोड़ है। भारत की जनसंख्या 1961 की जनगणना के अनुसार 43.9 करोड़ तथा 1991 से 2001 में 84.6 करोड़ थी। दस वर्षो में जनसंख्या की वृद्धि दर 21.34 प्रतिशत रही। जनसंख्या के इस प्रकार निरन्तर बढ़ते दबाव के कारण भारत में उपलब्ध संसाधनों के अधिकतम दोहन के बावजूद प्रति व्यक्ति आय पर्याप्त मात्रा में नहीं बढ़ पायी है, अर्थात् जनसंख्या वृद्धि एवं जीवन स्तर में संतुलन स्थापित नहीं हो पा रहा है। इस प्रकार आर्थिक प्रगति में जनसंख्या वृद्धि सबसे बड़ी बाधा है।

अल्प विकसित देशों में जिस गति से जनसंख्या बढ़ी है, उसे उत्पादन कार्य में लगाने के लिए तदअनुरूप गति से उद्योगों का विकास नही हुआ है। इसका विपरित प्रभाव भूमि पर बढ़ते हुए भार और प्रच्छन्न बेरोजगारी में वृद्धि के रूप में परिलक्षित हुआ है।

(2) कृषि की प्रधानता (Pre Domienence of Agriculture)- भारत में जनसंख्या की एक प्रमुख विशेषता यह है कि देश की जनसंख्या का व्यावसायिक आधार पर वितरण संतोषजनक नहीं है। भारतीय जनसंख्या की यह विशेषता आर्थिक दृष्टि से पिछड़ेपन का महत्पूर्ण प्रमाण है। भारतीय अर्थव्यवस्था की प्रमुख विशेषता यह भी है कि यहॉ के अधिकांश लोगों का व्यवसाय कृषि एवं कृषि से सम्बद्ध कार्य है। यहाँ कुल जनसंख्या का 64.3 प्रतिशत भाग कृषि व्यवसाय में संलग्न है और राष्ट्रीय आय में 1/3 भाग कृषि क्षेत्र से प्राप्त होता है। यद्यपि 1971 तक भारतीय जनसंख्या की कृषि पर आधारित इस प्रतिशत में कोई परिवर्तन नहीं हुआ, किन्तु 1991 की जनगणना के अनुसार कृषि पर जनसंख्या का 64.9 प्रतिशत भाग आश्रित था। वर्ष 1999-2000 में कृषि मंत्रालय की रिपोर्ट के अनुसार भारत के निर्यातों में कृषि उत्पादनों का प्रत्यक्ष या अप्रत्यक्ष निर्यात का भाग 17.82 प्रतिशत रहा है।

भारत में स्वतन्त्रता प्राप्ति के पश्चात् देश की लगभग 70 प्रतिशत जनसंख्या का व्यवसाय कृषि था, जबकि वर्ष 1999-2000 में 64 प्रतिशत जनसंख्या कृषि पर निर्भर थी। इस समय संगठित उद्योगों में केवल भारत की 2 प्रतिशत श्रम शक्ति कार्यशील है। 1951 में सकल घरेलू उत्पाद में कृषि क्षेत्र का योगदान 55.7 प्रतिशत था, जबकि वर्ष 1991 में यह घटकर 31 प्रतिशत और 1995 में 29.4 प्रतिशत रह गया। ये आँकड़े पर्याप्त रूप से यह प्रदर्शित करते है कि भारत की जनसंख्या की कृषि क्षेत्र पर निर्भरता में 6 प्रतिशत कमी हुई है, जबकि सकल घरेलू उत्पाद में कृषि क्षेत्र के योगदान में लगभग 27 प्रतिशत की कमी आयी है। इससे स्पष्ट होता है कि भारत में कृषि भली-भाँति विकसित नहीं हो पा रही है, यद्यपि कृषि पर निर्भरता आज भी बनी हुई है। उद्योगवार सकल घरेलू उत्पाद के तालिका -1 मे दिये गये आंकड़ों से भारत की स्थिति की तुलना अन्य देशों से की जा सकती हैं

तालिका–1

उद्योगवार सकल घरेलू उत्पाद का प्रतिशत, 2000

देश	कृषि	उद्योग	सेवाएँ
इंग्लैण्ड	1	25	74
अमेरिका (1999)	2	26	72
फ्रांस	3	23	74
इटली	3	26	71
मैक्सिकों	4	28	68
दक्षिण कोरिया	5	44	51
ब्राजील	9	32	59
इंडोनेशिया	17	47	36
चीन	16	49	34
भारत	27	27	46

Source: World Bank, World Development Report 2002, Table 13, pp. 236-7 and World Development Report 2000/2001, Table 12, p. 297.

(3) प्रति व्यक्ति निम्न आय (Low Per Capita Income)- भारतीय अर्थव्यवस्था की एक अन्य महत्त्वपूर्ण विशेषता यह है कि देश की प्रति व्यक्ति आय बहुत कम हैं, जो केवल 430 डॉलर है। इसकी तुलना सम्पूर्ण विश्व की प्रति व्यक्ति आय 4890 डॉलर हैं। इस प्रकार भारत में प्रति व्यक्ति औसत आय, विश्व की प्रति व्यक्ति औसत आय का 1/11 है। भारत में जनसंख्या में तीव्र गति से वृद्धि प्रति व्यक्ति आय को बढ़ाने में मुख्य अवरोधक है। हमारी पंचवर्षीय योजना भी इस कारण आय स्तर बढ़ा पाने में सफल नहीं हो पायी है।

भारत में प्रति व्यक्ति आय कम होने से निर्धनता विद्यमान है। आर्थिक सर्वे की रिपोर्ट 1999-2000 के अनुसार आज भी भारत की 26 प्रतिशत जनसंख्या गरीबी की रेखा के नीचे जीवनयापन कर रही है। भारत में आज भी बहुसंख्यक आबादी को पर्याप्त भोजन, वस्त्र, शिक्षा एवं चिकित्सा सुविधा उपलब्ध नहीं है। भारत में जनसंख्या की वृद्धि एवं आय स्तर के बीच संतुलन स्थापित नहीं हो पा रहा है। आय स्तर एवं जीवन स्तर को उन्नत बनाने के लिये किये गये विभिन्न प्रयास जनसंख्या के निरन्तर बढ़ने से बेअसर सिद्ध हुए हैं।

(4) अत्यधिक दरिद्रता (Abject Poverty)- भारत में अधिकांश जनसंख्या गरीबी रेखा के नीचे जीवनयापन कर रही है, राष्ट्र के अधिकांश भाग दरिद्रता से ग्रसित है। लकड़ावाला फॉर्मूला के अन्तर्गत भारत में सभी संघ प्रदेशों एवं राज्यों के लिए भिन्न भिन्न निर्धनता रेखाएँ निर्धारित की गई है। 1993-94 में लकड़वाला द्वारा गरीबी की रेखा के नीचे

जीवनयापन करने वालों की संख्या 35.97 प्रतिशत आंक़ी गयी थी। जबकि 1999-2000 में यह 26.01 प्रतिशत थी। इससे यह प्रतीत होता है कि गरीबी का अनुपात कम हुआ है, किन्तु कुल गरीबों की संख्या में कमी होना अभी शेष है।

(5) व्यापक बेरोजगारी (Wide Un-employment)- भारत बाहुल्य जनसंख्या वाला प्रदेश है । मानव श्रम की उपलब्धता उत्पादक कार्यों की तुलना में अधिक है, ऐसी स्थिति में समस्त जनसंख्या को लाभकारी रोजगार उपलब्ध करा पाना एक अत्यन्त कठिन कार्य है। भारत में बेरोजगारी की समस्या निरन्तर बढ़ती जा रही है। अनुमान है कि भारत में अभी 5 करोड़ व्यक्ति बेरोजगार है, प्रतिवर्ष 62 लाख बेरोजगार व्यक्तियों की वृद्धि हो जाती है। भारत में जो व्यक्ति रोजगार से जुड़े हैं उनकी स्थिति भी संतोषजनक नहीं है। इनमें से कुछ ऐसे लोग भी हैं जिन्हें नियमित रोजगार नहीं प्राप्त होता अर्थात् जो कार्य कर रहें हैं, उनके लिए पूरे समय के लिए काम नहीं है। ऐसी स्थिति को अर्द्ध रोजगार कहा जाता है।

भारत में कृषि को मुख्य व्यवसाय के रूप में अपनाया जाता रहा है। यहाँ कृषि क्षेत्र में उपलब्ध श्रमिकों की संख्या आवश्यकता से कई गुना अधिक है। कृषि के क्षेत्र में बेरोजगारी व्यापक रूप से फैली हुई है, जो स्पष्ट रूप से दिखाई नहीं देती है।

(6) सम्पन्नता में दरिद्रता (Poverty in Prosperity)- भारत में प्राकृतिक संसाधनों की प्रचुर मात्रा उपलब्ध है, जिनमें वन सम्पदा, खनिज, जनशक्ति व अन्य साधन प्रमुख हैं। यहाँ कोयला, लोहा, बाक्साइट, जिंक आदि के साथ परमाणु शक्ति में काम आने वाला खनिज युरेनियम भी पाया जाता है। भारत वनों से बहुमूल्य लकड़ियाँ व औषधियाँ प्राप्ति की दृष्टि से भी सम्पन्न है। अभी हाल ही में भारत में तेल एवं प्राकृतिक गैसों के विशाल भण्डार का पता चला है। इन सभी के बावजूद मानव-श्रम का समुचित उपयोग न होने एवं साधनों के अभाव में प्राप्त संसाधनों का विदोहन भली भाँति सम्भव नहीं हो सका है, इससे सम्पन्नता होते हुए भी दरिद्रता दूर किया जाना सम्भव नहीं है।

(7) परम्परागत समाज (Traditional Society)- भारत में अधिकांश जनसंख्या, अशिक्षित, भाग्यवादी, पिछड़ी हुई एवं परम्परागत है। स्वतन्त्रता के पचास वर्षो के बाद भी यहाँ अनेक कुरीतियाँ एवं बुराइयाँ जैसे मृत्यु भोज, पर्दा प्रथा, बाल विवाह एवं अनेक सामाजिक परम्पराएँ ज्यों की त्यों विद्यमान हैं। इन पर भारतीय समाज द्वारा काफी धन व्यय किया जाता है। अनेक बार धन की उपलब्धता न होने के बावजूद परम्पराओं एवं रीति-रिवाज के बन्धनो के निर्वाह के लिए ऋण लिया जाता है। इस प्रकार परम्पराओ एवं रीति रिवाजों को निभाने की बाध्यता के कारण लोगों के अनुत्पादक व्यय का शिकंजा अत्यन्त जकड़ा हुआ जिसके कारण कारण व्यक्ति सुखी जीवन व्यतीत करने में असमर्थ है।

कृषि एवं कुटीर उद्योगों में प्रयुक्त विश्व की आधुनिकतम टेक्नोलॉजी केविकास के बावजूद भी भारत के इन क्षेत्रों में आज भी परम्परागत तकनीक एवं साधनों का प्रयोग किया जा रहा है, जबकि उत्पादन एवं आय की आवश्यकता को देखते हुए परम्परागत कार्य शैली को छोड़कर आधुनिक साधनो का उपयोग किया जाना अनिवार्य हो गया है।

(8) आय एवं धन का असमान वितरण (Unequal distribution of Wealth and Income)- अन्य अल्प विकसित देशों के समान ही भारत में भी आय एवं

धन का असमान वितरण अर्थात् आर्थिक विषमता भारतीय अर्थव्यवस्था की प्रमुख विशेषता है। भारतीय अर्थव्यवस्था में सम्पत्ति एवं आय के वितरण में भारी असमानता या विषमता स्वतन्त्रता प्राप्ति के 50 वर्षों पश्चात भी विद्यमान है। ग्रामीण क्षेत्रों में आज भी ग्रामीण परिसम्पत्तियों का अधिकांश भाग चुने हुए कुछ परिवारों के हाथ में केन्द्रित है, जबकि शहरों में आर्थिक विषमता ग्ग्रमीण क्षेत्र से अधिक है। महालनोबिस के अनुसार ''शहरों में 5 प्रतिशत व्यक्तियों के पास कुल शहरी सम्पत्ति का 52 प्रतिशत केन्द्रित है, जबकि 20 प्रतिशत के पास कोई सम्पत्ति नहीं है। इस प्रकार भारत में 50 प्रतिशत व्यक्तियों को कुल आय का केवल 21.2 प्रतिशत भाग ही प्राप्त होता है। भारत के सभी राज्यों में प्रति व्यक्ति आय समान नहीं है। आर्थिक सर्वेक्षण 2000 के अनुसार प्रति व्यक्ति आय गोवा की सबसे अधिक है, जबकि सबसे कम बिहार की रही है। भारत में आर्थिक असमानता अर्थात् विषमता के बीच दूरी निरन्तर बढ़ती जा रही है, हालांकि इसको दूर करने के लिए आर्थिक दृष्टि से कमजोर वर्ग के लिए विभिन्न योजनाएँ एवं सुविधाएँ चलाई जा रही है।

(9) ग्रामीण अर्थव्यवस्था (Rural Economy)- ग्रामीण विकास भारतीय राष्ट्रीय विकास का आज भी प्रमुख आधार है। तेजी से हो रहे शहरीकरण के बावजूद आज भी भारतीय जनसंख्या का एक बहुत बड़ा भाग ग्रामीण क्षेत्रा में निवास कर रहा है। भारतीय अर्थव्यवस्था ग्रामीण क्षेत्रों पर निर्भर करती है, क्योंकि यहाँ की 73.4 प्रतिशत जनसंख्या गांवों में निवास करती है, जबकि विकसित देशो में ग्रामीण क्षेत्रों में रहने वाली जनसंख्या इससे बिलकुल विपरीत है, जापान की 22, अमेरीका की 24 व आस्ट्रेलिया की 15 प्रतिशत जनसंख्या ग्रामीण क्षेत्रों में निवास करती है। अनेक ऐतिहासिक कारणों से ग्रामीण भारत विकास के मार्ग पर अभी भी काफी पिछे हैं। देश की ग्ग्रमीण अर्थव्यवस्था श्रम प्रधान, रूढ़िवादी एवं पारस्परिक है, ये सभी पक्ष आर्थिक विकास में रूकावट पैदा करते है।

(10) पूँजी का अभाव (Lack of Capital)- यदि हम आर्थिक विकास को त्वरित करने वाले कारकों पर विचार करे तो उनमें सर्वाधिक महत्वपूर्ण कारण देश में पूँजी साधनों की उपलब्धि प्रतित होता है। पूँजी निर्माण अर्थव्यवस्था को आर्थिक पिछड़ेपन से मुक्ति दिलवाने वाला महत्वपूर्ण घटक है। भारत में बचत एवं विनियोग की दर के कारण पूँजी निर्माण का स्तर अत्यन्त ही निम्न है। । इसका प्रमुख कारण है, प्रति व्यक्ति आय कम होना। आय कम होने की स्थिति में बचत भी स्वत: कम हो जाती है। हालांकि पिछले कुछ वर्षो में बचत एवं विनियोग, आर्थिक नियोजन के सुचारू संचालन के फलस्वरूप बढ़ी है, फिर भी विकसित देशों की तुलना में काफी कम है। विकसित तथा अल्पविकसित राष्ट्रों में पूँजी निर्माण का तुलनात्मक वर्णन तालिका-2 में किया गया है।

तालिका-2

चयनित देशों में पूँजी निर्माण (1993)

अर्थव्यवस्था	पूँजी निर्माण (प्रतिशत)
फ्रांस	21
जर्मनी	23
जापान	30
इटली	22
अमेरिका	25
अल्प विकसित देश	15

भारत में प्रति व्यक्ति आय कम होने से आय का अधिकांश भाग उपभोग पर व्यय कर दिया जाता है। यदि थोड़ी बहुत बचत हो भी पाती है वह भी अनुत्पादक कार्यों पर व्यय कर दी जाती है। इस प्रकार अल्प विकसित राष्ट्रों में पूँजी का अभाव सदा ही बना रहता है। भारत में पूँजी की माँग अधिक है, जबकि उसकी उपलब्धता कम। ऐसी स्थिति में प्राकृतिक संसाधनों का विदोहन, भूमि की उत्पादकता बढ़ाने, श्रमिकों, की कार्यक्षमता बढ़ाने हेतु प्रशिक्षण व्यवस्था आदि कार्यो के लिए पूँजी उपलब्ध नहीं हो पाती है। अत: आर्थिक विकास एवं प्रगति का मार्ग अवरूद्ध हो जाता है। **बैंजामिन हिगिंस** के अनुसार, "पूँजी का संचय आर्थिक विकास के लिए बहुत आवश्यक है। अर्थव्यवस्था चाहे अमेरिका की तरह पूंजीवादी हो अथवा सोवियत रूप या चीन की तरह साम्यवादी, आर्थिक विकास बिना पूँजी के संचय के संभव हो ही नहीं सकता।"

(11) धीमी विकास दर (Slow Rate of Development)- भारत में आर्थिक विकास के लिए अनेक योजनाएँ बनाई गई है। जनसंख्या की वृद्धि आर्थिक विकास की इन किन्ही भी योजनाओ की सफलता के मार्ग में बाधक है। इससे विकास की प्रक्रिया धीमी पड़ जाती है। भारत में कृषि एवं उससे जुड़े व्यवसाय में आज भी परम्परागत विधियों से कार्य किया जा रहा है। इससे उत्पादन एवं आय अधिक प्राप्त किया सम्भव नहीं है। साथ ही निम्न आय स्तर के परिणामस्वरूप बचत की मात्रा में कमी हो रही है और अतिरिक्त संसाधनों को जुटाने के लिए पूँजी निर्माण भी कम हो रहा है। उपर्युक्त वर्णित सभी कारणों के परिणामस्वरूप विकास की गति धीमी है।

(12) औद्योगिकरण का अभाव (Lack of Industrialisation)- भारत सहित अधिकांश अल्प विकसित देशों में आधुनिक उद्योगों का नितान्त अभाव पाया जाता है। अल्पविकसित देशों में उद्योगों की संख्या बहुत कम होती है। उद्योगों के अभाव में आर्थिक विकास की आधारभूत पृष्ठिभूमि तैयार किया जाना सम्भव नहीं होता है। भारत में शीघ्र लाभ देने वाले उद्योगों में ही विनियोग किया जाता है। इससे अर्थव्यवस्था में उद्यमियों को कार्य करने के लिए उचित एवं अनुकूल वातावरण नहीं मिल पाता है। पूँजी का अभाव, निम्न जीवन स्तर आदि कारकों से का औद्योगिक विकास बाधित हो जाता है।

औद्योगिक क्षेत्र का सकल घरेलू उत्पाद में योगदान नगण्य है। यदि इस चुनौति पर हम भारत को परखे तो पता चलता है कि देश में केवल 16 प्रतिशत जनसंख्या ही उद्योगों में संलग्न है। औद्योगिक क्षेत्र का सकल घरेलू उत्पाद में योगदान केवल 25 प्रतिशत है। अन्य अल्पविकसित देशों में भी कम-ज्यादा यही स्थिति है। इसके विपरीत अमेरिका, जापान, इंग्लैण्ड, फ्रांस, जर्मनी आदि उद्योग प्रधान देशें में सकल घरेलू उत्पाद का 26 से 40 प्रतिशत उद्योगों से प्राप्त होता है।

(13) आर्थिक कुचक्रों का जोर (Vicious Economic Circles)- भारत भी अल्प विकसित एवं विकासशील देशों के समान ही आर्थिक कुचक्रों में फंसा हुआ हैं। आर्थिक कुचक्रों की विद्यमानता के कारण अल्पविकसित देशों में बचत कम होती है, जिससे पूँजी का अभाव सदैव बना रहा है। अत: उत्पादन को बढ़ाने के लिए आवश्यक पूँजी उपलब्ध नहीं हो पा रही है।

अल्पविकसित देश निर्धनता में फंसे हुए हैं, इससे निकल पाना काफी दुष्कर कार्य है। प्रकृति का नियम है कि निर्धनता आर्थिक कुचक्रों को बढ़ावा देती है, उदाहरण के लिए एक निर्धन व्यक्ति जिसके पास पर्याप्त भोजन सामग्री नहीं है, सदैव स्वयं को असहाय अनुभव करता है। भोजन के अभाव में उसका स्वास्थ्य कमजोर होता जाएगा। स्वास्थ्य कमजोर हो जाने पर उसकी कार्यक्षमता कम होती जायेगी, अन्तत: कार्य कुशलता एवं शारीरिक स्वास्थ्य की कमी से उसकी आय में निरन्तर कमी होती जायेगी। इस प्रकार निर्धन और अधिक निर्धन बनता चला जाता है, निर्धनता का दुष्चक्र निरन्तर जारी रहता है।

(14) बाजार की अपूर्णता (Imperfection of Market)- अल्प विकसित देशो में बाजार व्यवस्था की अपूर्णयताएँ सदैव देखने को मिलती है। श्रमिक एक स्थान से दूसरे स्थान पर कई कारणों से गतिशील नहीं हो पाते हैं। इससे उपलब्ध साधनों का अधिकतम उपयोग नहीं हो पाता है। बाजार की अपूर्णता से विनियोग को हतोत्साहित करती है जिसके परिणामस्वरूप इन राष्ट्रों में पूँजी की सदैव कमी बनी रहती है, जिसके परिणामस्वरूप उद्यमियों की कमी बनी रहती है।

(15) घाटे की वित्त व्यवस्था (Deficit Financing)- भारत में बजट प्रस्तावों को अन्तिम रूप देते समय बजट घाटे को निर्धारित किया जाता है। बजट में निरन्तर घाटे की प्रवृत्ति भारतीय बजट की प्रमुख विशेषता बन चुकि है। इस प्रकार बजट घाटा निरन्तर बढ़ रहा है। सरकार आर्थिक विकास के लिए वित्तीय संसाधन जुटाने के लिए घाटे की वित्त व्यवस्था का प्रावधान रखती है। भारत के वित्तीय प्रशासन में व्याप्त अनेक कमजोरियों के कारण, सरकार फिजुलखर्ची, भ्रष्टाचार एवं सार्वजनिक आय में वसुली की शिथिलता के कारण, घाटा बढ़ता जा रहा है। इससे रिश्वत, मूल्य वृद्धि, काला बाजारी आदि असामाजिक बुराइयों में वृद्धि हुई हैं।

(16) परिवहन एवं संचार के साधनों का अभाव (Lack of Transport and Communication Facilities)- स्वतन्त्रता के पचास वर्षो के पश्चात् भी भारत में परिवहन एवं संचार साधनों का अभाव है। देश के अनेक गाँवों में आज भी सड़के नहीं हैं, भौगोलिक विषमता के कारण से गाँव मुंख्य सड़कों से भी जुड नहीं पाये है। यद्यपि सरकार द्वारा विभिन्न योजनाओं के माध्यम से यह प्रयास किये गये हैं कि प्रत्येक पंचायत मुख्य मार्ग से जुड जाये।

संचार के क्षेत्र में डाक व्यवस्था दूरगामी स्थलों तक पहुँच रही है, लेकिन इस व्यवस्था में अनावश्यक विलम्ब एवं अनियमितता सदैव रही है, जबकि टेलिफोन एवं तार जैसे संचार व्यवस्था का अभी विस्तार किया जाना बाकी है। इन सुविधाओं के अभाव से आर्थिक प्रगति को बढ़ावा देने में बाधाएँ उपस्थित हो रही है।

(17) मानसून पर निर्भरता (Dependence on Monsoon)- भारत मूलतः कृषि प्रधान देश है एवं यहाँ की अधिकांश जनसंख्या का जीवन कृषि पर निर्भर है। अतः भारत की अर्थव्यवस्था कृषि के विकास पर आधारित है। जिस वर्ष मानसून समय पर तथा पर्याप्त मात्रा में आ जाये, उस वर्ष, कृषि क्षेत्र में सर्वत्र खुशहाली का दौर प्रारम्भ हो जाता है। यदि मानसून समय से नहीं आये, अथवा अपर्याप्त रहे तो ग्रामीण क्षेत्रों में दरिद्रता पनपती है।

भारतीय अर्थव्यवस्था में कृषि की मुख्य भुमिका है। भारत में कृषि मानसून पर निर्भर है। मानसून की अपर्याप्तता, अतिवृष्टि आदि से व्यापार, कृषि व उद्योग पर बुरा प्रभाव पड़ता है और आर्थिक प्रगति प्रभावित होती है। राष्ट्रीय आय में कमी होने का प्रमुख कारण मानसुन का प्रतिकूल होना रहता है, अतः भारतीय अर्थव्यवस्था को मानसून का जुआ भी कहा जाता है।

(18) आर्थिक सत्ता का केन्द्रीयकरण (Centralisation of Economic Power)- भारतीय समाज में अनेक प्रकार की आर्थिक विषमताएँ विद्यमान है। समाज स्पष्टतः दो वर्गो में बंटा हुआ है एक वर्ग सम्पन्न हैं एवं उसके हाथ में सत्ता है, जबकि दूसरा वर्ग निर्धन एवं सामान्य कृषक है, जिसकी सत्ता में कोई प्रत्यक्ष अथवा अप्रत्यक्ष भागीदारी नहीं है। भारत में पिछड़ी हुई अर्थव्यवस्था विद्यमान है, जिसमें आर्थिक एवं राजनैतिक सत्ता कुछ व्यक्तियों के हाथों में केन्द्रित है। अर्थव्यवस्था एवं राजनीति के विकेन्द्रीकरण के लिए पंचायत राज व्यवस्था में परिवर्तन में अभी कुछ और समय लेगगा। पंचायत राज सुदृढिकरण के अतिरिक्त विभिन्न पंचवर्षीय योजनाओं में आर्थिक विषमताएँ दूर करने के लिए प्रयास किये जा रहे है। इन सभी के बावजूद अभी और प्रयास किये जाने की आवश्यकता है।

(19) प्रतिकूल विदेशी व्यापार संतुलन (Unfavourable Balance of Trade)- भारत का विदेशी व्यापार स्वतन्त्रता प्राप्ति के बाद से ही अधिकतर असंतुलित रहा है। इसका प्रमुख कारण भारत के निर्यात-आयात की तुलना में कम होना है। अतः निर्यात द्वारा प्राप्त विदेशी मुद्रा अपर्याप्त होने से हमारी आर्थिक स्थिति सुदृढ़ नहीं है। साथ ही हमें आयात से काफी विदेशी मुद्रा का भुगतान करना पड़ रहा है। अनेक प्रयासों के बावजूद देश का व्यापार घाटा निरन्तर बढ़ता जा रहा है। इसे नियन्त्रित नहीं किये जाने पर विदेशी व्यापार में असंतुलन और बढ़ता चला जाएगा और हमारी आर्थिक स्थिति कमजोर हो जायेगी।

भारत-एक विकासशील अर्थव्यवस्था (India-A Developing Economy)

भारतीय अर्थव्यवस्था की उपर्युक्त सभी विशेषताएँ इसके अद्धे विकसित स्वरूप को उजागर करती है। किन्तु उपर्युक्त वर्णित विवेचन भारतीय अर्थव्यवस्था के एक तरफा स्वरूप का चित्रण करता है। निःसन्देह ब्रिटिश शासनकाल के दौरान भारतीय अर्थव्यवस्था की पहचान एक पूर्ण गतिहीन अर्थ व्यवस्था के रूप में की जाती थी, किन्तु स्वतन्त्रता के पश्चात् यह गतिहीनता समाप्त हुई है। स्वतन्त्रता प्राप्ति के पश्चात् देश में आर्थिक नियोजन की प्रक्रिया

के अन्तर्गत राष्ट्रिय अर्थव्यवस्था का जो मात्रात्मक और ढाँचागत दृष्टि से विकास हुआ है वह भारतीय अर्थव्यवस्था को एक विकासशील अर्थव्यवस्था सिद्ध करने हेतु स्वयं में पर्याप्त है। विकासशील रूप में भारतीय अर्थव्यवस्था की प्रमुख विशेषताएँ निम्नलिखित हैं। इन्हें भारत की अर्थव्यवस्था की नवीन विशेषताएँ भी कहा जा सकता है।

(1) नियोजित अर्थव्यवस्था (Planned Economy)- स्वतन्त्रता प्राप्ति के पश्चात् से ही अर्थव्यवस्था के विकास के लिए भारत ने नियोजन की नीति को अपनाया है। 1 अप्रैल, 951 से अब तक नौ पंचवर्षीय योजनाएँ एवं तीन वार्षिक योजनाएँ पूरी की जा चुकी है तथा दसवीं पंचवर्षीय योजना के अनुसार आर्थिक विकास की प्रक्रिया चल रही है।

भारत ने स्वतन्त्रता के पश्चात् मिश्रित अर्थव्यवस्था को अपनाया है, इसके अन्तर्गत देश के सार्वजनिक एवं निजी दोनों क्षेत्रों को विकसित होने का समुचित अवसर प्रदान किया गया है। मिश्रित अर्थव्यवस्था के अन्तर्गत विभिन्न पंचवर्षीय योजनाओं का निर्धारण किया जाता रहा है। जुलाई 1991 में वैश्वीकरण के दौर में भारत ने आर्थिक उदारीकरण के माध्यम से आर्थिक सुधार कार्यक्रमों के क्रियान्वयन का मार्ग अपनाया है। सरकार द्वारा बैंकिंग क्रियाओं क्रियाओं, विदेशी व्यापार, औद्योगिक क्षेत्रो में उदारीकरण की नीति अपनायी जा रही है।

(2) बैंकिंग एवं साख सुविधाओ का विकास (Development of Banking and Credit Facilities)- भारत में स्वतन्त्रता के प्रारम्भ से ही कृषि एवं उद्योग दोनो क्षेत्रों के लिए विभिन्न संस्थाओं की स्थापना पर जोर दिया गया है। बैंकों कृषि एवं उद्योगों के अतिरिक्त अन्य विकास के क्षेत्रो एवं सुविधाओं का निरन्तर विस्तार हो रहा है, ग्रामीण एवं पिछड़े क्षेत्रों जहाँ बैंकिंग सुविधाएं नहीं पहुँच पायी हैं, क्षेत्रीय ग्रामीण बैंकों की स्थापना की गई हैं। बैंकों के विस्तार ने देश के आर्थिक विकास में निर्णायक भूमिका का निर्वाह किया है।

(3) राष्ट्रीय आय में वृद्धि (Increase in National Income)- भारत में प्रथम योजना काल से अब तक प्रति व्यक्ति आय निरन्तर बढ़ रही है। वर्ष 1993-94 की कीमतों के आधार पर प्रति व्यक्ति आय 1993-94 में 7689 रूपये से बढ़कर वर्ष 2001-02 में 10,754 रूपये हो गयी है। स्पष्ट है कि आय में निरन्तर वृद्धि होने से भारत ने विकासशील देशों की श्रेणी में सम्मिलित होने का संकेत प्रदर्शित किया है।

(4) बचत एवं विनियोग में वृद्धि (Increase in Saving and Investment)- भारत में आय स्तर में निरन्तर वृद्धि होने से बचत एवं विनियोग में भी बराबर बढ़ोतरी हो रही है। यह आर्थिक विकास की दिशा में महत्वपूर्ण उपलब्धि है। देश में घरेलू बचतों का उपयोग आर्थिक विकास कार्यों में भली-भाँति हो रहा है। प्रथम योजनाकाल के समय बचत राष्ट्रीय आय का 10.4 प्रतिशत थी, जो आज बढ़कर 22.7 प्रतिशत होने का अनुमान है। इस प्रकार बचत एवं विनियोग में बढ़ोतरी आर्थिक विकास को प्रगति की दिशा में अग्रसर करने में सहायता कर रही है।

(5) औद्योगिक विकास (Industrial Development)- स्वतन्त्रता प्राप्ति के पश्चात् भारत में कृषि के साथ साथ औद्योगिक विकास को भी महत्वपूर्ण समझते हुए प्रोत्साहित किया गया, जिससे औद्योगिक विकास को बल मिला है। औद्योगिक विकास

कार्यक्रम के अन्तर्गत विद्यमान औद्योगिक इकाइयों का विस्तार एवं आधुनिकीकरण किया गया तथा नवीन औद्योगिक इकाइयों की स्थापना की गई। भारत ने उद्योग के क्षेत्र में काफी प्रगति की है, नवीन एवं आधुनिक उद्योगों के अन्तर्गत भारत ने कम्प्यूटर, सौफ्टवेयर, इलेक्ट्रोनिक्स, एवं पेट्रोरसायन के क्षेत्र में विश्व स्तर पर अपनी जगह बनाई है। सरकार द्वारा इन उद्योगों को प्रोत्साहित करने के लिए उचित वातावरण एवं सुविधाएँ प्रदान की जा रही है। परिणामत: वर्ष 2000-01 में औद्योगिक विकास दर 6 प्रतिशत तक पहुँच गई है। भारत में उपभोग उत्पादन के स्थान पर आधारभूत उद्योगों की स्थापना हो रही है, इसके परिणाम स्वरूप निर्यात एवं सार्वजनिक क्षेत्र में विनियोग बढ़ा है।

(6) कृषि उत्पादन में वृद्धि (Increase in Agricultural Production)- योजनाकाल से ही भारत में कृषि को विशेष प्रोत्साहन दिया गया था। प्रत्येक पंचवर्षीय योजना में कृषि क्षेत्र के लिए उत्तरोत्तर दर से व्यय वृद्धि का प्रावधान रखा गया है। जिसके परिणामस्वरूप कृषि के उत्पादन में निरन्तर वृद्धि हो रही है। वर्ष 1950-51 में कृषि क्षेत्र में खाद्यान उत्पादन 5.13 करोड़ टन था। 2002-03 समस्त खाद्यान्नों का उत्पादन बढ़कर 183.2 मिलियन टन हो गया है। इसके अतिरिक्त भारत में अब वाणिज्यिक फसलों के उत्पादन को भी पर्याप्त महत्त्व प्रदान किया जा रहा है।

(7) निर्धनता उन्मूलन के प्रयास (Efforts to Remove Poverty)- भारत एक कृषि प्रधान देश है। कृषि सामान्यत: मानसून पर आधारित है। कृषि आज व्यावसायिक स्तर पर न की जाकर पारिवारिक कार्य के रूप में संचालित है। इन कारणों से भारत की अधिकांश जनता गरीबी की रेखा के नीचे जीवनयापन करने व बाध्य है। सरकार निर्धनता दूर करने के लिए समन्वित ग्रामीण विकास कार्यक्रम के तहत चयनित परिवारों को आवास निर्माण के लिए सहायता राशि देती है। इसके अलावा गरीबी दूर करने के लिए सम्पूर्ण ग्रामीण रोजगार योजना, स्वर्ण जयंती ग्राम स्वरोजगार योजना आदि संचालित की जा रही है। इन योजनाओं के फलस्वरूप लोगों की आय बढ़ी है एवं जीवन स्तर उन्नत हुआ है।

(8) आधुनिक खेती (Modern Agriculture)- प्रारम्भ से ही भारत में परम्परागत रूप से खेती की जाती रही है। देश की आवश्यकताओं के अनुसार परम्परागत कृषि को त्याग कर कृषक आधुनिक कृषि विधियों को अपनाने लगे है। कृषि को विकास की दिशा प्रदान करने के लिए हरित क्रान्ति एवं श्वेत क्रान्ति को बहुत समर्थन मिला है, जिसके अन्तर्गत कृषकों ने आधुनिक यन्त्रों का प्रयोग, उन्नत बीज एवं खाद का प्रयोग करना प्रारम्भ किया। इसके लिए कृषि क्षेत्र में विभिन्न बैंकों एवं साख समितियों द्वारा वित्तीय सहायता दी जा रही है। इसके साथ ही सिंचित क्षेत्र में भी निरन्तर वृद्धि हुई है।

(9) सामाजिक एवं आर्थिक ढॉच का विस्तार (Expansion of Social and Economic Structure)- देश में कृषि, उद्योग्र बैंकिंग आदि क्षेत्रों में उन्नति की है। इसके साथ ही सामाजिक क्षेत्र के अन्तर्गत, यातायात, परिवहन, संचार, शिक्षा स्वास्थ आदि क्षेत्र भी निरन्तर प्रगति की ओर अग्रसर हैं। उपर्युक्त वर्णित सभी परिणामस्वरूप आर्थिक एवं सामाजिक विषमता में कमी हुई है।

इस प्रकार उपयुक्त तथ्यों एवं विशेषतओं के आधार पर यह कहा जा सकता है कि भारत निर्धन एवं पिछड़ा हुआ देश नहीं है, वरन् नियोजित अर्थव्यवस्था के अपनाये जाने के

फलस्वरूप उन्नति की ओर निरन्तर अग्रसर हुआ है। आर्थिक नियोजन के पाँच दशकों में भारत ने कृषि, व्यापार, उद्योग आदि क्षेत्रों में उल्लेखनीय प्रगति की है। शिक्षा, परिवहन, संचार के क्षेत्र में वृद्धि एवं विस्तार ने देश को विकासशील देशों की पंक्ति में खड़ा कर दिया है।

भारत तथा विश्व अर्थव्यस्था
(India and The World Economy)

विगत दशक के प्रारम्भ से विश्व अर्थव्यवस्था में उदारीकरण के युग का प्रारम्भ हुआ जिसके अन्तर्गत प्रत्येक राष्ट्र की अर्थव्यवस्था ने विश्व अर्थव्यवस्था के प्रवेश हेतु द्वार खोल दिये है। विश्व के विभिन्न राष्ट्रों के मध्य भौगोलिक दूरिया समाप्त हो गयी है। अतः यह आवश्यक है कि विश्व अर्थव्यवस्था के परिपेक्ष्य में भारतीय अर्थव्यवस्था का आंकलन किया जाय। निःसन्देह कुछ मापदण्डों के आधार पर भारतीय अर्थव्यवस्था की स्थिति विश्व अर्थव्यवस्था के परिपेक्ष्य में बेहतर है, किन्तु अनेक मापदण्डों पर भारतीय अर्थव्यवस्था द्वारा विश्व अर्थव्यवस्था के परिपेक्ष्य में असंतोषजनक कार्य निष्पादन का प्रदर्शन किया गया है। अतः यह आवश्यक है कि विश्व अर्थव्यवस्था के संदर्भ में भारतीय अर्थव्यवस्था की स्थिति का आकंलन कर उन क्षेत्रों का पता लगाया जाय जो विकास के मार्ग में बाधक है।

भारतीय अर्थव्यवस्था का विश्व की अर्थव्यवस्था के संदर्भ में निम्नलिखित मापदण्डों के आधार पर अध्ययन किया जा सकता है।

(1) **क्षेत्रफल** (Area) – आकार की दृष्टि से सम्पूर्ण विश्व का धरातलीय क्षेत्र 133.6 मिलियन किलोमीटर है, जबकि भारत का धरातलीय क्षेत्र 3.3 मिलियन किलोमीटर है। इस प्रकार भारत के पास कुछ विश्व का लगभग 2.5 प्रतिशत धरातलीय क्षेत्र है। यदि हम विश्व के छोटे आकार वाले राष्ट्रों की स्थिति पर विचार करे तो भारत का आकार की दृष्टि से विश्व में सातवां स्थान है। संयुक्त राज्य अमेरिका का धरातलीय क्षेत्र 9.4 मिलियन किलोमीटर, चीन का धरातलीय क्षेत्र 9.6 मिलियन किलोमीटर, भारत के धरातलीय क्षेत्र की तुलना में अत्यन्त विशाल है।

(2) **सकल घरेलू उत्पाद** (Gross Domestic Product)– किसी राष्ट्र की अर्थव्यवस्था के विकास का सकल घरेलू उत्पाद की स्थिति एक महत्वपूर्ण संकेताक है। इस सम्बन्ध में विगत दो दशको से सम्बन्धित आँकड़ों को तालिका –3 में प्रस्तुत किया गया है ये आँकड़े भारत तथा साथ ही इस सम्बन्ध में विश्व के अन्य राष्ट्रों की स्थिति का प्रदर्शन करते है। सम्पूर्ण विश्व में दशक 1980–90 तथा 1990–2000 के दौरान विश्व उत्पादन की वृद्धि दर क्रमशः 3.2 प्रतिशत तथा 2.6 प्रतिशत रही। भारत के सम्बन्ध में यह दर कुछ अधिक अर्थात क्रमशः 5.8 प्रतिशत तथा 6.0 प्रतिशत थी। यह संवृद्धि दर संयुक्त राज्य अमेरिका की संवृद्धि दर क्रमशः 3.0 प्रतिशत तथा 3.4 प्रतिशत की तुलना में भी काफी अधिक ऊँचि थी।

तालिका -3

सकल घरेलू उत्पाद की संवृद्धि दर

अर्थव्यवस्था	1980-90	1990-2000
सम्पूर्ण विश्व	3.2	2.6
भारत	5.8	6.0
यू. एस. ए.	3.0	3.4
चीन	10.1	10.3
विकासशील देश	3.4	3.6
विकसित देश	3.1	2.4

स्त्रोत : World Development Report (2001-02)

विश्व का सकल उत्पाद वर्ष 2000 में 31,171 बिलियन डालर था। इसकी तुलना में भारत का सकल राष्ट्रीय उत्पाद 471 बिलियन डालर था। भारत का हिस्सा विश्व की आय में केवल 1.5 प्रतिशत है। विश्व के राष्ट्रों में आय की दृष्टि से ऊपर से भारत का स्थान ग्यारहवां है। सयुक्त राज्य अमेरिका जिसकी सकल राष्ट्रीय आय 9,646 बिलियन डालर है(उसका विश्व में प्रथम स्थान है। संयुक्त राज्य अमेरिका का सकल राष्ट्रीय उत्पाद कुल विश्व का लगभग 31 प्रतिशत है। चीन का सकल राष्ट्रीय उत्पाद 10.65 बिलियन है, इसका स्थान विश्व में सांतवा है।

(3) **प्रतिव्यक्ति राष्ट्रीय उत्पाद** (Per Capita National Product) - कुछ देशों को छोड़कर भारतवासियों की प्रतिव्यक्ति आय विश्व में निम्नतम है। 2000 में भारत की प्रति व्यक्ति आय 460 डालर थी, जबकि यू. एस. ए. की प्रति व्यक्ति आय 38,120 डालर थी। तालिका-4 में प्रस्तुत आंकड़े इस बात का संकेत देते हैं कि, भारत की प्रति व्यक्ति आय केवल यू. एस. ए. , स्विटरजरलैण्ड, जर्मनी, यू. के. तथा जापान की तुलना में ही कम नही, वरन् चीन की प्रति व्यक्ति आय (840 डालर) की लगभग आधी है। तालिका - में प्रस्तुत आंकड़े इस बात का स्पष्ट संकेत देते हैं कि कुछ देशों को छोड़कर, भारत वासियों की प्रति व्यक्ति आय विश्व में निम्नतम है। स्थूल रूप में भारत की प्रति व्यक्ति आय 2000 में स्वीट्जरलैण्ड की प्रति व्यक्ति आय भारत की आय का लगभग 83 गुना तथा संयुक्त राज्य अमेरिका की 74 गुना है।

तालिका-4

चयनित राष्ट्रों की प्रति व्यक्ति आय (2000)

(डालर में)

राष्ट्र	विनिमय दर के आधार पर	क्रय शक्ति के आधार पर
यू. एस. ए.	34,260	34,260
स्विटजरलैण्ड	38,120	30,350
जर्मनी	25,050	25,010
यू. के.	24,500	23,550
जापान	34,210	26,460
चीन	840	3,940
भारत	460	2,390

स्त्रोत : World Development Report (2002)

(4) **क्षेत्रीय वृद्धि दर** (Sectoral Growth Rate) – उत्पादन वृद्धि दर के समान ही क्षेत्रीय वृद्धि दर के सम्बन्ध में भी भारत की वही स्थिति रही है। तालिका-3 सम्पूर्ण विश्व के परिपेक्ष्य में भारत की कृषि, उद्योग तथा सेवा क्षेत्र में संवृद्धि दर को प्रदर्शित करती है। इन दोनों ही अवधियों के दौरान अर्थात 1980-90 तथा 1990-2000 के दौरान भारत में कृषि क्षेत्र में वृद्धि दर सम्पूर्ण विश्व, संयुक्त राज्य अमेरिका तथा अन्य विकसित राष्ट्रों की तुलना में ऊँची रही है। यद्यपि चीन की तुलना में भारत में कृषि संवृद्धि दर की स्थिति कम संतोषजनक रही है।

उद्योग क्षेत्र में भारत की वृद्धि दर (1980-90 में 7.0 प्रतिशत तथा 1990-99 में 6.7 प्रतिशत) सम्पूर्ण विश्व, संयुक्त राज्य अमेरिका, विकासशील तथा विकसित राष्ट्रों की वृद्धि दर से ऊँची रही है। यद्यपि चीन (1980-90 में 11.1 प्रतिशत तथा 1990-99 में 14.4 प्रतिशत) की तुलना में भारत की औद्योगिक क्षेत्र में वृद्धि दर कम रही है।

कृषि तथा उद्योग के समान ही भारत में सेवा क्षेत्र की संवृद्धि दर की वृद्धि दर की स्थिति सन्तोषजनक रही है। सेवा क्षेत्र में भारत द्वारा सम्पूर्ण विश्व, संयुक्त राज्य अमेरिका, विकसित तथा विकासशील देशों की तुलना में काफी ऊँची दर अर्जीत कि गयी है, किन्तु यह चीन की तुलना में बहुत नीची थी। भारत में सेवा क्षेत्र की वृद्धि दर 1980-90 तथा 1990-99 के दौरान क्रमश: 6.9 प्रतिशत तथा 7.7 प्रतिशत थी, जबकि विकासशील राष्ट्रों में क्रमश: 3.8 प्रतिशत तथा 3.7 प्रतिशत रही7 इसकि तुलना में चीन की स्थिति भारत से बेहतर रही जहाँ 1980-90 तथा 1990-99 के दौरान क्रमश: 13.2 प्रतिशत तथा 9.2 प्रतिशत वृद्धि दर सेवा खेत्र में प्रदर्शित हुई।

तालिका-5

अर्थव्यवस्था में क्षेत्रीय संवृद्धि की दर

(वार्षिक औसत प्रतिशत में वृद्धि)

अर्थव्यवस्था (Economy)	कृषि (Agriculture)		उद्योग (Industry)		सेवा (Services)	
	1980–90	1990–99	1980–90	1990–99	1980–90	1990–99
विश्व (World)	2.7	1.6	–	3.0	–	2.5
भारत (India)	3.1	3.8	7.0	6.7	6.9	7.7
संयुक्त राज्य अमेरिका (U.S.A.)	–	2.5	–	4.9	–	2.1
चीन (China)	5.9	4.3	11.1	14.4	13.5	9.2
विकासशील राष्ट्र (Developing Countries)	3.4	2.2	3.8	3.9	3.8	3.7
विकसित राष्ट्र (Developed Countries)	–	0.8	–	2.6	–	2.2

स्त्रोत - वर्ड डवलेपमेन्द रिपोर्ट 2000-02 तक तालिका संकलित

(5) **जनसंख्या** (Population)- सम्पूर्ण विश्व की जनसंख्या वर्ष 2000 में 6 बिलियन 60541 मिलियन थी। 2001 की जनगणना के अनुसार भारत की जनसंख्या 1 बिलियन से अधिक थी। भारत की जनसंख्या विश्व की जनसंख्या का लगभग 17 प्रतिशत है जो कि विश्व के 2.5 प्रतिशत क्षेत्र में निवास करती है। संयुक्त राज्य अमेरिका की जनसंख्या 273 मिलियन है जो भारत की जनसंख्या की एक चौथाई है। संयुक्त राज्य अमेरिका की जनसंख्या विश्व की कुल जनसंख्या की 4.6 प्रतिशत है, जिसका धरातलीय क्षेत्र कुल विश्व के घरातलीय क्षेत्र का 7 प्रतिशत है। चीन की जनसंख्या 1.25 बिलियन है, जो कि विश्व की जनसंख्या लगभग 21 प्रतिशत है तथा जिसका धरातलीय क्षेत्र विश्व का 7.2 प्रतिशत है।

तालिका-6

जनसंख्या परिदृश्य

देश	जनसंख्या	सम्पूर्ण विश्व की जनसंख्या का प्रतिशत	कुल विश्व धरातलीय क्षेत्र का प्रतिशत
सम्पूर्ण विश्व	6 बिलियन 6054 मिलयन	–	
भारत	1 बिलियन से अधिक	17	2.5
यू. एस. ए.	273 मिलियन	4.6	7.0
चीन	1.25 बिलियन	21	7.2
विकाशील देश	5 बिलियन से अधिक	85	75
विकसित देश	903 मिलियन	151	25

जनसंख्या तथा धरातलीय क्षेत्र का संयुक्त अध्ययन जनसंख्या के धनत्व पर प्रकाश डालता है, अर्थात प्रति वर्ग किलोमीटर में निवास करने वाली जनसंख्या। सम्पूर्ण विश्व के संदर्भ में जनसंख्या का घनत्व (2000 में) 47 था, जबकि भारत में 342, यू. एस. ए. में 31 तथा चीन में 135 था। जनसंख्या का धनत्व विकासशील देशों में 52 तथा विकसित देशों में 29 था। यद्यपि जनसंख्या का घनत्व किसी भी दृष्टि से विकास का संकेतांक तथा निर्धारक नहीं, किन्तु यह विकास की बाधाओं तथा सम्भावनाओं को दर्शाता है।

(6) **विनियोग और बचत** (Investment and Savings)- भारत में पूँजी निर्माण की प्रचलित दर विकसित राष्ट्रों की तुलना में कम है। तालिका-7 में प्रस्तुत आँकड़े इस बात का संकेत देते हैं कि जापान आदि विकसित देशों की तुलना में अल्पविकसित देशों में पूँजी निर्माण की दर कम है। कुल देशी उत्पाद के प्रतिशत के रूप में भारत में कुल देशीय विनियोग जो कि 1990 में 25 था वह कम होकर 1999 में 24 हो गया। यह जापान की तुलना, में अवश्य कम है, किन्तु जर्मनी, आस्ट्रेलिया, यू. एस.ए., यू. के. की तुलना में सराहनिय है।

तालिका-7

कुल देशीय विनियोग और बचत

(कुल देशी उत्पाद के प्रतिशत के रूप में)

देश	कुल देशीय विनियोग		कुल देशीय बचत	
	1990	1999	1990	1999
जापान	32	29	33	30
जर्मनी	23	21	23	23
आस्ट्रेलिया	21	22	21	21
यू. एस. ए.	17	19	15	17
यू. के.	19	16	17	15
भारत	25	24	22	20

स्त्रोत : World Development Report (2000-2001)

अर्थशास्त्रियों द्वारा लगाये गये अनुमानों के अनुसार जिन राष्ट्रों में जनसंख्या 1 प्रतिशत प्रति वर्ष बढ़ रही हो, तो उसे अपने वर्तमान जीवन स्तर को कायम रखने के लिए 4 प्रतिशत प्रतिवर्ष अतिरिक्त विनियोग की आवश्यकता होगी। इस दृष्टि से भारत में जहाँ जनसंख्या वृद्धि दर 2 प्रतिशत हैए वहाँ लगभग 8 प्रतिशत पूँजी निर्माण की आवश्यकता होगी।

(7) **विश्व व्यापार में हिस्सा** (Share in World Trade) - भारत का अन्य राष्ट्रों के साथ व्यापार राष्ट्रीय अर्थव्यवस्था का विश्व की अन्य अर्थव्यवस्थाओं के साथ सम्बन्ध स्थापित करता है। अत: यह आवश्यक है कि भारत की सम्बद्धता की मात्रा का विश्व अर्थव्यवस्था के परिपेक्ष्य में अध्ययन किया जा। तालिका-6 भारतीय अर्थव्यवस्था में आने वाली (आयात) तथा राष्ट्रीय अर्थव्यवस्था से जाने वाली वस्तुओं (निर्यात) तथा सेवाओं की प्रवृत्ति को दर्शाती है।

तालिका-8

वैश्विक व्यापार

अर्थव्यवस्था	निर्यात			आयात		
	वाणिक निर्यात		वाणिज्यक सेवाओं का निर्यात	वाणिक आयात		वाणिज्यक सेवाओं का आयात
	मिलियन डालर	नर्माणी वस्तुओं का प्रतिशत	मिलियन डालर	मिलियन डालर	निर्माणी वस्तुओं का प्रतिशत	मिलियन डालर
विश्व	5,253,926	79	1,279,291	5383645	77	1266754
भारत	33,626	74	11,067	42742	55	14,192
यू. एस. ए.	6,82,497	82	2,39,957	942645	81	165,827
चीन	1,83,809	87	24,040	140237	81	28,715
विकासशील राष्ट्र	1,290,207	69	2,67,763	1327018	74	301,082
विकसित राष्ट्र	3,963,945	82	1,011,508	4058694	78	965,672

स्त्रोत : World Development Report (2002)

तालिका - 8 में सम्मिलित किये गये आँकड़े इस तथ्य को दर्शाते है कि विश्व अर्थव्यवस्था में भारत का हिस्सा चिन्तनिय रूप से कम है। तालिका-6 का विश्लेषण ही यह दर्शाता है कि निर्यात के समान ही आयात के सम्बन्ध में भी भारत की स्थिति अधिक सन्तोषजनक नही है। विश्व व्यापार के परिदृश्य में भारत की विदेशी व्यापार संरचना, निर्यात संवृद्धि दर तथा वाणिज्यक सेवाओं में व्यापार की स्थिति का तुलनात्मक विवेचन निम्न विवरण में प्रस्तुत किया गया है-

(i) **व्यापार संरचना** (Trade Composition) - यदि भारतीय अर्थव्यवस्था का विश्व अर्थव्यवस्था की व्यापार संरचना के सम्बन्ध में अध्ययन करे तो पता चलता है कि यह निर्यात तथा आयात दोनों ही दृष्टि से कमजोर अर्थव्यवस्था है। यद्यपि भारत के निर्यातों मे निर्मित वस्तुओं का 74 प्रतिशत भाग को कमजोर नहीं कहा जा सकता, किन्तु इस मद के सम्बन्ध में संयुक्त राज्य अमेरिका तथा चीन का भाग 80 प्रतिशत होना अधिक संतोषजनक स्थिति है। इसका प्रमुख कारण यह है कि निर्मित वस्तुओं का निर्यात अर्थव्यवस्था में उच्च संवृद्धि दर का प्रतिनिधित्व करता है।

(ii) **आयातों में हिस्सा** (Share in Import) –विश्व के कुल आयातों में भारत का भाग 1 प्रतिशत से भी कम (0.8 प्रतिशत) है। इसकी तुलना में चीन के आयात काफी अधिक है अर्थात 2.6 प्रतिशत है, यद्यपि यह चीन की अर्थव्यवस्था के आकार की दृष्टिगत रखते हुए महत्वहीन है। कुल विश्व के आयात में यू. एस. ए. का भाग 17.5 है। इसी प्रकार विश्व के कुल आयातों में विकासशील तथा विकसित देशों का हिस्सा क्रमश: 24 प्रतिशत तथा 75 प्रतिशत है।

(iii) **निर्यातो में हिस्सा** (Share in Export)– आयात के समान निर्यात के क्षेत्र में भी भारत का हिस्सा विश्व निर्यातों में प्रतिशत (0.6 प्रतिशत) से भी कम है। इसकी तुलना में चीन का हिस्सा कही अधिक 3.5 प्रतिशत है, यद्यपि चीन की अर्थव्यवस्था के विशाल आकार को देखते हुए यह महत्वहीन है। वस्तुत: यह यू एस.ए. के कुल विश्व के निर्यात में 13 प्रतिशत भाग की तुलना में अत्यन्त महत्वहीन है। कुल विश्व के निर्यातों में विकासशील राष्ट्रों का हिस्सा 24 प्रतिशत है, जबकि विकसित राष्ट्रों का हिस्सा 75 प्रतिशत से अधिक है।

यदि विकासशील देशों की निर्यात संवृद्धि दर 1980–90 में 6.6 प्रतिशत तथा 1990–99 में 8.2 प्रतिशत तथा विकसित देशों की संवृद्धि दर 1980–90 में 5.0 प्रतिशत तथा 1990–99 में 6.2 प्रतिशत के साथ भारत के निर्यातों की वृद्धि दर 0.6 प्रतिशत की तुलना करे तो भी कोई संतोषजन स्थिति प्रतित नहीं होती है।

(iv) **वाणिज्यक सेवाओं में व्यापार** (Trade in Commercial Services) – भारत की स्थिति वाणिज्यक सेवाओं के व्यापार में भी अत्यन्त असंतोषजनक स्थिति को दर्शती है। वाणिज्यक सेवाओं के निर्यात में भारत का भाग 1 प्रतिशत से भी कम (0.8 प्रतिशत) रहा है जो कि वास्तव में अत्यन्त नीचा है। यह विश्व व्यापार में वाणिज्य सेवाओं के निर्यात में संयुक्त राज्य अमेरिका के भाग 19 प्रतिशत तथा चीन के भाग 2 प्रतिशत से काफी कम है।

जहाँ तक इन सेवाओं के आयात का प्रश्न है, भारत का निष्पादन कुल विश्व आयात में भाग लगभग 1 प्रतिशत, किसी भी दृष्टि से सन्तोषजनक नहीं कहा जा सकता है। यद्यपि चीन का भाग 2 प्रतिशत भी संतोषजनक नहीं माना जा सकता। संयुक्त राज्य अमेरिका विश्व के कुल वाणिज्यक सेवाओं के आयात में भाग 13 प्रतिशत को काफी सन्तोषजनक कहा जा सकता है। इसके अतिरिक्त विकासशील राष्ट्रों का 24 प्रतिशत भाग विकसित देशों के भाग 76 प्रतिशत की तुलना में अत्यन्त छोटा लगता है।

(9) **वित्तीय प्रवाह** (Financial Flows) – किसी अर्थव्यवस्था, में वित्तीय प्रवाह ऋणों तथा अन्तर्राष्ट्रीय वित्तीय संस्थाओं–विश्व बैंक तथा इसकी सहायक संस्थाओं द्वारा ऋण आदि दिये के कारण होता है। इस प्रवाह का हम भारतीय अर्थव्यवस्था के संदर्भ में अध्ययन करे तो पता चलता है कि भारतीय स्थिति शेष विश्व की तुलना में अत्यन्त दयानिय है। कुल निजी वित्तीय प्रवाह में भारत का भाग काफी छोटा–लगभग 2 प्रतिशत है। इसके विपरित चीन का हिस्सा अत्यन्त महत्वपूर्ण रहा है। विश्व के कुल प्रत्यक्ष विनियोग का केवल 0.4 प्रतिशत भाग ही भारत को प्राप्त हुआ है। सम्पूर्ण विकासशील विश्व की ही इस सम्बन्ध स्थिति सन्तोषजनक नहीं रही है। जिन्हें सम्पूर्ण रूप से केवल 1.4 प्रतिशत भाग ही प्राप्त

हुआ। विश्व के कुल प्रत्यक्ष विनियोग में चीन का हिस्सा 7 प्रतिशत तथा संयुक्त राज्य अमेरिका को सर्वाधिक 31 प्रतिशत प्राप्त हुआ। विश्व अर्थव्यवस्था में वित्तीय संसाधनों के प्रवाह को तालिका - 9 में दर्शाया गया है।

तालिका -9

वित्तीय प्रवाह -1998

अर्थव्यवस्था	शुद्ध निजी पूँजी प्रवाह (मिलियन डालर)	विदेशी प्रत्यक्ष विनियोग (मिलियन डालर)	कुल बाहरी ऋण (मिलियन डालर)	जी एन पी का वर्तमान मूल्य प्रतिशत	अधिकृत विकास सहायता	
					डॉलर प्रति व्यक्ति	जी. एन पी. का प्रतिशत
सम्पूर्ण विश्व	-	6,19,258	-	-	9	0.6
भारत	6,151	2,633	98,232	20	2	0.4
यू. एस. ए.	-	1,93,373	-	-	-	-
चीन	42,676	43,751	1,54,599	15	2	0.3
विकासशील राष्ट्र	2,67,700	1,70,942	25,36,046	-	8	0.7
विकसित राष्ट्र	-	4,48,319	-	-	-	-

स्त्रोत : World Development Report (2000-01)

तालिाक-8 में प्रदर्शित आंकड़े दर्शातें हैं कि विश्व के सम्पूर्ण प्रत्यक्ष विनियोग में 72 प्रतिशत विकसित राष्ट्रों को तथा केवल 27 प्रतिशत विकासशील राष्ट्रों को प्राप्त हुआ। सम्पूर्ण विश्व को प्राप्त हुए ऋणों में भारत का हिस्सा लगभग 4 प्रतिशत रहा। इसके विपरीत चीन का हिस्सा लगभग 6 प्रतिशत रहा।

(10) **कृषि पर निर्भरता** (Dependence on Agriculture) -यद्यपि कृषि पर अत्यधिक निर्भरता आर्थिक विकास की दृष्टि से कोई अच्छा संकेत नहीं है। निःसन्देह अधिकाशः लोगों को रोजगार प्रदान करने की दृष्टि से कृषि का विशेष महत्व है। यदि हम विश्व अर्थव्यवस्था के परिपेक्ष्य में भारतीय अर्थव्यवस्था की स्थिति देखे तो यह न केवल गम्भिर है वरन् सर्वाधिक है। तालिका -३० में प्रस्तुत आंकड़े इस तथ्य का आभास कराते है कि जहाँ विकसित देशों में अधिकांशतः कृषि पर आधारित जनसंख्या 10 प्रतिशत से भी कम है, वहाँ भारत में यह 63 प्रतिशत है। यह अल्प विकसित देशों की श्रेणी में सम्मिलित चीन (61 प्रतिशत) तथा ब्राजील (24 प्रतिशत) से भी अधिक है। इसी कारण से भारत के सकल घरेलू उत्पाद में कृषि का हिस्सा वर्ष 2000 में 27 प्रतिशत रहा ।

तालिका -10

विकसित तथा अल्प -विकसित देशों में कृषि की स्थिति

देश	कृषि में संलग्न कार्यशील जनसंख्या का प्रतिशत (1991)	सकल घरेलू उत्पाद में कृषि का प्रतिशत भाग (2000)
विकसित देश		
1. इंग्लैण्ड	2	
2. संयुक्त राज्य अमेरिका	3	
3. इटली	8	3
4. फ्रांस	6	3
5. जापान	7	2
अल्प-विकसित देश		
1. भारत	63	27
2. चीन	61	16
3. ब्राजील	24	9

भारतीय अर्थव्यवस्था का विश्व अर्थव्यवस्था में स्थान से सम्बन्धित उपर्युक्त वर्णित विवेचन से यह स्पष्ट है कि विश्व अर्थव्यवस्था के संदर्भ में भारतीय अर्थव्यवस्था सम्मानजनक स्थिति में नही है। यदि हम भारतीय अर्थव्यवस्था की तुलना अमेरिका, यहाँ तक की अल्पविकसित राष्ट्र चीन की अर्थव्यवस्था से करे तो भी स्थिति अधिक सन्तोषजनक प्रतित नहीं होती है। विकासशील राष्ट्रों तथा विकसित राष्ट्रों के सन्दर्भ में भी भारतीय अर्थव्यवस्था की ऐसी ही स्थिति उभरती है। यद्यपि भारतीय अर्थव्यवस्था द्वारा 1980 के दशक के प्रारम्भ से जो वृद्धि अर्जित कि गयी है वह नि:सन्देह सराहनीय प्रतित होती है। यदि 1980 के पश्चात् भारतीय अर्थव्यवस्था द्वारा जो वृद्धि दर अर्जीत की गयी है उसकी तुलना इससे पूर्व के तीन दशकों में अर्जीत की गयी वृद्धि दर 3.5 प्रतिशत से करे तो वर्तमान में स्थिति अधिक सन्तोषजनक प्रतित होती है। भारतीय अर्थव्यवस्था आज भी विकास की वह दर प्राप्त करने में असफल रही है जिससे वर्तमान ज्वलन्त समस्याओं - निम्न प्रति व्यक्ति आय, गरिबी की उच्च प्रवृत्ति, भयंकर बेरोजगारी, बढ़ती हुई जनसंख्या के एक बड़े भाग को रोजगार तथा शिक्षा की सुविधाएं उपलब्ध करवाने हेतु संसाधनों की अपर्याप्तता आदि का कोई सन्तोषजनक समाधान निकल सके।

भारतीय अर्थव्यवस्था में विद्यमान अपर्याप्तता को दूर करने हेतु निम्न सुझाव प्रस्तुत किये जा सकते है-

1. विदेशी संसाधनों के प्रयोग में वृद्धि द्वारा कुछ समय के लिए अभाव की स्थिति की दूर करके आत्म निर्भर आर्थिक विकास हेतु प्रयास किये जा सकते है।

2. उन्नत प्रोद्योगिकी तथा आधुनिक प्रबन्धकीय तकनिकों का प्रयोग के द्वारा अर्थव्यवस्था में सुधार किये जा सकते है।

3. विदेशी पूँजी भी आर्थिक समृद्धि का मार्ग प्रशस्त करने में कारगर सिद्ध होगी। यद्यपि पूर्व का अनुभव दर्शाता है कि ऋण राष्ट्र के विकास में अधिक कारगर सिद्ध नहीं हुआ है। अत: विदेशी प्रत्यक्ष विनियोग पर ध्यान दिया जाना चाहिए क्योंकि इसके साथ विकसित देशों से विदेशी पूँजी, तकनिक तथा प्रबन्धकीय चातुर्य स्वत: ही आ जायेगा।

4. निर्यातों में वृद्धि तथा आयात प्रतिस्थापन के प्रयास किये जाने चाहिए।

5. अर्थव्यवस्था के विनियोग स्तर में वृद्धि तथा उपलब्ध संसाधनों के कुशल उपयोग को प्रोत्साहित किया जाना चाहिये।

6. अन्य अनेक विकासशील राष्ट्रों के समान ही भारत भी विभिन्न प्रकार के अवरोधों के कारण, विकसित बाजार में प्रवेश के मार्ग में कठीनाई अनुभव कर रहा है। इसका समाधान भी आवश्यक है।

परिक्षापयोगी प्रश्न

1. भारतीय अर्थव्यवस्था की प्रकृति क्या है। भारतीय अर्थव्यवस्था की प्रमुख विशेषताएँ बतलाइये।

   What is nature of Indian Economic. Discuss main characteristic of Indian economy.

2. आप कैसे सिद्ध कर सकते है कि भारतीय अर्थव्यवस्था एक विकासशील अर्थव्यवस्था है स्पष्टत: समझाइये।

   How will prove that Indian Economy is a developing economy. Discuss clearly.

3. भारतीय अर्थव्यवस्था की आधारभूत विशेषताएँ क्या है, नवीनतम आंकड़ों की सहायता से स्पष्टत: समझाइये।

   What are the fundamental characteristics of Indian Economy. Discuss with using latest data.

4. भारतीय अर्थव्यवस्था की विश्व अर्थव्यवस्था में स्थिति स्पष्ट कीजिये। भारतीय अर्थव्यवस्था में विद्यमान अपर्याप्तता को दूर करने हेतु उपयुक्त सुझाव दीजिये।

   Discuss place of Indian Economy in World Economy. Give appropriate suggestions to remove deficiency exist in Indian economy.

❑❑❑

3

जनसंख्या
(Population)

जनगणना 2001 (Census 2001)

जनगणना प्रत्येक 10 वर्ष पश्चात् घटित होने वाली एक महत्वपूर्ण सामाजिक-आर्थिक घटना है। इसके अन्तर्गत एक दशक के दौरान भारत के मानविय संसाधनों में हुई वृद्धि का प्रदर्शन किया जाता है। इस सम्बन्ध भारत मे प्रथम प्रयास अर्थात प्रथम जनगणना 1901 हुआ। 1901 से लेकर 2001 तक भारत में 11 जनगणना हो चुकी है। भारत की राजनीतिक स्वतन्त्रता के पूर्व 5 बार तथा इसके पश्चात् 6 बार जनगणना हो चुकि है प्रत्येक जनगणना द्वारा भारत के मानविय संसाधनों की कुल जनसंख्या, जन्म तथा मृत्यु दर, घनत्व लिंग अनुपात, शहरी-ग्रामीण जनसंख्या, आयु संरचना, जीवन प्रत्यांक्षा, साक्षरता अनुपात आदि के सम्बन्ध सांख्यिकीय प्रस्तुत किये जाते हैं। इन्हें जनगणनाकि विशेषता भी कहा जाता है। भारत में 2001 की जनगणना 21वी शताब्दी की प्रथम जनगणना होने के कारण युगान्तर प्रवृत्ति को दर्शाती है। यह जनगणना हमारे देश में निवास करने वाले असंख्य मानव संसाधनों की संख्या, जनांकिकी, संस्कृति, आर्थिक संरचना को दर्शाती है। भारत की 2001 की जनगणना का कार्य 9 से 28 फरवरी 2001 तक तथा पुनर्निरिक्षण दौर 1 से 5 मार्च 2001 के मध्य सम्पन्न हुआ। 1 मार्च 2001 को भारत की जनसंख्या 1027 करोड़ तक पहुँच गयी (इसमें 531.3 करोड़ पुरूष तथा 495.7 महिलायें थी। भारत के पास विश्व का 2.4 प्रतिशत, अर्थात 135.97 करोड़ प्रति वर्ग किलोमीटर धरातलीय क्षेत्र है। किन्तु भारत में विश्व की 16.7 प्रतिशत जनसंख्या निवास करती है। 2001 की जनगणना के अनुसार, भारतीय जनसंख्या की प्रमुख विशेषताओं का चित्रण निम्नलिखित विवेचन में किया गया है :

भारतीय जनसंख्या की विशेषताएँ (Main Features of Population)

(1) **जनसंख्या का आकार** (Size of Population) - भारत की जनसंख्या का आकार, जो कि 20वी शताब्दी के प्रारम्भ में 23.8. करोड़ थी बढ़कर 21वी शताब्दी के प्रारम्भ में 102.7 करोड़ पर पहुँच गया। भारत में जनसंख्या के आकार में हुई वृद्धि का परिणाम स्वरूप यह विश्व में द्वितीय सर्वाधिक जनसंख्या वाला प्रदेश बन गया है। भारत में जनसंख्या की वृद्धि दर को तालिका -1 में दर्शाया गया है।

तालिका-1

भारत में दशकिय जनसंख्या वृद्धि (1901-2001)

जनगणन वर्ष	जनसंख्या (करोड़ों मे)	10 वर्षीय वृद्धि दर (प्रतिशत)	औसत वार्षिक घातांक वृद्धि दर (प्रतिशत)	1991 के पश्चात् की उत्तरोत्तर वृद्धि दर (प्रतिशत)
1901	23.8	–	–	–
1911	25.2	+ 5.75	0.56	+ 5.75
1921	25.1	– 0.31	– 0.03	+ 5.42
1931	27.9	+ 11.00	1.04	+ 17.02
1941	31.9	+ 14.22	1.33	+ 33.67
1951	36.1	+ 13.31	1.25	+ 51.47
1961	43.9	+ 21.51	1.96	+ 84.25
1971	54.8	+ 24.80	2.20	+ 129.94
1981	63.4	+ 24.66	2.22	+ 186.64
1991	84.6	+ 23.85	2.14	+ 255.00
2001	102.70	+21.34	1.93	+330.80

1. Census of India 1991 and 2001

(2) जनसंख्या का घनत्व (Density of Population)- एक अत्यन्त महत्वपूर्ण जनसंख्या संकेतांक, जो जनसंख्या के भारत में किसी विशेष स्थान पर सकेन्द्रण की प्रवृत्ति को दर्शाता है, वह जनसंख्या घनत्व है। जनसंख्या का धनत्व प्रति वर्ग किलोमीटर में निवास करने वाली औसत जनसंख्या से होता है। जनसंख्या धनन्तव की गणना किसी देश की सम्पूर्ण जनसंख्या को देश के कुल क्षेत्रफल से विभाजित कर प्राप्त की जा सकती है। यह एक प्रमुख संकेतांक है जो यह दर्शाता है कि कोई विशेष राष्ट्र, क्षेत्र अथवा राज्य, सघन रूप से अथवा मामूली जनसंख्या वाला क्षेत्र हैं।

तालिका-2

जनसंख्या का धनत्व

जनगणन वर्ष	जनसंख्या धनत्व (प्रतिवर्ग किलोमीटर)
1921	81
1931	90
1941	103
1951	117
1961	142
1971	173
1981	216
1991	267
2001	324

भारत में 1951 में जनसंख्या का घनत्व 117 था, 2001 में यह बढ़कर 324 हो गया। 2001 की जनगणना के अनुसार हरियाणा का घनत्व 477, पंजाब का 482 तथा हिमाचल का 109 है। 1991 से 2001 के मध्य भारत के सभी राज्यों तथा केन्द्र शासित प्रदेशों में जनसंख्या के घनत्व में वृद्धि हुई है। भारत के सभी राज्यों में जनसंख्या का घनत्व समान नहीं है। भारत के प्रमुख राज्यों में पश्चिम बंगाल एक सघन रूप से निवास करने वाली जनसंख्या का प्रदेश है, जिसकी जनसंख्या का घनत्व 2001 की जनगणना के अनुसार 904 था। 2001 की जनगमणा के अनुसार ही बिहार, केरल को तीसरे स्थान पर धकेल कर, भारत का दूसरा सर्वाधिक जनसंख्या घनत्व वाला प्रदेश बन गया है।

(3) जन्म दर व मृत्यु दर (Birth Rate & Death Rate)- भारत में जनसंख्या वृद्धि के प्रमुख कारणों में सर्वाधिक महत्वपूर्ण कारण जन्म दर में वृद्धि तथा मृत्यु दर में कमी का होना रहा है। भारत में मृत्यु दर तेजी से कम हुई है। जबकि जन्म दर में बहुत कम गति से गिरावट हुई है। इस दुविधापूर्ण स्थिति के कारण भारत में जनसंख्या वृद्धि की दर अत्यन्त ऊँची रही है। विगत जनगणनाओं के आकड़ों का विश्लेषण स्पष्ट करता है कि भारत में 1901 से 1941 तक जन्म दर में निरन्तर वृद्धि हुई। 1951 की जनगणना के अनुसार इसमें कमी हुई। 1961 तथा 1971 में जन्म दर स्थिर हो गई। 1981 के पश्चात् भारत में जन्म दर में निरन्तर कमी हुई है। 2001 की जनगणना के अनुसार भारत की जन्म दर 26 प्रति हजार है, यह 1991 की जनगणना की जन्म दर 30.9 प्रति हजार से काफी कम थी। यह एक महत्वपूर्ण विशेषता मानी जा सकती है। जन्म दर में कमी सापेक्ष रूप से जनसंख्या वृद्धि नियन्त्रण की दृष्टि से श्रेष्ठ है, किन्तु इसी अनुपात में हो रही मृत्यु दर में कमी के कारण निरपेक्ष रूप से श्रेष्ठ नहीं कहीं जा सकती है। भारत में मृत्यु दर में 1901 से 2001 तक निरन्तर कमी हुई है। जनगणना 2001 के अनुसार यह 8 प्रति हजार थी। भारत में औसत जन्म दर तथा मृत्यु दर की तालिका-3 में दर्शाया गया है।

तालिका-3

भारत में औसत जन्म व मृत्यु दर

जनगणना वर्ष	जन्म दर (प्रति हजार)	मृत्यु दर (प्रति हजार)
1911	49.2	42.6
1921	48.1	47.2
1931	46.4	36.2
1941	45.2	37.2
1951	39.9	27.4
1961	41.7	22.8
1971	41.2	18.9
1981	37.2	15.0
1991	30.9	10.8
2001	26	8

(4) ग्रामीण शहरी जनसंख्या - आर्थिक विकास का नगरीकरण के विकास के साथ प्रत्यक्ष सम्बन्ध है। भारत में नगर जनसंख्या, 1911 में कुल जनसंख्या का 11 प्रतिशत थी, वह अत्यन्त धीमी गति से बढ़ते हुऐ 1941 में 14 प्रतिशत हो गयी। भारत में शहरी जनसंख्या का अनुपात बढ़ता जा रहा है। 1951 में 83 प्रतिशत जनसंख्या गांवों में तथा 17 प्रतिशत शहरों में रहती थी। सन् 2001 में ग्रामीण जनसंख्या का अनुपात कम होकर 72.2 प्रतिशत रह गया तथा शहरी जनसंख्या का प्रतिशत बढ़कर 27.8 प्रतिशत हो गया। भारत में नगर और ग्रामीण क्षेत्रों में जनसंख्या की स्थिति तथा सापेक्ष वृद्धि को तालिका-4 में प्रदर्शित किया गया है।

तालिका-4

नगर और ग्राम जनसंख्या की सापेक्ष वृद्धि

वर्ष	जनसंख्या लाखों में		कुल जनसंख्या का प्रतिशत		नगर ग्राम जनसंख्या
	ग्रामीण	नगरीय	ग्रामीण	नगरीय	अनुपात
1901	2,073	256	89.0	11.0	1 : 8.1
1951	2,987	624	82.7	17.3	1 : 4.7
1961	3,063	789	82.0	18.0	1 : 4.5
1971	4,319	1,091	80.1	19.9	1 : 3.7
1981*	5,257	1,595	76.7	23.3	1 : 3.3
1991*	6,271	2,172	74.3	25.7	1 : 2.8
2001	7,420	2,850	72.2	27.8	1 : 2.6

नोट : इसमें जम्मू तथा कश्मीर और असम के आंकड़े शामिल नहीं किए गए।

स्त्रोत : *Census of India, 2001*

तालिका -4 में प्रस्तुत आंकड़े इस तथ्य का संकेत देते है कि नगरिय जनसंख्या जो 1901 में 256 लाख थी, बढ़कर 1951 में 624 हो गयी। अर्थात 50 वर्षों मे नगीरिय में 368 लाख की वृद्धि हो गयी। इसके बाद के तीन दशकों, अर्थात 1951 से 1981 के दौरान नगरिय जनसंख्या में 971 लाख की वृद्धि हुई। इससे इस बात का स्पष्ट संकेत मिलता है कि आद्योगिकरण के कार्यक्रमों का नगर क्षेत्रों में जनसंख्या पर प्रभाव पड़ा है। 1981-2001 के दौरान नगरिय जनसंख्या में 12.55 लाख की वृद्धि जनसंख्या के नगरिकरण की बढ़ती हुई प्रवृत्ति को दर्शाती है।

(5) आयु रचना (Age Structure)- भारत में 1951 में 14 वर्ष तक की आयु के लोग कुल जनसंख्या के 37 प्रतिशत थे, 15 से 60 वर्ष के लोग 57.5 प्रतिशत तथा 60 वर्ष से ऊपर के लीग 5.5 प्रतिशत थे। 1991 में उनका प्रतिशत क्रमशः 35,58.7 प्रतिशत हो गया। 2001 में 0-6 वर्ष के आय समूह की जनसंख्या 15.42 प्रतिशत हो गई।

तालिका- 5

आयु संरचना 1 मार्च को

(प्रतिशत)

आयु वर्ग	*1980*	*1985*	*1990*	*2000*
0-4	14.18	13.91	12.85	10.66
5-14	25.54	24.34	23.15	20.95
15-59	54.07	55.51	57.51	60.80
60 प्लस	6,21	6.24	6.49	7.59
कुल योग	100.00	100.00	100.00	100.00

Source : Seventh Five Year Plan 1985-1990 and Census 2001

(6) जीवन की अवधि (Life Expectancy)- जीवन अवधि का अभिप्राय उस औसत आयु से होता है जो कि किसी राष्ट्र के नागरिक अपने जीवन के समय अपेक्षा करते हैं। भारत में जीवन की अवधि को तालिका में दर्शाया गया है। सन् 1951 में भारत के लोगों की औसत जीवन अवधि 33 वर्ष थी परन्तु 2001 में 64 वर्ष हो गई।

तालिका -6

जन्म के समय जीवन प्रत्यांक्षा

वर्ष	1951-61	1961-71	1971-81	1993-97
जीवन प्रत्याक्षा (वर्ष)	41.2	46.4	54.0	61.1

Source : Economic Survey, 2000-01.

(7) स्त्री-पुरूष अनुपात (Male-Female Ratio- लिंग अनुपात का आशय प्रति हजार पुरूषों की तुलना में महिलाओं की संख्या से लगाया जाता है। भारत में लिंग अनुपात की स्थिति अन्य देशों की तुलना मेंअत्यन्त ही विशिष्ट है। विश्व के अन्य देशों की तुलना में महिलाओं की संख्या पुरूषों से अधिक है भारत में यह सामान्यतया विपरीत रही है। जहाँ पुरूषों की संख्या महिलाओं से अधिक अनुभव की गयी है। भारत में 1951 में स्त्री पुरूष अनुपात 946 स्त्रियां प्रति 1000 पुरूष थी। 1971 में प्रति 1000 पूरूषों की तुलना में महिलाओं की संख्या 930 थी। 1981 की जनगणना के अनुसार प्रति 1000 पुरूषों की तुलना में महिलाओं की संख्या 935 थी। 1991 की जनगणना के अनुसार लिंग अनुपात प्रति 1000 पुरूषों की तुलना में 927 महिलाए था। 2001 में यह कम होकर 933 रह गया।

तालिका -7

भारत में लिंग अनुपात

(हजार पुरूष)

जनगणना वर्ष	लिंग अनुपात
1901	972
1911	964
1921	955
1931	950
1941	945
1951	946
1961	941
1971	930
1981	934
1991	927
2001	933

विगत वर्षों में भारत में लिंग अनुपात में गिरावट का क्रम दृष्टिगत हुआ है। 1981 को छोड़कर, जबकि भारत के लिंग अनुपात में मामूली सा सुधार 927 से 934 हुआ है। 1991 में लिंग अनुपात 934 से कम होकर 927 प्रति हजार महिला रह गया। किन्तु केरला में स्थिति विपरीत है। केरल राज्य में महिलाओं की संख्या उच्चतम है - 1000 पुरूषों की तुलना में 1036 महिलाये। भारत में लिंग अनुपात सामान्यतः 1000 पुरूषों की तुलना में 950 महिलाओं का होना अनुकूल माना जाता है।

(8) शिक्षा (Education)- जनगणना के परिपेक्ष्य में उस व्यक्ति अथवा महिला को साक्षर माना जाता है जो किसी भाषा को पढ़, लिख तथा समझ सकता है। किसी राष्ट्र में

साक्षरता की दर वहाँ की जनसंख्या की गुणवत्ता को दर्शाती है। 1971 की जनगणना के अनुसार साक्षरता दर 34.45 प्रतिशत थी। 1981 की जनगणना के अनुसार भारत की साक्षरता दर 43.56 प्रतिशत, 1991 की जनगणना के अनुसार बढ़कर 52.21 प्रतिशत हो गयी । अन्य देशों की तुलना में भारत में साक्षरता दर अत्यन्त ही निम्न है। इंग्लैण्ड, अमेरिका तथा फ्रांस में लगभग 90 से 95 प्रतिशत जनगणना साक्षर है। यद्यपि भारत में तेज गति से साक्षरता प्रतिशत बढ़ रहा है। उदाहरण के लिये 1901 में 5.35 प्रतिशत था, बढ़कर 1951 में 18.3 प्रतिशत तथा 1991 में बढ़कर 52.21 प्रतिशत हो गया। भारत में 1981 में 44 प्रतिशत लोग शिक्षित थे। 2001 में शिक्षित लोगों का प्रतिशत बढ़कर 65.4 हो गया। 75.9 प्रतिशत पुरूष तथा 54.4 प्रतिशत स्त्रियां शिक्षित थे।

तालिका-8

साक्षरता दर - 1951-2001

वर्ष	व्यक्ति	पुरूष	महिलाएँ
1951	18.33	27.16	8.86
1961	28.31	40.40	15.34
1971	34.45	45.95	21.97
1981	43.56	56.37	29.75
1991	52.21	64.13	39.29
2001	65.4	75.9	54.4

भारत के राज्यों में 2001 की जनगणना के अनुसार, साक्षरता की दृष्टि से केरल सर्वोच्च शिखर पर है। केरल में भारत की 90.92 प्रतिशत जनसंख्या साक्षर है। इसके पश्चात मिजोरम (85.99 प्रतिशत) तथा लक्ष्यद्वीप (87.52 प्रतिशत) का स्थान है। साक्षरता की दृष्टि से सबसे निम्न स्तर पर बिहार विद्यमान है जहाँ साक्षरता की दर 47.53 प्रतिशत है। 2001 की जनगणना के अनुसार ही केरल को स्त्री तथा पुरूष, दोनों ही के सम्बन्ध उच्च साक्षर दर बनाये रखने का गौरव प्राप्त है। राज्य में 94.20 प्रतिशत पुरूष तथा 87.86 प्रतिशत महिलायें साक्षर है। इसके विपरीत बिहार में पुरूष (60.32 प्रतिशत) तथा महिलायें (33.57 प्रतिशत) के साथ स्त्री-पुरूष, दोनों ही दृष्टि से कम साक्षरता वाला प्रदेश है।

(9) जनसंख्या की व्यावसायिक रचना (Occupational Structure)- भारत में जनसंख्या का व्यावसायिक वितरण भी अत्यन्त असमान है। भारत में 1991 में 65 प्रतिशत लोग कृषि पर, 13.5 प्रतिशत उद्योगों पर तथा 21.5 प्रतिशत लोग सेवाओं पर निर्भर थे।

भारत की जनसंख्या नीति

स्वतन्त्रता प्राप्ति से लेकर वर्तमान समय तक हमारे देश की जनसंख्या में सोवियत रूस की कुल जनसंख्या के बराबर वृद्धि हुई है। भारतीय जनसंख्या में प्रतिवर्ष आस्ट्रेलिया की जनसंख्या के बराबर वृद्धि हो जाती हैहै। स्वतन्त्रता प्राप्ति के पश्चात् से ही भारत सरकार द्वारा

जनसंख्या नियोजन के तीव्र प्रयास किये गये हैं जिसके उपरान्त भी भारतीय जनसंख्या सन् 1951 में 36.11 करोड़ से बढ़ कर सन् 1991 में 84.39 करोड़ हो गई। अधिकांश व्यक्तियों द्वारा जो निम्न और मध्यम आय वर्ग में है, अधिक बच्चों को विशेषकर लड़कों को अभी भी अधिक आमदनी का साधन माना जाता है तथा वे परिवतार नियोजन कार्यक्रम के प्रति उत्साह नहीं दिखाते हैं।

जनसंख्या नीति का अर्थ - जनसंख्या नीति का अर्थ उन नीतियों से है जो जनसंख्या की मात्रा व गुणवत्ता को प्रभवित करने के लिए बनाई जाती है। एस. चन्द्रशेखर के अनुसार जनसंख्या नीति, राष्ट्रीय सरकार के द्वारा देश की आबादी के आकार और संगठन में किसी सरकारी कानून या निर्देशन के द्वारा परिवर्तन लाने का जान बूझकर किया गया प्रयत्न हैं।

जनसंख्या नीति की आवश्यकता - भारत में जनाधिक्य तथा जनसंख्या में विस्फोटक वृद्धि से कई समस्याओं का जन्म हुआ है। जहाँ एक ओर इन समस्याओं से देश के आर्थिक विकास में अनेक बाधायें उत्पन्न हुई हैं वहीं दूसरी ओर देश में अनेक संकटों का प्रादुर्भाव हुआ है। देश में सक्रिय जनसंख्या नीति की आवश्यकता निम्नलिखित समस्याओं का निराकरण करने के लिये हुई हैं:

1. आर्थिक विकास में बाधा की समस्या।
2. बेरोजगारी की समस्या।
3. गरीबी एवं निर्धनता की समस्या।
4. राष्ट्रीय आय एवं प्रति व्यक्ति आय में धीमी वृद्धि।
5. खाद्यान्न एवं आवश्यक वस्तुओं की अपर्याप्त उपलब्धि।
6. आवास की निरन्तर बढ़ती समस्या।
7. अनुत्पादक उपभोक्ताओं का बढ़ता भार।
8. शिक्षा एवं स्वास्थ्य सेवाओं पर बढ़ते भार की समस्या।
9. पूंजी निर्माण में बाधा की समस्या।
10. विदेशी विनिमय में संकट की वृद्धि
11. नगरीकरण की समस्या।
12. निरक्षरता की समस्या।

इस प्रकार स्पष्ट है कि देश में जनसंख्या में विस्फोटक वृद्धि तथा जनाधिक्य ने देश के सामने कई समस्याओं को जन्म दिया है। अतः उस पर प्रभावी नियन्त्रण की नीति का क्रियान्वयन आवश्यक हो गया है।

भारत में जनसंख्या सम्बन्धी नीतियाँ

भारत में स्वतन्त्रता प्राप्ति तक जनसंख्या समस्या विकराल रूप में नहीं भी। अतः जनसंख्या से सम्बन्धित कोई नीति निश्चित नहीं की गई। योजना आयोग ने 1950 में आर्थिक विकास में मानव संसाधनों के महत्व को देखते हुये उनके विकास पर ध्यान आकर्षित किया। जनसंख्या में 2.5 प्रतिशत की वार्षिक वृद्धि को देखते हुये इस विस्पोटक वृद्धि पर रोक लगाने हेतु परिवार नियोजन कार्यक्रमों को विकसित करने की नीति चौथी योजना में अपनाई गई। 1951 से 1976 तक भारत सरकार की जनसंख्या नीति मुख्यतः परिवार नियोजन की नीति तक ही सीमित रही।

1976 की राष्ट्रीय जनसंख्या नीति – देश की जनसंख्या वृद्धि को सीमित करने और राष्ट्रीय संसाधनों के बीच तालमेल बिठाकर आर्थिक विकास तथा सामाजिक न्याय की दिशा में तेजी से आगे बढ़ सकने के लिये 16 अप्रैल, 1976 को तत्कालीन केन्द्रीय स्वास्थ्य व परिवार नियोजन मन्त्री डॉ. कर्णसिंह ने नवीन राष्ट्रीय जनसंख्या नीति की घोषणा की। इस नीति की प्रमुख विशेषतायें निम्नलिखित हैं:

1. **विवाह की न्यूनतम आयु में वृद्धि** – सरकार ने कानून द्वारा विवाह योग्य न्यूनतम आयु लड़कों के लिए 18 वर्ष से बढ़ाकर 21 वर्ष तथा लड़कियों के लिए 15 वर्ष से बढ़ाकर 18 वर्ष कर दी। विवाहों के पंजीकरण करने का प्रावधान करने की बात भी कही गई।

2. **राजनैतिक प्रतिनिधित्व** – लोक सभा और विधान सभाओं में सदस्यों की संख्या सन् 2001 तक वही रहेगी जो 1971 की जनगणना पर आधारित की गई है। इसमें राज्यों को परिवार नियोजन कार्यक्रमों को लागू करने का पर्याप्त अवसर मिलेगा।

3. **केन्द्रीय अनुदान** – केन्द्र द्वारा राज्य की योजनाओं में जो सहायता जनसंख्या को आधार मानकर निश्चित की जाती है तथा कर, शुल्क व अनुदान सहायता का केन्द्र से राज्यों को हस्तांतरण जनसंख्या के आधार पर किया जाता है, वह 1971 की जनगणना के आधार पर 2001 तक जारी रखा जायेगा। राज्यों की योजनाओं के लिये दी जाने वाली सहायता का 8 प्रतिशत भाग परिवार नियोजन की उपलब्धि के आधार पर निश्चित किया जायेगा।

4. **स्त्री शिक्षा में सुधार** – मिडिल स्तर से आगे एवं पिछड़े क्षेत्रों में अनौपचारिक शिक्षा की योजनाएँ युवा स्त्रियों के लिये चालु की जायेगी। बाल–पोषण कार्यक्रमों पर विशेष ध्यान दिया जायेगा।

5. **जनसंख्या शिक्षा** – जनसंख्या शिक्षा को पाठ्यक्रम में सम्मिलित करना चाहिये। इसके लिये पाठ्य पुस्तकों का निर्माण किया जायेगा। एन. सी. इ. आर. टी. की सहायता से इस तरह की पाठ्य पुस्तकें तैयार करने का कार्य प्राँरम्भ कर दिया गया है।

6. **सामूहिक जिम्मेदारी** – छोटे परिवार को अपनाने का कार्य एक मन्त्रालय की जिम्मेदारी न मानकर विभिन्न मंत्रालयों व राज्यों पर डाला गया है। नागरिकों में स्वयं जिम्मेदारी की भावना का विकास हो सके। इस सम्बन्ध में प्रधानमंत्री का एक निर्देश सभी मंत्रालयों तथा मुख्य मंत्रियों को भेजा गया।

7. मौद्रिक क्षतिपूर्ति - समाज के निर्धन वर्गों में परिवार नियोजन अपनाने में मौद्रिक क्षतिपूर्ति का महत्वपूर्ण योगदान है। अतः बन्ध्याकरण कराने पर दी जाने वाली क्षति पूर्ति की राशि मई, 1976 से बढ़ा दी गई। अब दो या कम जीवित बच्चों की स्थिति में 150 रूपये, तीन जीवित बच्चों 100 रूपये तथा चार या अधिक बच्चों की स्थिति में 70 रूपये क्षतिपूर्ति की राशि के रूप में दिये जाते हैं।

8. बड़े पैमाने पर सामुदायिक प्रेरणायें - इस नीति में सामुदायिक प्रेरणायें बढ़ाने को आवश्यक माना गया है ताकि चिकित्सा क्षेत्र के लोगों, जिला परिषदों, पंचायत समितियों, ग्रामीण स्तर पर अध्यापक, सहकारी समितियों न संगठित क्षेत्र के श्रमिक अधिक मात्रा में परिवार नियोजन को लोकप्रिय बनाने में मदद दे सकें।

9. एच्छिक संगठनों का सहयोग - परिवार नियोजन कार्यक्रम को सफल बनाने के लिये ऐच्छिक संगठनों जैसे नवयुवक मण्डल, महिला मण्डल आदि का सहयोग लिया जायेगा तथा ऐसे संगठनों को आर्थिक सहायता भी दी जायेगी।

10. आयकर में छुट - परिवार नियोजन कार्यों के लिये स्थानीय निकायों तथा सरकार द्वारा इस कार्य के लिये मान्य पंजीकृत संस्थाओं को दिये गये चन्दे की सम्पूर्ण राशि पर आयकर में छूट दी जायेगी।

11. स्वेच्छा से नसबन्दी - अनिवार्य नसबन्दी पर केन्द्रीय सरकार ने अभी कोई कानून नहीं बनाया है परन्तु राज्य सरकारें चाहे तो ऐसा कानून बना सकती है। कुछ राज्य सरकारें अपने कर्मचारियें तथा नागरिकों को जिन्होंने परिवार नियोजन को अपना लिया है, मकानों के आवंटन, ऋण आदि में प्राथमिकता देती है। इस कार्य को राज्य सरकारों पर छोड़ दिया गया है।

12. प्रचार, प्रसार माध्यमों का उपयोग - रेड़ियों, टेलिविजन, प्रेस, फिल्म समूह, नृत्य, गायन आदि के माध्यम से ग्रामीण जनता तक परिवार नियोजन कार्यक्रमों का सन्देश पहुँचाने का प्रयास किया जायेगा।

13. गर्भ निरोधक अनुसंधान - देश की अनेक अनुसंधान शालाओं में सन्तानेत्पत्ति, जीव विज्ञान तथा गर्भ निरोधकों के बारे में अनुसंधान किये जा रहे हैं। इसे अधिक तीव्र किया जा रहा है तथा अनुसंधान के लिये आवश्यक आदानों की निरन्तर पूर्ति की जा रही है।

सरकार ने जनसंख्या नियन्त्रण के लिये आपातकाल में की गई सख्ती तथा उसके कारण कुछ लोगों के साथ हुये दुर्व्यहार को स्वीकार किया है तथा अब परिवार नियोजन को स्वैच्छिक रूप से स्वीकार करने की स्वतन्त्रता प्रदान की गई है।

1977 की नवीन संशोधित जनसंख्या नीति

जून 1977 में जनता सरकार के स्वास्थ्य एवं परिवार कल्याण मंत्री स्व. श्री राजनारायण द्वारा नवीन जनसंख्या नीति की घोषणा पुरानी जनसंख्या नीति में में निम्नलिखित परिवर्तनों के साथ की गई -

1. कार्यक्रम के नाम में परिवर्तन - नवीन जनसंख्या नीति में परिवार नियोजन कार्यक्रम का नाम बदल कर "परिवार कल्याण कार्यक्रम" रखा गया।

2. मंत्रालय के नाम में परिवर्तन - स्वास्थ्य व परिवार नियोजन मंत्रालय का नाम बदल कर स्वास्थ्य व परिवार कल्याण मंत्रालय रखा गया।

3. स्वैच्छिक कार्यक्रम - आपातकालीन अनिवार्य ऑपरेशन व्यवस्था को समाप्त करके घोषणा की गई कि परिवार कल्याण कार्यक्रम स्वैच्छिक होगा।

4. क्षतिपूर्ति - परिवार कल्याण कार्यक्रम के द्वारा होने वाली होन की क्षतिपूर्ति हेतु 5000 रूपये देने की घोषणा दी गई।

5 निशुल्क उपचार - परिवार कल्याण कार्यक्रम के अपनाये जाने के कारण यदि कोई शारीरिक व्याधि उत्पन्न होती है तो उसके निशुल्क उपचार की व्यवस्था होगी। नसबन्दी के बाद जिन दम्पत्तियों के बालक का देहान्त हो गया है उनके लिये पुनः निशुल्क ऑपरेशन की व्यवस्था करने का निर्णय लिया गया।

भारत की जनसंख्या नीति की आलोचनाएँ - हमारे देश की जनसंख्या नीति जनसंख्या नियोजन के उददेश्य से बनाई गई है परन्तु इस नीति की कई लोगों द्वारा कटु आलोचनाएँ की गई है। प्रमुख आलोचनायें निम्नलिखित हैं -

1. सैद्धान्तिक अधिक - भारत सरकार द्वारा घोषित जनसंख्या नीति सैद्धान्ति दृष्टि से तो काफी उपयुक्त लगती है किन्तु वर्तमान राजनैतिक एवं सामाजिक परिस्थितियों में इसे लागू करना अव्यावहारिक है। सभी वर्गों व धर्म के अनुयायियों पर समान रूप से लागु नही की जा सकती।

2. लक्ष्य बहुत ऊंचे - जन्म दर को सातवीं योजना के अन्त तक घटाकर 29 प्रति हजार करने के लिये देश के लगभग 42 प्रतिशत दम्पत्तियों को परिवार कल्याण कार्यक्रम की परिधि में लाने का लक्ष्य रखा गया है परन्तु वास्तविक दर इससे ऊँची ही रहने की सम्भावना है।

3. नीति का क्रियान्वयन अप्रभावी - जनसंख्या नीति भारत सरकार द्वारा तैयार की गई परन्तु राज्य सरकारें इसके क्रियान्वयन में तेजी नहीं ला सकी है। पर्याप्त अनुदान के अभाव में वे इसे लागू करने में विशेष रूचि नहीं लेती है।

4. जनसंख्या व यौन शिक्षा की उपेक्षा - इनको पाठयक्रम में सम्मिलित करने की ओर अभी तक कोई विशेष प्रगति नहीं हुई है।

5. मौद्रिक प्रलोभन अपर्याप्त - जनसंख्या नियन्त्रण के लिये मौद्रिक प्रलोभन की राशि पर्याप्त नहीं है। कभी कभी लोग आर्थिक लाभ के लिये नासमझों को धोखा दे देते हैं।

6. कथनी एवं करनी में अन्तर - सरकार की कथनी एवं करनी में काफी अन्तर होने के कारण वांछित सफलता प्राप्त करने में असमर्थता रही है।

7. अनिवार्यता का अभाव - भारत में जनसंख्या वृद्धि को रोकने के लिये अपनाये जाने वाले उपायों की अनिवार्यता नहीं है। उनको अपनाया जाना ऐच्छिक होने के कारण इस विकट समस्या से अभी तक नहीं निपटा जा सका है।

उपरोक्त आलोचनाओं के बावजूद भी यह कहा जा सकता है कि यदि राष्ट्रीय जनसंख्या नीति को कठोरता, कुशलता एवं सर्वोच्च प्राथमिकता स्तर पर लागू किया जाय तो इसके अच्छे परिणाम प्राप्त हो सकते हैं तथा लक्ष्यों की प्राप्ति भी सुगमता से की जा सकती है।

जनसंख्या नीति के सम्बन्ध में सुझाव - भारत की जनसंख्या नीति को प्रभावी बनाने के लिये अग्रलिखित सुझाव दिये जा सकते हैं:

1. जन्म दर कम करना - आज भारत जनसंख्या विस्फोट की स्थिति से गुजर रहा है। इस स्थिति में राष्ट्रव्यापी परिवार नियोजन को लागू करके जन्म दर 25 प्रति हजार किये जाने का लक्ष्य निर्धारित किया जाना चाहिये।

2. स्वेच्छा से प्रेरित होना - परिवार कल्याण कार्यक्रम स्वच्छा से प्रेरित करने के लिये शिक्षा द्वारा उचित वातावरण तैयार किया जाना चाहिए। शिक्षा लोगों को छोटे परिवार का महत्व समझने के लिये अभिप्रेरित करती है।

3. अविवाहितों को रियायतें - अविवाहितों को आयकर में छुट तथा अन्य रियायतें दिये जाने की व्यवस्था की जानी चाहिये। इसको भी जनसंख्या नीति का एक अंग बनाया जाना चाहिये।

4. जनसंख्या नीति का कठोरता से पालन - जनसंख्या नीति एक आदर्श बन कर रह जाती है। नीति के सफल क्रियान्वीकरण की अत्यन्त आवश्यकता होती है।

5. परिवार नियोजन की अन्य विधियों को अपनाना - जनसंख्या नीति के आधार पर ऑपरेशन पर अधिक जोर दिया गया है। इसमें आयुर्वेदिक, होम्योपैथिक आदि चिकित्सा प्रणालियों का लाभ भी उठाना चाहिये।

6. मौद्रिक एवं अन्य प्रेरणाओं का उपयोग - विद्वानों का मत है कि एक बच्चे के जन्म को रोकने के लिये सरकार जितना व्यय करती है उससे ज्यादा वह उसके जन्म से होने वाले नुकसान से बचती है। अत: परिवार नियोजन पर प्रति व्यक्ति व्यय बढ़ाकर जन्म दर को घटाना अधिक श्रेयस्कर होगा।

7. शिशु मृत्यु दर में कमी - भारत में शशु मृत्यु दर ऊँची होने के कारण लोग नसबन्दी कराने में डरते हैं। बच्चों की मृत्यु दर कम करने के लिये पर्याप्त और ऊँचे स्तर की व्यक्तिगत स्वच्छता विशेष से महत्वपूर्ण है।

8. सुविधाओं का विस्तार - ऑपरेशन आदि पर जोर दिये जाने के बाद भी डॉक्टरों का प्रबन्ध और ऑपरेशन के आधुनिक औजारों एवं थियेटरों का अधिक विस्तार नहीं किया गया है। अत: इस सुविधा का विस्तार सभी क्षेत्रों में समान रूप से किया जाना चाहिये।

9. पूर्ण जन सहयोग - देश के सभी वर्गों का सहयोग लिये बिना जनसंख्या नीति का सफल क्रियान्वीकरण नहीं किया जा सकता। जनसहयोग के अभाव में वांछित उद्देश्य प्राप्त करना कठिन होगा।

10. सामग्री का सस्तें मूल्यों पर वितरण - परिवार नियोजन सामग्री सस्तें मूल्यों पर वितरित की जानी चाहिये। निर्धरतम लोगों को तो यदि निःशुल्क उपलब्ध कराये जाने की व्यवस्था की जा सके तो सर्वोत्तम रहेगा।

राष्ट्रीय जनसंख्या नीति -2000

परिवार कल्याण कार्यक्रम के स्वरूप में काफी कुछ परिवर्तन किया गया है। अब इसमें केंन्द्र द्वारा निर्दिष्ट विशिष्ट लक्ष्यों के स्थान पर समुदाय पर आधारित विकेंद्रित योजना बनाई गई है। वर्तमान शिक्षा, पद्धति, सुचना प्रोद्योगिकी और सामाजिक-आर्थिक संक्रमण से लोगों में जागरूकता और उनकी आवश्यकताओं में वृद्धि हुई है। इन सभी बातों को ध्यान में रखते हुए यह जरूरी है कि एक राष्ट्रीय जनसंख्या नीति तैयार की जाए। इससे नए युग में परिवार कल्याण सेवाएं सुलभ कराने, जनाद्धिंकिकीय प्रभाव का आकलन करने और मॉनीटरिंग करने के लिए उपयुक्त नीति बनाने में मदद मिलेगी।

15 फरवरी 2000 को भारत सरकार ने राष्ट्रीय जनसंख्या नीति की घोषणा की थी। यह नीति परिवार नियोजन सेवाओं को लागू करने में जनता की इच्छा को मानते हुए निश्चित लक्ष्यों से मुक्त रखने के दृष्टिकोण पर आधारित है। इस जनसंख्या नीति के मुख्य उद्देश्य इस प्रकार है -

(अ) गर्भनिरोधकों, स्वास्थ्य संरचना, स्वास्थ्यकर्मियों की आवश्यकताओं की ओर ध्यान देना तथा आधारभूत पुनरूत्पादनीय एवं बाल स्वास्थ्य के बारे में समन्वित सेवा प्रदान करना।

(ब) कुल प्रजनन दर को कम करके वर्ष 2010 तक 2.1 की प्रतिस्थापन दर तक लाना।

(स) स्थायी आर्थिक विकास, सामाजिक विकास और पर्यावरण की सुरक्षा की जरूरतों के अनुरूप स्तर पर वर्ष 2045 तक एक स्थिर जनसंख्या को हासिल करना।

राष्ट्रीय जनसंख्या आयोग का गटन कर दिया गया है। यह आयोग राष्ट्रीय जनसंख्या नीति के कार्यान्वयन की देखरेख तथा उसे मॉनिटर करेगा। राष्ट्रीय जनसंख्या नीति के अंतर्गत निर्धारित उद्देश्यों को सुसाध्य बनाने के लिए, स्वास्थ्य और परिवार कल्याण मंत्रालय में एक अधिकार-संपन्न कार्यदल गठित किया गया है।

जनसंख्या विस्फोट

किसी राष्ट्र के लिए जनसंख्या एक वरदान तथा अभिशाप दोनों ही है। आवश्यकता से अधिक जनसंख्या संसाधनों के विनाश तथा आवश्यकता से कम जनसंख्या संसाधनों के बेकार पड़े रहने का द्योतक है। अतः आदर्श स्थिति जिनसंख्या का उचित आकार है। विश्व में बहुत कम ऐसे राष्ट्र है जो उचित जनसंख्या के आदर्श को प्राप्त कर चुके है। अधिकांश राष्ट्र जनसंख्या के संसाधनों की तुलना में आधिक्य अथवा संसाधनों की तुलना से कमी से पीड़ित है। यदि मोटे रूप में देखा जाय तो विश्व के अधिकांश राष्ट्र प्रथम स्थिति, अर्थात संसाधनों की तुलना में जनसंख्या के आधिक्य में है। जनसंख्या विस्फोट का अभिप्राय एक ऐसी स्थिति से

है जिसमें जन्म दर तथा मृत्यु दर में बहुत अधिक अन्तर हो जाने के फलस्वरूप जनसंख्या वृद्धि दर में विस्फोटक स्थिति उत्पन्न हो जाती है। जनसंख्या विस्फोट की स्थिति उस समय भी उपस्थित हो जाती है जब किसी देश की जनसंख्या का आकार इतना बड़ा हो जाए और भविष्य में भी उसमें इतनी तेजी से वृद्धि हो कि वह देश अपने वर्तमान साधनों द्वारा अपने लागों की अनिवार्य आवश्यकताओं को भी ठीक से पूरा न कर पाए।

भारत में जनसंख्या वृद्धि की अवधि को निम्न तीन भागों में विभक्त किया जा सकता है। इस विभाजन से जनसंख्या विस्फोट की स्थिति को स्पष्ट किया जा सकता है:

1. गतिहीन जनसंख्या की अवधि
2. स्थिर गति से बढ़ती हुई जनसंख्या की अवधि (1921-1951)
3. जनसंख्या विस्फोट की अवधि (1951-1981)
4. तेजी से बढ़ती हुई जनसंख्या परन्तु वृद्धि दर में कमी होने की अवधि

भारत में जनसंख्या वृद्धि एक अत्यन्त गम्भीर समस्या स्वीकार की जाती है। भारत में जनसंख्या विस्फोट की स्थिति को स्पष्ट करने हेतु विगत वर्षों में घटित हुई जनसंख्या वृद्धि की दर का अध्ययन करना आवश्यक है। उपर्युक्त वर्णित तीनों अवधियों का अध्ययन करने के पश्चात भारत में जनसंख्या विस्फोट की स्थिति को सुगमता पूर्वक समझा जा सकता है। भारत में जनसंख्या आकार तथा वृद्धि का तालिका 1 में प्रस्तुत आंकड़ों की सहायता से अध्ययन कर जनसंख्या विस्फोट की अवधि को दर्शाया जा सकता है।

तालिका 1

भारत की जनसंख्या का आकार तथा वृद्धि

वर्ष	जनसंख्या (करोड़)	वृद्धि या कमी (करोड़)
1891	23.87	—
1901	23.83	—0.04
1911	25.21	1.38
1921	25.14	—0.07

महान विभाजन वर्ष

वर्ष	जनसंख्या (करोड़)	वृद्धि या कमी (करोड़)
1931	27.90	2.76
1941	31.86	3.96
1951	36.10	4.24

जनसंख्या विस्फोट का वर्ष

वर्ष	जनसंख्या (करोड़)	वृद्धि या कमी (करोड़)
1961	43.92	7.82
1971	54.81	10.89
1981	68.33	13.52
1991	84.63	16.30
2001	102.7	18.07

Source : Census of India 2001, Statistical Outline of India 2002

1. गतिहीन जनसंख्या की अवधि (1891 से 1921)

इस अवधि में भारत की जनसंख्या में एक गतिहीन वृद्धि अनुभव की गयी। इन तीन दशकों में भारत की जनसंख्या में केवल 1.27 करोड़ की वृद्धि निम्न प्रकार घटित हुई।

1. 1891 से 1901 – इस दशक में जनसंख्या में 4 लाख की कमी हुई। इसका मुख्य कारण यह था कि इन वर्षों में देश के विभिन्न भागों में अकाल, प्लेग, मलेरिया आदि महामारियों के कारण बहुत से लागों की मृत्यु हो गई।

2. 1901 से 1911 – इस दशक में जनसंख्या में 1.38 लाख की वृद्धि हुई। इसका मुख्य कारण यह था कि इस अवधि में अकाल इत्यादि नहीं पड़े तथा मृत्यु दर कम रही।

4. 1911 से 1921 – इस दशक में जनसंख्या 7 लाख कम हो गई। इसका मुख्य कारण अकाल, प्लेग, हैजा और मलेरिया आदि महामारियाँ थी। 1918 में इन्फलूएन्जा की महामारी से 140 लाख लोग मृत्यु का शिकार हो गये।

2. स्थिर गति से बढ़ती हुई जनसंख्या की अवधि (1921–1951)

भारत में 1921 के पश्चात जनसंख्या अत्यन्त स्थिर गति से बढ़ने की प्रवृत्ति दर्शाती है। भारत में 1921 में जनसंख्या में जो वृद्धि की प्रवृत्ति का प्रदर्शन किया वह कुछ अर्थ में आज तक विद्यमान है। इसी कारण जनसंख्या आयोग ने 1921 को महान विभाजन वर्ष (Year of Great Divide) कहा है। इस अवधि के दौरान भारत की जनसंख्या में हुई वृद्धि की प्रवृत्ति को निम्न प्रकार दर्शाया जा सकता है।

(i) **1921 से 1931 तक की अवधि** (Period from 1921-1931) –इस दशक में भारत की जनसंख्या में 276 लाख की वृद्धि हुई । यह वृद्धि इससे पूर्व 30 वर्षों में होने वाली वृद्धि में सर्वाधिक रही।

(ii) **1931 से 1941 तक की अवधि** (Period from 1931 1941) – इस दशक में जनसंख्या में 3.96 करोड़की वृद्धि हुई। इस दशक के अन्तर्गत जनसंख्या वृद्धि की दर 11 प्रतिशत से बढ़कर लगभग 14 प्रतिशत हो गयी।

(iii) **1941 से 1951 तक की अवधि** (Period from 1941-1951) - इस दशक में भारत की जनसंख्या में 4.24 करोड़ की वृद्धि हुई। इस अवधि में ब्रिटेन की कुल जनसंख्या के लगभग बराबर ही भारत की जनसंख्या में वृद्धि हुई। इस अवधि में जनसंख्या वृद्धि की दर कुछ कम रही क्योंकि देश के विभाजन के कारण साम्प्रदायिक दंगों में अत्यधिक मानव जीवन की हानि हुई ।--

3. जनसंख्या विस्फोट की अवधि (Period from 1951 to 1981)

विकास एक सतत प्रक्रिया है। विकास की प्रक्रिया के प्रारम्भ में नागरिकों के जीवन स्तर में कुछ सुधार होना एक आवश्यक प्रवृत्ति है। शिक्षा में वृद्धि के परिणाम स्वरूप अंधविश्वासों कम होता है तथा सरकार भी प्लेग, मलेरिया, हैजा, चेचक आदि की रोकथाम के उपाय करती है। इन सब का संयुक्त प्रभाव मृत्यु दर में भारी कमी होने के रूप में सामने आता है। किन्तु यदि कोई समाज कृषि प्रदान है और शिक्षा का विस्तार बड़े पैमाने पर संभव नहीं होता तो परिवार के आकार के सम्बन्ध में लोगों के दृष्टिकोण में किसी प्रकार का परिवर्तन दिखायी नहीं देता है। इन सब कारणों से जन्म दर ऊची रहती है। इस स्थिति में जनसंख्या बहुत तेजी के साथ बढ़ती है। प्राय: इस स्थिति में वार्षिक जन्म दर लगभग 40 प्रति हजार और मृत्यु दर लगभग 15 प्रति हजार होती है। इसका स्पष्ट अर्थ यह हुआ कि इस स्थिति में जनसंख्या वृद्धि की दर लगभग 2.5 प्रतिशत वार्षिक रहती है। अर्थशास्त्री इसे ही **''जनसंख्या विस्फोट''** (Population Explosion) की स्थिति कहते है।

भारत में इस अवधि, अर्थात 1951 से 1981 तक की अवधि में जनसंख्या वृद्धि की दर अत्यन्त विकट हो गयी जिसके कारण इसे जनसंख्या विस्फोट की अवधि कहा जाता हैं। इस अवधि के दौरान भारत में हुई जनसंख्या वृद्धि की दर की विवेचना निम्न प्रकार प्रस्तुत की जा सकती है।

(1) 1951 से 1961 - यह वह अवधि है जिसके दौरान भारत में जनसंख्या वृद्धि की दर सर्वाधिक दर्ज की गई। इसी कारण इसे विस्फोट (Exploision) का वर्ष भी कहते है। इस दशक के दौरान भारत की जनसंख्या 7.82 करोड़ बढ़ गई। भारत के विभाजन के कारण पाकिस्तान के हिस्से में जो जनसंख्या गयी थी, करीब करीब उसके बराबर जनसंख्या इस अवधि में बढ़ गयी। इस अवधि के दौरान जनसंख्या वृद्धि दर बहुत अधिक्र, अर्थात 21.6 प्रतिशत रही।

(2) 1961 से 1971 - इस अवधि में यद्यपि भारत की जनसंख्या में 10.89 करोड़ की वृद्धि हुई, किन्तु इस अवधि में वृद्धि की दर 2.2 प्रतिशत प्रति वर्ष आंकी गई।

(3) 1971 से 1981 - इस दशक भारत की जनसंख्या बढ़कर 68 करोड़ 33 लाख हो गयी। इस प्रकार इस दशक के अन्तर्गत जनसंख्या में 13 करोड़ 52 लाख अर्थात 2.1 प्रतिशत वृद्धि हुई।

4. तेजी से बढ़ती हुई जनसंख्या परन्तु वृद्धि दर में कमी होने की अवधि

इस अवधि के दौरान भारत की कुल जनसंख्या में तो यद्यपि वृद्धि हुई किन्तु वृद्धि दर में कमी होने की प्रवृति परिलक्षित हुई।

1. 1981 से 1991 - इस अवधि में भारत की जनसंख्या बढ़कर 84 करोड़ 63 लाख हो गयी, यद्यपि वृद्धि की दर 2.1 प्रतिशत से गिरकर 1.9 प्रतिशत रह गयी।

2. 1991 से 2001 - सन. 2001 में भारत की जनसंख्या बढ़कर 102.7 करोड़ हो गयी। इस प्रकार इस दशक में भारत की जनसंख्या में लगभग 18.07 करोड़ की वृद्धि हुई। विगत दशक की तुलना में जनसंख्या वृद्धि की दर कम होकर 1.8 प्रतिशत रह गयी।

भारत में जनसंख्या विस्फोट की अवस्था
(The Stage of Population Explosion in India)

क्या भारत जनसंख्या विस्फोट की अवस्था से गुजर रहा है? भारतीय अर्थव्यवस्था से सम्बन्धित निम्नलिखित तथ्य इस बात को सिद्ध करते हैं कि वर्तमान में भारत जनसंख्या विस्फोट की अवस्था में हैं -

1. भू-क्षेत्र की तुलना में जनसंख्या का बड़ा आकार (Large size of population in comparison to Land-area) - भारत में विश्व की कुल जनसंख्या का लगभग 16.7 प्रतिशत का निवास है जबकि इसके पास विश्व के कुल भू-क्षेत्र का 2.4 प्रतिशत ही है। इस प्रकार भू-क्षेत्र की तुलना में भारत में जनसंख्या का काफी बड़ा आकार है। 2001 की जनगणना के अनुसार भारत की जनसंख्या लगभग 102.70 करोड़ थी। विश्व का प्रत्येक छठा व्यक्ति भारतीय है। जनसंख्या की दृष्टि से चीन के बाद भारत का ही स्थान है। अर्थात् जनसंख्या की दृष्टि से भारत विश्व का दूसरा सबसे बड़ा देश है। चीन और भारत की जनसंख्या मिलकर विश्व की जनसंख्या की लगभग 33 प्रतिशत है। एशिया की कुल जनसंख्या का एक चौथाई भाग (25 प्रतिशत) भारत में ही रहता है। इस प्रकार स्पष्ट है कि विश्व के विभिन्न देशों की तुलना में भारत में जनसंख्या का आकार बहुत बड़ा है।

2. जनसंख्या की तीव्र वृद्धि-दर (Rapid rate of population increase) - भारत में जनसंख्या का आकार ही बड़ा नहीं है, बल्कि इसकी वृद्धि दर भी बहुत ऊँची है। 50 वर्षों की योजना-अवधि (1951-2001) में भारत की जनसंख्या लगभग तीन गुना हो गई। 1981-91 के दशक में जनसंख्या की औसत वार्षिक वृद्धि-दर 2.14 प्रतिशत थी जो घटकर 1991-2001 के दौरान 1.93 प्रतिशत हो गई। ऐसा अनुमान है कि भारत में एक मिनट में लगभग 40 व्यक्ति और एक वर्ष में 1.80 करोड़ व्यक्ति बढ़ जाते हैं। भारत प्रत्येक महीने में एक इजराइल, हर छ: महीने में एक स्विट्जरलैण्ड और हर एक वर्ष में एक आस्ट्रेलिया उत्पन्न कर देता है। 1991-2001 के दशक में भारत की जनसंख्या में कुल वृद्धि ब्राजील की जनसंख्या के बराबर थी। ऐसा अनुमान है कि 2050 तक भारत चीन से भी आगे बढ़कर संसार का सर्वाधिक जनसंख्या वाला देश हो जाएगा।

3. जीवन की अनिवार्य आवश्यकताओं की समस्या (Problem of Basic Amenities of Life) -भारत में जनसंख्या इस गति से बढ़ रही है कि उसके लिए भोजन, पानी, आवास और चिकित्सा की मूलभुत आवश्यकताओं को जुटा पाना भी कठिन हो रहा है।

4. गरीबी, बेरोजगारी व निम्न रहन-सहन का स्तर (Poverty, Unemployment and Low Standard of Living) -देश में कृषि एवं औद्योगिक

उत्पादन की तुलना में जनसंख्या अधिक तेजी से बढ़ रही है। इसके परिणामस्वरूप प्रति व्यक्ति आय के बढ़ने की गति काफी धीमी है और उपभोग के लिए प्रति व्यक्ति वस्तुएँ भी पर्याप्त मात्रा में नहीं मिल पा रही हैं। इन सबके कारण देश की अत्यन्त बड़ी जनसंख्या को गरीबी, बेरोजगारी एवं निम्न रहन सहन के स्तर में जीवन निर्वाह करना पड़ रहा है।

उपर्युक्त वर्णित तथ्य पर्याप्त रूप में यह सिद्ध करते है कि भारत जनसंख्या विस्फोट की स्थिति में पंहुँच गया है।

भारत में तेजी से बढ़ती हुई जनसंख्या के दुष्प्रभाव
(Evil Effects of Fast Increasing Population in India)

भारत में तेजी से बढ़ती हुई जनसंख्या ने अनेक समस्याओं को जन्म दिया हैं। इस प्रवृत्ति के भविष्य में भी अनेक दुष्प्रभाव हो सकते हैं। इनमें से कुछ सम्भावित दुष्प्रभावों का संक्षेप में नीचे वर्णन किया गया है –

1. खाद्य समस्या (Food Problem) – जनसंख्या बढ़ने पर भी भूमि की मात्रा तो सीमित ही रहती है। अत: कई बार सम्पूर्ण जनसंख्या की आवश्यकता की तुलना में अनाज के कम उत्पादन की समस्या उत्पन्न हो जाती है।। भारत को कई बार खाद्य समस्या का सामना करना पड़ है। आज भारत में खाद्यान्नों की कमी तो नहीं हैं किन्तु आज देश की जनसंख्या के एक बड़े भाग को पर्याप्त एवं संतुलित आहार नहीं मिल पा रहा है।

2. बेरोजगारी (Unemployment) भारत में बढ़ती हुई बेरोजगारी का एक प्रमुख कारण तेजी से बढ़ती हुई जनसंख्या ही है। विभिन्न योजनाओं में रोजगार के अवसरों की व्यवस्था करने के बावजूद भी बेरोजगारों की संख्या बढ़ते जाना वास्तव में चिन्ता का ही विषय है। इससे देश की श्रमशक्ति का अपव्यय होता है तथा बेरोजगार युवकों में उत्पन्न तनावों के कारण सम्पूर्ण अर्थव्यवस्था के अस्तित्व के लिये खतरा उत्पन्न हो जाता है।

3. अनुत्पादक उपभोक्ताओं का भार (Buren of Unproductive Consumers) – जनसंख्या वृद्धि के कारण अनुत्पादक उपभोक्ताओं की संख्या में वृद्धि होती जाती है। अनुत्पादक उपभोक्ताओं में उन्हें सम्मिलित किया जाता है जो उपभोग तो करते हैं किन्तु उत्पादन में कोई योगदान नहीं देते जैसे 14 वर्ष से कम आयु के बच्चे एवं 60 वर्ष से अधिक आयु के बुढ़े। इसके अतिरिक्त अपंग, असहाय, बीमार एवं बेरोजगार जनसंख्या भी अनुत्पादक उपभोक्ताओं की श्रेणी में ही आती हैं। हमारे देश में यह अनुपात बहुत ऊँचा है और लगातार बढ़ता ही जा रहा है।

4. भूमि से सम्बन्धित समस्याएं (Problems Relating to Land) –जनसंख्या बढ़ने के कारण भूमि पर जनसंख्या का भार निरन्तर बढ़ता जा रहा है। इसके परिणामस्वरूप औसत जोत का आकार घट रहा है और अनार्थिक जोत की समस्या उत्पन्न हो गई है। इसी प्रकार, उपविभाजन एवं अपखण्डन की समस्या भी उत्पन्न हो रही है।

5. पूँजी निर्माण में कमी (Low Capital Formation) – जनसंख्या में तेजी से वृद्धि होने पर उपभोग व्यय बढ़ने तथा बचत कम हो जाने की प्रवृत्ति दृष्टिगत होती है। सरकार को भी सार्वजनिक आवश्यकताओं की पूर्ति के लिए पहले की अपेक्षा में अधिक सार्वजनिक

व्यय करना पड़ता है। इसके फलस्वरूप व्यक्तिगत और सार्वजनिक बचत कम हो जाती है। इससे देश में पूंजी निर्माण की दर भी घट जाती है। पूँजी-निर्माण की दर घट जाने से आर्थिक विकास पर भी बुरा प्रभाव पड़ता है।

6. निम्न रहन सहन स्तर (Low Standard of Living) -जनसंख्या में तेजी से वृद्धि होने के कारण उपभोग के लिए प्रति व्यक्ति कम वस्तुएँ उपलब्ध हो पाती है और साथ ही रहन सहन का स्तर भी धटता जाता है। भारत में जनसंख्या वृद्धि के कारण आवास, चिकित्सा, सफाई, पानी व बिजली, महँगाई, नगरों में गंदी बस्तियों का निर्माण, नैतिक मूल्यों में गिरवाट आदि कई निरन्तर वृद्धि आम बात होती जा रही है। कुल मिलाकर डत्पादन में जितनी वृद्धि होती है, उसकी तुलना में उपभोग करने वाले लोगों की संख्या काफी बढ़ जाती है। इसके परिणामस्वरूप देश के लोगों का रहन सहन का स्तर गिरने लगता है।

7. निम्न प्रति व्यक्ति आय (Low Per Capita Income) -भारत में स्वतन्त्रता के पश्चात् राष्ट्रीय आय में जिस दर से वृद्धि हुई है, प्रति व्यक्ति आय में उस दर से वृद्धि सम्भव नहीं हो हुई। इसका कारण जनसंख्या बढ़ना ही रहा है। उदाहरण के लिए सम्पूर्ण योजना अवधि के दौरान राष्ट्रीय आय में औसत वार्षिक वृद्धि 4 प्रतिशत की दर से हुई किन्तु इस अवधि में जनसंख्या में वृद्धि होने के कारण प्रति व्यक्ति आय में केवल 2.3 प्रतिशत प्रतिवर्ष की दर से ही वृद्धि सम्भव हो सकी। अत: भारत में निम्न प्रति व्यक्ति आय के लिए भी जनसंख्या की तीव्र वृद्धि ही उत्तरदायी है।

8. महिलाओं पर बुरा प्रभाव (Adverse Effects on Ladies) बार-बार बच्चों को जन्म देने के कारण माताओं के स्वास्थ्य पर बुरा प्रभाव पड़ता है। बच्चों के लालन-पालन के अतिरिक्त महिलाएँ परिवार के बाहर अन्य किसी भी सामाजिक कार्य में हिस्सा नहीं ले पाती। वे तनावों व दबावों में जीने को विवश होती हैं। अत: जनसंख्या के तेजी से बढ़ने का महिलाओं के स्वास्थ्य, रहन सहन एवं उनकी सामाजिक भूमिका पर भी बुरा प्रभाव पड़ता है।

9. आर्थिक विकास पर बुरा प्रभाव (Adverse Effects on Economic Development) - भारत में आर्थिक विकास के मार्ग में जनसंख्या का तेजी से बढ़ना आज सबसे बड़ी बाधा है। आर्थिक विकास पर जनसंख्या का बढ़ता भार अनेक रूपों में परिलक्षित हुआ है। इसके कारण कृषि जोतों का आकार घटता जा रहा है, भूमि पर जनसंख्या का दबाव बढ़ता जा रहा है। बेरोजगारी व छुपी हुई बेरोजगारी की समस्या की स्थिति भी बनी हुई है। बचत व निवेश में पर्याप्त मात्रा में वृद्धि नहीं हो पा रही। परिवहन व संचार साधनों और ऊर्जा के स्रोतों पर लगातार दबाव बढ़ता जा रहा है। प्राकृति संसाधन तथा उत्पादन बढ़ती हुई जनसंख्या की आवश्यकताओं के लिए कम पड़ रहे हैं। शिक्षा, स्वास्थ्य एवं जीवन की अन्य अनिवार्य आवश्यताओं के पूरा न होने से श्रम की उत्पादकता पर विपरीत प्रभाव पड़ा है। इन सब कारणों से आर्थिक विकास की गति त्वरित नहीं हो रही है। जो कुछ थोड़ा बहुत प्रयास किया जाता है, उसे बढ़ी हुई जनसंख्या छीन लेती है और देश की अर्थव्यवस्था वहीं-की-वहीं खड़ी रह जाती है। जनसंख्या विस्फोट के इन सब दुष्प्रभावों के कारण ही यह कहा जाता है कि भारतीय अर्थव्यवस्था की समस्त समस्याओं का कारण जनसंख्या विस्फोट है।

भारत में जनसंख्या विस्फोट का समाधान

(Remedial Measures for Population Explosion)

उपयुक्त विवेचन से यह स्पष्ट है कि भारत में जनसंख्या विस्फोट की समस्या अत्यन्त गम्भिर है। जनसंख्या वृद्धि को नियन्त्रित करने की दिशा में प्रभावी प्रयास आवश्यक है। यदि जनसंख्या विस्फोट, जो कि जनसंख्या वृद्धि की समस्या की सर्वोच्च सीमा है, कि समस्या से निबटने हेतु समय रहते सार्थक प्रयास नहीं हुएं तो भविष्य में उत्पन्न होने वाली भयंकर स्थि ति की कल्पना भी नही कि जा सकती है। भारत में जनसंख्या विस्फोट की समस्या के समाधान के लिए एक साथ दो दिशाओं में प्रयास किये जाने आवश्यक है —(क) आर्थिक विकास एवं (ख) जन्म–दर नियन्त्रण।

(क) आर्थिक विकास (Economic Development) - किसी भी देश की जनसंख्या की समस्या का स्थायी एवं दीर्घकालीन हल उस देश के तीव्र आर्थिक विकास पर ही निर्भर करता है। इस दृष्टि से यह आवश्यक है कि देश के कृषि एवं उद्योग दोनों क्षेत्रों में उत्पादन एवं उत्पादकता बढ़ाने के सजग उपाय किये जायें। देश के प्रत्येक भाग में कुटीर एवं लघु उद्योग के विकास की विशेष योजनाएँ तैयार कि जाय। इस नीति के फलस्वरूप शहरी क्षेत्र में बेरोजगारी कम होगी और भूमि पर से जनसंख्या का दबाव भी घटेगा। चूंकि गरीबी स्वयं ही जनसंख्या वृद्धि का एक बहुत बड़ा कारण होती है, इसीलिए आर्थिक विकास को सर्वोत्तम गर्भ निरोधक कहा जाता है।

(ख) जन्म-नियन्त्रण के उपाय (Measures of Birth Control) -निःसन्देह जनसंख्या की समस्या के समाधान के लिए आर्थिक विकास एक महत्वपूर्ण उपाय है किन्तु इसकी अपनी सीमाएँ है। भारत में केवल आर्थिक विकास के माध्यम से जनसंख्या वृद्धि की समस्या निपट जाय, यह सम्भव नहीं लगता है। वास्तविकता तो यह है कि इस गति से बढ़ती हुई जनसंख्या आर्थिक विकास अगतिशील बना देती है। अतः हमें आर्थिक विकास के साथ साथ जन्म दर को नियंत्रित करने के उपाय भी करने होंगे। इस दृष्टि से अपनाए जा सकने वाले कुछ प्रमुख उपाय निम्नलिखित हो सकते हैं:

1. देरी से विवाह (Late Marriages) - विवाह की आयु में वृद्धि करके हम जन्म दर पर कुछ सीमा तक नियन्त्रण स्थापित किया जा सकता है। ऐसा अनुमान है कि यदि भारत में सभी लड़कियों का विवाह 20 वर्ष से अधिक आयु में किया जाए तो जन्म दर में 15 से 30 प्रतिशत तक की कमी हो सकती है।

2. शिक्षा (Education) -शिक्षित व्यक्तियों में अपने आप ही परिवार को सीमित रखने की भावना आ जाती है। अनेक अध्ययनों से यह बात सिद्ध हुई है कि सामान्य तौर पर शिक्षा का स्तर बढ़ने के साथ साथ बच्चों की संख्या घटती जाती है। शिक्षित व्यक्ति परिवार नियोजन के विभिन्न उपायों को आसानी से समझ सकते हैं एवं प्रयोग कर सकते हैं। इसके लिए हमें विशेष रूप से महिलाओं व प्रोढ़ों में शिक्षा का विस्तार करना होगा तथा शिक्षा के पाठ्यक्रम में परिवार नियोजन की शिक्षा को भी जोड़ना होगा।

3. उच्च रहन-सहन स्तर (High Standard of Living) -जनसंख्या वृद्धि की दर को प्रभावी रूप से नियन्त्रण करने हेतु लोगों में उच्च रहन सहन के स्तर की आकांक्षा

उत्पन्न करने एवं उनके स्तर को ऊँचा उठाने का प्रयास करना चाहिए। रहन सहन के स्तर में सुधार की चाह उत्पन्न होने पर व्यक्ति अपने-आप ही अपने परिवार को छोटा रखने लग जाता है।

4. स्त्रियों की स्थिति में सुधार (Improvement in the Status of Women) -स्त्रियों को संतान उत्पन्न करने एवं उनके लालन-पालन के कार्यों तक ही सीमित न रखकर घर की चारदीवारी के बाहर सामाजिक कार्यों में सक्रिय हिस्सा लेने के लिए प्रेरित किया जाना चाहिए। उन्हें आर्थिक आधार पर स्वतंत्र होने में भी समर्थन प्रदान किया जाना चाहिए। इस परिवर्तन के आने पर महिलाएँ स्वयं कम संतान उत्पत्ति हेतु प्रेरित होगी।

5. सामाजिक दृष्टिकोण में परिवर्तन (Change in the Social Outlook) -भारत में सामाजिक विचारधारा एवं दृष्टिकोण को भी जन्म दर नियंत्रण के अनुकूल बनाना होगा। इसके लिए बच्चों को केवल भगवान की देन समझने, स्त्रियों को केवल सन्तानोत्पत्ति का साधन मानने, बड़े परिवार को प्रतिष्ठा का सूचक मानने, लड़के और लड़की में अन्तर रखने आदि मान्यताओं में बदलाव लाना आवश्यक है।

6. सामाजिक सुरक्षा (Social Security) -सामाजिक सुरक्षा का अभाव भी कई बार ऊँची जन्म-दर के लिए उत्तरदायी होता है। भारत में बच्चों को बुढ़ापे का सहारा माना जाता है। अत: समाजिक तथा वृद्धा अवस्था सुरक्षा के श्रेष्ठ उपाय करने होंगें। इसके साथ ही वृद्धावस्था में चिकित्सा व अन्य सुविधाएँ प्रदान करने व उनकी उचित देखभाल व्यवस्था के द्वारा भी जन्म दर घटाने में सहायता मिल सकती है।

7. अन्य उपाय (Other Measures) -भारत में जनसंख्या वृद्धि की दिशा में किये गये उपर्युक्त वर्णित उपायों के अतिरिक्त नगरीकरण एवं मनोरंजन सुविधाओं में विस्तार करने से भी जन्म दर घटाने में सहायता मिल सकती है। भारत में प्राचीन काल से ही ब्रह्मचर्य के पालन एवं आत्मसंयम पर बड़ा बल रहा है। अत: इस भावना को पुन: जागृत किया जाना चाहिए।

8. परिवार नियोजन (Family Planning) - जन्म दर को कम करने वाले उपर्युक्त वर्णित उपाय स्वायत्त उपाय कहलाते हैं। किन्तु भारत में केवल इन उपायों को अपना जनसंख्या वृद्धि को नियन्त्रित नहीं किया जा सकता। इस समस्या पर प्रभावी नियन्त्रण हेतु जन्म दर कम करने के लिए सोच-समझकर चुने गए कृत्रिम एवं वैज्ञानिक उपायों को भी अपनाना होगा। इस प्रकार के उपयों द्वारा जन्म दर नियंत्रण के लिए प्रारम्भ की गयी योजना को परिवार नियोजन कार्यक्रम कहा जाता है।

भारत में जन्म-नियंत्रण की दृष्टि से सर्वाधिक प्रभावी उपाय परिवार नियोजन ही है। चीन में एक बच्चे के आदर्श को अपनाकर, सरकार ने जन्म दर लगभग 20 प्रति एक हजार तक लाने में सफलता पाई है। इसी प्रकार, श्रीलंका और थाइलैण्ड ने भी परिवार नियोजन की विधियों को अपनाकर जनसंख्या नियंत्रण में महत्वपूर्ण सफलता प्राप्त की है। अत: भारत द्वारा भी अपनी ऊँची जन्मदर की समस्या के समाधान के लिए पड़ोसी देशों के अनुभवों का लाभ उठाना अनुपयुक्त नहीं होगा। इसके लिए व्यापक स्तर पर गर्भनिरोधकों के प्रयोग और स्त्रियों की स्थिति में सुधार की ओर ध्यान देना होगा। इसी उद्देश्य को प्राप्त करने

के लिए, विशेषकर ग्रामीण एवं वनवासी क्षेत्रों में परिवार नियोजन केन्द्रों का एक बड़ा तंत्र विकसित करना होगा। लोगों को परिवार छोटा रखने के लिए प्रेरित करने के लिए आर्थिक प्रोत्साहनों एवं दंड की भी व्यवस्था विचार किया जाना भी अनुपयुक्त नहीं होगा।

भारत में जनसंख्या विस्फोट कि समस्या अत्यन्त गम्भिर है किन्तु उपर्युक्त वर्णित आर्थिक और सामाजिक उपयो में से किसी को भी परिवार नियोजन कार्यक्रम का हिस्सा नहीं बनाया गया है। भारत में सरकारी प्रयासों का अधिकांश महत्व परिवार नियोजन पर है। भारत में परिवार नियोजन को सरकारी नीति का अंग स्वीकार किया गया है। प्रथम दो पंचवर्षीय योजनाओं की अवधि में सरकार द्वारा परिवार नियोजन के प्रति जन साधारण की प्रतिक्रिया जानने के लिए कुछ अध्ययन किए गए है। इन अध्ययनों से यह तथ्य प्रकाश में आया कि भारत में कि भारत में शहरी और ग्रामीण क्षेत्रों में यद्यपि इसका बड़े पैमाने पर विरोध नहीं है लेकिन अभी जनसाधारण परिवार को सीमित करने के लिए अधिक प्रेरित नहीं है। शहरों में तो आज भी सामान्यत: तीन बच्चो का होना और ग्रमीण क्षेत्रों में चार बच्चों का होना उचित आदर्श समझा जाता है। बच्चों के जन्म के बीच में तीन से चार वर्षो का अन्तर उचित माना जाता है। चार से अधिक बच्चों की माताएं और 35 से अधिक आयु वाली स्त्रियां परिवार नियोजन में अधिक रूचि लेती है। गांवों में भी यद्यपि परिवार के वृद्ध सदस्य परिवार नियोजन का विरोध नहीं करते, परन्तु संकोच के कारण युवा दम्पत्ति खुलकर इसमें रूचि नहीं दिखाते। परिवार नियोजन को सबसे अधिक सफलता शिक्षित और सम्पन्न वर्गो से प्रास हुई है। मजदूर तथा किसान वर्ग के लोग कृत्रिम निरोधों को मुफ्त प्रास करना चाहते है। शहरों में आवास की समस्या के कारण भी संतती निरोध के लिए काफी प्रेरणा मिलती है। खाद्य समस्या और जनसंख्या विस्फोट द्वारा उत्पन्न संकट में एक दूसरे से पृथक किया जाना सम्भव नहीं है। यद्यपि आर्थिक नियोजन के प्रारम्भिक दस वर्षों में परिवार नियोजन पर ज्यादा ध्यान नहीं दिया गया। भारत में पंचवर्षीय योजनाओं के अन्तर्गत विकास हेतु तथा विकास कार्य में बाधक क्षेत्रों में सुधार हेतु सार्थक प्रयास किये गये।

पंचवर्षीय योजनाओं के अन्तर्गत परिवार नियोजन
(Family Planning Under Five Year Plans)

जनसंख्या नियन्त्रण हेतु परिवार नियोजन की सफलता हेतु विभिन्न पंचवर्षीय योजनाओं में इस प्रकार प्रयास किये गये।

प्रथम चार योजनाएँ (First Three Plans) - प्रथमपंचवर्षीय योजना में परिवार नियोजन के कार्यक्रमों पर कुल 65 लाख रूपया व्यय किया गया। द्वितीय पंचवर्षीय योजना में भी परिवार नियोजन सम्बन्धि नीति में कोई महत्वपूर्ण परिवर्तन नहीं हुआ और केवल 5 कराड़ रूपये व्यय किया गया। प्रथम दो पंचवर्षीय योजनाओं की अवधि में शहरों में 549 और ग्रामीण क्षेत्रो में 1,100 परिवार नियोजन केन्द्र स्थापित किये गये। इसके अतिरिक्त 1,864 ग्रामीण और 330 शहरी अस्पतालों अथवा स्वास्थ्य केन्द्रों में भी परिवार नियोजन सम्बन्धी सुविधाएं प्रदान की गई। देश की विशलता और समस्या की गम्भीरता को देखते हुए यह अत्यन्त अपर्यास था। तृतीय योजना अवधि में परिवार नियोजन सम्बन्धी कार्यक्रमों पर 27 करोड़ रूपये व्यय करने की व्यवस्था की गई थी। किन्तु वास्तविक व्यय केवल 24.86 करोड़ रूपये ही हुआ। योजना काल में राज्य स्तर पर सभी राज्यों में और जिला स्तर पर 199 जिलों

में परिवार नियोजन ब्यूरों गठित किए गए। 1960 में तृतीय योजना की समाप्ति के समय 1,381 नगर परिवार कल्याण आयोजन केन्द्र और 3,676 ग्रामीण परिवार कल्याण आयोजन केन्द्र कार्य कर रहे थे। इनके अतिरिक्त ग्रामीण क्षेत्रों में 7,081 उप परिवार कल्याण आयोजन केन्द्र भी संचालित थे। इन कल्याण केन्द्रों का कार्य परिवार नियोजन के सम्बन्ध में सलाह के अतिरिक्त संतति निरोध के लिए आवश्यक सेवाएँ भी प्रदान करना है। तृतीय योजना काल में परिवार नियोजन प्रशिक्षण केन्द्रों की संख्या 28 हो गई थी, जिनमें 7,641 व्यक्तियों के लिए परिवार नियोजन सम्बन्धी पूरे प्रशिक्षण की व्यवस्था थी। इसके अतिरिक्त 34,484 व्यक्ति अल्पकालीन प्रशिक्षण प्राप्त कर सकते थे। सात जनांकिकी केन्द्रों में शोध कार्य की भी व्यवस्था प्रदान की गई थी।

अप्रैल 1966 में केन्द्र और राज्य सरकारों के जनसंख्या नियन्त्रण सम्बन्धी प्रयासों में तालमेल बैठाने के उद्देश्य से परिवार नियोजन का एक अलग विभाग स्थापित किया गया है। ग्रामीण क्षेत्रों में परिवार नियोजन के कार्यक्रम की प्रगति संतोषजनक नहीं है। इसका प्रधान कारण गांवों में कार्य करने के लिए इच्छुक प्रशिक्षित कर्मचारियों का अभाव है। 1966 से 1969 तक सरकार ने परिवार नियोजन के कार्यक्रमों पर लगभग 75 करोड़ रूपया व्यय किया जो पहली तीन योजनाओं में कुल व्यय का ढाई गुना था। चौथी योजना के अन्तर्गत परिवार कार्यक्रमों पर 280 करोड़ रूपए व्यय किए गए।

अतः परिवार नियोजन के कार्यक्रमों को प्रथम दो योजनाओं में कोई महत्वपूर्ण स्थान प्राप्त नहीं था, परन्तु तृतीय योजना और उसके बाद इस ओर विशेष ध्यान दिया गया है। इसके बावजूद भी जहाँ तक जन्म दर नियन्त्रण का प्रश्न है, वह ज्यादा नीची नहीं आई है। इसका कारण यह रहा है कि परिवार नियोजन के कार्यक्रम को तैयार करने के लिए जितनी जानकारी आवश्यक है, उसका भारत में अभी अभाव है।

पॉचवी योजना (Fifth Plan) - पांचवी पंचवर्षीय योजना में परिवार कल्याण नियोजन के कार्यक्रम को प्राथमिकता क्रम में उतना ही ऊँचा स्थान प्रदान किया गया जितना कि चौथी योजना प्रदान किया गया। में था। इस कार्यक्रम पर 516 करोड़ रूपये व्यय किए गए। इस योजना के अन्तर्गत जन्म दर को 1978-79 तक 30 हजार प्रति हजार लाने का लक्ष्य रखा गया था, परन्तु इस दिशा में सफलता नहीं मिली। पांचवी योजना में परिवार नियोजन कार्यक्रम का स्वास्थ्य एवं चिकित्सा कार्यक्रमों के साथ तालमेल बैठाने का प्रयास किया गया था।

पांचवी योजना में परिवार नियोजन सम्बन्धी नीति की कुछ उल्लेखनीय बातें निम्नलिखित थीं :

(1) परिवार नियोजन कार्यक्रम को जन स्वास्थ्य, मातृत्व एवं बाल स्वास्थ्य तथा पोषण सम्बन्धी कार्यक्रमों के साथ समाविष्ठ कर दिया गया। अतः एक ही कार्यक्रम से जुड़े हुए कर्मचारियों को बहु उद्देश्य कर्मचारियों में बदलने की व्यवस्था की गई, परन्तु साथ ही इन पर परिवार-नियोजन कार्यक्रमों पर विशेष ध्यान देते रहने का उत्तरदायित्व जारी रखा गया।

(2) लोगों की परिवार नियोजन कार्यक्रम में रूचि जागृत करने के लिए सामान्य शिक्षा, श्रमजीवी वर्ग की शिक्षा, स्वास्थ्य सम्बन्धी शिक्षण तथा विशिष्ट कल्याणकारी

कार्यक्रमों में भी तालमेल बैठाने हेतु सार्थक प्रयास किये गये। परिवार नियोजन के सम्बन्ध में चेतना का स्तर उठाने के लिए टेलीविजन और रेड़ियों का अधिकाधिक प्रयोग किया गया।

(3) जिन राज्यों में परिवार नियोजन सम्बन्धी कार्यक्रमों को अब तक अधिक सफलता नहीं मिली है, वहाँ पर परिवार नियोजन की अधिक सुविधाएँ प्रदान की गई।

(4) परिवार नियोजन कार्यक्रम को परिवार कल्याण कार्यक्रम के रूप में लागू करने की व्यवस्था की गई। अतः इसी कार्यक्रम में बाल मृत्यु दर घटाने की दिशा में भी प्रयत्न किए गए।

(5) जनसुख्या नियन्त्रण कार्यक्रमों की प्रभोवोत्पादकता के के दृष्टिकोण से परिवार नियोजन कार्यक्रम में चयनात्मक दृष्टिकोण (Selective Approach) अपनाया गया था। इस दृष्टि से 25 से 35 वर्ष की आयु में आने वाले दम्पत्तियों की तरफ विशेष ध्यान दिया गया।

(6) परिवार नियोजन कार्यक्रम की सफलता योग्य तथा प्रशिक्षित कर्मचारियों की उपलब्धि पर निर्भर होती है। अत: कर्मचारियों के प्रशिक्षण के लिए क्षेत्रीय परिवार नियोजन केन्द्रों की सेवाओं का पूरा पूरा उपयोग करने की दिशा में प्रयास किये गए। इसके अतिरिक्त 40 नए नर्स दाई प्रशिक्षण स्कूल और 25 महिला स्वास्थ्य निरीक्षक प्रशिक्षण स्कूल खोलने की व्यवस्था पांचवी योजना में की गई।

छठी योजना (Sixth Plan) - छठी योजना के अन्तर्गत 1985 के लिए जन्म दर का लक्ष्य 30 प्रति हजार था। यदि यह लक्ष्य प्राप्त हो जाता तो जनसंख्या वृद्धि की दर 1.5 प्रतिशत के आस पास ही रहती और जनसंख्या की विस्फोटक स्थिति से छुटकारा मिल जाता। परन्तु इस लक्ष्य को प्राप्त कर पाना इतना सहज नहीं था। इसलिए छठी योजना में कुछ बुनियादी उपायों पर जोर दिया गया। इस श्रेणी में इस योजना में जिन उपायों का उल्लेख किया गया था, वे है विवाह की न्यूनतम आयु में वृद्धि, स्त्री शिक्षा, छोटे परिवार की उपयुक्तता का प्रचार, परिवार नियोजन की विधियां से सम्बन्धीत शोध कार्य और व्यक्तियों, समुहों और समुदायों को परिवार नियोजन के सम्बन्ध में प्रेरणा देना। छठी पंचवर्षीय योजना में परिवार नियोजन कार्यक्रम को परिवार कल्याण कार्यक्रम में बदल दिया गया। इस कार्यक्रम पर 1,010 करोड़ रूपये व्यय करने का प्रावधान था।

सातवीं योजना (Seventh Plan) - सातवीं योजना के अंतर्गत पुरुरूत्पादन वर्ग में आने वाले दम्पत्तियों में से 42 प्रतिशत को परिवार नियोजन विधियों को अपनाने के लिए प्रेरित करने का लक्ष्य रखा गया था। यह लक्ष्य प्राप्त कर पाना यृपि आसान नहीं था। इसके लिए जनचेतना का स्तर ऊंचा करना जरूरी है। लोगों को छोटे परिवार के लाभ समझाने होंगे और लड़कियों के प्रति भेदभाव को दूर करना होगा। सातवीं योजना में परिवार नियोजन कार्यक्रम की बुनियादी संरचना में सुधार कर कार्यक्रम को अधिक प्रभावी बनाने की प्रयास किये गये थे। अन्य पंचवर्षीय योजनाओं की तरह सातवीं पंचवर्षीय योजना के अंतर्गत परिवार कल्याण कार्यक्रमों पर व्यय की राशि अपर्याप्त ही थी। इस योजना में इन कार्यक्रमों पर 3,256 करोड़ रूपये व्यय करने की व्यवस्था की गई थी।

आठवीं योजना (Eighth Plan) - आठवीं पंचवर्षीय योजना में जनसंख्या वृद्धि की दर को जन सहयोग से नीचे लाना एक मुख्य उद्देश्य था। इसके लिए लोगों को विभिन्न प्रकार से प्रेरित करने के कार्यक्रम लागू किए जाएंगे। परिवार नियोजन के लिए आवश्यक सुविधाएं प्रायः ग्रामीण क्षेत्रों में नहीं पहुँची है। इसलिए इन क्षेत्रों में परिवार नियोजन केन्द्र और उपकेन्द्र, प्राथमिक स्वास्थ्य केन्द्र और न्यूनतम आवश्यकता कार्यक्रम के अन्तर्गत सामुदायिक स्वास्थ्य केन्द्र खोले जाने का प्रस्ताव किया गया जिनमें परिवार नियोजन के लिए आवश्यक सेवाएं मिल सकेंगी। भारत में आगे आने वाले वर्षों में परिवार नियोजन स्वैच्छिक ही होगा और दम्पत्ति इस सम्बन्ध में स्वयं निर्ण्य लेने के लिए स्वतन्त्र होंगें।

नौंवी योजना (Ninth Plan) - इस योजना में परिवार कल्याण कार्यक्रमों पर 15,120 करोड़ रूपये व्यय करने का प्रावधान किया गया। इस योजना में परिवार कल्याण के जो प्रयास किये गये उनसे

(अ) सन् 2001 तक जन्म दर कम होकर 26 प्रति हजार रह गई।

(ब) मृत्यु दर 8 प्रति हजार हो गई।

(स) शिशु मृत्यु दर कम होकर 70 प्रति हजार रह गइ।

(द) परिवार नियोजन अपनाने वालों का प्रतिशत बढ़कर 46 प्रतिशत हो गया।

परिक्षापयोगी प्रश्न

1. भारत में जनसंख्या वृद्धि की प्रमुख प्रवृत्तियाँ बतलाइये। जनसंख्या वृद्धि के कारण आर्थिक विकास किस प्रकार कठिन हो गया है।

   Discuss briefly important trend in population growth in India. How economic development become difficult give to population growth.
2. भारतीय जनगणना 2001 के अनुसार भारतीय जनसंख्या की प्रमुख विशेषताएँ बतलाइये।

   Discuss briefly main characteristics of India's census 2001.
3. भारत की वर्तमान जनसंख्या नीति की आलोचनात्मक व्याख्या कीजिये।

   Critically examine present population policy of India.

4

गरीबी
(Poverty)

विश्व में गरीबी अल्पविकसित राष्ट्रों में विद्यमान एक अत्यन्त महत्वपूर्ण सामाजिक बराई हैं। गरीबी, असमानता और आर्थिक सुरक्षा एक दूसरे से जुड़ी समस्याएँ है। भारत जैसे अल्प विकसित देशों में आर्थिक असमानताएँ एक हद तक तो गरीबी के लिए उत्तरदायी हैं और गरीबी की हालत में व्यक्ति असुरक्षित अनुभव करता है।

गरीबी की समस्या (Problem of Poverty)

वर्ग व्यवस्था पर आधारित अल्प-विकसित देशों में गरीबी व्यापक स्तर पर पाई जाती है। इन देशों में प्रायः 30 से 60 प्रतिशत लोगों का जीवन स्तर इतना नीचा होता है कि उन्हें जीवन रक्षक अनिवार्य आवश्यकताओं को सन्तुष्ट करने के लिए आवश्यक वस्तुओं के अतिरिक्त कुछ भी उपलब्ध नहीं होता। यही नहीं कुल जनसंख्या का अधिकांश भाग भुखमरी का शिकार भी होती हैं। गरीबी शहरी और ग्रामीण दोनों ही क्षेत्रों में पाई जाती है, परन्तु इस सम्बन्ध में कोई सन्देह नहीं है कि गांवों में इसकी व्यापकता अधिक है। इस तथ्य से इन्कार नहीं किया जा सकता है कि शहरों की औद्योगिक बस्तियों में जीवन कष्टदायक है। शहरी क्षेत्रों में झुग्गी झोपड़ी बस्तियों में रहने वाले परिवारों को पोषक भोजन और जीवन की अन्य अनिवार्यताएँ उपलब्ध नहीं हैं, परन्तु गांवों में खेतिहर मजदूर, छोटे किसान और दस्तकार की स्थिति इससे भी अधिक दयनीय होती है।

वस्तुतः गरीबी एक ऐसी समस्या है जिसे पहचाना जा सकता है किन्तु जिसका नपे-तुले शब्दों में वर्णन करना कठिन है। इस कठिनाई के बावजूद भी इसके अर्थ को स्पष्ट करने के सार्थक प्रयास मसय-समय पर किये गये हैं। गरीबी एक ऐसी अवस्था है जिसमें समाज का एक महत्वपूर्ण भाग अपने जीवन, स्वास्थ्य एवं कार्य कुशलता के लिए आवश्यक न्यूनतम उपभोग-आवश्यकताओं की पूर्ति कर पाने से भी वंचित रहता है। इन आवश्यकताओं में भोजन, कपड़ा, मकान, शिक्षा तथा स्वास्थ्य से सम्बन्धित मानविय न्यूनतम आवश्यकताओं को सम्मिलित किया जाता है।

गरीबी का अर्थ (Meaning of Poverty)

भारत में लगभग सभी अर्थशास्त्री जिन्होंने गरीबी की व्यापकता का अध्ययन किया है, इस बात से सहमत हैं कि इस देश में केवल उन्हीं लोगों को गरीब माना जा सकता है जो निर्धारित न्यूनतम जीवन-स्तर से भी नीचे जीवन यापन करते है। परन्तु न्यूनतम जीवन-स्तर के लिए प्रति व्यक्ति मासिक आय क्या होनी चाहिए, इस पर सभी पूरी तरह सहमत नहीं है। जुलाई 1962 में सरकार द्वार मनोनीत 9 विद्वानों की एक समिति ने सिफारिश की कि 1960-61 में प्रचलित मूल्यों के आधार पर न्यूनतम जीवन-स्तर के लिए प्रति व्यक्ति निजी उपभोग पर बीस रूपए मासिक व्यय होना चाहिए। यह समिति किस आधार पर इस राशि पर पहुँची थी, इस सम्बन्ध में कोई स्पष्ट जानकारी उपलब्ध नहीं है इसके अतिरिक्त समिति ने शहरी और ग्राम्य क्षेत्रों में न्यूनतम जीवन-स्तर के लिए वांछित उपभोग पर व्यय की दो अलग-अलग राशियां न बतलाकर एक ही राशि की सिफारिश की है, जो ठीक नहीं है क्योंकि शहरों तथा गांवों में समान जीवन-स्तर के लिए उपभोग पर असमान व्यय होना आवश्यक है।

गरीबी की व्यापकता (Extent of Poverty)

भारत में गरीबी की व्यापकता का अनुमान लगा सकने के लिए समुचित एवं सन्तोषजनक आंकड़ों का अभाव है। इसका कारण यह है कि इस देश में आय के वितरण से सम्बन्धित आंकड़ो का प्रायः संकलन नहीं किया जाना। परन्तु राष्ट्रीय सैम्पल सर्वेक्षण के विभिन्न दौरों में जनसंख्या के विभिन्न वर्गों द्वारा निजी उपभोग पर व्यय के सन्तोषजनक आंकड़े उपलब्ध हुए हैं। भारत में लगभग उन सभी अर्थशास्त्रियों ने जिन्होंनें गरीबी की समस्या का अध्ययन करना चाहा है, अपने विश्लेषण के लिए इन्हीं आंकड़ों का प्रयोग किया है। परन्तु गरीबी की परिभाषा पर मतभेद और अध्ययन की रीतियों में अन्तर के कारण प्रणव वर्धन, बी. एस. मिन्हास, पी. डी. ओझा तथा वी. एस. दांडेकर व नीलकंठ रथ गरीबी की व्यापकता के सम्बन्ध में एक दूसरे से भिन्न निष्कर्षो पर पहुंचे हैं।

पी. डी. औझा तथा दांडेकर व नीलकंठ रथ ने जहां शहरी और ग्रामीण दोनों ही क्षेत्रों में गरीबी के अनुमान लगाए है, वहां बर्धन और मिन्हास ने केवल ग्रामीण क्षेत्र में गरीबी की जांच की है।

पी. डी. ओझा के अनुमान - ओझा का मत है कि वे सभी व्यक्ति जिन्हें अपने आहार से प्रतिदिन 2,250 कैलोरी ऊर्जा की प्राप्ति नहीं होती, गरीब माने जा सकते हैं गांव में लोगों के आहार में खाद्यान्नों की प्रधानता है। अतः वहां पर गरीबी की रेखा के ऊपर आने के लिए आवश्यक है कि प्रतिदिन खाद्यान्नों से 1,800 कैलोरी ऊर्जा की प्राप्ति हो। 1960-61 में प्रचलित मूल्यों के आधार पर भोजन के उपर्युक्त स्तर के अनुरूप प्रति व्यक्ति आय 15-17 रूपए प्रति माह होना चाहिए। इस आधार पर ओझा के अनुसार 1960ञ61 में52 प्रतशत ग्रामीण जनसंख्या गरीब्री के स्तर के नीचे थी। इसी वर्ष शहरी क्षेत्र में भी 76 प्रतिशत जनसंख्या गरीबी के स्तर के नीचे थी। 1967-68 में प्रचलित मूल्यों पर गरीबी की रेखा पर ग्रामीण क्षेत्र में प्रति व्यक्ति निजी उपभोग पर मासिक व्यय 40 रूपए था। इस वर्ष ग्रामीण क्षेत्र में उपभोग के इस स्तर से नीचे रह जाने वाले लोगों की कुल संख्या 20 करोड़ 90 लाख थी, जो समस्त ग्रामीण जनसंख्या की 70 प्रतिशत थी।

दांडेकर और रथ के अनुमान – दांडेकर और रथ के अनुसार 1968-69 में ग्रामीण क्षेत्र में वे परिवार गरीबी के स्तर के नीचे थे, जिनकी वार्षिक आय 324 रूपये से कम थी। इस श्रेणी में आने वाले लोग समस्त ग्रामीण जनसंख्या के 40 प्रतिशत थे। शहरी क्षेत्र के लिए दांडेकर और रथ ने गरीबी का स्तर प्रति व्यक्ति 486 रूपए वार्षिक आय पर निर्धारित किया है। इस आधार पर 1968-69 में शहरी क्षेत्र में 50 प्रतिशत से अधिक व्यक्ति गरीबी के स्तर के नीचे थे। 1960-61 से 1968-169 के बीच इनके अनुसार गांव और शहर दोनों ही स्थानों पर असमानताएं बढ़ी है।

प्रणव के बर्धन के अनुमान – बर्धन ने कृषि के तकनीकी प्रगति के वितरण पर प्रभाव का अध्ययन किया है। उनके अनुसार वर्तमान शताब्दी के सातवें दशक के अन्तर में भारत की लगभग 54 प्रतिशत ग्रामीण जनसंख्या न्यूनतम स्वीकार्य जीवन-स्तर के नीचे थी। बर्धन ने गरीबी की रेखा 1960-61 के मूल्यों के आधार पर प्रति व्यक्ति 15 रूपए मासिक निजी उपभोग के स्तर के अनुरूप स्वीकार की है। 1967-68 और 1968-69 में प्रचलित कीमतों के आधार पर इन वर्षों में गरीबी की रेखा क्रमशः 30.0 और 29.4 रूपए प्रति व्यक्ति मासिक उपभोग के अनुरूप होगी। इस आधार पर बर्धन का अनुमान है कि 1968-69 में गरीबी की रेखा के नीचे आने वाले ग्रामीणों की संख्या 23 करोड़ थी, जो तात्कालीन ग्रामीण जनसंख्या की 54 प्रतिशत थी।

बी. एस. मिन्हास के अनुमान – मिन्हास का विचार है कि 1960-61 के मूल्यों के आधार पर 200 रूपये वार्षिक के प्रति व्यक्ति निजी उपभोग द्वारा ग्रामीण परिवारों के लिए न्यूनतम जीवन-स्तर को प्राप्त कर सकना सम्भव होगा। गरीबी का स्तर निर्धारित करने के लिए मिन्हास इस राशि पर किसी वैज्ञानिक परिकलन के द्वारा नहीं पहुँचते। उनकी रीति बहुत सरल है। चूँकि शहरी और ग्राम्य दोनों ही क्षेत्रों को मिलाकर देखने पर सारे देश के लिए सरकारी विशेषज्ञ समिति न्यूनतम जीवन स्तर के लिए 240 रूपए वार्षिक प्रति व्यक्ति निजी उपभोग की राशि निर्धारित करती है तो गावों में न्यूनतम जीवन स्तर के लिए प्रति व्यक्ति निजी उपभोग की राशि इससे कम ही होनी चाहिए और मिन्हास इसे 200 रूपए मान लेते हैं। इस प्रकार मिन्हास द्वारा निर्धारित गरीबी की रेखा बर्धन और दांडेकर व नीलकंठ रथ द्वारा स्वीकृत गरीबी की रेखा से ऊंची है। परन्तु मिन्हास के अनुमानों के विषय में सबसे मनोरंजक बात यह है कि यद्यपि वे गरीबी की रेखा दांडेकर व रथ और बर्धन की तुलना में ऊंची निर्धारित करते हैं, फिर भी उनके अनुसार 1967-68 में गांवों में गरीबों की संख्या 15.4 करोड़ थी, जो समस्त ग्रामीण जनसंख्या की 37.1 प्रतिशत थी।

गरीबी की व्यापकता सम्बन्धी उपरोक्त सभी अनुमान लगभग 25 वर्ष पुराने हैं और परस्पर भिन्न हैं। जहां ओझा के अनुसार 1967-68 में लगभग दो तिहाई से भी अधिक ग्रामीण जनता गरीबी की रेखा के नीचे थी, वहां मिन्हास का विचार है कि इसी वर्ष में केवल 37.1 प्रतिशत ग्रामीणजन गरीबी की स्थिति में थे। प्रणव बर्धन का अनुमान ओझा और मिन्हास के अनुमानों के बीच में हैं। दांडेकर और नीलकंठ रथ यद्यपि गरीबी की रेखा मिन्हास द्वारा निर्धारित रेखा से नीचे रखते हैं, परन्तु उनके द्वारा अनुमानित गरीबों की संख्या मिन्हास द्वारा दी गई गरीबों की संख्या में बड़ी है। विभिन्न शोधकर्त्ताओं के निष्कर्षों में इस अन्तर से भ्रम नहीं होना चाहिए क्योंकि सभी के अध्ययनों से इतना अवश्य सिद्ध होता है कि भारत में गरीबी बहुत व्यापक है और इसके निवारण के लिए स्पष्ट नीति होनी चाहिए।

गरीबी से सम्बन्धित योजना आयोग के अनुमान

(The Planning Commission's Estimates of the Poverty)

योजना आयोग ने पहली बार गरीबी की व्यापकता ज्ञात करने का प्रयास छठी योजना में किया है। छठी पंचवर्षीय योजना (1980-85) के प्रारूप में गरीबी की रेखा के नीचे आने वाले लोगों की संख्या के अनुमान दिए गए हैं। योजना आयोग की राय में गांवों में वे सभी व्यक्ति जिनकी 1979-80 की कीमतों के आधार पर प्रति व्यक्ति मासिक आय 76.00 रूपए से कम है गरीब है। इस आधार पर 1977-78 में ग्रामीण क्षेत्र में कुल जनसंख्या का 50.82 प्रतिशम भाग गरीब था। शहरी क्षेत्र के लिए गरीबी की रेखा 88.00 रूपए निर्धारित की गई थी। इस आधार पर योजना आयोग के अनुसार 1977-78 में 38.19 प्रतिशत शहरी जनसंख्या गरीब थी। यदि शहरी और ग्रामीण दोनों क्षेत्रों को मिलाकर देखा जाए तो 1977-78 में भारत के 48.13 प्रतिशत लोग गरीबी की रेखा के नीचे थे। सातवीं योजना के अनुसार 1983-84 में ग्रामीण क्षेत्र में 40.4 प्रतिशत और शहरी क्षेत्र में 28.1 प्रतिशत लोग गरीब थे। ग्रामीण और शहरी दोनों क्षेत्रों को मिलाकर देखने पर 37.4 प्रतिशत लोग गरीबी की रेखा के नीचे थे।

निर्धनता का आकार (Size of Poverty)

भारत मं 1980 के पश्चात् से निर्धनता रेखा के नीचे निवास करने वाली शहरी तथा ग्रामीण जनसंख्या के आकार में निरन्तर वृद्धि हुई है। इसके पश्चात के वर्षों में इसमें कुछ कमी दृष्टिगत हुई है। वर्तमान में लगभग 26.1 प्रतिशत जनसंख्या गरीबी रेखा के नीचे अपना जीवन यापन कर रही है। भारत में 1993-94 की कीमतों पर 229 रूपये ग्रामीण क्षेत्र में तथा 264 रूपये शहरी क्षेत्र में प्रति मास उपयोग को निर्धनता रेखा माना गया है। जिन लोगों का प्रति माह उपभोग व्यय इससे कम है उन्हें निर्धन माना जाता है।

तालिका-1

गरीबी का अनुमान

वर्ष	गरीबी अनुपात			गीरबों की संख्या (करोड़ में)		
	ग्रामीण	शहरी	संयुक्त	ग्रामीण	शहरी	संयुक्त
1973-74	56.4	49.0	54.9	26.1	6.0	32.1
1977-78	53.1	45.2	51.3	26.4	6.5	32.9
1983	45.7	40.8	44.5	25.2	7.1	32.3
1987-88	39.1	38.2	38.9	23.2	7.5	30.71
1993-94	37.3	32.4	36.0	24.4	7.6	32.0
1999-2000 30दिवसीय प्रत्याह्वान	27.1	23.6	26.1	19.3	6.7	26.0

Source: Ninth Five Year Plan Vol. I. Economic Survey 2001-02

निर्धनता की प्रवृत्ति (Trends of Poverty)

योजनाओं की अब तक की अवधि में 5,47,082 करोड़ रूपये खर्च करने के बावजूद भी भारत में 26 करोड़ लोग निर्धनता रेखा से नीचे रह रहे हैं। ऐसा प्रतीत होता है कि जितनी अधिक योजनायें हैं उतने ही निर्धन व्यक्ति है। (The more the plans, the more the poor) भारत में निर्धनता की प्रवृत्ति तालिका नं. 1 से स्पष्ट हो जाती है।

भारत में 1960-61 में लगभग 17 करोड़ लोग अर्थात् कुल जनसंख्या का 34 प्रतिशत निर्धनता रेखा से नीचे रह रहा था। 1993-94 में 32 करोड़ ही लोग निर्धनता रेखा से नीचे रह रहे थे। परन्तु यह जनसंख्या का केवल 36 प्रतिशत भाग था। नौवीं योजना के अनुसार 1999-2000 में 26 करोड़ लोग अर्थात् कुल जनसंख्या का 26 प्रतिशत भाग निर्धनता रेखा से नीचे रह रहा है। भारत में विभिन्न राज्यों में निर्धनों की संख्या विभिन्न है। यह अनुमान लगाया गया है कि तमिलनाडु, उत्तर प्रदेश, बिहार, उड़ीसा, तथा मध्य प्रदेश में निर्धनों की संख्या सबसे अधिक है। उत्तर प्रदेश की 41 प्रतिशत, विहार की 55 प्रतिशत, उड़ीसा की 49 प्रतिशत, मध्य प्रदेश की 42 प्रतिशत जनसंख्या निर्धनता रेखा से निम्न स्तर पर है। पंजाब में 12 प्रतिशत अर्थात् सब राज्यों से कम जनसंख्या तथा हरियाणा में 25 प्रतिशत जनसंख्या तथा हिमाचल की 27 प्रतिशत जनसंख्या निर्धनता रेखा से नीचे रह रही है।

नौंवी पंचवर्षीय योजना (Ninth Five Year Plan)

नौवी पंचवर्षीय योजना ने विशेषज्ञ समिति द्वारा सुझाई गई विधि के आधार पर गरीबी की मात्रा के अनुमान तालिका-1 में दिए हैं। राष्ट्रीय स्तर पर गरीबी अनुपात और गरीबों की कुल संख्या से संबंधित विभिन्न वर्षों के अनुमान निम्नलिखित तालिका में दिए गए हैं-

तालिका-1 से पता चलता है कि गरीबी का आकार 1973-74 में 55 प्रतिशत से घटकर 1993-94 में 36 प्रतिशत और 1999-2000 में 26 प्रतिशत हो गया। किन्तु इन 20 वर्षों (1973-93) की अवधि में गरीबों की कुल संख्या में कोई महत्वपूर्ण कमी नहीं आई। जनसंख्या में वृद्धि के कारण यह 32 करोड़ के आसपास ही स्थिर बनी रही। किन्तु अब 1999-2000 के नवीनतम अनुमान यह बताते हैं कि गरीबों की कुल संख्या में काफी कमी होकर यह 26 करोड़ पर रह गई। यह भी देखा गया कि इन सालों के दौरान गरीबी के अनुपात में कमी सभी राज्यों में एक जैसी नही रही। गरीबी का भूख के साथ निकट संबंध है। साल के कुछ महीनों में दिन में दो बार पेट भर भोजन के बिना रहने वाले व्यक्तियों की प्रतिशतता को प्राय: 'भुख अनुपात' (hunger ratio) कहा जाता है। 1983-93 के दौरान इस भुख अनुपात में भी कमी आई है। यह भी देखने में आया हैं कि भूख अनुपात गरीबी अनुपात से कम है। इससे यह प्रकट होता है कि सभी गरीब लोग भूखे नहीं रहते हैं। फिर भी लंबे समय तक भूखे रहने की कोई भी घटना पर्याप्त चिंता का विषय होता है।

भारत में गरीबी से सम्बन्धित कुछ महत्वपूर्ण तथ्य
(Some Important Facts Concerning Poverty in India)

भारत में गरीबी की व्यापकता का अनुमान उपरोक्त तथ्य से हो जाता है, लेकिन ये आंकड़े यह स्पष्ट नहीं करते कि गरीबी की अवस्था में व्यक्ति और समाज का सामान्य

जीवन-स्तर क्या होता है। यह समझने में प्रति व्यक्ति आय के आंकड़े और रहन सहन के स्तर सम्बन्धी तथ्य सहायता करते हैं।

1. अल्प प्रति व्यक्ति आय - भारत में प्रति व्यक्ति वार्षिक आय अल्प है। लेकिन इस औसत को व्यापारियों, उद्योगपतियों, बड़े किसानों तथा ऊंचा वेतन पाने वाले मध्यम वगै के लोगों की आय प्रभावित करती है। इसलिए बड़ी संख्या में लोगों की आय इस औसत बहुत नीची होगी। योजना आयोग ने शहर में उन लोगों को गरीब माना है जिनकी 1979-80 की कीमतों के आधार पर प्रतिदिन आय 3 रूपए से भी कम है। दरअसल यह ठीक नहीं है। 1979-80 की कीमतों के आधार पर इस आय में व्यक्ति का रहन सहन क्या होगा, यह इसका सहज ही अनुमान लगाया जा सकता हैं। यदि हम यह मान लें कि वे सभी व्यक्ति जिनकी आय प्रति व्यक्ति राष्ट्रीय आय से कम है, गरीब है तो सम्भवतया इस देश के दो तिहाई से अधिक लोग गरीबों की श्रेणी में आ जाएगें।

2. रहन-सहन का नीचा स्तर - यदि हम भारत के जनसाधारण के रहन सहन के स्तर पर विचार करते हैं तो जनसंख्या के एक बड़े भाग की दयनीय स्थिति स्पष्ट हो जाती है। अधिकांश भारतीय अल्प आहार पर जीवित रहते हैं। देश में लगभग 99 प्रतिशत लोगों की सन्तुलित भोजन नहीं मिलता। खेतिहर, मजदूर, छोटे किसान, ग्रामीण दस्तकार, शहरी मजदूर प्राय: अपर्याप्त भोजन पर जीवित रहते हैं। स्पष्ट हैं कि सम्पन्न परिवारों ने इस औसत से बहुत अधिक कपड़े का उपभोग किया होगा। इसलिए अधिकांश परिवारों ने प्रति व्यक्ति 6-7 मीटर से भी कम उपभोग किया होगा। किसान तथा मजदूर परिवारों के लोगों के जीर्ण शीर्ण वस्त्र उनकी मौसम के प्रकोप से रक्षा भी नही कर पाते।

आवास यद्यपि सभ्य समाज में रहने वाले लोगों के लिए बहुत आवश्यक है लेकिन देश में बहुत थोड़े लोगों के पास इसकी उचित व्यवस्था है। गांव में कच्चे मकान और फूस की झोपड़ियों और शहरों में मजदूरों की गन्दी बस्तियों तथा सड़कों के किनारें फुटपाथ पर सोने वाले लोगों को देखकर भी इस देश में गरीबी के स्वरूप का अनुमान हो सकता है। इस देश में आज भी 64 प्रतिशत लोग पूरी तरह अशिक्षित हैं। यहां बीमारियों और महामारी का प्रकोप रहता है। अधिकांश लोगों के लिए देश में किसी प्रकार की चिकित्सा की व्यवस्था नहीं है। यही कारण है कि भारत में लोगों की औसत आयु पश्चिमी देशों के लोगों की औसत आयु से काफी नीची है।

गरीबी के कारण (Causes of the Poverty)

भारत में निर्धनता की समस्या तथा उसके कारणों की विवेचना दीर्घकाल से अलग-अलग लोगों द्वारा अलग-अलग प्रकार से कि जाती रही है। सन् 1870 में दादाभांई नौरोजी ने भारत की निर्धनता के कारणों की विवचेना की थी। इसके मुख्य कारणों को दो भागों में बांटा जा सकता है (अ) आर्थिक कारक और (ब) गैर आर्थिक कारक

(अ) आर्थिक कारक (Economic Factors)

निम्नलिखित आर्थिक कारण भारत में गरीबी की विद्यमानता हेतु प्रमुख रूप से उत्तरदायी है:

(1) राष्ट्रीय उत्पाद का निम्न स्तर (Low Level of National Product) - भारत का कुल राष्ट्रीय उत्पाद जनसंख्या की तुलना में काफी कम है। इस कारण देश के नागरिकों की प्रति व्यक्ति आय का स्तर अत्यन्त निम्न हैं। भारत का शुद्ध राष्ट्रीय उत्पादन 2000-2001 में उसी वर्ष की कीमतों के आधार पर 16,79,982 करोड़ रूपये था तथा प्रति व्यक्ति आय केवल 16,047 रूपये थी, इस दृष्टि से भारत जो यू. एन. ओ. द्वारा निर्धारित बहुत अधिक निर्धन देशों की कसौटी में आता है।

(2) विकास की कम दर (Low Rate of Growth) -भारत की पंचवर्षीय योजनाओं में विकास की दर बहुत कम रही है। योजनाओं की अवधि में विकास की दर 4.1 प्रतिशत रही है। इसके विपरीत जनसंख्या 1.8 प्रतिशत की दर से बढ़ रही है। अतएव जनसंख्या वृद्धि दर की तुलना में विकास की दर बहुत कम बढ़ रही है। विकास की दर में कम वृद्धि होने के फलस्वरूप निर्धनता को दूर नहीं किया जा सका है।

(3) कीमतों में वृद्धि (Increase in Prices) -भारत में द्वितीय पंचवर्षीय योजना के आरम्भ से ही कीमतों में जो बढ़ने की प्रवृति आरम्भ हुई है वह अभी तक जारी है। इस तीव्र गति में होने वाली कीमत वृद्धि का देश की निर्धन जनता पर बहुत बुरा प्रभाव पड़ता है। इसके फलस्वरूप निर्धनता का प्रभाव बढ़ता जा रहा है।

(4) जनसंख्या का अधिक दबाव (Heavy Pressure of Population) -भारत में जनसंख्या अत्यन्त द्रुतगति से बढ़ रही है भारत में जनसंख्या का आकार न केवल बड़ा है वरन् इसमें तेजी से वृद्धि हो रही है। इस वृद्धि के कारण पिछले कई वर्षों से मृत्यु दर का तो कम हो जाना पर जन्म दर का लगभग स्थिर रहना है। जनसंख्या की वृद्धि की यह दर, जो 1941-51 में 1.0 प्रतिशत थी, बढ़कर 1981-91 में 2.1 प्रतिशत हो गई है। जनसंख्या 2000-2001 में बढ़कर 102.70 करोड़ हो गई, जबकि 1991 की जनगणना के अनुसार जनसंख्या 84.63 करोड़ थी। जनसंख्या का यह दबाव विकास के मार्ग में सबसे बड़ी बाधा रही। भारत में जनसंख्या इस गति से बढ़ रही है कि कुल उत्पादन बढ़ने पर प्रत्येक व्यक्ति के हिस्से में अधिक धन नहीं हो पाता, जिससे जीवन-स्तर ऊंचा नहीं हो पाता। प्रति व्यक्ति भूमि भी कम होकर 0.13 हैक्टेयर रह गई है।

(5) निरन्तर रहने वाली बेरोजगारी (Chronic Unemployment and Under Employment) - भारत में बेरोजगारी के विभिन्न प्रकारों प्रच्छन्न अल्प रोजगार, मौसमी आदि, में प्रत्येक प्रकार की बेरोजगारी पाई जाती है। जनसंख्या के निरन्तर बढ़ने से यहाँ चिरकालीन बेरोजगारी व अर्द्धबेरोजगारी की स्थिति उत्पन्न हो गई है। भारत में शिक्षित बेरोजगारी से भी बढ़ कर कृषि में अदृश्य बेरोजगारी की समस्या है। बेरोजगारी की समस्या निर्धनता का मुख्य कारण है। भारत में 2000-2001 में लगभग 90 लाख व्यक्ति बेरोजगार थे। बेरोजगारी के कारण राष्ट्र की श्रमशक्ति का उत्पादक कार्यों में पूर्ण उपयोग नहीं हो पाता है। इके अतिरिक्त कार्यशील जनसंख्या पर आश्रितों की संख्या भी बढ़ रही है। इससे आय तथा उपभोग का स्तर भी कम हो रहा रहा है।

(6) पूंजी की अपर्याप्तता (Capital Deficiency) -यद्यपि पूँजी का सभी कार्यों में महत्व होता है किन्तु उद्योग, परिवहन, सिचांई तथा विकास के अन्य साधनों की स्थापना में पूंजी का विशेष स्थान होता है। इसलिए किसी देश के आर्थिक पिछड़ेपन का मुख्य कारण

वहां पर पूंजी का अभाव हुआ करता है। भारत में भी ऐसी स्थिति विद्यमान है। भारत में लोगों की बचत का स्तर अत्यन्त निम्न है।

(7) कुशल श्रम व तकनीकी ज्ञान की कमी (Lack of Skilled Labour and Technical Knowledge) –भारत में औद्योगिक शिक्षा तथा प्रशिक्षण (Training) का भी उचित प्रबन्ध नहीं है। इस अभाव में जनसंख्या का आकार अधिक होने के कारण श्रम की पूर्ति तो बहुत अधिक है परन्तु कुशल व प्रशिक्षित श्रम का अभाव है।

(8) योग्य व निपुण उद्यमकर्त्ताओं का अभाव (Paucity of Able and Efficient Enterpreneurs) –अल्प-विकसित देशों में औद्योगिक विकास की प्रारम्भिक अवस्था में साहस और कल्पना शक्ति रखने वाले, जोखिम उठाने की योग्यता रखने वाले तथा अपने कार्य में दक्ष, निपुण एवं चतुर उद्यमकत्ताओं का अभाव होता है भारत में भी ऐसे उद्यमकर्त्ताओं का नितान्त अभाव है। फलस्वरूप, देश में मुख्यतः उन्हीं उद्योगों का विकास हो सका है जिनमें बहुत कम जोखिम है।

(9) उचित औद्योगीकरण का अभाव (Lack of Proper Industrialisation) – औद्योगिक दृष्टि से भारत अभी बहुत पिछड़ा हुआ है। भारत की गिनती पिछड़े हुए राष्ट्रों में की जाती है। यह इस तथ्य से प्रमाणित हो जात है कि आज भी बड़े स्तर के उद्योगों में भारत की कुल कार्यशील जनसंख्या का केवल 3 प्रतिशत भाग ही लगा हुआ है। यद्यपि उपभोक्ता वस्तु उद्योग जैसे साबुन, कपड़ा, चीनी, चमड़ा, तेल आदि उद्योगों का काफी सीमा तक विकास सम्भव हुआ है किन्तु पुंजीगत एवं उत्पादक वस्तुओं के उद्योगों का विकास अभी तक समुचित प्रकार से नहीं हो पाया है। इसके लिए आज भी भारत को विदेशों पर निर्भर रहना पड़ता है।

(10) पुरानी सामाजिक संस्थाए (Outdated Social Institutions) – भारतीय अर्थव्यवस्था का मूल सामाजिक आधार आज तक भी पुरानी सामाजिक संस्थाएं तथा रूढ़ियां हैं। यह वर्तमान समय के अनुकूल नहीं है। ये संस्थाएं हैं– जाति प्रथा, संयुक्त परिवार प्रथा और उत्तराधिकार के नियम आदि। ये सभी भारतीय अर्थव्यवस्था में तेजी से होने वाले परिवर्तनों में बाधा उपस्थित करते हैं।

(11) प्राकृतिक साधनों का उचित प्रयोग न होना (No Proper Use of Natural Resources) – भारत प्राकृतिक संसाधनों की उपलब्धि की दृष्टि से अत्यन्त ही सम्पन्न देश हैं। यहां लोहा, कोयला, मैगनीज, अभ्रक जैसे बहुमूल्य खनिज पदार्थ प्रचुर मात्रा में उपलब्ध हैं तथा सम्पूर्ण वर्ष बहने वाली नदियां विद्युत शक्ति का एक महत्वपूर्ण साधन हैं। भारत में विभिन्न प्रकार की की मिट्टी पाई जाती है जो भिन्न भिन्न किस्म की फसलें उपजा सकती है तथा मानव शक्ति भी अन्य देशों से बहुत अधिक है। परन्तु इन सब साधनों का हमारे देश में ठीक प्रकार से प्रयोग नहीं हुआ है।

(12) आधारिक संरचना के समुन्नत साधनों का अभाव (Lack of Well Developed Infrastructure) भारत के विशाल क्षेत्र के अनुसार यहां यातायात एवं संदेशवाहन के साधनों का समुचित विकास नहीं हो सका है। सड़क और रेल यातायात के के समुचित रूप से उन्नत न होने के कारण कृषि विपणन दोषपूर्ण है। उद्योगों में समय पर कच्चा माल नहीं पहुंच पाता तथा उत्पादित वस्तुओं का सही वितरण नहीं हो पाता।

(13) स्फीतिकारी दबाव (Inflationary Pressures) -भारत में विशेषकर आम जरूरत की वस्तुओं की लागतार बढ़ती हुई कीमतों के कारण गरीब एवं मध्यम वर्ग पर दबाव बढ़ता जाता है। निरन्तर बढ़ती हुई कीमतों के कारण गरीब्री की रेखा के नीचे जीवन यापतन करने वाली जनसंख्या के आकार में निरन्तर वृद्धि हो रही है।

(ब) गैर-आर्थिक कारण (Non-Economic Factors)

भारत में गरीबी की विकराल स्थिति की विद्यमानता हेतु केवल आर्थिक ही नहीं वरन् अनेक सामाजिक कारण भी समान रूप से उत्तरदायी रहे हैं। गरीबी के लिए प्रमुख उत्तरदाय्री कारण निम्नलिखित है:

(1) ब्रिटिश शासन की विरासत (Legacy of British Rule) -अंग्रेजों ने अपने उपनिवेशी शासन के दौरान भारत में जमकर शोषण किया, यहाँ के परम्परागत उद्योग धन्धों को नष्ट किया और इस देश के आर्थिक विकास के प्रतिकूल नीतियाँ अपनाई। इन सभी का सम्मिलित प्रभाव यह हुआ कि राष्ट्रीय अर्थव्यवस्था इस प्रकार से छिन्न-भिन्न हुई की अभी तक सम्भल नहीं पाई है।

(2) जनसंख्या में तेजी से वृद्धि (Rapid Increase in Population) -भारत की जनसंख्या का आकार बड़ा है साथ ही इसमें बहुत तेजी से वृद्धि होती जा रही है। इसके कारण राष्ट्र की कुल आय में वृद्धि के बावजूद भी प्रति व्यक्ति आय एवं उपभोग के स्तर में कोई खास वृद्धि नहीं हो पा रही है।

(3) सामाजिक कारण (Social Factors) -अशिक्षा, अज्ञानता, भाग्यवाद, पुरातनपंथी, पिछड़े एवं विकास-विरोधी ढाँचे, विचारों, मान्यताओं एवं परम्पराओं के कारण भी देश विकास पथ अनेक बाधाओं से झुझना पड़ा है। इसके अतिरिक्त सरकार की कराधान और व्यय नीतियों का भी धनतान और गरीब के बीच के अंतराल को पाटने में ठीक प्रकार से अपनी उपयुक्त भूमिका का निर्वाह नहीं किया जा सका है।

भारत में गरीबी-उन्मुलन के उपाय (Measures for Removal of Poverty In India)

गरीब्री मानव सभ्यता में एक अभिशाप है जिसे दूर करना राष्ट्रिय अर्थव्यवस्था की प्राथमिक एवं अनिवार्य आवश्यकता है। गरीबी दूर किए बिना न तो देश के समस्त व्यक्तियों को आर्थिक विकास में सहभागी ही हैं और न ही देश के आम आदमी को सम्मानजनक ढग से जीवन जीने का अवसर ही प्रदान किये जा सकते हैं। इसलिए गरीबी उन्मुलन भारत की पंचवर्षीय योजनाओं का एक प्रमुख उद्देश्य रहा है। गरीबी हटाने के लिए मुख्य रूप से निम्नलिखित उपायो को अपनाना श्रेयस्कर होगा:

1. जनसंख्या नियन्त्रण (Population Control) - सम्भवतः किसी राष्ट्र में गरीबी का अत्यन्त महत्त्वपूर्ण कारण आवांछनीय जनसंख्या में वृद्धि रहा है। भारत में राष्ट्रीय आय एवं राष्ट्रीय उत्पादन में जिस दर से वृद्धि हुई हैं, प्रति व्यक्ति आय एवं प्रति व्यक्ति उत्पादन में उस दर से वृद्धि नहीं हो सकी है। गरीबी में वृद्धि यहीं से प्रारम्भ हुई है। कुल उत्पादन में बढ़ोत्तरी होने के बावजूद भी आम आदमी के उपभोग स्तर में वृद्धि नहीं हो सकी

और गरीबों की संख्या बढ़ती गई। अतः भारत में गरीबी, उन्मुलन के लिए जनसंख्या पर नियन्त्रण स्थापित करना आवश्यक है। इसके लिए परिवार नियोजन कार्यक्रम को प्रभावी रूप से लागु करना होगा।

2. आय का पुनर्वितरण (Redistribution of Income) –आय और धन के वितरण की असमानता गरीबी को स्थायी बना देती है। यह नागरिकों की कार्यकुशलता को भी विपरीत रूप से प्रभावित करती है। जब देश की अर्थव्यवस्था का ढाँचा इस प्रकार का हो कि विकास के प्रयत्नों के कारण बढ़ी हुई आय को अमीर लोग ही हड़प जाते हों तो विकास के सारे प्रयत्न ही बेकार हो जाते हैं। ऐसी स्थिति में गरीबी घटने की बजाय और अधिक बढ़ जाती है। भारत में बहुत कुछ हद तक ऐसा ही हो रहा है। अतः यहाँ गरीबी उन्मुलन के लिए आय का इस प्रकार पुनर्वितरण कराना आवश्यक है जिससे गरीब वर्ग का आय व उपभोग का स्तर ऊँचा उठ सके। इसके लिए राष्ट्रीय साधन, सम्पत्ति एवं आय के प्रवाह को अमीरों मे गरीबों की ओर मोड़ना होगा।

3. विकास की ऊँची दर (High Rate of Growth) –गरीबी उन्मूलन के लिए आय का पुनर्वितरण, जनसंख्या नियन्त्रण आदि उपायों का महत्त्व है, किन्तु इनकी कुछ सीमाएँ है। अतः यह आवश्यक है कि गरीबी के स्थायी उपचार हेतु आर्थिक विकास की दर बढ़ाने पर ही सर्वाधिक ध्यान देना होना। यद्यपि आय के पुनर्वितरण के द्वारा वर्तमान वस्तुओं आपस में बँटवारा तो सम्भव हैं। किन्तु देश की वस्तुओं के कुल भंडारों में वृद्धि करने के लिए तो उत्पादन में वृद्धि करनी होगी। अतः भारत में गरीबी-उन्मुलन की दृष्टि से तीव्र आर्थिक विकास सर्वप्रथम अनिवार्य शर्त है। तीव्र आर्थिक विकास के लिए हमें उत्पादकता एवं कार्यकुशलता बढ़ाने, तकनिकी ज्ञान के स्तर में सुधार लाने, देश के मानवीय व प्राकृतिक साधनों का पूरा पूरा उपयोग करने जैसे उपाय करने होंगे।

यहाँ यह तथ्य विशेष रूप से उल्लेखनीय है कि विकास की ऊँची दर गरीबी हटाने की दृष्टि से एक अनिवार्य शर्त तो है किन्तु पर्याप्त शर्त नहीं। यह भी सम्भव है कि उत्पादन बढ़ने पर गरीबों के उपभोग-स्तर में सुधार न हो। ऐसा जनसंख्या के बढ़ने अथवा बढ़े हुए उत्पादन को देश के गिने-चुने अमीरों लोगों द्वारा हड़प जाने के कारण हो सकता है। अतः तीव्र आर्थिक विकास के साथ-साथ ही जनसंख्या के नियंत्रण एवं आय के पुनर्वितरण के उपाय भी आवश्यक है। वास्तव में ये सभी उपाय एक एक दूसरे के पूरक है।

4. कृषि का विकास (Development of Agriculture) –भारत मूल रूप से एक कृषि प्रधान देश है और भारत की खेती पिछड़ी हुई है। भारत में गरीबों का काफी बड़ा भाग कृषि क्षेत्र में ही पाया जाता है। अतः कृषि के विकास पर ध्यान देना प्रथम प्राथमिकता होना चाहिए। भूमिहीन किसानों व सीमान्त किसानों की स्थिति में सुधार लाने हेतु विशेष प्रयास किये जाने चाहिए। ग्रामीण क्षेत्र की गरीबी को दूर करने के लिए भूमि का पुनर्वितरण भी काफी उपयोगी उपाय है।

5. कुटीर व लघु उद्योगों का विकास (Development of Cottage and Small Scale Industries) –भारत में बेरोजगार लोगों को रोजगार प्रदान करने की दृष्टि से कुटीर व लघु उद्योगों का विकास किया जाना आवश्यक है। इससे न केवल बेरोजगार गरीब लोगों को काम मिलेगा वरन् आय की असमानता भी घटेगी।

6. सामाजिक भागीदारी (Social Participation) –यदि गरीब लोग विकास के कार्यक्रमों में सक्रिय भागीदारी प्रारम्भ कर दे तो गरीबी को दूर किया जाना सरल हो जायगा। इसके लिए गरीबों को स्वयं को गरीबी–उन्मुलन और आर्थिक विकास के कार्यक्रमों में शामिल करना होगा। इस कार्य में पंचायती राज संस्थानों, स्वैच्छिक संगठनों और स्व-सहायता समूहों की भागीदारी को बढ़ाना आवश्यक होगा।

7. छिपी हुई बरोजगारी की समाप्ति और रोजगार में वृद्धि (Eradication of Disguised Unemployment and Increase in Employment) –निर्धनता दूर करने के लिए रोजगार, अर्द्धरोजगार तथा छिपी हुई बेरोजगारी को दूर करने के लिए विशेष प्रयत्न किये जाने आवश्यक है। ग्रामीण क्षेत्र में रोजगार बढ़ाने के अधिक अवसर है उनका पूरा लाभ उठाना चाहिए। कृषि का विकास करके भूमि पर एक से अधिक फसल उगाने के फलस्वरूप अर्द्ध बेरोजगारी तथा छिपी बेरोजगारी को कम किया जा सकता है। ग्रामीण क्षेत्र में कुटीर उद्योग, निर्माण आदि के कार्यों का विकास किया जाना चाहिए। शहरों में लघु उद्योग, यातायात आदि का अधिक विकास किया जाना चाहिए। शिक्षा की प्रणाली में परिवर्तन करके शिक्षित बेरोजगारों को रोजगार प्रदान किया जाना चाहिए।

8. उत्पादन की तकनीकों में परिवर्तन (Change in Technique of Production) –प्रो. गुन्नर मिर्डेल के अनुसार भारत के लिए पश्चिमी पूंजी प्रधान तकनीक नहीं अपनाई जानी चाहिए। भारत के लिए उत्पादन की श्रम प्रधान तकनीक अपनाई जानी चाहिए। भारतीय अर्थव्यवस्था में इस प्रकार का तकनीकी विकास करना चाहिए जिससे श्रम का पूरा उपयोग हो सके। वास्तव में, भारत के लिए मध्यम तकनीकें, जो श्रम प्रधान तथा पूंजी प्रधान तकनीकों के मध्य का मार्ग हैं, अपनाई जानी चाहिए। इसके फलस्वरूप रोजगार की मात्रा बढ़ेगी तथा निर्धनता की दूर किया जा सकेगा।

9. पिछड़े क्षेत्रों पर विशेष ध्यान (Special Attention on Backward Regions) – भारत में कुछ क्षेत्र जैसे उड़ीसा, नागालैण्ड, उत्तर प्रदेश, बिहार आदि में आज भी निर्धनों का अनुपात दूसरे प्रदेशों से अधिक है। सरकार को पिछड़े इलाकों में विशेष सुविधायें प्रदान करनी चाहिए जिससे निजी पूंजी उन प्रदेशों में निवेश किया जाना सम्भव हो सकें। इसके लिए सार्वजनिक क्षेत्रों का भी विकास किया जाना चाहिए।

10. न्यूनतम आवश्यकताओं की सन्तुष्टि (Provision for Minimum Needs of the Poor) – सरकार को निर्धनों की न्यूनतम आवश्यकताओं जैसे पीने का पानी, प्राथमिक चिकित्सा, प्राथमिक शिक्षा आदि को सन्तुष्ट करने के प्रयत्न करने चाहिए। इसके लिए यदि सरकार को अधिक से अधिक राशि व्यय करनी पड़े तो कोई बुराई नहीं है।

11. निर्धनों की उत्पादकता में वृद्धि (Increase in the Productivity of the Poor) –**डॉ. वी. के. आर. वी. राव** के अनुसार निर्धनता को दूर करने के लिए निर्धनों की आर्थिक उत्पादकता को बढ़ाना आवश्यक है। निर्धनों को स्वयं सतर्क होकर रोजगार की अवस्था को प्राप्त करने के प्रयत्न करने चाहिए। सरकार को इसके लिए सार्वजनिक तथा निजी क्षेत्रों में अधिक निवेश करना चाहिए। निर्धन वर्ग को रोजगार विन्मुख प्रशिक्षण दिया जाना चाहिए तथा उनकी उत्पादकता बढ़ाने के प्रयत्न किये जाने चाहिए।

गरीबी और आर्थिक नियोजन (Poverty and the Economic Planning)

लगभग 20 वर्षो तक भारत सरकार और योजना आयोग की यह समझ रही है कि इस देश में आर्थिक विकास और गरीबी निवारण के उद्‌देश्यों को एक साथ प्राप्त कर सकना सम्भव नहीं है। यदि सरकार गरीबी निवारण के लिए साधनों को व्यय करती है तो आर्थिक विकास के लिए साधनों की कमी होगी जिससे विकास की प्रक्रिया बाधित हो जाएगी। वस्तुतः यह समझ न केवल गलत है, बल्कि विकास पर बल देकर गरीबी की उपेक्षा अन्यायपूर्ण भी है। भारतीय आर्थिक विकास का बोझ अन्तिम रूप से गरीब वर्ग पर है जबकि विकास के लाभ सम्पन्न वर्ग द्वारा हथिया लिया गया है। यही कारण है कि पिछले 50 वर्षों में जहां एक और गरीबों की संख्या ही नहीं, उनकी दरिद्रता भी बढ़ी है जहां दूसरी और पूंजीपतियों की पूंजी और सम्पन्नता अधिक हुई है। इस स्थिति ने देश में व्यापक स्तर पर असन्तोष को पैदा किया है और अनेक स्थानों पर गरीब अपने अधिकार लेने के लिए हिंसा पर भी उतर आए है। इस स्थिति में पहली बार पांचवी योजना में 'गरीबी-निवारण' आर्थिक नियोजन का उद्देश्य स्वीकार किया गया।

योजना आयोग की यह समझ थी कि गरीबी, मुख्य रूप से अल्प विकास और असमानताओं का परिणाम थी, इसलिए पांचवी और छठी योजनाओं में पुनः आर्थिक विकास पर जोर दिया गया लेकिन इस बार नीति यह थी कि विकास का लाभ गरीब वर्ग को अधिक मिलना चाहिए। इस दृष्टि से खाद्य पदार्थों और जनसाधारण के उपभोग की वस्तुओं के उत्पादन को बढाने पर जोर दिया गया।

आठवीं योजना में सातवीं योजना की भांति की गरीबी निवारण के उद्देश्य से मुख्यतः तीन बातों पर बल दिया गया है: (i) बेरोजगार को दूर करने की दिशा में प्रयत्न किए जा रहे हैं, (ii) सबसे गरीब वर्ग के लोगों के जीवन स्तर में पर्याप्त सुधार की व्यवस्था की जा रही है और (iii) गरीब वर्ग में आने वाले लोगों की अनिवार्य जरूरतों जैसे पीने के लिए पानी, प्रारम्भिक शिक्षा, वयस्क साक्षरता, भूमिहीन किसानों के लिए आवास की व्यवस्था, इत्यादि की जा रही है। इसका तात्पर्य यह है कि अब स्थिति ऐसी आ गई है कि भारतीय पंचवर्षीय योजनाओं में गरीबों की गणना होने लगी है चाहे व्यवहार में उनके लिए अभी तक कोई बहुत ठोस कार्य नहीं हुआ हो। भविष्य में राज्य द्वारा गरीबी निवारण के लिए कितना कार्य होगा, यह गरीबों में अपने अधिकारों के प्रति चेतना के साथ-साथ अधिकार प्राप्त करने के लिए जरूरी संघर्ष कर सकने की सामर्थ्य एर निर्भर होगा।

5

बेरोजगारी
(Unemployment)

किसी राष्ट्र के नागरिको का जीवन स्तर में सुधार उनकी आय में वृद्धि, निर्धनता की समस्या का सम्मानजनक समाधान करने तथा राष्ट्रीय आय में वृद्धि के लिए राष्ट्र में विद्यमान रोजगार के स्तर में वृद्धि करना आर्थिक तथा सामाजिक विकास हेतु अत्यन्त आवश्यक है। वस्तुत: किसी देश में राष्ट्रीय आय का अनुमान उस देश में उपलब्ध रोजगार की कुल संख्या तथा श्रमिकों की औसत उत्पादकता को परस्पर गुणा करके लगाया जा सकता है। गरीबी समाप्त करने तथा आम जनता को सम्मान जनक जीवन स्तर प्रदान करने में रोजगार का महत्वपूर्ण स्थान है। राष्ट्र की सम्पूर्ण श्रम शक्ति का विकास करने तथा सम्पूर्ण समाज में शांन्ति एवं व्यवस्था बनाये रखने की दृष्टि से भी रोजगार का महत्वपूर्ण स्थान है। रोजगार वह क्रिया है जो आय कमाने के उद्देश्य से की जाती है।

बेरोजगारी का अर्थ (Meaning of Un-employment)

सामान्यतया बेरोजगारी का आशय कार्य करने के योग्य एवं कार्य करने के इच्छुक व्यक्तियों के लिए प्रचलित मजदूरी दर पर काम ना मिल पाने से लगाया जाता है। अर्थशास्त्री बेरोजगारी का आशय एक ऐसी अवस्था से लगाते हैं जिसके अन्तर्गत व्यक्ति वर्तमान मजदूरी की दर पर कार्य करने को तैयार है परन्तु उसे कार्य नहीं मिलता। इस दृष्टि से किसी भी व्यक्ति को बेरोजगार केवल उसी अवस्था में कहा जा सकता है जबकि वह काम करने के यौग्य तो है तथा कार्य करना भी चाहता है किन्तु उसे कार्य नहीं मिलता। इसी दृष्टिकोण के अन्तर्गत बच्चों, बीमारों, बुढ़ों, अपाहिजों, पागलों, साधुओं, भिखारियों आदि को रोजगार में संलग्न नहीं माना जा सकता है। सामाजिक दृष्टि से बेरोजगारी उस अवस्था को कहते हैं। जिसमें देश के बहुमूल्य श्रम संसाधन बेकार पड़े रहते हैं। **प्रो. पीगु** के अनुसार, "एक व्यक्ति को उस समय ही बेरोजगार कहा जायेगा जब उसके पास कोई रोजगार का साधन नहीं है, परन्तु वह रोजगार प्राप्त करना चाहता है। अत: स्पष्ट है कि बेरोजगारी वह अवस्था है जिसमें देश के अधिकांश व्यक्ति काम करने के योग्य होते हुए तथा वे वर्तमान मजदूरी की दर पर काम करने के इच्छुक होने के बावजूद भी उन्हें अन्य अनेक कारणों से कार्य नहीं मिल रहा है।

बेरोजगारी की प्रकृति (Nature of Un-Employment)

भारत एक विकासशील देश है जिसमें बेरोजगारी की प्रकृति विकसित एवं औद्योगिक देशों में विद्यमान बेरोजगारी की किस्म से अलग है। विकसित अर्थव्यवस्थाओं में सामान्यतया चक्रीय एवं अल्पकालीन बेरोजगारी पाई जाती है। जो कि प्रभावी माँग की कमी के कारण उत्पन्न होती है। इसके विपरीत भारत जैसे विकासशील देश में मुख्य रूप से दीर्घकालीन एवं प्रच्छन्न बेरोजगारी की समस्या पाई जाती है। विकासशील देशों में बेरोजगारी उत्पन्न होने का प्रमुख कारण पूँजी की कमी होना है।

भारत में बेरोजगारी के प्रकार (Types of Un-employment in India)

भारत में बेरोजगारी की समस्या बहुआयामी है। यहाँ बेरोजगारी केवल किसी विशिष्ट क्षेत्र अथवा जनसंख्या के किसी विशिष्ट वर्ग तक ही सीमित नहीं है। इसके विपरीत यह एक ऐसी समस्या है जो कि अर्थव्यवस्था के प्रत्येक क्षेत्र तक विस्तृत है। अत: भारत में बेरोजगारी के अनेक प्रकार अथवा स्तर विद्यमान है। इनमें से कुछ प्रमुख प्रकार अथवा स्तरों का वर्णन निम्न प्रकार प्रस्तुत किया जा सकता है।

1. संरचनात्मक बेरोजगारी (Structural Un-employment) - विकसीत देशो में बेरोजगारी की समस्या उत्पन्न होने का प्रमुख कारण बाजार में वस्तु की माँग का कम हो जाना होता है। जब वस्तु की बाजार में माँग कम होती है तब उद्योग भी अपने उत्पादन को घटा देते है। इस स्थिति में कुछ श्रमिकों की काम से छँटनी कर दी जाती है। यह वह स्थिति होती है जिसमें राष्ट्र के पास पर्याप्त पूँजी मशीनें एवं कल कारखाने तथा श्रम शक्ति उपलब्ध होने के बावजूद वे उत्पादन नहीं कर पाते। इसके विपरीत जैसे ही वस्तुओं की माँग बढ़ती है, उत्पादन प्रक्रिया पुन: प्रारम्भ हो जाती है जिसके फलस्वरूप रोजगार भी बढ़ना प्रारम्भ हो जाता है। इस प्रकार की बेरोजगारी को चक्रीय बेरोजगारी कहते हैं। यदि कोई राष्ट्र उत्पादन बढ़ाना चाहता है किन्तु उसके पास मशीने एवं कल कारखानों की कमी के कारण ऐसा किया जाना सम्भव नहीं होता तो उसे संरचनात्मक बेरोजगारी कहा जाता है। भारत में अधिकांश बेरोजगारी संरचनात्मक ही है।

2. प्रच्छन्न बेरोजगारी (Disguised Unemployment) –प्रच्छन्न बेरोजगारी सामान्यतया कृषि क्षेत्र में पायी जाती है। प्रच्छन्न बेरोजगारी का अभिप्राय उस स्थिति से है जब कृषि कार्य में आवश्यकता से अधिक लोग कार्य में संलग्न रहते हैं। यह स्थिति भारत में भली भाँती देखने को मिलती है। इस प्रकार की बेरोजगारी को खुले रूप से देखा नहीं जा सकता। सामान्यतया प्रच्छन्न बेरोजगारी की स्थिति भूमि पर जनसंख्या के दबाव के कारण उत्पन्न होती है।

3. मौसमी बेरोजगारी (Seasonal Unemployment) –यदि जनसंख्या को किसी विशेष समय में रोजगार उपलब्ध होता है तथा शेष समय में वह बेरोजगार रहती है तो इसे मौसमी बेरोजगारी कहते है। भारत में अधिकांश जनसंख्या का मुख्य व्यवसाय कृषि है और कृषि प्रकृति से एक मौसमी कार्य है। वर्ष के दौरान शेष बड़े भाग में भारतीय किसान के पास कोई कार्य नहीं रहता है। ग्रामीण क्षेत्रों में किसी वैकल्पिक व्यवसाय के अभाव में कृषक को विशेष मौसम के अतिरिक्त समय में बेरोजगार रहना पड़ता है। इस अवस्था को मौसमी बेरोजगारी कहा जाता है।

4. अल्प बेरोजगारी (Partial Unemployment)–भारत की नवी पंचवर्षीय योजना में अल्प रोजगार को निम्न दो प्रकार से परिभाषित किया गया है :

(अ) अदृश्य अल्प रोजगार – जब कार्य पर लगाए गए समय से पर्याप्त आय प्राप्त न हो, तो उसे अदृश्य अल्प रोजगार कहा जाता है। अतः श्रमिक अपनी आय में कुछ और जोड़ने के लिए अतिरिक्त कार्य या वैंकल्पिक कार्य चाहते है।

(ब) दृश्य अल्प रोजगार – यदि श्रमिक को प्राप्त कार्य के द्वारा उसके श्रम समय का पूर्ण उपयोग नहीं हो पाता, तो उसे दृश्य अल्प रोजगार कहा जाता है। कुछ लोगों को मौसमी कार्य या किसी अन्य कारण से वर्ष भर काम नहीं मिल पाता। यह भारत जैसे देश में कृषि कार्यों और कृषि आधारित उद्योगों में एक सामान्य समस्या है।

5. खुली बेरोजगारी (Open Unemployment) –यदि किसी राष्ट्र के नागरिक लाभप्रद रोजगार के अवसर प्राप्त करने से वंचित रहते हैं तो ऐसी स्थिति को खुली बेरोजगारी कहा जाता है। ऐसी बेरोजगारी किसी अर्थव्यवस्था से शहरी संगठित उद्योगों के क्षेत्र में अधिक पाई जाती है। इसका मुख्य कारण श्रम शक्ति में वृद्धि की तुलना में औद्योगिक विकास की धीमी दर का होना है। इसके अतिरिक्त भूमिहीन कृषि श्रमिकों में भी कुछ मात्रा में खुली बेरोजगारी की मात्रा विद्यमान रहती है। ग्रामीण जनसंख्या के पास कुटीर एवं हस्तशिल्प के पतन के परिणामस्वरूप आजीविका का कोई वैकल्पिक साधन नहीं रह जाने के कारण इस प्रकार की बेरोजगारी अधिक फैलती है।

6. प्रौद्योगिकीय बेरोजगारी (Technological Unemployment) –सामान्यतः प्रौद्योगिकीय बेरोजगारी उस समय फैलती है जब किसी विशिष्ट प्रौद्योगिकी का उत्पादन कर्यों में प्रवेश होने के बावजूद लोग बेरोजगार हो जाते हैं। उत्पादन क्षेत्र में श्रेष्ठ तकनीकों का प्रयोग होने से जब अनेक लोग बेरोजगार हो जाते हैं तो उसे तकनीकी अथवा प्रौद्योगिकी बेरोजगारी कहा जाता है। उदाहरण के लिए यदि जुते बनाने की आधुनिक मशीनों के प्रयोग से हाथों द्वारा जुते बनाने वाले लोगों का बेरोजगार हो जाना, इसी प्रकार कपड़ा बनाने की आधुनिक मशीनों के विस्तृत प्रयोग से जुलाहों या बुनकरों का बेरोजगार हो जाना। यह सभी प्रौद्योगिकीय बेरोजगारी के उदाहरण है।

7. शिक्षित बेरोजगारी (Educated Unemployment) – यद्यपि शिक्षा को ग्रहण रोजगार प्राप्ति की दृष्टि से किया जाता है। किन्तु यदि परिस्थितियाँ इसके विपरीत उत्पन्न हो तो इसे शिक्षित बेरोजगारी कहा जायगा। इस प्रकार की समस्या भारत तथा अन्य विकासशील देशों में अधिक देखने को मिलती है। इस प्रकार की समस्या सामान्यतः शहरी क्षेत्रों में अधिक पाई जाती है।

8. औद्योगिक बेरोजगारी (Industrial Unemployment) – यदि पूंजी के गहन उपयोग से तकनीकी पर आधारित आधुनिक औद्योगिक विकास की गति बढ़ने से श्रमिकों की कम आवश्यकता रह जाए तो इसे औद्योगिक बेरोजगारी कहते हैं। भारत तथा अन्य विकासशील राष्ट्रों में विगत वर्षों में इस प्रकार की बेरोजगारी की समस्या अत्यन्त जटिल हुई है।

9. शहरी बेरोजगारी (Urban Unemployment) – शहरी क्षेत्रों की जनसंख्या ऊँची जन्म दर तथा ग्रामीण क्षेत्रों से लोगों का स्थानान्तरण के परिणामस्वरूप शहरी क्षेत्रों में उत्पन्न बेरोजगारी की समस्या को शहरी बेरोजगारी कहा जाता है। विगत वर्षों में शहरी क्षेत्रों में जनसंख्या के अधिक दबाव के कारण शहरी बेरोजगारी की समस्या अत्यन्त जटिल हुई है।

10. ग्रामीण बेरोजगारी (Rural Unemployment) – ग्रामीण क्षेत्रों में सामान्यतया प्रच्छन्न बेरोजगारी तथा मौसमी बेरोजगारी पाई जाती है। ग्रामीण क्षेत्रों के सन्दर्भ में इन दोनों प्रकार की बेरोजगारी के सम्मिलित स्वरूप को ग्रामीण बेरोजगारी कहा जाता है। गैर कृषि क्षेत्र में संलग्न अधिकतम ग्रामीण श्रमिक घरेलू उद्योग तथा विभिन्न प्रकार की सेवाओं में सलंग्न हैं।

भारत में बेरोजगारी का अनुमान (Estimates of Un-employment in India

यद्यपि आर्थिक –सामाजिक समस्या के आकार का पूर्ण अनुमान लगा सकना कठिन कार्य होता है। भारत में लगभग 8.2 प्रतिशत श्रम शक्ति बेरोजगार है तथा 21 प्रतिशत अल्परोजगार में संलग्न है। छठी पंचवर्षीय योजनाअें (1980–85) में यह स्पष्ट रूप से स्वीकार किया गया था कि "रोजगार के क्षेत्र में भारत की स्थिति अत्यन्त असंतोषजनक है। भारत में बेरोजगारी का निरन्तर बढ़ता हुआ आकार इस बात का स्पष्ट संकेत देता है कि भारत में बेरोजगारी की समस्या पर करारा प्रहार नहीं हुआ है। सातवीं योजना के प्रादुर्भाव पर पाँच वर्ष की आयु के ऊपर के लोगों में अवशिष्ट बेरोजगारों के 92 लाख होने का अनुमान लगाया गया। यह भी व्यक्त किया गया कि इस आयु वर्ग में श्रम शक्ति की कुल वृद्धि 394 लाख होगी। इस प्रकार भारत में बेरोजगारी के बढ़ते हुए आकार को देखते हुए सातवी योजना में 476 लाख अतिरिक्त रोजगार के अवसरों की व्यवस्था करनी होगी। आठवीं योजना में राष्ट्रीय नमूना सर्वेक्षण के आधार पर देश में 1990 के आरम्भ में 160 लाख व्यक्ति खुली बेरोंजगारी के रूप में बेरोजगार माने जा सकते है। इन्हें भी बेरोजगार ही माना जा सकता है। भारत में योजनाओं की अवधि में बेरोजगारी का अनुमान निम्नलिखित तालिका से लगाया जा सकता है:

तालिका –1 से ज्ञात होता है कि 1951 में भारत में 33 लाख व्यक्ति बेरोजगार थे। सातवीं योजना के अन्त तक भी 86 लाख लोग बेरोजगार थे। आठवी योजना के अन्त में 153 लाख बेरोजगार थे।

तालिका-1

योजनाओं में बेरोजगारी (लाखें में)

योजना	योजना शुरू होने के समय वेरोजगार (1)	योजना अवधि में श्रम शक्ति में वृद्धि (2)	जोड (1 + 2) (3)	नये रोजगार अवसरों का निर्माण (4)	योजना के अन्त में बेरोजगार (3—4)
1. पहली योजना (1951-56)	33	90	123	70	53
2. दूसरी योजना (1956-61)	53	118	171	100	71
3 तीसरी योजना (1961-66)	71	170	241	145	96
4. तीन वार्षिक योजनाएं (1966-69)	96	140	236	110	126
5. चौथीं योजना (1969-74)	126	204	330	190	140
6. पांचवीं योजना (1974-79)	140	220	360	154	206
7. छठीं योजना (1980-85)	206	354	560	468	92
8. सातवीं योजना (1985-90)	92	394	486	400	86
9 आठवीं योजना (1992-97)	230	360	590	437	153

(**Source** : Seventh Five Year Plan and Eighth Five Year Plan)

शिक्षित वर्ग में बेरोजगारी

तालिका-2 में प्रस्तुत आंकड़े भारत में शिक्षित बेरोजगारों की संख्या दर्शाते हैं। तालिका-2 में प्रस्तुत आंकड़े यह स्पष्ट करते हैं कि 1971 और 1991 के बीच शिक्षित बेरोजगारों की संख्या 23 लाख से बढ़कर 278 लाख हो गयी। इससे स्पष्ट होता है कि भारतीय समाज में शिक्षा, यहाँ तक की उच्च शिक्षा प्राप्त करने की लालसा आज भी विद्यमान है। अधिकांश युवक युवतियाँ सैकण्ड्री तथा हायर सैकण्ड्री के पश्चात भी रोजगार उपलब्ध न होने के कारण ग्रेजुयट तथा पोस्ट ग्रेजूयट की डिग्री प्राप्त करना चाहते है।

तालिका-2

भारत में रोजगार कार्यालय में पंजीकृत नौकरियाँ तलाश करने वालों की संख्या

दिसम्बर अंत	1961	1971	1981	1991	1998
1. मैट्रिक	4.63 (78.5)	12.97 (56.5)	58.08 (55.5)	131.11 (58.4)	157.83 (56.8)
2. हायर सैकण्ड्री, इण्टर आदि	0.71 (12.0)	6.05 (26.3)	23.25 (25.8)	55.16 (24.6)	70.21 (25.3)
3. स्नातक एवं स्नात्तकोपरान्त	0.56 (9.5)	3.94 (17.1)	16.85 (18.7)	38.07 (17.0)	49.85 (17.9)
4. जोड (1 से 3)	5.90 (100.0)	22.96 (100.0)	90.18 (100.0)	224.34 (100.0)	277.89 (100.0)
5. अकुशल श्रमिक एवं अन्य	12.43	28.04	75.66	138.6	123.0
6. कुल (4 + 5)	18.33	51.00	165.84	363.0	400.0

भारत में विभिन्न राज्यों की स्थिति बेरोजगारी की दृष्टि से विभिन्न है। मेघालय में सबसे कम अर्थात् केवल 0.41 प्रतिशत श्रम शक्ति बेरोजगार है। इसके विपरीत केरल में सबसे अधिक अर्थात् 5.7 प्रतिशत श्रमशक्ति बेरोजगार है। दक्षिण के चार राज्यों केरल, कर्नाटक, आन्ध्र प्रदेश तथा तमिलनाडू में तथा पूर्व के तीन राज्यों उड़ीसा पश्चिमी बंगाल तथा बिहार में बेरोजगारी सबसे अधिक है। इसके विपरीत मेघालय, नागालैण्ड, हिमाचल, मणीपुर में बेरोजगारी बहुत कम है। उत्तर प्रदेश, मध्य प्रदेश, असम तथा राजस्थान में बेरोजगारी कम है। इसके विपरीत पंजाब, हरियाणा, महाराष्ट्र, जम्मु-कशमीर तथा गुजरात में बेरोजगारी की दर सामान्य है। राज्यों में बेरोजगारी के सम्बन्ध में विभिन्नता पाई जाने के कई कारण है। सामान्यतया जिन राज्यों में निम्नलिखित विशेषताएँ पाई जाती है उनमें बेरोजगारी की दर अधिक होती है: (1) काश्तकारों की तुलना में कृषि श्रमिकों का अधिक अनुपात (2) शहरीकरण की अधिक प्रवृत्ति परन्तु उद्योगों का कम विकास (3) कृषि पर जनसंख्या का अधिक दबाव (4) शिक्षा का अधिक प्रसार।

बेरोजगारी की समस्या के प्रभाव (Effects of Un-employment Problem)

भारत में बेरोजगारी एक अत्यन्त गम्भीर समस्या है। इसके निम्नलिखित बुरे प्रभाव सम्भावित हैं:

(1) मानवीय साधनों की हानि - बेरोजगारी के फलस्वरूप देश के मानवीय साधनों की हानि होती है देश की श्रम शक्ति का समय रोजगार के अभाव में व्यर्थ चला जाता है। उसका कोई रचनात्मक लाभ उठाया जाना सम्भव नहीं होता है। यदि मानवीय साधनों का उचित उपयोग किया जाएगा तो देश में आर्थिक विकास की दर में वृद्धि हो सकेगी।

(2) निर्धनता में वृद्धि – बेरोजगारी की अवस्था में मनुष्य की आय का कोई साधन नहीं होता। वे निर्धन होते हैं। बेरोजगारी के बढ़ने पर निर्धनता भी बढ़ती है। व्यक्ति कर्जदार हो जाते हैं। उनकी आर्थिक समस्यायें बढ़ती है।

(3) सामाजिक समस्याएँ – बेरोजगारी के फलस्वरूप कई प्रकार की सामाजिक समस्यायें जैसे बेईमानी, अनैतिकता, शराबखोरी, जुएबाजी, चोरी डकैती उत्पन्न होती है। इसके फलस्वरूप सामाजिक सुरक्षा को खतरा पेदा हो जाता है। देश में अव्यवस्था उत्पन्न हो जाती है। सरकार को शान्ति और व्यवस्था कायम रखने पर काफी धन खर्च करना पड़ता है।

(4) राजनीतिक अस्थिरता – बेरोजगारी के फलस्वरूप देश में राजनीतिक, अस्थिरता उत्पनन हो जाती है। बेरोजगार व्यक्ति तोड़फोड़ तथा अन्य आतंकवादी कार्य करने लगते हैं। उनका प्रजातन्त्रात्मक मूल्यों तथा शान्तिपूर्ण उपायों से विश्वास समाप्त हो जाता है। वे उस सरकार को निकम्मी समझने लगते हैं जो उन्हें रोजगार प्रदान न करा सके। वे उसे बदलने का प्रयत्न करने लगते हैं। राजनीतिक अस्थिरता के कारण देश का आर्थिक विकास कठिन हो जाता है।

(5) औद्योगिक संघर्ष – संघर्षात्मक बेरोजगारी तथा इसी प्रकार की अन्य बेरोजगारी के कारण औद्योगिक संघर्ष उत्पन्न होते हैं। इसका श्रमिकों व मालिकों के सम्बन्धों पर बुरा प्रभाव पड़ता है। औद्योगिक झगड़ों के कारण बेरोजगारी कम होने के स्थान पर और बढ़ जाती है। देश में वस्तुओं का उत्पादन कम होता है तथा कीमतों में वृद्धि होती है।

(6) मजदूरों का शोषण : बेरोजगारी के कारण सभी श्रमिकों का शोषण होता है। जिन श्रमिकों को रोजगार मिलता भी है उन्हें भी कम मजदूरी व प्रतिकूल परिस्थितियों में काम करना पड़ता है। इसका श्रमिकों की कार्यकुशलता पर बुरा प्रभाव पड़ता है।

संक्षेप में, बेरोजगारी, आर्थिक शोषण, सामाजिक अव्यवस्था तथा राजनीतिक अस्थिरता का कारण है। प्रत्येक सरकार का यह उत्तरदायित्व हो जाता है कि वह बेरोजगारी को कम करके अधिक से अधिक लोगों को रोजगार उपलब्ध करायें।

भारत में बेरोजगारी की समस्या के कारण

बेरोजगारी एक बहु–आयामी समस्या हैं। किसी एक अथवा विशिष्ट कारणों को बेरोजगारी जैसी आर्थिक–सामाजिक समस्या के निरन्तर भयावह रूप धारण करने के लिए उत्तरदायी नहीं ठहराया जा सकता है। भारत में बढ़ती हुई बेरोजगारी के मुख्य कारण निम्नलिखित हैं :

(1) जनसंख्या में तेजी से वृद्धि : स्वतन्त्रता के बाद से भारत में जनसंख्या के बढ़ने की दर काफी ज्यादा रही है। इस समय देश की जनसंख्या में लगभग 2 प्रतिशत प्रतिवर्ष की दर से वृद्धि हो रही है। जनसंख्या बढ़ने से देश की श्रम शक्ति में वृद्धि होना स्वाभाविक है, रोजगार के अवसर उतनी तेजी से नहीं बढ़ पाते। इस कारण बेरोजगार लोगों की संख्या दिन–प्रतिदिन बढ़ती जा रही है।

(2) विकास की दर धीमी : भारत की विभिन्न योजनाओं में राष्ट्र द्वारा विकास दर के जो लक्ष्य निर्धारित किए थे कुल मिलाकर हम उन लक्ष्यों को प्राप्त नहीं कर सकेहैं।

देश की आवश्यकता को देखतें हुए जितनी तेजी से विकास होना चाहिए था, वह नहीं हो पा रहा है। कृषि व उद्योग दोनों ही क्षेत्रों में प्रगति आशाजनक नहीं रही है। विकास की इस धीमी गति के कारण हमारी अर्थव्यवस्था की रोजगार प्रदान करने की क्षमता भी कमजोर हुई है। यही एक प्रमुख उत्तरदायी कारण है कि देश में रोजगार के अवसर पर्याप्त मात्रा में नहीं बढ़ पा रहे हैं।

(3) कृषि पर अधिक निर्भरता - भारत प्रारम्भ से ही कृषि प्रधान देश रहा है और आज भी भारतीय अर्थव्यवस्था कृषि पर ही अधिकांशतः निर्भर करती है। कृषि क्षेत्र में भूमि की मात्रा सीमित होती है। अतः इसमें रोजगार अवसरों का बहुत ज्यादा विस्तान नहीं किया जा सकता। कृषि की प्रकृति मौसमी होने के कारण भी यह क्षेत्र अधिक व्यक्तियों को रोजगार उपलब्ध करवाने में असमर्थ है। मिल पाता।

(4) पूँजी निर्माण का निम्न स्तर- भारत की बेरोजगारी विद्यमानता हेतु उत्तरदायी कारणों में एक मुख्य कारण अपर्याप्त पूँजी है। राष्ट्र की श्रम शक्ति की तुलना में राष्ट्रीय पूँजी साधन अपर्याप्त है। हमारा पूँजी ढाँचा कमजोर है।

(5) दोषपूर्ण शिक्षा प्रणाली - भारत की शिक्षा प्रणली अभी भी उपनिवेशवादी है। भारत में अंग्रेज सरकार की आवश्यकताओं के अनुसार क्लर्क पैदा करने के लिए हुआ। भारत में स्वतन्त्रता प्राप्ति के पश्चात आर्थिक विकास की प्रक्रिया के क्रियान्वयन के पाँच दशक से अधिक का समय व्यतित हो जाने के पश्चात् राष्ट्र की शिक्षा व्यवस्था तथा राष्ट्रीय अर्थव्यवस्था की आवश्यकता के मध्य सामंजस्य स्थापित नहीं हो सका है।

(6) कुटीर और लघु उद्योगों का पतन : अंग्रेजों ने औद्योगिक विकास के सम्बन्ध में जो नीति अपनाई थी उससे लघु व कुटीर उद्योगों में काम करने वाले कारीगरों को बहुत धक्का पहुंचा था। निसन्देह जिन वस्तुओं का उत्पादन राष्ट्रीय अर्थव्यवस्था के गौरवपूर्ण क्षेत्र कुटिर एवं लघु उद्योगों द्वारा उत्पादन किये जाने की विशेषता थी, उनके उत्पादन को बड़े आकार वाले उद्योगों द्वारा उत्पादित किया जाना प्रारम्भ कर दिया गया है। इससे अपनी बारिकीयों के कारण प्रसिद्ध श्रमशक्ति बेरोजगार हो गयी है। स्वतन्त्रता प्राप्ति के पश्चात् भारत सरकार ने इन उद्योगों को उन्नत करने का काफी प्रयास किया है पर फिर भी ग्रामीण क्षेत्रों में, इनमें काम करने वाले काफी व्यक्ति अभी भी बेकार बैठे हैं।

(7) अल्प रोजगार के कारण - भारत में अल्परोजगार का मुख्य कारण उत्पादन के साधनों की अपर्याप्त मात्रा में उपलब्धि है। उदाहरण के लिए कृषि में सिंचाई की कमी के कारण भूमि का पूरे वर्ष उपयोग नहीं हो पाता। बिजली, कोयले तथा कच्चे माल की कमी के कारण भी लोगों को पूरे वर्ष रोजगार नहीं उपलब्ध रहता अतएव साधनो की कमी अल्परोजगार का बहुत बड़ा कारण है।

(8) कम बचत तथा निवेश : हमारे देश में पूंजी निर्माण की दर अत्यन्त ही निम्न है। जो थोड़ी बहुत पूंजी है भी उसका निवेश भी ठीक प्रकार से नहीं किया गया है। निवेश, बचत पर निर्भर करता है। राष्ट्र में बचत की दर भी अत्यन्त निम्न है। इसलिए बचत और निवेश मेंकमी के कारण श्रमिकों के लिए रोजगार के पर्याप्त अवसर पैदा नहीं किये जा सके हैं।

भारत में रोजगारी नीति की प्रमुख विशेषताएँ

बेरोजगारी एक भयंकर आर्थिक-सामाजिक समस्या है। अल्प विकसित राष्ट्रों में यह निरन्तर जटिल रूप धारण कर रही है। तीव्र गति से बढ़ती हुयी जनसंख्या तथा नवीन रोजगार सृजन नीति में विद्यमान कमजोरी बेरोजगारी के प्रमुख कारण है। अतः ऐसी रोजगार नीति की आवश्यकता है जो बेरोजगारी की समस्या का सम्मानजनक निवारण कर सके। भारत में रोजगार नीति की मुख्य विशेषताएँ निम्नलिखित होनी चाहिये।

(1) पूर्ण तथा अधिक उत्पादकता रोजगार : देश की रोजगार नीति का मुख्य उद्देश्य रोजगार के अवसरों को बढ़ाना तथा रोजगार की उत्पादकता में वृद्धि करना होना चाहिए। सरकार को प्रारम्भ से ही ऐसी नीति अपनानी चाहिए जो जनसंख्या के एक बड़े भाग को सम्मानजन रोजगार के अवशर उपलब्ध करवा सके। इसके पश्चात् रोजगार की उत्पादकता को बढ़ाने का प्रयास करना चाहिए।

(2) उत्पादन में वृद्धि : रोजगार बढाने के लिए आवश्यक है कि देश में अधिकांश रोजगार प्रदान करने वाले क्षेत्रों जैसे कृषि तथा औद्योगिक क्षेत्र के उत्पादन बढाये जाये। लघु तथा कुटीर उद्योगों के विकास को अधिक प्रोत्साहन दिया जाये। विदेशी व्यापार, खनिज तथा बागानों के उत्पादन को बढ़ाया जाये।

(3) योजनाओं में रोजगार के कार्यक्रमों को अधिक महत्व : विभिन्न पंचवर्षीय योजनाएँ तथा रोजगार योजनाओं के अन्तर्गत ऐसे कार्यक्रमों को अधिक महत्व प्रदान किये जाने की नीति को अपनाया जाना आवश्यक है। जिससे रोजगार का स्तर सामान्य रूप से बढता जाये। इसके लिए सिंचाई, सड़के, बाढ़ नियन्त्रण, बिजली, कृषि, वन, ग्रामीण विद्युतीकरण, भूमि संरक्षण, लघु उद्योगों का विकास तथा निर्माण कार्य अधिक उपयोग सिद्ध हो सकता है। ऐसे प्रोग्रामों पर भी अधिक ध्यान दिया जाना चाहिए जिनसे भविष्य में रोजगार के अधिक अवसर सृजन होंगे। जैसे स्कूल शिक्षा, हस्पताल, आवास, ग्रामीण पेयजल योजनायें आदि। इसके विपरीत रोजगार बढ़ाने वाले आपातकालीन कार्यक्रमों को नहीं अपनाया जाना चाहिए क्योंकि उनके संचालन में अपव्यय अधिक होता है तथा रोजगार में स्थायी रूप से वृद्धि नहीं होती।

(4) पूँजी निर्माण की ऊँची दर – राष्ट्र में पूंजी निर्माण की दर अधिक रखनी चाहिए। पूंजी निर्माण ऐसे कार्यों में अधिक किया जाना चाहिए जिससे देश में रोजगार के अवसर अधिक बढ़ सके। पूँजी उत्पादन अनुपात को कम रखा जाना चाहिए। वर्तमान में पूँजी उत्पादन अनुपात 5 : 1 उपयुक्त माना जाता है। इसका अभिप्राय है कि देश में एक रूपये का उत्पादन करने के लिए पांच रूपये की पूंजी का निवेश किया जायेगा। पूंजी उत्पादन अनुपात अधिक होने से पूंजी निर्माण की दर बढ़ाने का उत्पादन तथा रोजगार पर कोई असर नहीं पड़ेगा। इसलिए पूंजी निर्माण की दर बढ़ाने के साथ साथ पूँजी उत्पाद अनुपात में कमी की जानी चाहिए।

(5) स्वयं रोजगार लोगों को अधिक सहायता : भारत में लगभग 62 प्रतिशत लोग स्वयं रोजगार में लगे हुए हैं। इनमें से अधिकतर लोग कृषि क्षेत्र से हैं। इसके अतिरिक्त व्यापार, कुटीर और लघु उद्योग, भवन निर्माण, जलपानग्रह, यातायात आदि में काफी लोग

स्वयं रोजगार वाले हैं। सरकार को लघु तथा सीमान्त किसानों को भूमि, सिचांई, अच्छे बीज, खाद, यन्त्र, साख आदि की सुविधाएं देनी चाहिए। इसके अतिरिक्त शहरी क्षेत्रों में रहने वाले स्वयं रोजगार लोगों को साख, मार्केटिंग, कच्चे माल, टैक्निकल प्रशिक्षण कार्य आदि की सुविधाएँ दी जानी चाहिए।

(6) रोजगार कार्यालयों का विस्तार - देश में रोजगार कार्यालयों की कमी के कारण कई लोगों को रोजगार प्राप्त करने के उचित अवसर नहीं मिल पाते। इसलिए देश में अधिक मात्रा में रोजगार कार्यालयों के अधिकारियों को चाहिए कि बेरोजगार व्यक्तियों के साथ अच्छा व्यवहार करें ओर उनको रोजगार सम्बन्धी सही सूचना देकर राष्ट की सेवा में अपना योगदान दें।

(7) शिक्षा प्रणाली में परिवर्तन : देश में शिक्षा प्रणाली को पूर्ण रूप से बदलने की आवश्यकता है। कॉलेजों तथा विश्वविद्यालयों को चाहिए कि वे केवल उन्हीं छात्रों को प्रवेश दें जो वास्तव में कोई भावी लक्ष्य सामने रखकर अपनी शिक्षा को जारी रखना चाहते हैं। शुरू से ही शिक्षा प्रणाली में व्यावसायिक शिक्षा प्रणाली पर बल दिया जाना चाहिए। गांव में शिक्षित व्यक्तियों को अध्यापक, डाक्टर आदि के रूप में काम करने की भावना अपने अन्दर जागृत करनी होगी। इन्जीनियरों के लिए सरकारी सहायता से लघु उद्योग स्थापित करने की व्यवस्था होनी चाहिए। विद्यालय रोजगार सूचना एवम् निर्देशन संस्थाओं को सुदृढ़ करके उन्हें रोजगार एजेन्सियों के सम्बन्ध स्थापित करने चाहिए।

(8) मौसमी बेरोजगारी सम्बन्धी नीति - कृषि क्षेत्र में तथा कृषि पर आधारित गतिविधियों में मौसमी बेरोजगारी काफी सीमा तक पाई जाती है। इसे दूर करने के लिए निम्नलिखित सुझाव दिये जा सकते हैं: (1) कृषि में बहुफसल उगाई को प्रोत्साहित किया जाना चाहिए। (2) कृषि से सम्बन्धित अन्य कार्यों जैसे सूखी खेती, बागान, फल, डेरी, पशुपालन आदि को प्रोत्साहन दिया जाना चाहिए। (3) गांवों में सिचांई, बाढ़ नियन्त्रण, ग्रामीण सड़क, हस्पतालों का निर्माण, सड़कों पर वृक्ष आदि लगाने के कार्यक्रम प्रारम्भ किये जाने चाहिए तथा (4) अधिक संख्या में कुटीर उद्योगों की स्थापना की जानी चाहिए।

(9) औद्योगिक तकनीक में परिवर्तन - देश के बड़े उद्योगों मे श्रम प्रधान तकनीकों का अधिक प्रयोग किया जाना चाहिए। ऐसे उद्योगों की स्थापना पर बल दिया जाना चाहिए जिनमें उत्पादन तुरन्त आरम्भ हो जाता है। आवश्यक उपभोक्ता पदार्थों के उद्योगों के विकास पर अधिक महत्व दिया जाना चाहिए।

(10) सहकारिता - बेरोजगार लोगों को संगठित करके सहकारिता के आधार पर नये उद्योग स्थापित किए जाने चाहिए। केरल सरकार ने कोचीन के 600 बेरोजगारों को संगठित करके एक कपड़ा मिल की स्थापना की जिसमें प्रत्येक बेरोजगार ने 500 रूपये लगाए हैं और बाकी धन सरकार ने लगाया है। इसी प्रकार अन्य राज्य सरकारें भी सहकारिता का विकास करके बेरोजगारी की समस्या के समाधान में सहायता कर सकती है।

(11) महिलाओं के लिए रोजगार - महिलाओं के लिए रोजगार के विशेष अवसर उपलब्ध कराये जाने चाहिये। महिलाओं को सार्वजनिक तथा निजी संगठित क्षेत्रों में अधिक रोजगार के अवसर उपलब्ध कराये जाने चाहिये। इस क्षेत्र में असंगठित क्षेत्र की

तुलना में अधिक सुरक्षा, सुविधायें तथा वेतन प्राप्त होता है। वर्तमान समय में संगठित क्षेत्र द्वारा दिये जाने वाले रोजगार में महिलाओं का भाग बहुत कम अर्थात् केवल 12 प्रतिशत है। संगठित क्षेत्र में महिलाओं के रोजगार अवसरों को बढ़ाने के लिये निम्नलिखित उपाय किये जाने चाहिये :

(अ) संगठित क्षेत्र के सेवा नियोजकों को इस बात के लिए प्रोत्साहित तथा प्रेरित किया जाना चाहिये कि वे महिलाओं को अधिक रोजगार प्रदान करें। उन्हें महिलाओं के विरूद्ध किसी प्रकार का पक्षपात नहीं करना चाहिये। (ब) महिलाओं को शिक्षा तथा प्रशिक्षण की विशेष सुविधायें प्रदान की जानी चाहिये। उनके प्रशिक्षण का विविधीकरण किया जाना चाहिये। (स) कामकाजी माताओं के लिए आवास की सुविधाओं में कई गुनी वृद्धि की जानी चाहिये (द) माताओं को काम करने के समय के दौरान बच्चों की देखभाग के लिए क्रेच अर्थात शिशु देखभाल केन्द्रों की सुविधायें उपलब्ध कराई जानी चाहिये। (य) महिलाओं की शिक्षा, प्रशिक्षण तथा रोजगार के प्रति समाज में जो पक्षपात है उसे दूर किया जाना चाहिए।

सरकार द्वारा किये गये प्रयत्न (Government's Efforts)

भारत सरकार रोजगार के अवशरों में वृद्धि करने की दिशा में सदैव प्रयत्नशील रही है। सरकार क्षरा आरम्भ से ही रोजगार को बढ़ाने के लिए विशेष रूप से प्रयत्न किये गये है। चतुर्थ पंचवर्षीय योजना से सरकार इस दिशा में विशेष्प रूप से प्रत्यत्नशील रही है। भारत सरकार ने ग्रामीण बेरोजगारी का अध्ययन करने के लिए दॉंता वाला समिति की नियुक्ति की थी। इस अध्ययन दल ने अपनी रिपोर्ट 1970 में प्रकाशित की। श्री भगवती की अध्यक्षता में बेरोजगारी का हल ढूढंने के लिए एक नया अध्ययन दल नियुक्त की गई। इस अध्ययन दल ने 1972 में अपनी अन्तिम रिपोर्ट प्रस्तुत की थी। इस रिपोर्ट के अनुसार गांवों में सड़क निर्माण, छोटी सिंचाई, बिजली, इत्यादि की योजनाएं लागू की जानी चाहिए जिनमें दो साल में करीब 40 लाख लोगों को अतिरिक्त रोजगार प्राप्त होना सम्भावित होगा। सरकार ने बेरोजगारी दूर करने के लिए मुख्य कदम उठाए है, वे इस प्रकार है:

(1) समन्वित ग्रामीण विकास कार्यक्रम : भारत सरकार ने सन् 1978 में ग्रामीण क्षेंत्र में पूर्ण रोजगार की व्यवस्था करने के लिए समन्वित ग्रामीण विकास कार्यक्रम आरम्भ किया है। इस कार्यक्रम के अन्तर्गत 5111 ब्लाकों में कृषि, पशुपालन, वन, मछली, लघु तथा कुटीर उद्योग धन्धें, सड़कों नहरों के निर्माण आदि का विकास करके अधिक मात्रा में रोजगार दिलाने की व्यवस्था की गई है। इस प्रोग्राम के द्वारा 1981 से 1998 तक 515 लाख परिवारों को लाभ हुआ। 1997-98 में इस कार्यक्रम से 17 लाख परिवारों को सहायता प्राप्त हुई है।

1 अप्रैल, 1999 के पश्चात् इसके स्थान पर स्वर्णजयंती ग्राम स्वरोजगार योजना (एस.जी.एस.वाई) को प्रारम्भ किया गया है। इस कार्यक्रम के अन्तर्गत अनु. जा., अनु. ज.जाति, महिला तथा विकंलागों को स्वरोजगार प्रारम्भ करने के लिए सहायता प्रदान की जाती है।

(2) अकाल पीड़ित प्रदेशों के लिए कार्यक्रम - यह योजना 1973 में आरम्भ की गई थी। यह योजना 13 राज्यों के 155 ऐसे जिलों में लागू की गई जहां बार बार अकाल

पड़ते हैं। प्रत्येक जिले पर 2 करोड़ रूपये खर्च किये जाते हैं यह धन ऐसे कार्यों पर खर्च किया जाता है जिससे एक ओर उत्पादन में वृद्धि हो और दूसरी ओर अधिक लोगों को रोजगार मिल सके। यह योजना विशेष रूप से मौसमी बेरोजगारी को दूर करने में सहायक सिद्ध होती है। सन् 1973 से सातवीं योजना तक इस कार्यक्रम पर 742 करोड़ रू. खर्च किये गये हैं। आठवीं योजना में इस प्रोग्राम पर 1,000 करोड़ रूपये खर्च किये गये हैं।

(3) स्वयं रोजगार के लिए प्रशिक्षण : देश के युवकों में बेरोजगारी कम करने के लिए ''ग्रामीण स्वयं रोजगार प्रशिक्षण की राष्ट्रीय योजना'' 15 अगस्त 1979 को प्रारम्भ की गई थी। प्रशिक्षण के दौरान युवकों को वित्तीय सहायता दी जाती है। प्रशिक्षण की समाप्ति के पश्चात् उन्हें प्रोजक्स रिपोर्ट तैयार कराने तथा बैंक से ऋण दिलाने की व्यवस्था की जाती है। प्रत्येक युवक को अपना काम आरम्भ करने के लिए 3,000 रूपये से 5,000 रूपये तक की सहायता भी दी जाती है। सातवीं योजना में इस प्रोग्राम के अन्तर्गत ग्रामीण युवकों को प्रशिक्षण देने के लिए ''संयुक्त ग्रामीण प्रशिक्षण तथा तकनीकी केन्द्र'' खोले गये हैं। 1997-98 में इस योजना के अन्तर्गत 2.5 लाख ग्रामीण युवकों को प्रशीक्षण दिया गया है। अब इसे स्पर्ण जयंती ग्राम स्वरोजगार योजना का भाग बना दिया गया है।

(4) जवाहर रोजगार योजना - 28 अप्रैल 1989 को जवाहर रोजगार योजना आरम्भ की गई थी। इस योजना का लक्ष्य प्रत्येक निर्धन ग्रामीण परिवार के कम से कम एक सदस्य को उसके घर के नजदीक कार्यस्थल पर प्रतिवर्ष 50 से लेकर 100 दिनों तक रोजगार देना है। इस योजना के फलस्वरूप जितना रोजगार पैदा होगा उसका 30 प्रतिशत महिलाओं के लिए आरक्षित कर दिया जायेगा। इस योजना पर जितना खर्च आयेगा उसका 80 प्रतिशत केन्द्रीय सरकार देगी तथा 20 प्रतिशत राज्य सरकार देगी। इस योजना में 1989 में राष्ट्रीय ग्रामीण रोजगार योजना तथा ग्रामीण भूमिहीन रोजगार गारन्टी स्कीम को मिला दिया गया है। इन योजनाओं को ग्राम पंचायतें लागू करती है। यह अनुमान लगाया गया है कि पिछले सात वर्षों के दौरान ग्रामीण रोजगार योजना का लक्ष्य प्रत्येक पंचायत तक पहुंचना था। तीन से चार हजार तक की आबादी वाली एक ग्राम पंचायत को जवाहर रोजगार योजना के कार्यान्वयन के लिए प्रतिवर्ष 80 हजार रूपये से लेकर एक लाख रूपये तक प्राप्त होंगे। पंचायतें स्थानीय जरूरतों और साधनों को देख कर खुद ही रोजगार योजनाएं बनाती है। सभी मौजूदा ग्रामीण मजदूरी रोजगार कार्यक्रम जवाहर रोजगार योजना में शामिल कर लिये गये है। यह योजना गरीबी की रेखा से नीचे रहने वाले ग्रामीण भारत के 440 लाख परिवारों तक देश के कोने कोने में पहुँची हुई है। जवाहर रोजगार योजना, गांवों के 22 करोड़ 15 लाख निर्धन लोगों में से केवल 4 करोड़ 40 लाख लोगों को रोजगार दे सकेगी।

(5) लघु तथा कुटीर उद्योग : सरकार ने बेरोजगारी को कम करने के लिए लघु तथा कुटीर उद्योगों के विकास के लिए प्रयत्न किए है। इन उद्योगों के अन्तर्गत 1997-98 में 349 लाख लोगों को रोजगार मिल रहा है।

(6) संगठित क्षेत्र का विकास - सरकार के प्रयत्नों के फलस्वरूप सार्वजनिक तथा निजी संगठित क्षेत्र में अर्थात उद्योग, खनिज, यातायात, निर्माण में भी काफी लोगों को रोजगार मिल रहा है।

(7) रोजगार के दफ्तर : सरकार ने रोजगार की सुविधा को बढ़ाने के लिए लगभग 915 रोजगार के दफ्तर स्थापित किये हैं। यह दफ्तर प्रत्यक्ष रूप से रोजगार नहीं देते हैं परन्तु रोजगार की मांग में सन्तुलन स्थापित कराने में काफी सहायता देते हैं। सरकार रोजगार के रिक्त स्थानों के सम्बन्ध में सूचना देने के लिए रोजगार सूचना पत्रिका प्रकाशित करती है।

(8) रोजगार गारन्टी स्कीम – महाराष्ट्र, पश्चिमी बंगाल, केरल, राजस्थान आदि कई राज्यों में रोजगार गारन्टी स्कीम आरम्भ की गई। इस स्कीम के अन्तर्गत बेरोजगार व्यक्तियों को रोजगार दिलाने में आर्थिक सहायता दी जाती है।

(9) विदेशों में रोजगार स्कीम – सरकार लोगों को विदेश में भी रोजगार दिलाने के प्रयत्न कर रही है। अरब देशों जैसे कुवैत आदि में लोगों को रोजगार दिलाने कि लिए विशेष एजेन्सियां बनाई गई है।

(10) रोजगार बीमा योजना – यह योजना 1994 में आरम्भ की गई है। यह योजना सभी ग्रामीण खण्डों में लागू की जा रही है, जहां संशोधित सार्वजनिक वितरण प्रणाली प्रचलित है। इस योजना का लक्ष्य रोजगार को तलाश करने वाले ग्रामीण निर्धन व्यक्तियों को 100 दिन का अकुशल शारीरिक श्रम कार्य उपलब्ध कराना है। इसका लक्ष्य ग्रामीण इलाकों में गरीब लोगों को विशेष रूप से कृषि सम्बन्धी कार्य के मन्दी वाले मौसम में रोजगार प्रदान करना है।

(11) प्रधानमन्त्री रोजगार योजना – यह योजना शिक्षित बेरोजगार युवाओं को स्वरोजगार देने के लिये बनाई गई है। इस योजना के अन्तर्गत 1998 तक 7.5 लाख बेरोजगार शिक्षित युवकों को स्व-रोजगार दिलाया जा चुका है।

(12) स्वर्ण जयन्ती शहरी रोजगार योजना : इस योजना का आरम्भ 1 दिसम्बर 1997 से हुआ। इस योजना में शहरी बेरोजगारों को रोजगार प्रदान करने से सम्बन्धित योजनाओं जैसे नेहरू रोजगार योजना तथा प्रधानमन्त्री समन्वित शहरी निर्धनता उन्मूलन प्रोग्राम आदि को मिला दिया गया है।

(13) ग्राम समृद्धि योजना – सन् 1999-2000 के बजट के अनुसार जवाहर रोजगार योजना का संशोधन किया जायेगा। इसका नाम बदल कर 'ग्राम समृद्धि योजना' किया जायेगा। नई स्कीम के अन्तर्गत गांवों में रोजगार के अवसर बढ़ाने के लिए बुनियादी सुविधाओं का विकास करने का अधिकार ग्राम पंचायतों को होगा। इस योजना पर केन्द्रीय तथा राज्य सरकारों द्वारा किया जाने वाला सारा खर्च पंचायतों के माध्यम से ही किया जायेगा। केवल पंचायतों को ही गांवों के लिए वार्षिक योजनाएं बनाने तथा उन्हें लागू करने का अधिकार होगा। वे ग्राम सभा की स्वीकृति से काम शुरू करवा सकेगी। ग्राम पंचायत, ग्राम सभा तथा जनता की जानकारी के लिए एक रोजगार रजिस्टर रख जायेगा।

□□□

परिक्षापयोगी प्रश्न

1. भारत में बेरोजगारी की वर्तमान स्थिति का वर्णन करो। इस समस्या के समाधान के उचित सुझाव दीजिए।

   Discuss the present status of unemployment in India. Give appropriate suggestion to solve the problem.

2. भारत में बेरोजगारी के कारणों का वर्णन करें। इस समस्या के समाधान के लिए सरकार ने कौन-कौन से प्रयत्न किए हैं।

   Discuss briefiy causes of unemployment in India. What effords made by the government to remove this problem.

3. भारत में बेरोजगारी का स्तर कितना है? इस समस्या के समाधान के लिए आप क्या सुझाव देगें?

   What is the extent of unemployment in India. Give suggestions to solve this problem.

❑❑❑

6

आर्थिक असमानता
(Economic Inequality)

आर्थिक असमानता का अर्थ (Meaning of Economic Inequality)

आर्थिक असमानता अथवा आय तथा सम्पत्ति के असमान वितरण से अभिप्राय अर्थव्यवस्था की उस परिस्थितियों से है जिसमें कि राष्ट्र के कुछ लोगों की आय, राष्ट्र की औसत आय से बहुत अधिक तथा अधिकांश लोगों की आय, राष्ट्र की औसत आय से बहुत कम होती है। आय तथा सम्पत्ति के असमान वितरण की समस्या का सम्बन्ध मुख्य रूप से व्यक्तिगत आय के वितरण में विषमताओं से होता है। इससे अभिप्राय यह है कि कुछ व्यक्तियों की आय बहुत अधिक है जबकि अधिकतर लोगों की आय बहुत कम है।

भारत में आर्थिक असमानता की प्रकृति एवम् विस्तार

(Nature and Extent of Economic Inequality in India)

भारत में आर्थिक असमानता निरन्तर बढ़ती जा रही है। भारत में आय के वितरण की जांच करने केलिए सरकार ने सर्वप्रथम प्रो. पी. सी. महालनोबिस की अध्यक्षता में एक समिति नियुक्त की थी। इस समिति की रिपोर्ट 1964 में प्रकाशित हुई थी। इस समिति के अतिरिक्त नेशनल काउंसिल ऑफ एप्लाइड इकोनोमिक रिसर्च (NCAER), रिजर्व बैंक ऑफ इण्डिया तथा कई अर्थशास्त्रियों जैसे *लाइडल, ओझा* और *भट्ट, रानाडिवे, अहमद, भट्टाचार्य* आदि ने आय के वितरण के सम्बन्ध में जांच की है। भारत में कई प्रकार की आर्थिक असमानतायें पाई जाती है। इनमें से निम्नलिखित प्रकार की असमानतायें अधिक महत्वपूर्ण है।

(1) परिसम्पत्ति की असमानता (Inequality of Assets)

(2) आय तथा उपभोग की असमानता
(Inequality of Income and Consumption)

(3) क्षेत्रीय असमानता (Regional Inequality)

असमानता के इन तीनों प्रकारों में परस्पर निर्भरता है। उदाहरण के लिए परिसम्पत्तियों की असमानता के फलस्वरूप आय की असमानता उत्पन्न होती है। जिन लोगों के पास धन अधिक होता है वे इसका बैंकों, शेयरों, ऋणपत्रों आदि में निवेश करके अधिक आय प्राप्त अर्जन का प्रयास करते। इसी प्रकार आय की असमानता के फलस्वरूप सम्पत्ति की असमानता में वृद्धि होती है। जिन लोगों की आय अधिक होती है उनकी बचत करने की क्षमता भी अधिक होती है। अत: साधन सम्पन्न वर्ग वे अधिक सम्पत्ति जमा कर पाते है। उनकी सम्पत्ति तथा आय एक दूसरे को बढ़ाती जाती हैं। देश के पिछड़े प्रदेशों की आय कम होती है। उनमें पूंजी निर्माण दर भी अत्यन्त निम्न है। अत: उनके विकास की दर भी कम है। इसके विपरीत धनी क्षेत्रों की आय तथा बचत की दर भी अधिक होती है। उनके पूंजी निर्माण की दर अधिक होती है। उनकी वृद्धि दर भी अधिक होती है। इन सभी फलस्वरूप धनी तथा निर्धन क्षेत्रों की असमानता बढ़ने की प्रवृत्ति दर्शाती है। अत: असमानता की समस्या का समाधान सभी प्रकार की असमानताओं को दूर करने से ही सम्भव हो सकता है।

1. परिसम्पत्ति की असमानता (Inequality of Assets)

भारत में परिसम्पत्ति की असमानता के संबंध में प्राप्त आंकड़े अपर्याप्त तथा अवश्विसनीय हैं। परन्तु उपलब्ध आंकड़े स्पष्ट करते है कि भारत में परिसम्पत्ति की असमानता काफी अधिक एवम् व्यापक है। परिसम्पत्ति की असमानता का अध्ययन दो भागों में किया जा सकता हैं :

(1) ग्रामीण क्षेत्रों में परिसम्पत्ति की असमानता (Inequality of Assets in Rural Areas) - भारत की लगभग 76 प्रतिशत जनसंख्या गांवों में निवास करती हैं। ग्रामीण क्षेत्र में विद्यमान सम्पत्ति की असमानता निम्नलिखित दो तथ्यों से स्पष्ट हो जाती है :

(अ) कुल परिसम्पत्ति का असमान वितरण (Unequal Distribution of Total Assets) - रिजर्व बैंक द्वारा किये गये अखिल भारतीय ऋण एवम् निवेश सर्वेक्षण (All India Debt and Investment Survey) के अनुसार, ग्रामीण क्षेत्र में सम्पत्ति के वितरण की असमानता का विस्तार काफी अधिक है।

तालिका-1

ग्रामीण क्षेत्रों में सम्पत्ति का विरण

व्यक्ति	कुल सम्पत्ति में प्रतिशत भाग	
व्यक्ति	**1961**	**1971**
नीचे के 10 प्रतिशत	0.1	0.1
ऊपर के 10 प्रतिशत	51.4	51.0
नीचे के 30 प्रतिशत	2.5	2.0
ऊपर के 30 प्रतिशत	79	81.9

Source : Sixth Five Year Plan 1980-85

तालिका-1 में प्रस्तुत ग्रामीण क्षेत्रों सम्पत्ति के वितरण सम्बन्धी आंकड़ों से निम्न तथ्य स्पष्ट रूप से ज्ञात हो जाते हैं :

(क) गांवों में निवास करने वाली जनसंख्या का नीचे के 10 प्रतिशत वर्ग का ग्रामीण परिसम्पत्ति में केवल 0.1 प्रतिशत भाग है। जबकि ऊपर के 10 प्रतिशत वर्ग का लगभग 51 प्रतिशत भाग है। अन्य शब्दों में ऊपर के वर्ग के 10 प्रतिशत लोगों में से एक व्यक्ति के पास इतनी सम्पत्ति है। जितनी नीचे के वर्ग के 510 व्यक्तियों के पास है। सन् 1961 से 1971 तक के 10 वर्षों में इस असमानता में कोई परिवर्तन नहीं आया है।

(ख) तालिका-1 यह भी इंगित करती है कि नीचे के 30 प्रतिशत वर्ग का ग्रामीण सम्पत्ति में भाग सन् 1961 में 2.5 प्रतिशत था सन् 1971 में यह कम होकर 2 प्रतिशत रह गया । इसके विपरीत ऊपर के 30 प्रतिशत का भाग जो 1961 में 79 प्रतिशत था वह 1971 में बढ़कर 81.9 प्रतिशत हो गया। इससे स्पष्ट होता है कि ग्रामीण क्षेत्र में सम्पत्ति के वितरण की असमानता कम होने के स्थान पर बढ़ती जा रही है।

(2) भूमि के वितरण में असमानता (Unequal Distribution of Land) - ग्रामीण क्षेत्र में भूमि उत्पादन का महत्वपूर्ण साधन है। कृषि के लिए उपयोग की जाने वाली भूमि के वितरण में काफी असमानता पाई जाती है। इस समय भारत में लगभग 9 करोड़ 77 लाख जोतें या खेत है। इनके वितरण की असमानता निम्नलिखित तालिका से स्पष्ट हो जाती हैं।

तालिका-2

कार्यशील भू-जोतों का आकार के अनुसार वितरण

	1970-71		1985-86	
भूजोतों का आकार (हैक्टेयर)	कुल जोतों का प्रतिशत	कुल क्षेत्रफल का प्रतिशत	कुल जोतों का प्रतिशत	कुल क्षेत्रफल का प्रतिशत
1.0 हैक्टेयर से कम	51	9	58	13.1
1 से 2 हैक्टेयर	18.9	11.9	18.2	15.5
2 से 4 हैक्टेयर	15	18.5	13.6	22.2
4 से 10 हैक्टेयर	11.2	29.7	8.2	28.7
10 से अधिक हैक्टेयर	3.9	30.9	2.00	20.5
	100	100	100	100

Source : Agricultural Situation in Brief 1988

तालिका-2 में प्रस्तुत कार्यशील भू-जोतों का आकार के अनुसार वितरण से यह स्पष्ट होता है कि :

(1) सन् 1985-86 में सीमान्त जोतों (1 हैक्टेयर तक की जोतो) तथा लघु जोतों (2 हैक्टेयर तक की जोतो) की संख्या कुल कार्यशील जोतों की 76 प्रतिशत थी परन्तु इनके अन्तर्गत कुल क्षेत्रफल का 28 प्रतिशत भाग था। इसके विपरीत मध्यम (10 हैक्टेयर तक की जोतो) तथा बड़ी जोतों (10 हैक्टेयर से अधिक तक की जोतों) की संख्या कुल जोतों की केवल 10 प्रतिशत थी परन्तु इनके अन्तर्गत कुल क्षेत्रफल का लगभग 49 प्रतिशत भाग था। इस प्रकार 10 प्रतिशत जोतों के स्वामी धनी किसानों का 49 प्रतिशत कृषि भूमि पर स्वामित्व है इसके विपरीत 76 प्रतिशत निर्धन किसानों का केवल 28 प्रतिशत भूमि पर स्वामित्व है। सन् 1970-71 में 15 प्रतिशत धनी किसानों का केवल 60 प्रतिशत भूमि पर स्वामित्व था। तालिका-2 में प्रस्तुत आंकड़ों से यह भी सिद्ध हो जाता है कि भारत में भूमि के स्वामित्व की असमानता काफी अधिक है।

2. शहरी क्षेत्रों में परिसम्पत्ति की असमानता (Inequality of Assets in Urban Areas)

भारत के केवल गामीण क्षेत्रों में नही अपितु शहरी क्षेत्रों में भी सम्पत्ति की असमानता बहुत अधिक मात्रा में पाई जाती है। इसे निम्नलिखित दो तथ्यों से स्पष्ट किया जा सकता है:

(1) भवन सम्पत्ति का स्वामित्व (Ownership of Residential Buildings) शहरों में सम्पत्ति के वितरण की असमानता और भी अधिक है। नेशनल सैम्पल सर्वे के आठवें दौर के अनुसार शहरी क्षेत्र के ऊपर के 20 प्रतिशत परिवारों के पास शहरी जमीन का 93 प्रतिशत भाग था। इनमें से सबसे अधिक धनी 5 प्रतिशत परिवारों के पास शहरी भूमि का 52 प्रतिशत भाग था। नेशनल कौंसिंल ऑफ एप्लाइड इकोनोमिक रिसर्च के अनुसार शहरी क्षेत्र के सबसे उच्च वर्ग के 10 प्रतिशत लोगों के पास 57 प्रतिशत भवन सम्पत्ति केन्द्रीत है। इसके विपरीत नीचे के वर्ग के 10 प्रतिशत लोगों के पास 1 प्रतिशत से भी कम भवन सम्पत्ति है। इससे स्पष्ट हो जाता है कि शहरी क्षेत्र में सम्पत्ति के वितरण में काफी असमानताएँ पाई जाती है।

(2) शेयर सम्पत्ति का स्वामित्व (Ownership of Shares) - भारत में शेयर सम्पत्ति से सम्बन्धित असमानताएं और भी अधिक है। महालनोबिस समिति के अनुसार आय कर देने वालों में सबसे धनी वर्ग 10 प्रतिशत लोगों को शेयरों के लाभांश से प्राप्त कुल आय का 52 प्रतिशत लाभ मिला था। नीचे के वर्ग के 10 प्रतिशत लोगों का भाग केवल 2.5 प्रतिशत था। इकोनोमिक टाइम्स रिसर्च ब्यूरों के अनुसार भारत में 20 व्यावसायिक घरानों की परिसम्पत्ति 10,000 करोड़ रूपये से भी अधिक है। इन 20 बड़े घरानों का अर्जित लाभ 900 करोड़ रूपये से भी अधिक है। इससे सिद्ध होता है कि देश में आर्थिक शक्ति का केन्द्रीयकरण होने के फलस्वरूप सम्पत्ति की असमानता का विस्तार काफी व्यापक है।

संक्षेप में, भारत में आय तथा सम्पत्ति की असमानताएं शहरी तथा ग्रामीण दोनों क्षेत्रों में पाई जाती है। पंचवर्षीय योजनाओं की अवधि में इन असमानाओं में कमी होने के बजाय बढ़ने की प्रवृत्ति पाई गई है।

3. आय तथा उपभोग व्यय की असमानता
(Inequality of Income and Consumption)

भारत में आय तथा उपभोग में व्याप्त असमानता की समस्या भी अत्यन्त गम्भिर है। भारत में आय तथा उपभोग व्यय की असमानता निम्नलिखित तथ्यों से स्पष्ट हो जाती है :

(1) आय की असमानता (Inequality of Income) - भारत में आय की असमानता के सम्बन्ध में विभिन्न स्रोतों के आंकड़े एकत्रित किये गये हैं। जिन्हें तालिका-3 में प्रस्तुत किया गया है।

तालिका -3

भारत में आय की असमानता के अनुमान

व्यक्ति	लिडाल (1955-56)	रानाडिवे (1961-62)	ओझा और भट्ट (1963-64)	(NCAER) (1964-65)
ऊपर के 10 प्रतिशत	34	45.5	35	33.3
नीचे के 20 प्रतिशत	9.5	7.8	7	7.5
लारेंज अनुमान		0.351	0.372	0.39

Source : Report of the Committee on Distribution of Income and Levels of Living

तालिका -3 में प्रस्तुत असमानता सम्बन्धी आकड़े यह स्पष्ट करते है कि भारत में आय वितरण की असमानताएं काफी अधिक है। लिडाल के अनुसार 1955-56 में देश के सबसे ऊंचे वर्ग के 10 प्रतिशत लोगों को राष्ट्रीय आय का 34 प्रतिशत भाग ही प्राप्त होता था। सबसे निचले 20 प्रतिशत वर्ग को केवल 9.5 प्रतिशत भाग ही प्राप्त होता है। रानाडिवे के अनुसार 1961-62 में ऊपर के वर्ग के 10 प्रतिशत लोगों को राष्ट्रीय आय में भाग बढ़ कर 45.5 प्रतिशत हो गया जबकि सबसे निचले 20 प्रतिशत वर्ग का भाग कम होकर 7.8 प्रतिशत रह गया। नेशलन कौंसिल ऑफ एप्लाइड एकोनोमिक रिसर्च (NCAER) के अनुसार 1964-65 में उच्च वर्ग के 10 प्रतिशत लोगों को राष्ट्रीय आय में 33.3 प्रतिशत भाग प्राप्त हुआ जबकि सबसे निचले वर्ग के 20 प्रतिशत लोगों को केवल 7.5 प्रतिशत भाग प्राप्त हुआ। इससे स्पष्ट होता है कि भारत में आय की असमानता का विस्तार काफी अधिक है।

विश्व बैंक द्वारा प्रकाशित वर्ल्ड डिवेलपमेंट रिपोर्ट के अनुसार, भारत में आय के वितरण की असमानतायें तालिका-4 से स्पष्ट हो जाती है:

तालिका -4

आय के वितरण की असमानतायें

व्यक्ति	आय का प्रतिशत वितरण
नीचे के 20 प्रतिशत	8.8
ऊपर के 20 प्रतिशत	41.3
ऊपर के 10 प्रतिशत	27.1

तालिका-4 से ज्ञात होता है कि नीचे के 20 प्रतिशत लोगों का राष्ट्रीय आय में केवल 8.8 प्रतिशत भाग है। जबकि ऊपर के 20 प्रतिशत लोगों का 41.3 प्रतिशत भाग है अर्थात. देश की लगभग आधी आय 20 प्रतिशत लोगों को प्राप्त होती है जबकि बाकी आय का आधा भाग 80 प्रतिशत लोगों को प्राप्त होता है।

आय की असमानता को मापने के लिए लारेंज वक्र का भी प्रयोग किया जाता है। लारेंज अनुपात जितना अधिक होता है आय की असमानता भी उतनी ही अधिक होती है। भारत में आय की असमानताओं के विभिन्न अध्ययनों से मालूम होता है कि लारेंज अनुपात लगभग 0.35 है। इस अनुपात से ज्ञात होता है कि भारत में आय की असमानताओं का विस्तार बहुत अधिक है।

(2) उपभोग व्यय की असमानताएँ (Inequalities in Consumption Expenditure) - आय की असमानता का ज्ञान उपभोग व्यय के वितरण से किया जा सकता है। विभिन्न स्त्रोतों द्वारा एकत्रित किये गये उपभोग सम्बन्धी आंकड़े तालिका-5 में प्रस्तुत किये गये।

तालिका-5

भारत में उपभोग की असमानता के अनुमान

व्यक्ति	NCAER	N.S.S.
ऊपर के 20 प्रतिशत	42.39	37.87
नीचे के 20 प्रतिशत	8.66	8.47

Source : Report Published by NCAER

तालिका -5 के विश्लेषण से आभास होता है कि नेशनल कौंसिल ऑफ एप्लाइड इकोनोमिक रिसर्च (NCAER) के अनुसार सबसे ऊंचे वर्ग के 20 प्रतिशत व्यक्तियों का कुल उपभोग में 42.39 प्रतिशत भाग था तथा सबसे निचले 20 प्रतिशत लोगों का केवल 8.66 प्रतिशत भाग था। इसी प्रकार राष्ट्रीय सैम्पल सर्वे (N.S.S.) के अनुसार उपरोक्त वर्गों का कुल उपभोग में क्रमश: भाग 37.87 प्रतिशत तथा 8.47 प्रतिशत था। इन आंकड़ों से स्पष्ट हो जाता है कि भारत में आय की असमानता का विस्तार काफी व्यापक है।

उपरोक्त विवेचन के निष्कर्ष स्वरूप आर्थिक असमानता के सम्बन्ध में यह कहा जा सकता है कि भारत में आय तथा सम्पत्ति की असमानताएं शहरी तथा ग्रामीण दोनों क्षेत्रों में पाई जाती है। योजनाओं की अवधि में इन असमानताओं में बढ़ने की प्रवृत्ति पाई गई है।

3. क्षेत्रीय असमानता (Regional Inequality)

भारत में असमानता का एक महत्वपूर्ण रूप क्षेत्रीय असमानता (Regional Inequality) है। क्षेत्रीय असमानता का अभिप्राय है देश के विभिन्न राज्यों के आर्थिक विकास तथा प्रति व्यक्ति आय के स्तर में पाई जाने वाली असमानता। देश के कुछ राज्यों जैसे पंजाब, गोवा, हरियाणा, महाराष्ट्र, गुजरात आदि के आर्थिक विकास की दर एवम् प्रति व्यक्ति आय बहुत अधिक है। इसके विपरीत कई राज्यों जैसे बिहार, उड़ीसा, राजस्थान, उत्तरप्रदेश, असम आदि के आर्थिक विकास की दर एवम् प्रति व्यक्ति आय काफी कम है। क्षेत्रीय असमानता को यदि नियन्त्रित नहीं किया गया तो यह देश के एकीकरण के लिये एक बड़ा खतरा सिद्ध होगी।

क्षेत्रीय असमानता को ज्ञात करने के लिए प्रति व्यक्ति आय (Per Capita Income) सबसे उपयुक्त माप माना जाता है। तालिका-6 द्वारा विभिन्न राज्यों के प्रति व्यक्ति आय के सम्बन्ध में जानकारी प्रस्तुत की गई।

तालिका -6

प्रति व्यक्ति आय (चालू कीमतों पर) - नई श्रृखंला

राज्य	प्रति व्यक्ति आय	राज्य	प्रति व्यक्ति आय
गोवा	19,719	केरल	9,066
पंजाब	18,213	हिमाचल प्रदेश	8,747
महाराष्ट्र	17,295	राजस्थान	8,481
हरियाणा	16,199	मेघालय	8,474
गुजरात	13,932	मध्य प्रदेश	7,445
तमिलनाडु	11,708	उत्तर प्रदेश	6,733
कर्नाटक	10,279	असम	6,663
आन्ध्र प्रदेश	9,867	उड़ीसा	6,422
नागालैण्ड	9,758	जम्मू कश्मीर	6,181
पश्चिमी बंगाल	9,441	बिहार	3,835

तालिका-6 के विश्लेषण से यह स्पष्ट होता है कि राज्यों में सबसे अधिक आय गोवा की है। इसके पश्चात, महाराष्ट्र, हरियाणा तथा गुजरात का स्थान है। शेष राज्यों की आय राष्ट्रीय औसत से कम है। तालिका-6 में प्रस्तुत आंकड़ों के अनुसार सबसे कम प्रति व्यक्ति आय बिहार की है।

राज्यवार प्रति व्यक्ति आय का अध्ययन यह व्यक्त करता है कि पंजाब, गोवा, महाराष्ट्र, हरियाणा तथा गुजरात, प्रति व्यक्ति आय की दृष्टि से सर्वोच्च स्थिति पर हैं क्योंकि इन राज्यों में प्रति व्यक्ति आय समस्त भारत की औसत (All India Average) से अधिक है। इससे यह निष्कर्ष निकलता है कि आर्थिक योजनाएं अभी भी भारत से 'धनी' व 'निर्धन' राज्यों के अन्तर को समाप्त नहीं कर सकी हैं। वास्तव में धनी राज्य अधिक धनी हो गए। वास्तविक स्थिति तो यह व्यक्त करती है कि आय में क्षेत्रीय अन्तर (Regional Disparities of Income) और अधिक बढ़ गए है।

भारत में आय तथा सम्पत्ति के असमान वितरण के कारण

(Causes of Inequality of Income and Wealth in India)

भारत में आय तथा सम्पत्ति में पाई जाने वाली असमानता का मुख्य कारण जमींदारी प्रथा के फलस्वरूप भूमि के स्वामित्व में विद्यमान असमानता है। स्वतन्त्रता से पूर्व भारत में जमींदारी प्रथा पाई जाती थी। इसके फलस्वरूप भू-स्वामित्व में भारी असमानता पाई जाती थी। स्वतन्त्रता के पश्चात् जमींदारी प्रथा समाप्त कर दी गई परन्तु भूमि के स्वामित्व की असमानता में कोई विशेष कमी नहीं हुई है। इस समय देश के 10 प्रतिशत ग्रामीण जनसंख्या के पास कृषि भूमि का 56 प्रतिशत भाग है तथा 70 प्रतिशत जनसंख्या के पास केवल 14 प्रतिशत भाग है। भूमि के स्वामित्व में पाई जाने वाली असमानता ग्रामीण क्षेत्र में पाई जाने वाली आय की असमानता का मुख्य कारण है। ग्रामीण क्षेत्र में भूमिहीन कृषि श्रमिकों, तथा छोटे किसानों की आय बहुत कम है। वे बड़ी कठिनाई से अपना जीवन निर्वाह कर पाते है। इसके विपरीत बड़े किसानों की आय बहुत अधिक है तथा इसमें लगातार वृद्धि हो रही है। इन किसानों के पास पूंजी अधिक होती है इसलिए ये ट्रेक्टर, ट्यूबवैल, रासायनिक खाद, उत्तम बीज आदि का प्रयोग करके अधिक उत्पादन करते है। इससे इनकी आय में और अधिक वृद्धि हो जाती है। इसके विपरीत छोटे किसान पूंजी के अभाव में अपने खेतों से अधिक उत्पादन नहीं कर पाते। वे पिछड़े तथा निर्धन रह जाते है। इस प्रकार ग्रामीण क्षेत्र में भूस्वामित्व की असमानता के कारण आय तथा सम्पत्ति की असमानता में वृद्धि होती है।

(2) शहरी क्षेत्र में सम्पत्ति का निजी स्वामित्व (Private Ownership of Property in Urban Sector) - शहरी क्षेत्र में उद्योगों, व्यापार, भूमि, मकानों आदि सम्पत्ति पर निजी स्वामित्व पाया जाता है। कुछ लोगों के अधिकार में अधिकतर शहरी सम्पत्ति होती है। इसके विपरीत शहरों की अधिक जनसंख्या निर्धन होती है। शहरों में पूंजीपति, उद्योगों, व्यापार, यातायात तथा अन्य व्यवसायों में पूंजी का निवेश करके अधिक आय प्राप्त कर पाते है, परन्तु शहरों का मध्यम तथा निर्धन वर्ग अपना जीवन निर्वाह भी बड़ी कठिनाई से कर पाता है। यद्यपि यह वर्ग अधिक शिक्षित तथा योग्य होता है परन्तु पूंजी की कमी के कारण इनकी आर्थिक स्थिति में सुधार सम्भव नहीं हो पाता। इसके फलस्वरूप शहरी क्षेत्र में भी आय तथा सम्पत्ति के वितरण की असमानता बनी रहती है।

(3) उत्तराधिकार के नियम (Laws of Inheritence) - भारत में प्रचलित उत्तराधिकार के नियमों के फलस्वरूप भी आय तथा सम्पत्ति के वितरण की असमानता में वृद्धि हुई है तथा यह स्थाई बन गई है। उत्तराधिकार के नियमों के अनुसार किसी धनी व्यक्ति की मृत्यु होने पर उसकी सम्पत्ति उसकी सन्तान को मिलती है। इस प्रकार धनी व्यक्ति की

सन्तान प्रारम्भ से ही धनी हो जाती है। इसके विपरीत किसी निर्धन व्यक्ति की मृत्यु पर उसकी सन्तान को कोई सम्पत्ति प्राप्त नहीं होती तथा वह आरम्भ से ही निर्धन रहती है। वह अपने परिश्रम द्वारा ही अपनी आय तथा सम्पत्ति में वृद्धि करने का प्रयास कर सकते है। परन्तु इसकी सम्भावना बहुत कम होती है। अतएव् उत्तराधिकार के नियमों ने भारत में आय तथा सम्पत्ति के वितरण की असमानता को स्थायी बना दिया है।

(4) व्यावसायिक प्रशिक्षण में असमानता (Inequality of Professional Training) - व्यावसायिक प्रशिक्षण में पाई जाने वाली असमानता भी आय की असमानता का एक मुख्य कारण है। कुछ व्यवसायों जैसे - डॉक्टर, इंजीनियर, कम्पनी प्रबन्धक तथा वकीलों आदि की आय तथा अन्य व्यवसायों में लगे हुये लोगों की आय की तुलना में बहुत अधिक होती है परन्तु इन व्यवसायों का प्रशिक्षण प्राप्त करना निर्धन व्यक्ति के बच्चों के लिए साधारणतया सम्भव नहीं है। इन व्यवसायों में अधिकतर धनी वर्ग के बच्चे ही प्रशिक्षण प्राप्त कर पाते हैं। इसके फलस्वरूप आय की असमानता बढ़ती जाती है।

(5) मुद्रा स्फीति (Inflation)- सन् 1956 से देश में कीमतों के बढ़ने की प्रवृत्ति निरन्तर है। कीमतों के बढ़ने का धनी वर्ग की तुलना में निर्धन वर्ग पर अधिक विपरित प्रभाव पड़ता है। इसके फलस्वरूप निर्धन वर्ग की वास्तविक आय में काफी कमी हो गई है अतएव मुद्रा स्फीति के कारण वास्तविक आय की असमानता में वृद्धि हुई है।

(6) वित्तीय संस्थाओं की ऋण नीति (Credit Policy of Financial Institutions) - स्वतन्त्रता के पश्चात् देश के बैंकिंग तथा विशिष्ट वित्तीय संस्थाओं जैसे भारतीय औद्योगिक बैंक, औद्योगिक वित्तीय तथा साख निगम, राज्य वित्त निगम तथा जीवन बीमा निगम आदि की स्थापना हुई है। इन वित्तीय संस्थाओं ने पूंजीपतियों को ही अधिक ऋण दिए है। निर्धन वर्ग को कम साख सुविधाएं प्रदान की गई है। इसके फलस्वरूप पूंजीपति अपने उद्योगों तथा व्यवसायों का अधिक विकास कर सके हैं। उनकी आय और सम्पत्ति में तीव्र गति से वृद्धि हुई है। इसके विपरीत निर्धन वर्ग साख के अभाव में अपनी आर्थिक स्थिति में विशेष सुधार करने में असमर्थ रहा है। वित्तीय संस्थाओं को वर्तमान साख नीति के फलस्वरूप भी आय की असमानता में वृद्धि हुई है।

(7) अप्रत्यख करों का अधिक भार - स्वतन्त्रता के पश्चात् भारत में भारी मात्रा में कर लगाए गए है। परन्तु प्रत्यक्ष करों जैसे - आय कर, निगम कर आदि की तुलना में अप्रत्यक्ष करों जैसे उत्पादन कर, बिक्री कर, आयात निर्यात कर आदि के भार में काफी अधिक वृद्धि हुई है। अप्रत्यक्ष करों का अधिक भार निर्धन वर्ग को उठाना पड़ता है। इसके फलस्वरूप उनकी वास्तविक आय कम होती है। इस प्रकार अप्रत्यक्ष करों के भार में वृद्धि होने के कारण ही वास्तविक आय की असमानता में वृद्धि हुई है।

(8) भ्रष्टाचार तथा स्मगलिंग (Corruption and Smuggling) -स्वतन्त्रता के पश्चात देश में भ्रष्टाचार और स्मगलिंग जैसी समाज विरोधी गतिदिधियों में काफी वृद्धि हुई है। इसके फलस्वरूप भी आय की असमानता बढ़ी है। जो लोग रिश्वत देने की क्षमता रखते है उन्हें कोटा, परमिट, औद्योगिक लाइसैंस आसानी से मिल जाते हैं। इनके द्वारा एक ओर तो उनकी आय में बहुत अधिक वृद्धि होती है और दूसरी ओर जिन अधिकारियों और कर्मचारियों को रिश्वत दी जाती है उनकी आय में भी तेजी से वृद्धि होती है। स्मगलिंग करने

वालों तथा इस कार्य में उन्हें सुरक्षा प्रदान करने वाले अधिकारियों की आय में बहुत अधिक वृद्धि होती है। इसके विपरीत ईमानदार और कानून के अनुसार कार्य करने वाले लोगों की आय में बहुत कम वृद्धि होती है। भ्रष्टाचार और स्मगलिंग के फलस्वरूप काले धन (Black Money) की समस्या भी उत्पन्न होती है। सरकार ने समय समय पर काले धन को कानूनी बनाने अथवा सफेद धन में बदलने के अवसर प्रदान किए है। इन सबके फलस्वरूप देश में आय और सम्पत्ति के वितरण की असमानताओं में वृद्धि हुई है।

आर्थिक असमानताओं को दूर करने के लिये सरकारी नीति

(Government Policy to Reduce Inequalities of Income and Wealth)

स्वतन्त्रता के पश्चात् से ही सरकार इस बात का प्रयत्न कर रही है कि देश में आय तथा सम्पत्ति की असमानता को कम किया जाए। इस उद्देश्य की प्राप्ति के लिए सरकार द्वारा अपनाई गई नीति की मुख्य विशेषताएँ या सरकार द्वारा अपनाए गए मुख्य उपाय निम्नलिखित है:

(1) भूमि सुधार (Land Reforms) - ग्रामीण क्षेत्र में आय तथा सम्पत्ति की असमानता को कम करने के लिए भूमि सुधार किये गए हैं। भूमि सुधार सम्बन्धी नीति का मुख्य उद्देश्य भूमि स्वामित्व की असमानता में कमी लाना है। इसी उद्देश्य की प्राप्ति के लिए सरकार ने स्वतन्त्रता के शीघ्र पश्चात् ही जमींदारी उन्मूलन सम्बन्धी कानून बना दिए थे। इसके फलस्वरूप जमींदारी समाप्त कर दी गई तथा जमींदारी की उच्चतम सीमा से अधिक भूमि का वितरण उस पर काश्त करने वाले काश्तकारों में कर दिया गया। कृषि भूमि की उच्चतम सीमा (Ceilings on Land Holdings) निर्धारित करने के लिए कानून बनाए गए हैं। सीमा से ऊपर की जमीन उनके स्वामियों से ली जा रही है। इस जमीन का वितरण उन लोगों में किया जा रहा है जिनके पास बहुत थोड़ी भूमि थी या जो भूमिहीन थे। परन्तु भारत में भूमि सुधार की प्रगति बहुत धीमी रही है। भूमि सुधार के अधिकतर उद्देश्य अधिक सफल नहीं हो सके हैं।

(2) सार्वजनिक क्षेत्र का विकास (Extension of Public Sector) -सरकार ने सार्वजनिक क्षेत्र का तेजी से विकास करने की नीति को अपनाया है। इस क्षेत्र के विकास के कई उद्‌देश्य आय तथा सम्पत्ति की असमानता को कम करना है। यह क्षेत्र निजी क्षेत्र के स्वामित्व के विस्तार को रोकने में सहायक हैं। बैंकों के राष्ट्रीयकरण का भी यह एक मुख्य उद्देश्य है। इसके फलस्वरूप निजी लोगों के हाथ में धन तथा आय में केन्द्रीयकरण को रोकने तथा इस प्रकार समानता को बढ़ाने में मदद मिलेगी। किन्तु सरकार द्वारा जिस आदर्श की प्राप्ति हेतु सार्वजनिक क्षेत्र के विस्तार की नीति का अनुशरण किया गया उसमें असफलता ही प्राप्त हुई। अत: विवशतावश अब सार्वजनिक क्षेत्र की बजाय निजी क्षेत्र को विकसित किये जाने को अधिक महत्त्व प्रदान किया जा रहा है।

(3) लघु तथा कुटीर उद्योगों को प्रोत्साहन (Encouragement to Small Scale and Cottage Industries) - पंचवर्षीय योजनाओं की अवधि में लघु तथा कुटीर उद्योगों के विकास को प्रोत्साहन देने की नीति को अपनाया गया है। इन उद्योगों को प्रोत्साहन देने से आय तथा सम्पत्ति के केन्द्रीयकरण को रोकने में सहायता प्राप्त होगी, सम्भावना है। इस नीति के फलस्वरूप बेरोजगार मजदूरों को रोजगार दिया जा सकेगा। इस प्रकार निर्धन लोगों

की आय में वृद्धि होगी। इसके परिणामस्वरूप आर्थिक असमानता कम होगी। कुटीर उद्योगों के विकास के फलस्वरूप निम्न आय वाले लोगों को अपनी आय में वृद्धि करने के अवसर प्राप्त हो सकेंगे।

(4) एकाधिकारी तथा प्रतिरोधात्मक व्यापारिक व्यवहार पर नियंत्रण (Control over Monopolies and Restrictive Trade Practices) -- शहरी सम्पत्ति के केन्द्रीयकरण को रोकने के लिए सन् 1969 में एकाधिकार तथा प्रतिरोधात्मक व्यापारिक अधिनियम (Monopolies and Restrictive Trade Practices Act 1969) पास किया गया है। इस अधिनियम का मुख्य उद्देश्य आर्थिक शक्ति के केन्द्रीयकरण को रोकना है। सरकार ने इसी उद्देश्य की प्राप्ति के लिए औद्योगिक लाईसेंस की नीति को भी अपनाया है। औद्योगिक लाइसेंस की नीति के द्वारा औद्योगिक तथा व्यावसायिक शक्ति के केन्द्रीयकरण को कम करने के प्रयत्न किये जाते हैं। इस सम्बन्ध में हजारी समिति, दत्त समिति आदि की रिपोर्टो से ज्ञात होता है, ये सभी उपाय अपने उद्देश्य में सफल नहीं हो सके है।

(5) रोजगार तथा मजदूरी नीतियां (Employment and Wage Policies) - देश की बेरोजगार जनता को रोजगार प्रदान कर के भी आय की असमानता को कम किया जा सकता है। पंचवर्षीय योजनाओं में रोजगार के अवसर अधिक से अधिक बढ़ाने पर जोर दिया गया है। इस सम्बन्ध में अनेक विशेष योजनाओं जैसे छौटे किसानों के विकास की एजन्सी, सीमान्त किसान तथा कृषि श्रमिक एजेन्सी (MFALA), सुखा क्षेत्र कार्यक्रम (Drought Prone Area Programme), काम के बदले अनाज (Food for Work Programme) आदि को लागू किया गया था। पांचवी योजना के अन्त में देश में रोजगार के अवसर अधिक बढ़ाने के लिए एकीकृत ग्रामीण विकास कार्यक्रम (Ingegrated Rural Development Programme) तथा छठी योजना में राष्ट्रीय ग्रामीण रोजगार कार्यक्रम (National Rural Employment Programme) आरम्भ किया गया है। सातवीं योजना में जवाहर रोजगार योजना (Jawahar Rozgar Yojna) आरम्भ की गई थी। देश में रोजगार कार्यालयों की संख्या में भी काफी वृद्धि की गई है। परन्तु इन योजनाओं का आय तथा सम्पत्ति के वितरण पर कोई विशेष प्रभाव नहीं पड़ा है। अभी हाल ही में सरकार द्वारा आर्थिक असमानता कम करने हेतु पूर्व में घोषित कार्यक्रमों के स्थान पर नवीन कार्यक्रमों की घोषणा की है। इन कार्यक्रमों में प्रमुख सम्पूर्ण ग्रामीण रोजगार योजना, स्वर्ण जयंती ग्राम स्वरोजगार योजना आदि प्रमुख है।

सरकार ने मजदूरों की आर्थिक स्थिति को सुधार कर आय की असमानता को कम करने के लिए भी अनेक प्रकार के उपाय अपनाए हैं। न्यूनतम मजदूरी कानून, बोनस ऐक्ट आदि कई कानून लागू किए गए हैं। परन्तु सरकार की मजदूरी सम्बन्धी नीति से संगठित क्षेत्र के श्रमिकों को तो लाभ हुआ है परन्तु असंगठित क्षेत्र पर जहां कुल श्रमिकों के 90 प्रतिशत भाग को रोजगार प्राप्त होता है, इन नीतियों का कोई विशेष प्रभाव नहीं पड़ा है। सरकार ने मजदूरों की आर्थिक स्थिति को सुधारने के लिए कई प्रकार के सामाजिक सुरक्षा उपाय (Social Security Measures) जैसे कर्मचारी राज्य बीमा अधिनियम (Employment State Insurance Act.) प्रोविडेन्ट ऐक्ट, मातृत्व लाभ ऐक्ट (Maternity Benefit Act) आदि भी लागू किए हैं। परन्तु इनका भी आय की असमानता की दूर करने पर कोई विशेष प्रभाव नहीं पड़ा है।

(6) कीमत तथा वितरण नीतियां (Pricing and Distribution Policies) आय की असमानता को कम करने के लिए कीमत तथा वितरण नीतियों को भी अपनाया गया है। इनका उद्देश्य समाज के निर्धन वर्ग को सहायता देना है। आवश्यकता की कई वस्तुओं जैसे चीनी, कपडा, कागज आदि के लिए सरकार ने दोहरी नीति अपनाई है। इसके फलस्वरूप निर्धन वर्ग को सम्पन्न वर्ग की तुलना में वस्तुएं सस्ती प्राप्त होती हैं। सार्वजनिक वितरण प्रणाली द्वारा निर्धन वर्ग को आवश्यकताओं की वस्तुएँ कम कीमत पर उपलब्ध कराने की व्यवस्था की गई है। परन्तु इस उपाय का आय तथा सम्पत्ति की असमानता को दूर करने पर कोई विशेष प्रभाव नहीं पड़ा है।

(7) राज्य रियायतें (Subsidies) - सरकार द्वारा आय की असमानता को दूर करने के लिए राज्य रियायतों की नीति को भी अपनाया गया है। देश के निर्धन तथा कमजोर वर्ग की आर्थिक स्थिति सुधारने के लिए सरकार कई प्रकार की वस्तुओं जैसे बिजली, सिंचाई, पानी स्वास्थ्य सेवायें, दूध, नागरिक आपूर्ति, आवास, शिक्षा आदि के लिए रियायतें देती है। सार्वजनिक उद्यम कई वस्तुओं को जैसे रासायनिक खाद, दवाइयों को लागत से भी कम कीमत पर बेचते हैं। परन्तु सरकारी सहायता से आय की असमानता को कमने में कोई विशेष सफलता नहीं मिल सकी है।

(8) कर नीतियां (Taxation Policies) - सरकार की प्रत्यक्ष तथा अप्रत्यक्ष कर नीतियों का उद्देश्य आय की असमानता को कम करना है। इन नीतियों के दो पहलू हैं। प्रथम करों को प्रगतिशील दरों पर लगा कर धनी वर्ग से करों के रूप में अधिक धन एकत्रित करना है। जिससे उनके पास धन का केन्द्रीयकरण कम हो। द्वितीय, करों से प्राप्त धन का निर्धनों की सहायता के लिए प्रयोग किया जाना है। परन्तु भारत में कर नीति अपने उद्देश्यों को प्राप्त करने में सफल नहीं हो सकी है।

(9) क्षेत्रीय असमानता को दूर करने के उपाय (Measures to Correct Regional Imbalances) -क्षेत्रीय असमानता को दूर करने के लिये निम्नलिखित उपाय किये गये है:

(अ) पिछड़े राज्यों को वित्त आयोग द्वारा केन्द्रीय वित्त साधनों में अधिक हिस्सा दिलाया जाता है। इन राज्यों को आय तथा असमानता कर का अधिक प्रतिशत दिया जाता है।

(ब) निर्धन राज्यों के प्रशासन को कुशल बनाने के लिए केन्द्रीय सरकार विशेष वित्तीय सहायता प्रदान है।

(स) पिछड़े राज्यों के लिए विशेष क्षेत्रीय कार्यक्रम (Special Area Programmes) जैसे सूखी खेती प्रोगाम (Dry Farming Programme) मरूस्थल विकास कार्यक्रम (Desert Development Programme) सूखे की सम्भावना वाले क्षेत्रों के लिए कार्यक्रम (Desert Drought Prone Programme) आदि आरम्भ किये गये है।

(द) सुधरी हुई सूखी खेती तकनीक का प्रचार एवम उपयोग (Propagation and use of improved dry farming Technology)

(य) पिछड़े जिलों में उद्योगों के विकास के लिए विशेष सुविधायें।

आर्थिक असमानता के उपर्युक्त विवेचन से यह भलि-भाँति स्पष्ट है कि भारत में आर्थिक असमानता की समस्या अत्यन्त गम्भिर है। सम्पत्ति के समान वितरण हेतु इस समस्या का संतोषजनक समाधान किया जाना अत्यन्त आवश्यक है। इस सम्बन्ध में सजग एवं समन्वित प्रयास भी किये गये है। अनेक वैधानिक व्यवस्थाएँ भी की गई है। इसके बावजूद भी आज भी भारत में आय तथा सम्पत्ति के वितरण की असमानतायें काफी अधिक है। इस दिशा में पूर्व से अधिक सतर्कता पूर्वक व्यवहार किये जाने की आवश्यकता है। यदि इस समस्या का संतोषजनक समाधान नहीं किया जाता तो कुछेक धनिक व्यक्तियों का भविष्य असंख्य गरिबों के समक्ष अधिक समय तक सुरक्षित रहना असम्भव है।

परिक्षापयोगी प्रश्न

1. भारत में असमानता के विचित्र प्रकारों का वर्णन करें। यह बतायें कि ये परस्पर एक-दूसरे को किस प्रकार मजबूत करते हैं?

   Discuss breifly various types of economic inequality in India. Discuss how these strengthen to each other.

2. भारत में असमानता के कारणों का वर्णन करें।

   Discuss briefly causes of economic inequalty in India.

3. भारत में आय की असमानताओं को दूर करने के उपाय संक्षेप में बताए।

   Discuss briefely measures to remove economic inequality in India.

□□□

7

आर्थिक नियोजन
(Economic Planning)

सामान्य अर्थ में पूर्व निर्धारित कार्यक्रम के अनुसार विवेकपूर्ण नीति से कार्य करने को नियोजन कहा जाता है। और इस अर्थ में नियोजन मानव जीवन की एक महत्वपूर्ण आवश्यकता है। प्रत्येक व्यक्ति के साधन सीमित होते है जबकि उसकी आवश्यकताएं असीमित होती है। उसके समक्ष यह एक कठिन समस्या होती है कि दुर्लभ साधनों से असीमित आवश्यकताओं की पूर्ति किस प्रकार की जाए जिससे उसे अधिक संतोष प्राप्त हो सके। नियोजन ही उसकी इस समस्या का हल प्रस्तुत कर सकता है। वह पूर्व नियोजित ढंग से अपनी आवश्यकताओं के क्रम को इस प्रकार निर्धारित करता है कि उपलब्ध सीमित साधनों का अधिकतम उपयोग हो सके और वह अपने लक्ष्य की प्राप्ति के मार्ग में आगे बढ़ सके। किसी संकल्प, प्रयोजन अथवा विकल्प को लेकर कार्य करना ही नियोजन है। अनेक विकल्पों में से सही का चयन करना ही वास्तव में नियोजन का सार है। आर्थिक नियोजन वस्तुत: आधुनिक युग की आर्थिक एवं सामाजिक व्याधियों की एक अचुक एवं रामबाण औषधी है।

व्यक्तिगत जीवन में ही नही, सामाजिक अथवा राष्ट्रीय जीवन में भी ठीक उपयुक्त वर्णित सिद्धान्त कार्यशील होते है। राष्ट्रो के प्राकृतिक एवं आर्थिक साधन सीमित होते है; जबकि विकास के लिए उनकी आवश्यकताओं की कोई सीमा नहीं होती। यदि राष्ट्र उपलब्ध साधनो का मूल्यांकन किये बिना तथा प्राथमिकताओं और लक्ष्यों को प्राप्त किये बिना आगे बढ़ने का प्रयास करता है तो उसे अनेक आर्थिक एवं सामाजिक असामजस्यताओं का सामना करना पड़ सकता है, जैसा कि प्राय: अनियोजित अर्थव्यवस्था में देखा जा सकता है। आय एवं सम्पत्ति के वितरण में असमानता, उत्पादन के सीमित साधनों पर कतिपय व्यक्तियों का एकाधिपत्य, जनसाधारण का निम्न जीवन स्तर और उनका आर्थिक शोषण आदि कुछ ऐसी समस्यायें है जिनसे बचने के लिये अर्थव्यवस्था में नियोजन किया जाना आवश्यक होता है। आर्थिक नियोजन उपलब्ध साधनों के संगठन एवं उपयोग की एक ऐसी प्रणाली है जिसके द्वारा पूर्व निर्धारित सामाजिक उद्देश्यों की पूर्ति में अधिकतम लाभ प्राप्त किया जाना संभव होता है।

आर्थिक नियोजन की परिभाषा (Definitions)

आर्थिक नियोजन की परिभाषा के सम्बन्ध में अर्थशास्त्री एक मत नहीं है विभिन्न आर्थिक विचारकों ने आर्थिक नियोजन की भिन्न भिन्न दृष्टिकोणों से व्याख्या करने का प्रयास किया है।

श्रीमती बारबरा वूटन के अनुसार, "आर्थिक नियोजन एक ऐसी प्रणाली है जिसमें विपणनतन्त्र को उसकी स्वयं स्फुर्त गत्यात्मकता के स्थान पर एक भिन्न प्रकार के सुनिश्चित ढाँचे की उपलब्धि के लिए प्रयोग में लाया जाता है।"[1]

श्री गुन्नार मिर्डल के अनुसार, "आर्थिक नियोजन राष्ट्रीय प्रशासन के कार्यक्रमों की ऐसी व्यूह रचना है जिसके आधार पर बाजार तन्त्र की शक्तियों के स्वतन्त्र व्यवहारों में राजकीय हस्तक्षेप करके उन्हें ऐसा मोड़ दिया जाता है जिससे वे सामाजिक प्रगति को और आगे बढ़ाने में मदद करती है।"[2]

एच. इ. हेरिस के अनुसार, "आर्थिक नियोजन मुख्यत: उपलब्ध साधनों के संगठन एवं उपयोग की ऐसी प्रणाली है जिसके द्वारा पूर्व निर्धारित सामाजिक उद्देश्यों की पूर्ति में अधिकतम लाभ प्राप्त हो सकता है।"[3]

योजना आयोग के अनुसार, "आर्थिक नियोजन आवश्यक रूप से उपलब्ध साधनो का संगठित एवं प्रयुक्त करने का एक ऐसा तरीका है कि जिसके अनुसार पूर्व परिभाषित एवं निर्धारित सामाजिक उद्देश्यों के सन्दर्भ में सीमित साधनों का अधिकतम उपयोग किया जा सके।"[4]

डॉ. डाल्टन के अनुसार, "आर्थिक नियोजन का आशय विशाल साधनों के संरक्षको द्वारा चयनित लक्ष्यों की प्राप्ति के लिए आर्थिक गतिविधियों का सप्रयोजन निर्देशन करना है।"[5]

---

1 "Economic Planning is a system in which the market mechanism is deliberately manipulated with the object of producing a pattern other than which would have resulted from its spontaneous activity. —*Mrs. Barbara Woottan*

2 "Economic Planning is a programme for the strategy of a National Government in applying a system of state interference with the play of market force, thereby conditioning them in such a way as to give an upward push to the social process." —*Gunnar Myrdal*

3 "Primarily economic planning is a system of organisation and utilisation of available resources, through which benefit can be derived in achieving the pre-determined social objectives. — *H.E.Harris*

4 "Economic planning is essentially a way of organising and utilising resources to maximum advantage in terms of defined social ends. The two main constituents of the concept of economic planning are : (i) a system of ends to be persued, and (ii) knowledge as to available resources and their optimum allocation." — *Planning Commission*

5 "Economic planning, in its widest sense, is deliberate direction, by persons in change of large resources, of economic activity towards chosen ends." — *Dr. Dalton*

आर्थिक नियोजन की उपर्युक्त वर्णित परिभाषाओं के अध्ययन से यह भली भाँति स्पष्ट हो जाता है कि आर्थिक नियोजन वास्तव में किन्हीं पूर्व निर्धारित उद्देश्यों की प्राप्ति की दिशा में उपलब्ध साधनों के अधिकतम उपयोग की एक तकनीक है। जिसे केन्द्रीय नियोजन सत्ता द्वारा अपनाया जाता है। समस्त अर्थव्यवस्था को केन्द्रीय तरीके से नियंत्रित करने वाली कोई भी योजना जो किन्हीं साधनों द्वारा किन्हीं उद्देश्यों को पूरा करने के लिए लागु की गयी हो, आर्थिक नियोजन का पर्याय होगी। कौन से साधन काम में लाये जाये तथा किन उद्देश्यों के लिये योजना लागु कि जाय, यह वस्तुतः प्रत्येक देश की अपनी परिस्थितियों पर निर्भर होगा। आर्थिक नियोजन का मार्ग अपनाने वाले राष्ट्रों की सूची में दिन प्रतिदिन वृद्धि होती जा रही है। इससे यह निष्कर्ष निकाला जा सकता है कि अब आर्थिक नियोजन केवल एक नवीन प्रयोग न होकर आर्थिक विकास के एक "अचुक अस्त्र" के रूप में स्वयं को स्थापित कर चुका है। अतः अब प्रश्न यह नहीं है कि आर्थिक नियोजन आवश्यक है अथवा अनावश्यक , बल्कि यह है कि प्रत्येक राष्ट्र द्वारा अपनी विशिष्ट परिस्थितियों के सन्दर्भ में आर्थिक नियोजन कौन से इस रूप को अपनाया जाए।

आर्थिक नियोजन की प्रमुख विशेषताएँ

(Main Chaaracteristics of Economic Planning)

आर्थिक नियोजन के विषय में विभिन्न विद्वानों की परिभाषाओं में पर्याप्त भिन्नताएँ दृष्टिगोचर होती हैं, किन्तु जहाँ तक नियोजन के मूल आशय का प्रश्न हैं उस सम्बन्ध में सभी में कतिपय समान विशेषताएँ मिलती हैं, जिनका वर्णन निम्न पंक्तियों में किया गया है :

(1) संगठन की एक प्रणाली - यह एक ऐसी प्रणाली है जिसे सुनियोजित ढंग से पूर्व निर्धारित लक्ष्यों की प्राप्ति के लिए किसी भी क्षेत्र में लागु किया जा सकता है।

(2) दीर्घकालीन प्रक्रिया -नियोजन एक निरन्तर चलती रहने वाली दीर्घकालीन प्रक्रिया है जिसके अन्तर्गत विकास की अनेक अल्पकालीन योजनाओं को सूत्रबद्ध करके स्थायी एवं स्वयं प्रेरित विकास का मार्ग प्रशस्त किया जाता है।

(3) उद्देश्यों का पूर्व निर्धारण - सर्व विदित है कि नियोजन किन्हीं पूर्व निर्धारित उद्देश्यों की प्राप्ति के लिए अपनाया जाता है। अतः किसी भी योजना को लागू करने से पूर्व उसके उद्दश्यों का निर्धारण पर्याप्त सोच-विचार के बाद किया जाना चाहिए। उद्देश्य ऐसे होने चाहिए जो समाज के व्यापक हितों का प्रतिनिधित्व करते हों।

(4) प्राथमिकताओं का निर्धारण - विकास की आवश्यकताएँ अनन्त होती हैं, जबकि उनको पूरा करने के लिए उपलब्ध साधन सीमित होते हैं। अतः अति आवश्यक कार्यों की प्राथमिकताओं के आधार पर एक सूची तैयार की जानी चाहिए; ताकि आवश्यक कार्यों पर तत्काल ध्यान दिया जा सके और फिर यदि साधन उपलब्ध हों तो अन्य कार्यक्रमों पर व्यय किये जा सके।

(5) केन्द्रीय नियोजन सत्ता - नियोजन की प्रणाली लागू करने के लिए देश में एक केन्द्रीय नियोजन प्राधिकरण अथवा आयोग की स्थापना करना आवश्यक होता है, ताकि उद्देश्यों के एवं प्राथकिताओं के निर्धारण, योजना के लक्ष्यों का निर्धारण तथा साधनों के मूल्यांकन एवं आबंटन का कार्य इसे सौंपा जा सके। योजना के उद्देश्यों एवं उपलब्ध साधनों के बीच तालमेल स्थापित करने का कार्य इस सत्ता को ही सौंपा जाता है।

(6) साधनों का मूल्यांकन एवं आबंटन - योजना की सफलता के लिए यह आवश्यक है कि देश के उपलब्ध आन्तरिक एवं बाहरी साधनों का सही आकलन किया जाय। यही नहीं, निर्धारित प्राथमिकताओं के आधार पर विभिन्न कार्यक्रमों के लिए उपलब्ध साधनों का आबंटन भी आवश्यक होता है।

(7) निश्चित अवधि - योजना एक निर्धारित अवधि के लिए बनायी जाती है। यह अवधि तीन वर्ष से पाँच वर्ष तक हो सकती है। दीर्घकालीन योजनाएं दस अथवा पन्द्रह वर्ष की अवधि की भी हो सकती है। उत्पादन के निर्धारित लक्ष्यों को इस निश्चित अवधि में पूरा करने का संकल्प किया जाता है।

(8) राजकीय हस्तक्षेप एवं नियन्त्रण - आर्थिक नियोजन की यह एक महत्वपूर्ण विशेषता है। उद्देश्यों एवं लक्ष्यों की पूर्ति को सुनिश्चित बनाने के लिए सार्वजनिक एवं निजी क्षेत्र के उद्योग धन्धों पर न्यूनाधिक रूप में राज्य का नियन्त्रण एवं नियमन आवश्यक हो जाता है।

(9) दृष्टिकोण की व्यापकता - आर्थिक योजनाएँ प्राय: व्यापक दृष्टिकोण को लेकर बनायी जाती है। इनमें समस्त नागरिकों के हितों का ध्यान रखा जाना चाहिए। संकुचित एवं सीमित उद्‌देश्यों अथवा वर्ग विशेष या क्षेत्र विशेष के हितों की पूर्ति के लिए बनायी गयी योजनाओं की सफलता में सन्देह बना रहता है।

(10) जन-सहयोग - नागरिकों का सहयोग आर्थिक नियोजन की एक आवश्यकत शर्त ही नहीं बल्कि महत्वपूर्ण विशेषता भी है। व्यापक उद्देश्यों एवं दृष्टिकोण के आधार पर निर्मित योजनाओं के लिए पूर्ण जन-सहयोग मिल जाता है। इसके लिए यह आवश्यक है कि योजना के निर्माण के समय सभी स्तरों पर जनता को विश्वास में लेकर उसका सक्रिय सहयोग प्राप्त किया जाय। यही नहीं, प्रचार एवं प्रसार के माध्यमों से योजना के सम्बन्ध में तथ्यों एवं सूचनाओं की प्रचुर जानकारी जनता को दी जानी चाहिए।

(11) संरचनात्मक परिवर्तन - आर्थिक नियोजन, चूँकि आर्थिक विकास की एक दीर्घकालीन प्रक्रिया है, अत: रूढ़िवादी एवं परम्परागत सामाजिक व्यवस्था के ढाँचे में कतिपय आधारभूत परिवर्तनों को क्रियान्वित करना आवश्यक हो जाता है। इन परिवर्तनों का प्रयोजन नियोजन के अन्तर्गत विकास के लिए सामाजिक एवं आर्थिक परिवेश में अनुकूल मोड़ देना है ताकि ऐसी परिस्थितियों का निर्माण किया जा सके जो विकास की प्रक्रिया में सहायक हो सकें।

(12) विकास का एक साधन - आर्थिक नियोजन स्वयं में साध्य न होकर विकास का एक साधन है। विकास के एक चरण पर पहुँचने के पश्चात् विकास की अगली सीढ़ी पर पहुँचने के लिए नवीन योजना को लागू किया जाता है और इस प्रकार विकास की इस प्रक्रिया को निरन्तर संचालित करने में आर्थिक नियोजन का एक महत्वपूर्ण भूमिका अदा करता है।

आर्थिक नियोजन का महत्व एवं आवश्यकता

(Need & Importance of Economic Planning)

भारत एक लम्बी अवधि तक परतन्त्र रहा है। ब्रिटिश शासको ने अपने स्वार्थ के लिए देश का पर्याप्त आर्थिक शोषण किया। देश के योजनाबद्ध आर्थिक विकास के लिए कभी कोई प्रयत्न नहीं किये गये। इन सभी के परिणामस्वरूप राष्ट्रीय आय एवं प्रति व्यक्ति आय में विशेष वृद्धि सम्भव नहीं हो सकी और देश निर्धनता से ग्रसित रहा। आधारभूत उद्योगों के विकास की ओर बिल्कुल ही ध्यान नहीं दिया गया और इस कारण भारत की अर्थ-व्यवस्था का स्वरूप असन्तुलित हो गया। अत: यदि वास्तव में देखा जाय तो आर्थिक नियोजन का एकमात्र प्रमुख उद्देश्य देश का सर्वांगीण विकास करना है जिसमें आर्थिक, सामाजिक एवं राजनीतिक लक्ष्य सम्मिलित हैं।

स्वतन्त्रता के पश्चात् भारत के समक्ष दो विकल्प थे - एक तो यह कि वह पूँजीवादी देशों की भाँति देश के आर्थिक विकास का काम निजी क्षेत्र को सौंप दे और दूसरा यह है कि वह रूस के उदाहरण को देखेते हुए आर्थिक नियोजन की व्यवस्था सरकारी नियन्त्रण एवं नियमन के अन्तर्गत स्वयं राजकीय संगठनों के आधार पर करें। यदि पहले मार्ग को अपनाया गया होता तो विकास की गति तीव्र नहीं हो सकती थी, क्योंकि निजी क्षेत्र की क्षमता एवं साधन सीमित होते हैं और वह केवल उन्हीं उपक्रमों को हाथ में लेता है, जिनमें अधिक लाभ की सम्भावनाएं होती है। शेष उद्योगों में, जिनमें कम लाभ होता है अथवा लाभ नही होता, उसकी रूचि नहीं होती। किन्तु सन्तुलित विकास के लिए राष्ट्र में सभी प्रकार के उद्योगों का विकास होना चाहिए। अत: भारत का आर्थिक विकास इस प्रकार शीध्रतापूर्वक नहीं किया जा सकता था। यदि दूसरा मार्ग अपनाया जाता तो वह प्रजातान्त्रिक नहीं हो सकता था। भारत एक प्रजातन्त्र राष्ट्र है और वह आर्थिक क्षेत्र में अथवा किसी भी क्षेत्र में ऐसे उपायों का सहारा नहीं ले सकता जो प्रजातान्त्रिक न हों। साम्यवादी देशों में उपभोग, उत्पादन एवं वितरण स्वंय शासक पक्ष द्वारा निर्धारित किया जाता है और जनसाधारण को आर्थिक योजना को तैयार करने अथवा लागू करने के काम में सक्रिय सहयोग का अवसर नहीं दिया जाता, यह भारतीय संविधान के मौलिक सिद्धान्तों के विरूद्ध होता। इन कठिनाइयों को देखते हुए भारत ने एक बीच का मार्ग अपनाया है जिसमें सहकारी क्षेत्र के साथ साथ निजी क्षेत्र को भी समान महत्व दिया है। इसे मिश्रित-अर्थ व्यवस्था की संज्ञा प्रदान की गयी है। पूँजीवादी एवं समाजवादी, दोनों ही व्यवस्थाओं को मान्यता देते हुए आर्थिक नियोजन को शीघ्र विकास के एक प्रबल अस्त्र के रूप में महत्व प्रदान किया गया है। आर्थिक नियोजन के महत्व को निम्न बिन्दुओं के आधार पर स्पष्ट किया जा सकता है:

1. प्राकृतिक साधनों का सर्वोत्तम उपयोग - प्राय: कहा जाता है कि भारत एक धनी देश है जिसमें निर्धन लोग निवास करते हैं। इसका आशय यही है कि हमने अपने प्राकृतिक साधनों का पूरा उपयोग नही किया है। आर्थिक नियोजन के द्वारा उपलब्ध श्रम एवं पूंजी का उपयोग इस ढंग से किया जा सकता है कि जिससे राष्ट्रीय उत्पादन अधिकतम हो।

2. राष्ट्रीय आय एवं प्रति व्यक्ति आय में वृद्धि - अधिकतम उत्पादन के द्वारा बचत एवं विनियोग की दरों में वृद्धि की जा सकती है और आगे विकास के लिए अधिक पूँजी उपलब्ध की जा सकती है। धीरे धीरे इस प्रकार राष्ट्रीय आय को बढ़ाया जा सकता है

तथा जनसंख्या नियन्त्रण को लागू करके प्रति व्यक्ति आय में भी वृद्धि की जा सकती है। यदि यह मान लिया जाय कि जनसंख्या नियन्त्रण इतना सरल नहीं है तो भी यदि हमारे आर्थिक विकास की दर जनसंख्या वृद्धि की दर से अधिक रहती है तो प्रति व्यक्ति आय में कुछ न कुछ वृद्धि तो होगी ही। बाद में जनसंख्या वृद्धि की दर में कमी होने पर प्रति व्यक्ति आय का अनुपात स्वत: ही बढ़ने लगेगा।

3. जीवन स्तर में सुधार - भारत में अधिकांश परिवारों का जीवन-स्तर बहुत नीचा है। जीवन की नितान्त आवश्यकताओं की पूर्ति भी उनके लिए सम्भव नहीं हो पाती। इसका कारण प्रति व्यक्ति आय की न्यूनता तथा सामाजिक कुरीतियाँ हैं जिनमें योजनाबद्ध तरीके से सुधार किया जा सकता है।

4. सन्तुलित आर्थिक विकास - भारत के आर्थिक विकास का स्वरूप अत्यन्त असन्तुलित रहा है। उद्योगों में केवल उपभोक्ता उद्योगों की ओर अधिक ध्यान दिया गया है। जबकि आधारभूत उद्योगों की उन्नति के लिए बहुत कुछ करना बाकी है। इसी प्रकार आर्थिक विकास के क्षेत्र में प्रादेशिक असमानताएँ भी विद्यमान है। आर्थिक नियोजन सन्तुलित विकास में अत्यन्त सहायक हो सकता है।

5. पूर्ण रोजगार - कुटीर एवं लघु उद्योग धन्धों का विकास करके हम भारत में बेरोजगारी एवं अर्द्ध रोजगार की समस्या को हल कर सकते है तथा कृषि पर से जनसंख्या का भार भी कम कर सकते हैं। पंचवर्षीय योजनाओं के अन्तर्गत बेकार व्यक्तियों के लिए अधिकाधिक रोजगार के अवसर उत्पन्न किये जा रहे है।

6. धन एवं आय के समान वितरण के लिए - हमारे देश के विभिन्न वर्गों में सामाजिक एवं आर्थिक विषमताएँ हैं। कुछ वर्ग अत्यन्त साधन सम्पन्न हैं तथा वे उत्पादन, विनिमय एवं वितरण के साधन पर नियन्त्रण स्थापित किये हुए हैं। दूसरी ओर ऐसे वर्ग हैं जनके पास शारीरिक श्रम के अतिरिक्त और कुछ भी नहीं है। अत: समाजवादी दृष्टिकोण में आर्थिक सत्ता के केन्द्रीयकरण को कम करके धन के समान वितरण को सम्भव बनाने हेतु आर्थिक योजनाएँ अत्यन्त आवश्यक हो जाती है।

7. आत्मनिर्भरता के लिए - अवरूद्ध अर्थ व्यवस्था से राष्ट्र को मुक्त करने के लिए भारी परिमाण में पूँजी के विनियोग की अपेक्षा की जाती है। आरम्भ में देश आन्तरिक साधनों से इस पूँजी की पूर्ति नहीं कर सकता और इसकी पूर्ति विदेशों से पूँजी उधार लेकर करनी होती है जिस पर प्रतिवर्ष ब्याज देना होता है। तकनीकी ज्ञान के लिए भी विदेशों से विशेषज्ञों की सेवाएँ प्राप्त करनी होती हैं। इस प्रकार देश कुछ वर्षों तक विदेशी सहायता पर निर्भर रहता है। किन्तु जैसे जैसे आर्थिक योजनाओं के उद्देश्यों की पूर्ति होती जाती है, देश विदेशी सहायता एवं निर्भरता को धीरे धीरे कम कर सकता है। इसका तात्पर्य यहाँ पूर्ण आत्मनिर्भरता से नहीं है क्योंकि पूर्ण आत्म निर्भरता का अन्तर्राष्ट्रीय व्यापार के इस युग में कोई अर्थ नहीं होता।

8. प्रजातन्त्र की सफलता के लिए - भारतीय संविधान प्रत्येक नागरिक को चाहे वह किसी जाति, मत या धर्म का अनुयायी हो, समान अधिकार एवं अवसर प्रदान करता है। यह सिद्धान्त व्यावहारिक रूप में केवल तभी उपयोगी सिद्ध हो सकता है जबकि सबको

आर्थिक विकास के लिए समान अवसर मिले। आर्थिक नियोजन के द्वारा विकास की गति को तेज किया जा सकता है और इससे जनसाधारण की सुख सुविधाओं में वृद्धि हो सकती है। सन्तुष्ट नागरिक प्रजातन्त्र की सफलता के प्रतीक माने जाते हैं।

9. राष्ट्र को शक्तिशाली बनाने के लिए – कोई राष्ट्र आर्थिक विकास के द्वारा ही शक्तिशाली बन सकता है। पंचवर्षीय योजनाओं के द्वारा भारत में भी पिछले वर्षों में लौह-इस्पात, भारी रसायन, भारी मशीन निर्माण, बिजली, खनिज तेल आदि उद्योगों का पर्याप्त विकास किया गया है। सैनिक महत्व के उद्योगों का विकास भी किया गया है। जैसे वायुयानों, ट्रकों, जीप गाड़ियों, टैंकों तथा आधुनिक अस्त्र-शस्त्रों का निर्माण। चीन एवं पाकिस्तान द्वारा भारत की उत्तर सीमाओं पर किये गये हमले के बाद इनका महत्व और अधिक बढ़ गया। आर्थिक नियोजन देश को आर्थिक दृष्टि से शक्तिशाली बनाता है तथा आर्थिक रूप से शक्ति सम्पन्न देश ही युद्ध में शत्रु का सामना सफलतापूर्वक कर सकता है।

नियोजन के प्रकार
(Types of Planning)

1. परिचय (Introduction)

प्राय: सभी प्रकार की अर्थ-व्यवस्था में आर्थिक नियोजन किसी न किसी रूप में दिखायी देता है। वास्तव में नियोजित अर्थ-व्यवस्था का जन्म राज्य के साथ ही हो गया था किन्तु इसका विकास राज्य के कार्य-क्षेत्र तथा आर्थिक क्रियाओं में वृद्धि के समन्वय के परिणामस्वरूप ही सम्भव हो सका। विश्व के विकसित देश इस तथ्य के प्रमाण हैं कि नियोजन को किसी भी प्रकार की सरकार एवं अर्थ-व्यवस्था में सरलता से अपनाया जा सकता है। प्रत्येक देश की आर्थिक दशाओं एवं विशेषताओं के अनुसार आर्थिक नियोजन के स्परूप में भी भिन्नताएँ दृष्टिगोचर होती हैं। प्रत्येक राष्ट्र अपनी सामाजिक, आर्थिक एवं राजनीतिक दशाओं को ध्यान में रखकर आर्थिक नियोजन की दद्धति को अपनाते हैं ओर समभ्वत: इसीलिए नियोजन को किसी सर्वमान्य वैज्ञानिक आधारया सिद्धान्त की कसौटी पर वर्गीकृत नही किया जा सकता है। नियोजन के वर्गीकरण के अनेक आधार हो सकते हैं लैकिन इन सब में प्रमुख आधार किसी विशेष अर्थ-व्यवस्था का रूप है जिसके आधार पर नियोजनों को विभाजित किया जाता है।

नियोजन का वर्गीकरण

1. साधनों एवं वित्त के आधार पर नियोजन
(Planning on the basis of Resources and Finances)

इस आधार पर किये जाने वाले वर्गीकरण में केवल निम्न को सम्मिलित किया जाता है।

भौतिक एवं वित्तीय नियोजन (Physical and Financial Planning)

(क) भौतिक नियोजन के अन्तर्गत किसी देश के वास्तविक साधनों की उपलब्धि एवं उनके वितरण का मूल्यांकन किया जाता है और तब अर्थव्यवस्था के विभिन्न क्षेत्रों जैसे कृषि, औद्योगिक उत्पादन, परिवहन सेवाएँ इत्यादि अन्य क्षेत्रों के लिए भौतिक

लक्ष्यों का निर्धारण किया जाता है। भौतिक नियोजन में उत्पादन की विभिन्न वस्तुओं की योजनाकाल में अपेक्षित मात्रा और उसके उत्पादन के लिए कच्चे माल श्रम तथा अन्य साधनों का अनुमान भौतिक नियोजन के अन्तर्गत लगाया जाता है। उदाहरण के लिए, राज्य में 3 नये विश्वविद्यालयों के निर्माण के लिए आवश्यक निर्माण-सामग्री जैसे पत्थर, चूना, सीमेण्ट, श्रम, आदि का मूल्यांकन करके विभिन्न उत्पाद लक्ष्यों जैसे 100 लाख टन इस्पात, 2,000 मील पक्की सड़कों इत्यादि का अनुमान लगाना ही भौतिक नियोजन है। इस प्रकार के नियोजन का समाजवादी राष्ट्रों में महत्वपूर्ण स्थान होता है।

(ख) वित्तीय नियोजन (Financial Planning)— भौतिक नियोजन के अन्तर्गत लगाये जाने वाले अनुमानों को साकार रूप प्रदान करने के वित्तीय नियोजन के अन्तर्गत वित्तीय साधनों का अनुमान लगाया जाता है। इस नियोजन का सम्बन्ध योजना की उस तकनीक से है जिसमें साधनों का विभाजन मौद्रिक रूप में होता है। यह कार्य वस्तुओं की भौतिक मात्राओं को उनके समरूप वित्तीय मूल्यों में परिवर्तित करके किया जाता है। ऐसा करते समय केवल भौतिक पदार्थों के मूल्यों कोही नहीं लिया जाता है अपितु मानवीय साधनों के वित्तीय मूल्यों को भी इसमें सम्मिलित किया जाता है। यह कार्य उतना ही महत्वपूर्ण होता है जितना कि भौतिक साधनों का अनुमान। इन दोनों में असन्तुलन उत्पन्न होने पर योजना के लक्ष्यों की पूर्ति में गत्यावरोध उत्पन्न हो सकता है। उदाहरण के लिए, तीन विश्वविद्यालयों के परिसरों के निर्माण के लिए आवश्यक भौतिक एवं मानवीय साधनों के वित्तीय मूल्यों की गणना करके अपेक्षित कुल वित्तीय साधनों का अनुमान लगाया जायगा तथा बजट प्रावधानों में उतनी मात्रा में वित्तीय साधनों का समावेश किया जायगा। इसके अभाव में आवश्यक भौतिक साधनों की व्यवस्था करना सम्भव नहीं होगा। अत: वित्तीय नियोजन में योजनाओं कीआवश्यकताओं को मुद्रा के रूप में व्यक्त किया जाता है। पूँजीवादी अर्थ-व्यवस्थाओं में भौतिक साधनों पर निजी व्यक्तियों का स्वामित्व होने के कारण वित्तीय नियोजन अधिक महत्वपूर्ण होता है क्योंकि सार्वजनिक क्षेत्र की सफलता के लिए सरकार को ही व्यय करना पड़ता है।

वास्वत में नियोजन के उपर्युक्त वर्णित दोनां स्वरूप एक दूसरे के पूरक हैं। दोनों ही प्रकार के नियोजन का उद्देश्य अर्थ-व्यवस्था में सन्तुलन बनाये रखना है। नियोजन का प्रारम्भिक रूप भौतिक होता है जिसके अन्तर्गत विभिन्न प्रकार के उत्पादन लक्ष्यों को निर्धारित करके उन्हें वित्तीय रूप प्रदान किया जाता है। यही वित्तीय नियोजन कहलाता है। भारत में महलनबीस ने भौतिक नियोजन को ही अधिक महत्व प्रदान किया। प्रथम पंचवर्षीय योजना में यद्यपि भारत में वित्तीय नियोजन का प्रयोग किया गया लेकिन द्वितीय, तृतीय तथा पंचम योजनाओं में भौतिक नियोजन को ही अधिक महत्व दिया गया। वास्वत में भारत की प्राय: सभी योजनाओं में प्रत्यक्ष एवं अप्रत्यक्ष रूप से दोनों ही प्रणालियों का मिश्रण रहा है।

वित्तीय नियोजन के अपने कुछ गुण हैं जिसके फलस्वरूप इसकी लोकप्रियता है। इस प्रकार का नियोजन करके किसी परियोजना पर किये जाने वाले व्यय कीसही जानकारी प्राप्त क जा सकती हे, सरकार को अपनी कर तथा ऋण नीतियों के निर्माण में आसानी रहती है, योजना की विभिन्न मदों पर किये जाने वाले व्यय के साधनां का पता लगाने में सुविधा तथा योजना राशि पर उचित नियन्त्रण रहता है। लेकिन इसके विपरीत वित्तीय नियोजन की

कुछ सीमाएँ अथवा कमियाँ भी हैं जो इसके प्रयोग के क्षेत्र को संकुचित करती हैं। इस प्रकार की कमियाँ प्राय: विकासशील देशों में अनुभव होती हैं क्योंकि वहां अमौद्रिक क्षेत्र (Non-monetary Sector) प्राय: सक्रिय रहता है; जिसके परिणामस्वरूप वित्तीय नियोजन प्राय: असफल हो जाता है। इस प्रकार के नियोजन की सफलता के लिए आवययक शर्त यह है कि मूल्य-स्तर में स्थायित्व बना रहे। किन्तु व्यवहार में प्राय: मूल्य-स्तर में पर्याप्त उतार-चढाव होते रहते हैं। इसी प्रकार भौतिक नियोजन में उत्पादन, आय तथा परिवहन आदि क्षेत्र भौतिक लक्ष्य निर्धारित करके आर्थिक विकास की तुलनात्मक प्रगति तथा प्रति व्यक्ति आय का अध्ययन करके जीवन-स्तर में वृद्धि के मापन में सहायता मिलती है। लेकिन विकासशील देशों में सम्बन्धित समंकों के अभाव में उपलब्ध भौतिक साधनों के बारे में समुचित जानकारी ी प्राप्त नहीं हो पाती हे। इसके अतिरिक्त विकासशील अर्थव्यवस्थाओं के विभिन्न क्षेत्रों में सन्तुलित विकास स्वयं में एक समस्या है। इन्हीं सीमाओं के कारण प्राय: भौतिक नियोजन किया जाना कठिन होता है।

2. आर्थिक निर्णयों के संचालन केा आधार पर वर्गीकरण

(Classification on the bass of Implementation of Economic Decisions)

इस वर्ग के अन्तर्गत निम्न प्रकार के नियोजनों को सम्मिलित किया जाता है:

(i) **आज्ञामूलक एवं उत्प्रेरणात्मक नियोजन**

(Planning by Direction and Inducement)

(क) आज्ञामूलक नियोजन (Planning by Diredtion)— इस नियोजन का वैकल्पिक नाम **'निर्देशात्मक नियोजन'** भी है। इस प्रकार के नियोजन के अन्तर्गत केन्द्रीय नियोजन सत्ता द्वारा कुछ उद्देश्यों एवं लक्ष्यों को निश्चित करके जनता से कतिपय विशेष रीतियों केअनुसार कार्य करने की अपेक्षा की जाती है। लेकिन इस प्रकार की अपेक्षा का स्वरूप प्राय: आदेशात्मक अथवा आज्ञा प्रदान करने वाली प्रकृति का होता है और इसीलिए कुछ विशिष्ट प्रकार के कार्य करने पर रोक भी सरकार लगाती है। उदाहरण के लिए, नियोजन सत्ता द्वारा सीमेण्ट, चीनी, केरोसिन इत्यादि पर मूल्य नियन्त्रण एवं राशनिंग या आयात-निर्यात पर प्रतिबन्ध, बैंकों द्वारा कुछ निश्चित क्षेत्रों के लिए ही ऋण देने की आज्ञा देना, किसी वस्तु के उत्पादन की कम मात्रा में अथवा बिलकुल उत्पादन न करने की आज्ञा देना इत्यादि। हालांकि इस प्रकार` नियोजन को कार्यान्वित करने में अधिक कठिनाइयों का सामना करना होता है लेकिन कार्यान्वित हो जाने` पश्चात् विकास की गति तीव्र होने की कल्पना की जा सकती है।

नियोजन के माध्यम से आर्थिक विकास की गति को तीव्र करने वाले देश रूप में नियोजन की इसी प्रणाली को अपनाया गया हे। लेकिन इस प्रकार के नियोजन की सफलता की कामना तब ही की जा सकती है ज़बकि नियोजन सत्ता इतनी जागरूक हो कि वह देश के साधनों के आकार, कार्यक्षता एवं सम्भावना का सही अनुमान लगा सके। इस प्रकार के नियोजन का एक प्रमुख दोष यह है कि यह असामन्य परिस्थितियों में साथ नहीं देता। उदाहरण के लिए, वर्षा न होने के कारण अकाल पड़ना या हड़ताल इत्यादि के कारण औद्योगिक उत्पादन को अद्यात पहुँचकर अर्थव्यवस्था एवं योजना का संचालन कठिन हो जाना। इसके अतिरिक्त इस प्रकार के नियोजन का क्षेत्र विस्तुत होने के कारण समें पर्याप्त व्यय

करना पड़ता है, तथा इसके बावजूद भी प्रायः बहुत से लक्ष्य पूर्ण न होने के कारण इरमें पर्याप्त व्यय करना पड़ता है, तथा इसके बावजूद भी प्रायः बहुत से लक्ष्य पूर्ण न होने के साधनों की बर्बादी होती है औरयोजना असफल हो जाती है। इस प्रकार के नियोजन में लोच का अभाव होता है एवं तानाशाही प्रवृत्ति को भी प्रोत्साहन मिलता है।

(ख) उत्प्रेरक नियोजन (Planning by Inducement)— इस नियोजन व्यवस्था का वैकल्पिक नाम प्रेरणामूलक अथवा प्रेरणात्मक नियोजन भी है। इस प्रकार के नियोजन में सरकार द्वारा आज्ञामूलक नियोजन की तरह आदेश न दिये जाकर जनता को निश्चित ढंगों को अपनाकर नियोजन में सहायता प्रदान करने के लिए प्रोत्साहित किया जाता है। इस प्रकार के प्रोत्साहनमूलक प्रलोभनों का प्रमुख आधार प्रशुल्क एवं वित्तीय नीतियाँ एवं मूल्य-नियन्त्रण होता है। उदाहरण के लिए, औद्योगिक दृष्टि से पछिड़े क्षत्रों में उद्योग स्थापित करने वालों को प्रारम्भिक कुछ वर्षों में करों से राहत देना अथवा उन्हें कम ब्याज-दर पर वित्त उपलब्ध करवाना, उत्पादन एवं विक्रय की उचित व्यवस्था इत्यादि के आधार पर किया जाने वाला विकास का नियोजन प्रोत्साहनमूलक नियोजन कहलायेगा।

इस प्रकार के नियोजन की सफलता तब ही सम्भव है जबकि बाजार पर पूर्ण नियन्त्रण तथा सुदृढ़ वितरण प्रणाली की सुविधा प्राप्त हो। इसकी सफलता बहुत कुछ जन-सहयोग पर निर्भर करती है। इस प्रणाली में लोच एवं समन्वय के गुणों का सम्मिश्रण होता है। पूँजीवादी एवं समाजवादी राष्ट्रों में प्रोतसाहनमूलक नियोजन अधिक कारगर सिद्ध हुआ है। लेकिन उत्पादन के साधनां, विशेष रूप से श्रम में गतिशीलता का अभाव, प्रोत्साहनमूलक प्रशुल्क एवं वित्तीय नीतियों एवं मूल्य-नियन्त्रणों आदि के अधिक प्रलोभनों से मुद्रा प्रसार या मुद्रा संकुचन का भय, उत्पादन एवं उत्पादन-साधनों की माँग एवं पूर्ति में असामंजस्य तथा उपभोग की अनेक समस्याएँ प्रोत्साहनमूलक नियोजन के मार्ग में बाधाएँ उत्पन्न करती हैं।

यदि तुलनात्मक रूप से देखा ज़ाय तो प्रात्साहनमूलक नियोजन श्रेष्ठ माना जाता है लेकिन व्यवहार में दोनों में से अकेला कोई भी नियोजन उचित नहीं है। इन दोनों ही प्रकार के नियोजन के मध्य चुनाव में यहीउचित है कि परिस्थितियों के अनुसार अधिक आवश्यक होने पर ही आज्ञामूलक नियोजन अपनाया जाय; अन्यथा प्रोत्साहनमूलक नियोजन ही अपनाया जाना चाहिए। दोनों प्रणालियों में कुछ न कुछ दाष को देखते हुए दोनों प्रणालियों का समन्वित ढंग से एक दूसरे के रूप में भी उपयोगकिया जाता है। भारत में प्रथम योजना में प्रात्साहनमूलक नियोजन पर अधिक ध्यान दिया गया; जबकि द्वितीय एवं तृतीय योजना में सार्वजनिक क्षेत्र को विकास का केन्द्र-बिन्दु बनायेजाने के कारण आज्ञामूलक दोनों ही प्रणालियों का समन्वित ढंग में प्रयोग किया गया है।

(ii) केन्द्रित एवं विकेन्द्रित नियोजन

(Centralized and Decentralized Planning)

(क) केन्द्रित नियोजन का आशय ऐसी नियोजन व्यवस्था से है जिसमें उत्पादन के समस्त साधनां पर समाज का अधिकार होने के फलस्वरूप योजनाओं का निर्माण, स्वीकृति, क्रियान्वयन, निरीक्षण तथा मूल्याँकन का समस्त कार्य केन्द्रीय सत्ता द्वारा किया जाता है। लेकिन इनके बावजूद भी केन्द्रित नियोजन तानाशाही प्रकृति का नहीं होता; क्योंकि केन्द्र द्वारा निर्णय लिये जाने से पूर्व विभिन्न संस्थाओं, राज्यों तथा उत्पादन इकाइयों आदि से

परामर्श कर लिया जाता है। साजवादी देशों में सामान्यत: यह पद्धति अपनायी जाती है। पूर्वी यूरोप के देशों पौलेण्ड, रूपस, यूगोस्वाविया इत्यादि में यही नियोजन अपनाया गया है। केन्द्रित नियोजन में एकरूपता तथा सामन्जस्यता देखने को मिलती है; क्योंकि पूरे देश में नियोजन का कार्य करने वाली एक ही संस्था होती है लेकिन इस अकेलेपन की प्रकृति के कारण केन्द्रीय नियोजन सत्ता को जनता के असहयोग एवं क्षेत्रीय विकास कार्यक्रमों की प्राथमिकता में त्रुटि रूपी असामान्य परिस्थितियों का सामना करना पड़ सकता है।

(ख) विकेन्द्रित नियोजन— विकेन्द्रित नियोजन आर्थिक नियोजन की वह पद्धति है जिसमें कुछ ही निर्णय सरकार द्वारा किये जाते हैं। इस प्रकार की नियोजन पद्धति में जनता का अधिकतम सहयोग प्राप्त करने के दृष्टिकोण से योजना का निर्माण, स्वीकृति, कियान्वयन, निरीक्षण तथा मूल्यांकन का कार्य केन्द्रीय सत्त स्वयं न करके विभिन्न क्षेत्रीय, स्थानीय या प्रादेशिक संस्थाओं के सुपुर्द रहता है। इस प्रकार विकेन्द्रित नियोजित व्यवस्था को देश की जनता के एक बड़े भाग का सहयोग योजना निर्गाण में प्राप्त होता है तथा तानाशाही प्रवृति एवं त्रुटि की कम से क सम्भावना रहती है। इसमें योजनाओं का निमार्ण यथार्थवादी तथा व्यावहारिकता के अधिक निकट होने की प्रवृत्ति पायी जाती है। इंगलैण्ड तथा फ्रांस में नियोजन की यही पद्धति अपनीय गयी है।

(iii) **ऊपर से नियोजन एवं नीचे से नियोजन**

(Planning for Above and Planning forom Below)

(क) ऊपर से नियोजन—ऊपर से नियोजन का आशय यह कदापि नहीं है कि इस प्रकार का नियोजन केवल केन्द्र बिन्दु द्वारा ही किया जाय। वास्तव में ऊपर से नियोजन वह प्रयास है जिसके अन्तर्गत संगठित आर्थिक क्षेत्रों की और अधिक संगठित करने के प्रयास किये जाते हैं। इस प्रकार नियोजन की प्रकृति ऐसी होती हे कि जिसका अधिक लाभ धनिक वर्ग को प्राप्त होता है। विश्व में तथा विशेष रूप से विकासशील देशों में निर्धन जनसंख्या का अधिक भाग होने के कारण इस प्रकार का नियोजन यद्यपि निर्माण मे सरल होता है लेकिन इसका लाभ सन्तुलित नहीं होता है। परिणामस्वरूप जनसंख्या का एक महत्वपूर्ण भाग नियोजन के लाभों से वंचित रह जाता है।

(ख) नीचे से नियोजन—जिस प्रकार ऊपर से नियोजन का आशय केन्द्रीय नियोजन से नहं है उसी प्रकार नीचे से नियोजन का आशय भी यह कदापि नहीं है कि इस प्रकार नियोजन केवल स्थानीय स्तर पर ही अपनाया जाय। इसके विपरीत व्यवहारिकता यह है कि सभी स्तरों (क्षेत्रीय, प्रादेशिक एवं स्थानीय) पर ऐसा नियोजन होता है किन्तु इसके अन्तर्गत निचले स्तरों पर बनायी जाने वाली योजनाओंमें स्थानीय आवश्यकताओं एवं आकांक्षाओं को अधिक महत्व दिया जाता है। नीचे से योजनाओ का निर्माण ही इस प्रकार किया जाता है कि जिससे निर्धन ताा पिछड़े वर्ग को अधिक लाभ प्राप्त हो। नियोजन का क्षेत्र विस्तृत होने के कारण इस प्रकार के नियोजन के निर्माण का कार्य कठिन होता है लेकिन अर्द्ध-विकसित राष्ट्रों मे जनता का सहयोग प्रास करने के लिय यह आवश्यक होता है कि समस्त योजनाएँ स्थानीय स्तर पर निर्मित की जायँ तथा केन्द्रीय व राज्य सरकार का सहयोग उसमें प्राप्त हो।

3. संगठन की प्रकृति के आधार पर नियोजन

(Planning of the basis of Economic Organisation)

(i) **साम्यवादी नियोजन** (Communistic Planning) के अन्तर्गत अर्थ-व्यवस्था के सभी अंगों का संचालन राजकीय नियन्त्रण एवं निर्देशन में किया जाता है। समस्त उत्पादन के साधनों पर राज्य का अधिकार होता है तााि निजी क्षेत्र के लिए अर्थ-व्यवस्था में कोई स्थान नहीं होता। सारांश यह है कि व्यक्ति के सम्मान एवं स्वतन्त्र्य, साहस, उपक्रम तथा उपभोक्ता की स्वतन्त्रता के लिए इसमें कोइ स्थान नहीं होता है। ऐसी व्यवस्था में समस्त नागरिकों का एक प्रकार से सैनिनीकरण हो जाता है। इस व्यवस्था में सरकार नियोजन का केन्द्रीयकरण करती है किन्तु क्षेत्रीय अधिकारी अपने क्षेत्र की योजना के निर्माण के बारे में कुछ अधिकार रखते हैं लेकिन उन्हें भी नियोजन केन्द्रीय निर्देशों के अनुसार ही कार्य करना पड़ता है। नियोजन के प्रारम्भिक वर्षों में रूस में इसी प्रकार का नियाजन अपनाया गया। चीन में वर्तमान में भी इसी प्रकार की नियोजन व्यवस्था प्रचलित है।

(ii) **समाजवादी नियोजन** (Socialistic Planning)— समाजवादी नियोजन व्यवस्था के अर्न्तगत उपलब्ध उत्पादन के भौतिक साधन किसी सार्वजनिक शक्ति (Public authority) संचालित एवं नियन्त्रित किये जाते हैं। समाजवादी आर्थिक नियोजन के प्रारम्भिक काम में राज्य द्वारा भारी औद्योगीकरण पर अधिक पूँजी का विनियोग किया जाता है और इस कारण उपभोक्ता वस्तुओं के उत्पादन में कुछ उपेक्षा की नीति दिखायी देती है। व्यक्तिगत स्वतन्त्रता, स्वतन्त्र उद्यम, विनिमय एवं स्वशासित मूल्य यन्त्र को सीमित करके समस्त उपलब्ध मानवीय साधनों का उपभोग राष्ट्रीय उत्पादन में वृद्धि के लिए किया जता है जिससे साधनों का उचित एवंपूर्ण उपयोगसम्भव हो जाता हे तााि अति-उत्पादन एवं अनावश्यक प्रतियोगिता के कारण उत्पन्न होने वाले उपव्यय को रोका जा सकता है।

इस प्रकार सामाजवादी नियोजन में आर्थिक गतिविधियों के संचालन का दायित्व निजी व्यक्तियों पर नहीं छोड़ा जाता; बल्कि एक शक्ति-सम्पन्न राजकीय अधिकेन्द्रित व्यव्स्था को सौंपा जाता है। देश के व्यापक हितों को देशते हुए उत्पादन के आकार-प्रकार का निर्णय केन्द्रिय-स्तर पर किया जाता है। इस कार्य को सम्पन्न करने के लिए व्यापक एवं प्रभावशाली सांख्यिकीय व्सवस्था की अपेक्षा होती है जिसके द्वारा उपलब्ध ससाधनों तथा वस्तुओं की माँग के विषय में सही सूचनाएँ एवं आँकड़े प्राप्त किये जाते हैं और उनके आधार पर केन्द्रीय नियोजन संस्था उद्देश्यों, प्राथमिकताओं एवं लक्ष्यों का निर्धारण करती है। रूप में यह कार्य एक राजकीय नियोजन आयोग द्वारा किया जाता है जिसे गौसप्लान (Gosplan) के नाम से सम्बोधित किया जाता है। सामजवादी नियोजन की सफलता राजकीय प्रशासन की कुशलता एवं सरकारी कर्मचारियों की दक्षता, लगन एवं निष्ठा पर निर्भर होती है क्योंकि नियोजन की प्रगति के साथ-साथ सार्वजनिक क्षेत्र के कर्तव्यों एवं दायित्वों में वृद्धि होती जाती है।

(iii) **पूँजीवादी नियोजन** (Capitalistic Planning)— पूँजीवादी अर्थव्यवस्था के मूलभूत स्वरूप को बनाये राते हुए किया जाने वाला नियोजन पूँजीवादी नियोजन कहलाता है। उदाहरण के लिए लाभ अर्जित करने एवं निजी सम्पत्ति राने की छूट रहती है तथा बाजार एवंमूल्य तन्त्र के द्वारा स्वतन्त्र उद्योग एवंप्रतियोगिता को स्थापित किया जाता है। निजी एवं सार्वजनिक उपक्रमों केप्रबन्धकों को पर्याप्त स्वतन्त्रता रहती है जिससे वे

अपनी संस्था को बाजार की बदलती हुई दशाओं के अनुरूप ढाल सकें। विक्रय के लिए किस प्रकार का माल कितनी मात्रा में उत्पादित किया जाय और इसके लिए साधनों का सर्वोत्तम चयन किस आधार पर किया जाय? ऐसी समस्याओं का सधान करने की पूरी छूट स्थानीय प्रबन्धकों को रहती है। इसका तात्पर्य यह नहीं कि उन पर किसी प्रकार का कोई नियन्त्रण नहीं होगा। वस्तुत: प्रबन्धक बाजारक ी परिस्थितियों से नियन्त्रित होता है और राज्य प्रबन्धकों का मार्गदर्शन करता है। किन्तु इससे नियोजन की सम्भावनाएं सीमित न होकर बढ़ती ही हैं। राज्य जिनता चाहे उतना नियन्त्रण कर सकता है किन्तु राज्य को ध्यान रखना होात है कि ऐसा नियोजन निद्रेशन (Direction) पर आधारित न होकर उचित मार्गदर्शन पर आधारित हो।

पूँजीवादी परिस्थितियों में नियोजन वास्तव में उतना सरल नहीं है जितना कि प्राय: समझा जाता है। नियोजन के क्रियान्वयन में सबसे बड़ी कठिनाई यह होती है कि राज्य को सदैव इस बात का ध्यान राना होता है कि नियोजन इस प्रकार किया जाय कि जिससे पूँजीवादी ढाँचे के मौलिक स्वरूप में कोई विशेष परिवर्तन न हो। इतना अवश्य है कि नागरिकों को उतनी असुविधा नहीं होत जितनी कि समाजवादी अथवा समरूवादी नियोजन के अन्तर्गत होती है। सारे समाज के ढाँचे मे रचनात्मक परिवत्तन करके नितान्त नवीन ढाँचे को बनाने में (जैसा कि साम्यवादी नियोजन में होता है) निश्चय ही नागरिकों को अनेक कठिनाइयों एवं कष्टो का सामना करना पड़ता है। इस दृष्टि से पूँजीवादी नियोजन अधिक उत्तम माना जा सकता है किन्तु इसके अन्तर्ग विकास धीमी गति से होता है। **श्री ब्लोजेट एवं केमरर** (Bloozet & Kemmerer) के अनुसार पूँजीवादी नियोजन का उद्देश्य यह होना चाहिए कि **'राज्य एक विवेकपूर्ण मध्यम मार्ग अपनाये ताकि एक ओर मन्दी की स्थिति** (Depreciation) **और दूसरी ओर मुद्रा-स्फीति** (Inflation) **की स्थिति से बचा जा सके'।**

(iv) **अधिनायकवादी नियोजन** (Totalitarian Planning)— इस नियोजित व्यवस्था में सम्पूर्ण आर्थिक क्रियाओं का संचालन केन्द्रीय शक्ति या तानाशाह के द्वारा होता है। इस प्रकार के नियोजन में आर्थिक, सामाजिक एवं राजनीतिक सभी क्षेत्रों में निरंकुशतापूर्वक नियोजन का कार्य किया जाता है। उपभोक्ताओं के लिए तो आवश्यक सामग्री की व्यवस्था कर दी जाती है, लेकिन प्रबन्धकों तथा श्रमिकों को राज्य की इच्छा के अनुसार ही कार्य करना पड़ता है तथा श्रमिक संघों का कोई अस्तित्व नहीं होता। इस प्रकार की अथ-व्यवस्था में उत्पादन के साधन निजी अधिकार में होते हैं लेकिन आर्थिक तथा राजनीतिक शक्ति के संकेन्द्रीयकरण पर अंकुश लगाने का दायित्व प्रशासन को निभाना पड़ता है। इस प्रकार के नियोजन में सरकार जनता कीप्रतिनिधि नहीं होती है। जर्मनी में हिटलर के समय अपनाया गया नियोजन तानाशाही माना जा सकता है।

(iv) **अधिनायकवादी नियोजन** (Totalitarian Planning)— इस नियोजित व्यवस्था में सम्पूर्ण आर्थिक क्रियाओं का संचालन केन्द्रीय शक्ति या तानाशाह के द्वारा होता है। इस प्रकार के नियोजन में आर्थिक सामाजिक एवंराजनीतिकसभी क्षेत्रों में निरंकुशतापूर्वक नियोजन का कार्य किया जाता है। उपभोक्ताओं के लिए तो आवश्यक सामग्री की व्यवस्था कर दी जाती है, लेकिन प्रन्धकों तथा श्रमिकों को राज्य की इच्छा के अनुसार ही कार्य करना पड़ता है तथा श्रमिक संघों का कोई अस्तित्व नहीं होता। इस प्रकार की अर्थ-व्यवस्था में

उत्पादन के साधन निजी अधिकार में होते हैं लेकिन आर्थिक तथा राजनीतिक शक्ति के संकेन्द्रीयकरण पर अंकुश लगाने का दायित्व प्रशासन को निभाना पड़ता है। इस प्रकार के नियोजन में सरकार जनता की प्रतिनिधि नहीं होती है। जर्मनी में हिटलर के समय अपनाया गया नियोजन तानाशाही माना जा सकता है।

(v) **प्रजातान्त्रिक नियोजन** (Democratic Plnning)— सार्वजनिक तथा निजी क्षेत्र को समान महत्व प्रदान करने वाली **मिश्रित अर्थ-व्यवस्था** के अन्तर्गत प्रजातान्त्रिक नियोजन को अपनाया जाता है। प्रजातान्त्रिक नियोजन वास्तविक रूप में साम्यवादी एवं पूँजीवादी नियोजन का सम्मिश्रण होता है; क्योंकि इसमें समाजवादी नियोजन के उद्देश्यों की पूर्ति प्रजातान्त्रिक ढंग से की जाती है। व्यक्ति पर राज्य दबसव न डालकर उसे विकास की पूर्ण स्वतन्त्रता प्रदान करता है। प्रजातान्त्रिक नियोजन में योजना को समाज पर थोपा नहीं जाता है। राज्य का उद्योगों पर नियन्त्रण केवल महत्वपूर्ण उद्योगों तक ही सीमित होता है तथा शेष उद्योगों केलिए निजी क्षेत्र में विकास की व्यवस्था होती है। भारतीय नियोजन में प्रजातान्त्रिक नियोजन सफलतापूर्वक लागू किया गया।

(vi) **गांधीवादी नियोजन** (Gandhian Planning)— जिस प्रकार गाँधीजी का जन्म भारत में हुआ उसी प्रकार गाँधीवादी नियोजन की जन्म-भूमि भी भारत ही है। इस नियोजन का आधार गाँधी-दर्शन होने के कारण प्रमुख उद्देश्य नागरिकों का आर्थिक व आध्यात्मिक विकास करना होता है; जिसमें अहिंसा, सादगी, सद्भावना, श्रम एवं सत्य आदि को अधिक महत्व प्रदान किया जाता है। इस प्रकार के नियोजन में सन्तुलित विकास को अधिक महत्व देने के कारण अधिकतम उपभोग एवं आत्म-निर्भरता को प्रोत्साहन मिलता है क्योंकि इस नियोजन का जन्म भारत में हुआ है अतः इसे आदर्श नियोजन के रूप में प्रोत्साहित करने के लिए भारतीय नियोजन में इसके प्रमुख तत्वों का समावेश किया है`किन अनुकूल परिस्थितयाँ उपलब्ध न होने के कारण पूर्ण सफलता प्राप्त नहीं हो सकी है।

4. अवधि के आधार वर्गीकरण
(Classification according to Term)

इस श्रेणी के अन्तर्गत नियोजन को प्रायः निश्चित अवधि की सीमा में बाँधने का प्रयास किया जाता है। अवधि के आधार पर नियोजन का वर्गीकरण निम्न प्रकार है:

(i) **अल्पकालीन एवं दीर्घकालीन नियोजन**
(Short-term and Long-term Planning)

(क) अल्पकालीन नियोजन प्रायः वह नियोजन है जिसकी अवधि 3 से 7 वर्ष की होती है अल्पकालीन नियोजन कहलाता है। इस प्रकार के नियोजन का उद्देश्य अल्पकालीन होता हे तथा सम्पूर्ण अवधिक` कार्यक्रमोंको प्रायः वार्षिक योजना के रूप में बाँटकर प्रतिवर्ष प्रगति कीसमीक्षा से अलगे वर्ष का कार्यक्रम संशोधित किया जाता है। इस प्रकार अल्पकालीन नियोजन में यथार्थ एवं व्यावहारिक दृष्टिकोण का समावेश होता है।

(ख) दीर्घकालीन नियोजन प्रायः वह नियोजन है जिसकी अवधि 15 से 20 वर्ष की होती है। इस प्रकार के नियोजन को अपनाकर अर्थ-व्यवस्था में रचनात्मक परिवर्तन करना सम्भव होता है। पन्द्रह या बीस वर्ष बाद विकास का स्तर क्या होना चाहिए इसे ध्यान

में राकर ही विकास के क्रम एवं लक्ष्य निर्धारित किये जाते हैं और सुविधा के लिए दीर्घकाल को चार या पांच योजनाओं में विभाजित कर लिया जाता हे ताकि विकास के प्रत्येक क्रम में हुई उपलब्धियों का उचित मूल्यांकन करके आगे प्रगति की जा सके। यही दीर्घकालीन नियोजन कहलाता है।

(ii) **स्थायी नियोजन एवं आपात्कालीन नियोजन**

(Permanent Planning and Emergency Planning)

(क) स्थायी नियोजन वह नियोजन प्रक्रिया है जो दीर्घकालीन दृष्टिकोण पर आधारित होती है तथा अर्थ-व्यवस्था में निरन्तर चलते रहने के कारण आर्थिक जीवन का सामान्य अंग बन जाती है। आर्थिक विकास एक निरन्तर चलती रहने वाली प्रक्रिया है; क्योंकि विकास की कोई अन्तिम सीमा नहीं हो सकती। आर्थिक नियोजन चूँकि विकास का एक साधन है; अत: इसका स्वरूप स्थायी होना स्वाभाविक ही है। विकास के एक चरण पर पहुँचने के बाद द्वितीय चरण पर पहुँचने के लिए आर्थिक नियोजन की आवश्यकता होती है और इस प्रकार यह क्रम निरन्तर कार्यशील रहता है जिसे स्थायी नियोजन कहते हैं।

(ख) आपात्कालीन नियोजन आयोजन की वह पद्धति है जो कसी ऐसे विशेष उद्देश्य को पूरा करने के लिए अपनायी जाती हे जिसका सम्बन्ध किसी संकअ अथवा आकस्तिमक घटना से हो। देश पर आक्रमण के समय अथवा युद्ध के कारण हुए विनाश के बाद अर्थ-व्यवस्था में सुधार करने के लिए आकस्मिक अथवा आपात्कालिक नियोजन अपनाया जाता है। संयुक्त राज्य अमरीका में सन् 1929 के बाद व्याप्त मन्दी का सामना करने के लिए **''न्यू डील''** के अन्तर्गत राज्य द्वारा आर्थिक प्रोत्साहन के लिए जो उपाय किये गये हैं वे इसी प्रकार के नियोजन के अन्तर्गत सम्मिलित किये जा सकते हैं; क्योंकि अर्थ-व्यवस्था में चेतना उत्पन्न होने के पश्चत् इन कार्यक्रमों को त्याग दिया गया।

5. आर्थिक कार्यक्षेत्र के आधार पर नियोजन

(Planning by Economic Areas)

नियोजन क इस वर्गीकरण का आधार आर्थिक कार्यक्षेत्र होता है। इस वर्ग के अन्तर्गत निम्न प्रकार के नियोजनों को सम्मिलित किया जाता है।

(1) क्षेत्रीय, राष्ट्रीय एवं अन्तर्राष्ट्रीय नियोजन

(Regional, National and International Planning)

प्रत्येक का वर्णन निम्न प्रकार है:

(अ) क्षेत्रीय नियोजन के अन्तर्गत देश के किसी क्षेत्र विशेष के आर्थिक विकास का कार्यक्रम बनाया जाता है। ऐसा नियोजन केवल उस क्षेत्र के लिए ही पृथक् रूप में हो सकता है, अथवा वह किसी राष्ट्रीय योजना के एक भाग के रूप में भी हो सकता है। ऐसा नियोजन प्राय: देश के पिछड़े हुए प्रदेशों को आर्थिक रूप सेविकसित करने के लिए अपनाया जाता है।

(ब) राष्ट्रीय नियोजन समूचे राष्ट्र के लिए अपनाया जाता है इसका उद्देश्य सम्पूर्ण राष्ट्र का सन्तुलित आर्थिक विकास करना होता है, ताकि देश आर्थिक रूप से आत्म-

निर्भर होकर भविष्य में प्रगति कर सके। आधुनिक काम में आर्थिक नियोजन राष्ट्रीय नियोजन के रूप में ही अधिक प्रचलित हुआ है।

(स) अन्तर्राष्ट्रीय नियोजन के द्वारा अनेक राष्ट्रों के आर्थिक विकास के लिए एक सुसम्बद्ध योजना बनायी जाती है। प्रत्येक राष्ट्र अपनी पृथक् सत्ता बनाये रखकर तथा अपनी स्वयं की पृथक् आयात-निर्यात, तटकर (Tariff) एवं वित्तीय नीतियों का पालन करते हुए इस प्रकार की योजना का सदस्य बन जाता है और अन्य विकसित राष्ट्र मिलकर आर्थिक विकास क लिए प्रयत्न करते हैं।

(ii) **समग्र एवं आंशिक नियोजन**

(Total and Partial Planning)

(क) समग्र नियोजन में सम्पूर्ण अर्थव्यवस्था के सभी क्षेत्रों में नियोजन किया जाता है। योजना आयोग सम्पूर्ण देश के लिए नियोजन करता है। इस प्रकार के नियोजन में अर्थव्यवस्था के समस्त क्षेत्रों के लिए नियोजन किया जाता है। अत: विभिन्न क्षेत्रों में समन्वय स्थापित कर देश में उपलब्ध साधनों का पूर्ण उपयोग किया जा सकता है।

(ख) आंशिक नियोजन सामान्य नियोजन का उल्टा है। इस प्रकार के नियोजन में प्राय: महत्व की दृष्टि से अर्थव्यवस्था के कुछ क्षेत्रों जैसे कृषि अद्योग, यातायात, विदेशी व्यापार अत्यादि के लिए ही योजना बनायी जाती है। सास्तव में अर्थव्यवस्था के कुछ क्षेत्रों के लिए योजना बनाना तथा शेष क्षेत्रों की अपेक्षा कर देना उचित नहीं होगा। इस प्रकार की योजना बनाना केवल उसी स्थिति में उचित है जब एकया कुछ क्षेत्रों (जिनके लिए आंशिक नियोजन किया जा रहा है) के अतिरिक्त अन्य क्षेत्रों का विकास हो चुका हो।

(iii) **सुधारवादी एवं विकासवादी नियोजन**

(Corrective and Development Planning)

(क) सुधारवादी नियोजन के अन्तर्गत अर्थव्यवस्था में विद्यमान कतिपय दोषपूर्ण प्रतृत्तियों को ठीक करने का प्रयास राज्य द्वारा नियोजन के माध्यम से किया जाता है। पूँजीवादी समाजों में मन्दी की परिस्थितियां अधिक दुखदायी होती हैं क्योंकि इसके कारण समस्त आर्थिक क्रिया-कलापों क गति में अवरोध अत्पन्न हो जाता है। अत: राज्य को सुधारवादी नियोजन का सहारा लेना पड़ता है। इसके अन्तर्गत उपभोग के स्तर को ऊँचा उठा कर रोजगार के स्तर को उठाने का प्रयास किया जाता है।

(ख) विकासवादी नियोजन का उद्देश्य केवल सुधार न होकर अर्थव्यवस्था का सचेष्ट विकास करना होता है। अर्दविकसित एवं अविकसित राष्ट्रों द्वारा प्राय: इस प्रकार का नियोजन अपनाया जाता है। इसमें अर्थ-व्यवस्था के सम्पूर्ण विकास के लिए सम्पूर्ण अर्थव्यवस्था के लिए संस्थागत परिवर्तनों को ध्यान में रखते हुए नियोजन किया जाता है।

6. अन्य प्रकार के नियोजन

(Other Types of Planning)

इस श्रेणी के अन्तर्ग उन अन्य प्रकार के प्रचलित नियोजनों का वर्णन किया गया है जो उपर्युक्त नियोजनों में सम्मिलित नहीं कियेजा सके। ये नियोजन निम्न प्रकार हैं:

(i) **हीनार्थ एवं सीमित नियोजन** (Defecit and Restricted Planning)— जब नियोजन में निर्धारित लक्ष्यों की पूर्ति के लिए हीनार्थ प्रन्धन (घाटे की वित्त व्यवस्था) का खुल कर प्रयोगकिया जाता है तो हीनार्थ नियोजन कहा जाता है। इसके विपरीत जबनियोजन को उपलब्ध साधनों से जोड़ दिया जाता है तो इसे सीमित नियोजन कहते हैं। सीमित साधनों की उपलब्धता के कारण नियोजन के कुछ कार्यक्रमों को स्थगित अथवा सीमित भी कर दिया जाता है।

(ii) **उदार एवं अनुदार नियोजन** (Liberal and Conservative Planning)— वह आयोजन जो व्यापक दृष्टिकोण पर आधारित, बाह्य एवं आन्तिरिक साधनों, ऋणों तथा विदेशी सहयोग के आधार पर तथा आर्थिक विकास के लिए अपनाया जाता हो, उदार नियोजन कहलाता है। इस प्रकार के नियोजन में अधिक विकास के लिए तकनीकी एवं आर्थिक सहायता सुलभ हो जाती है। इसके विपरीत अनुदार नियोजन संकुचित (narrow) दृष्टिकोण पर आधारित होता है। इसमें स्वयं के आन्तरिकसाधनों ाारा विकास करने के प्रयास किये जाते हैं। विदेशीसहायता व ऋणों का सहारा इस प्रकार के नियोजन में बहुत कम अथवा बिलकुल नहीं लिया जाता है।

(iii) **पूँजी-प्रधान एवं श्रम-प्रधान नियोजन** (Capital Intensive and Labour Intensive Planning)— पूँजी-प्रधान नियोजन में पूँजी विनियाग व पूँजी के प्रयोग की प्रधानता होती है। इस प्रकार के नियोजन को उद्योग-प्रधान नियोजन भी कहा जा सकता है। इसके विपरीत जिस नियोजन में श्रम की प्रधानता होती है उसे श्रम-प्रधान नियोजन कहा जाता है। इस प्रकार के नियोजन में श्रम के उपयोग व रोंजगार के अवसरों की वृद्धि को प्राथमिकता दी जाती है। इसे कृषि-प्रधान नियोजन भी कहा जा सकता है। भारत में इन्हीं दो प्रकार के नियोजन का सम्मिश्रण है।

(iv) **लोक एवं निजी नियोजन** (Public and Private Planning)— जब नियोजन का कार्य सरकार द्वारा किया जाता है तो इसे लोक नियोजन कहते हैं। इस प्रकार के नियोजन में सरकार सार्वजनिक परियोजनाओं (Public Projects) एवं कार्यक्रमों सेसम्बद्ध योजनाओं का निर्माण एवं कियान्वयन करती है। इसके विपरीत निजी व्यक्तियों अथवा संस्थाओं द्वारा किया गया नियोजन निजी नियोजन कहलाता है। ऐसे नियोजन में अर्थ-व्यवस्था के निजी क्षेत्र के उत्पादन, विनियोग, बचत, उपभोग एवं वितरण आदि पर निजी व्यक्तियोंया संस्थाओं का अधिकार होता है।

(v) **सन्तुलित एवं असन्तुलित नियोजन** (Balanced and Unbalanced Planning)— सन्तुलित नियोजन का अीाप्राय उस नियोजन से है जिसमें अर्थ-व्यवस्था के सभी क्षेत्रों-उत्पादन, उद्योग एव उपभोग उद्योग सभी का साथ-साथ विकास किया जाता है। इसके विपरीत असन्तुलित नियोजन में पूँजीगत एवं उत्पादक उद्योगों केतीव्रविकास में उपभोग व वितरण की उपेक्षा की जाती है। विकासशील राष्ट्रों में सीमित साधनों को असीमित प्रयोग करने के दृष्किोण से असन्तुलित नियोजन को उपयुक्त माना जाता है। लेकिन इस प्रकार के नियोजन के प्रारम्भ में कुछ कठिनाइयों का सामना करना पड़ सकता है।

(vi) **विस्थापन एवं रचनात्मक नियोजन** (Planning through Discloscation and Construction)— जब नियोजन के लक्ष्यों को प्राप्त करने के लिए

रचनात्मक (constructive) कार्यों, जैसे नये अवष्किार, नवीन उद्योगों का विकास, नयी उत्पादन पद्धतियों का प्रयोग, नवीन बाजारों की खोज इत्यादि का सहारा लिया जाता है, तो उसे रचनात्मक नियोजन कहते हैं। विस्थापन नियोजन में लक्ष्यों की प्राप्ति के लिए विस्थापन कार्यवाहियों जैसे केन्द्रीयकरण के स्थान पर विकेन्द्रीकरण, स्वतन्त्र व्यापार के स्थान पर राष्ट्रीयकरण आदि की कार्यवाही की जाती है। विस्थापन नियोजन के अन्तर्गत अर्थव्यवस्था में विघटन त तोड़-फोड़ की नीतियों को अपनाया जाता है।

(vii) **स्थिर एवं गतिशील नियोजन** (Static and Dynamic Planning)—स्थिर नियोजन से अभिप्राय ऐसे नियोजन से है जिसके कार्यक्रमों में लोच का अभाव होता है। इस प्रकार के नियोजन में किसी प्रकार का परिवर्तन नहीं होता। इसे ही स्थिर नियोजन कहा जाता है। इसके विपरीत जब नियोजन में इस प्रकार की व्यवस्था का प्रावधान हो कि उसमें आवश्यकतानुसार समायोजन किया जा सके, तो ऐसे नियोजन में लोच (Flexibility) का गुण पाया जाता है। इसे ही गतिशील नियोजन कहते हैं।

आर्थिक नियोजन के लाभ

(Advantages of Economic Planning)

राष्ट्र के निरन्तर एवं स्थायी विकास के लिए आर्थिक नियोजन की उपयोगिता अब सिद्ध हो चुकी है। नियोजित अर्थ व्यवस्था के अन्तर्गत रूस एवं पूर्वी यूरोप के अनेक देशों ने जो सराहनीय प्रगति की है वह स्वयं में अन्य राष्ट्रों द्वारा विकास के लिए नियोजन का मार्ग अपनाने के लिए एक बहुत बड़ा आकर्षण है। अत: नियोजित अर्थ व्यवस्था के लाभों का विश्लेषण करना अत्यन्त आवश्यक हो जाता है। इससे जो लाभ प्राय: प्राप्त होते हैं उनका वर्णन नीचे किया गया है:

1. आर्थिक असमानताओं में कमी - सम्पूर्ण आर्थिक समानता का अस्तित्व केवल काल्पनिक हो सकता है, किन्तु सैद्धान्तिक एवं व्यावहारिक दृष्टि से यह असम्भव है। श्री आर्थर लेविस के अनुसार, "इस विचार के व्यक्ति बहुत कम मिलेगें जो यह विश्वास करते हों कि सम्पन्न कार्य को दृष्टिगत रखे बिना समाज में आय की पूर्ण स्वतन्त्रता होनी चाहिए। यदि कोई समाज अकर्मण्यता के बजाय कठिन कार्य को तथा अक्षमता के बजाय कुशलता या दक्षता को अधिक पुरस्कृत करने की व्यवस्था नहीं करता तो ऐसा समाज शीघ्र ही घोर दरिद्रता में परिवर्तित हो जायगा। किन्तु इसका यह तात्पर्य नहीं है कि आर्थिक असमानताओं की कोई उचित सीमा निर्धारित न की जाय तथा जहाँ ये सीमाएँ अधिक हैं वहाँ उन्हें कम करने के प्रयत्न न किये जायें। अत: मूल प्रश्न अब यही नहीं है कि समाज में पूर्ण आर्थिक समानता स्थापित की जाय अथवा न की जाय, बल्कि यह है कि विद्यमान आर्थिक असमानताओं को कितना और कैसे कम किया जाय। आर्थिक नियोजन के द्वारा अब अनेक देशों में राष्ट्रीय आय के न्यायपूर्ण वितरण करने के प्रयत्न किये जा रहे हैं जिससे समाज के निम्न आय वर्गों को लाभ पहुँचा है। यह कार्य राज्य की कर नीतियों में परिवर्तन करके, निम्न वर्गों के लिए समाज कल्याण एवं सामाजिक सुरक्षा की योजनाएँ लागू करके, श्रमिकों के लिए उचित वेतन नीति अपना कर तथा सार्वजनिक क्षेत्र के विस्तार के द्वारा अधिकाधिक लोगों को काम प्रदान करके किया जा रहा है।

2. जीवन-स्तर में सुधार - चूँकि आर्थिक नियोजन का एक प्रमुख उद्देश्य वास्तविक आय में वृद्धि करना होता है, ऐसी दशा में आर्थिक स्तर में स्वत: ही सुधार होता चला जाता है। राजकीय प्रयत्नों के द्वारा अधिकाधिक व्यक्तियों के लिए जीवन एवं आरामप्रद निवास, पर्याप्त वस्त्र, शिक्षा, चिकित्सा एवं मनोरंजन की पर्याप्त सुविधाएँ जनसाधारण को प्रदान की जा सकती है। अनियोजित अर्थ व्यवस्था में यह कार्य स्वयं चालित बाजार तन्त्र के अदृश्य हाथों द्वारा सम्पन्न किया जाता है। किन्तु यह निजी स्वार्थों एवं लाभ की सम्भावनाओं के आधार पर निर्देशित होता है। नियोजित अर्थ व्यवस्थाओं में राज्य का केन्द्रिय निर्देशन इन सुविधाओं में निरन्तर एवं स्थायी वृद्धि करने का प्रयास करता है। उदाहरण के लिए, यह स्वीकार किया जाता है कि पूर्वी यूरोप में नियोजित अर्थ व्यवस्थाओं के अन्तर्गत निम्न वर्गों के जीवन स्तर में सुधार के प्रति विशेष ध्यान दिया गया है और इस प्रकार तीस वर्ष पहले की तुलना में श्रमिकों की वास्तविक आय में लगभग दस गुनी वृद्धि सम्भव हो सकी है।

3. पूर्ण रोजगार - भौतिक एवं वित्तीय नियोजन के साथ साथ नियोजित अर्थ व्यवस्था में मानव शक्ति का उचित नियोजन इस प्रकार किया जाता है कि जिससे मानव शक्ति के अपव्यय को रोका जा सके तथा उपलब्ध मानव शक्ति का अधिकतम उत्पादन के लिए उपयोग किया जा सके। **श्री ज्विग** के अनुसार, ''पूर्ण रोजगार नियोजित अर्थ व्यवस्था की प्रकृति में अन्तर्निहित होता है। ऐसी कोई नियोजित अर्थ व्यवस्था नहीं मिलेगी जिसमें पूर्ण रोजगार का आश्वासन न दिया गया हो, अथवा जिसमें ऐसा करने के लिए यथासम्भव प्रयास न किया गया हो।'' अल्प विकसित देशों में बेरोजगारी के अतिरिक्त अर्द्ध बेरोजगारी अथवा अदृश्य बेरोजगारी की समस्या भी दिखायी देती है। करोड़ो व्यक्ति ऐसे है जिन्हें पूरा काम प्राप्त नहीं है और इस प्रकार वे अपने श्रम का पूर्ण उपयोग करने एवं उचित आय प्राप्त करने से वंचित है। अत: ऐसे राष्ट्र आर्थिक नियोजन की विधि को अपनाकर इस समस्या को हल कर सकते हैं। पूर्वी यूरोप की पूर्ण नियोजित अर्थव्यवस्थाओं ने इस समस्या को हल करने में सराहनीय सफलता प्राप्त की है; जबकि भारत में दस पंचवर्षीय योजनाएँ पूर्ण करने के उपरान्त भी बेरोजगारी के दोनों ही स्वरूप विद्यमान हैं और इनमें कमी के बजाय कुछ वृद्धि ही हुई है। इसका कारण शायद जनसंख्या वृद्धि की ऊँची दर एवं पूँजी विनियोजन की कमी है। अत: समस्या के हल के लिए दोनों ही दिशाओं में प्रभावशाली प्रयास की अपेक्षा होगी।

4. साधनों का सर्वोत्तम उपयोग - नियोजित अर्थ-व्यवस्था में केन्द्रीय निर्देशन तथा समन्वय के कारण उपलब्ध साधनों का सर्वोत्तम उपयोग किया जा सकता है और इस प्रकार अपव्यय को बचाकर उत्पादन की मात्रा में वृद्धि की जा सकती है। विभिन्न प्रकार के भौतिक एवं वित्तीय नियन्त्रणों के द्वारा अर्थव्यवस्था के विभिन्न क्षेत्रों में पूँजी का सन्तुलित विनियोग सम्भव हो जाता है तथा ऐसे उद्योगों में भी पूँजी विनियोग किया जा सकता है जिनमें लाभ की मात्रा कम है अथवा नहीं भी है, परन्तु उनका विकास राष्ट्रीय अथवा सामाजिक हित में आवश्यक है। अनियोजित अर्थ-व्यवस्था में पूँजी विनियोग का क्षेत्रीय अथवा उद्योगवार सन्तुलन प्रतियोगिता और लाभदायकता की मात्रा द्वारा संचालित होती है। इसके फलस्वरूप कुछ क्षेत्रों में विकास अधिक हो जाता है तथा कुछ में कम, तथा लाभ के आकर्षण और पूँजी की माँग एवं पूर्ति के साथ साथ विभिन्न व्यवसायों में पूँजी विनियोग एवं पूँजी निष्कासन की क्रिया एवं प्रतिक्रिया निरन्तर कार्यशील रहती है।

5. निरर्थक प्रतियोगिता में कमी – प्रतियोगिता को स्वतन्त्र अर्थ-व्यवस्था का एक महत्वपूर्ण गुण माना गया है क्योंकि इसके द्वारा प्रत्येक व्यवसायी अपने उत्पादनों में अन्यों से अधिक उत्कृष्टता लाने का प्रयत्न करता है। इस दौड़ में केवल अत्यन्त कुशल एवं सर्वोत्कृष्ट उत्पादक ही टिक पाते है। अपने प्रभाव एवं प्रचार में वृद्धि करने के उद्देश्य से विज्ञापन एवं विक्रय आन्दोलनों के अत्यन्त खर्चीले तरीके अपनाये जाते हैं जिसके लिए प्रत्येक संस्था द्वारा दुहरी अथवा पृथक व्यवस्थाएँ करनी होती है। इस प्रकार खुली प्रतियोगिता से कुछ उद्योगपतियों को लाभ होता है तथा इसके द्वारा समस्त समाज को होने वाली हानि की तुलना में बहुत कम होता है।'' खुली प्रतियोगिता व्यवसायियों में कुशलता उत्पन्न करने में पूर्णत सफल नहीं हो पाती, इसके अतिरिक्त प्रतिक्रिया विपरीत दशा में होती है और यह उन्हें अपव्ययी बनाती है। इसके अतिरक्त प्रतियोगिता विनाशकारी ही नहीं है बल्कि कुछ हद तक यह स्वयं का भी विनाश करती है।'' नियोजित अर्थ व्यवस्थाओं में खुली प्रतियोगिता या तो होती ही नहीं है और यदि कुछ सीमा तक होती भी है तो उसे सरलता से समाप्त किया जा सकता है।

6. एकाधिकारी प्रवृत्तियाँ – अनियोजित अर्थ-व्यवस्था में खुली प्रतियोगिता केवल बहुत बड़े उत्पादकों को ही लाभ पहुँचाती है जो कुछ समय पश्चात इतने प्रभावशाली हो जाते हैं कि उस दिशा में नवीन उत्पादकों को आने से रोक सकते हैं और इस प्रकार उत्पादन क्षमता तथा पूर्ति को अधिकतम व्यक्तिगत लाभ के लिए नियन्त्रित करते हैं। प्रथम विश्वयुद्ध के पश्चात अनेक देशों ने निजी स्वार्थों द्वारा आर्थिक सत्ता के केन्द्रियकरण ने सम्बन्धित सरकारों का ध्यान आकर्षित किया है। इनका नियन्त्रण करने के लिए अथवा इन्हें समाप्त करने के लिए राज्य का हस्तक्षेप अत्यन्त आवश्यक हो जाता है। यदि इन्हें नहीं रोका जाता तो उस समाज में उपभोक्ता की प्रभुसत्ता एवं उसकी इच्छा समाप्त हो जाती है और उसे अधिक मूल्य देने के लिए विवश किया जा सकता है।

7. उचित प्राथमिकताओं का निर्धारण – नियोजित अर्थ-व्यवस्था में राज्य नियोजन तन्त्र के द्वारा विभिन्न क्षेत्रों एवं विभिन्न उद्योगों के लिए उचित प्राथमिकताओं का निर्धारण करता है जबकि स्वतन्त्र अर्थव्यवस्था में प्राथमिकताओं के निर्धारण की कोई वैज्ञानिक विधि अपनाना सम्भव नहीं होता। जहाँ भी पूंजी की माँग होती है और लाभ की अधिक सम्भावनाएँ होती है, वही उद्योगपति पूँजी का विनियोग करना आरम्भ कर देते हैं। केन्द्रीय नियोजन के अधीन उपलब्ध साधनों को दृष्टिगत रखकर एवं समाज की तात्कालिक और भावी आवश्यकताओं के सन्दर्भ में प्राथमिकताओं का क्रम निर्धारित किया जाता है। अतः किन वस्तुओं का उत्पादन किया जाय, कितना उत्पादन किया जाय और कैसे उसे प्राप्त किया जाय इन सब बातों के विषय में निर्णय उन व्यक्तियों द्वारा किया जाता है जिनके ऊपर आर्थिक नियोजन का दायित्व होता है। यह निश्चिय ही अत्यन्त जटिल कार्य है जिसे भली प्रकार सम्पन्न करने के लिए अनेक सूचनाओं, सांख्यिकीय आँकड़ों तथा गहन विचार-विमर्श की आवश्यकता होती है।

8. आर्थिक स्थायित्व – नियोजित अर्थव्यवस्था तात्कालिक आर्थिक वृद्धि के बजाय दीर्घकालीन आर्थिक प्रगति को अधिक महत्व प्रदान करती है। पूँजी के अधिक अथवा कम विनियोग के कारण तथा माँग, पूर्ति एवं मूल्यों में निरन्तर होने वाले हेरफेर के कारण

उत्पन्न आर्थिक उतार चढ़ाव नियोजित अर्थ व्यवस्था में नहीं दिखायी देते और इसलिए यह अन्तर्राष्ट्रीय आर्थिक तनावों एवं झटकों का अधिक प्रभावपूर्ण तरीके से सामना कर सकती है। दूसरे शब्दों में, कहा जा सकता है कि ऐसी व्यवस्था व्यापार चक्रों से मुक्त होती है। व्यापक आर्थिक मन्दी के भय के आंतकित अनियोजित अर्थव्यवस्थाओं में पिछले कुछ वर्षों में आर्थिक नियोजन के प्रति जो झुकाव दृष्टिगोचर हुआ है उसके मूल में यही भावना छिपी हुई है।

9. असामाजिक गतिविधियाँ - निजी लाभ एवं स्वार्थ के कारण अनियोजित अर्थ व्यवस्था में अनेक प्रकार की ऐसी आर्थिक, वित्तीय एवं व्यापारिक गतिविधियाँ उत्पन्न हो जाती है जिन्हें समाज विरोधी कहा जा सकता है। अनुचित संग्रह, अत्यधिक मूल्य वृद्धि एवं मुनाफाखोरी, मिलावट, तस्कर व्यापार, विदेशी मुद्रा की चोरी, करों की चोरी आदि इसके उदाहरण है। ये गतिविधियाँ कालान्तर में इतनी प्रबल हो जाती है कि वे निजी साहस और उद्यम की स्वतन्त्रता के क्रियात्मक महत्व को समाप्त कर देती है। पूर्ण नियोजन की दशा में इस प्रकार की गतिविधियों में बहुत अधिक कमी की जा सकती है क्योंकि बदले हुए सामाजिक दृष्टिकोण से ऐसा वातावरण उत्पन्न हो जाता है जिसमें ऐसे कार्यों के लिए कोई स्थान नहीं होता। इसके अतिरिक्त कठोर अनुशासन एवं राजकीय नियमन इस प्रकार की गतिविधियों को दृढ़तापूर्वक प्रतिबन्धित करते हैं।

10. जनसहयोग - केन्द्रीय नियोजन धीरे धीरे लोगों के विचारों में परिवर्तन लाने और उनका सहयोग प्राप्त करने में सफल हो जाता है। समाज के प्रति राज्य के उद्देश्यों एवं कर्त्तव्यों स्तर में सुधार करने का दृढ़ संकल्प व्यक्तियों को अपना निजी स्वार्थ छोड़कर राष्ट्रीय एवं सामाजिक हितों की पूर्ति के लिए प्रोत्साहित करता है।

नियोजन की सफलता के लिए आवश्यक शर्तें
(Essential Conditions for the Success of Planning)

नियोजन एक स्वचालित व्यवस्था नहीं है। नियोजन की सफलता हेतु कुछ आवश्यक शर्तों को पूरा करना होता है। इन शर्तों के पूरा करने पर ही आर्थिक नियोजन सफलतापूर्वक संचालित हो सकता है अन्यथा नहीं। नियोजन की सफलता हेतु निम्न शर्तें पूरी होना आवश्यक है:

1. यथार्थवादी उद्देश्य एवं योजनाएँ (Realistic Objectives and Plans)- नियोजन की सफलता के लिए यह आवश्यक है कि योजना जिन उद्देश्यों हेतु बनाई गई हो वे वास्तविक हों। योजना अपने उद्देश्यों को प्राप्त कर सकने योग्य होनी चाहिए। योजना के लक्ष्य न तो बहुत ऊँचे हों तथा न ही उद्देश्य बहुत नीचे। बहुत ऊँचे लक्ष्य रखने पर उन्हें प्राप्त करना सम्भव नहीं होगा जिससे असन्तोष होगा तथा लक्ष्यों को बहुत नीचा रखने पर उस सीमा तक पहुँचा जा सकेगा जहाँ तक वर्तमान साधनों से पहुँचा जा सकता है। उद्देश्यों के निर्धारण के समय योजना का दीर्घकालीन दृष्टिकोण सामने होना चाहिए।

2. सुनिश्चित एवं स्पष्ट उद्देश्य (Well Defined Objectives)- योजना के उद्देश्य न केवल यथार्थवादी होने चाहिए वरन् सुनिश्चित एवं स्पष्ट भी होने चाहिए। उद्देश्य

स्पष्ट होने पर उन्हें पूरा करना एवं उनका मूल्यांकन करना आसान होगा। उदाहरण के लिए योजना बनाते समय हमें केवल यही उद्देश्य ध्यान में नहीं रखना चाहिए कि औद्योगिक विकास करना हैं वरन् किन-किन उद्योगों का विकास करना है, किस उद्योग की कितनी इकाइयाँ नयी खोलनी हैं, कितनी की क्षमता बढ़ानी है, कितना उत्पादन का लक्ष्य होगा आदि सभी बातें स्पष्ट होनी चाहिए। स्पष्ट उद्देश्य वाली योजनाएँ व्यावहारिक होती है तथा सफल होती है।

3. प्राथमिकताओं का विवेकपूर्ण निर्धारण (Rational Determination of Priorities)- साधनों की सीमितता एवं विकास के लिए अधिक क्षेत्र होने के कारण यह निश्चित करना आवश्यकता हैं कि किस कार्य को प्राथमिकता दी जाये। उदाहरण के लिए देश में कृषि का विकास भी आवश्यक है व उद्योगों का भी। किन्तु पहले किसकों प्राथमिकता दी जाए। इन प्राथमिकताओं का निर्धारण विवेकपूर्ण ढंग से होना चाहिए अर्थात देश की परिस्थितियों को ध्यान में रखते हुए अर्थव्यवस्था के प्रत्येक क्षेत्र को शामिल करते हुए प्राथमिकताएँ निर्धारित की जानी चाहिए। विभिन्न प्राथमिकताओं में आपस में समन्वय भी स्थापित किया जाना चाहिए। उदाहरण के लिए यदि कृषि को प्राथमिकता दी गई है तो खाद व उर्वरक उद्योग के विकास को भी प्राथमिकता दी जानी चाहिये। इन प्राथमिकताओं को परिस्थितियों के अनुसार परिवर्तित किया जा सकता है।

4. राजनीतिक स्थायित्व (Political Stability)- अस्थिरता के वातावरण में नियोजन सफल नहीं हो सकता, क्योंकि नयी सरकार पहले वाली सरकार के अनेक कार्यक्रम लागू नहीं करती व उन्हें बीच में ही छोड़ दिया जाता है। अतः सफल नियोजन के लिए राजनीतिक स्थायित्व आवश्यक है। इसी प्रकार राजनीतिक अस्थिरता में गृह युद्ध की सी स्थिति बनी रहती है जिससे नियोजन सफल नहीं हो सकता।

5. उपयुक्त नियोजन संगठन (Suitable Planning Organisation)- नियोजन कठिन कार्य है। पूरे देश के लिए योजनायें बनाने व उनके क्रियान्वयन एवं मूल्यांकन तक अनेक कार्य करने होते हैँ जिन्हें केवल नियोजन के विशेषज्ञ ही कर सकते हैँ। नियोजन के कार्य में अनेक समस्यायें भी उत्पन्न होती हैं। अतः इन सब कार्यों के लिए पृथक नियोजन संगठन की आवश्यक्ता होती है जिसमें इसके विशेषज्ञ ही रखे जायें। उपयुक्त नियोजन संगठन होने पर नियोजन सफल हो सकता है।

6. उत्तम सरकार (Good Government)- नियोजन की सफलता के लिये यह आवश्यक है कि देश में एक स्वस्थ्य एवं सुदृढ़ सरकार हो। एक ऐसी सरकार हो जो देश में आंतरिक शांति एवं विदेशी आक्रमणों से सुरक्षा प्रदान कर सके तथा देश में सामाजिक एवं आर्थिक न्याय दे सके। देश की सरकार ऐसी होनी चाहिए जो देश के हित में सुदृढ़ निर्णय ले सके तथा ईमानदारी से कार्य कर सके।

7. पर्याप्त एवं सही सांख्यिकीय आंकड़े एवं सूचनाएँ (Adequate and Correct Statistical Data and Information)- नियोजन का निर्माण करने के लिये देश के वर्तमान तथा सम्भावित साधनों के बारे में पर्याप्त एवं सही सांख्यिकीय आंकड़े एवं सूचनायें उपलब्ध होनी चाहिए। अर्द्ध विकसित देशों में कुशल सांख्यिकीय संगठनों का

अभाव होता है अत: वहाँ आर्थिक नियोजन के लिये पर्याप्त एवं सही आंकड़े उपलब्ध नहीं होते हैं जिससे योजनाओं के निर्माण में कठिनाइयाँ आती है तथा योजनाओं की सफलता संदिग्ध हो जाती है।

8. जन सहयोग (Public Co-operation)- जन सहयोग के अभाव में किसी भी देश की आर्थिक योजना की सफलता की आशा करना व्यर्थ होता है। आर्थिक नियोजन के कार्यक्रम में जनसहयोग तभी प्राप्त होता है जबकि जनता को यह विश्वास हो जाये कि उसके धन का मितव्ययिता से उपयोग किया जा रहा है तथा नियोजन का प्रतिफल उसे प्राप्त होगा। नियोजन के निर्माण में अधिक से अधिक लोगों का सहयोग प्राप्त करने पर ही नियोजन के कार्यान्वयन में जनसहयोग प्राप्त हो सकता है। अत: जनसहयोग प्राप्त करने के लिए ऊपर से नियोजन के स्थान पर नीचे के स्तर से नियोजन किया जाना चाहिये। **लेविस** के अनुसार, ''जन सहयोग नियोजन के लिये चिकनाई का तेल तथा आर्थिक विकास के लिये पेट्रोल दोनों है।'' यह एक ऐसी शक्ति है जो प्राय: सब चीजों को सम्भव बनाती है।

9. कुशल एवं ईमानदार प्रशासन (Efficient and Honest Administration)- नियोजन की सफलता के लिए देश का प्रशासन कुशल एवं ईमानदार होना चाहिए। प्रशासन शीघ्र पक्षपात रहित, विवेचपूर्ण निर्णय लेने वाला होना चाहिये। प्रशासन में भ्रष्टाचार एवं भाई भतीजावाद नहीं होना चाहिये, प्रशासन जनता की शिकायतों की ओर शीघ्र ध्यान देने वाला होना चाहिए जिससे प्रशासन की कुशलता एवं ईमानदारी के प्रति जनता का विश्वास उत्पन्न हो सके। सामान्यतया अर्द्ध विकसित देशों में कुशल व ईमानदार प्रशासन का अभाव होता है। प्रशासन की कुशलता बढ़ाने के लिये प्रशासन में कार्यरत सभी स्तर के कर्मचारियों की व्यवस्था की जानी चाहिये। एक अकुशल प्रशासन तन्त्र अच्छी से अच्छी योजना को भी असफल बना देता है।

10. पर्याप्त वित्तीय एवं भौतिक सुविधायें (Adequate Financial and Physical Facilities)- नियोजन की सफलता हेतु पर्याप्त वित्तीय साधन आवश्यक होते हैं। नियोजन में विकास कार्यक्रमों के संचालन के लिए आंतरिक तथा बाह्य साधनों से पर्याप्त वित्त एकत्रित किया जाना चाहिये। योजना के लिए वित्तीय साधन करों, सरकारी उद्योगों के आधिक्य, आंतरिक बचतों एवं विदेशी ऋयों से प्राप्त किये जाते हैं तथा अर्द्ध विकसित देशों में अप्रयोगित साधनों को गतिशील बनाने के लिए घाटे के अर्थ-प्रबन्धन का सहारा लिया जाता है।

नियोजन की सफलता के लिए न केवल वित्तीय वरन् भौतिक साधनों की भी आवश्यकता पड़ती है। भौतिक साधनों में सभी प्रकार का कच्चा माल, मशीने, औजार आदि सम्मिलित किये जाते हैं। इनकी पूर्ति आंतरिक एवं बाह्य साधनों से की जा सकती है।

11. उच्च राष्ट्रीय चरित्र (High National Character)- नियोजन की सफलता राष्ट्र के लोगों के स्वच्छ चरित्र पर भी निर्भर करती है। यदि देशवासियों में राष्ट्र के लिए मर-मिटने की भावना होती है तथा वे अपने कर्त्तव्यों एवं दायित्वों के प्रति ईमानदार होते हैं तो वे हर चुनौति एवं कठिनाई में भी हिम्मत नहीं हारते तथा विकास के कठिन मार्ग पर आगे ही

बढ़ते जाते हैं। जब राष्ट्रीय चरित्र निम्न स्तर का होता है तब प्रत्येक व्यक्ति अपने स्वार्थ में आसक्त रहता है तथा वह राष्ट्र के लिये किसी प्रकार का त्याग नहीं कर सकता है। राष्ट्रीय चरित्र के स्तर को ऊँचा उठाने हेतु जनकल्याण के कार्यों पर पर्याप्त व्यय करने, जनता में राष्ट्रीय भावना जागृत करने तथा अवांछनीय तत्त्वों को कठोर दण्ड देने की आवश्यक होती है। जब राष्ट्र में प्रत्येक व्यक्ति को उसकी योग्यता तथा क्षमता के अनुसार उचित महत्व प्रदान किया जाता है तथा प्रत्येक नागरिक के हितों का ध्यान रखा जाता है तो राष्ट्र का प्रत्येक नागरिक भी राष्ट्र के प्रति अपने कर्त्तव्यों को पूरा करने में सदैव तत्पर रहता है।

12 विभिन्न प्रकार के संतुलन (Different Balances)- नियोजन की सफलता के लिये विकास कार्यक्रमों के विभिन्न पहलूओं में सन्तुलन बनाये रखना आवश्यक है। उदाहरण के लिए औद्योगिक एवं कृषि विभाग में सन्तुलन आवश्यक है। औद्योगिक क्षेत्र में उपभोक्ता, एवं पूँजी उद्योगों में सन्तुलन आवश्यक है। इसी तरह वित्तीय तथा भौतिक साधनों, आंतरिक एवं विदेशी व्यापार तथा सरकारी एवं निजी क्षेत्र में सन्तुलन आवश्यक है।

13. उत्तरदायी राजनीतिक विपक्ष (Responsible Political Opposition)- प्रजातांत्रिक देशों में नियोजन की सफलता के लिए उत्तरदायी राजनीतिक विपक्ष का होना भी आवश्यक है। विरोधी राजीनतिक दल ऐसे हों जो सरकार तथा नियोजन की कमियों को समय पर उजागर करने का साहस दिखा सके तथा साथ ही नियोजन की अच्छा को स्वीकार कर उसे सफल बनाने में अपना पूर्ण सहयोग दें। शक्तिशाली तथा उत्तरदायी विपक्ष के अभाव में सरकार मनमानी कर सकती है। अतः उत्तरदायी विपक्ष के होने पर योजना का निर्माण एवं कार्यान्वयन अच्छी प्रकार किया जाता है।

14. निजी क्षेत्र की भूमिका (Role of Private Sector)- नियोजन के सफल संचालन में निजी क्षेत्र का भी आवश्यक सहयोग प्राप्त करना चाहिए। यदि देश पूर्ण रूप से एक दलीय तथा पूर्ण रूप से राष्ट्रीयकृत उद्यमों वाला देश नहीं हैं तथा देश में निजी व्यक्ति, फर्मों आदि को काम करने का अवसर दिया जाता है तो इस क्षेत्र को आर्थिक विकास में अधिकतम योग देने का अवसर देना चाहिये। ऐसा करने से सरकार अपने सीमित साधनों का अधिक आवश्यक विकास कार्यों में उपयोग करके विकास की दर को अधिक तीव्र कर सकती है।

15. योजना में विविध संतुलन (Balances in Planning)- नियोजन अपनाते समय न केवल पूरे देश का ध्यान रखा जाना चाहिए अपितु ऐसे क्षेत्रों का विशेष ध्यान रखना चाहिये जहाँ विकास कम हुआ है। बड़े देशों में कुछ क्षेत्र ऐसे होते हैं जहाँ विकास कम होता है किन्तु विकास की सम्भावनाएँ ज्यादा होती है यदि ऐसे क्षेत्रों का ध्यान न रखा जाए तो वहाँ असन्तोष फैलने की सम्भावना होती है जो नियोजन के लिए घातक है। अतः नियोजन अपनाते समय क्षेत्रीय सन्तुलन का ध्यान रख कर राष्ट्रीय नियोजन के साथ क्षेत्रीय नियोजन भी अपनाना चाहिये।

इसी तरह अर्थव्यवस्था के सभी पहलूओं को समान महत्व दिया जाना चाहिए अन्यथा असन्तुलन की स्थिति उत्पन्न हो सकती है। अतः कृषि, उद्योग, परिवहन आदि को समान महत्व दिया जाना चाहिए।

16. उपयुक्त मूल्य नीति (Suitable Price Policy)- नियोजन की सफलता के लिये उपयुक्त मूल्य नीति भी आवश्यक है। मूल्यों में बराबर वृद्धि से देश के निवासियों में असन्तोष उत्पन्न होता है जिससे वे सरकार से असहयोग करने लगते हैं। मूल्य बढ़ने से योजना व्यय भी ज्यादा होता है जिससे अतिरिक्त वित्तीय साधनों की आवश्यकता पड़ती है एवं योजना अवास्तविक लगने लगती है। राष्ट्र के निवासियों की वास्तविक आय में भी इससे कमी होती हैं। अत: स्थायित्व वाली मूल्य नीति अपनाई जानी चाहिए।

17. सर्वांगीण विकास नीति (All Round Development Policy)- नियोजन की सफलता के लिए न केवल यह आवश्यक है कि एक योजना बनाकर उसे पूरा करने के प्रयत्न किये जायें वरन् यह भी आवश्यक हैं कि उन सभी साधनों के विकास की ओर ध्यान दिया जाये जिससे दीर्घकाल में विकास की सम्भावना बढ़ती हो। **लेविस** के अनुसार नियोजन की नीति निर्धारित करते समय राष्ट्रीय साधनों का सर्वेक्षण, वैज्ञानिक अनुसन्धान आधारभूत साज-सज्जा, प्रशिक्षण की व्यवस्था, सम्भावी उद्यमियों की खोज, साधनों का श्रेष्ठ उपयोग के लिए प्रेरणाएँ एवं उनके दुरूपयोग के विरूद्ध नियन्त्रण, बचतों को बढ़ावा आदि बातों की ओर भी समुचित ध्यान देना आवश्यक है।

18. उपयुक्त आर्थिक संगठन (Suitable Economic Organization)- विभिन्न प्रकार के आर्थिक संगठनों के अपने गुण व दोष होते हैं व कोई भी आर्थिक संगठन सर्वोत्तम नहीं कहा जा सकता। अत: यह कहना कठिन है कि कौन-सा आर्थिक संगठन नियोजन की सफलता के लिए अच्छा है। किनतु देश में प्रचलित आर्थिक संगठन में आवश्यकतानुसार परिवर्तन कर प्रभावी नियन्त्रण द्वारा नियोजन को सफल बनाया जा सकता है। **लार्विन** के अनुसार, ''आर्थिक नियोजन की समस्या मुख्यत: वित्तीय समस्या नहीं वरन् यह तो आर्थिक संगठन की समस्या है।''

आर्थिक नियोजन के उपर्युक्त वर्णित सैद्धान्तिक विवेचन के अध्ययन से यह स्पष्ट है कि विकास का नियोजन एक सशक्त माध्यम है। तीव्र आर्थिक विकास की मंशा वाले प्रत्येक राष्ट्र की अर्थव्यवस्था में कतिपय विशेषताओं के कारण ही आर्थिक नियोजन सर्वाधिक लोकप्रिय विषय बन चुका है। विकासशील राष्ट्रों में व्यापक निर्धनता, बेरोजगारी, पूँजी की न्यूनता, अशिक्षा, आदि कठिनाइयाँ व्याप्त रहती हैं। ये राष्ट्र फिर भी अपने साधनों का सर्वोत्तम उपयोग करते हुए विकसित राष्ट्रों की श्रेणी में खड़े होना चाहते हैं। अपने नागरिकों को रोजगार, जीवन की आवश्यक उपभोक्ता सामग्री तथा अन्य भौतिक साधन उपलब्ध कराते हुये उनके जीवन स्तर को समुन्नत करना चाहते हैं। आर्थिक नियोजन के माध्यम से ये राष्ट्र एक सीमा तक विकास की गति को तीव्र करने में सफल भी रहे हैं।

नियोजन की तकनीक

परिचय (Introduction)

नियोजन को तीव्र आर्थिक विकास का एक साधन माना गया है। इस साधन की चुनौतियों ने नियोजन की प्रक्रिया को जटिल एवं तकनीकी बना दिया है। आर्थिक नियोजन की सफलता हेतु आर्थिक योजनाओं के प्रभावपूर्ण कार्यान्वयन तथा उचित मूल्यांकन की

आवश्यकता होती है। अतः देश की आवश्यकतानुसार योजना बनाने के लिए निर्धारित प्रविधियों का प्रयोग किया जाता है। आर्थिक नियोजन को प्रारम्भिक निर्माण, कुशल संचालन एवं अन्तिम मूल्यांकन तक पहुँचने से पूर्व अनेक अवस्थाओं से गुजरना पड़ता है। प्रारम्भिक निर्माण से चलकर अन्तिम मूल्यांकन तक पहुँचने के मध्य की अवस्थाओं को नियोजन की तकनीक कहा जाता है। नियोजन की तकनीक एवं विधि की अवस्थाओं को निम्न भागों में बाँटा जा सकता है :

(I) **नियोजन के लिए संगठन** (Organisation for Planning)

आर्थिक नियोजन एक अनवरत प्रक्रिया है। इसकी कठिन एवं जटिल प्रक्रिया को देखते हुए यह आवश्यक है कि नियोजन के निर्माण में सभी उपलब्ध प्राकृतिक एवं मानवीय साधनों का सर्वेक्षण किया जाय तथा भविष्य में उनकी सम्भावित उपलब्धि का मूल्यांकन किया जाय। इन सब प्रयासों के पश्चात् निर्मित नियोजन की कार्यान्वित, उसके लिए अनुकूल आर्थिक नीतियाँ निर्धारित करने तथा प्रभावशाली मूल्यांकन करने के लिए किसी स्थायी केन्द्रिय नियोजन संगठन की आवश्यता होती है। इस संगठन का कार्यक्षेत्र व्यापक तथा अस्तित्व वैधानिक होना चाहिए जिससे वह अर्थव्यवस्था के सभी भागों के लिए निष्पक्ष नियोजन की व्यवस्था कर सके। पिछला नियोजन आगामी नियोजन का मार्गदर्शक होता है। अतः नियोजन का कार्य इतना विस्तृत एवं स्पष्ट है कि प्रत्येक क्षेत्र के लिए अलग अलग संगठन की आवश्यकता होती है। जैसे, कृषि संगठन, उद्योग एवं व्यापार संगठन, परिवहन एवं संचार, सामाजिक सेवाओं के लिए संगठन, प्रशासनिक संगठन, सांख्यिकीय एवं अनुसंधान संगठन, सूचना एवं प्रसारण संगठन, जन सहयोग संगठन आदि। भारत में योजना आयोग एवं उससे सम्बद्ध विभागों के अतिरिक्त केन्द्र तथा राज्यों के मंत्रालयों एवं विभिन्न विभागों के द्वारा इस प्रकार के संगठनों का कार्य सम्पन्न किया जाता है।

(II) **योजना का निर्माण** (Formulation of Plans)

नियोजन के कार्य में योगदान देने वाले विभिन्न संगठनों अथवा विभागों का कार्य एवं दायित्व निर्धारण कर देने के पश्चात् योजना के निर्माण का कार्य प्रारम्भ किया जाता है। नियोजन का निर्माण योजना मन्त्रालय अथवा नियोजन संगठन (भारत में योजना आयोग) के द्वारा किया जाता है। यह संगठन देश की वर्तमान राजनैतिक, सामाजिक एवं आर्थिक परिस्थितियों के परिप्रेक्ष्य तथा देश के नागरिकों की आशाओं तथा आकांक्षाओं के अनुसार योजनाएँ बनाता है। नियोजन के निर्माण में नियोजन संगठन को निम्न क्रमों से गुजरना पड़ता है।

(1) उद्देश्यों का निर्धारण (Determination of Objectives)- किसी भी कार्य को प्रारम्भ करने से पूर्व स्पष्ट उद्देश्यों का निर्धारित होना सफलता की प्रथम शर्त है। इसीलिए देश की आर्थिक, सामाजिक एवं राजनैतिक परिस्थितियों एवं देश के नागरिकों की आशाओं एवं आकांक्षाओं के अनुरूप सर्वप्रथम नियोजन के उद्देश्यों का निर्धारण किया जाता है। इस प्रकार निर्धारित किये गये उद्देश्य ही नियोजन का आधार होता है। अतः उद्देश्यों का निर्धारण अधिक महत्वाकांक्षी न होकर व्यावहारिक, स्पष्ट एवं समयानुकूल होने चाहिए। विकासशील अर्थ-व्यवस्था में आर्थिक, सामाजिक एवं राजनैतिक दशाएँ एक दूसरे से पृथक न होकर परस्पर आत्मनिर्भर होती है। अतः ऐसी अर्थ-व्यवस्था में नियोजन के उद्देश्य अनेक

प्रकार के होते है। उद्देश्यों के निर्धारण में इस बात का प्रयास किया जाना चाहिए कि वे दीर्घकालीन दृष्टिकोण पर आधारित होने के साथ साथ अल्पकालीन दृष्टिकोण पर भी आधारित हो।

(2) **अवधि का निर्धारण** (Determination of Period)- योजना के उद्देश्यों का निर्धारण हो जाने के पश्चात उसी के अनुरूप योजना की अवधि का निर्धारण भी होगा। यदि उद्देश्यों की संख्या अधिक तथा योजना अवधि कम है तो नियोजन की सफलता के लिए सम्भावना कम होगी। अवधि निर्धारण में उचित नीति तो यह होगी कि लम्बी अवधि की योजना बनाकर उसे छोटी छोटी योजनाओं में विभाजित कर दिया जाय तथा पिछली योजनाओं के अनुभवों के आधार पर आगामी वर्षो के लिए योजना बनायी जाय।

(3) **प्राथमिकताओं का निर्धारण** (Determination of Priorities)- अर्द्ध-विकसित देशों में प्राय: साधनों की कमी, सुरक्षा की आवश्यकता, कार्यक्रमों की परस्पर निर्भरता, वित्तीय व्यवस्था, आर्थिक वातावरण एवं असन्तुलित आर्थिक विकास इत्यादि कारणों से योजनाकरण के लिए कुछ प्राथमिकताओं का निर्धारण करना पड़ता है। जिस क्षेत्र के विकास की अधिक आवश्यकता होती है नियोजन में उसे अधिक तथा शेष को कम प्राथमिकताओं प्रदान की जाती है। इस प्रकार नियोजन में सीमित साधनों से अधिकाधिक सामाजिक एवं आर्थिक लाभ प्राप्त करने के प्रयास किये जाते है। प्राथमिकताओं के निर्धारण हेतु कोई ठोस आधार अथवा नियम नहीं होते। इनका निर्धारण तो योजना के उद्देश्यों, देश में आर्थिक, सामाजिक एवं राजनैतिक परिस्थितियों तथा जनता की आवश्यकताओं व आकांक्षाओं के अनुरूप किया जाता है। अत: इस प्रकार निर्धारित किये गये उद्देश्यों में समय, स्थान व परिस्थितियों के अनुसार भिन्नता होना स्वाभाविक है। प्राथमिकताओं के निर्धारण में प्राय: निम्न समस्याओं पर विचार करना पड़ता है :

(i) **कृषि बनाम उद्योग** (Agriculture Vs. Industry): अर्द्ध-विकसित एवं पिछड़ी अर्थ व्यवस्था वाले राष्ट्रों में कृषि की प्रधानता होती है तथा औद्योगिक विकास का अभाव पाया जाता है। राष्ट्रीय आय एवं प्रति व्यक्ति आय में वृद्धि औद्योगिक विकास से ही सम्भव होने के कारण इन राष्ट्रों में उद्योगों के विकास को प्राथमिकता देने की प्रवृत्ति पायी जाती है। इसके अतिरिक्त दोनों की एक दूसरे पर निर्भरता के कारण कृषि विकास के साथ ही औद्योगिक विकास भी आवश्यक है। विकसित राष्ट्रों में, जिनकी सम्पन्नता का रहस्य ही औद्योगिक विकास है, सन्तुलित विकास के लिए कृषि को पर्याप्त प्राथमिकता प्रदान की जाती हैं।

(ii) **पूँजी प्रधान बनाम श्रम प्रधान उद्योग** (Capital Intensive vs. Labour Intensive Industries)- औद्योगीकरण को नियोजन में प्राथमिकता देने के पश्चात पूँजी प्रधान अथवा श्रम प्रधान उद्योगों के सम्बन्ध में प्राथमिकताओं का निर्धारण किया जाता है। जिन राष्ट्रों में पूँजी की अपेक्षा जनंसख्या की अधिकता है वहाँ अधिक रोजगार के साधन उपलब्ध करवाने के दृष्टिकोण से श्रम प्रधान उद्योगों को प्राथमिकता प्रदान की जाती है। ऐसा प्राय: अविकसित राष्ट्रों में होता है। इसके विपरीत विकसित राष्ट्रों में पूँजी की अधिक सुलभता तथा जन अभाव के कारण पूँजी प्रधान उद्योगों को प्राथमिकता दी जाती है।

(iii) **आधारभूत बनाम उपभोग उद्योग** (Basic Vs. Consumers Industries)- औद्योगीकरण को नियोजन में प्राथमिकता देने के पश्चात द्वितीय समस्या आधारभुत अथवा उपभोक्ता उद्योगों को प्राथमिकता देने की आती है। अल्प विकसित एवं पिछड़ी अर्थ व्यवस्था वाले देश जहाँ तीव्र आर्थिक विकास के लिए औद्योगिकरण अनिवार्य हैं वहाँ आधारभूत उद्योगों के विकास को प्राथमिकता मिलेगी। इसके विपरीत विकसित राष्ट्रों में जहाँ उत्पादन की नहीं वरन् उपभोग वृद्धि की समस्या है वहाँ उपभोक्ता उद्योगों को प्राथमिकता प्रदान की जावेगी। वास्तव में इस सम्बन्ध में उचित नीति तो आधारभूत एवं उपभोक्ता दोनों उद्योगों का विकास करके सुदृढ़ औद्योगिक आधार तैयार करके आथिक विकास करने की होगी।

(iv) **उत्पादन बनाम वितरण** (Production Vs. Distribution)- जैसा कि ऊपर स्पष्ट किया गया है विकसित देशों की प्रमुख समस्या उपभोग में वृद्धि करके विवरण में वृद्धि करने की हैं जबकि अर्द्ध-विकसित देशों की समस्या उत्पादन में वृद्धि तथा उसका न्यायपूर्ण वितरण आर्थिक विकास की प्रक्रिया का महत्वपूर्ण भाग है। अर्द्ध-विकसित राष्ट्रों में उत्पादन के साथ-साथ उसके न्यायपूर्ण वितरण की भी समस्या है। वास्तव में स्वस्थ आर्थिक विकास के लिए अधिकतम उत्पादन के साथ ही उसका न्यायोचित वितरण भी अनिवार्य है।

(v) **विनियोग बनाम उपभोग** (Investment Vs. Consumption)- अर्द्ध-विकसित राष्ट्रों में विनियोग में वृद्धि की; जबकि विकसित राष्ट्रों में उपभोग में वृद्धि की समस्या होती है। अत: आर्थिक नियोजन की प्राथमिकताओं के निर्धारण में प्रमुख समस्या विनियोग अथवा उपभोग को प्राथमिकता देने के सम्बन्ध में आती है। विकसित राष्ट्रों में उपभोग को तथा अर्द्ध विकसित राष्ट्रों में विनियोग को प्राथमिकता दी जाती है। वैसे तो आर्थिक विकास के लिए उपभोग तथा बचत दोनों ही अनिवार्य है क्योंकि देश के नागरिकों का वर्तमान जीवन-स्तर ऊँचा करने के लिए उपभोग तथा भविष्य में और अधिक विकास के लिए बचत का ही प्राय: लोग विनियोग करते हैं। लेकिन इसके बावजूद भी नियोजन में किसे प्राथमिकता देना है यह सम्बन्धित देश की परिस्थितियों पर निर्भर करता है।

(vi) **आर्थिक विकास बनाम प्रतिरक्षा** (Economic Development Vs. Defence)- नियोजन में आर्थिक विकास को प्राथमिकता देना देश की सीमाओं पर सुरक्षा की परिस्थितियों पर निर्भर करता है। यदि देश के अन्तर्राष्ट्रीय सम्बन्ध सौहार्दपूर्ण तथा प्राकृतिक स्थिति विदेशी आक्रमणों से सुरक्षित है तो आर्थिक विकास को प्राथमिकता दी जावेगी। वास्तव में दोनों प्राथमिकताएं एक दूसरे की पूरक हैं। यदि देश को सदैव बाहरी आक्रमणों से खतरा है तो आर्थिक विकास सुरक्षित नहीं रह सकता। इसके विपरीत यदि आर्थिक विकास का अभाव है तो युद्ध के लिए आवश्यक सामग्री उपलब्ध न होने पर प्रतिरक्षा नहीं की जा सकेगी। अत: दोनों ही को समान प्राथमिकता दिया जाना आवश्यक है।

(vii) **क्षेत्रीय प्राथमिकताएँ** (Regional Priorities)- क्षेत्रीय समानता को महत्व देना भी आर्थिक नियोजन का लक्ष्य है। नियोजन में सन्तुलित विकास को महत्व तथा क्षेत्रीय विषमताओं को समाप्त करने का प्रयास किये जाते है। अर्द्ध-विकसित देशों में सन्तुलित

विकास की नीति के बावजूद भी सन्तुलित आर्थिक विकास की प्राप्ति नहीं होती। अतः क्षेत्रीय विषमातओं के निराकरण एवं सन्तुलित आर्थिक विकास के लिए क्षेत्रीय प्राथमिकताओं को पर्याप्त महत्व देना आवश्यक है। लेकिन ऐसी प्राथमिकताओं का निर्धारण आर्थिक दृष्टिकोण से किया जाना चाहिए न कि राजनैतिक दृष्टिकोण से।

(4) विनियोग का निर्धारण (Determination of Investment)- विनियोग का आर्थिक क्रिया में महत्वपूर्ण योगदान होता है। योजना के लक्ष्यों को प्राप्त करने के लिए प्रत्येक क्षेत्र के लिए उचित मात्रा में विनियोग का प्रबन्ध करना पड़ता है। नियोजन में लक्ष्यों की प्राप्ति हेतु वित्तीय साधन दो प्रकार से प्राप्त हो सकते है। प्रथम, आन्तरिक साधन जो बचत से प्राप्त होते हैं। द्वितीय, बाहरी साधन जो विदेशी सहायता अथवा ऋणों आदि के रूप में प्राप्त होते हैं। पूँजी उत्पाद अनुपात (Capital Output Ratio) की सहायता से नियोजन में विनियोग की राशि का निर्धारण किया जा सकता है। वास्तव में इस अनुपात का सही अनुमान लगाना कठिन है। इसका अनुमान लगाने में देश की आर्थिक स्थिति तथा पिछले वर्षो की इसी अनुपात की राशि सहायक होती है।

(5) आर्थिक नीतियों का निर्धारण (Determination of Economic Policies)- किसी भी योजना की सफलता अथवा असफलता में नीतियों का विशिष्ट स्थान होता है। आर्थिक नियोजन में अपनायी गयी आर्थिक नीतियों का प्रभाव देश के आर्थिक विकास पर पड़ता है। अतः यह आवश्यक है कि इन आर्थिक नीतियों की रचना सोच-समझकर की जावे। इन नीतियों का निर्धारण इस प्रकार से होना चाहिए कि जिससे नियोजन के उद्देश्यों को पूरा किया जा सके। आर्थिक नीतियों में प्रायः बजट, कर, साख, विदेशी व्यापार, प्रशुल्क, मुल्य मजदूरी एवं राष्ट्रीयकरण की नीतियों को सम्मिलित किया जाता है। इन नीतियों में आवश्यकता पड़ने पर परिवर्तन किये जा सकते है। वास्तव में स्वस्थ्य परम्परा तो यह होगी कि नियोजन अधिकारी निर्णय लेने से पूर्व नीति के सभी पहलूओं पर विचार करके निर्णय ले तथा निर्णय की प्रभावित करने वाले व्यक्तियों की प्रतिक्रिया प्राप्त करे।

(6) नियोजन में सन्तुलन (Balances in Planning)- नियोजन की सफलता के लिए उसमें सन्तुलन का गुण होना अनिवार्य है। अर्थ व्यवस्था के विभिन्न क्षेत्रों में सामन्जस्य स्थापित करने के लिए योजना को अन्तिम रूप प्रदान करने से पूर्व सन्तुलन की समस्या को पर्याप्त महत्व दिया जाना चाहिए। सन्तुलन मुख्यतः दो प्रकार के होते हैं। प्रथम, अधोगामी सन्तुलन (Backward Balances) जिसका सम्बन्ध निर्मित वस्तु तथा उसके विभिन्न अंगो से होता है। उदाहरण के लिए, औद्योगिक उत्पादन की समस्या पर विचार के साथ ही उत्पादन के कार्य में आने वाले कच्चे माल तथा उत्पादित करने वाले उद्योग की आवश्यकताओं पर भी विचार करना। द्वितीय संगमगी सन्तुलन (Crosswise Balances) है जिसमें निर्धारित लक्ष्यों एवं कुल उपलब्ध साधनों के बीच सामंजस्य स्थापित करने के प्रयास किये जाते है। इससे उत्पादन के साधनों तथा लक्ष्यों के बीच सन्तुलन स्थापित करके योजना की सफलता के लिए मार्ग प्रशस्त किया जा सकता है।

(7) विविध (Miscellaneous)- नियोजन प्रक्रिया में निम्न तथ्यों पर भी ध्यान देना आवश्यक है :

(i) **भौतिक साधन बनाम वित्तीय नियोजन** (Planning of Physical Vs. Financial Resources)- भौतिक साधनों से अभिप्राय लक्ष्यों को प्राप्त करने हेतु आवश्यक भौतिक साधनों की मात्रा, स्रोत एवं उनके वैकल्पिक प्रयोगों में वितरण से हैं। जैसे लक्ष्य पूरा करने के लिए कितना लोहा, पत्थर, सीमेण्ट, विशेषज्ञ, अध्यापक अथवा डाक्टर चाहिए। वित्तीय नियोजन में इन लक्ष्यों को प्राप्त करने के लिए मौद्रिक साधनों की मात्रा निर्धारित की जाती है, जैसे लोहा, सीमेण्ट आदि की लागतें तथा अध्यापक, डाक्टर आदि विशेषज्ञों का वेतन निर्धारित करना।

(ii) **स्तर सामंजस्य** (Level Co-ordination)- ऊपर से नियोजन (Planning from above) तथा नीचे से नियोजन (Planning from below) में सामंजस्य होना चाहिए। यदि राष्ट्रीय, राज्य, जिला व स्थानीय स्तर पर नियोजन में सामंजस्य नहीं होगा तो जन सहयोग प्राप्त करने में कठिनाई आवेगी। नियोजन में सामंजस्य आ जाने के फलस्वरूप व्यावहारिकता स्वत: ही उत्पन्न होगी। ऐसा व्यावहारिक नियोजन ही वास्तविकता के अधिक निकट होगा।

(iii) **अवधि समन्वय** (Period Co-ordination) - नियोजन एक सतत् प्रक्रिया (Continuous Process) है। अवधि के दृष्टिकोण से नियोजन प्राय: तीन प्रकार के होते हैं - वार्षिक, अल्पकालीन एवं दीर्घकालीन । नियोजन की अवधि निर्धारित करते समय इस बात का विशेष ध्यान रखना चाहिए कि सम्बन्धित लक्ष्य निर्धारित अवधि में पूरे हो जावेंगें अथवा नहीं। सामान्यत: नियोजन की अवधि को दीर्घकालीन आधार पर निर्धारित करके उसे सुविधा, उद्देश्यों एवं लक्ष्यों के अनुसार अल्पकालीन तथा वार्षिक योजना में बाँट दिया जाता है।

(iv) **अनुपूरक नियोजन** (Supplementary Planning)- नियोजन को पर्याप्त वित्तीय साधनों के अभाव में दो भागों में विभाजित कर दिया जाता है। प्रथम, आवश्यक या अनिवार्य भाग (Essential or Core Project) जिसके लिए साधन जुटाने हेतु हर सम्भव प्रयास किये जाते हैं। द्वितीय, सम्भाव्य भाग (Contingent Projects) जिसके अन्तर्गत उन योजनाओं का समावेश होता है जिनको कार्यान्वित करना पर्याप्त वित्तीय साधनो की उपलब्धि पर निर्भर होता है।

(v) **नियोजन में लोच** (Flexibility in Planning)- नियोजन में लोच का गुण होना चाहिए जिससे भविष्य में परिवर्तित परिस्थितियों के अनुसार संशोधन किया जा सके। नियोजन में भविष्य के बारे में निश्चित कल्पना करना कठिन है। अत: बदलती हुई परिस्थितियों के अनुसार पर्याप्त लोच होना जरूरी है। लेकिन लोच का अभिप्राय यह कदापि नहीं है कि लोच के नाम पर योजना की मुख्य संरचना को ही परिवर्तित कर दिया जाय। अत: नियोजन में लोच के गुण को सही अर्थ में प्रयोग किया जाना चाहिए।

(III) योजना का परीक्षण एवं अनुमोदन (Testing and Adoption of Plan)

योजना का निर्माण हो जाने के पश्चात उसकी जाँच एवं स्वीकृति की प्रक्रिया प्रारम्भ होती है। योजना को अन्तिम स्वीकृति प्रदान करने से पूर्व उसकी जाँच उच्च अधिकारियों द्वारा की जाती है। इस जाँच में ये अधिकारी इस बात का पता लगाते हैं कि योजना के उद्देश्यों, विनियोग की मात्रा, प्राथमिकताओं तथा साधनों की व्यवस्था परिस्थितियों के अनुकूल हैं तथा उसमें परस्पर सन्तुलन एवं सामंजस्य है। इस जाँच के दौरान प्राप्त कमियों एवं असन्तुलनों को दूर करने के प्रयास किये जाते हैं। यदि आवश्यकता हो तो आवश्यक संशोधनों के पश्चात् पुन: योजना बनायी जाती है। योजना बन जाने के पश्चात् उसके प्रारूप की जनसाधारण की सूचना के लिए प्रसारित किया जाता है। इस प्रसारण पर जनता के रचनात्मक सुझाव भी आमन्त्रित होते है। सरकारी स्तर पर राष्ट्रीय विकास परिषद भी योजना पर विचार विमर्श करती है।

राष्ट्रीय विकास परिषद के इस विचार विमर्श के पश्चात योजना का अन्तिम प्रारूप तैयार होता है। इस प्रारूप को प्रधानमन्त्री द्वारा संसद के समक्ष अन्तिम स्वीकृति के लिए प्रस्तुत किया जाता है। संसद में इस प्रारूप को वैधानिक स्वरूप प्रदान किया जाता है। संसद के समक्ष प्रस्तुत इस प्रारूप पर सदस्यों द्वारा बहस की जाती है। इस बहस के आधार पर योजना में आवश्यक परिवर्तन भी किये जा सकते हैं। ये परिवर्तन इतने अधिक नहीं होते कि योजना के पुनर्निर्माण की आवश्यकता पड़े क्योंकि इसके निर्माण में राजनीतिज्ञों का सहयोग तो पहले ही रहता है। इस प्रक्रिया के बाद संसद की छाप योजना के प्रारूप पर लगती है। इस स्वीकृति के पश्चात् योजना को क्रियान्वयन के लिए प्रकाशित किया जाता है।

योजनाओं का क्रियान्वयन (Implementation of Plans)

भारतीय योजना आयोग एक सलाहकार संस्था है। सलाह देने के इस कार्य से पूर्व योजना आयोग उन सभी सम्बन्धित वर्गों से विचार-विमर्श करता है। परामर्शदायी संस्था होने के बावजूद सलाह देने के पश्चात् योजना आयोग अपने दायित्व से मुक्त हो जाता है। सलाह देने के पश्चात् योजना आयोग द्वारा समस्त दायित्व सम्बन्धित वर्गों पर डाल दिया जाता है। इस प्रकार योजना को कार्यान्वित करने का दायित्व योजना आयोग का नहीं है। जिस प्रकार नियोजन के निर्माण में सक्रिय भूमिका राज्य तथा केन्द्र की होती है उसी प्रकार नियोजन के क्रियान्वयन एवं मूल्यांकन में भी राज्य तथा केन्द्र का प्रमुख योगदान होता है।

केन्द्र की भूमिका (Role of Centre)

केन्द्र सरकार द्वारा योजना में विकास कार्यक्रम सम्मिलित करने अथवा संविधान एवं औद्योगिक नीति प्रस्ताव के अनुसार प्रदत्त दायित्व को पूरा करने का कार्य केन्द्रीय सरकार का होता है। उसमें केन्द्र सरकार को सक्रिय भूमिका निभानी पड़ती है। इस प्रकार योजना के क्रियान्वयन का भार केन्द्रीय सरकार पर भी होता है।

राज्यों की भूमिका (Role of States)

राज्य सरकारें अपने राज्य की योजना बनाकर योजना आयोग को भेजती है। इस प्रकार राज्य सरकारें योजना आयोग को योजना बनाने में सहायता करती हैं। योजना आयोग इन योजनाओं को अन्तिम रूप देकर उनको क्रियान्वित करने के लिए राज्य सरकारों को भेज देता है। राज्य सरकार उन योजनाओं को लागू करता है तथा उनसे सम्बन्धित दायित्वों को वहन करता है। इस प्रकार योजना के सफल होने का श्रेय राज्य सरकारों को प्राप्त होता है तथा असफल होने पर उसका दायित्व भी राज्य सरकारों पर ही होता है। इस प्रकार केन्द्र के विकास कार्यक्रमों को केन्द्र द्वारा, तथा राज्य के विकास कार्यक्रमों को पूरा करने का दायित्व सम्बन्धित राज्य सरकार का ही होता है; योजना आयोग का नहीं।

मन्त्रिमण्डल के सदस्यों की भूमिका (Role of Cabinet Members)

देश का प्रधानमन्त्री भारत में नियोजन के प्रारम्भ से अब तक योजना आयोग का अध्यक्ष होता रहा है। प्रधानमन्त्री के अतिरिक्त वित्त मन्त्री, योजना मन्त्री तथा कई अन्य मन्त्री भी योजना आयोग के सदस्य होते हैं। इस प्रकार केन्द्रीय मन्त्रिमण्डल के सदस्यों का योजना आयोग में बाहुल्य होने के फलस्वरूप योजना सम्बन्धित नीतियों के निर्धारण में एवं उसे अन्तिम स्वरूप प्रदान करने में केन्द्रीय मन्त्रालयों की महत्वपूर्ण भूमिका होती है। इसी प्रकार राज्यों के लिए बनायी जाने वाली योजनाओं में राज्यों के मन्त्रिमण्डल की महत्वपूर्ण भुमिका होती है। योजना को अन्तिम स्वरूप प्रदान करने से पूर्व राष्ट्रीय विकास परषिद (National Development Council) की स्वीकृति आवश्यक है। अतः स्वतः ही देश की पूरी योजना का निर्माण केन्द्रीय मन्त्रिमण्डल तथा राज्यों के मुख्य मन्त्रियों तथा अन्य मन्त्रियों की सहमति से होता है।

योजनाओं के क्रियान्वयन में कठिनाइयाँ (Constraints in Plan-Implementation)

भारतीय योजनाओं की प्रमुख समस्या उन्हें सफलतापूर्वक संचालित एवं क्रियान्वित करने की है। पंचवर्षीय योजनाओं के निर्माण से पहले अनेक सम्बन्धित वर्गों के विशेषज्ञो वे विचार विमर्श करना पड़ता है। केन्द्र तथा राज्य सरकारों के प्रतिनिधियों से भी सलाह ली जाती है। भारतीय प्रशासन में लालफीताशाही, भ्रष्टाचार तथा पक्षपात तथा नौकरशाही का प्रभुत्व होने के कारण नियोजन के क्रियान्वयन में काफी कठिनाइयों का सामना करना पड़ता है। योजनाओं के क्रियान्वयन में प्रमुख कठिनाइयाँ निम्न प्रकार है:

1. उद्योगों का आकार तथा स्थान निर्धारण (Determination of Size and Location of Industry)- प्रत्येक उद्योग के आकार का स्थान का उसके विकास में महत्वपूर्ण योगदान होता है। मुख्यः रूप से आकार का सम्बन्ध उपलब्ध साधनों तथा स्थान का सम्बन्ध वातावरण से होता है। लेकिन कई बार इन दोनों तथ्यों की पूर्णरूप से अवहेलना की जाती है। आर्थिक कारणों की बजाय उद्योगों के स्थानीयकरण में राजनीतिक कारणों को अधिक महत्व दिया जाता है। जब राजनीतिक हस्तक्षेप उद्योगों का आकार तथा स्थान निश्चित करने में सक्रिय हो जाते हैं, तब योजना के लक्ष्यों को पूरा करना अत्यन्त कठिन हो जाता है।

2. सार्वजनिक क्षेत्र का सहयोग (Co-operation of Public Sector)- भारत में द्वितीय योजना के प्रारम्भ में समाजवाद प्राप्ति के उद्देश्य से सार्वजनिक क्षेत्र को महत्वपूर्ण भूमिका प्रदान की गयी है। लेकिन सरकारी नियन्त्रण होने के कारण इसमें लालाफीताशाही इत्यादि दोषों का बाहुल्य है। सार्वजनिक उपक्रम किन उद्योगों के लिए तथा कहाँ कहाँ स्थापित किये जायें इस सम्बन्ध में उचित निर्णय करना अत्यन्त कठिन होता है। सार्वजनिक क्षेत्र के विस्तार से समाजवाद एवं विकास के अन्य कार्यक्रमों को प्राप्त करना स्वयं में कोई अनुचित नीति नहीं हैं; किन्तु यह कार्य इस प्रकार किया जाना चाहिए कि जिससे ये उपक्रम लाभोपार्जन करके नियोजन एवं विकास में पूर्ण सहयोग दें।

3. निजी क्षेत्र पर नियन्त्रण (Control over Private Sector)- मिश्रित अर्थ-व्यवस्था में निजी तथा सार्वजनिक दोनों ही क्षेत्रों का महत्व होता है। अतः सरकार को सार्वजनिक क्षेत्र से सम्बन्धित नीतियाँ बनाने से पूर्व निजी क्षेत्र के विकास की नीतियों का प्रतिपादन करना होता है। पूरे देश में निजी क्षेत्र के लिए योजना बनाना तथा यह निश्चित करना कि निजी क्षेत्र को किन-किन क्षेत्रों में विकास के अवसर दिये जायेंगे, उनमें कितनी पूँजी लगायी जायेगी तथा कितना उत्पादन होगा इत्यादि प्रश्नों के सम्बनध में निर्णय लेने का अधिकार तो सरकार का होता है। लेकिन उस उत्पादन लक्ष्य की पूर्ति में सरकार का कोई हस्तक्षेप नहीं होता। इस प्रकार अनेक बार उन लक्ष्यों की पूर्ति करना भी कठिन होता है।

4. कृषि एवं सिंचाई (Agriculture and Irrigation Facilities)- जिन देशों में मानसून के आने में कोई निश्चित समय नहीं होता वहाँ की कृषि देश में उपलब्ध सिंचाई साधनों पर निर्भर होती है। इसलिए मानसून के अभाव एवं अपर्याप्तता के कारण अनेक बार कृषि कार्यक्रम प्रभावित हो जाते हैं। कभी-कभी पर्याप्त एवं अच्छे बीज एवं खाद की कमी के कारण उपलब्ध सिचांई की सुविधाएँ बेकार हो जाती है। इस प्रकार नियोजन के कार्यक्रमों में बाधा उत्पन्न उत्पन्न होती है।

5. भूमि सुधार और कृषि साख में समन्वय का अभाव (Lack of Co-ordination between Land Reforms and Agriculture Credit)- भारत में भूमि सुधार और कृषि साख से सम्बन्धित समस्त कार्यक्रमों का प्रशासन अलग अलग संस्थाओं या संगठनों के माध्यम से होता है। माध्यम की इस भिन्नता के कारण भारत में कृषि विकास के समस्त कार्यक्रम जैसे कृषि पदार्थों का उत्पादन, उनकी बिक्री तथा उपभोग आदि प्रायः उचित समन्वय के अभाव में भटकते रहते हैं।

6. उद्योग, परिवहन तथा बिजली में समन्वय का अभाव (Lack of Co-ordination between Industry, Transport and Electricity)- इन तीनों का संचालन तथा विकास एक दूसरे पर निर्भर करता है। बिना बिजली के उद्योग का विकास कठिन है तथा परिवहन की सुविधाओं की अपर्याप्तता के कारण माल मँगवाने तथा भेजने में कठिनाई आती है। इसी प्रकार बिजली के उत्पादन का एक बड़ा भाग उद्योगों द्वारा ही प्रयोग किया जाता है तथा बिजली से ही परिवहन के सस्ते साधन सुलभ होते हैं लेकिन इन तीनों में समन्वय बैठाने में प्रशासन को बहुत सी कठिनाइयों का सामना करना पड़ता है।

7. निर्यातों के लक्ष्यों की पूर्ति (Fullfilment of Export Targets)- आयातों के भुगतान के लिए निर्यात करना भी आवश्यक होता है। लेकिन नियोजन में निर्धारित किये

जाने वाले लक्ष्यों की पूर्ति कई तत्वों जैसे अच्छे मानसून, मूल्य स्तर तथा औद्योगिक शान्ति पर बहुत कुछ निर्भर करती है। ये तीनों ऐसे घटक है जिन पर किसी प्रकार का नियन्त्रण करना सहज कार्य नहीं है। अनेक बार मानूसन के समय पर न आने पर अथवा अपर्याप्त रहने पर मजदूरों द्वारा हड़ताल कर उत्पादन को प्रभावित करने पर अथवा मूल्य स्तर में काफी उतार चढ़ाव होने के कारग लक्ष्यों की पूर्ति नहीं हो पाती तथा नियोजन के लक्ष्यों की प्राप्ति में कठिनाई आती है।

8. शिक्षा तथा सामाजिक सेवाएँ (Education and Social Services)- नियोजन में प्राय: सामाजिक क्षेत्र को आर्थिक क्षेत्र से कम महत्व प्रदान किया जाता है। जब भी किसी खेत्र में धन के अभाव का अनुभव होता है तो कटौती के क्षेत्र शिक्षा तथा सामाजिक सेवाओं के लिए निर्धारित रकम में से काटकर आर्थिक कार्यक्रमों की कमी को पूरा किया जाता है। इस प्रकार नियोजन सामाजिक क्षेत्र में प्राय: असफल रहता है तथा नागरिकों का जीवन स्तर शिक्षा के रूढ़िवादी होने के फलस्वरूप आर्थिक प्रगति भी लक्ष्यों के अनुसार नहीं होती।

नियोजन को कार्यान्वित करने के मार्ग में आने वाली उपर्युक्त वर्णित कठिनाइयों के विवेचन से यह स्पष्ट होता है कि भारतीय नियोजन की मूल समस्या इनका सफल संचालन अथवा क्रियान्वयन है। नियोजन में विकास के लिए कृषि, उद्योग, परिवहन, बिजली एवं विदेशी व्यापार में समन्वय की आवश्यकता है। लेकिन इस समन्वय से भी अधिक आवश्यक है आर्थिक प्रशासन का कुशल एवं सुदृढ़ होना। अत: आवश्यकता इस बात की है कि प्रशासन में व्याप्त लालफीताशाही, भ्रष्टाचार एवं पक्षपात को समाप्त करने के प्रयास करते हुए विकास करने एवं आर्थिक नियोजन को सफल बनाने की ओर अधिक ध्यान केन्द्रित किया जाय।

योजनाओं का मूल्यांकन (Plan Evaluation)

अर्थ (Meaning)- किसी भी कार्य एवं योजना का कुछ न कुछ उद्देश्य या लक्ष्य होता है। किसी भी कार्य की समाप्ति पर उस कार्य की सफलता का मूल्यांकन करना स्वाभाविक है। यह मूल्यांकन ही भविष्य में बनाये जाने वाले कार्यक्रमों का आधार होता है। मूल्यांकन के इन परिणामों के आधार पर ही उद्देश्य या लक्ष्य में प्राप्त असफलता का कारण जानने तथा भविष्य में अधिक अच्छे ढंग से काम करने का प्रयास किया जाता है। इस प्रकार सफलता एवं असफलता की जानकारी ही मूल्यांकन कहलाती है।

महत्व (Importance)- नियोजन के मूल्यांकन का महत्व निम्नलिखित कारणों से स्पष्ट होता है:

1. समस्याओं की जानकारी (Knowledge of the Problems)- नियोजन में मूल्यांकन के माध्यम से ही पता चलता है कि अमुक कार्य में कहाँ कहाँ कितनी सफलता और असफलता मिली है। इस मूल्यांकन के पश्चात ही यह पता लग पाता है कि विभिन्न योजनाओं को पूरा करने में किन-किन कठिनाइयों का सामना करना पड़ा। यह अनुभव ही भविष्य में इन कठिनाइयों का पुन: न घटने के लिए समाधान खोजने में सहायक होता है।

2. साधनों का उपयोग (Utilisation of Resources)- नियोजन में मुल्यांकन के फलस्वरूप स्वत: ही आर्थिक साधनों के श्रेष्ठतम उपयोग होने अथवा न होने का भी मूल्यांकन हो जाता है। यदि नियोजन में मूल्यांकन का कार्य नहीं किया जाय तो, यह सम्भव है कि देश में उपलब्ध कुछ साधनों का उपयोग बिल्कुल नहीं हो रहा हो, या कुछ साधनों का दुरूपयोग हो रहा हो। मूल्यांकन के इन साधनों का भविष्य में दुरूपयोग रोकना सम्भव नहीं हो सकेगा।

3. समन्वय की व्यवस्था (Arrangement for Co-ordination)- समन्वय का अभाव नियोजन की बड़ी कमजोरी है। भारत में पिछली योजनाओं द्वारा लक्ष्य प्राप्ति के मार्ग में समन्वय का अभाव प्रमुख समस्या रही है। नियोजन में मूल्यांकन से प्राप्त इन जानकारी के आधार पर ही भविष्य में नियोजन के लिए उचित समन्वय की व्यवस्था की जाती है।

4. विभिन्न क्षेत्रों की तुलना (Comparison of Various Sectors)- वर्तमान प्रतिस्पर्द्धा के इस युग में विभिन्न क्षेत्रों में होने वाले कार्यों की तुलना करना अत्यन्त आवश्यक है। नियोजन में मूल्यांकन से ही पता लग सकता है कि किन क्षेत्रों में अधिक पूँजी लगाने पर परिणाम सन्तोषप्रद नहीं था। मूल्यांकन से ही पूँजी की लागत का अनुमान भी लगाया जा सकता है। इस अनुमान के आधार पर ही उन क्षेत्रों में पूंजी लगाने सम्बन्धी निर्णय लिये जा सकते हैं।

5. विभिन्न देशों की तुलना (Country-wise Comparisons)- नियोजन में मूल्यांकन का महत्व केवल अर्थ-व्यवस्था के विभिन्न क्षेत्रों तक ही सीमित नहीं है। नियोजन में मूल्यांकन से अनेक देशों में, विभिन्न क्षेत्रों में विकास की तुलना किया जाना भी सम्भव है। नियोजन में मूल्यांकन करके ही तीव्र गति से आर्थिक विकास करने वाले देश अपने अनुभव अल्प विकसित राष्ट्रों को बतलाते हैं। इस प्रकार प्राप्त जानकारी के आधार पर तुलना करके अन्य राष्ट्र अपने विकास की तुलना करते हैं। अत: नियोजन के मूल्यांकन तुलनात्मक आर्थिक विकास का आधार बनता है।

6. भविष्य (Future)- आर्थिक नियोजन में मूल्यांकन के माध्यम से आर्थिक नीतियों की कमियों तथा संचालन में शिथिलता का पता लग सकता है। भावी आर्थिक नियोजन के लिए मूल्यांकन मार्गदर्शन प्रदान करता है। इस मूल्यांकन के माध्यम से प्रशासन की अपनी शिथिलता का पता लगता है जिसे भविष्य में सुधारने का प्रयास किया जाता है।

पंचवर्षीय योजनाओं का मूल्यांकन
(Evaluation of Five Years Plans)

भारत में आर्थिक नियोजन का विचार आजादी के आन्दोलन के मध्य उत्पन्न हुआ। सन् 1938 में कांग्रेस ने पं. जवाहर लाल नेहरू की अध्यक्षता में "राष्ट्रीय योजना समिति" का गठन किया। द्वितीय विश्वयुद्ध, आजादी के आन्दोलन की गतिविधियों में तेजी व अन्य राजनैतिक हलचलों के कारण इस समिति का प्रतिवेदन 1948 में ही प्राप्त हो सका।

1944 के प्रारम्भ में देश के आठ प्रमुख उद्योगपतियों द्वारा आर्थिक विकास हेतु एक 15 वर्षीय योजना तैयार की गई जो आज "बंबई योजना" के नाम से प्रसिद्ध है। इस योजना का लक्ष्य आने वाले 15 वर्षों में प्रति व्यक्ति आय दो गुना तथा राष्ट्रीय आय को

तीनगुना करना था। लगभग उसी समय एक सुप्रसिद्ध समाजवादी नेता, एम. एन. राय द्वारा प्रस्तुत ''जन योजना'' भी लोगों के सामने आई। इस योजना में भूमि के राष्ट्रीयकरण तथा सामुहिक खेती पर बल दिया गया था। लोगों का जीवन स्तर ऊँचा उठाने हेतु उपभोक्ताओं वस्तुओं के उद्योगों के विकास को आवश्यक समझा गया था।

1944 में ही गांधी जी के अनुयायी प्रो. श्री मन्नारायण अग्रवाल ने भारतीय आदर्शों पर आधारित एक दस वर्षीय गांधी-वादी योजना प्रस्तुत की। इस योजना के माध्यम से निर्धारित अवधि में सभी को न्यूनतम जीवन स्तर प्राप्त कराने, आर्थिक सत्ता का विकेन्द्रीकरण करने, कृषि तथा कुटीर व लघु उद्योगों के विकास के माध्यम से आत्मनिर्भर समाज बनाने का लक्ष्य निर्धारित किया गया था। किन्तु स्वतन्त्रता के पूर्व किसी भी योजना पर अमल नहीं हो सका। 1950 में भारत सरकार ने देश का तीव्र गति से विकास करने हेतु योजनाबद्ध विकास का मार्ग अपनाने का निश्चय किया। मार्च, 1950 में इस कारण पं. जवाहर लाल नेहरू की अध्यक्षता में ''योजना आयोग'' की स्थापना हुई।

प्रथम पंचवर्षीय योजना (अप्रैल, 1951 से मार्च 1956)

प्रथम पंचवर्षीय योजना को दिसम्बर, 1952 तक अन्तिम रूप दिया जा सका किन्तु इसे 1 अप्रैल, 1951 से ही लागु किया गया। वास्तव में यह योजना एक पुनर्निर्माण योजना थी। योजना में कृषि विकास को विशेष महत्व दिया गया।

द्वितीय विश्वयुद्ध और देश के विभाजन के परिणामस्वरूप जर्जरित अर्थव्यवस्था में सुधार करना, खाद्य संकट को दूर करना, जूट व कपास की आपूर्ति में वृद्धि करना, मुद्रा स्फीति पर नियन्त्रण करना, आर्थिक विकास का आधारभूत संरचनात्मक ढांचा तैयार करना, सामाजिक न्याय उपलब्ध करना तथा आय व सम्पत्ति के वितरण की विषमता को दूर करना प्रथम पंचवर्षीय योजना के मुख्य उद्धेश्य थे।

प्रारम्भ में इस योजना में सार्वजनिक क्षेत्र के लिए 2069 करोड़ रूपये व्यय करने का प्रावधान रखा गया था बाद में इसे बढ़ाकर 2378 करोड़ रूपये कर दिया गया था। किन्तु वास्तविक व्यय केवल 1960 करोड़ रूपये ही हो सका । निजी क्षेत्र में 1800 करोड़ रू. विनियोग का अनुमान था।

द्वितीय पंचवर्षीय योजना (अप्रैल, 1956 से मार्च, 1961)

प्रथम योजना मूलतः कृषि प्रधान योजना थी जबकि द्वितीय योजना में आधारभूत व भारी उद्योगों को अधिक महत्व दिया गया था। इस योजना का प्रारूप प्रो. पी. सी. महालनोबिस ने तैयार किया था। यह योजना 1956 में घोषित औद्योगिक नीति तथा कांग्रेस के आवड़ी अधिवेशन में पारित प्रस्ताव ''समाजवादी ढंग के समाज की स्थापना'' से प्रभावित थी।

इस योजना पर सार्वजनिक क्षेत्र में 4800 करोड़ रूपये तथा निजी क्षेत्र में 2400 करोड़ रूपये व्यय का प्रावधान रखा गया था किन्तु सार्वजनिक क्षेत्र में वास्तविक व्यय 4600 करोड़ रूपये ही हुआ।

राष्ट्रीय आय में 5 प्रतिशत की वृद्धि करना, सभी व्यक्तियों को रोजगार दिलाने हेतु रोजगार के अवसर बढ़ाना, औद्योगिकरण की गति तीव्र करने हेतु आधारभूत व भारी उद्योगों की स्थापना करना, समाज के कमजोर वर्ग को आर्थिक व सामाजिक न्याय दिलाने हेतु आय तथा सम्पत्ति की विषमताओं को कम करना द्वितीय योजना के प्रमुख उद्धेश्य थे।

तृतीय पंचवर्षीय योजना (अप्रेल 1961 से मार्च 1966)

द्वितीय योजना के अनुभवों से यह स्पष्ट हो गया था कि तीव्र आर्थिक विकास के लिए कृषि को भी प्राथमिकता देना आवश्यक है। इसलिए योजना में कृषि तथा उद्योग दोनों को ही महत्त्व दिया गया। इस योजना में सार्वजनिक क्षेत्र के लिए 7500 करोड़ रू. व्यय का प्रावधान किया गया तथा निजी क्षेत्र में 4100 करोड़ रू. निवेश का अनुमान किया गया था। सार्वजनिक क्षेत्र में वास्तविक परिव्यय 8577 करोड़ रूपये था।

तृतीय योजना में राष्ट्रीय आय में 5 प्रतिशत वार्षिक वृद्धि करना, निवेश का ऐसा ढाँचा तैयार करना जिससे भविष्य में भी इस वार्षिक वृद्धि दर को बनाये रखा जा सके, खाद्यान्नों में आत्मनिर्भरता प्राप्त करना तथा कृषि उत्पादन को बढ़ाकर उद्योगों तथा निर्यातों की आवश्यकता को पूरा करना, इस्पात, रसायन, ईधन, ऊर्जा तथा मशीन निर्माण करने वाले आधारभूत उद्योगों का इतना विकास करना जिसमें वे 10 वर्षों में औद्योगिकरण की आवश्यकता को देश के अपने ही साधनों से पूरा किया जा सके, देश की मानव शक्ति का यथासम्भव पूर्ण उपयोग तथा रोजगार के अवसरों का पर्याप्त विस्तार करना, सभी को समान अवसर उपलब्ध कराना, आय व सम्पत्ति की विषमता में कमी करना तथा आर्थिक शक्ति का अधिक समानता से वितरण करना प्रमुख उद्धेश्य थे। इस योजना में सार्वजनिक क्षेत्र में 8577 करोड़ रूपये व्यय किये।

चतुर्थ पंचवर्षीय योजना (अप्रैल 1969 से मार्च 1974)

अप्रेल 1969 में योजना का प्रारूप विचारार्थ जारी किया गया। मार्च 1970 में योजना को स्वीकृति हेतु संसद में प्रस्तुत किया गया। पर्याप्त विचार-विमर्श के पश्चात् मई 1970 में योजना का प्रलेख प्रकाशित हुआ।

वार्षिक योजनाओं की अवधि में आर्थिक स्थिरता नहीं थी। कृषि उत्पादन में अनिश्चितता की स्थिति थी। उत्पादन की धीमी गति से वृद्धि के कारण खाद्यान्न व अन्य कृषि पदार्थों का आयात करना पड़ रहा था। विदेशी सहायता पर निर्भरता बढ़ रही थी। अत: इस योजना में अर्थव्यवस्था में स्थिरता के साथ-साथ विकास तथा आत्मनिर्भरता पर विशेष बल रखा गया।

राष्ट्रीय आय में 5.5 प्रतिशत वार्षिक दर से वृद्धि करना, कृषि में 5.6 प्रतिशत तथा उद्योगों में 8 से 10 प्रतिशत वार्षिक दर से वृद्धि करना, खाद्यान्न के मूल्यों में तथा सामान्य मूल्य-स्तर पर नियन्त्रण रखना, आत्म निर्भरता प्राप्त करने की दिशा में प्रगति हेतु निर्यातों में 7 प्रतिशत वार्षिक दर से वृद्धि करना, विदेशी सहायता की मात्रा को आधा रखकर आर्थिक क्रिया के विस्तार के माध्यम से प्रादेशिक सन्तुलन ठीक करना, आर्थिक शक्ति के केन्द्रीयकरण को कम करने तथा सामाजिक न्याय प्राप्त करने हेतु संसाधनों पर राज्य का नियन्त्रण बढ़ाना चतुर्थ पंचवर्षीय योजना के प्रमुख उद्धेश्य थे।

निजी क्षेत्र में विनियोजन हेतु 8980 करोड़ रूपये की आशा की गई। सार्वजनिक क्षेत्र में वास्तविक व्यय 15778 करोड़ रूपये का हुआ।

पंचम पंचवर्षीय योजना (अप्रेल 1974 से मार्च 1979)

योजना का प्रारूप जनवरी, 1974 में जारी किया गया किन्तु इसको अन्तिम रूप सितम्बर 1976 तक ही दिया जा सका। राजनैतिक परिवर्तन के परिणामस्वरूप 1977 के आम चुनावों में जनता पार्टी सत्ता में आई और उस योजना को 1977-78 में ही समाप्त कर दिया गया।

योजना के प्रमुख उद्धेश्य गरीबी हटाना तथा आत्मनिर्भरता रखा गया। गरीबी पर विजय प्राप्त करने के लिए आर्थिक विकास तथा विषमता में कमी दोनों ही आवश्यक है। 1972-73 के मूल्यों पर रू. 40.60 प्रतिव्यक्ति प्रति माह न्यूनतम आवश्यक उपभोग मानते हुए गरीबी के स्तर को परिभाषित किया गया। आने वाले 10-12 वर्षों में विदेशी सहायता से मुक्त होने की आशा की गई। इन उद्धेश्यों को प्राप्त करने हेतु राष्ट्रीय आय में 4.37 प्रतिशत की वार्षिक वृद्धि, उत्पादक रोजगार के अवसरों में वृद्धि, न्यूनतम आवश्यकताओं को पूर्ण करने, सामान्य जन के लिए उपभोग्य वस्तुओं से सम्बन्धित कृषि मुख्य तथा आधारभूत उद्योगों पर बल, गरीबों को उचित मूल्य पर अनिवार्य वस्तुएँ उपलब्ध करवाने हेतु सार्वजनिक संग्रहण तथा वितरण प्रणाली का विकास, निर्यात प्रोत्साहन तथा आयात प्रतिस्थापन, अनावश्यक उपभोग पर रोक, एक न्यायपूर्ण कीमत, मज़दूरी तथा आय नीति, सामाजिक कल्याण का विस्तृत कार्यक्रम तथा सामाजिक, आर्थिक व क्षेत्रीय विषमता को कम करने के लिए संस्थात्मक, राजकोषीय एवं अन्य उपाय आदि लक्ष्य निर्धारित किये गये। इस योजना में सार्वजनिक क्षेत्र में 39303 करोड़ रूपये व्यय करने तथा निजी क्षेत्र में 27448 करोड़ रूपये के विनियोग का प्रावधान किया गया था। राजनैतिक परिवर्तन के कारण इस योजना को 77-78 वर्ष के अन्त में ही समाप्त मान लिया गया। सार्वजनिक क्षेत्र में वास्तविक व्यय 28991 करोड़ रूपये हुआ।

छठी पंचवर्षीय योजना (अप्रेल 1980 से मार्च 1985)

1977 में राजनैतिक परिवर्तन के पश्चात् जनता पार्टी की सरकार ने वर्ष 1977-78 में ही पांचवी योजना को समाप्त कर दिया। जनता सरकार द्वारा 1978 से 1983 के लिए छठी पंचवर्षीय योजना बनाई गई किन्तु 1980 में पुनः राजनैतिक परिवर्तन के परिणाम-स्वरूप कांग्रेस सत्ता में आई। नई सरकार ने पूर्व योजना को समाप्त कर 1980 से 1985 अवधि के लिए एक योजना तैयार की। यही योजना छठी योजना कहलाई। वर्ष 1978-79 तथा 79-80 योजनायें वार्षिक योजनाएँ मानी गई।

अर्थव्यवस्था में विकास दर में महत्वपूर्ण वृद्धि, संसाधनों के उपयोग में कुशलता लाना, उत्पादकता में सुधार करना, आर्थिक तथा तकनीकी क्षेत्र में आत्मनिर्भरता प्राप्त करने के लिए आधुनिकीकरण को प्रोत्साहित करना, गरीबी तथा बेरोजगारी में तेजी से कमी लाना, ऊर्जा के देशी स्रोतों का तेजी से विकास करना तथा उसके उचित संरक्षण तथा कुशल प्रयोग पर बल देना, आर्थिक तथा सामाजिक दृष्टि से अक्षम लोगों के विशेष संदर्भ में जीवन स्तर में सुधार लाने हेतु विशेष प्रयत्न करना जिससे स्वीकृत स्तर को प्राप्त किया जा सके, सार्वजनिक

नीतियों व सेवाओं का गरीबों के पक्ष में इस प्रकार पुनर्वितरण करना जिससे आय तथा धन की विषमतायें कम हो सकें, क्षेत्रीय विषमताओं में उत्तरोत्तर कमी लाना, जनसंख्या वृद्धि पर नियन्त्रण करना, पारिस्थितिक तथा पर्यावरणीय सम्पदा को संरक्षण तथा सम्वर्द्धन करते हुए विकास के अल्पकालीन तथा दीर्घकालीन लक्ष्यों में सामंजस्य स्थापित करना तथा उपयुक्त शिक्षा, संचार तथा संस्थागत कौशल के माध्यम से सभी वर्ग के लोगों को विकास की प्रक्रिया में सक्रिय सहभागी बनाना छठी पंचवर्षीय योजना के मुख्य उद्धेश्य थे।

योजना प्रारूप को ध्यान से पढ़ने से ज्ञात होता है कि योजना में आर्थिक विकास पर विशेष बल दिया गया है। शेष उद्धेश्य वास्तव में इसके सहायक हैं। गरीबी, बरोजगारी तथा अर्द्ध-बेरोजगारी की समस्याओं का प्रभावी समाधान आर्थिक वृद्धि से प्राप्त क़िया जा सकता है।

योजना में सार्वजनिक क्षेत्र में 97500 करोड़ रूपये व्यय करने का प्रावधान किया गया था। किन्तु वास्तविक व्यय 109292 करोड़ रूपये हुआ। निजी क्षेत्र के लिए विनियोग राशि का अनुमान 74710 करोड़ रूपये का था।

सातवीं पंचवर्षीय योजना (अप्रेल 1985 से मार्च 1990)

इस योजना का प्रारूप नवम्बर, 1985 में राष्ट्रीय विकास परिषद् द्वारा स्वीकार किया गया। योजना में मुख्य रूप से आर्थिक विकास, आधुनिकीकरण, आत्मनिर्भरता तथा सामाजिक न्याय पर अधिक बल दिया गया।

निर्धनता रेखा के नीचे रहने वाली जनसंख्या के प्रतिशत में पर्याप्त कमी लाना, रोजगार के अवसरों का विस्तार करना, उत्पादन क्षमता का उपयोग तथा उत्पादकता में वृद्धि करते हुए आर्थिक विकास में तेजी लाना तथा मानव संसाधन विकास को अधिक महत्व देना योजना के मुख्य उद्धेश्य रखे गये थे।

इन उद्धेश्यों को प्राप्त करने के लिए आर्थिक विकास की वार्षिक वृद्धि दर 5 प्रतिशत रखने, आन्तरिक बचतों द्वारा विनियोग दर बढ़ाकर 25.9 प्रतिशत करने, कृषि क्षेत्र में औसत वृद्धि दर 4 प्रतिशत तथा औद्योगिक क्षेत्र में 8 प्रतिशत करने का लक्ष्य निर्धारित किया गया था।

सातवीं योजना में सार्वजनिक क्षेत्र के लिए 1,80,000 करोड़ रूपये व्यय करने का प्रावधान रखा गया था। किन्तु वास्तविक व्यय 218729.6 करोड़ रूपये हुआ। निजी क्षेत्र में 1,68,148 करोड़ रूपये विनियोग होने की आशा की गई थी।

आठवीं पंचवर्षीय योजना (अप्रैल 1992 से मार्च 1997)

यह योजना वर्ष 1990-91 से प्रारम्भ होनी थी। पिछले वर्षों में राजनीतिक परिवर्तनों के कारण यह योजना समय पर प्रारम्भ नहीं हो सकी। सरकार द्वारा राजकोषीय नीति में सुधार तथा विश्व में हुये महत्वपूर्ण परिवर्तनों के कारण योजना प्रक्रिया में नये दृष्टिकोण से विचार आवश्यक हो गया था। यह योजना राष्ट्रीय विकास परिषद की स्वीकृति के पश्चात् 1 अप्रैल, 1992 से प्रारम्भ हुई है।

मुख्य लक्ष्य - इस योजना के प्रमुख लक्ष्य जिन्हें प्राथमिकता से पूर्ण किया जायेगा, इस प्रकार हैं -

1. इस शताब्दी के अन्त तक पूर्ण रोजगार की दिशा में बढ़ने हेतु पर्याप्त रोजगार के अवसर पैदा करना।

2. जनसंख्या नियन्त्रण हेतु कारगर योजना शुरू करना।

3. सभी के लिए प्राथमिक शिक्षा तथा 15-35 वर्ष की आयु के लोगों में व्याप्त अशिक्षा को समूल समाप्त करना।

4. सभी के लिये स्वच्छ पेयजल तथा प्राथमिक स्वास्थ्य केन्द्रों की व्यवस्था करना तथा मैला ढोने की व्यवस्था को समाप्त करना

5. खाद्यान्न में आत्म-निर्भरता प्राप्त करने तथा निर्यात हेतु कृषि को उन्नत करना व विविधता लाना।

6. आधारभूत ढांचों को सुदृढ़ बनाना।

5.6 प्रतिशत वार्षिक विकास दर के लक्ष्य को प्राप्त करने हेतु बचत की औसत दर को सकल घरेलू उत्पाद के 21.6 प्रतिशत तक बनाये रखना होगा।

आर्थिक योजनाओं की उपलब्धियाँ (Achievements of Economic Planning)

भारत की आर्थिक योजनाओं की मुख्य उपलब्धियां निम्नलिखित है :

(1) राष्ट्रीय आय में वृद्धि (Increase in National Income)- राष्ट्रीय आय में वृद्धि आर्थिक विकास का प्रतीक है। भारत में आर्थिक नियोजन अपनाये जाने से पूर्व ब्रिटिश शासन के दौरान राष्ट्रीय आय में 0.5 प्रतिशत प्रतिवर्ष दर से वृद्धि हुई थी, इस प्रकार भारतीय अर्थव्यवस्था एक गतिहीन अर्थव्यवस्था थी। पंचवर्षीय योजनाओं की अवधि में राष्ट्रीय आय की वृद्धि दर औसत 4.1 प्रतिशत प्रतिवर्ष रही। यद्यपि राष्ट्रीय आय की वास्तविक दर उसके लक्ष्य से कम रही है, परन्तु इसके फलस्वरूप अर्थव्यवस्था की गतिहीनता टूटने में काफी सहायता मिली है। प्रथम, योजना में राष्ट्रीय आय में वृद्धि का लक्ष्य 2.2 प्रतिशत वार्षिक था जबकि वास्तव में राष्ट्रीय आय में 3.7 प्रतिशत प्रतिवर्ष की वृद्धि हुई है। द्वितीय, योजना से लेकर आठवीं योजना तक सभी योजनाओं की विकास दर का लक्ष्य 5 प्रतिशत निर्धारित किया गया। अधिकतर योजनाएं ही अपने लक्ष्य को प्राप्त कर सकी हैं। आठवीं योजना में विकास की दर बढ़कर 6.6 प्रतिशत हो गई। नौंवी योजना में इसका लक्ष्य 6.5 प्रतिशत रखा गया है।

राष्ट्रीय आय में वृद्धि की दर निश्चित रूप से योजनाओं की एक महत्वपूर्ण उपलब्धि रही है। विभिन्न दशकों के दौरान सम्भव हुई राष्ट्रीय आय में वृद्धि दर को तालिका-1 में दर्शाया गया। तालिका में प्रस्तुत आंकड़े राष्ट्रीय आय का संतोषजन चित्रण प्रस्तुत करते हैं।

तालिका -1

योजना/वर्ष	1950-51 से 1960-61	1960-61 से 1970-71	1970-71 से 1980-81	1980-81 से 2000-01
औसत वृद्धि दर प्रतशत	3.8	3.0	3.3	5.9

(2) प्रति व्यक्ति आय में वृद्धि (Increase in Per Capita Income)- स्वतन्त्रता से पूर्व भारत की प्रति व्यक्ति आय में होने वाली वृद्धि दर लगभग शून्य थी। परन्तु योजनाओं की अवधि में प्रति व्यक्ति आय में 2 प्रतिशत वृद्धि हुई है। तीसरी योजना को छोड़कर लगभग सभी योजनाओं में प्रति व्यक्ति आय में वृद्धि हुई है। विभिन्न योजनाओं के अन्तर्गत प्रति व्यक्ति आय में वृद्धि को तालिका में दर्शाया गया है। प्रथम से चतुर्थ योजना तक यद्यपि प्रति व्यक्ति आय में वृद्धि-कमी का प्रदर्शन संतोषजनक नहीं रहा, किन्तु पांचवी योजना के पश्चात् एक स्थिर तथा विकास की प्रवृत्ति दृष्टिगत हुई है। यह बढ़कर 2.7 प्रतिशत हो गई। छठी योजना में बढ़कर 3.2 प्रतिशत, सातवी योजना में इसमें लगभग ५.6 प्रतिशत की वृद्धि हुई तथा आठवीं योजना में यह 4.6 प्रतिशत की वृद्धि हुई है। 2000-01 में यह कम होकर 3.5 प्रतिशत हो गई। योजनाओं की (1951-2001) अवधि में स्थिर कीमतों पर प्रति व्यक्ति आय की औसत वृद्धि दर 2 प्रतिशत प्रतिवर्ष रही है। इस प्रकार नियोजित विकास इस बात का संकेत है कि ब्रिटिशकाल की गतिहीन अर्थव्यवस्था की कमजोरियों को दूर करके विकास प्रक्रिया का प्रारम्भ सम्भव हुआ है।

तालिका-2

योजना	प्रथम	द्वितीय	तृतीय	तीन एक वर्षीय	चतुर्थ	पांचवी	छठी	सातवीं	आठवीं
वृद्धि दर (प्रतिशत)	1.8	2.1	0.2	1.4	1.0	2.7	3.2	3.6	4.6

(3) पूंजी निर्माण की दर में वृद्धि (Increase in Rate of Capital Formation)- आर्थिक विकास में पूंजी निर्माण का महत्त्व सर्वोपरी होता है। पंचवर्षीय योजनाओं की अवधि में पूंजी निर्माण की दर में आशातित वृद्धि हुई है। पूंजी निर्माण की दर का निर्धारण बचत तथा निवेश की दर पर निर्भर करती है। पंचवर्षीय योजनाओं की अवधि में बचत तथा निवेश की दर में काफी वृद्धि हुई है। 1950-51 में बचत की दर राष्ट्रीय आय का 5.5 प्रतिशत थी। प्रथम योजना के अन्त तक भारत में पूंजी निर्माण की दर दुगूनी होकर 11.2 प्रतिशत हो गई। चतुर्थ योजना में बचत की दर बढ़कर 13.8 प्रतिशत हो गई। पांचवी योजना में बचत की दर 22.5 प्रतिशत थी। सातवीं योजना में यह 21.7 प्रतिशत तथा आठवीं योजना में 25.6 प्रतिशत थी। पहली योजना के अन्त में निवेश दर 10 प्रतिशत, दूसरी योजना के अन्त में 12.7 प्रतिशत, तीसरी योजना में 13.9 प्रतिशत तथा चौथी योजना के अन्त में 14.5 प्रतिशत हो गई। पांचवी योजना में निवेश की दर 16.5 प्रतिशत हो गई। सातवीं योजना में

पूँजी निर्माण की दर 24.1 प्रतिशत हो गई। आठवीं योजना में यह 26 प्रतिशत हो गई। नौवी योजना के चौथे वर्ष 2000-01 में पूंजी निर्माण की दर 24 प्रतिशत हो गई और बचत की दर 23.4 प्रतिशत हो गई।

(4) कृषि में संस्थागत सुधार तथा हरित क्रान्ति (Institutional Reforms in Agriculture and Green Revolution)- कृषि के विकास में योजनाओं का दोहरा योगदान दो का है, प्रथम कृषि में भूमि सुधार किये गए हैं। यद्यपि ये भूमि सुधार पूर्ण रूप से लागू नहीं किये जा सके है किन्तु यह वास्तविकता है कि सीमित भूमि सुधारों ने भी उन्नत खेती के लिये वातावरण तैयार किया है। सामुदायिक विकास योजनाओं का भी इस दृष्टि से कम महत्व नहीं है। द्वितीय सन् 1966 से कृषि के तकनीकी विकास पर विशेष बल दिया गया है, जिसके फलस्वरूप हरित क्रान्ति हो सकी है। योजनाओं की अवधि में खाद्यान्न का उत्पादन तिगुना बढ़ गया है और कृषि क्षेत्र में काफी विकास हुआ है। 1951-52 में अनाज का उत्पादन 550 लाख टन हुआ था। 2000-01 में खाद्यान्न का उत्पादन बढ़कर 1960 लाख टन हुआ है। गन्ने का उत्पादन 1950-51 में 69 लाख टन था वह 2001 में 2992 लाख टन हुआ। इसी प्रकार कपास तथा पटसन का उत्पादन 1950-51 में 50 लाख गांठे तथा 25 लाख गांठे क्रमश: था 2000-01 में इनका उत्पादन क्रमश: बढ़कर 97 लाख गांठ और 105 लाख गांठे हो गया। 1950-51 में सिंचाई की क्षमता 2 करोड़ 26 लाख हैक्टेयर थी। 2000×01 में सिचाई क्षमता बढ़कर 9 करोड़ 47 लाख हैक्टेयर होने का अनुमान है। योजनाओं के काल में कृषि के उत्पादन में काफी वृद्धि हुई है। रासायनिक खाद, उत्तम बीज तथा खेती के उन्नत ढंग के फलस्वरूप प्रति हैक्टेयर उत्पादन कई गुणा अधिक बढ़ गया है। प्रतिदिन योजनाओं की अवधि में कृषि उत्पादन के विकास की दर औसतन 2.8 प्रतिशत प्रति वर्ष रही है। अब भारत खाद्यान्न का आयात करने के स्थान पर उसका निर्यात करने लगा है।

(5) उद्योगों का विकास (Industrial Development)- योजनाओं के फलस्वरूप औद्योगिक क्षेत्र में भी महत्वपूर्ण सफलता प्राप्त की गई है। राष्ट्रिय पंचवर्षीय योजनाओं की अवधि में आधारभूत तथा पूंजीगत उद्योगों जैसे लोहा, इस्पात, मशीनरी, खाद, रसायन आदि के विकास द्वारा सुदृढ़ औद्योगिक ढाँचे का निर्माण हुआ है। सार्वजनिक क्षेत्र का अर्थव्यवस्था के महत्वपूर्ण क्षेत्रों में विस्तार किया गया है। उपभोग उद्योगों के सम्बन्ध में देश लगभग आत्मनिर्भरता प्राप्त कर चुका है। उद्योगों का बड़े पैमाने पर विविधीकरण तथा आधुनिकीकरण किया गया है। औद्योगिक उत्पादन की क्षमता में काफी वृद्धि हुई है। भारत की अर्थव्यवस्था सम्पूर्ण विश्व की दसवीं औद्योगिक अर्थव्यवस्था के रूप में उभरी है। योजनाओं की अवधि में औद्योगिक उत्पादन की विकास दर लगभग 6.9 प्रतिशत प्रति वर्ष रही है। योजनाओं के फलस्वरूप भारत में औद्योगिक क्षेत्र में बहुत अधिक विकास हुआ है। आंकड़े दर्शाते हैं कि प्रथम पंचवर्षीय योजना में औद्योगिक उत्पादन में 8 प्रतिशत की वृद्धि हुई है। वास्तव में द्वितीय योजना औद्योगिक विकास को प्राथमिकता प्रदान योजना थी। इस योजना में औद्योगिक उत्पादन में 7 प्रतिशत की वृद्धि हुई। सातवीं योजना में औद्योगिक उत्पादन की औसत वृद्धि दर 7.5 प्रतिशत रही। आठवीं योजना में औद्योगिक उत्पादन की वृद्धि दर 7.2 प्रतिशत रही। नौवी योजना में औद्योगिक उत्पादन की विकास दर 6 प्रतिशत

रही। प्रमुख औद्योगिक वस्तुएँ जैसे कपड़ा, चीनी तथा सीमेंन्ट का उत्पादन 2000–2001 में क्रमशः 3,967 करोड़ वर्ग मीटर, 187 लाख टन, 995 लाख टन हो गया। पैट्रोल का उत्पादन बढ़कर 2000–01 में 324 लाख टन हो गया। देश में खनिज पदार्थो का बहुत अधिक विकास हुआ है। संक्षेप में पंचवर्षीय योजनओं के दौरान भारत के औद्योगिक मानचित्र में महत्वपूर्ण परिवर्तन हुए है।

(6) उपभोग स्तर में वृद्धि (Increase in Consumption Level) - योजना काल में अनेक उपभोग वस्तुओं के प्रति व्यक्ति उपभोग में भी वृद्धि हुई है। अनाज का प्रति व्यक्ति उपभोग 1951 में 334 ग्राम प्रतिदिन से बढ़कर 2000 में 426 ग्रम तक पहुँच गया किन्तु दालों का प्रति व्यक्ति उपभोग 61 ग्राम से घटकर 32 ग्राम पर आ गया। 2001 में पुनः अनाज का प्रति व्यक्ति उपभोग 391 ग्राम प्रतिदिन और दालों का उपभोग 26.4 ग्राम हो गया। खाद्य तेलों और वनस्पति को मिलाकर प्रति व्यक्ति उपलब्धि 1951 में 3.1 कि. ग्राम से बढ़कर 1999–2000 में 10.4 कि. ग्रा. हो गई। यद्यपि यह घटकर 2001 में 9.4 कि. ग्राम पर रह गई। इसी प्रकार 1955–56 में चाय की प्रति व्यक्ति उपलब्धि 362 ग्राम से बढ़कर 2000–01 में 638 ग्राम हो गई। इसी प्रकार कपड़ा व अन्य उपभोग वस्तुओं की उपलब्धि में भी पंचवर्षीय योजनाओं की अवधि में वृद्धि हुई है। यह सब इस बात का प्रमाण है कि योजना अवधि के दौरान देश के लोगों का उपभोग स्तर एवं रहन–सहन का स्तर बढ़ा है।

(7) रोजगार अवसरों में वृद्धि - भारत की विभिन्न पंचवर्षीय योजनाओं के दौरान रोजगार के नए अवसरों का सृजन हुआ है। रोजगार बढ़ाने के प्रयास स्वरूप अनेक महवाकांक्षी योजनाएँ प्रारम्भ हुई है। है। इस दृष्टि से रोजगार विन्मुख कार्यों पर जोर, कुटीर व लघु उद्योगों का विकास, विशेष रोजगार कार्यक्रम आदि प्रारम्भ किए गए है। इन सबके परिणामस्वरूप विभिन्न पंचवर्षीय योजनाओं में जो रोजगार के अवसरों में वृद्धि हुई उसे तालिका –3 में दर्शाया गया है।

तालिका–3

विभिन्न योजनाओं में पश्चात रोजगार सृजन की स्थति

योजना	प्रथम	द्वितीय	तृतीय	चतुर्थ	पांचवीं	सातवीं	आठवीं	नौवीं
रोजगारके अवसर (लाख)	70	100	145	180	190	340	398	492

(8) सामाजिक न्याय - असमानताओं को कम करने और गरीब वर्ग के लागों को विकास के पर्याप्त अवसर प्रदान की दृष्टि से अनेक गरीबी–उन्मूलन कार्यक्रम चलाए गए है। विगत कुछ वर्षों में गरीबी उन्मूलन हेतु चलाए गए मुख्य कार्यक्रम इस प्रकार है : समन्वित ग्रामीण विकास कार्यक्रम, राष्ट्रीय ग्रामीण रोजगार कार्यक्रम, ग्रामीण भूमिहीन रोजगार गारंटी कार्यक्रम, स्वर्ण जयंती ग्राम स्वरोजगार योजना, प्रधानमंत्री ग्रामोदय योजना, स्वर्ण जयंती शहरी रोजगार योजना आदि। पिछड़े वर्ग के लोगों की दशा सुधारने की दृष्टि से भी अनेक प्रयास किए गए है। गरीबी की रेखा के नीचे के लोगों को जीवन की अनिवार्य वस्तुएँ उचित मूल्य पर उपलब्ध करवाने के लिए सार्वजनिक वितरण प्रणाली में सुधार किए गए है।

(9) सामाजिक सुविधाओं का विस्तार (Expansion of Social Services)- योजनाकाल में शिक्षा, स्वास्थ्य और आवास जैसी सामाजिक सुविधाओं का भी पर्याप्त विस्तार हुआ है। औसत आयु बढ़ी है तथा मृत्यु दर में कमी आई है। अनेक प्रकार की महामारियों व संक्रामक बीमारियों जिन्हें पूर्व में जानलेवा घोषित किया जा चुका था उन पर पर काबू पाया गया है। डॉक्टरों, अस्पतालों और ग्रामीण डिस्पेंसरियों की संख्या में भी काफी वृद्धि हुई है। शिक्षा के क्षेत्र में भी योजनाकाल में शिक्षण संस्थाओं का विकास हुआ है। स्कूलों, कॉलेजों व विश्वविद्यालयों की संख्या व उनमें छात्रसंख्या में काफी वृद्धि हुई है। । योजनाकाल में सरकार ने लोगों को अच्छे आवास, स्वच्छ पेयजल जनस्वास्थ्य एवं सेनेटरी सुविधाएँ उपलब्ध कराने की दृष्टि से भी सराहनीय प्रयास किए हैं।

(10) विज्ञान तथा तकनोजॉजी का विकास (Science and Technologycal Development)- योजनाकाल में भारत ने विज्ञान तथा तकनिकी ज्ञान के क्षेत्र में महत्वपूर्ण प्रगति सम्भव हुई है। देश में लगभग 3.5 मिलियन तकनीकी एवं प्रबंधकीय प्रशिक्षण प्राप्त लोग है। विश्व के अन्य अनेक देशों में भारत के विशेषज्ञ जाने लगे हैं। अभी हाल में सूचना प्रोद्योगिकी के क्षेत्र में तो भारत विश्व के अग्रणी देशों में गिना जाने लगा है।

नियोजन की उपलब्धियों लेखा जोखा आठवीं योजना इस प्रकार व्यक्त किया गया है। कि – ''संवृद्धि के परिणामस्वरूप अर्थव्यवस्था में सरंचनात्मक परिवर्तन आया है। यह परिवर्तन उत्पादन की क्षेत्रीय संरचना में परिवर्तन, क्रियाकलापों की विविधता, तकनोलॉजी में प्रगति और सामंती एवं उपनिवेशवादी अर्थव्यवस्था के आधुनिक औद्योगिक देश के रूप में अंतरण के रूप में प्रकट हुआ है। योजना-अवधि के दौरान राष्ट्रीय आय की संरचना में शनै शनैः परिवर्तन आया है। सकल घरेलू उत्पाद में जहाँ कृषि एवं सहायक क्रियाकलापों के हिस्से में कमी आई है, वहाँ तृतीयक क्षेत्र का हिस्सा बढ़ा है। सेवाओं का विस्तार रोजगार सृजन की दृष्टि से ही नही होता बल्कि आर्थिक प्रणाली की अधिक अच्छी कार्यकुशलता और जीवन की गुणवत्ता मे सुधार की दृष्टि से भी अनुकूल होता है।''

इस प्रकार निष्कर्ष स्वरूप यह कहा जा सकता है कि योजनाओं ने भारत को विकास के रास्ते पर आगे बढ़ने हेतु अनुकूल परिस्थितिया उपलब्ध करवाई है, भारत की अर्थव्यवस्था के प्रत्यक क्षेत्रों में इस योजना-अवधि में प्रगति हुई है। अर्थव्यवस्था का आधारभूत ढाँचा मजबूत हुआ है। कृषि, उद्योग, परिवहन, संचार, शिक्षा, स्वास्थ्य आदि सभी क्षेत्रों में विकास के सफल तथा सार्थक प्रयास हुए हैं।

विकास योजनाओं की विफलताएँ अथवा कमियाँ

(Failures or Shortcomings of Development Plans)

भारत द्वारा 1950-51 के पश्चात् जिस विकास यात्रा को प्रारम्भ किया गया उसका प्रमुख उद्धेश्य नागरिकों के जीवन स्तर का ऊंचा उठाना, औद्योगिक तथा कृषि क्षेत्र में आत्म-निर्भरता प्राप्त करना, आय तथा धन के वितरण में असामना को समाप्त कर समाजवादी समाज की स्थापना करना रहा है। इस दिशा में विभिन्न पंचवर्षीय योजनाओं के दौरान काफी

कुछ सफलताओं के बावजूद भी प्रश्न यह है कि क्या योजनाएँ अपने निर्धारित लक्ष्यों को प्राप्त कर सकी है। सत्य तो यह है कि 50 वर्षो की योजना अवधि के बावजूद भी आज भारतीय अर्थव्यवस्था अनेक अभावों एवं असंतुलनों से ग्रस्त है। अतः भारतीय आयोजन का सही मुल्यांकन करने के लिए योजनाओं की उन विफलताओं को जानना भी आवश्यक है। जो लक्ष्यों तथा अपेक्षाओं की प्राप्ति के मार्ग में बाधक रही है। इन कमियों व विफलताओं को निम्न विवेचन में प्रस्तुत: किया गया है -

1. **विकास की धीमी दर** (Slow Growth Rate)- भारत में विकास दर योजना में निर्धारित लक्ष्यों एवं विश्व के अन्य देशों की तुलना में, दोनों ही दृष्टियों से कम रही है। राष्ट्रीय आय की (4.1 प्रतिशत प्रतिवर्ष) तुलना में प्रति व्यक्ति आय (2 प्रतिशत प्रतिवर्ष) में वृद्धि की दर तो और भी कम रही है। 50 वर्षो के नियोजन के बावजूद भी भारत विश्व में अल्पविकसित या विकासशील देशों की श्रेणी में ही आता है।

2. **गरीबी की समस्या** (Problem of Poverty) - यह विकास -योजनाओं की असफलता ही है कि भारत में आर्थिक नियोजन अपनाये जाने के 50 वर्ष पश्चात् भी काफी बड़ी मात्रा में गरीबी पाई जाती है। आज भी देश में लगभग 26 प्रतिशत लोगों को गरीबी की रेखा के नीचे गुजारा करना पड़ रहा है। 1951 में 16.4 करोड़ लोग गरीबी की रेखा के नीचे थे। विकास योजनाओं के बाद आज लगभग 30 करोड़ लोग गरीबी की रेखा के नीचे जीवन-यापन कर रहे हैं। इस प्रकार योजना-अवधि के दौरान देश में गरीबों की कुल संख्या घटने के बजाय बढ़ी है, यह चिंता की बात तथा पंचवर्षीय योजनाओं की असफलता का द्योतक है।

3. **असमानताओं में वृद्धि** (Increase in Inequalities)- योजनाओं में हुए विकास के लाभ समाज के निर्धन वर्ग तक नहीं पहुँच पाए हैं। ग्रामीण क्षेत्र में भूमि सुधार की नीति तो लगभग असफल सिद्ध हो चुकी है। भुमि सुधार के अनेक प्रयासों के बावजूद तीन प्रतिशत परिवार लगभग 50 प्रतिशत कृषि भूमि के स्वामी है। औद्योगिक क्षेत्र में आय एवं वितरण की समस्या सर्वविदित है7 शहरी क्षेत्र के काले धन की वृद्धि के परिणामस्वरूप समाज के अमीर लोगों की फिजुलखर्ची बढ़ी है। देश में आर्थिक शक्ति का केन्द्रियकरण बढ़ा है। विभिन्न वर्गो एवं क्षेत्रों के बीच आर्थिक असमानताओं में वृद्धि के परिणामस्वरूप सामाजिक तनाब बढ़े हैं। समाजवादी समाज की रचना की स्थापना की घोषणा केवल कागज पर ही रह गई है।

4. **बेरोजगारी की समस्या** (Problem Un-Employment)- देश के ग्रामीण एवं शहरी क्षेत्रों में बेरोजगार लोगों की काफी बड़ी संख्या का होना हमारी नियोजन प्रक्रिया की सबसे बड़ी असफलता है। तालिका-4 में प्रस्तुत आंकड़े भारत में बेरोजगारी की समस्या का विकराल रूप का प्रदर्शन करने हेतु पर्याप्त है। तालिका में प्रस्तुत आंकड़े प्रत्येक पंचवर्षीय योजना के पश्चात् भारत में बेरोजगारी का आकार दर्शाते है। प्रथम योजना के पश्चात् भारत में बरोजगारों की संख्या 70 लाख थी, जो आठवीं योजना के पश्चात् 153 लाख हो गई।

तालिका -4

बेरोजगारी की स्थिति

योजना	प्रथम	द्वितीय	तृतीय	चतुर्थ	पांचवीं	छठी	सातवीं	आठवीं	2000 -01
बेरोजगारों की संख्या (लाखों में)	70	71	96	140	206	92	86	153	90

बेरोजगारी की इस समस्या का एक कारण भारी उद्योग पर आवश्यकता से अधिक जोर दिया जाना भी रहा है। भारतीय अर्थव्यवस्था में वृद्धिगत पूँजी उत्पाद अनुपात काफी ऊँचा (लगभग 6) है। अत: पूँजी गहन तकनीक देश में पर्याप्त रोजगार का सृजन नहीं कर पा रही है। शिक्षित व तकनीकी शिक्षा प्राप्त लोगों की बेरोजगारी भी बढ़ती जा रही है। ग्रामीण क्षेत्रों एवं समाज के कमजोर वर्गों में तो स्थिति और भी अधिक खराब हैं। दोषपूर्ण नीतियों एवं दोषपूर्ण विकास रणनीति के परिणामस्वरूप पिछले कुछ वर्षो से देश में रोजगार विहीन विकास की स्थिति पैदा हुईं है। इसके अन्तर्गत देश का उत्पादन बढ़ने पर भी रोजगार नहीं बढ़ रहा है।

5. कीमतों में वृद्धि (Rise in Price)- भारतीय योजनाएँ कीमतों को स्थिर रख पाने के उद्देश्य में भी सफल नहीं हुई है। प्रत्येक पंचवर्षीय योजना के दौरान मूल्य वृद्धि के लक्ष्य की प्राप्ति न हो सकने के कारण योजना अवधि में निरन्तर मूल्य वृद्धि का क्रम दृष्टिगत हुआ है। तालिका- 5 में मूल्य वृद्धि के कारण रूपये का मूल्य लगातार गिरता जा रहा है। इसके फलस्वरूप देश की गरीब जनता, मजदूर व निश्चित वेतनभोगी वर्ग पर महँगाई का बोझ बढ़ता जा रहा है। आम आदमी को अपना गुजारा चला पाना कठिन हो रहा है।

तालिका-5

योजना	प्रथम	द्वितीय	तृतीय	चतुर्थ	पांचवीं	छठी	सातवीं	आठवीं	2000 -01
मूल्य वृद्धि (प्रतिशत में)	सामान्य	6.25	5.7	8.9	6.5	9.3	6.7	6.6	4.9

6. उत्पादक क्षेत्रों में धीमा विकास (Slow Progress in Productive Areas- कृषि व उद्योग के क्षेत्र में भी विकास की दर पर्याप्त नहीं रही है। कृषि क्षेत्र में गेहूँ व चावल को छोड़कर अन्य फसलों के उत्पादन की वृद्धि दर संतोषजनक नहीं रही है। विशेषकर दालों व तिलहनों के उत्पादन की दर तो बहुत धीमी है। इसी प्रकार ग्रामीण व लघु उद्योगों का विकास भी आशा के अनुरूप नहीं हो सका है। आज परंपरागत कारीगर संकट में हैं। औद्योगिक क्षेत्र में भी विकास की दर धीमी ही रही है। आधुनिकीकरण और तकनीकी प्रगति की दृष्टि से भारतीय उद्योग काफी पिछड़ी हुई अवस्था में हैं। औद्योगिक क्षेत्र में कार्यकुशलता का स्तर काफी निम्न है। बीमार उद्योगों की संख्या लगातार बढ़ती जा रही है। पूंजी प्रधान

उद्योगों के प्रोत्साहन तथा कृषि एवं ग्रामीण उद्योगों के विकास को अपेक्षाकृत कम प्रोत्साहन प्राप्त हुआ है।

7. **सार्वजनिक क्षेत्र की असफलता** (Failure of Public Sector)- योजनाओं के दौरान सार्वजनिक क्षेत्र का विस्तार तो हुआ है किन्तु यह देश की आर्थिक प्रगति में पर्याप्त योगदान प्रदान करने में असफल रहा है। सार्वजनिक क्षेत्र अकार्यकुशलता एवं अलाभप्रद कार्य-संचालन के मार्ग पर अग्रसर रहा है। इसके परिणामस्वरूप बहुत से उद्यम घाटे में है और कुल मिलाकर इनके द्वारा राष्ट्रिय संसाधनों का विनाश ही हुआ है। सार्वजनिक क्षेत्र की इस असफलता के कारण अब सरकार जल्दबाजी में इन्हें कम कीमत पर बेच रही है। इससे कर्मचारियों की बेरोजगारी की समस्या खड़ी होती जा रही है।

8. **विदेशी ऋण का भार** (Burden of Foreign Debt)- स्वतन्त्रता प्राप्ति के समय भारत पर बिलकुल भी विदेशी कर्ज नहीं था। योजना अवधि के दौरान भारत काफी बड़ी मात्रा में विदेशी कर्ज के बोझ के तले दब गया है हम अब जो नया कर्ज लेते हैं। उसका काफी बड़ा भाग पुराने कर्ज की किस्तों एवं ब्याज के भुगतान में ही चला जाता है। इस प्रकार देश विदेशी ऋण के जाल में फँस गया है।

9. **भुगतान शेष की समस्या** (Problem of Balance of Payment)- समस्त प्रयासों के बावजूद भी भारत विदेशी व्यापार के क्षेत्र में अभी भी पर्याप्त सफलता प्राप्त नहीं कर सका है। भारत के व्यापार क्षेत्र का घाटा लगातार बढ़ता जा रहा है। निर्यात आशा के अनुरूप नहीं बढ़ पा रहे है। कुल मिलाकर, भुगतान शेष की स्थिति हमारे प्रतिकुल ही बनी हुई है। इस प्रकार नियोजन अपनाये जाने के 50 वर्ष पश्चात् भी देश भुगतान शेष संकट में है।

10. **बढ़ते हुए राजकोषिय घाटे** - केंद्र व राज्य सरकारों के राजकोषीय घाटे अनियन्त्रित है तथा बढ़ते ही जा रहे है। इससे बजट असंतुलन उत्पन्न हो गया है। सरकार के कामकाज पर दबाव बढ़ गया है। सरकार गैर जरूरी खर्चों को कम करने की दिशा में भी असफल रही है।

11. **बहुराष्ट्रीय कंपनियों का बढ़ता शिकंजा** (Dominance of Multinationals)- 1991 की नई आर्थिक नीति के पश्चात् भारत सरकार ने देश की अर्थव्यवस्था में विदेशी निवेश और बहुराष्ट्रीय कंपनियों को खुले प्रवेश की छूट दी है। इससे देश की अर्थव्यवस्था को बहुराष्ट्रीय कंपनियाँ अपने अधिकार में लेती जा रही हैं और देश पर आर्थिक दासता के बादल मँडराने लगे है। हमारे स्वावलंबन के उद्देश्य की धक्का लगा है।

12. **आधारिक संरचना का अभाव** (Lack of Development of Infrastructure)- पंचवर्षीय योजनाओं की अवधि में आधारिक संरचना जैसे बिजली, सड़क, यातायात शिक्षा आदि का विकास इन पर व्यय की गई राशि की तुलना में अपर्याप्त हुआ है। राष्ट्रिय, अर्थव्यवस्था के उत्पादक क्षेत्र जैसे कृषि, उद्योग, व्यापार आदि भी पूर्व-निर्धारित लक्ष्यों की प्राप्ति में असफल रह हैं।

इस प्रकार उपर्युक्त विवेचन से स्पष्ट हो जाता है कि भारत ने योजना अवधि में जहाँ कुछ क्षेत्रों में सफलता प्राप्त की है वहाँ अनेक क्षेत्रों में उसे असफलता ही हाथ लगी है। इस प्रकार हमारी विकास योजनाओं की सफलताओं व असफलताओं की मिली जुली स्थिति प्रकट होती है।

आर्थिक नियोजन की उपलब्धियों एवं असफलताओं पर टिप्पणी करते हुए नौवी पंचवर्षीय योजना (1997-2000) में कहा गया है कि, "पिछले पचास वर्षो के दौरान सामाजिक चिंतन के सभी क्षेत्रों में बहुत वृद्धि हुई है। तथापि पर्याप्त अंतर और असमानताओं के कारण उपलब्धियों मिश्रित रही है। पचास और साठ के दशकों की खाद्यान्नों की कमी की जर्जर अर्थव्यवस्था अब आत्मनिर्भरता में परिवर्तित हो गई है और उसका स्थान खाद्यान्न सुरक्षा की एक ऐसी विस्तृत प्रणाली ने ले लिया है। जिसने देश को बिना आयात अथवा मदद के सुखे की स्थिति का भी मुकाबला करने में समर्थ बना दिया है। तथापि, तीस करोड़ से भी अधिक व्यक्ति गरीबी की रेखा से नीचे रहते हैं और लाखों बच्चे कुपोषण का शिकार है।"

इसी दृष्टि से दसवीं योजना के दृष्टिकोण प्रपत्र में कहा गया है कि, "काफी कुछ हासिल किया है किंतु अभी इससे भी अधिक किए जाने की आवश्यकता है। हमारे सामने समस्या काफी भयंकर है। अर्थव्यवस्था ने विगत वर्षों में जो कुछ हासिल किया है उससे अधिक प्राप्त कर सकने की उसकी क्षमता है। यदि भारत को दुनिया के देशों के बीच अपना उचित स्थान बनाना है तो इसे हासिल किया जाना नितांत आवश्यक है। पर इस क्षमता को हासिल करने के लिए निश्चय के साथ कार्य करने की आवश्यकता है।"

योजनाओं की असफलताओं के कारण (Causes of Failures of Planning)

एक स्वाभावित प्रश्न उपस्थित होता है कि नियोजित आर्थिक विकास की दीर्घकालीन अवधि के पश्चात् भी उन आर्थिक-सामाजिक लक्ष्यों की प्राप्ति क्यों न हो सकी। जिनके समाधान के सम्बन्ध इन योजनाओं के प्रारम्भ में विचार किया गया था। निःसन्देह कुछ बाधाएँ, कमजोरिया तथा चुनौतियाँ विकास के मार्ग में बाधक रही है। भारत में योजनाओं की असफलताओं के लिए मुख्य रूप से निम्नलिखित कारण उत्तरदायी है -

1. अनुपयुक्त विकास रणनीति (Un-appropriate Development Strategy)- भारतीय योजनाओं में मुख्य रूप से भारी उद्योगों वाली विकास रणनीति को अपनाया गया था। यह अपेक्षा की गई कि यह विकास की गति को त्वरित कर उसका लाभ जनसाधारण तक पहुँचाएगी। किंतु न विकास की दर ही त्वरित हो सकी, न रोजगार बढ़ा और न ही विकास के लाभ ही गरीब वर्गो तक पहुँच सके।

2. कृषि क्षेत्र की धीमी प्रगति के कारण (Slow Progression Agriculture)- कृषि विकास की धीमी गति के लिए मुख्य रूप से निम्न कारण जिम्मेवार रहे हैं - कृषि की मानसून पर निर्भरता और वर्षा की अनिश्चितता, सिंचाई सुविधाओं की कमी, खेती के पुराने तरीके और उपयुक्त तकनीक का विकास न हो पाना, कृषि आदनों (Inputs) की कमी, कृषि साख की अपर्याप्तता, विपणन व संग्रह सुविधाओं की कमी आदि।

3. औद्योगिक क्षेत्र में धीमी प्रगति के कारण (Slow Progress in Industries)- बिजली की कमी, आधारभूत उद्योगों की कमी, कच्चे माल की पर्याप्त पूर्ति का अभाव, मशीनों व तकनीकी के लिए विदेशी निर्भरता, औद्योगिक अशांति, पूँजी की कमी, सार्वजनिक क्षेत्र के उद्योगों की अकार्यकुशलता आदि।

4. परंपरागत एवं बेलोचदार सामाजिक ढाँचा (Traditional and Rigid Social Structure)- भारत के परंपरागत एवं बेलोचदार सामाजिक ढाँचे के कारण भी योजना के लाभ कमजोर वर्ग के लोगों तक नहीं पहुँच पाए। जाति प्रथा, दहेज प्रथा, सामाजिक रीति रिवाजों पर फिजुलखर्ची आदि के कारण श्रम की गलिशीलता, बचत व निवेश प्रवृत्ति, कार्य की प्रेरणा आदि को नुकसान पहुँचा है। अंधविश्वास एवं अवैज्ञानिक दृष्टिकोण के कारण भी नई टैक्नोलोजी अपनाने के मार्ग में रूकावट आई है। सामाजिक एवं सांप्रदायिक दृष्टिकोण के कारण परिवार-नियोजन अपनाने में कठिनाई आई हैं, इससे जनसंख्या वृद्धि पर रोक नहीं लग पाई है।

5. अकुशल प्रशासनिक ढाँचा (Inefficient Administration)- चुनाव व वोट की राजनीति के कारण आर्थिक नीतियों में बार-बार परिवर्तन करने के कारण भी विकास के कार्य को नुकसान पहुँचा है। प्रशासनिक मशीनरी के अकार्यकुशल एवं भ्रष्ट होने कारण योजनाओं को ठीक से लागू नहीं किया जा सका है। इस प्रकार दृढ़ राजनैतिक इच्छाशक्ति, ईमानदार व कार्यकुशल प्रशासन के अभाव के कारण योजनाओं का क्रियान्वयन पूरी गति के साथ नहीं हो सका है।

6. संघीय ढाँचा (Federal Structure)- भारत में संघीय ढाँचा भी कई बार योजनाओं के मार्ग में बाधक बना है। केद्र व राज्यों के बीच मधुर एवं सहयोग के संबंध न होने पर यह कठिनाई आती है। विशेषकर जब केन्द्र एवं राज्य में अलग अलग राजनैतिक दलों की सरकार होती है। इससे कई बार टकराव की स्थिति भी उत्पन्न हो जाती है।

योजनाओं को सफल बनाने के सुझाव (Suggestions to Make Plans Successful)

भारत में विभिन्न पंचवर्षीय योजनाओं में जो विशाल राशि का विनियोजन हुआ है, इनकी सफलताओं से राष्ट्र की जनसंख्या की जो अपेक्षाएँ जुड़ी हुई है तथा असफलताओं में सर्वत्र नुकसान का पक्ष सम्बन्धित हैं, इन सभी को ध्यान में रखते हुए नियोजन की सफलता आवश्यक है। भारत में विकास योजनाओं की कमजोरियों को दूर कर इन्हें अधिक सफल बनाया जाना अनेक बातों पर निर्भर करता है। इस दृष्टि से निम्नलिखित सुझावों पर ध्यान दिया जाना चाहिए -

1. भारत की परिस्थितियों को ध्यान में रखते हुए उचित एवं व्यावहारिक विकास रणनीति अपनाई जानी चाहिए। देश में पूँजी व ऊर्जा का कम प्रयोग करने वाली श्रम गहन विकेन्द्रित विकास रणनीति अपनानी चाहिए।

2. घरेलू बचत एवं घरेलू निवेश को बढ़ाने की ओर ही विशेष ध्यान दिया जाना चाहिए।

3. अर्थव्यवस्था के प्रत्येक क्षेत्र में कार्यकुशलता एवं उत्पादकता का स्तर बढ़ाने की ओर विशेष जोर दिया जाना चाहिए।

4. प्रशासकीय ढाँचे में लालफीताशाही, भ्रष्टाचार व अकार्यकुशलता दूर कर इसे अधिक चुस्त दुरूस्त एवं आम जनता के प्रति अधिक संवेदनशील बनाया जाना चाहिए।

5. देश के गरीब व पिछड़े वर्गो की समस्याओं के समाधान एवं उन्हें लाभप्रद रोजगार देने की व्यावहारिक एवं दीर्घकालीन योजना अपनायी जानी चाहिए।

6. योजना के निर्माण एवं क्रियान्वयन में जनसहयोग एवं जन सहभागिता बढ़ाने के उपाय किए जाने चाहिए।

7. राज्यों व केन्द्र के बीच अच्छे एवं परस्पर सहयोग के मधुर संबंधो पर विशेष जोर देना चाहिए। नौवीं योजना में इस दृष्टि से संघीय सहयोग की बात कही गई है जो उचित दिशा में उठाया गया कदम है।

भारत में आर्थिक नियोजन की प्रक्रिया को अपनाकर जिन उद्धेयों की प्राप्ति हेतु अपेक्षा की गई है। उनकि प्राप्ति ही नियोजन की सफलता है। आर्थिक नियोजन की सफलता हेतु, बहु-आयामी प्रयासों की आवश्यकता है। योजना से संबंधित विभिन्न पहलुओं के बारे में विश्वसनीय आँकड़े एकत्र करने, कर्मचारियों को प्रशिक्षित करने, योजना के क्रियान्वयन पर निगरानी रखने आदि की भी समुचित व्यवस्था आर्थिक योजनाओं की सफलता हेतु अनिवार्य शर्त है।

परिक्षापयोगी प्रश्न

1. आर्थिक नियोजन का क्या अभिप्राय है। आर्थिक नियोजन की प्रमुख विशेषताएँ स्पष्ट कीजिए।

   What do you mean by Economic Planning? Discuss brifly main characteristic of Economic Planning.

2. आर्थिक नियोजन को परिभाषित कीजिये। वर्तमान समय में आर्थिक नियोजन का महत्व एवं आवश्यकता स्पष्ट कीजिये।

   Define Economic Planning. Discuss its importance and need in present time.

3. आर्थिक नियोजन के लाभ तथा हानियों की संक्षेप में विवेचना कीजिए।

   Discuss briefly advantageous and disadvantageous of economic planning.

4 आर्थिक नियोजन की तकनीक से क्या आशय है। **आर्थिक नियोजन की प्रक्रिया को संक्षेप में समझाइये।**

What is the techniques of Economic Planning. Discuss briefly process of economic planning.

5. भारत में आर्थिक योजनाओं के मूल्याकंन हेतु जो संगठन विद्यमान है उसकी विवेचन कीजिये।

Discuss briefly existing organisation for evoluation of Indian Plan.

6. भारत में आर्थिक नियोजन के क्रियान्वयन में विद्यमान कठिनाइयों की विवेचना कीजिये। इन कठिनाइयों को दूर करने हेतु आपके क्या सुझाव है।

What are the main problems in implementation of Economic plan. What are your suggestions to remove these problems.

7. भारत में अब तक लागू की गयी आर्थिक योजनाओं की प्रमुख विशेषताएँ बतलाइये।

Discuss briefly characteristics of economic plans implemented so far in India.

8. भारत में आर्थिक योजनाओं की क्या प्रमुख उपलब्धियाँ रही है? समझाइये।

What are the main achievement of Economic Planning in India.

9. भारत में पंचवर्षीया योजनाओं के अन्तर्गत जिन लक्ष्यों की प्राप्ति हेतु घोषणा की गयी उनका मूल्याकंन कीजिये। इन लक्ष्यों को प्राप्ति के मार्ग में क्या प्रमुख बाधाएँ रही है।

Evaluate targets which have been announced to achieve during five years plans of India. What are the main problems in achieving these targets.

□□□

8

कृषि की 'नवीन व्यूह रचना' या 'हरित क्रान्ति'

(New Agricultural Strategy or Green Revolution)

1960-70 के दशक में मध्य से भारतीय कृषि विकास के क्षेत्र में एक नवीन युग का सुत्रपात हुआ जिसके अन्तर्गत पारम्परिक कृषि व्यवहारों का आधुनिक टेक्नोलॉजी एवं फार्म व्यवहारों से प्रतिस्थापन किया । भारतीय अर्थ-व्यवस्था में कृषि के महत्व को ध्यान में रखते हुए कृषि विकास के लिए सन् 1966-67 में कृषि क्षेत्र में नयी कृषि नीति अपनायी गयी जिसे 'हरित क्रान्ति' के नाम से सम्बोधित किया गया। हरित क्रान्ति का अर्थ देश में खेती के उत्पादनों में बहुत तेजी से वृद्धि करना है। इस वृद्धि को नयी रीतियाँ अपना कर करने की योजना बनायी गयी। 'नयी कृषि नीति' या 'हरित क्रान्ति' के प्रमुख तत्व निम्नलिखित रहे हैं :

क्रान्ति के प्रमुख तत्व (Main Element of Revolution)

(1) अधिक उपज देने वाली किस्में (High Yielding Programme)- यह नवीन कृषि व्यूह रचना (Agricultural Strategy) का महत्वपूर्ण अंग है। इसे सन् 1966 की खरीफ फसल से लागू किया गया। इस व्यूह रचना के अनुसार गेहूँ और चावल के अनेक प्रकार के सकर बीजों की खेती के सफल प्रयोग किये जा चुके हैं। मक्का, ज्वार, बाजरे एवं दालों के लिए भी ऐसे बीजों का सफलतापूर्वक प्रयोग किया जा चुका है। सन् 1966-67 में अधिक उपज देने वाली किस्मों के अन्तर्गत बोया गया क्षेत्र 2 मिलियन हैक्टअर था जो बढ़कर 1978-79 में 41.10 मिलियन हैक्टअर तथा अकाल के कारण घटकर 1979-80 में 35.20 मिलियन हैक्टअर रह गया। 1980-81 के लक्ष्य 48 मिलियन हैक्टअर को लगभग प्राप्त कर लिया गया था। हरित क्रान्ति के त्वरित गति से बढ़ते हुए परिणामों का अधिक उपज देने वाली किस्मों की फसलों के परिपेक्ष्य में इस तथ्य से लगाया जा सकता है कि अधिक उपज देने वाली किस्म के अन्तर्गत बोया गया क्षेत्र हरित क्रान्ति के प्रारम्भि वर्ष 196-67 में केवल 2.2 मिलियन हैक्टेयर था जो कि बढ़कर 1997-98 में 76 मिलियन हैक्टेयर हो गया।

(2) लघु सिंचाई योजनाएँ (Minor Irrigation)- लघु सिंचाई योजनाओं का महत्व कम खर्चीली तथा शीघ्र फलदायी होने के कारण होता है। सिंचाई क्षमता का सृजन एवं इसका इष्टतम उपयोग सरकार की योजना में निरन्तर उच्च प्राथमिकता प्राप्त क्षेत्र रहा है। वर्ष 1950 में 22.6 मिलियन हैक्टेयर सिंचाई क्षमता से वर्ष 1999-2000 तक देश की सृजित सिंचाई सम्भाव्यता 94.7 मिलियन हैक्टेयर तक पहुँच जाने का अनुमान है। इसमें बड़ी और मध्यम परियोजनाओं के अन्तर्गत 35.3 मिलियन हैक्टैयर और लघु सिंचाई सम्भाव्यता के अन्तर्गत 35.3 मिलियन हैक्टेयर क्षेत्र सम्मिलित है। तालिका -1 में भारत में सिचाई क्षमता का विकास और इसका उपयोग दर्शाया गया है।

तालिका-1

सिंचाई क्षमता का विकास और इसका उपयोग

(मिलियन हैक्टेयर)

सिंचाई योजना	सातवीं योजना के अंत में (1985-90)	आठवीं योजना के अंत में (1992-97)	नौंवी योजना लक्ष्य (1997-2002)	के अंत में (1999-2000)*
वृहत और मध्यम सिंचाई				
क्षमता	29.9	32.96	9.81	35.35
उपयोग	25.5	28.44	8.71	30.47
लघु सिंचाई				
क्षमता	46.6	56.60	7.24	59.38
उपयोग	43.1	52.32	4.93	54.23
जोड़				
क्षमता	76.5	89.56	17.05	94.73
उपयोग	68.6	80.76	13.64	84.70

(3) रासायनिक खाद एवं उर्वरक (Chemical Fertilisers and Manures)- कृषि विशेषज्ञ के एक अनुसन्धान के अनुसार भूमि में रासायनिक खाद देकर भूमि की उपज को तीन से चार गुना तक बढ़ाया जा सकता है। इस अनुमान से प्रेरित होकर देश में नाइट्रोजन, फास्फोरस तथा अन्य पोटाशयुक्त खादो का प्रयोग निरन्तर बढ़ रहा है। पोषाहार के रूप में 1980-81 में उर्वरक खपत 5.5 मिलियन टन से बढ़कर 1999-2000 में 18.07 मिलियन टन हो गई। तालिका -2 में विगत चयनित वर्षों में उर्वरक खपत की प्रवृति को दर्शाया गया है।

तालिका-2

उर्वरकों की खपत

(000 मी. टन पोषक)

उर्वरक	1997-98	1998-99	1999-00	2000-01	2001-02
उर्वरक	10,901	11,354	11,592	10,920	11,310
फास्फेटी उर्वरक	3,914	4,112	4,799	4,215	4,382
पोटाशी उर्वरक	1,373	1,332	1,678	1,567	1,667
सभी उर्वरक (एन. पी. के.)	16,188	16,798	18,069	16,702	17,360
प्रतिशतता वृद्धि	13.14	3.77	7.57	-7.56	3.90

(4) कीटनाशकों का प्रयोग (Use of Insecticides)— कृषि उत्पादन के लिए केवल उर्वरकों एवं रासायनिक खाद्य ही नहीं, वरन् उसकी टिड्डियों एवं कीड़े मकोड़ों से सुरक्षा के लिए कीटनाशकों के प्रयोग को महत्व प्रदान करना भी आवश्यक है। नयी कृषि ह्यूह रचना में इस प्रकार के कीटनाशकों के प्रयोग पर विशेष बल दिया गया। कीटनाशकों के प्रयोग पर बल के साथ ही पौध संरक्षण कार्यक्रमों का भी विस्तार किया गया है।

(5) बहु-फसल कार्यक्रम (Multi-Corpping Programme)- नवीन कृषि व्यूह रचना का उद्देश्य केवल कृषि उत्पादन में वृद्धि करना ही नहीं, बल्कि कम समय में अनेक फसलें तैयार करना भी है। इस ''बहु-फसल कार्यक्रम'' के अन्तर्गत चावल, मक्का, ज्वार तथा बाजरे की शीघ्र तैयार होने वाली कई फसलों को उगाया गया है। इसके अतिरिक्त फसलों की अदला-बदली की व्यवस्था भी की गयी है। अदला बदली की इस व्यवस्था के अन्तर्गत जल्दी तैयार होने वाली फसल को काटकर शीघ्र ही उसी भूमि पर दूसरी फसल बो दी जाती है। बहु-फसल कार्यक्रम से कम कृषि क्षेत्र में अधिक फसल उगाने के कार्यक्रमों में सफलता प्राप्त की जा सकी है।

(6) गहन कृषि कार्यक्रम (Intensive Agricultural Programme)- सन् 1960-61 में नयी कृषि के अन्तर्गत तीन जिले छाँटकर उसमें विकास के लिए गहरे प्रयत्न किये गये। कुछ समय पश्चात् दस अतिरिक्त जिलों में भी गहन कृषि कार्यक्रम प्रारम्भ किया गया। सन् 1961-61 में इस कार्यक्रम का नाम बदलकर गहन कृषि क्षेत्र कार्यक्रम रख दिया गया तथा इसे देश के अनेक भागों में लागू किया गया। इस कार्यक्रम के दो महत्वपूर्ण तथ्य है। प्रथम, विशिष्ट फसलें जिसके अन्तर्गत कुछ विशेष फसलों की उत्पादन वृद्धि के लिए गहन कार्यक्रम का आयोजन करना था। द्वितीय पुराने बीजों से ही उत्पादन बढ़ाने के लिए आयोजन करना था। अब छठी योजना में इसका पर्याप्त विस्तार करने का कार्यक्रम रखा गया है।

(7) संस्थागत साख (Institutional Credit)- नवीन कृषि व्यूह रचना में उन्नत बीजों, रासायनिक खाद, कृषि उपकरणों तथा कीटनाशको का पर्याप्त उपयोग करने के लिए साख की उपलब्धि अति आवश्यक है। इसकी पूर्ति सहकारी समितियों, कृषि पुनर्वित निगम, ग्रामीण बैंकों तथा लघु विकास ऐजेन्सी इत्यादि के माध्यम से करने का प्रावधान है। प्रदान की गयी साख की राशि 1960-61 में 215 करोड़ रूपये से बढ़कर 1974-75 में 1,456 करोड़ रूपये लगभग हो गयी। सन् 1979-80 में यह 2,550 करोड़ रूपये थी। कृषि क्षेत्र को संस्थागत ऋण प्रवाह 1996-97 तक बढ़कर 26,411 करोड़ तथा 2001-02 तक 52,714 करोड़ रूपये हो गया।

(8) कृषि विपरणन (Agricultural Marketing)- भारतीय कृषि में केवल उत्पादन ही नही, वरन् विपणन भी एक प्रमुख समस्या है। यदि कृषकों को उनकी उपज का उचित प्रतिफल प्राप्त न हो तो इससे बढ़कर कोई हतोत्साहित उनके लिए नहीं है। नवीन कृषि व्यूह रचना में कृषि विपणन के लिए कृषको को प्रोत्साहित करने के लिए नियन्त्रित मण्डियों की स्थापना, फसलों के श्रेणीकरण तथा प्रमापीकरण आदि के कार्यक्रमों को प्राथमिकता प्रदान की गयी है।

(9) यन्त्रीकृत कृषि (Mechanised Agriculture)- वर्तमान युग मशीनों का युग है। अत: कृषि का केवल शुद्ध रूप से मानवीय श्रम पर निर्भर रहना हास्यास्पद होगा। वर्तमान में कृषि क्षेत्र में ट्रेक्टरों की संख्या में तीव्र गति से विस्तार हो रहा है। इस महत्व को ध्यान में रखते हुए चतुर्थ प्रचवर्षीय योजना के दौरान ट्रैक्टरों की पूर्ति में वृद्धि हेतु ट्रैक्टर उद्योग को लाइसेन्स मुक्त कर दिया गया। भारत में यन्त्रीकृत कृषि को बढ़ावा देने की दिशा में महत्वपूर्ण प्रयास हुए है जिनके अन्तर्गत 1993-94 से 1999-2000 तक देश में 1.47 मिलियन ट्रेक्टर बेचे गए। इसी अवधि में बेचे गये विद्युत टिलरों की संख्या 85 हजार से अधिक थी।

(10) शुष्क कृषि (Dry Farming)- सिंचाई के अभाव वाले क्षेत्रों में लागू की जाने वाली कृषि उत्पादन विधि को सूखी खेती या शुष्क कृषि कहते है। भारत में मानसून पर निर्भरता को कम करने तथा सिंचाई सुविधाओं का पर्याप्त विस्तार न होने के कारण शुष्क कृषि पर जोर दिया जा रहा है। शुष्क कृषि की सहायता से कृषि के लिए जल न होने पर भी भारत कृषि उत्पादन में न केवल आत्मनिर्भर, बल्कि निर्यातक भी बन सकता है।

नवीन कृषि व्यूह रचना अथवा हरित क्रान्ति का मूल्यांकन
(Evaluation of New Agricultural Strategy or Green Revolution)

निश्चय ही भारत सरकार द्वारा 1966-67 में अपनायी गयी कृषि नीति ने कृषि क्षेत्र में नवीन आयाम स्थापित कर दिये। इस नीति के परिणामस्वरूप देश के कृषि क्षेत्र में उत्पादन लहर आ गयी है। कृषि विद्वानों के अनुसार भारतीय कृषि का व्यावहारिक तथा अल्प काल में विकास उपर्युक्त वर्णित नवीन कृषि नीति अपनाकर ही किया जा सकता है। नवीन कृषि नीति (हरित क्रान्ति) के पक्ष में निम्न तर्क दिये जाते है :

(1) सीमित साधनों का सर्वोत्तम प्रयोग (Optimum Utilisation of Limited Resources)- नवीन कृषि नीति के माध्यम से सीमित साधनों से कृषि उत्पादन में

वृद्धि की जा सकती है। इसके अन्तर्गत अपनायी गयी उपरोक्त वर्णित विधियों (जैसे बहु-फसल कार्यक्रम) तथा गहन कृषि कार्यक्रम को अपना कर सीमित साधनों का सर्वोत्तम प्रयोग किया जा सकता है।

(2) आत्म निर्भरता (Self-Reliance)- नवीन कृषि व्यूह रचना के माध्यम से अल्प काल में खाद्यान्नों तथा कृषि जन्य कच्चे मालों में आत्मनिर्भरता की प्राप्ति सम्भव है। उन्नत तथा अधिक उपज देने वाले बीजों, उर्वरकों तथा अन्य आधुनिक कृषि साधनों का प्रयोग करके अधिकतम उत्पादन के द्वारा आत्मनिर्भरता प्राप्त की जा सकेगी। पिछले कुछ वर्षों में भारत को खाद्यान्नों के क्षेत्र में प्राप्त होने वाली आत्मनिर्भरता इसी हरित क्रान्ति का परिणाम है। कृषि के क्षेत्र में इस क्रान्ति का प्रयोग केवल खाद्यान्नों तक ही सीमित न रखकर, व्यापारिक फसलों, जैसे कपास, जूट, तिलहन आदि के क्षेत्र में भी किया जाना चाहिए।

(3) उर्वरकों से उत्पादन वृद्धि (Increase in Production through Fertilisers)- नवीन कृषि व्यूह रचना में कीटनाशकों तथा उर्वरकों से अधिक प्रयोग पर बल दिया गया है। उर्वरकों से उत्पादन में वृद्धि होगी जिससे कृषकों की आर्थिक समृद्धि में सहायता मिलेगी। देश में नाइट्रोजन, फास्फोरस तथा पोटाश इत्यादि उर्वरकों के प्रयोग में वृद्धि से रसायन उद्योगों का भी विकास हो रहा है।

(4) कृषि में तकनीकी परिवर्तन (Technological Change in Agriculture)- नवीन कृषि व्यूह रचना में भारतीय कृषि रूढ़िवादिता से निकलकर अधिक वैज्ञानिक बनती जा रही है। कृषि क्षेत्रों में उन्नत यन्त्रों, हल, उर्वरकों के प्रयोग तथा फसलों की अदला बदली ने कृषि उत्पादन को वैज्ञानिक आधार प्रदान किया है। इस वैज्ञानिक आधार पर कृषक फसल बोने से पूर्व ही उसकी किस्म, क्षेत्र तथा समय के बारे में उचित नीति का निर्धारण कर लेता है।

(5) व्यापक फैलाव (Wider Spread)- नवीन कृषि व्यूह रचना एक आदर्श या मॉडल है जिससे आकर्षित होकर अन्य कृषक भी इसका अनुसरण करेंगे। खाद्यान्नों के क्षेत्र में आयी व्यापक क्रान्ति से प्रभावित होकर दूसरे किसान भी लाभों से आकर्षित होकर कृषि की नयी पद्धतियों का प्रयोग करेंगें। इस प्रकार नवीन कृषि व्यूह रचना का व्यापक रूप से फैलाव सम्भव हो सकेगा।

(6) व्यावसायिक दृष्टिकोण (Professional Attitude)- भारतीय जनसंख्या के अधिकतम भाग का व्यवसाय कृषि होने के बावजूद भी कृषि मात्र भरण पोषण का साधन है। भारतीय कृषि को व्यवसाय की श्रेणी उपलब्ध नहीं है। लेकिन नवीन कृषि नीति में कृषि के आधुनिक तरीकों के फलस्वरूप उत्पादन में वृद्धि तथा कृषकों के लाभ में वृद्धि से कृषि एक व्यवसाय बन गयी है। अब कृषक खेती केवल अपना पोषण करने के लिए ही नहीं, वरन् व्यवसाय के दृष्टिकोण से भी कर रहा है।

(7) विदेशी विनिमय की बचत (Saving of Foreign Exchange)- भारत को प्रति वर्ष काफी अधिक मात्रा में खाद्यान्नों का विदेशों से आयात करना पड़ता है। इससे सीमित विदेशी मुद्रा का उपयोग कृषि प्रधान देश होते हुए भी औद्योगीकरण के क्षेत्र में नहीं

हो पाता। नवीन कृषि व्यूह रचना को अपना लेने के पश्चात भारत न केवल खाद्यान्नों के उत्पादन में आत्म निर्भर होगा बल्कि निर्यातक भी बन जायगा। इससे विदेशी मुद्रा की बचत ही नही वरन् उसका अर्जन भी सम्भव हो सकेगा।

(8) उद्योगों को कच्चे माल की उपलब्धि (Availability of Raw Material to Industries)- स्वदेशी उद्योगों को पर्याप्त मात्रा में कच्चे माल की उपलब्धि निश्चित रूप से देश के औद्योगिक उत्पादन में वृद्धि करेगी। वे उद्योग जो अपने कच्चे माल की पूर्ति के लिए कृषि पर निर्भर है अब सरलता से कच्चा माल प्राप्त कर सकेंगें। वैसे भी यह सार्वभौमिक सत्य है कि उद्योगों का विकास कृषि पर तथा कृषि का विकास उद्योगों के विकास पर निर्भर है। इस प्रकार कृषि तथा उद्योगों दोनों के संयुक्त विकास में आर्थिक विकास की गति तेज होगी'

(9) रोजगार वृद्धि (Increase in Employment)- जनसंख्या वृद्धि के साथ साथ भारत में रोजगार के अवसरों में कमी हो रही है। रोजगार के अवसरों में वृद्धि हेतु श्रम प्रधान उद्योगों को विकसित करना आवश्यक है। कृषि श्रम प्रधान होने के परिणामस्वरूप रोजगार के अवसरों में वृद्धि कर सकती है। हरित क्रान्ति के कारण कृषि कार्यक्रमों के विस्तार के फलस्वरूप रोजगार के अवसर बढ़े है। अप्रत्यक्ष रूप से उन्नत किस्म के बीजों, उर्वरकों, रासायनिक खाद इत्यादि के विक्रय तथा वितरण ने भी काफी लोगों को रोजगार प्रदान किया है।

(10) कृषकों के जीवन स्तर में सुधार (Improvement in Living Conditions of Farmers)- हरित क्रान्ति ने भारतीय कृषकों के सम्बन्ध में प्रचलित तथ्य कि भारतीय कृषक कर्ज में जन्म लेता है, तथा कर्ज में ही मर जाता है को झुठलाने का काफी प्रयास किया है। इसके अन्तर्गत संस्थागत साख व्यवस्था ने उन्हें वसूल किये जाने वाले मनचाहे ब्याज तथा अन्य अनियमितताओं से मुक्ति दिलायी है। कृषि के आधुनिकतम तरीकों का प्रयोग करने के कारण उनकी आय में विशेष वृद्धि हुई है। इन सब सुविधाओं के फलस्वरूप कृषकों के जीवन स्तर में सुधार हुआ है।

हरति क्रान्ति के बुरे प्रभाव अथवा समस्याएँ
(Evils or Problems of Green Revolution)

उपर्युक्त वर्णित हरित क्रान्ति के लाभों के आधार पर यह कहा जा सकता है कि नि:सदेह हरित क्रान्ति कृषि के क्षेत्र में उत्पादन बढ़ाकर सम्पन्नता की लहर लेकर आयी है। इसने भारत को न केवल खाद्यान्नों के उत्पादन में आत्मनिर्भर वरन् निर्यात योग्य भी बनाया है। इन अच्छाइयों के बावजूद हरित क्रान्ति इस वास्तविकता से अलग नही रह सकी कि अच्छाइयों के साथ बुराइयाँ भी होती हैं। कृषि विकास की इन नवीन व्यूह रचना के सम्बन्ध में मिश्रित प्रतिक्रिया लोगों द्वारा व्यक्त की गयी है। हरित क्रान्ति की प्रमुख आलोचनाएँ अथवा बुरे प्रभाव निम्न प्रकार है :

(1) क्षेत्रीय विषमताएँ (Regional Imbalances)- हरित क्रान्ति के अन्तर्गत केवल अनुकूल कृषि उत्पादन क्षेत्रों में ही वृहत् स्तर पर उत्पादन करने का प्रावधान है। इस कार्यक्रम ने केवल उन्हीं क्षेत्रों का लाभान्वित किया है जहाँ सिंचाई की पर्याप्त सुविधाएँ

उपलब्ध है। इस आवश्यकता की पूर्ति करने वाली भूमि का क्षेत्रफल भारत में लगभग 260 लाख हैक्टेयर तथा शेष 1,120 लाख हैक्टयर भूमि इसकी सीमा के अन्तर्गत नहीं आती । इस प्रकार हरित क्रान्ति से क्षेत्रीय विषमताएँ तथा कृषकों के मध्य असन्तोष फैलने की सम्भावना है।

(2) वर्ग विषमाएँ (Class Imbalances)- भारतीय अर्थव्यथाएँ के सम्बन्ध में यह प्रचलित तथ्य है कि इसके अन्तर्गत वितरण व्यवस्था के परिणामस्वरूप धनी अधिक धनी तथा निर्धन अधिक निर्धन बने है। कृषि के क्षेत्र में भी इस प्रकार की वर्ग विषमताएँ व्याप्त है। वास्तविकता तो यह है कि हरित क्रान्ति के बारे में ज्ञान आज भी अनेक क्षेत्रों के कृषकों को नहीं है। अन्य क्षेत्रों में भी इसके लाभों की प्राप्ति कृषक समुदाय के थोड़े से भाग को ही पायी है। इस प्रकार यह वर्ग सामान्य वर्ग से काफी उन्नति करके आगे निकल गया। साख संस्थाओं ने भी विशिष्ट वर्ग को सहयोग दिया तथा सामान्य वर्ग की अवहेलना की है। इसके परिणामस्वरूप धनी अधिक धनी तथा तथा निर्धन अधिक निर्धन बनाने से गाँवों में वर्ग-संघर्ष को प्रोत्साहन मिला।

(3) उर्वरकों के उपयोग पर अधिक बल (More Emphasis on the Use of Fertiliser's)- उर्वरकों तथा रासायनिक खादों का अधिकतम उपयोग किया जाना हरित क्रान्ति कार्यक्रम का महत्वपूर्ण पहलू है। इस पहलू से प्रेरित होकर कृषि के क्षेत्र में प्राकृतिक खादों के प्रयोग की दिशा में विशेष प्रगति नहीं हुई। देश में प्रचुर मात्रा में प्राकृतिक खाद उपलब्ध है। इस कार्यक्रम के अन्तर्गत उर्वरकों का प्रयोग सिंचाई से भी महत्वपूर्ण बतलाया गया है जो कि हास्यापद प्रतीत होता है। वास्तविकता तो यह है कि सिंचाई के साधनों की पर्याप्त उपलब्धि न होने पर उर्वरकों का प्रयोग ही निरर्थक होगा।

(4) तकनीकी बनाम संस्थागत विचारधारा (Technological vs. Traditional Thinking)- संस्थागत विचारधारा तकनीकी विचारधारा का आधार है। अत: यह आवश्यक है कि तकनीकी विचाराधारा का पूर्ण रूप से विकास हो जाने के पश्चात् संस्थागत विचारधारा की शुद्ध रूप से अनदेखी कर दी जाय। हरित क्रान्ति में भी तकनीकी कृषि पक्ष (जैसे उर्वरकों तथा रसायनों का प्रयोग इत्यादि) को विशेष महत्व प्रदान किया गया; जबकि संस्थागत कृषि पक्ष (जैसे भूमि सुधार, किसानों का शोषण, उपज का विपणन, इत्यादि) पर अधिक ध्यान नहीं दिया जा सका। इस दोषपूर्ण नीति के बावजूद भी हरित क्रान्ति की नीति की अपेक्षित सफलता प्राप्त नहीं हो सकी।

(5) अनुभवों तथा विफलताओं की अवहेलना (Neglect of Exerience and Failure)- अन्य सरकारी कार्यक्रमो की तरह हरित क्रान्ति में भी अनुभवों तथा विफलताओं की पूर्ण रूप से अनदेखी की गयी है। सरकारी उद्देश्य केवल लक्ष्य प्राप्ति का होता है; उसमें चाहे नियमों की अवहेलना भी क्यों न हो जाय। हरित क्रान्ति कार्यक्रमों में भी बिना पिछले अनुभवों तथा विफलताओं को ध्यान रखे, भविष्य की योजनाएँ बनायी गयी। आँख बन्द करके इस प्रकार बनाये गयी कृषि विकास योजनाओं में समन्वय के अभाव की सबसे प्रमुख समस्या थी।

(6) ग्रामीणों का पलायन (Migration of Villagers)- हरित क्रान्ति में मानवीय श्रम की अपेक्षा मशीनों के प्रयोग को अधिक महत्व दिया गया है। इस विचारधारा ने कृषि को श्रम प्रधान होते हुए भी पूँजी प्रधान बना दिया। कृषि में इस प्रकार के बदलाव की नीति ने ग्रामीण जनसंख्या में बेरोजगारी रूपी महामारी तो फैला दी लेकिन उपचार नहीं किया। इसका उपचार स्वयं ग्रामीणों ने शहरों की तरफ पलायन करके किया। ग्रामीणों के इस प्रकार शहरों में आगमन से शहरी समस्याओं में वृद्धि हुई। यह वास्तव में बुराई के स्थानान्तरण के समान था। इस प्रकार हरित क्रान्ति से गाँवों में फैली सम्पन्नता ने शहरों की खुशहाली में व्यवधान उत्पन्न कर दिया।

(7) सीमित क्षेत्र (Limited Area)- जैसा कि ऊपर वर्णन किया जा चुका है कि हरित क्रान्ति अब तक केवल खाद्यान्नों जैसे गेहुँ, चावल, मक्का, ज्वार तथा बाजरे के उत्पादन में ही आयी है। व्यापारिक फसलें; जैसे कपास, जुट एवं तिलहन इत्यादि के क्षेत्र में अभी इस प्रकार की क्रान्ति का अभाव है। कृषि-प्रधान अर्थ-व्यवस्था के होते हुए इस प्रकार की क्रान्ति का सीमित क्षेत्र में ही घटित होना दुख का विषय है। कृषि के साथ उद्योगों का विकास करने के लिए यह आवश्यक है कि व्यापारिक फसलों के क्षेत्र में भी ऐसी क्रान्ति आयें। इस प्रकार हरित क्रान्ति अभी तक अधुरी है।

(8) कृषि-आदानों की दोषपूर्ण वितरण व्यवस्था (Defective Arrangements for Distribution of Agricultural Inputs)- हरित क्रान्ति में विकास कार्यक्रमों के अन्तर्गत कृषि आदानों जैसे अधिक उपज देने वाले बीज, रासायनिक खादे, कीठाणुनाशक औषधियों आदि की पूर्ति नहीं की जा सकी। इन सब गतिविधियों ने कृषि आदानों के बाजार ने चोरबाजारी तथा कालाबाजारी को जन्म दिया। अकुशल तथा भ्रष्ट प्रशासन के कारण हरित क्रान्ति में वितरण की समस्या प्रमुख रही है।

(9) अनुभव का अभाव (Lack of Experience)- किसी भी कार्य को कुशलतापूर्वक करने के लिए अनुभव की आवश्यकता होती है। हरित क्रान्ति में रासायनिक खादों, विदेशी बीजों तथा कीटनाशकों का बिना अनुभव के गलत प्रयोग किया गया है। इस प्रकार से अर्थव्यवस्था के महत्वपूर्ण क्षेत्र में बिना पर्याप्त अनुभव को नवीन कृषि आदानों तथा विधियों का प्रयोग करना जोखिमपूर्ण है; जैसा कि हरित क्रान्ति में किया गया है।

(10) ग्रामीण निर्धनता (Village Poverty)- कृषि को जीविका का साधन न मानकर उसे व्यवसाय का स्तर प्रदान करने के पश्चात विकास तब ही सम्भव है जबकि व्यवसायी निर्धन न हो। हरित क्रान्ति में नये नये कार्यक्रमों को अवश्य ही सम्मिलित किया गया; लेकिन ग्रामीण निर्धरता के विस्तार को नहीं रोका जा सका।

हरित क्रान्ति की प्रगति
(Progress of Green Revolution)

प्राय: यह प्रश्न उठता है कि हरित क्रान्ति कितनी हरी है (How much Green is the Green Revolution) ? इस प्रश्न का उत्तर हम हरित क्रान्ति अथवा कृषि विकास की नवीन व्यूह रचना का मूल्यांकन करके ही कर सकते हैं। तृतीय पंचवर्षीय योजना में कृषि क्षेत्र की अप्रत्याशित असफलता से शिक्षा ग्रहण कर सीमित साधनों का चयनित प्रयोग करके

वैज्ञानिक विधियों के आधार पर अल्पकाल में कृषि उत्पादन वृद्धि हेतु कृषि विकास की नवीन व्यूह रचना अपनायी गयी। विभिन्न पंचवर्षीय योजनाओं में इस व्यूह रचना को सफल बनाने के प्रयास किये गये। इन प्रयासों ने नवीन कृषि व्यूह रचना अथवा हरित क्रान्ति को एक नये मार्ग पर मोड़ दिया। यह मोड़ देश के कृषि उत्पादन में खुशहाली लाया। इस तथ्य का मूल्यांकन हरित क्रान्ति में निम्नलिखित विभिन्न प्रयासों के आधार पर किया जा सकता है:

(1) अधिक उपज देने वाले बीजों का प्रयोग (Use of High Yielding Varieties)- कृषि उत्पादन की मात्रा बीजों की किस्म पर बहुत निर्भर करती है। हरित क्रान्ति के अन्तर्गत अधिक उपज देने वाले बीजों की खेती का क्षेत्र निरन्तर बढ़ रहा है। प्रमाणित/गुणवत्ता बीज उत्पादन/वितरण 2000-01 में 49,850 क्विटंल तक पहुंच गया है।

(2) सिंचित क्षेत्र (Irrigated Area)- हरित क्रान्ति में लघु तथा वृहद् सिंचाई साधनों का व्यापक रूप से प्रयोग करने की व्यवस्था है। इस व्यवस्था के अन्तर्गत सिंचाई के साधनों इसिलिए हरित क्रान्ति के अन्तर्गत रासायनिक खाद तथा उर्वरकों के प्रयोग को विशिष्ट स्थान प्रदान किया गया है। इस मेहनत के फलस्वरूप रासार्यनिक खादों का कुल उपभोग जो 1965-66 में केवल 7.6 लाख टन था बढ़कर 1970-71 में 23 लाख टन तथा 1979-80 मे लगभग 52 लाख टन हो गया था। विगत कुछ वर्षों में उर्वरक की खपत (एन. पी. के.) में निरन्तर वृद्धि हुई है। 1980-81 में उर्वरक खपत 5.5 मिलियन से बढ़कर 1999-2000 में 18.07 मिलियन टन हो गई है। इसके अतिरिक्त कृषकों को खाद सुविधापूर्वक उपलब्ध करवाने के दृष्टिकोण से इसका वितरण सहकारी समितियों, सहकारी भण्डारों तथा खाद व्यापारियों के माध्यम से कराने की व्यवस्था की गयी है।

(3) पौध संरक्षण तथा कीटाणुनाशक दवाइयों का प्रयोग (Use of Chemical Fertilisers)- हरित क्रान्ति के अन्तर्गत पौध संरक्षण तथा कीटाणुनाशक दवाइयों के प्रयोग का व्यापक कार्यक्रम अपनाया गया है। वास्तव में फसल उगाना तथा उसकी रक्षा करना, दोनों बराबर महत्वपूर्ण है। अतः पौध संरक्षण कार्यक्रम में तेजी आना स्वाभाविक ही है।

(4) व्यापारिक फसलों का उत्पादन (Production of Commercial Crops)- कृषि अर्थ-व्यवस्था में महत्व को ध्यान में रखते हुए व्यापारिक फसलों के उत्पादन में भी क्रान्ति लाना आवश्यक है। हरित क्रान्ति में औद्योगिक कच्चे माल जैसे कपास, गन्ना, जूट तथा तिलहन के उत्पादन में तीव्र गति से वृद्धि हुई है।

(5) यन्त्रीकरण (Mechanisation)- कृषि के क्षेत्र में कम समय में अधिकतम उत्पादन प्राप्त करने के उद्देश्य से यन्त्रीकरण को प्रोत्साहित किया गया है। कृषि के इस प्रकार यन्त्रीकरण के फलस्वरूप देश में विद्युत पम्प सैटों की संख्या तथा ट्रेक्ट्ररों की संख्या में निरन्तर वृद्धि हो रही है।

(6) खाद्यान्न उत्पादन में तीव्र वृद्धि (Rapid Increase in Foodgrain Output)- हरित क्रान्ति वास्तव में खाद्यान्न उत्पादन के क्षेत्र में ही आयी है। इसके परिणामस्वरूप खाद्यान्नों का उत्पादन 1960-61 में 82.0 मिलियन टन से बढ़कर 1970-71 में 108.4 मिलियन टन तथा 1999-2000 में 208.9 मिलियन टन होना प्रत्याशित था। भारत में खाद्यान्न क्षेत्र, उत्पादन तथा उत्पादकता को तालिका-3 में दर्शाया गया है।

तालिका-3

खाद्यान्न क्षेत्र, उत्पादन और उत्पादकता

वर्ष	क्षेत्र (मिलियन हैक्टेयर)	उत्पादन (मिलियन टन)	उत्पादकता (कि.ग्रा. प्रति हैक्टेयर)
1950-51	97.3	50.8	522
1960-61	115.6	82.0	710
1970-71	124.3	108.4	872
1980-81	126.7	129.6	1023
1990-91	127.8	176.4	1380
1997-98	123.8	192.3	1552
1998-99	129.6	203.5	1571
1999-2000*	123.1	208.9	1697

* अप्रत्याशित

(7) कृषि ऋण (Agricultural Loans)- नवीन कृषि व्यूह रचना के अन्तर्गत कृषकों को अनेक माध्यमों से ऋण उपलब्ध करवाने की व्यवस्था की गयी है। इन माध्यमों में प्रमुख सहकारी साख समितियाँ, क्षेत्रीय ग्रामीण बैंक तथा व्यापारिक बैंक आदि उल्लेखनीय है। भारतीय कृषि क्षेत्र को संस्थागत साख का प्रवाह जो 1997-98 में 31,956 करोड़ रूपये था, वह बढ़कर 2000-01 में 64,000 करोड़ रूपये हो जाना अनुमानित था। अतिरिक्त पूँजी को जुटाने के लिए ऋणपत्र जारी करने में केन्द्रीय तथा राज्य सरकारें, जीवन बीमा निगम, रिजर्व बैंक तथा स्टेट बैंक ऑफ इण्डिया सहकारी समितियों की सहायता कर रहे है। कृषि पुनर्वित निगम ने छोटी सिंचाई योजनाओं के लिए सहायता बढ़ा दी है तथा गोदाम बनाने के लिए सहायता देता है।

(8) सघन कृषि जिला कार्यक्रम (Intensive Agricultural District Programme)- वर्ष 1960-61 में साधन सम्पन्न क्षेत्रों में उत्पादन वृद्धि के उद्देश्य से इस कार्यक्रम को मूल रूप से 7 जिलों में लागू किया गया। वर्तमान में यह कार्यक्रम न केवल पूरे भारत में लागू है वरन् आशातित सफलता भी प्राप्त कर रहा है। यह कार्यक्रम हरित क्रान्ति को सफल बनाने में महत्वपूर्ण योगदान दे रहा है। इसके अन्तर्गत कृषकों के लिए आवश्यक साधन एक ही स्थान पर जुटाये जाते हैं।

(9) राष्ट्रीय प्रदर्शन योजना (National Demonstration Programme)- इस योजना का प्रारम्भ 1969 में चतुर्थ पंचवर्षीय योजना के लक्ष्यों की प्राप्ति हेतु किया गया। इस कार्यक्रम के अन्तर्गत कृषकों को कृषि वैज्ञानिकों द्वारा अधिक उपजाऊ बीज एवं आवश्यक साधनों के माध्यम से अधिक उत्पादन करने की विधियाँ, कृषि के क्षेत्र में वैज्ञानिक प्रयोगों की जानकारी, वैज्ञानिकों के लिए कृषि सम्बन्धी समस्याओं को जान सकने की व्यवस्था का प्रावॅधान है। इस कार्यक्रम के अन्तर्गत विभिन्न राज्यों में किसानों के खेतों पर राष्ट्रीय प्रदर्शन लगाये जाने की व्यवस्था है।

सफल कार्यान्वयन की शर्तें एवं सुझाव
(Conditions for Successful Implementation and Suggestions)

जैसा कि पीछे के वर्णन में स्पष्ट किया गया है हरित क्रान्ति के घटकों का मिश्रित प्रयास है। अतः इसकी सफलता के लिए केवल कुशल एवं ईमानदार प्रशासन का ही होना अनिवार्य नहीं वरन् जन सहयोग एवं संस्थागत परिवर्तन भी अति आवश्यक है। हरित क्रान्ति के माध्यम से कृषि उत्पादन के क्षेत्र में वृद्धि को भविष्य में बनाये रखने तथा उसका और अधिक विकास करने हेतु कुछ शर्तों की पूर्ति करना आवश्यक है। भविष्य में हरित क्रान्ति के सफल कार्यान्वयन के लिए निम्न सुझाव दिये जा सकते है :

(1) क्षेत्रीय असन्तुलन की समाप्ति (Removal of Regional Imbalance)- हरित क्रान्ति के अनतर्गत केवल उन उत्पादन क्षेत्रों पर ही अधिक ध्यान आकर्षित किया गया है जो कृषि उत्पादन के लिए सर्वश्रेष्ठ है। इस कार्यक्रम में कम उपजाऊ क्षेत्रों पर उत्पादन वृद्धि के प्रयास नहीं किये गये हैं। इससे क्षेत्रीय असन्तुलन में वृद्धि हुई है। इसलिए आने वाले समय में कम उत्पादन वाले क्षेत्रों का पता लगाकर उन पर उत्पादन बढ़ाने के प्रयास किये जाने चाहिए। इस क्षेत्रीय असन्तुलन की समाप्ति से न केवल सन्तुलन की स्थापना होगी वरन् उत्पादन क्षेत्र में भी वृद्धि होगी।

(2) साधन-सम्पन्न लोगों को लाभ (Benefits to well to do Farmers)- हरित क्रान्ति पर यह आरोप है कि इसके अन्तर्गत वितरण व्यवस्था ने धनिकों को अधिक धनिक तथा गरीबों को अधिक गरीब बनाया है। इस कलंक को मिटाने के लिए यह आवश्यक है कि भविष्य में साख संस्थाओं की नीति का झुकाव आर्थिक दरिद्रता से पीड़ित किसानों के कल्याण की तरफ होना चाहिए। अधिकतर भारतीय कृषक अब भी उत्तम किस्म के बीजों, कीटनाशको तथा उर्वरकों का क्रय करने में असमर्थ है; जबकि हरित क्रान्ति में इनका प्रयोग आवश्यक है। अब छठी योजना में छोटे कृषकों एवं भमिहीनों को सस्ती दरों पर वित्तीय सुविधाएँ दी जायेंगी जिससे कि वे साधनों की कमी को दूर करके अधिक आय प्राप्त करने मे सक्षम हो सकें।

(3) सिंचाई सुविधाओं का विस्तार (Expension of Irrigation Facilities)- उर्वरकों, रसायनों तथा उच्च किस्म के अधिक उत्पादक बीजों का प्रयोग अपर्याप्त सिंचाई साधनों के अभाव में प्रभावशाली सिद्ध नहीं होगा। वास्तविकता तो यह है कि उन्नत किस्म के बीजों को घटिया किस्म के बीजों से अधिक पानी की आवश्यकता होती है। अतः भविष्य में हरित क्रान्ति को सफल बनाने के प्रयासों में सिचांई साधनों की उपलब्धि पर विशेष ध्यान देना चाहिए।

(4) उर्वरकों की पूर्ति (Supply of Fertilisers)- हरित क्रान्ति में उत्तम परिणाम प्राप्त करने हेतु पर्याप्त मात्रा तथा उचित समय पर उर्वरकों की पूर्ति किया जाना आवश्यक है। हमारे देश में उर्वरकों का उत्पादन कृषकों की आवश्यकता की पूर्ति नहीं कर पाता। अतः इस बात के प्रयास किये जाने चाहिए जिससे उर्वरकों माँग तथा पूर्ति में संतुलन स्थापित हो सके। इसके अतिरिक्त उर्वरकों का मूल्य भी कृषकों की क्रय सीमा के अन्तर्गत

होना चाहिए। कई बार उर्वरकों के मूल्य इतने ऊँचे निर्धारित किये जाते है कि साधारण कृषक तो उन्हें खरीद ही नहीं सकता। आज भी हमारी कुल माँग का एक तिहाई से अधिक भाग विदेशों से उर्वरकों का आयात करके पूरा किया जा रहा है जिसे उचित मूल्यों पर किसानों को उपलब्ध करने के उद्देश्य से करोड़ो रूपयों का उपदान दिया जाता है।

(5) विद्युत शक्ति का अभाव (Lack of Electric Power)- हरित क्रान्ति से पूर्व विद्युत शक्ति की कमी केवल उद्योगों के लिए ही समस्या थी। लेकिन हरित क्रान्ति में पम्प सैटों इत्यादि के विस्तार के फलस्वरूप ग्रामीण विद्युतीकरण को विशेष महत्व प्रदान किया जा रहा है। लेकिन पर्याप्त विद्युत शक्ति की उपलब्धि के अभाव में कृषि उत्पादन प्रभावित हो रहा है। अत: भविष्य में ग्रामीण विद्युतीकरण पर विशेष ध्यान देने की आवश्यकता. है। ग्रामीण विद्युतीकरण निगम अब ग्रामीण क्षेत्रों में विद्युत प्रसार के लिए वित्तीय सुविधाएँ प्रदान कर रहा है।

(6) मिट्टी तथा बीजों की अनुकूलता (Favourability of Soil and Seeds)- विशेष किस्म के बीजों को उगाने का प्रयास उनके अनुकूल मिट्टी में ही किया जाना चाहिए। हमारे देश में मिटटी विभिन्न किस्मों की पायी जाती है। इस मिट्टी पर कृषक बीजों का प्रयोग बीजों की आवश्यकतानुसार न करके अपनी आवश्यकतानुसार करता है। इस प्रकार उन्नत किस्म के बीजों के प्रयोग के बावजूद भी मिट्टी की प्रतिकुलता के कारण उत्पादन में सुधार नहीं हो पाता। अत: मिट्टी पर पर्याप्त अनुसन्धान करके ही बीजों का प्रयोग करना चाहिए।

(7) पौध संरक्षण के प्रभावी प्रयत्न (Effective Efforts for Plant Protection)- कृषि उत्पादन हेतु जितनी अनिवार्यता उन्नत बीजों, रासायनिक खादों तथा तकनीकों मार्ग दर्शन की होती है उतनी ही उनकी सुरक्षा की भी पड़ती है। अत: पौध संरक्षण के प्रभावी प्रयत्न आवश्यक हैं जिससे फसलों को कीटाणुनाशकों की सहायता से बीमारियों से दूर रखा जा सके। अत: आने वाले समय में कृषकों को पौध संरक्षण के प्रभावों से अवगत कराने तथा समय एवं उचित मूल्य पर कीटाणुनाशकों को उपलब्ध करवाने की व्यवस्था होनी चाहिए।

(8) कृषि मूल्य स्थिरता (Agricultural Price Stability)- अपनी फसल का उचित मूल्य प्राप्त हो जाना कृषकों के लिए सबसे बड़ी उत्प्रेरणा है। नवीन कृषि व्यूह रचना के अन्तर्गत खेती करना चूँकि अत्यन्त जोखिमपूर्ण है। अत: जब तक कृषकों को उचित मूल्य प्राप्त होने का आवश्वासन नहीं मिलेगा वह कभी भी इस नवीन चुनौती को स्वीकार करने के लिए तैयार नहीं होगा। अत: कृषकों को उचित कृषि मूल्य नीति के लिए सुरक्षा प्रदान करने के प्रयास किये जाने चाहिए। अब कृषि मूल्य आयोग के सुझाव पर प्रमुख खाद्यान्नों के वसूली मूल्य सरकार द्वारा घोषित किये जाते है। वर्ष 1980-81 में गेहूँ का वसूली मूल्य 130 रूपये प्रति क्विण्टल था जिसे 1981-82 में बढ़ाकर 142 रूपये प्रति क्विण्टल कर दिया गया है।

(9) प्रशासनिक कुशलता (Administrative Efficiency)- किसी भी सरकारी योजना की सफलता के लिए प्रशासन का कुशल एवं ईमानदार होना प्रथम शर्त है। भूमि सुधार, उन्नत किस्मों के बीजों, उर्वरकों तथा कीटाणुनाशकों का उचित समय पर तथा न्यायपूर्ण वितरण प्रशासन की कुशलता एवं ईमानदारी पर ही निर्भर करेगा। इस कार्य के लिए ऐसे कर्मचारियों तथा अधिकारियों की नियुक्ति की जानी चाहिए जो कृषकों को उत्पादन हेतु प्रोत्साहित कर सकें।

(10) अन्य सुझाव (Other Suggestions)- हरित क्रान्ति की सफलता के लिए भूमि सुधार के कार्यक्रमों को तेजी से लागु करना चाहिए। विभिन्न विभागों में समन्वय के प्रयास, लालफीताशाही की समाप्ति, पर्याप्त अनुसन्धान, निर्धन किन्तु प्रगतिशील किसानों को प्रौत्साहन, सहायक ग्राम्य उद्योगों के विकास, उपभोक्ताओं की रूचि के अनुसार उत्पादन आदि के प्रयत्न करने चाहिए।

अन्त में यह कहना उचित होगा कि हरित क्रान्ति की सफलता भारतीय कृषि के इतिहास में एक युगान्तकारी घटना है। जिसके सूत्रपात से देश में एक नवीन युग का प्रारम्भ हुआ है। आने वाले वर्षों में निश्चय ही इससे हमारी अर्थव्यवस्था को ठोस सम्बल प्राप्त होगा तथा हमारी आर्थिक प्रगति की गति और अधिक तीव्र हो सकेगी ।

परिक्षापयोगी प्रश्न

1. कृषि विकास की नवीन कृषि व्यूह रचना क्या है। नवीन कृषि व्यूह रचना की प्रमुख समस्या क्या है। इन समस्याओं के समाधान हेतु आपके पास क्या सुझाव है।

   What is the New Agriculture Strategy. What are the main problems of its. What suggestions you have to remove these problems.

2. क्या आप इस कथन से सहमत है कि नवीन कृषि व्यूह रचना वास्तव में नवीन है। इस व्यूह रचना के प्रमुख तत्व क्या है।

   Do you agree with the statement that New Agriculture Strategy new in true sense. What are the main elements of this strategy.

3. भारतीय अर्थव्यवस्था पर हरित क्रान्ति के प्रभाव की विवेचना कीजिये। इसे और अधिक सफल बनाने हेतु आपके पास क्या सुझाव है।

   Discuss briefly Impact of green revolution on Indian economy. Give suggestions to make it more effective.

□□□

9

भारतीय कृषि
(Indian Agriculture)

भारत प्राचीन काल से ही एक कृषि प्रधान देश रहा है। देश के अधिकांश निवासी आज भी कृषि द्वारा ही अपनी जीविका अर्जित करते है। भारत में ही नहीं, विश्व के अनेक अन्य देशों में भी कृषि एक महत्वपूर्ण व्यवसाय रहा है; क्योंकि यह मनुष्य की मूलभुत आवश्यकताओं की पूर्ति का एक महत्वपूर्ण साधन है। किसी भी देश में उद्योगों के विकास से पहले कृषि का विकास किया जाना अत्यन्त आवश्यक है। भारत जैसे देश के लिए जहाँ जनसंख्या के एक बड़े भाग को भोजन कृषि से प्राप्त होता हो, इसका विकास प्रथम आवश्यकता है। प्राय: यह कहा जाता है कि जिन देशों में कृषि एक प्रधान व्यवसाय है उनके निवासी निर्धन है। इस कथन में कुछ सच्चाई अवश्य है किन्तु ऐसे देशों के निवासियों की निर्धनता का कारण स्वयं कृषि न होकर कृषि का पिछड़ापन है। यह बात भारत के सम्बन्ध में भी पूर्णत: लागू होती है। कृषि की पिछड़ी हुई अवस्था के कारण भारतवासी निर्धन हैं और उनकी निर्धनता के कारण कृषि पिछड़ी हुई दशा में हैं। यह एक कुचक्र (Vicious Circle) है जिसे राष्ट्र के हित में तोड़ना परम आवश्यक है। किन्तु इससे देश के लिए कृषि का महत्व किसी भी प्रकार कम नहीं होता। कृषि भारत का सबसे महत्वपूर्ण व्यवसाय है, और सदैव रहेगा। भारत के आर्थिक विकास की कोई भी योजना उस समय तक सफल नहीं हो सकती, जब तक कि उसमें कृषि के पूर्ण विकास की व्यवस्था न की गयी हो।

कृषि का महत्व (Importance of Agriculture)

यह विचार व्यक्त करना कि कृषि अल्प विकसित अर्थव्यवस्था का प्रतीक है, एक भ्रम है। उद्योगों तथा वाणिज्य व्यापार के ढाँचे को खड़ा करने के लिए कृषि एक प्रकार का आधार है। भारत जैसे देश के लिए जहाँ खाद्यान्नों की भारी कमी हो तथा औद्योगिक कच्चे माल का अभाव हो, कृषि को आर्थिक विकास का आधार बनाना और भी अधिक आवश्यक हो जाता है। भारतीय अर्थव्यवस्था में कृषि का महत्वपूर्ण स्थान निम्नलिखित तथ्यों से स्पष्ट हो जाता है:

(1) अधिकांश देशवासियों की जीविका का साधन (Means of Subsistance for the Masses)—भारतीय अर्थव्यवस्था में कृषि के महत्त्व का पता इस तथ्य से भलि-भाँति लगाया जा सकता है कि आज भी कार्यकारी जनसंख्या का महत्त्वपूर्ण भाग कृषि तथा सम्बद्ध गतिविधियों में संलग्न है। 1951 में कुल सक्रिय श्रमिकों का लगभग 70 प्रतिशत कृषि तथा सम्बद्ध क्रियाओं में संलग्न था। इधर हाल ही के वर्षों में इसमें महत्त्वपूर्ण कमी के फलस्वरूप इसमें गिरावट के कारण 2001 में यह प्रतिशत कम होकर 59 रह गया। यदि हम इस पहलू को अन्तर्राष्ट्रीय परिपेक्ष्य में अध्ययन करे तो इसका सम्बन्ध विकास के स्तर से जुड़ा प्रतित होता है। भारत में 59 प्रतिशत सहित मिश्र में 42 प्रतिशत, बंगलादेश में 52 प्रतिशत, इण्डोनेशिया में 52 प्रतिशत तथा चीन में 68 प्रतिशत जनसंख्या कृषि पर आश्रित की तुलना में विकसित देश अमेरिका में 2.3 प्रतिशत तथा फ्रांस में 7 प्रतिशत तथा अस्ट्रेलिया में 6 प्रतिशत जनसंख्या कृषि पर रोजगार हेतु आश्रित है।

(2) खाद्य सम्बन्धी आवश्यकताओं की पूर्ति का मुख्य स्त्रोत (Main Source of Food Supply)- भारत एक ऐसा देश है जहाँ शाकाहारी लोगों की संख्या सर्वाधिक है, अत: भारतीय भोजन में कृषि द्वारा उत्पादित पदार्थो की प्रधानता रहना स्वाभाविक ही है। खाद्यान्न, दालें, तिलहन, साग सब्जियाँ, फल इत्यादि कृषि की ही देन है। इसके अतिरिक्त घी-दुध का व्यवसाय भी कृषि पर ही आधारित है। यह ठीक है कि भारत की कृषि आत्म निर्भर नहीं है और हमारी सम्पूर्ण खाद्य आवश्यकताओं की पूर्ति कृषि द्वारा किया जाना सम्भव नहीं है। इस कमी को हमे आयात के द्वारा पूरा करना पड़ा है। किन्तु यदि कृषि का सुधार किया जाय तो यह देश में आवश्यकता से अधिक खाद्यान्न उत्पन्न कर सकती है। हरित क्रान्ति की सफलता के पश्चात् इस कथन की पर्याप्त पुष्टि हो चुकी है तथा अब देश खाद्यान्नों के उत्पादन में लगभग स्वावलम्बी हो चुका है।

(3) औद्योगिक कच्चे माल की पूर्ति का साधन (Means of Industrial Raw Material Supply)- अनेक भारतीय बड़े उद्योग कृषि द्वारा उत्पन्न माल पर आधारित है। भारतीय अर्थव्यवस्था में इस दृष्टि से भी कृषि का महत्व है कि इससे उद्योगों को कच्चा माल प्राप्त होता है। सूती वस्त्र, चीनी, जूट, वनस्पति तेल उद्योग इसके प्रमुख उदाहरण हैं। इन उद्योगों में लाखों व्यक्ति काम पर लगे हुए हैं। देश में पिछले बीस वर्षो से कपास तथा जुट की बराबर कमी रही है। इन्हें आयात करने में हमें पर्याप्त विदेशी मुद्रा का व्यय करना होता है। इस बात के प्रयत्न किये जा रहे है कि भारत में ही कृषि के उन्नत तरीकों के द्वारा अधिक मात्रा में औद्योगिक कच्चा माल उत्पन्न किया जाय। यही कारण है कि छठी योजना में कपास, जुट, गन्ना, तिलहन एवं तम्बाकू के उत्पादन के लिए उत्साहवर्धक लक्ष्यों का निर्धारण किया गया।

नि:सन्देह भारतीय अर्थवयवस्था में कृषि का स्थान महत्व की दृष्टि से सर्वोपरी है, किन्तु इधर हाल ही के कुछ वर्षों में उद्योग के लिए कृषि के महत्व में गिरावट हुई है। इसका प्रमुख उत्तरदायी कारण यह है कि अब देश में ऐसे अनेक उद्योग विकसित हो चुके हैं जो अपने विकास हेतु कृषि पर आश्रित नहीं है। इनमें प्रमुख लोहा-इस्पात, रसायन, मशीने-औजार और अन्य इंजीनियरिंग उद्योग आदि है।

(4) राष्ट्रीय आय का प्रमुख साधन (Main Source of National Income)- केन्द्रीय सांख्यिकी संगठन के अनुसार 1950-51 और 1970-71 के दौरान कृषि का सकल राष्ट्रिय उत्पाद में भाग क्रमशः 59 से 48 प्रतिशत के बीच था। यद्यपि यह गिर रहा था। सन् 1980-81 में भारत की कुल राष्ट्रीय आय 1,04,201 करोड़ रूपये थी जिसमें से 45,796 करोड़ रूपये की आय कृषि से प्राप्त हुई। 2001-02 में भारत की कुल राष्ट्रीय आय 1993-94 की कीमतों पर 1257043 करोड़ रूपये थी जिसमें से 330272 करोड़ रूपये कृषि क्षेत्र से प्राप्त हुए। इस प्रकार हम कह सकते है कि देश की कुल राष्ट्रीय आय का 43.5 प्रतिशत भाग कृषि व्यवसाय के द्वारा प्राप्त होता है। यद्यपि देश के औद्योगिक विकास के साथ हमारी राष्ट्रीय आय में कृषि का प्रतिशत कम हुआ है तथा 2000-01 में यह 26.5 के निम्न स्तर पर पहुँच गया।, इसके बावजूद भी यह निश्चित है कि कृषि दीर्घकाल तक आय का महत्वपूर्ण साधन बनी रहेगी।

भारतीय अर्थव्यवस्था में कृषि को उपर्युक्त वर्णित स्थिति दो बातों का संकेत देती है-*प्रथम,* यद्यपि राष्ट्रिय आय में कृषि तथा सम्बद्ध क्रियाओं का भाग काफी ऊँचा है तथा *द्वितीय,* राष्ट्रिय आय में कृषि का भाग धीरे-धीरे कम हो रहा है। इन दो बातों से यह स्पष्ट संकेत मिलता है कि राष्ट्रिय अर्थव्यवस्था में कृषि का महत्वपूर्ण स्थान ही नहीं, वरन् इसके गिरावट का आभास होता है। वस्तुतः यह होना आवश्यक भी है क्योंकि अन्य राष्ट्रों की तुलना में भारत की राष्ट्रिय आय में कृषि का भाग आज भी अधिक है। भारत की राष्ट्रिय आय में 1997-98 में कृषि के भाग 26.4 प्रतिशत की तुलना में अमेरिका में 3 प्रतिशत, कनाड़ा में 4 प्रतिशत और आस्ट्रेलिया में 5 प्रतिशत था। इससे एक अन्य संकेत प्राप्त होता है कि जो राष्ट्र जितना विकसित है उसकी राष्ट्रिय आय में कृषि का भाग उतना ही कम है। भारतीय अर्थव्यवस्था अभी इन राष्ट्रों की श्रेणी में नहीं पहुँची है, अतः यहाँ राष्ट्रिय आय में कृषि से प्राप्त आय का प्रतिशत अधिक है।

(5) पशु पालन में सहायक (Helpful in Animal Husbandry)- कृषि के सहारे हमारे कृषक पशु पालन का कार्य एक सहायक व्यवसाय के रूप में कर सकते हैं। कृषि के द्वारा उन्हें चारा प्राप्त हो जाता है तथा पशुओं के द्वारा उन्हें बहुमूल्य खाद प्राप्त होती है जो कृषि उपज को और अधिक बढ़ाती है। पशुओं से घी दुध के रूप में अतिरिक्त आय प्राप्त हो जाती है। अतः कृषि एवं पशु पालन एक दूसरे के पूरक तथा सहायक व्यवसाय है।

(6) निर्यात व्यापार का मुख्य आधार (Basis of Export Trade)- भारतीय निर्यात को बढ़ाने की आवश्यकता पर वर्तमान में सर्वाधिक ध्यान दिया जा रहा है। इस दृष्टि से भारतीय कृषि का अन्तर्राष्ट्रीय व्यापार में भी विशेष महत्व है। देश के निर्यात व्यापार की अनेक वस्तुएँ कृषि से ही प्राप्त होती है जैसे चाय, जुट, लाख, शक्कर, कपड़ा, ऊन, रूई, तम्बाकु, मसाले, तिलहन इत्यादि। देश के विदेशी व्यापार के आधार चाय एवं जूट है। भारत औसत प्रतिवर्ष लगभग 250 करोड़ रूपये का जुट का सामान तथा लगभग 350 करोड़ रूपये की चाय निर्यात करता है। निर्यात के इन दोनों पदार्थो की पूर्ति कृषि ही करती है। भारत के कुल निर्यातों में कृषि वस्तुओं का अनुपात लगभग 50 प्रतिशत है और कृषि से निर्मित वस्तुओं का अनुपात लगभग 20 प्रतिशत है। इस प्रकार कुल मिलाकर भारत के निर्यातों में कृषि का भाग 70 प्रतिशत है।

(7) केन्द्रीय तथा राज्य सरकारों की आय का साधन (Source of Central and State Government Revenue)- केन्द्रीय सरकार को निर्यात करों तथा उत्पादन करों के रूप में भी कृषि से पर्याप्त आय प्राप्त होती है। राज्य सरकारों को भी भूमि कर, आबकारी-कर तथा विकास करों (Development Taxes) के रूप में कृषकों से पर्याप्त मात्रा में आय होती है। केन्द्रीय तथा राज्य सरकारों के बजट प्रत्यक्ष अथवा परोक्ष रूप से कृषि पर आधारित होते है।

(8) आन्तरिक व्यापार का आधार (Basis of Internal Trade)- देश के अन्दर होने वाले व्यापार का मुख्य भाग कृषि पदार्थों पर आधारित होता है। थोक व्यापारी, खुदरा व्यापारी तथा अनेक आढ़तियों तथा दलालों की आजीविका कृषि पदार्थों के क्रय विक्रय के द्वारा ही चलती है। इनके अतिरिक्त बैंकिंग तथा बीमा के व्यवसायों पर भी कृषि माल के व्यापार की अधिकता अथवा कमी से प्रभाव पड़ता है।

(9) यातायात के साधनों के लिए महत्वपूर्ण (Important for Transport)- कृषि भारतीय परिवहन अर्थव्यवस्था का मुख्य आधार है क्योंकि रेल, सड़क मार्ग द्वारा अधिकांश कृषि वस्तुओं का परिवहन किया जाता है। यही नहीं, जिस वर्ष कृषि उत्पादन कम होता है, उस वर्ष भारतीय रेलों एवं सड़क यातायात कम्पनियों तथा जहाजी कम्पनियों को भी आय कम प्राप्त होती है। देश में यातायात के विभिन्न साधनों द्वारा करोड़ों टन माल एक स्थान से दूसरे स्थान पर ले जाया जाता है।

(10) पंचवर्षीय योजनाओं का मुख्य आधार (Main Basis of Five Years Plans)- भारत के आर्थिक विकास की कोई भी योजना तबतक सफल नहीं हो सकती जब तक कि उसमें कृषि को सम्मानजनक स्थान न दिया जाय। प्रथम योजना में कृषि को सबसे प्रमुख स्थान दिया गया और वह सफल हुई। द्वितीय और तृतीय योजनाओं में कृषि को अपेक्षाकृत निम्न प्राथमिकता प्रदान की गयी, जिसका दुष्परिणाम हमारे समक्ष खाद्य समस्या के रूप में प्रकट हुआ तथा देश को करोड़ों रूपयों का खाद्यान्न विदेशों से आयात करना पड़ा। चतुर्थ योजना में इस नीति में कुछ संशोधन किया गया तथा कृषि के लिए नवीन व्यूह रचना अपनायी गयी। इससे देश खाद्यान्नों की दृष्टि से सन् 1970 के बाद के दशक में लगभग आत्मनिर्भर हो गया। छठी योजना में कृषि एवं सहायक क्षेत्रों को योजना व्यय एवं विकास कार्यक्रमों में उच्च प्राथमिकता दी गयी है।

भारतीय अर्थव्यवस्था में कृषि के महत्व के उपर्युक्त चित्रण से यह स्पष्ट है कि कृषि भारतीय अर्थव्यवस्था का अवलम्ब है तथा राष्ट्रिय विकास हेतु इसे सम्मानजनक स्थान प्रदान करना होगा। भारत में कृषि को विकास के उपयुक्त अवसर प्रदान किये जाने पर ही राष्ट्र की समृद्धि तथा खुशहाली निर्भर है तथा इस क्षेत्र की अवेहलना ही अन्य अनेक समस्याओं के लिए उत्तरदायी है।

नवीन/वर्तमान राष्ट्रीय कृषि नीति 2000
(New/Present National Agricurture Policy)

भारत की वर्तमान कृषि नीति 2000 की घोषणा 28 जुलाई 2000 तत्कालीन कृषि मन्त्री श्री नितीश कुमार द्वारा की गयी। भारतीय कृषि की वर्तमान स्थिति तथा इसकी

समस्याओं को केन्द्र बिन्दु बनाकर जिस कृषि नीति की रचना की गई उसे वर्तमान आर्थिक परिपेक्ष्य में राष्ट्रीय कृषि नीति की संज्ञा प्रदान की गयी है। इस नीति का उद्देश्य भारतीय कृषि की व्यापक छुपी हुई विकास संभावनाओं का पूरा लाभ उठाना, कृषि विकास को प्रोत्साहित करने के लिए ग्रामीण आधार-संरचना को मजबूत बनाना, मूल्य संवर्धन को प्रोत्साहन देना, कृषि व्यवसाय के विकास को तेज करना, ग्रामीण क्षेत्रों में रोजगार के अवसर पैदा करना, किसानों तथा कृषि श्रमिकों एवं उनके परिवारों के लिए एक उचित जीवन स्तर की व्यवस्था करना, ग्रामीण क्षेत्रों से शहरी क्षेत्रों की ओर जनसंख्या के पलायन को रोकना, तथा आर्थिक उदारीकरण एवं सार्वभौमिकरण से उत्पन्न होने वाली चुनौतियों का सामना करने हेतु रणनीति तैयार करना है। यह नीति आगामी दशकों के लिए प्रभावी होगी। राष्ट्रीय कृषि नीति के प्रमुख तत्व निम्नलिखित है :

1. कृषि क्षेत्र में 4 प्रतिशत प्रति वर्ष से अधिक संवृद्धि दर प्राप्त करना - कृषि नीति 2000 में यह लक्ष्य निर्धारित किया गया है कि 2005 तक 4 प्रतिशत से अधिक की वृद्धि दर कृषि क्षेत्र में प्राप्त की जाये। वर्तमान में यह दर 1.5 प्रतिशत है।

2. विकास के साथ समानता - विकास के साथ साथ समानता अर्थात ऐसा विकास कार्यक्रम तैयार करना जो सभी क्षेत्रों में और सभी किसानों को लाभान्वित कर सके।

3. मात्रात्मक प्रतिबन्धों की समाप्ति (End of Quantitative Restrictions)- कृषि विकास को गति प्रदान करने के लिए मात्रात्मक प्रतिबंधों की समाप्ति के बाद की अवधि में, कृषि निजीकरण तथा किसानों को मूल्य संरक्षण प्रदान करना, सरकारी नीति का एक हिस्सा होगा। नई नीति का पूरा ध्यान इस बात पर होगा कि संसाधनों व प्रोद्योगिकी का सक्षम उपयोग हो, किसानों को साख की पर्याप्त उपलब्धि हो तथा उन्हें मौसमी व कीमत संबंधी उतार-चढ़ावों से संरक्षण प्रदान किया जा सके ।

4. संसाधनों का दक्षतापूर्ण उपयोग - ऐसा कृषि विकास सुनिश्चित करना जो संसाधनों का दक्ष उपयोग कर सके तथा राष्ट्रीय भूमि, जल व जैविक विविधता की रक्षा कर सके।

5. माँग प्रेरित विकास - राष्ट्रिय कृषि नीति में प्राप्ति पर बल दिया गया है। जो मांग प्रेरित हो और घरेलु बाजारों की जरूरत को पूरा करने के साथ साथ, आर्थिक उदारीकरण एवं सार्वभौमिकरण से जनित कृषि निर्यातों के मार्ग में आने वाली चुनौतियों का सफलतापूर्वक सामना करते हुए अधिक से अधिक लाभ प्राप्त कर सके।

6. प्रभावी निजी भागीदारी (Effective Private Participation) - प्रौद्योगिकी का जल्द हस्तरण, पूंजी प्रवाह, फसल उत्पादन के लिए (खासतौर पर तिलहन, कपास तथा बागवानी फसलों के उत्पादन के लिए) सुरक्षित बाजार उपलब्ध कराने हेतु निजी क्षेत्र की भूमिका पर जोर दिया जाएगा। इस उद्देश्य के लिए ठेका खेती तथा भूमि पट्टे पर देने की व्यवस्था लागू की जाएगी।

7. निजी विनियोग को प्रोत्साहन (Encouragement to Private Participation) - नवीन कृषि नीति में यह स्वीकार किया गया है कि हाल ही के विगत

कुछ वर्षों में कृषि क्षेत्र में सार्वजनिक निवेश के सम्बन्ध में गिरावट हुई है। इससे कृषि क्षेत्र में व्याप्त विषमताओं को दूर करने में तथा ग्रामीण क्षेत्रों में आधार संरचना का विकास करने हेतु सार्वजनिक निवेश में वृद्धि की जाये । नवीन कृषि नीति में इस उद्देश्य की पूर्ति हेतु निजी निवेश को बढ़ाने का वक्तव्य जारी किया गया है। कृषि में निजी क्षेत्र के निवेश को प्रोत्साहित किया जाना राष्ट्रिय कृषि नीति का महत्वपूर्ण पहलू है। प्रमुखत: कृषि अनुसंधान, मानव संसाधन विकास, फसल कटाई के बाद की व्यवस्था तथा कृषि विपणत के क्षेत्र मे विशेष ध्यान दिया जायेगा।

8. वस्तु वार कार्यनीतियाँ (Commodity Wise Working Plan) - कृषि पर विश्व व्यापार संगठन के समझौते के तहत मात्रात्मक प्रतिबंधों को हटा लिए जाने के बाद विश्व बाजार में कीमतों के उतार चढ़ाव से किसानों की रक्षा करने के लिए तथा निर्यातों को प्रोत्साहित करने के लिए, राष्ट्रीय कृषि नीति ने वस्तु वार कार्यनीतियां तैयार करने की सिफारिश की है।

9. बाजार सीमा क्षेत्र में वृद्धि (Increase in Market Operations) - सरकार वस्तुओं के मूल्य में व्यापक घट-बढ़ को कम करने तथा उनके जोखिमों से बचाव करने के लिए भावी बाजारों के सीमाक्षेत्र को बढ़ाएगी। इस नीति से कृषि का सतत विकास प्राप्त करने, रोजगार अवसर पैदा करने और जीवन स्तर सुधारने की आशा की जाती है।

10. पशुओं की भूमिका में वृद्धि (Increase in Role of Animals) - इस नीति में एक'राष्ट्रीय पशुधन प्रजनन युक्ति' तैयार करने की बात की गई है जिससे दूध, मांस, अंड़े और पशुधन उत्पादों की आवश्यकता को पूरा किया जा सके तथा कृषि कार्य के लिए ऊर्जा के एक स्रोत के रूप में भारवाही पशुओं की भूमिका को बढ़ाया जा सके।

11.पौध संरक्षण कानून (Plant Protection Law)- नई किस्मों के संबंध में अनुसंधान और उनके प्रजनन को प्रोत्साहन देने के लिए पौधों की किस्मों के संरक्षण हेतु कानून बनाए जाएंगे। पशुपालन, मुर्गीपालन, डेरी और जलकृषि को उच्च प्राथमिकता दी जाएगी।

12.. **विशिष्ट तथा आर्थिक व्यवहार्य कृषि** (Special and Economically Viable Agriculture) - विभिन्न क्षेत्रों के लिए विशिष्ट तथा आर्थिक रूप से व्यवहार्य कृषि और बागवानी फसलों की सुधरी हुई किस्मों, पशुधन प्रजातियों तथा जलकृषि को विशेष प्राथमिक दी जाएगी। देशीय कृषि बाजारों को और उदार बनाया जाएगा।

13. पर्यावरण सुरक्षा – विकास जो तकनीकी रूप से, पर्यावरण सुरक्षा के रूप से, तथा आर्थिक रूप से धारणीय हो।

14. कृषि वस्तुओं के अवागमन पर प्रतिबन्धों की कमी (Lessning Restrictions on Movement of Agriculture Products) - देश भर में कृषि वस्तुओं के आवागमन पर प्रतिबंधों को कम किया जाएगा और कालातंर में उन्हें समाप्त कर दिया जाएगा। खाद्यान्नों और अन्य वाणिज्यिक फसलों पर कर ढांचे की समीक्षा की जाएगी।

15. उत्पाद शुल्कों की समीक्षा (Review of Production Duty) - कृषि उत्पादन में प्रयोग होने वाले आगतों (जैसे फार्म मशीनरी, उपकरण, उर्वरक इत्यादि), कटाई के बाद फसल के भंडारण तथा परिष्करण पर उत्पाद शुल्क की समीक्षा की जाएगी।

16. कृषि आय कर मुक्त (Non-Taxable Agriculture Income) - यह सुनिश्चित करने के लिए कि कृषक मुख्य रूप से नियंत्रणात्मक तथा कर संग्रहण प्रणाली से बाहर रहे, उपयुक्त कदम उठाए जाएंगे।

17. ग्रामिण विद्युतीकरण (Rural Eelctrification) - कृषि विकास के एक प्रमुख संचालक के रूप में ग्रामीण विद्युतीकरण को उच्च प्राथमिकता दी जाएगी।

18. वैकल्पिक ऊर्जा स्त्रोतों का विकास (Development of Alternative Energy Resources) -सिंचाई और अन्य कृषि प्रयोजनों के लिए ऊर्जा के नए एवं नवीकरणीय स्त्रोतों के प्रयोग को बढ़ावा दिया जाएगा।

19. संस्थागत साख का विकास (Development of Institutional Credit)- किसानों को सामयिक और पर्याप्त ऋण प्रदान के लिए संस्थापक ऋण स्त्रोतों के सतत् विकास व प्रसार को जारी रखा जाएगा।

20. संस्थागत ढाँचे को मजबुत बनाना (Strengtnern Institutional Credit)- नवीन कृषि नीति में भारतीय कृषि क्षेत्र में विद्यमान संस्थागत ढाँचे को मजबूत बनाने हेतु निम्नलिखित प्रयास किये जाने की घोषणा की गयी है: 1. उत्तर-पश्चिम राज्यों के अनुरूप ही समस्त देश में जोतों की चकबन्दी की विशेष व्यवस्था करना। 2. ऐसी भूमि का भूमिहीन किसानों और बेरोजगार युवकों को वितरण करना जो लोगों के पास अधिकतम सीमा के ऊपर अथवा अतिरिक्त भूमि के रूप में पड़ी है। 3. फसल सहभाजकों के अधिकारों की सुरक्षा हेतु काश्तकारी कानून में सुधार करना । 4. अनार्थिक जोतों का आकार बढ़ाने के लिए पट्टा बाजारों का विकास करना। 5. भू-रिकार्ड को कम्प्यूटरीकृत करना तथा किसानों को भूमि पासबुक्स (Land Passbook) का वितरण करना। 6. भूमी पर स्त्रियों के अधिकार को सुनिश्चित करना।

21. जोखिम प्रबन्ध (Risk Management) -नवीन राष्ट्र कृषि नीति में एक ऐसी राष्ट्रीय कृषि बीमा योजना बनाने का सुझाव दिया गया है। जो देश के सभी किसानों एवं सभी फसलों के सम्बन्ध में समान रूप से लागु हों।

22. बीमा पॉलिसी पैकेज (Insuance Policy Package)- किसानों को एक पैकेज बीमा पालिसी प्रदान करने के प्रयास किये जाएंगे जिसके तहत फसलों की बुवाई से लेकर कटाई के पश्चात् की गतिविधियों तक का, तथा कृषि उत्पाद की कीमतों में उतार चढ़ाव तक का बीमा किया जा सके।

23. विद्यायन इकाईयों की स्थापना (Establishment of Processing Units) - इसके अतिरिक्त कृषि विधायन इकाइयों की स्थापना के लिए उत्पादक सहकारी समितियों एवं निगम क्षेत्र में आपसी सहयोग को प्रोत्साहित किया जायेगा।

राष्ट्रीय कृषि नीति के अन्तर्गत 4 प्रतिशत से अधिक वृद्धि का लक्ष्य निर्धारित किया गया है। इस वृद्धि की प्राप्ति हो जाना भारतीय कृषि व्यवस्था में एक अत्यन्त महत्वपूर्ण घटना होगी। अत: यह महत्वपूर्ण है कि उन प्रयासों की जानकारी प्राप्त की जाये जो इस लक्ष्य की प्राप्ति हेतु किये जाने प्रस्तावित है। इस लक्ष्य की प्राप्ति हेतु निम्नलिखित विशेष प्रयास प्रस्तावित किये गये है।[1]

1. दिनांक 28 जुलाई 2000 को सरकार ने वर्ष 2005 तक कृषि की वृद्धि 4 प्रतिशत से अधिक प्रक्षेपित करने के लिए लक्षित राष्ट्रीय कृषि नीति को सार्वजनिक किया। यह वृद्धि संरचनात्मक, संस्थात्मक, कृषि विज्ञान और कर सुधारों सहित कई उपायों के संयोजन से प्राप्त की जाएगी।

2. गुणवत्ता सुधार प्रणाली में कृषि का निजीकरण और किसानों को मूल्य संरक्षण प्रदान करना कृषि के विकास को सहक्रियात्मक बनाने के लिए सरकार की नीति का एक हिस्सा होगा। नई नीति का ध्यान केन्द्र संसाधनों और प्रौद्योगिकी के सक्षम प्रयोग, किसानों को ऋण की पर्याप्त उपलब्धता और मौसम संबंधी और मूल्यों की घट-बढ़ से उनका संरक्षण करना होगा। आगामी दो दशकों में नीति का लक्ष्य कृषि क्षेत्र में प्रतिवर्ष चार प्रतिशत से अधिक वृद्धि दर प्राप्त करना है।

3. निजी क्षेत्र की भागीदारी का संवर्धन ठेका खेती तथा त्वरित प्रौद्योगिकी अंतरण करने के लिए भूमि पट्टे पर देने की व्यवस्था, पूंजी अन्तर्प्रवाह, फसल उत्पादन विशेषकर तिलहन, कपास और बागवानी फसलों के लिए आश्वस्त बाजारों के माध्यम से किया जाएगा।

4. कृषि, विशेषकर कृषि अनुसंधान, मानव संसाधन विकास, कटाई पश्च प्रबंधन और विपणन जैसे क्षेत्रों में निजी क्षेत्र के निवेश को प्रोत्साहित किया जाएगा।

5. कृषि पर विश्व व्यापार संगठन के करार के अनुसार आयातों पर मात्रात्मक प्रतिबंध को हटाने के दृष्टिगत विश्व बाजार में मूल्यों के व्यर्थ घट-बढ़ के प्रतिकूल प्रभाव से किसानों की सुरक्षा करने के लिए नीति ने वस्तु वार कार्यनीतियां और व्यवस्थाएं तैयार करने की सिफारिश की है।

6. सरकार वस्तु के मूल्य में व्यापक घट बढ़ को कम करने तथा उनके जोखिमों से बचाव करने के लिए भी भावी बाजारों के सीमाक्षेत्र को बढ़ाएगी। इस नीति से कृषि का सतत विकास प्राप्त करने, लाभपूर्ण नियोजन सृजित करने और जीवन स्तर सुधारने की आशा की जाती है।

7. यह नीति दूध, मांस, अंडे और पशुधन उत्पादों का आवश्यकता पूरी करने और कृषि कार्य के लिए ऊर्जा के एक स्रोत के रूप में भारवाही पशुओं की भूमिका बढ़ाने के लिए एक ''राष्ट्रीय पशुधन प्रजनन कार्यनीति'' तैयार करने की संकल्पना करती है।

---

1 भारतीय आर्थिक समीक्षा 2000-2001, पृष्ठ 171

8. पौधों की किस्मों की नई किस्मों पर अनुसंधान और उत्पादन को प्रोत्साहित करने के लिए विधान के माध्यम से सुरक्षा की जाएगी। पशुपालन, मुर्गीपालन, डेयरी और जलकृषि के विकास को उच्च प्राथमिकता दी जाएगी।

9. नए अवस्थान-विशिष्ट और आर्थिक रूप से व्यहार्य कृषि और बागवानी फसलों की सुधरी हुई किस्मों, पशुधन प्रजातियों और जलकृषि को उच्च प्राथमिकता प्रदान की जाएगी। कृषि बाजार को उदार बनाया जाएगा।

10. देश भर में कृषि वस्तुओं के आवागमन पर प्रतिबंधों को प्रगामी तौर पर समाप्त किया जाएगा। खाद्यान्नों और अन्य वाणिज्यिक फसलों पर कर ढाँचे की समीक्षा की जाएगी।

11. कृषि की मशीनरी और उपकरणों तथा कृषि उत्पादन में निविष्ट के रूप में प्रयुक्त उर्वरकों जैसे सामग्रीयों, कटाई पश्चभंडारण और संसाधन पर उत्पाद शुल्क की समीक्षा की जाएगी।

12. यह सुनिश्चित करने के लिए कि पूर्णरूपेण कृषि विनियामक और कर संग्रहण प्रणाली से बाहर रहे, उपयुक्त उपाय अपनाए जाएंगे।

13. कृषि विकास के एक प्रमुख संचालक के रूप में ग्रामीण विद्युतीकरण को उच्च प्राथमिकता दी जाएगी।

14. सिंचाई और अन्य कृषि प्रयोजनों के लिए नई और ऊर्जा के नवीकरणीय स्रोतों के प्रयोग को बढ़ावा दिया जाएगा।

15. किसानों को सामयिक और पर्याप्त ऋण प्रदान करने के लिए ग्रामीण और कृषि ऋण का प्रगामी संस्थानीकरण जारी रखा जाएगा।

16. कृषि उत्पाद के मूल्यों में बाजार की घट-बढ़ सहित फसलों की बुआई से लेकर ही कटाई पश्च कार्यों तक किसानों के लिए पैकेज बीमा पॉलिसी प्रदान करने का प्रयास किया जाएगा।

प्रशंसात्मक पहलू (Appreciable Aspects)

निःसन्देह राष्ट्रिय कृषि नीति की रचना जिस प्रतिस्पर्धात्मक आर्थिक परिदृश्य के अन्तर्गत की गयी है उसमें राष्ट्रीय अर्थव्यवस्था में उत्पन्न हुई उदारीकरण चुनौतियों से निपटने हेतु विशेष रणनीति तैयार हुई। वर्तमान राष्ट्रीय कृषि के कतिपय प्रशंसात्मक पहलू निम्न प्रकार है:

1. इस कृषि नीति को दो दशकों तक लागू रखने की बात कही गयी है, वह एक अत्यन्त सराहनीय पहलू है। यह वर्तमान आर्थिक परिस्थितियों के सर्वथा अनुकूल है।

2. उच्च संवृद्धि दर, 4 प्रतिशत से भी अधिक, कृषि क्षेत्र में अधिक कुशलता, स्वयं संचालना तथा स्थायी विकास को दर्शाता है।

3. राष्ट्रीय कृषि नीति अत्यन्त बाजार विन्मुख है। इसके अन्तर्गत जिन चिरकालिक सुधारों की घोषणा की गयी है वे बहुपतिरक्षित रहे है। इसमें सबसे प्रमुख सुधार कृषि बाजार के कार्यसंचालन का विस्तार है।

4. राष्ट्रीय कृषि नीति में विभिन्न नियन्त्रणों से कृषि क्षेत्र को मुक्ति प्रदान करवाने की व्यवस्था भी अत्यन्त सराहनीय प्रयास है। इसके साथ ही कृषि उत्पादों के अवागमन, नियन्त्रण तथा प्रतिबन्ध की समाप्ति भी दूरगामी प्रभाव से सम्बन्धित प्रयास है।

5. बड़े रूप में कृषि क्षेत्र में निजी क्षेत्र की सहभागिता भी कृषि क्षेत्र में नये आयामों का सूत्रपात करेगा। निजी क्षेत्र की सहभागिता भूमि की पट्टे की व्यवस्था तथा अनुबन्ध कृषि के द्वारा आश्वस्त की जायेगी।

6. निजी क्षेत्र द्वारा अपेक्षाकृत कृषि क्षेत्र के नवीनतम क्षेत्रों में विनियोग की अनुमति निजी क्षेत्र अपने वित्तीय संसाधनों को अत्यन्त महत्वपूर्ण गतिविधियों जैसे शोध, दक्षता सृजन, फसल-कटाई प्रबन्ध तथा विपणन आदि क्षेत्रों में प्रयोग करेंगे।

7. पशु-पालन के लिए भी इस नीति में निजी क्षेत्र को महत्वपूर्ण भूमिका प्रदान कि गयी है। यह भी एक नवीन प्रयास है।

8. छोटे तथा बिखरे हुए भुखण्डों का एकीकरण सम्बन्धी प्रावधान व्यवहार्य (Viability) की दृष्टि से सराहनीय प्रयास है। भू-अभिलेखों के उपयुक्त रख-रखाव को भी इस नीति में महत्वपूर्ण स्थान प्रदान किया गया है।

9. इस नीति में न केवल कृषकों के हितों वरन् फसल बटाई (Share Cropper) के हित संरक्षण को भी विशेष महत्व प्रदान किया गया है।

10. राष्ट्रीय कृषि नीति का एक अन्य प्रशंसात्मक पहलू यह है कि यह स्वयं में एक विस्तृत नीति है जिसके अन्तर्गत कृषि क्षेत्र के उत्पादन से प्रारम्भ होकर अन्त (उत्पादन से विपणन तक) होने के मार्ग में उत्पन्न होने वाली समस्त समस्याओं को समाविष्ठ किया गया है। इनमें प्रमुख कृषि आदानों की उपलब्धि (प्रमुखतः साख विनियोग— तकनिकी क्रमोन्नता, कृषि प्रबन्ध तथा विपणन में सुधार, प्रलोभन, भूमि सुधार आदि समस्यायें को विशेष रूप से उल्लेखनीय है।

गम्भीर कमजोरियाँ (Serious Shortcomings)

राष्ट्रीय कृषि नीति के उपर्युक्त वर्णित प्रशंसात्मक पहलूओं के अध्ययन से यह निष्कर्ष निकालना उपयुक्त नहीं होगा कि यह नीति शत प्रतिशत सराहनीय है, इसमें कोई कमजोरिया व्याप्त नहीं है अथवा इसका कोई नकारात्मक पहलू नहीं है। राष्ट्रीय कृषि नीति में प्रमुख कमजोरियां अथवा इसके नकारात्मक पहलू निम्नलिखित है:

1. राष्ट्रीय कृषि नीति में कृषि क्षेत्र में अगामी दो दशकों के दौरान उत्पन्न होने वाली समस्याओं के समाधान पर अधिक ध्यान केन्द्रित किया गया है। इस नीति में कृषि क्षेत्र में विध्यमान तात्कालिक समस्याओं के समाधान की अनदेखी की गई है। कृषि क्षेत्र में अनेक तात्कालिक समस्याएँ हैं। जैसे : (अ) कृषि उत्पादकता का गिरता स्तर; (ब) कृषि में सार्वजनिक विनियोग का स्तर; (स) आयात से मात्रात्मक प्रतिबन्ध हटा लेने से उत्पन्न हुई असमान प्रतिस्पर्धा की स्थिति; (द)विकसित देशों में कृषि अनुदान जारी रखने की प्रवृति; तथा (य) खाद्य तथा कृषि आदान अनुदान में वृद्धि आदि के समाधान को किसी प्रकार की प्राथमिकता प्रदान नहीं कि गयी है।

2. कृषि विकास कार्यक्रमों में निजी क्षेत्र पर आश्रितता (अर्थात कृषि का निगमीकरण) निजी क्षेत्र के लिए सम्भव विकल्प न हो। सम्भवत: यह अपेक्षा फुलिभुत न हो कि निजी क्षेत्र द्वारा कृषि क्षेत्र में बड़ी मात्रा में विनियोग किया जायेगा, तथा इस अपेक्षा में कृषि क्षेत्र में विकास के हवाई किले बना लिए जाय।

3. निजी क्षेत्र को कृषि कार्यों हेतु भूमि को पट्टे पर उपलब्ध करवाने से नि:सन्देह कृषि कार्यों हेतु आवश्यक कुल भूमि उपलब्धि में वृद्धि होगी। इससे कृषि क्षेत्र में बड़े आकार के उत्पादन के लाभ प्राप्त होगें। किन्तु व्यवहार में यह सब कुछ निर्बाध रूप से सम्पन्न हो जाय इसकी सम्भावना कम है। पट्टाधारी (Lessee) की भूमि पर दीर्घकालीन विनियोग (जैसे सिंचाई के साधनों, नालियों, मार्ग निर्माण, फसल कटाई प्रबन्ध तथा भंडारण सुविधाओं आदि) के सम्बन्ध में कोई विशेष रूचि न हो। इसमें सफलता हेतु दीर्घकालीन आधार पर भूमि पट्टे पर देने की बात राष्ट्रीय कृषि नीति में सम्मिलित की जानी चाहिए।

4. यद्यपि राष्ट्रीय कृषि नीति में अनेक स्थानों पर नियन्त्रण तथा प्रतिबन्धों से मुक्ति प्रदान करने की बात कही गयी है, किन्तु स्वयं नीति में ही अनेक प्रकार के संरक्षण तथा आदानों पर अनुदान निरन्तर रखे जाने की वकालात की गयी है। यह प्रवति कृषि क्षेत्र में कुशलता तथा व्यवहार्यता (Viability) को बाधित करेगी। ऐसी स्थिति में यह भी सम्भव है कि भारतीय कृषि स्वतन्त्र व्यापार के पक्षधर वर्तमान आर्थिक परिवेश में वैश्विक बाजार (Global Market) के लाभों की प्राप्ति से वंचित रह जाय।

5. राष्ट्रीय कृषि नीति कृषि क्षेत्र में जो 4 प्रतिशत वृद्धि दर की बात कही गयी है वह भी अवास्तविक प्रतित होती है। नौवी योजना (1997-2002) में कृषि क्षेत्र में विकास की दर 4.5 प्रतिशत नियत की गयी थी। योजना के प्रथम तीन वर्षों (1997-2000)में केवल 2.7 प्रतिशत की संवृद्धि दर अर्जीत किया जाना सम्भव हो सका है। स्पष्ट शब्दों में इसका अभिप्राय यह हुआ कि यदि कृषि क्षेत्र को पूर्व निर्धारित विकास दर की प्राप्ति करनी है तो शेष दो वर्षों (2000-2002) में 5.7 प्रतिशत वृद्धि दर प्राप्त करनी होगी। यह सम्भव होना इसलिए प्रतित नहीं होता क्यों कि 2000-01 में कृषि क्षेत्र में वृद्धि दर 0.9 प्रतिशत ही रही। अत: आगामी 10 वर्षो में 4 प्रतिशत संवृद्धि की दर अर्जित करना संदेहप्रद प्रतित होता है।

राष्ट्रीय कृषि नीति की उपर्युक्त वर्णित विशेषताओं, प्रशंसात्मक पहलू, गम्भिर कमजोरियों के अध्ययन के पश्चात् निष्कर्ष स्वरूप यही कहा जा सकता है कि अनेक अर्थों में इस नीति के प्रावधान आदर्श है, किन्तु नीति में जिन विरोधाभास की तरफ संकेत किया गया है वे इस नीति में असफलता क्षेत्र के प्रमुख उत्तरदायी कारण बन सकते है। इन विरोधाभासों तथा अवास्तविक निर्धारित लक्ष्यों का समय रहते स्पष्टिकरण किया जाना आवश्यक है।

हाल ही के वर्षो में अपनायी गयी भारतीय कृषि की प्रमुख विशेषताएँ
(Salient Features of India's Agriculture Policy in Recent Years)

1992 तथा अभी हाल ही में 2000 में भारत सरकार द्वारा जो नवीन कृषि नीति की घोषणा की गयी है उनकी कतिपय विशेषताएँ निम्नलिखित है:

1. भूमि सुधार (Land Reforms) – हाल ही में घोषित की गयी कृषि नीतियों में भूमि सुधार से सम्बन्धित अनेक संस्थागत कठिनाइयों को दूर कर दिया गया है। स्वतन्त्रता के पश्चात भारत में भूमि सुधार की जो नीति अपनायी गयी है उसके अन्तर्गत भूमि सुधार कार्यक्रमों में अधिक जोर कृषकों को भूमि का मालिक बनाने पर दिया गया है। जमींदारी व्यवस्था तथा अन्य इसी प्रकार की व्यवस्थाओं को पूर्णतया समाप्त किया गया है। इस प्रकार की प्रवृत्ति कृषकों के लिए प्रोत्साहन मूलत: सिद्ध हुई है।

2. सिंचाई सुविधाओं की अधिक व्यवस्था (Providing Increasing Irrigation Facilities) – कृषकों को सिंचाई सुविधाओं में बढ़ोतरी के उद्देश्य से देश के विस्तृत भागों में मध्यम तथा लघु आकार के सिंचाई परियोजनाओं को विकसित करने पर जोर दिया गया है।

3. रासायनिक उर्वरकों तथा सुधरे हुऐ बीजों का अधिक प्रयोग (Increasing Use of Chemical Fertilizer and Improved Seeds) – प्रतिव्यक्ति तथा प्रति हैक्टेयर कृषि उत्पादन बढ़ाने के उद्देश्य से रासायनिक उर्वरकों तथा सुधरे हुए बीजों की किस्मों के अधिक प्रयोग पर बल दिया गया है।

4. विपणन नीति (Policy of Marketing) –भारतीय कृषि के विकास में एक प्रमुख समस्या कृषि पदार्थों के विपणन में अत्यधिक मध्यस्थों की विद्यमानता रहा है। इस समस्या के उपचार स्वरूप, राज्य सरकारों द्वारा सम्पूर्ण देश में सहकारी विपणन व्यवस्था का जाल फैलाने का प्रयास किया गया है।

5. कृषि वस्तुएँ बफर स्टॉक तैयार करना (Buffer Stock of Agricultue Commodities) – प्रमुख कृषि वस्तुओं जैसे गेंहु, चावल, ज्वार, कपास तथा जूट इत्यादि के मूल्यों को स्थिर रखने के उद्देश्य से सरकार द्वारा बफर स्टॉक निर्माण का निर्णय किया गया है।

6. कृषि का यन्त्रीकरण (Mechanisation of Agriculture) – भारत में अधिकांश कृषक मँहगी कृषि मशीनों को क्रय करने हेतु सक्षम नहीं है। इस तथ्य को स्वीकार कर, नियोजन अवधि के दौरान विभिन्न प्रकार की मशीनों को (जैसे ट्रैक्टर, बिजली मोटर, हारवैस्टर, मोड़ने तथा काटने के उपकरण आदि) कृषकों को उत्पलब्ध करवाने हेतु प्रयास किये गये है जिससे कृषि क्षेत्र में प्रति हैक्टेयर उत्पादन तथा प्रति व्यक्ति उत्पादन में वृद्धि सम्भव हो सके। इस दिशा में कृषकों को किराये पर उन्नत मशीनो की उपलब्धि करवाने हेतु सहकारी समितियों की स्थापना की गयी है। यह सहकारी समितियाँ कृषकों द्वारा स्वयं क्रय की गयी कृषि मशीनों के मरम्मत की सुविधा भी प्रदान करती है।

7. कृषि मूल्य नीति (Agriculture Price Policy) – स्वतन्त्रता से पूर्व भारतीय कृषि वस्तुओं के मूल्य में अत्यधिक उतार चढ़ाव की प्रवृत्ति विद्यमान थी। इससे कृषकों की आय में अत्यधिक उतार चढ़ाव घटित होते थे। इन उतार चढ़ावों की उपस्थिति में कृषि एक जुआँ सिद्ध हुई। इस स्थिति में सुधार हेतु सरकार द्वारा कृषि वस्तुओं के मूल्यों में अत्यधिक उतार चढ़ाव को रोकने की दृष्टि से कृषि मूल्य आयोग की स्थापना की गयी। सरकार द्वारा

कृषि लागत एवं मूल्य आयोग की भी स्थापना की गयी है। यह आयोग कृषि वस्तुओं के न्यूनतम गारण्टेड़ मूल्य में नियमित संशोधन सुझाता है। यह ध्यान में रखते हुए कि कृषि आदानों की लागतों में निरन्तर वृद्धि हो रही है, इसके तद्नुरूप न्यूनतम गारण्टेड मूल्य तथा सरकारी खरीद मूल्यों में तद्नुसार वृद्धि की जाती रही है। कृषकों की न्यूनतम आय को आश्वस्त किया जाता है सरकार द्वारा फसल ऋण प्रणाली को भी लागू किया गया है।

कृषि कीमत नीति (Agriculture Price Policy)

60 के दशक के मध्य तक सरकार की कृषि क्षेत्र में गतिविधियां, खाद्यान्नों का आयात व खराब फसल होने पर सार्वजनिक वितरण प्रणाली के माध्यम से उसके वितरण तक सीमित थीं, परन्तु उन्नत बीज, उर्वरक एवं कीटनाशकों के सुनिश्चित क्षेत्र में (सिंचाई सुविधाएं सुलभ) प्रयोग आधारित 'नयी कृषि रणनीति' अपनाने के पश्चात से सरकार का कृषि क्षेत्र में हस्तक्षेप बढ़ा है।

सरकारन ने 1965 में कृषि कीमत आयोग की स्थापना की जो विभिन्न कृषि वस्तुओं की जारी कीमत एवं न्यूनतम समर्थन कीमत और वसूली कीमत निर्धारित करता है। सरकार द्वारा इन कीमतों की घोषणा करने के दो उद्देश्य थे – पहला, अत्यधिक कीमत परिवर्तनों से उपभोक्ता के हितों की रक्षा करना तथा दूसरे, फसल अच्छी होने पर कीमतों को एक स्तर से अधिक न गिरने देना क्योंकि ऐसा होने पर अगले वर्ष सम्बन्धित फसल के उत्पादन में कमी आयेगी तथा इस कमी को पूरा करने के लिए सरकार को आयात करना पड़ सकता है। इस स्थिति से बचने के लिए सरकार कृषि क्षेत्र में हस्तक्षेप करती है। सरकार के प्रयास कीमतों को सामान्य स्तर पर बनाये रखने के होते हैं। इसके लिए सरकार अधिक उत्पादन वाले वर्षों में वसूली कीमत या न्यूनतम समर्थन मूल्य पर अतिरिक्त उत्पाद खरीद कर कीमतों में अधोगति दबाव को कम करती है। इस अतिरिक्त उत्पादन को बफर स्टॉक के रूप में गोदामों में संग्रहीत रखा जाता है जिसका उपयोग कम उत्पादन वर्षों में किया जाता है। कम उत्पादन वाले वर्षों में कीमतों की प्रवृत्ति ऊपर चढ़ने की होती है जिस पर नियन्त्रण के लिए सरकार सार्वजनिक वितरण प्रणाली के माध्यम से जारी कीमत पर उत्पादों को वितरित कर कीमतों पर ऊपरोन्मुखी दबाव को कम करती है। इस प्रकार कीमत नीति का उद्देश्य उपभोक्ताओं व किसानों के हितों की रक्षा करना है।

न्यूनतम समर्थन मूल्य : प्रत्येक फसल मौसम से पूर्व सरकार विभिन्न फसलों के लिए न्यूनतम समर्थन मूल्यों की घोषणा करती है जिसका उद्देश्य किसानों को यह आश्वासन प्रदान करना होता है कि अधिक फसल होने पर सरकार वृहत मात्रा में इस कीमत पर किसानों से खाद्यान्न खरीदने को तैयार है। न्यूनतम समर्थन मूल्य किसानों के फसल बोने सम्बन्धी निर्णयों को भी प्रभावित करते है

वसूली कीमत : वसूली कीमत मूलतः बाजार कीमत है। सरकार सार्वजनिक प्रणाली की आवश्यकताओं की पूर्ति एवं बफर स्टॉक कायम करने के लिए मंडियों से कृषि

उत्पाद की खरीद करती है। सामान्यतया वसूली कीमत न्यूनतम समर्थन मूल्य से अधिक होती है।

जारी कीमत : जारी कीमतें वे कीमतें है जिन पर उपभोक्ता सार्वजनिक वितरण प्रणाली से कृषि उत्पादों की खरीद करता है।

मूल्यांकन : सरकार के द्वारा क्षेत्र में कीमतों के सामान्य स्तर को कायम रखने की रणनीति प्रथम दृष्ट्या उचित जान पड़ती है। कीमत नीति जहाँ एक ओर किसानों को सुरक्षा प्रदान करती है वहीं उपभोक्ताओं के हितों की भी रक्षा करती है। सरकार की कृषि कीमत नीति के अनेक परिणाम सामने आये हैं।

सरकार द्वारा कृषि कीमत नीति में हस्तक्षेप का परिणाम यह हुआ है। कि किसानों को उत्पाद की निरन्तर बढ़ी हुयी कीमत प्राप्त हुई है। कीमत रूझानों के सन्दर्भ में एक परिणाम यह भी सामने आया है कि उन कृषि उत्पादों की कीमतें तीव्र गति से बढ़ी हैं जिनकी कीमतें सरकार सामान्य स्तर पर कायम रखना चाहती थी। दूसरे शब्दों में, सरकारी हस्तक्षेप के परिणामस्वरूप कीमतें बढ़ने की प्रवृत्ति दृष्टिगोचर हुई है।

कृषि कीमत नीति आशानुकूल ऊंचाइयों को प्राप्त करने में असफल रही है। कृषि उत्पादों की आपूर्ति अनियमित होने से अल्पकालिक कीमतों में अस्थिरता देखने को मिली है। हालांकि यह अस्थिरता फसल के बाजार में आने के समय अत्यन्त अल्प होती है।

कृषि उत्पादन बढ़ाने में गैर कीमत तत्वों (साख, बीज, उर्वरक, कीटनाशक, इत्यादि) के साथ साथ कीमतों की भी भूमिका होती है। विशेषकर हरित क्रान्ति से सम्बद्ध फसलद्धें के सन्दर्भ में यह सही है। कृषि उत्पादों की कीमत वृद्धि से सम्बद्ध फसल की लाभदायकता में वृद्धि होती है। कृषि उत्पादन बढ़ने से अर्थव्यवस्था में कृषि अधिशेष बढ़ता है जिसके निर्यात से प्राप्त आय का उपयोग विकास के लिए आवश्यक पूंजी वस्तुओं व तकनीक के आयात में किया जा सकता है।

कृषि कीमत नीति से किसानों की आय में वृद्धि करने में सहायता प्राप्त हुई है। इसके साथ ही उचित मूल्य दुकानों के माध्यम से उचित कीमत पर खाद्यान्नों की आपूर्ति से जन कल्याण में वृद्धि हुई है। इस नीति का एक अप्रत्यक्ष परिणाम भी सामने आया है। इस नीति ने औद्योगिक विकास में भी सहायता दी है।

कृषि कीमतों के सन्दर्भ में राष्ट्रीय नीति नहीं बनाई गई एवं अनेक बार राज्यों ने कीमतें बढ़ाकर विभिन्न क्षेत्रों के मध्य कीमतों में अन्तर पैदा किया है।

कीमत निर्धारण को अधिक वैज्ञानिक बनाने की अद्यवश्यकता है। कीमतों को न सिर्फ मांग पक्ष से बल्कि लागत (आपूर्ति) पक्ष से भी देखने की आवश्यकता है। मांग पक्ष के सन्दर्भ में देखें तो कृषि उत्पादों की कीमतें लम्बे समय से कम स्तर पर कायम हैं। हाल के वर्षों में कीमतों में बढ़ोतरी से कीमत विकृति में कमी आई है। लागत की गणना करते समय तथा परिवार श्रम का मूल्यांकन करते समय सतर्कता बरतनी चाहिए।

कृषि बीमा (Agriculture Insurance)

भूतपूर्व व्यापार फसल बीमा योजना (सीसीआईएस) को प्रतिस्थापित करते हुए रबी 1999-2000 से राष्ट्रीय कृषि बीमा योजना (एनएआईएस) शुरू की गई थी। इस योजना का मुख्य उद्देश्य सूखे, बाढ़, ओलावृष्टि, चक्रवात, आग जैसी प्राकृतिक आपदाओं और कीट तथा बीमारियों के कारण फसल को हुई क्षति से किसानों का संरक्षण करना है।

यह नई योजना अब जोत-क्षेत्र के आकार पर ध्यान दिए बिना ऋणी और गैर-ऋणी सभी किसानों को उपलब्ध है। यह सभी खाद्यान्नों फसलों (मोटे अनाज, ज्वार-बाजरा और दाल), तिलहन तथा वार्षिक बागवानी/वाणिज्यिक फसलों, जिनके संबंध में कई वर्षों के पिछले उत्पादन आंकड़े उपलब्ध है, को शामिल करने की संकल्पना करता है। वार्षिक वाणिज्यिक/ बागवानी फसलों में से गन्ना, आलू, कपास, अदरक, प्याज, हल्दी और मिर्च जैसी सात फसलें इस समय शामिल की जाती हैं। अन्य सभी बागवानी और वाणिज्यिक फसलों को पिछले उत्पादन आंकड़ों की उपलब्धता की शर्त के अधीन तीसरे वर्ष में बीमा कवच के अधीन रखा जाएगा।

यह नई योजना एक क्षेत्र दृष्टिकोण अर्थात व्यापक आपदाओं के लिए प्रत्येंक अधिसूचित फसल के लिए परिभाषित क्षेत्रों और ओलावृष्टि, भूस्खलन, चक्रवात और बाढ़ जैसी स्थानिक आपदाओं के लिए पृथक आधार पर प्रचलित होगी। स्थानिक आपदाओं के मामले में पृथक आधारित निर्धारण प्रारंभ में प्रायोगिक आधार पर सीमित क्षेत्रों में कार्यान्वित किया जाएगा और प्राप्त किए गए प्रचलनात्मक अनुभवों को ध्यान में रखते हुए इसका विस्तार किया जाएगा। नई योजना के अधीन भाग लेने वाले प्रत्येक राज्य/संघ राज्य क्षेत्र से तीन वर्षों की अवधि में बीमा की एक इकाई के रूप में ग्राम पंचायत के स्तर तक पहुंचने की अपेक्षा है।

सरकार ने आने वाले समय में इस नई योजना के कार्यान्वयन के लिए एक विशिष्ट संगठन की स्थापना करने का भी निर्णय किया है। नए ढांचे के सृजन होने तक भारतीय साधारण बीमा निगम (जी आई सी) कार्यान्वयनकर्त्ता एजेंसी के रूप में कार्य करता रहेगा।

कृषि विकास (Agricultural Development)

स्वतन्त्रता के पश्चात् आर्थिक नियोजन की अवधि में कृषि को भारत की अर्थव्यवस्था का प्रमुख आधार स्वीकार किया जाकर इसके विकास को विशेष महत्व प्रदान किया गया। भारत की प्रथम योजना (1951-56) तो पूर्णतः कृषि विकास विन्मुख थी। इसके पश्चात् की पंचवर्षीय योजनाओं में भी कृषि विकास को उपयुक्त स्थान प्रदान किया गया। स्वतन्त्रता के पश्चात् से अब तक भारत में कृषि विकास के परिदृश्य को निम्न प्रकार वर्णित किया जा सकता है:

(1) खाद्यान्न शेत्र, उत्पादन और उत्पादकता (Production and Productivity)- भारत में खाद्यान्न क्षेत्र, उत्पादन और उत्पादकता के क्षेत्र में महत्त्वपूर्ण वृद्धि हुई है। खाद्यान्न क्षेत्र 1950-51 में 97.3 मिलियन हेक्टर से बढ़कर 1999-2000 में 123.1 मिलियन हेक्टेर हो गया। इसी प्रकार कृषि उत्पादन जो 1950-51 में केवल 50.8 मिलियन टन था, चौगुना होकर 1999-2000 में 208.9 मिलियन टन हो गया। कृषि क्षेत्र में उत्पादकता 1950-51 में 522 कि.ग्रा. प्रति हैक्टयर थी, वह 1999-2000 में बढ़कर 1697 कि. ग्रा. प्रति हैक्टेयर हो गई। भारतीय कृषि क्षेत्र में पंचवर्षीय योजनाओं के दौरान भारतीय कृषि क्षेत्र में खाद्यान्न क्षेत्र उत्पादन तथा उत्पादकता की प्रवृत्ति को तालिका -1 में दर्शाया गया है।

तालिका-1

खाद्यान्न क्षेत्र, उत्पादन और उत्पादकता

वर्ष	क्षेत्र (मिलियन हैक्टेयर)	उत्पादन (मिलियन टन)	उत्पादकता (कि. ग्रा. प्रति हैक्टेयर)
1950-51	97.3	50.8	522
1960-61	115.6	82.0	710
1970-71	124.3	108.4	872
1980-81	126.7	129.6	1023
1990-91	127.8	176.4	1380
1997-98	123.8	192.3	1552
1998-99	129.6	203.5	1571
1999-2000*	123.1	208.9	1697

* प्रत्याशित

2. खाद्यान्न उत्पादन (Foodgrain Production) -खाद्यान्न उत्पादन भारतीय कृषि का एक महत्वपूर्ण क्षेत्र है। तालिका-2 में भारतीय कृषि क्षेत्र के प्रमुख खाद्यान्न - चावल, गेहुँ, मोटा अनाज, दाले आदि का उत्पादन दर्शाया गया। इसे तालिका-2 के विश्लेषण से स्पष्ट होता है कि सभी खाद्यान्नों के उत्पादन में एक स्थिरता का क्रम दृष्टिगत हुआ है। चावल का उत्पादन 80 से 90 मि. मि. टन के बीच, गेहुँ 65 से 70 मि. मि. टन तथा मोटा अनाज 30 से 35 मि. मि. टन के बीच उत्पादित हुआ।

तालिका-2

भारत में खाद्यान्न उत्पादन

फसल	1996-97	1997-98	1998-99	1999-2000	2000-2001	2001-02	2002-03*
चावल	81.7	82.5	86.0	89.5	84.9	93.1	77.7
गेहुँ	69.4	66.3	71.3	75.6	68.8	71.8	68.9
मोटे अनाज	34.1	30.4	31.2	30.5	31.6	33.9	25.1
दालें	14.2	13.0	14.9	13.4	10.7	13.2	11.5
खाद्यान्न	199.4	192.3	203.5	208.9	103.4	111.5	90.3
खरीफ	103.9	101.6	102.8	104.9	92.5	100.5	92.9
रबी	95.5	90.7	100.7	104.0	195.9	212.0	183.2
कूल	199.4	192.3	203.6	209.8	195.9	212.0	183.2

3. वाणिज्यिक फसलें (Commercial Crop)- भारतीय कृषि क्षेत्र का वाणिज्यिक फसलों के उत्पादन के प्रति आकर्षण आधुनिक कृषि क्षेत्र में महत्वपूर्ण घटना है। प्रमुख वाणिज्यिक फसलों कपास, पटसन/मेस्ता और गन्ना आदि को उत्पादन क्षेत्र में सफलता का क्रम प्रारम्भ हो चुका है। विगत वर्षों में वाणिज्कि फसलों के उत्पादन को तालिका-3 में दर्शाया गया है। खाद्यान्न उत्पादन के साथ कृषि क्षेत्र में वाणिज्यिक फसलों के उत्पादन का बढ़ता हुआ आकार वर्तमान कृषि क्षेत्र में महत्वपूर्ण घटना तथा शुभ संकेत हैं। इस दिशा में और अधिक समन्वित प्रयास किये जाने चाहिढ7

तालिका-3

वाणिज्यिक फसल उत्पादन

फसल	1996-97	1997-98	1998-99	1999-2000	2000-2001	2001-02	2002-03@
मूंगफली	8.6	7.4	9.0	5.3	6.2	6.9	4.7
तोरिया/सरसों	6.7	4.7	5.7	6.0	4.2	5.0	4.5
सोयाबीन	5.4	6.5	7.1	6.8	5.3	5.9	4.3
अन्य छः तिलहन	3.7	2.7	2.9	2.8	2.7	2.7	1.9
कुल नौ तिलहन	24.4	21.3	24.7	20.9	18.4	20.5	15.4
कपास*	14.2	10.9	12.3	11.6	9.7	10.1	8.9
जूट और मेस्ता**	11.2	11.0	9.8	10.5	10.5	11.6	11.5
गन्ना	277.6	279.5	288.7	299.2	299.2	300.1	285.4

*170 कि.ग्रा. प्रत्येक की मिलियन गाँठे ** किग्रा प्रत्येक की मिलियन @ अनुमानित

4. बागानी फसलें (Plantation Crop)- भारत में लगभग 3.4 लाख हैक्टेयर भूमि पर बागानी फसलें चाय, कॉफी, रबड़ इत्यादि उगाई जाती है। बागानी फसलें भारत में प्रमुखतः तीन दक्षिणी राज्यों कर्नाटक, केरल और तमिलनाडु में होती है :

(अ) काफी (Coffee) - भारत में काफी नियन्त्रणमुक्त निर्यात की जाने वाली वस्तु है। उत्पादित काफी का लगभग 80 प्रतिशत निर्यात किया जाता है जो विश्व निर्यात का लगभग 4.2 प्रतिशत है। भारत में कॉफी के उत्पादन व निर्यात को तालिका-4 में दर्शाया गया है।

लगभग 4.2 प्रतिशत है। भारत में कॉफी के उत्पादन व निर्यात को तालिका-4 में दर्शाया गया है।

तालिका-4

कॉफी का उत्पादन व निर्यात

(लाख मी. टन)

वर्ष	उत्पादन	निर्यात		घरेलू खपत
		मात्रा	मूल्य (मिलियन डालर)	
1990-91	1.70	0.86	140.6	0.54
1996-97	2.05	1.63	401.9	0.50
1997-98	2.28	1.60	456.4	0.50
1998-99	2.65	1.94	410.7	0.55
1999-00	2.92	1.65	314.8	0.55
2000-01	3.01	2.47	334	0.58
2001-02	3.06	2.13	246	0.60
2002-03	2.80	1.37	158	

(ब) चाय (Tea) -विश्व में भारत चाय का सबसे बड़ा उत्पादक व उपभोक्ता है तथा विश्व उत्पादन में इसका हिस्सा लगभग 29 प्रतिशत है। विगत कुछ वर्षों के दौरान भारत में चाय का उत्पादन, खपत और निर्यात को तालिका -5 में दर्शाया गया है।

तालिका-5

चाय का उत्पादन, निर्यात और खपत

(मिलियन किलोग्राम)

वर्ष	उत्पादन	निर्यात	मूल्य (करोड़ रूपये)	घरेलू खपत
1996	780	162	1108	618
1997	811	203	1774	633
1998	870	210	2309	645
1999	806	190	1818	655
2000	784	178	1532	उ. न.

तालिका-6
भारत के कृषि उत्पादों का निर्यात

	1996-97	कुल कृषि निर्यात का प्रतिशत	1998-99	कुल कृषि निर्यात का प्रतिशत	2000-01	कुल कृषि निर्यात का प्रतिशत	2001-02	कुल कृषि निर्यात का प्रतिशत
चाय	2.92	4.3	538	9.3	433	7.2	360	6.1
कॉफी	402	5.9	411	6.8	259	4.3	230	3.9
मोटे अनाज	1104	16.2	1495	24.9	-	-	-	-
तम्बाकू	213	3.1	181	3.0	191	3.2	169	2.9
मसाले	339	5.0	388	6.5	354	5.9	314	5.3
काजू	362	5.3	387	6.4	411	6.9	345	5.9
कुसुम और तिल के बीज	78	1.1	78	1.3	131	2.2	128	2.2
गुआरगम खली	100	1.5	173	2.9	132	2.2	84	1.4
खली	985	14.4	461	7.7	448	7.5	474	8.1
फल और सब्जियाँ	208	3.0	183	3.1	248	4.1	262	4.5
संसाधित फल औरजूस	59	0.9	69	1.1	122	2.0	107	1.8
मांस और निर्मितियां	200	2.9	187	3.1	322	5.4	250	4.3
समुद्री उत्पादन	1129	16.5	1038	17.3	1394	23.2	1236	21.1
अन्य	1359	19.9	422	7.0	712	11.9	591	10.1
कुल कृषि निर्यात	6828	100.0	6014	100.0	6004	100.0	5871	100.0
देश का कुल निर्यात	33470		33218		44560		43827	
कुल निर्यात की तुलना में कृषि निर्यात का प्रतिशत	20.4		18.1		13.5		13.4	

निर्यात एक महत्वपूर्ण घटना है। भारत का मुख्य कृषि निर्यात मोटे अनाज, मसाले, काजू खली/भूसी, तम्बाकू, चाय, कॉफी और समुद्री उत्पाद है। भारत के कुल निर्यात की तुलना में कृषि निर्यात का मूल्य 15 से 20 प्रतिशत के बीच रहा है। भारत द्वारा प्रमुख कृषि वस्तुओं के उत्पादन निर्यात को तालिका-6 में दर्शाया गया है।

भारत द्वारा कृषि वस्तुओं का निर्यात यद्यपि सन्तोषजनक दिशा में अग्रसर है किन्तु इस सम्ब ध में कतिपय बाधाओं का सामना किया जा रहा है जो उत्पादन, भंडारण, वितरण खाद्य सुरक्षा, कृषि मूल्य निर्धारण चिंताओं आदि से संबंधित है। ये सभी परस्पर विरोधी दोषी नीतियों से उत्पन्न हुई समस्याएँ है।

तालिका-7

भारत के कृषि उत्पादों का आयात

	1996-97	कुल कृषि आयात का प्रतिशत	1998-99	कुल कृषि आयात का प्रतिशत	2000-01	कुल कृषि आयात का प्रतिशत	2001-02	कुल कृषि आयात का प्रतिशत
मोटे अनाज	137	9.6	288	9.9	19	1.0	18.2	0.8
दाल	251	17.6	168	5.8	109	5.9	663	29
दूध और मक्खन	0.7	*	3	0.1	1.6	0.1	1.8	0.1
काजू गिरी	194	13.6	230	7.9	211	11.3	90.4	3.9
फल और बादाम	18	1.3	159	5.5	175	9.4	159	6.9
चीनी	1	0.1	264	9.0	7.0	0.4	6.8	0.3
तिलहन	1.3	0.1	2	0.1	1.7	0.1	0.3	0.0
वनस्पति तेल	825	57.8	1804	61.8	1334	71.8	1356	59.1
कुल कृषि आयात	1428	100.0	2919	100.0	1858	100.0	2294	100.0
देश का कुल आयात	39133		42389		50536		51413	
कुल आयात की तुलना में कृषि आयात का प्रतिशत	3.7		6.9		4.5		4.5	

कृषि आयात (Agricultural Import) -भारत कृषि वस्तुओं का आयातक भी है। यद्यपि कृषि प्रधान अर्थव्यवस्था में यह बात हास्यप्रद लगती है। कृषि आयात भारत के

आयात का केवल एक छोटा हिस्सा है। 1996-97 की तुलना में 2001-2002 में कृषि आयात भारत के कुल आयात का 4 से 7 प्रतिशत की सीमा में रहा है। हाल ही के वर्षों में खाद्य तेल सबसे बड़ा अकेला कृषि आयात की वस्तु बन गया है, जो कुल कृषि आयात के मूल्य का 50 प्रतिशत से भी अधिक हो गया है। भारत में महत्वपूर्ण कृषि आयातों को तालिका-7 में दर्शाया गया है।

कृषि वित्त
(AGRICULTURE FINANCE)

कृषि वित्त से आशय निवेश किये जाने वाले धन की उस राशि से है जो कृषि उत्पादकता में वृद्धि में सहायक होती है। उत्पादकता वृद्धि के लिए प्राप्त किया गया ऋण एवं उपभोग ऋण कृषकों की दक्षता में वृद्धि करने में सहायक होते हैं, किन्तु कृषकों पर ऋण का इतना अधिक भार रहा है। कि **वुल्फ समिति** ने कहा है कि, "भारतीय किसान ऋण के रूप में जन्म लेता है, अपने जीवन भर ऋणी रहता है और ऋणी रह कर ही मर जाता है।"

कृषि वित्त की आवश्यकता (Need for Agricultural Finance)- कृषकों की सामान्य वित्तीय आवश्यकताएं निकलसन के अनुसार में इस प्रकार हैं, "बीज, खाद आदि खरीदने के लिये, कृषि व्यय, पशुओं, औजारों तथा कच्चे माल की खरीद, नयी भूमि लेने के लिये, या भुमिसुधार, सिंचाई, नाली तथा वृक्षारोपण के लिए, पुराना ऋण चुकाने के लिए, अथवा मुकदमा आदि के लिए किसान को ऋणं लेने की आवश्यकता होती है।" कृषकों को अनेक कार्यो के लिए ऋण की आवश्यकता होती है। कभी उसे भूमि हल या बैल खरीदने अथवा सिंचाई सुविधाओं की व्यवस्था करने के लिए ऋण की आवश्यकता होती है, तो कभी सामाजिक कार्यो अथवा जीवन निर्वाह के लिए ऋण लेना पड़ सकता है।

कृषि वित्त के प्रकार (Types of Agricultural Finance)- उपर्युक्त आवश्यकताओं के आधार पर किसानों की ऋण की आवश्यकताओं को तीन भागों में बाँटा जा सकता है :

(1) अल्पकालीन ऋण (Short Term Loan)- सामान्यतया अल्पकालीन ऋण की अवधि एक फसल से दूसरी फसल तक या एक वर्ष की होती है। इस प्रकार के ऋण बीज, खाद, मजदूरी, औजार, जोत आदि के व्ययों का भुगतान करने के लिए प्राप्त किये जाते हैं, और कृषि फसल की बिक्री होते ही चुका दिये जाते हैं। लेकिन अल्पकालीन ऋण के भुगतान की अधिकतम अवधि 15 माह होती है।

(2) मध्यकालीन ऋण (Medium Term Loan)- इन ऋणों की अवधि दो से पाँच वर्ष तक मानी जाती है। इसके अन्तर्गत किसान मवेशियों की खरीद, भूमि सुधार, पम्प लगाने या इसी प्रकार के अन्य औजारों को खरीदने के लिए ऋण प्राप्त करना चाहते है। इस ऋण की राशि किसान की साधारण देय क्षमता से अधिक होती है, और वह फसल पर किस्तों द्वारा ही इसका भुगतान कर सकता है। मध्यकालीन ऋण के भुगतान की अधिकतम अवधि 5 वर्ष होती है।

(3) दीर्घकालीन ऋण (Long Term Loan)- इस प्रकार के ऋणों की अवधि पांच वर्ष से बीस वर्ष तक की हो सकती है। इतनी लम्बी अवधि वाले ऋणों की आवश्यकता

भूमि में स्थाई सुधार करने के लिए कुँआ खुदवाने, स्थाई नालियाँ बनवाने, जानवरों के लिये गौशाला का निर्माण करने, गोदाम बनवाने, नई भूमि खरीदने, पुराने ऋणों का भुगतान करने आदि के लिए होती है। इन कार्यो में पूँजी निवेश से कृषकों को अनेक वर्षो तक निरन्तर आय प्राप्त होती है।

भारत में कृषि वित्त के स्त्रोत (Sources of Agricultural Finance Sources)

भारत में किसान अपनी उपर्युक्त आवश्यकताओं की पूर्ति हेतु दो प्रकार के स्रोत से ऋण प्राप्त करता है –

1. गैर संस्थागत स्त्रोत (Non-Institutional Sources) तथा

2. संस्थागत स्त्रोत (Institutioonal Sources)

गैर संस्थागत स्त्रोत में साहुकार, व्यापारी एवं भू–स्वामी आदि को सम्मिलित किया जाता है। संस्थागत स्त्रोतों में सरकार, सहकारी समितियों तथा वाणिज्यिक बैंकों आदि को सम्मिलित किया जाता है।

कृषि वित्त के इन **स्त्रोतों** का विस्तृत वर्णन निम्न प्रकार है :

(i) **गैर संस्थागत स्त्रोत** (Non-Institutional Sources)- कृषि वित्त के गैर संस्थागत स्त्रोत में साहूकार, देशी बैंकर्स व भू–स्वामियों को सम्मिलित किया जाता हैं। ये लोग गाँवों में किसानो की अधिकांश वित्त सम्बन्धि आवश्यकताओं की पूर्ति करते हैं। ये व्यक्ति कृषकों को प्रायः अल्पकालीन ऋण देते है।

साहूकार तथा देशी बैंकर प्रायः ऋण देने की समान पद्धतियों का प्रयोग करते है। अन्तर केवल इतना हैं कि देशी बैंकर प्रायः बड़े व्यापारियों को ऋण देते हैं, जबकि साहूकार के ग्राहक सामान्य किसान, मजदूर अथवा मध्यम वर्ग के लोग होते हैं। अनेक बार भूमि, मकान तथा दुकान बन्धक रखकर ऋण दिये जाते हैं। कभी कभी तो ऋणदाता को बन्धक रखी सम्पत्ति का कब्जा नहीं दिया जाता, केवल उसका अधिकार पत्र दिया जाता है, और ऋणी उस सम्पत्ति को बेच भी नहीं सकता।

साहूकारों व भू–स्वामियों की कार्य पद्धति अत्यन्त लोचदार होती है और वह समय, परिस्थिति तथा व्यक्ति के अनुसार उनमें परिवर्तन करता है। उसकी कार्यवाहियों की सर्वत्र आलोचना की गयी है। क्योंकि अनेक बार साहूकार ब्याज की रकम अग्रिम मांगते है। प्रायः यह रकम मूल रकम से काट ली जाती है। यही नहीं इस वर्ग द्वारा हिसाब किताब में गड़बड़ करने के आरोप भी लगाये जाते हैं। साहुकार न तो प्राप्त रकम के लिए रसीद देता है और न ही ऋणी को यथा समय हिसाब भेजता है। अनेक बार उसके विरूद्ध रकम जमा न करने की शिकायत भी की जाती है। साहूकार ब्याज अधिक लेता है। सामान्य ऋणों पर ब्याज की दरें 12 से लेकर 24 प्रतिशत तक होती है। जबकि किस्त में भुगतान वाले ऋणों पर ब्याज की दर 40 प्रतिशत तक भी पाई जाती है तथा ब्याज की दर क्रमशः अधिक होती हैं।

(ii) **संस्थागत स्त्रोत** (Institutional Sources) – कृषि वित्त के संस्थागत स्त्रोतों में विभिन्न वित्तीय संस्थाओं, सहकारी समितियों व सरकार आदि को सम्मिलित किया जाता है। वर्तमान में लगभग 65 प्रतिशत ऋण संस्थागत स्त्रोतों द्वारा उपलब्ध कराए जाते हैं।

संस्थागत स्त्रोतों से कृषि साख की कुल राशि 1992-93 में 15,169 करोड़ रूपये थी, जो 1999-2000 में बढ़कर 44,612 करोड़ रूपये हो गई। 2000-2001 के दौरान वितरण राशि की मात्रा 51,460 करोड़ रूपये हो गई। वर्ष 2001-2002 के लिए कृषि क्षेत्र को 64000 करोड़ रूपये का संस्थागत ऋण उपलब्ध कराने का लक्ष्य निर्धारित किया गया है। 1999-2000 के दौरान कृषि क्षेत्र को दिए गए कुल सस्थागत ऋण में सहकारी बैंकों का अंश 41.31 प्रतिशत, वाणिज्यिक बैंकों का 51.23 प्रतिशत तथा क्षेत्रीय ग्रामीण बैंकों का अंश 7.46 प्रतिशत हैं।

कृषि के कुल संस्थागत ऋण में अल्प कालीन ऋण का अंश वर्ष 1999-2000 में 65 प्रतिशत अनुमानित किया गया था, जबकि मध्यम तथा दीर्घकालीन ऋण का अंश 39 प्रतिशत अनुमानित किया गया था। रिजर्व बैंक के निर्देशों के अनुसार सार्वज़निक क्षेत्र के वाणिज्यिक बैंकों को अपनी कुल साख का 18 प्रतिशत कृषि क्षेत्रों को उपलब्ध कराना होता है, किन्तु मार्च 1999 तक इन बैंकों द्वारा कृषि क्षेत्र को उपलब्ध कराई गई बकाया साख कुल बैंक साख का 14.1 (37631 करोड़ रूपये) प्रतिशत ही रही थी।

भारत में विभिन्न संस्थागत स्रोतों द्वारा कृषि क्षेत्र को उपलब्ध करवायी जाने वाली कुल साख में प्रतिशत को तालिका -1 में प्रस्तुत किया गया है:

तालिका-1

भारत में संस्थागत कृषि साख का प्रतिशत विवरण

वर्ष	सहकारी बेंक	क्षेत्रीय ग्रामिण बैंक	वाणिज्यक बैंक	कुल साख में संस्थागत स्रोतों का प्रतिशत
1997-98	44	6	50	21
1998-99	43	7	50	15
1999-2000	40	7	53	26
2000-01*	39	8	53	14
2001-02*	42	8	50	21
2002-03 लक्ष्य	43	7	50	28

स्रोत : नाबार्ड द्वारा निर्गमित आँकड़े

भारत में विभिन्न संस्थागत स्रोतों द्वारा कृषि क्षेत्र को उपलब्ध करवायी जाने वाली वास्तविक साख की राशि का विवरण तालिका -2 में प्रस्तुत किया गया है:

तालिका-2
भारत में संस्थागत कृषि साख का विवरण

(करोड़ रूपये)

वर्ष	सहकारी बैंक	क्षेत्रीय ग्रामीण बैंक	वाणिज्यक बैंक	कुल संस्थागत साख
1994–95	9,406	1083	8,255	18,744
1995–96	10,479	1381	10,172	22,032
1996–97	11,944	1684	12,783	26,411
1997–98	14,085	2040	15831	31,956
1998–99	15,957	2460	18443	36,860
1999–2000	18,363	3172	24733	46,268
2000–01*	20,784	4219	27711	52,714
2001–02*	27,080	4956	31964	64,000
2002–03 लक्ष्य	35,111	5745	41217	82,073

स्रोत : नाबार्ड द्वारा निर्गमित आँकड़े

(क) वित्तीय संस्थाएँ (Financial Institutions)– इनमें मुख्य रूप से नाबार्ड, रिजर्व बँक, व्यापारिक बैंक, भारतीय स्टेट बैंक, भूमि विकास बैंक, क्षेत्रीय ग्रामीण बैंक, सहकारी बैंक आदि को सम्मिलित किया जाता है। इनका वर्णन निम्न प्रकार है :

1. नाबार्ड (The National Bank for Agriculture and Rural Development -NABARD)– यह देश में कृषि एवं ग्रामीण विकास हेतु वित्त उपलब्ध करने वाली शीर्ष संस्था है। राष्ट्रीय कृषि तथा ग्रामीण विकास बैंक की स्थापना 12 जुलाई 1982 को की गई थी। नाबार्ड की चुकता पूँजी 100 करोड़ रू में भारत सरकार तथा रिजर्व बैंक का बराबर (50 : 50) का योगदान था। वर्ष 1998 में इसे बढ़ाकर 1000 करोड़ रूपये कर दिया गया था। जिसमें रिवर्ज बैंक का योगदान 800 करोड़ रूपये तथा केन्द्र सरकार का 200 करोड़ रूपये था।

नाबार्ड ग्रामीण ऋण ढाँचे में एक शीर्षस्थ संस्था के रूप में अनेक, वित्तीय संस्थाओं (राज्य भूमि विकास बैंक, राज्य सहकारी बैंक, अनुसूचित वाणिज्यिक बैंक, क्षेत्रीय ग्रामीण बैंक) को पुनर्वित सुविधाएँ प्रदान करता है, जो ग्रामीण क्षेत्रों में उत्पादक गतिविधियों के विस्तृत क्षेत्रों को बढ़ावा देने के लिए ऋण देती है। अपनी ऋण सम्बन्धी आवश्यकताओं की पूर्ति के लिए नाबार्ड, भारत सरकार, विश्व बैंक तथा अन्य ऐजेन्सियों से राशियाँ प्राप्त करता है। यह केन्द्र सरकार की गारण्टी प्राप्त बॉण्ड तथा ऋणपत्र जारी करके भी संसाधन जुटा सकता है। इसके अतिरिक्त यह राष्ट्रीय ग्रामीण साख (स्थिरीकरण) निधि के संसाधनों का भी प्रयोग करता है। 1 अप्रैल 1995 से नाबार्ड के तहत एक नई ग्रामीण आधारित संरचनात्मक विकास निधि (Rural Infrastructure Development Fund) की स्थापना की गई। इस कोष के लिए उन बैंकों से अंशदान स्वीकार किया गया था जो प्राथमिक क्षेत्र (कृषि) को

लक्ष्य के अनुरूप साख उपलब्ध नहीं करा सके थे। वर्ष 2001 - 2002 के दौरान एक लाख अतिरिक्त स्व-सहायता समूहों को नाबार्ड से जाड़ने का लक्ष्य निर्धारित किया गया है। नाबार्ड और भारतीय रिजर्व बैंक प्रत्येक के द्वारा 40 करोड़ रूपये के अंशदान से नाबार्ड में एक लघु वित्त विकास निधि की भी स्थापना कर दी गई हैं, RIDF का ऋण देने का क्षेत्र भी बढ़ाया गया है। इससे ग्राम स्तर की संरचनात्मक परियोजनाओं के कार्यान्वयन के लिए ग्राम पंचायत, सेल्फ हैल्फ ग्रुफ तथा गैर सरकारी संगठनों को ऋण उपलब्ध कराया जाता है। वर्ष 1999-2000 के दौरान नाबार्ड द्वारा अनुसूचित व्यापारिक बैंकों तथा क्षेत्रीय ग्रामीण बैंकों को कुल 6080.54 करोड़ रूपये की सहायता उपलब्ध कराई गई।

नाबार्ड ने वाणिज्यिक बैंक, क्षेत्रीय ग्रामीण बैंक तथा सहकारी बैंकों के माध्यम से फरवरी 2001 तक लगभग 110 लाख किसान क्रेडिट कार्ड जारी किए। यह किसान क्रेडिट कार्ड स्कीम एक निरन्तर चलने वाली स्कीम है जिसका उद्देश्य अल्पकालीन फसल ऋण जारी करने में पारम्परिक तरीकों को धीरे धीरे समाप्त करना है। इसके अन्तर्गत दिए जाने वाले ऋणों को कृषि बीमा योजना के अधीन लाया गया है।

2. भारतीय रिजर्व बैंक (Reserve Bank of India) - यह भारत का केन्द्रीय बैक हैं। इसकी स्थापना रिजर्व बैंक ऑफ इण्डिया अधिनियम के तहत 1 अप्रैल 1935 को 5 करोड़ रूपये की अधिकृत पूँजी से हुई थी। इसका राष्ट्रीयकरण 1 जनवरी 1949 को किया गया, जिससे यह देश के कृषि एवं औद्योगिक क्षेत्र के विकास में योगदान दे सके।

रिजर्व बैंक कृषकों को कोई प्रत्यक्ष रूप से वित्तीय सहायता प्रदान नहीं करता है। वर्तमान में रिजर्व बैंक ने कृषि वित्त का समस्त भार नाबार्ड को सौंप दिया है, जो कृषि वित्त सम्बन्धी ऋणों में महत्वपूर्ण भूमिका अदा कर रहा है।

3. व्यापारिक बैंक (Commercial Banks)- सन् 1968 तक व्यापारिक बैंक कृषि में कोई महत्वपूर्ण योगदान नहीं देता था, लेकिन 14 व्यापारिक बैंकों का सन् 1969 को और 6 बैंकों का 15 अप्रैल, 1980 को राष्ट्रीयकरण हो जाने के पश्चात् इन बैंकों के द्वारा अब कृषि वित्त में महत्वपूर्ण योगदान दिया जाने लगा है। इनके अतिरिक्त अन्य व्यापारिक बैंक भी इस सम्बन्ध में नरम नीति का अनुसरण कर कृषि वित्त सुलभ करा रहे हैं। ये बैंक अल्पकालीन व मध्यकालीन दोनो प्रकार के ऋण प्रदान करते हैं। 1969 में देश में बैंकों की शाखाएँ 8,262 थी, जो 30 जून 2000 तक बढ़कर 65,450 हो गई। इससे प्रति बैंक शाखा के पीछे जनसंख्या का अनुपात 64,000 से कम करके 15,000 हो गया है। सन. 1969 से पूर्व ग्रामीण क्षेत्रों में बैंकों की शाखाएँ बहुत कम थी, लेकिन बैंकों के राष्ट्रीयकरण के पश्चात् एवं सरकारी नीति के कारण 30 जून 2000 को 51 प्रतिशत शाखाएँ ग्रामीण क्षेत्रों में थी।

भारत में वाणिज्यिक बैंकों का कृषि साख प्रवाह में अत्यन्त महत्वपूर्ण भूमिका है। तालिका-3 में प्रस्तुत आंकड़े दर्शाते हैं कि वाणिज्यिक बैंकों द्वारा 1994-95 में कुल 8,265 करोड़ रूपये की साख कृषि क्षेत्र को प्रदान की गई। वाणिज्यिक बैंकों द्वारा कृषि साख प्रवाह की राशि निरन्तर बढ़ते हुए 2001-02 तक 31,964 करोड़ रूपये हो गई। तालिका-3 में वाणिज्य बैंकों द्वारा कृषि साख का प्रवाह दर्शाया गया है।

तालिका -3

वाणिज्य बैंकों द्वारा कृषि साख प्रवाह

(करोड़ रूपये)

वर्ष	कृषि साख की राशि		
	अल्पकालीन	मध्यकालीन/दीर्घकालीन	कुल
1994–95	अप्राप्त	8265	8265
1995–96	5345	4827	10,172
1996–97	6549	6234	12,783
1997–98	8349	7882	15,831
1998–99	9,622	8821	18,443
1999–2000	11,697	13,036	24,733
2000–01*	13,480	14,231	27,711
2001–02*	16,004	15,960	31,964
2002–03 लक्ष्य	17,073	24,144	41,217

* अन्तरिम, ** अनुमानित

स्रोत – नाबार्ड द्वारा प्रकाशित आंकड़े।

4. भारतीय स्टेट बैंक (State Bank of India)- सार्वजनिक क्षेत्र के बैंकों में भारतीय स्टेट बैंक सबसे बड़ा बैंक है। 30 जून 2000 को इसके सहयोगी बैंकों सहित इसकी 13,306 शाखाएँ थी। 7 सहयोगी बैंकों के समस्त अथवा अधिकांश शेयर पूँजी भारतीय स्टेट बैंक के पास है। स्टेट बैंक तथा उसके सहयोगी बैंक मिलकर देश के कुल बैंकिंग कारोबार का 26.2 प्रतिशत कारोबार संभालते हैं तथा सरकारी क्षेत्र के बैंकों द्वारा किए गए कारोबार का 31.9 प्रतिशत कारोबार सँभालते हैं। यह बैंक अपनी स्थापना से ही कृषि वित्त उपलब्ध कराने का प्रयास कर रहा है। जिसके परिणामस्वरूप यह निम्न प्रकार की सुविधाएँ देता है।

(1) जिन स्थानों पर केन्द्रीय बैंक नहीं है या सहकारी समितियाँ ऋण देने में असमर्थ हैं वहाँ सहकारी समितियों को यह बैंक प्रत्यक्ष ऋण देता है।

(2) यह बैंक सहकारी बैंकों को एक स्थान से दूसरे स्थान पर धन भेजने की निःशुल्क सुविधा प्रदान करता है।

(3) यह कृषि गोदामों को बनाने के लिए ऋण की सुविधा देता है।

(4) कृषकों को ट्रैक्टरों व अन्य मशीन क्रय करने एवं सिंचाई के पम्प सेट लगाने के लिए यह बैंक उनको सीधा ऋण प्रदान करता है।

(5) यह ग्रामीण क्षेत्रो में अपनी शाखाएँ खोलकर कृषि क्षेत्र को प्रत्यक्ष रूप से ऋण देने का प्रयास कर रहा है। इस समय स्टेट बैंक व उसकी सहायक बैंकों की 77.1 प्रतिशत शाखाएँ ग्रामीण या अर्ध ग्रामीण क्षेत्रों में हैं।

स्टेट बैंक ने गाँव अंगीकृत योजना (Village Adoption Scheme) प्रारम्भ की है। इस योजना का उद्देश्य गोद लिये गये अर्थात् अंगीकृत गांव को वित्तीय सुविधा प्रदान करना है।

5. भूमि विकास बैंक (Land Development Banks) - किसानों की दीर्घकालीन वित्तीय आवश्यकताओं की पूर्ति के लिए भूमि विकास बैंकों की स्थापना की गई है। ये बैंक किसानों को भूमि खरीदने, भूमि पर स्थाई सुधार करने अथवा पुराने ऋणों का भुगतान करने आदि के लिए दीर्घकालीन ऋणों की व्यवस्था करते हैं। इन बैंकों का ढाँचा दो स्तर वाला है, राज्य स्तर पर केन्द्रिय भूमि विकास बैंक तथा जिला स्तर पर प्राथमिक भूमि विकास बैंकों की स्थापना की गई है। भूमि विकास बैंक किसानों की अचल सम्पत्ति को बन्धक रखकर ऋण प्रदान करते हैं। साधारणतया प्रतिभूति के मूल्य का 50 प्रतिशत ऋण दिया जाता है।

6. क्षेत्री ग्रामीण बैंक (Regional Rural Banks)- समाज के कमजोर वर्गों विशेषकर ग्रामीण क्षेत्रों में किसानों एवं कारीगरों कों सस्थागत उधार उपलब्ध कराने के लिए देश में क्षेत्रीय ग्रामीण बैंकों की स्थापना की गई है। आरम्भ में 2 अक्टूबर 1975 को पांच क्षेत्रीय ग्रामीण बैंक स्थापित किए गए। उत्तर प्रदेश में मुरादाबाद और गौरखपुर, हरियाणा में भिवानी, राजस्थान में जयपुर तथा पश्चिम बंगाल में माल्दा में इन बैंकों की स्थापना की गई। बाद में देश के अन्य भागों में भी इन बैंकों का विस्तार किया गया।

30 जून 2000 को 196 क्षेत्रीय ग्रामीण बैंकों की 23 राज्यों में 480 जिलों के अन्तर्गत 14,459 शाखाएँ कार्य कर रही थी, जिनमें से 12,158 शाखाएँ ग्रामीण क्षेत्रों में हैं। ये ग्रामीण शाखाएँ अनुसूचित व्यापारिक बैंकों द्वारा प्रदत्त कुल ग्रामीण साख में 37.4 प्रतिशत का योगदान देती है।

प्रत्येक ग्रामीण बैंक की अधिकृत पूँजी एक करोड़ रूपये निर्धारित की गई हैं। यह अधिकृत पूँजी केन्द्रीय सरकार, रिजर्व बैंक एवं समर्थक बैंक की सलाह से कम कर सकता है, किन्तु वह 25 लाख रूपये से कम नहीं होगी। प्रत्येक बैंक की निर्गमन पूँजी 25 लाख रूपये होगी। इसमें से 50 प्रतिशत केन्द्रीय सरकार, 15 प्रतिशत राज्य सरकार एवं 35 प्रतिशत समर्थक बैंक द्वारा प्रदान की जाएगी। 12 जुलाई 1982 को इन बैंकों का नियन्त्रण रिजर्व बैंक ने नाबार्ड को सौप दिया था।

7. सहकारी बैंक (Co-operative Banks) - भारत में सहकारी बैंकों का गठन तीन स्तरों वाला है। राज्य सहकारी बैंक सम्बन्धित राज्य में शीर्ष संस्था होती है। इसके बाद केन्द्रिय या जिला सहकारी बैंक जिला स्तर पर कार्य करते हैं। तृतीय स्तर प्राथमिक ऋण समितियों का स्थान होता है, जो ग्राम स्तर पर कार्य करती है।

मार्च 1998 के अन्त में प्राथमिक (शहरी) सहकारी बैंकों की संख्या 1811 थी, तथा उनके कार्यालयों की संख्या 5229 थी। प्राथमिक सहकारी बैंकों (Primary Cooperative Banks) का अपने कुल अग्रिमों का 60 प्रतिशत प्राथमिक क्षेत्र की गतिविधियों को तथा कम से कम 25 प्रतिशत कमजोर वर्गों को आवंटित करना होता है।

(i) **प्राथमिक साख समितियाँ** (Primary Credit Societies) - इनकी स्थापना कृषि क्षेत्र की अल्पकालीन ऋणों की आवश्यकता की पूर्ति के लिए की गई है। एक गांव

अथवा क्षेत्र के कोई भी कम कम दस व्यक्ति मिलकर एक प्राथमिक साख समिति का निर्माण कर सकते है। ये समितियाँ प्राथमिक कृषि साख समितियाँ भी कहलाती हैं तथा सामान्यत: यह उत्पादक कार्यो के लिए अल्पकालीन (एक वर्ष के लिए) ऋण देती है, परन्तु विशेष परिस्थितियों में इनकी अवधि तीन वर्ष तक के लिए बढ़ाई जा सकती है।

(ii) **केन्द्रीय सहकारी बैंक** (Central Co-operative Banks) - इन्हें जिला सहकारी बैंक भी कहा जाता है, इनका कार्य क्षेत्र एक जिले तक ही सीमित रहता है। केन्द्रीय सहकारी बैंकों को दो भागों में विभाजित किया जा सकता हैं - (1) सहकारी बैंकिंग संघ, तथा (2) मिश्रित केन्द्रीय सहकारी बैंक। सहकारी बैंकिंग संघ की सदस्यता सिर्फ सहकारी समितियों को ही प्राप्त होती हैं, जबकि मिश्रित सहकारी बैंकों के सदस्य सहकारी समितियाँ तथा व्यक्ति दोनों ही हो सकते हैं। भारत के समस्त राज्यों में प्राय: मिश्रित सदस्यता वाले केन्द्रिय सहकारी बैंक हैं। ये बैंक सहकारी साख समितियों को आवश्यकतानुसार ऋण प्रदान करते हैं, जिससे कि ये समितियाँ कृषकों तथा सदस्यों को समुचित आर्थिक सहायता उपलब्ध करा सकें।

केन्द्रीय सहकारी बैंक अपनी चालू पूँजी में राज्य सहकारी बैंक से ऋण लेकर वृद्धि करते हैं तथा सहकारी समितियों को ऋण देते हैं। इनके ऋण की अवधि भी एक वर्ष से तीन वर्ष तक की हो सकती है। इस प्रकार अधिकांश केन्द्रीय बैंक, राज्य सहकारी बैंक तथा प्राथमिक ऋण समितियों के मध्य अन्तर्वर्ती (Mediator) का कार्य करते हैं।

(iii) **राज्य सहकारी बैंक** (State Co-operative Bank) - इस बैंक को राज्य का शीर्ष सहकारी बैंक भी कहते हैं। यह बैंक राज्य के केन्द्रीय सहकारी बैंकों को ऋण देता है, और उनके कार्यों का नियंत्रण भी करता है। यह बैंक रिजर्व बैंक, केन्द्रिय सहकारी बैंक तथा प्राथमिक सहकारी समितियों के मध्य एक महत्वपूर्ण वित्तीय कड़ी का कार्य सम्पन्न करता है।

सहकारी साख संस्थाओं द्वारा कृषि वित्त प्रवाह को तालिका-4 में दर्शाया गया है। इन संस्थाओं द्वारा 1994-95 में 9,406 करोड़ रूपये की कृषि साख का प्रवाह हुआ जिसमें से 7,250 करोड़ रूपये अल्पकालीन कृषि साख तथा 2,156 करोड़ रूपचे मध्यकालीन/दीर्घकालीन साख प्रवाह से सम्बन्धित था। विगत कुछ वर्षों में सहकारी साख संस्थाओं द्वारा कृषि साख प्रवाह में महत्वपूर्ण वृद्धि हुई है। सन् 2000-01 तक कुल मिलाकर 35,111 करोड़ रूपये की कृषि साख का प्रवाह हुआ।

तालिका -4

सहकारी साख संस्थाओं द्वारा कृषि साख प्रवाह

(करोड़ रूपये)

वर्ष	कृषि साख की राशि		
	अल्पकालीन	मध्यकालीन/दीर्घकालीन	कुल
1994-95	7250	2156	9,406
1995-96	8331	2148	10,479
1996-97	9328	2616	11,944
1997-98	10,895	3190	14,085
1998-99	12,571	3386	15,957
1999-2000	14,845	3518	18,363
2000-01*	16.564	4220	20,784
2001-02*	21542	5538	27,080
2002-03 लक्ष्य	10,400	24,711	35,111

* अन्तरिम, ** अनुमानित

स्त्रोत्र - नाबार्ड द्वारा प्रकाशित आंकड़े।

(ब) सरकार (Government) - कृषि साख की व्यवस्था राज्य तथा केन्द्रीय सरकार भी करती है। राज्य द्वारा कृषि भूमि सुधार ऋण अधिनियम, 1883 तथा कृषक ऋण अधिनियम 1884 के अन्तर्गत किसानों को तकावी (ऋण) दिये जाते हैं। तकावी ऋणों का प्रारम्भ अकाल अथवा बाढ़ आदि के उत्पन्न संकट की स्थिति में सहायता देने के लिए किया गया था, परन्तु धीरे धीरे यह सरकार का नियमित कार्य बन गया।

भारत में कृषि वित्त की कमियाँ अथवा दोष

(Shortcomings and Demerits of Agricultural Finance in India)

स्वतन्त्रता के पश्चात् भारतीय अर्थव्यवस्था के महत्वपूर्ण क्षेत्रों को पर्याप्त साख उपलब्धि की दृष्टि से ऐसी वित्तीय संस्थाओं की स्थापना का जाल सा बिछा गया है जो कृषकों के हितों में सर्वथा अनुकूल हो। कृषि क्षेत्र को साख प्रवाह करने वाली संस्थाओं के विशेष प्रयासों के बावजूद आज भी भारतीय कृषि की समस्याओं में अपर्याप्त वित्तीय संसाधनों की आपूर्ति महत्वपूर्ण समस्या है इसके लिए प्रमुख रूप से भारत में कृषि वित्त की कमियां अथवा दोष प्रमुख रूप से उत्तरदायी है। भारतीय कृषि वित्त की प्रमुख कमियां अथवा दोष निम्नलिखित है:

1. कृषक की अधिकांश आवश्यकताएँ आज भी साहुकारों एवं महाजनों द्वारा ही पूरी की जाती है, क्योंकि उन्हें संस्थागत वित्त प्राप्त नहीं होता।

2. कृषि साख की पूर्ति में व्यापारिक बैंक अपने हित साधने के लिए ऋण का अधिक वितरण धनी तथा बड़े कृषकों को करते हैं, जिससे छोटे कृषकों को साहुकारों पर निर्भर रहना पड़ता है।

3. भारतीय कृषक को साहुकार से प्राप्त ऋण की ऊँची ब्याज दर से भुगतान करना पड़ता है।

4. कृषक को साख की संस्थागत पूर्ति की व्यवस्था उचित मात्रा में न होने के कारण किसान को न तो साख का पूरा लाभ मिल पाता है और न ही वह साहुकारों के चंगुल से निकल पाता है।

5. सहकारी ऋणों के वितरण मे अत्यधिक भ्रष्टाचार है, तथा अब यह व्यापारिक बैंकों व क्षेत्रीय ग्रामीण बैंकों में भी पहुँच गया है। इससे ऋण की लागत बढ़ जाती है।

कृषि वित्त व्यवस्था के सुधार हेतु सुझाव
(Suggestions for Improvement in the System of Agricultural Finance)

1. कृषि वित्त प्रदान करने वाली वित्तीय संस्थाओं का प्रबन्ध कुशल ईमानदार व्यक्तियों के हाथों में होना चाहिए।

2. कृषि वित्त प्रदान करने वाली विभिन्न सरकारी व गैर सरकारी संस्थाओं में उचित समन्वय होना चाहिए।

3. ऋण उधार देते समय कृषक की भूमि पर जोर न देकर उसकी उपज अर्थात् ऋण अदायगी पर जोर दिया जाना चाहिए।

4. सहकारी समितियों के पूँजीगत संसाधनों में वृद्धि की जानी चाहिए, जिससे वे किसानों की वित्तीय आवश्यकताओं को पूरा कर सकें।

5. ऋण प्रक्रिया को सरल एवं सुव्यवस्थित बनाया जाना चाहिए।

6. सहकारिता आन्दोलन को और अधिक सुदृढ़, प्रभावी व विश्वसनीय बनाने के हर सम्भव प्रयास किये जाने चाहिए।

अतः भारत में कृषि वित्त की व्यवस्था की दृष्टि से सहकारी साख समितियों को और अधिक मजबूत बनाना चाहिए। इसके लिए निम्न सुझाव प्रस्तुत किये जा सकते हैं:

(1) देश में उपलब्ध सीमित साधनों से अधिकतम लाभ उठाने के लिए प्रारम्भ में चुने हुए क्षेत्रों में ही सहकारी संस्थाओं के भरपुर उपयोग किए जाने पर जोर देना चाहिए।

(2) शिक्षा, अनुसन्धान, गांवों में सामाजिक सुधार व रोजगार के अवसर बढ़ाने की ओर काफी ध्यान देना चाहिए।

(3) इस बात पर विशेष बल दिया गया है कि खेती सम्बन्धी सभी कार्य सहकारी आधार पर किए जाएं, जिससे खेती में उन्नति के साथ-साथ गाँवों में एक नए समाज का भी निर्माण हो सके।

भारत की पंचवर्षीय योजना में भी कृषि विकास के लगभग सभी महत्वपूर्ण उपायों का समावेश किया गया है। योजनाओं में उद्देश्य यह रखा गया है कि करोड़ों किसानों, विशेषकर छोटे व कमजोर खेतिहरों की दशा सुधारने के साथ साथ अनाज के सम्बन्ध में देश को आत्मनिर्भर बनाया जाए और कृषि उत्पादन में वृद्धि लाने की व्यवस्था इस तरह की जाए कि उद्योग और निर्यात की आवश्यकताएँ पूरी हो सके।

क्रेडिट कार्ड (Credit Card)

क्रेडिट कार्ड वर्तमान समय में भुगतान किये जाने की एक अत्यन्त सुविधाजनक प्रणाली सिद्ध हुई है। बढ़ती हुई अराजकता के कारण नकद पैसा सदैव अपने पास रखना कम जोखिमपूर्ण नहीं है ऐसे में बैंकों द्वारा आम आदमी के जीवन को सुगम बनाने के उद्देश्य से क्रेडिट कार्ड की सुविधा प्रदान की गयी है। क्रेडिट कार्ड एक छोटा-सा प्लास्टिक कोटेड कार्ड है जो आसानी से जेब में रखा जा सकता है। इस कार्ड का प्रयोग कर बिना नकद भुगतान किये खरीददारी की जा सकती है। इस कार्ड में एक कोड़ तथा पिन नम्बर अंकित होता है। कार्ड के सम्बन्ध में निर्धारित की गयी सीमा के अन्तर्गत नकद राशि का आहरण अथवा वस्तुओं का क्रय किया जा सकता है। क्रेडिट कार्ड जारी करने वाली बैंक द्वारा क्रेडिट कार्ड की सीमा निर्धारित कर दी जाती है। क्रेडिट कार्ड धारक अपना क्रेडिट कार्ड विक्रेता को दिखाता है और विक्रेता उसका कोड़ नम्बर नोट करके बिल कार्ड जारी कर्त्ता को भेज देता है। बिल का भुगतान ग्राहक के बैंक खाते से हो जाता है

क्रेडिट कार्ड को लोकप्रिय बनाने के उद्देश्य से इसे प्राप्त करने की प्रक्रिया को अत्यन्त सरल बनाया गया है। क्रेडिट कार्ड प्राप्त करने के लिये किसी भी बैंक से आवेदन किया जा सकता है। कार्ड जारी कर्त्ता बैंक न्यूनतम आय और नियमित आय स्रोत पर ध्यान देते हुए क्रेडिट कार्ड जारी कर देते है। क्रेडिट कार्ड के लिये एक बार प्रवेश शुल्क देना पड़ता है। इसके अलावा वार्षिक शुल्क भी देना होता है। बैंक अपने प्रतिष्ठित ग्राहकों को प्रारम्भ में यह सुविधा मुफ्त भी उपलब्ध कराती है। साधारण क्रेडिट कार्ड पुरे देश में कही भी स्वीकार्य होता है जबकि ग्लोबल या अन्तर्राष्ट्रीय कार्ड विदेशों में भी चल सकता है। क्रेडिट कार्ड से नकद पैसा भी निकाला जा सकता है। यदि क्रेडिट कार्ड खो जाये तो इसकी सुचना तुरन्त बैक को की जानी चाहिए जिससे उसके अवैद्य प्रयोग को रोका जा सके।

किसान क्रेडिट कार्ड (Kisan Credit Card)

किसानों को समय पर और पर्याप्त मात्रा में अल्पावधि ऋणों की उपलब्धता को सुगम बनाने के लिए क्रिसान क्रेडिट कार्ड योजना 1998-99 के दौरान प्रारम्भ की गई।

किसान क्रेडिट कार्ड योजना ना केवल किसानों में बल्कि बैंकों के बीच भी अत्यधिक लोकप्रिय सिद्ध हुई है। किसान कार्ड योजना के प्रारम्भ के पश्चात ऋण की स्वीकृति में होने वाले प्रक्रियागत विलम्ब और निर्गमन की अनेक समस्याओं का स्वत: ही समाप्त हो जाने के कारण किसानों के लिए ऋण प्रवाह सुगम हो गया है।

किसान क्रेडिट कार्ड की विशेषताएँ (Salient Feature of Kisan Credit Card)

किसान क्रेडिट कार्ड योजना का प्रारम्भ वाणिज्यक बैंकों तथा क्षेत्रिय ग्रामिण बैंकों द्वारा कृषि साख को सुगम बनाने की दृष्टि से 1998-99 से हुआ। किसान क्रेडिट कार्ड योजना की प्रमुख विशेषताएँ निम्न प्रकार है:

1. किसान क्रेडिट कार्ड ऐसे किसानों को निर्गमित किये जायेगें जो 5,000 रू. और इससे अधिक उत्पादन साख और इससे अधिक राशि की उत्पादन साख प्राप्त करने हेतु योग्य है।

2. योग्य किसानों को किसान क्रेडिट कार्ड तथा पास बुक अथवा किसान क्रेडिट कार्ड के साथ पास बुक निर्गमित की जायेगी।

3. किसान क्रेडिट धारकों को घुमती हुई नकद साख (Revolving Cash Credit) की सुविधा प्रदान की जायेगी। किसान अपनी निर्धारित राशि की सीमा में कितनी ही बार आहरण (Drawals) तथा पुनर्भुगतान (Re-payment) की सुविधा प्राप्त कर सकेगा।

4. किसान क्रेडिट कार्ड पर राशि की सीमा निर्धारित करते समय किसान की सम्पूर्ण वर्ष की साख आवश्यकता, कृषि उत्पादन के लिये सहायक क्रियाओं से सम्बन्धित वित्तीय आवश्यकता को ध्यान में रखा जायेगा। यह स्पष्ट किया गया है कि आगे आने वाले समय में कृषि सम्बन्धित समस्त गतिविधियों तथा गैर फार्म कृषि साख आवश्यकता को भी निर्धारित राशि सीमा राशि के निर्धारण में ध्यान रखा जायेगा।

5. बैंक के विवेक के आधार पर किसान कार्ड पर राशि की उप-सीमा (Sub-limit) भी निर्धारित की जायेगी।

6. किसान क्रेडिट कार्ड तीन वर्ष के लिये मान्य होगा, किन्तु इसका प्रत्येक वर्ष पुर्ननिरिक्षण करवाना आवश्यक होगा।

7. किसान क्रेडिट कार्ड के माध्यम से प्राप्त की गई राशि को 12 माह में वापस चुकाना होगा।

8. प्राकृतिक विपदा से कृषि फसल को हानि पहुँचने की स्थिति में ऋणों के परिवर्तन/पुन: सूचियन (Conversion/Resuchedulement) भी मान्य होगा।

9. किसान क्रेडिट कार्ड पर प्रलोभन देने के प्रयोजन से कृषि उत्पादन की बड़ी हुई लागत तथा फसल प्रणाली इत्यादि में हुए अत्यधिक व्यय के सम्बन्ध में किसान क्रेडिट पर निर्धारित सीमा की राशि में वृद्धि की जा सकती है।

10. किसान क्रेडिट कार्ड पर सुरक्षा, मार्जिन तथा ब्याज दर भारतीय रिजर्व बैंक के मापदण्डों के अनुसार लागु होंगें।

11. किसान क्रेडिट कार्ड का प्रयोग जिस साखा द्वारा इसे निर्गमित किया गया है अथवा बैंक के विवेक द्वारा किसी अन्य साखा को अधिकृत किया गया है, उसमें ही किया जा सकेगा।

12. किसान क्रेडिट कार्ड पर राशि का आहरण, स्लीप अथवा चैक के द्वारा किया जा सकेगा। इसके साथ किसान क्रेडिट कार्ड को प्रस्तुत करना आवश्यक होगा।

13. भारत में किसान क्रेडिट कार्ड को निर्गमित करने का प्रारम्भिक उत्तरदायित्व 27 वाणिज्यक बैंकों, 183 केन्द्रीय सहकारी बैंकों तथा 144 क्षेत्रीय ग्रामीण बैंकों को सुपूर्द किया गया।

14. किसान क्रेडिट कार्ड धारकों को वैयक्तिक दुर्घटना बीमा की सुविधा प्रदान की गई है। इस सुविधा के अन्तर्गत किसान क्रेडिट कार्ड धारकों को, दुर्घटना से उनकी मृत्यु/स्थायी अपंगता और आंशिक अपंगता के लिए क्रमशः रू. 50,000 और रू. 25,000 का प्रावधान किया गया है।

किसान क्रेडिट कार्ड कारोबार (Kisan Credit Card Business)

किसान क्रेडिट कार्ड योजना 1998-99 में लागु की गयी। कृषकों को अल्पकालीन साख सुविधायें प्रदान करने के सम्बन्ध में यह एक अत्यन्त ही नव प्रवर्तीत योजना सिद्ध हुई है। वर्तमान में इस योजना को अत्यन्त लोकप्रियता प्राप्त हुई है। इस योजना के क्रियान्वयन का उत्तरदायित्व वर्तमान में 27 वाणिज्यक बैंकों, 278 जिला केन्द्रिय सहकारी बैंकों/राज्य सहकारी बैंकों तथा 196 क्षेत्रीय ग्रामीण बैंकों द्वारा सम्पूर्ण देश में लागु की गयी है। इस योजना के अन्तर्गत निर्गमित किये गये किसान क्रेडिट कार्ड तथा उन पर स्वीकृत राशि में उत्तरोत्तर वर्षों में इन्हें लागू किये जाने के पश्चात निरन्तर वृद्धि हुई है। इस योजना को लागू किये जाने के पश्चात 21 लाख किसान क्रेडिट कार्ड जारी किये जा चुके है जिनमें 64 हजार करोड़ की राशि सितम्बर 2002 तक निहित थी। विभिन्न वित्तीय ऐजेन्सियों द्वारा किसान क्रेडिट कार्ड योजना के सम्बन्ध में की गयी प्रगति को तालिका-5 में दर्शाया गया है।

तालिका-5

किसान क्रेडिट कार्डो की संख्या तथा उन पर स्वीकृत राशि

वर्ष	सहकारी बैंक		क्षेत्रीय ग्रामीण बैंक		वाणिज्यक बैंक		कुल	
	जारी कार्ड (लाख)	स्वीकृत राशि (करोड़)	जारी कार्ड (लाख)	स्वीकृत राशि (करोड़)	जारी कार्ड (लाख)	स्वीकृत राशि (करोड़)	जारी कार्ड (लाख)	स्वीकृत राशि (करोड़)
1998-99	155	826	7	11	445	1247	607	2084
1999-00	35.95	3606	1.73	405	13.66	3537	5134	7548
2000-01	56.14	9412	6.48	1400	23.90	5615	86.52	16427
2001-02	54.36	15952	8.33	2382	30.71	7524	93.40	25858

स्रोत - नाबार्ड

किसान क्रेडिट कार्ड व्यवस्था का मुल्याकन
(Evaluation of Kisan Credit Card Scheme)

किसान क्रेडिट कार्ड योजना के कार्यान्वयन के आकलन से यह तथ्य स्पष्ट हुआ है कि किसान क्रेडिट कार्ड, किसान और बैंकर दोनों ही की दृष्टि से अति उत्तम साख उपकरण सिद्ध हुआ है। इसके परिचालन में लचीलापन होने के कारण अनेक बैंको में ऋणों की वसूली में सुधार हुआ है। किन्तु किसान क्रेडिट कार्ड व्यवस्था से कतिपय आधार स्तरीय अडचने भी प्रकाश में आयी है। किसान क्रडिट कार्डो की योजना के सकारात्मक प्रभाव तथा कर्यान्वयन में अड़चनों की निम्न प्रकार व्याख्या की जा सकती है:

(अ) सकारात्मक प्रभाव (The Positive Impact)

1. किसानों और बैंकों में योजना की व्यापक स्वीकार्यता,
2. ऋण की समय पर और पर्याप्त मात्रा में उपलब्धता,
3. ऋण प्रक्रिया और प्रलेखीकरण में आसानी,
4. ऋण-प्रस्तावों को बार-बार प्रोसेस करने से छुटकारा,
5. परिचालनों में लचीलापन,
6. ऋणकर्त्ताओं को अपने इच्छित किसी स्रोत से भी निविष्टियों को खरीदने की छूट,
7. ऋणकत्ताओं को किसी भी समय आहरण और अदायगी करने की सुविधा,
8. किसान समुदाय में कार्ड को एक प्रतिष्ठा के प्रतीक के तौर पर लेना,
9. किसानों को 3 वर्ष के लिए ऋण की सुनिश्चित उपलब्धता के साथ-साथ कार्ड के नवीनीकरण के समय, ऋण सीमा में बढ़ोतरी का प्रावधान,
10. बैंकों, ऋणकर्त्ताओं के समय-समय पर अधिकाधिक संपर्क के जरिए ऋणों की वसूली में सुधार,
11. खातों के परिचालन में पारदर्शिता।

(ब) कार्यान्वयन में अड़चने (Constraints in Implementations)

1. लाभार्थियों के चयन में एक खास तरह का दृष्टिकोण अपनाया जाना,
2. एक-फसलीय क्षेत्रों में किसान क्रेडिट कार्ड सुविधा देने में कुछ बैंकों द्वारा आनाकानी करना,
3. किसान क्रेडिट कार्ड के अंतर्गत वस्तुओं के स्थान पर भी नकदी के संवितरण से विद्यमान सहकारी विपणन ढांचे को गंभीर खतरा पैदा होने की आशंका,
4. कुछ राज्यों में केवल जिला मध्यवर्ती सहकारी बैंक की शाखा में ही नकदी वितरण किया जाता है जिसमें नकदी निकालने के लिए लंबी दूरी की यात्रा करनी पड़ती है।

5. कतिपय वाणिज्य बैंकों, क्षेत्रीय ग्रामीण बैंकों द्वारा किसानों को क्रेडिट कार्ड जारी करने के लिए, महंगी दर से सेवाशुल्क (कुछ राज्यों में रू. 25 से रू. 250 तक) लगाया जा रहा है,

6. कुछ राज्य सरकारें किसान क्रेडिट कार्ड योजना के अंतर्गत ऋण देने के लिए स्टैम्प ड्यूटी ले रही हैं जबकि सामान्य फसल ऋणों के लिए ऐसा कोई शुल्क नहीं लिया जाता।

कृषि वित्त के क्षेत्र में किसान क्रेडिट कार्ड का उदय एक अत्यन्त ही अनुठा प्रयास है। यदि इस सुविधा का कृषक वर्ग द्वारा सतर्कता पूर्वक उपयोग किया जाय तो उनकी वित्त की अनेक आवश्यकता की स्वतः ही निर्बाध पूर्ति हो जायेगी। इससे कृषकों में फिजूलखर्ची पर भी रोक रहेगी तथा अवांछित ब्याज से भी सुरक्षा प्राप्त होगी।

विश्व व्यापार संगठन और भारतीय कृषि
(WTO and Indian Agriculture)

विश्व व्यापार संगठन रूपी अन्तर्राष्ट्रीय मंच पर एक नये अन्तर्राष्ट्रीय आर्थिक परिवेश के विकसित होने की अपेक्षा है। इस मंच पर अर्थव्यवस्था के समस्त क्षेत्रों में घरेलू संरक्षण की प्रवृत्ति तथा नियन्त्रण समाप्त हो जायेगे। इसके अतिरिक्त विदेशी व्यापार पर क्रियाशील विभिन्न प्रतिबन्धों की समाप्ति हो जायेगी। कृषि क्षेत्र में विकास कार्यक्रमों पर भी विश्व व्यापार संगठन के अन्तर्राष्ट्रीय मंच पर अनेक समझौते सम्पन्न हुए है। इन समझौते से विकसित एवं विकासशील राष्ट्रों की कृषि व्यवस्था पर महत्वपूर्ण प्रभाव दृष्टिगत होंगें। निःसन्देह इन प्रभावों की नकारात्मकता अथवा सकारात्मकता सम्बन्धित देश में कृषि उत्पादन की मात्रा पर निर्भर करेगा। यदि हम विश्व व्यापार संगठन में किये गये समझौतों के परिपेक्ष्य में भारतीय कृषि पर पड़ने वाले प्रभावों का अध्ययन करे तो यह स्पष्ट होता है कि इसके अन्तर्गत प्रमुख रूप से निम्न वर्णित तीन पक्षों पर बल दिया गया है :

(1) घरेलू बाजार में प्रवेश की सुगमता,

(2) घरेलू समर्थन को नियन्त्रित करना, तथा

(3) निर्यात सहायता में कमी करना।

उपर्युक्त सभी वर्णित प्रभाव की संक्षिप्त विवेचना निम्न प्रकार प्रस्तुत की जा सकती है :

(1) घरेलू बाजार में प्रवेश की सुगमता (Easy Market Access) – इस सम्बन्ध में विश्व व्यापार संगठन में "कृषि पर समझौते" में यह व्यवस्था की गयी है कि वर्तमान क्रियाशील मात्रात्मक प्रतिबन्धों ने विश्व व्यापार के आकार को बाधित किया है। अतः भविष्य में विश्व व्यापार के आकार में वृद्धि की दृष्टि से इन प्रतिबन्धों की समाप्ति श्रेयकर होगा। अब तक लागु रहे प्रशुल्कों (Tariff) में बदलाव की आवश्यकता अनुभव की गयी। जिससे पूर्व की भाँति संरक्षण विद्यमान रहे। यद्यपि आगामी वर्षों में विद्यमान पशुल्कों की मात्रा में कमी करना आवश्यक होगा। विकसित राष्ट्रों से यह कहा गया है कि वे छः वर्षों की अवधि में (अर्थात वर्ष 2000 के अन्त तक) प्रशुल्कों में औसतन 36 प्रतिशत

की कमी करें। विकासशील देशों से यह कहा गया है कि वे 10 वर्ष की अवधि में (अर्थात 2004 के अन्त तक) प्रशुल्कों में औसतन 24 प्रतिशत की कमी करें। इस सम्बन्ध में विश्व व्यापार संगठन द्वारा किये गये समझौते को तालिका - 8 में उल्लेखित तथ्यों द्वारा भी परखा जा सकता है।

तालिका-8

कृषि पर समझौते के अन्तर्गत समर्थन कम करने की वचनबद्धता

	विकसित देश (1995-2000 तक)	विकासशील देश (1995-2004 तक)
सभी कृषि वस्तुओं के लिए औसत प्रशुल्क कटौती (आधार 1986-88)	36 प्रतिशत	24 प्रतिशत
घरेलू समर्थन, समर्थन का समग्र माप (आधार 1986-88)	20 प्रतिशत	13 प्रतिशत
निर्यात सहायता (आधार 1986-90)	36 प्रतिशत	24 प्रतिशत
निर्यात सहायता के लिए बजट व्यवस्था अथवा सहायता प्रदान निर्यातों की मात्रा	21 प्रतिशत	14 प्रतिशत

(2) घरेलू समर्थन को नियन्त्रित करना (Regulation Domestic Support) - घरेलू समर्थन में कमी के सम्बन्ध में विश्व व्यापार संगठन में हुये कृषि पर समझौते के अन्तर्गत घरेलू समर्थन को निम्न दो भागों में विभाजित किया गया है:

(अ) व्यापार को बाधित करने वाला समर्थन (Trade Distorting Support) - व्यापार को बाधित करने वाले घरेलू समर्थन को "अम्बर बाक्स" (Amber Box) में रखा गया है। इस बाक्स में व्यापार को संकुचित करने वाले सभी घरेलू समर्थनों को रखा गया है। इन समर्थनों का आकलन समग्र माप (Aggregate Measure of Support) द्वारा किये जाने अथवा उसे समाप्त किये जाने की बात कही गयी है। समर्थन के समग्र माप के निम्नलिखित दो प्रमुख भाग है :

(i) *उत्पाद विशिष्ट समर्थन* (Product Specific Support) - उत्पाद विशिष्ट समर्थन को घरेलू समर्थन कीमतों (उदाहरण के लिए भारत में वसूली कीमतें) के बाह्य संकेतक कीमतों (External Reference Price) से अन्तर को समर्थन प्राप्त उत्पादन से गुणा करके प्राप्त किया जाता है।

(ii) *गैर उत्पाद विशिष्ट समर्थन* (Non-Product Specific Support) - इसके अन्तर्गत विभिन्न कृषि आगतों जैसे उर्वरकों, बिजली, सिंचाई, साख इत्यादि पर प्रदान की जाने वाली सहायता को सम्मिलित किया जाता है।

विश्व व्यापार संगठन में कृषि पर हुये समझोते में यह व्यवस्था है कि विकसित राष्ट्र छः वर्ष की अवधि में समर्थन के समग्र माप को 20 प्रतिशत तथा विकासशील देश 10 वर्ष की अवधि में 13 प्रतिशत कम कर देंगें। यहाँ यह विशेष रूप से उल्लेखनीय है कि "कम

करने की वचनबद्धता'' सम्पूर्ण घरेलू समर्थन के परिपेक्ष्य में ज्ञात की जानी चाहिये न कि व्यक्तिगत वस्तुओं के सन्दर्भ मे। विकसित देशों में जिन नीतियों के प्रयोग से उत्पादन के मूल्यों के 5 प्रतिशत से कम तथा विकासशील देशों में उत्पादन के मूल्य से 10 प्रतिशत से कम घरेलू समर्थन प्राप्त होता है उनको कम करने की वचनबद्धता से मुक्त रखा गया है। इसी प्रकार जिन नीतियों का उत्पादन पर कोई संकुचित प्रभाव नहीं होता है या बहुत कम प्रभाव होता है, उन्हें भी वचनबद्धता से मुक्त रखा गया है।

(ब) व्यापार को बाधित करने वाला अथवा न्यूनतम बाधित करने वाला समर्थन (Non-Trade Distorting or Minimal Trade Distorting Support) - व्यापार को बाधित अथवा संकुचित करने वाले घरेलू समर्थन को निम्न तीन वर्गों में विभाजित किया गया है।

(i) *ग्रीन बॉक्स* (Green Box) - इसके अन्तर्गत वह आर्थिक सहायता रखी गयी है। जो पर्यावरण संरक्षण कार्यक्रमों के अन्तर्गत प्रदान की जाती है। इसमें प्रमुख रूप से अनुसंधान, प्रशिक्षण इत्यादि सेवाओं पर सहायता, बाजार सूचना के लिए सहायता, ग्रामीण आधारित संरचना के कुछ रूपों पर सहायता इत्यादि को सम्मिलित किया जाता है। इस बाक्स में सम्मिलित गतिविधियों पर वर्तमान में दी जाने वाली सहायता को विश्व व्यापार समझौते में किसी प्रकार की कमी किये जाने की आवश्यकता नहीं दर्शायी गयी है। अर्थात यह सहायता ''कम करने की वचनबद्धता'' के बन्धन से मुक्त है। इस प्रकार की सहायता पर किसी प्रकार की अधिकतम सीमा निर्धारित नहीं की गयी है।

(ii) *ब्ल्यू बॉक्स* (Blue Box) - इस बाक्स के अन्तर्गत उस आर्थिक सहायता को रखा गया है जो किसानों को हानिपूर्ति भुगतान के रूप में अथवा उत्पादन को सीमित करने से हुई हानि की क्षतिपूर्ति के रूप में प्रदान की जाती है। उदाहरण के लिये अमरीका में सरकारी न्यूनतम समर्थन मूल्य और बाजार मूल्य में अन्तर के बराबर ''हानि पूर्ति भुगतान'' प्रत्यक्ष रूप से किसानों को किया जाता है। इसी प्रकार यूरोपिय संघ के देशों में उत्पादन सीमित करने के बदले में क्षतिपूर्ति के रूप में प्रत्यक्ष आर्थिक सहायता प्रदान की जाती है। ब्ल्यू बाक्स के अन्तर्गत प्रदान की जाने वाली सहायता भी ''कम करने की वचनबद्धता'' से मुक्त है। यद्यपि इस प्रकार की सहायता के सम्बन्ध में अधिकतम सीमा निर्धारित की गयी है।

(iii) *स्पेशल तथा डिफ्रैन्शल बाक्स* (Special and Differential Box) - इस बाक्स में विकासशील देशों से विकास करने वाले निर्धन एवं निम्न आय वर्ग वाले उत्पादकों को प्रदान की जाने वाली निवेश सहायता तथा कृषि आदानों पर प्रदान की जाने वाली सहायता को सम्मिलित किया गया है।

(3) निर्यात सहायता में कमी करना (Containing Export Subsidies) - तालिका में प्रस्तुत किये गये आंकड़े यह तथ्य इंगित करते हैं कि विश्व व्यापार संगठन द्वारा विकसित देशों के लिए यह व्यवस्था की गयी है कि वे अनुदान प्राप्त निर्यातों (Subsidised Export) की मात्रा को छः वर्ष की अवधि में 21 प्रतिशत तथा निर्यात सहायता के लिए बजट में 36 प्रतिशत की कटौती करेंगें। यह भी व्यवस्था की गयी है कि विकासशील देशों में सहायता प्रदस्त निर्यातों की मात्रा को 10 वर्ष की अवधि में 10 प्रतिशत तथा निर्यात सहायता के लिए बजट में 24 प्रतिशत कटौती करेंगे। यद्यपि उपयुक्त वर्णित समझौतों का कृषि क्षेत्र पर

प्रत्यक्ष प्रभाव पड़ेगा किन्तु इसके अतिरिक्त विश्व व्यापार संगठन के अन्तर्गत लागू किये जाने वाले कुछ अन्य समझौतों का भी अप्रत्यक्ष प्रभाव पड़ेगा इनमें सर्वाधिक प्रमुख है व्यापार सम्बध बौद्धिक सम्पदा अधिकार (Trade Related Intellectual Property Right) है जिसके अधिन पेटेन्ट व काफीराइट संरक्षण (Patent and Copyrights Protection) की व्यवस्था है।

वैश्वीकरण का भारत पर कृषि पर प्रभाव

(Impact of Globalisation on Indian Agriculture)

यद्यपि विश्व व्यापार संगठन के सम्मेलनों में कृषि के सम्बन्ध में अनेक संधियों को अन्तिम रूप प्रदान किया गया है किन्तु इन संधियों का सैद्धान्तिक पक्ष विकासशील देशों के हित में प्रतीत नहीं होता है। ऐसा अनुभव किया जा रहा है कि इन संधियों के अन्तर्गत हुये समझौते के कार्यान्वयन का विकासशील देशों की कृषि व्यवस्था पर दुष्प्रभाव पड़ा है तथा भविष्य में भी दुष्प्रभाव ही पड़ने की सम्भावना है। इन संधियों में यह उल्लेख किया गया है कि विकसित देशों द्वारा कृषि को प्रदान की जाने वाली सहायता को आगामी छः वर्षों के दौरान 20 प्रतिशत कम करना है जबकि विकासशील देशों द्वारा इन सहायताओं को 10 वर्षों में 13 प्रतिशत तक कम करना है। यद्यपि विकसित देश ग्रीन बॉक्स तथा ब्ल्यू बॉक्स सहायता के अघिन अपनी राष्ट्रीय अर्थव्यवस्था में कृषि को प्रदान की जाने वाली सहायता के क्रम को जारी रखेंगे।

ग्रीन बॉक्स अनुदान (Green Box Subsidies) इस वर्ग के अन्तर्गत सरकारी सेवाओं पर व्यय की जाने वाली उन राशियों को सम्मिलित किया गया है जो अनुसंधान, रोग नियन्त्रण, आकार संरचना और खाद्य सुरक्षा पर व्यय किये जाने हेतु प्रस्तावित की गयी है। इस राशि में वे भुगतान भी सम्मिलित है जो कृषकों को प्रत्यक्ष रूप से किये गये है जिससे वे उत्पादन को प्रोत्साहित कर सके। इन भुगतानों में प्रमुख है: कृषि के पुनर्गठन के लिये आय रूपी सहायता और पर्यावरण एवं नियमित सहायता कार्यक्रमों के अन्तर्गत प्रत्यक्ष भुगतान आदि सम्मीलित है। निःसन्देह अनुदान की उपयुक्त वर्णित परिभाषा अन्तन्त ही विस्तरित है जिसके अन्तर्गत सभी प्रकार के सरकारी अनुदान सम्मिलित किये गये है।

ब्ल्यू बॉक्स अनुदान (Blue Box Subsidies) इस वर्ग के अन्तर्गत प्रदान की जाने वाली अनुदान राशि में किसानों को प्रदान किये जाने वाले कतिपय ऐसे भुगतान सम्मिलित है जो या तो किसानों को उत्पादन सीमित करने के लिये अथवा सरकार द्वारा विकासशील देशों में कृषि एवं ग्रामीण विकास के कार्यक्रमों को प्रौत्साहित करने के लिये दिया जाना प्रस्तावित है।

स्वदेशी समर्थन अनुदान के समान ही विकासशील देशों को अपने नाममात्र निर्यात अनुदान में वृद्धि करने की अनुमति नहीं प्रदान की जाती है। इसके विपरीत विकसित देशों को अपने आधार स्तर पर अनुदान को 64 प्रतिशत तक कायम रखने की स्वतन्त्रता प्रदान की गयी है। इसके परिणामस्वरूप विकसित देशों में कृषि आयात राष्ट्रीय अर्थव्यवस्था में विद्यमान कीमत से कहीं कम कीमत पर प्राप्त किये जा सकते है। मानवीय विकास प्रतिवेदन 1977 में उपर्युक्त वर्णित समस्या की समीक्षा करते हुए यह उल्लेख किया गया है कि ओ. ई. सी. डी. के अनुसार, "संयुक्त राज्य अमरीका के कृषकों को 1995 में प्रति व्यक्ति हस्तान्तरण 29

हजार डॉलर था।'' *मिन्डानाओं* और *कगायन* के अनुसार, ''घाटी के मक्का उत्पादन क्षेत्रों में कृषकों की औसत प्रति व्यक्ति आय 300 अरब डॉलर थी'। इस प्रकार अमरिका के प्रत्येक कृषक को फिलीपाइन में मक्का उत्पादन करने वाले कृषकों की आय की तुलना में शत प्रतिशत अनुदान के रूप में राशि प्राप्त होती है।

वास्तविक आर्थिक राष्ट्रीय जगत में उन लोगो की दूनिया सर्वथा पृथक है जो काल्पनिक या मुख्य व्यापार के पक्षधर है। यह बात स्पष्ट है कि कृषि बाजारों में अस्तित्व बनाये रखने के लिए तुलनात्मक लागत पर कम निर्भर रहने की आवश्यकता है और अनुदान पर तुलनात्मक रूप से अधिक आश्रित रहना श्रेयकर होगा। स्थानिय खाद्य बाजारों में अवांछत प्रतिस्पर्धा के कारण उदारीकरण कुशलता उत्पन्न करने का कोई महत्वपूर्ण उपाय नहीं है वरन् यह लोगों की जीविका नष्ट करने का एक फार्मूला है।

यदि हम कृषि पर ऊरूग्वे रौंद की संधि के कार्यान्वयन पर विचार करे तो यह स्पष्ट होता है कि इससे आगामी पाँच वर्षो तक कृषि क्षेत्र में किसी महत्वपूर्ण परिवर्तन के घटित होने की सम्भावना नहीं है। कृषि अन्तर्राष्ट्रीय व्यापार का एक मात्र ऐसा क्षेत्र है जिसमें निर्यात-डम्पिंग को एक वैद्य व्यापार के रूप में स्वीकार किया जाता है।

यह तथ्य सर्वविदित है कि कुछ वर्षों पूर्व भारतीय कृषि वस्तुओं की कीमतें अन्तर्राष्ट्रीय कीमतों से कम थी। किन्तु विकसित देशों द्वारा कृषि निर्यात के लिये भारी मात्रा में अनुदान प्रदान किये जाने के कारण परिस्थिति में तेजी से बदलाव दृष्टिगत हुआ। अब अन्तर्राष्ट्रीय कृषि कीमतें भारतीय कृषि कीमतों से नीचे हो गयी है जिसके परिणामस्वरूप भारतीय किसानों को अत्यन्त हानि का सामना करना पड़ा है। भारत के अनेक भागों में कृषकों द्वारा खुले आम की जाने वाली आत्महत्यायें और राज्यों के कृषि क्षेत्र में बढ़ती हुई अशांति इस बात का द्योतक है कि कृषि निर्यात वस्तुओं में संलग्न कृषकों को घोर संकट का सामना करना पड़ रहा है। भारतीय समाज में यह एक अत्यन्त गहन मानवीय समस्या बन चुकी है इस बात से प्रेरित होकर प्रमुख अर्थशास्त्रियों ने विश्व व्यापार संगठन के समझौतों से उत्पन्न हुई विपरीत स्थिति के कारण किसानों की दयनीय स्थिति की तरफ सरकार का ध्यान आकर्षित किया है। इस सम्बन्ध में प्रो. पी. आर. बह्मानन्द ने तो इस स्तर की टिप्पणी कर दी है कि : ''हमें अपने देश के किसानों के हितों को सर्वोपरी स्थान प्रदान करना चाहिए। यदि इस पुनित कार्य हेतु हमें विश्व व्यापार संगठन की सदस्यता छोड़ना भी पड़े तो में इसे अनुचित नहीं समझता।''

भारतीय अर्थव्यवस्था में कृषि की निर्णायक भूमिका है कृषि तथा सम्बद्ध गतिविधियों द्वारा भारत के सकल घरेलू उत्पाद में महत्वपूर्ण योगदान प्रदान किया जाता है। भारत के सकल घरेलू उत्पाद का 27 प्रतिशत भाग कृषि से प्राप्त होता है। भारतीय अर्थव्यवस्था में लगभग 65 प्रतिशत जनसंख्या को कृषि द्वारा रोजगार प्रदान किया जाता है। कृषि संवृद्धि का गरीबी सुधार पर प्रत्यक्ष प्रभाव पड़ता है भारत के कुल निर्यातों में कृषि उत्पादों का महत्वपूर्ण स्थान है भारत के अधिकांश उद्योग धन्धे आज भी कच्चे माल तथा बाजार उपलब्धि की दृष्टि से कृषि पर आश्रित हैं।

भारतीय कृषि में अनिश्चितता
(Uncertainties in Indian Agriculture

आर्थिक एवं सामाजिक क्षेत्र में किसी भी गतिविधि में सदैव निश्चितता विद्यमान नहीं रहती है। प्रत्येक गतिविधि में अस्थिरता कभी न कभी, किसी ना किसी रूप में अवश्य घटित होती है। अनिश्चितता ही जोखिम उत्पन्न करती है। कुछ अनिश्चितताएँ एवं जोखिम ऐसी होती है जिनका पूर्व अनुमान लगाया जाना सम्भव होता है जिसके फलस्वरूप संभावित खतरे से उभरने हेतु उपयुक्त नीति का निर्माण किया जा सकता है। किन्तु अनेक जोखिम तथा अनिश्चितताएँ ऐसी होती है जिनका अनुमान लगाया जाना या तो कठिन होता है अथवा बिल्कुल भी संभव नहीं होता। अधिकांशत: जोखिम तथा अनिश्चितता ऐसी आर्थिक क्रियाओं में अधिक देखने को मिलती है जिसमें प्रकृति का प्रत्यक्ष हस्तक्षेप हो तथा उनके संचालन में मानवीय निर्णयों एवं क्रियाओ का भी विशेष महत्व हो।

अर्थव्यवस्था का कृषि क्षेत्र एक ऐसा ही क्षेत्र हैं जिसके भावी कार्य निष्पादन के सम्बन्ध में कोष रूप से कोई अनुमान लगाया जा सकना अत्यन्त ही कठिन है। यदि यह कहा जाये कि भारतीय कृषि परिस्थितियों का जुँआ है तो कोई अतिष्योक्ति नहीं होगी। भारतीय कृषि के सम्बन्ध में अनेक अवसर ऐसे आये हैं जबकि उसके सम्बन्ध में समस्त अनुमान गलत सिद्ध हुये। भारतीय कृषि द्वारा सामान्यतया जिन जोखिमों तथा अनिश्चितताओं से पीड़ित रहने की सम्भावना व्यक्त की जाती है। उनमें प्रमुख निम्नलिखित है।

(1) मानसून की अनिश्चितता (Uncertainty of Moonson)–कृषि क्षेत्र को मानसून की प्राप्ति कब होगी, इस सम्बन्ध में प्रत्येक वर्ष भारत के लगभग सभी प्रदेशों में एक अनिश्चितता का वातावरण बना रहता है। विगत अनेक वर्षों से देश के अनेक भागों में समय पर मानूसन नहीं आने अथवा अपर्याप्त मानसून रहने की व्यापक समस्या का सामना किया जा रहा है। प्राय: भारतीय कृषि को इसीलिए मानसून का जुँआ कहा जाता है। यदि मानसून समय पर तथा पर्याप्त आ जाये तो कृषि क्षेत्र में सफलता तथा समृद्धि अन्यथा विफलता तथा बर्बादी है। कई बार भारत के अनेक भागों में मानसून इतना कृपण हो जाता है कि बाढ़ इत्यादि से बर्बादी हो जाती है।

मानसून समय पर आये अथवा पर्याप्त आये, यह पूर्ण रूप से प्राकृतिक विषय है। इस सम्बन्ध में मानव का हस्तक्षेप अत्यन्त सीमित ही हो सकता है। कृषि क्षेत्र में यह एक अत्यन्त महत्वपूर्ण अनिश्चितता है जिसका समाधान वन आदि के क्षेत्र में वृद्धि, मानव द्वारा प्रकृति से कम खिलवाड़, वैकल्पिक सिचाईं साधनों के विकास द्वारा ही सम्भव है। वर्तमान में देश के सभी भागों को तथा सभी नदियों की आपस में जोड़ने की बात चल रही है। विचार अच्छा है यदि सफलता प्राप्त हो जाये।

(2) कृषि मूल्यों में अनिश्चितता (Uncertaintity in Agriculture Price) – कृषि मुल्यों में अनिश्चितता की स्थिति सदैव बनी रहती है। कृषि मूल्यों में अनिश्चितता का प्रमुख कारण कृषकों को कृषि वस्तुओं के बाजार तक कठिन पहुँच तथा कृषि बाजारों में

विद्यमान वर्तमान मूल्य के सम्बन्ध में अनभिज्ञता को होना है। इन्हीं कारणों से अनेक बार कृषकों को कृषि पदार्थों का वह मूल्य नहीं प्राप्त नहीं हो पाता जिसकी वह अपेक्षा करता है। सूचनाओं के अभाव में वह ग्रामीण स्तर पर ही अपनी फसल को बनिया, महाजन, साहुकारों को विक्रय कर देता है।

इस समस्या के समाधान स्वरूप यह आवश्यक है कि किसानों को कृषि जन्य वस्तुओं की प्रमुख मण्डियों के बाजार मूल्य की सम्पूर्ण जानकारी उपलब्ध हो। प्रत्येक गाँव का व्यवस्थित मण्डियों द्वारा सुव्यस्थिति रूप से जुड़ा होना भी समान रूप से महत्वपूर्ण है। सरकारी प्रयासों के अन्तर्गत इन दिशाओं में महत्वपूर्ण प्रयास किये गये हैं जिनके अन्तर्गत कृषकों रेड़ियों, टेलिविजन आदि के द्वारा कृषि जन्य वस्तुओं के वर्तमान बाजार मूल्य से नियमित अवगत कराया जाता है। प्रधानमन्त्री सड़क योजना आदि के अन्तर्गत ग्रामीण क्षेत्रों को मण्डियों से जोड़ने के भी प्रयास किये गये है। अनेक बार सहकारी कृषि विपणन समितियों द्वारा ग्रामीण क्षेत्रों में जाकर कृषकों की फसलों को क्रय करने की व्यवस्था भी की जाती है।

(3) उत्पादन के आकार में अनिश्चितता (Uncertainty in Volume of Production) –कृषि उत्पादन में एक यह भी अनिश्चितता का विषय है कि कृषि उत्पादन के आकार के सम्बन्ध में कोई निश्चितत भविष्यवाणी अथवा अनुमान लगाया जा सकना कठिन होता है। वस्तुत: कृषि अर्थव्यवस्था का ऐसा क्षेत्र है जिसके उत्पादन पर प्राकृतिक तथा मानवीय घटकों का महत्वपूर्ण प्रभाव पड़ता है। अत: कृषक के समक्ष कृषि उत्पादन के आकार सम्बन्धि जोखिम तथा अनिश्चितता सदैव बनी रहती है।

इस समस्या के समाधान स्वरूप यह आवश्यक है कि निरन्तर अनुसंधान एवं खोज कार्यक्रमों के द्वारा ग्रामीण क्षेत्रों में जाकर कृषकों को इस सम्बन्ध में शिक्षित किया जाये जिससे वह अपने उत्पादन के आकार का मोटा अनुमान लगा सके।

(4) सुखे एवं अभाव की स्थिति (Condition of Famine and Drought) – भारत के अधिकांश भागों में सूखे तथा अभाव की स्थिति सामान्य बात है। भारत के अधिकांश राज्यों के अधिकांश भाग विगत अनेक वर्षों से नियमित रूप से सुखे तथा अभाव की चपेट में रहे हैं। ऐसी स्थिति में कृषकों के समक्ष यह जोखिम तथा अनिश्चितता बनी रहती है कि उनके द्वारा किये जाने वाले कृषि कार्य का क्या भविष्य होगा। सुखे तथा अभाव की स्थिति में अनेक बार ऐसी स्थिति उत्पन्न हो जाती है जिसके अन्तर्गत मानव ज़ीवन का अस्तित्व भी खतरे में पड़ जाता है, ऐसी स्थिति में कृषि क्षेत्र में जोखिम तथा अनिश्चितता असामान्य बात नहीं है।

इस समस्या के समाधान स्वरूप सरकार द्वारा विगत वर्षों में अनेक प्रयास किये गये है जिससे की कृषि क्षेत्र में सुखे तथा अभाव की स्थिति से उत्पन्न परिस्थितियों का सफलता पूर्वक सामना किया जा सके। किन्तुं सरकारी प्रयासों पर प्राकृतिक प्रकोप अधिक हावी रहने के कारण अपेक्षित सफलता प्राप्त नही हो पायी है। अत: आवश्यकता उन उपायों को किये जाने की है जिनके कारण सुखे तथा अभाव की स्थिति उत्पन्न होती है। इनमें सबसे प्रमुख कारण मानव की प्रकृति के साथ छेड़छाड़ रहा है। ग्रामीण क्षेत्रों में जंगलों इत्यादि का

अवैद्यानिक तथा अनियोजित कटाव सुखे तथा अभाव की स्थिति उत्पन्न करने हेतु प्रमुख रूप से उत्तरदायी रहे है। अतः इस दिशा में किसी समन्वित योजना को क्रियान्वित किया जाना आवश्यक है।

(5) उत्पादन साधनों की अनिश्चितता (Uncertainty of Factors of Production) - कृषि उत्पादन हेतु अनेक आदानों की आवश्यकता होती हैं जिनमें प्रमुख बीज, खाद्य, जल तथा वर्तमान में शक्ति के साधन इत्यादि है। यदि इन साधनों की नियमित तथा पर्यास पूर्ति होती रहे तो कृषि उत्पादन के सम्बन्ध में कुछ अनुमान लगाये जा सकते हैं। किन्तु व्यवहार में इन आदानों की नियमित एवं पर्याप्त आपूर्ति ना हो पाने के कारण अनिश्चितता की स्थिति उत्पन्न हो जाती है। उदाहरण के लिये ग्रामीण क्षेत्रों में बिजली की पूर्ति कब तथा कितनी होगी इसके बारे में निश्चितता से कुछ भी नहीं कहा जा सकता। इसी प्रकार डीजल इत्यादि की नियमित आपूर्ति भी अनेक बार गड़बड़ा जाती है।

वर्तमान में भारतीय कृषि में अनेक गतिविधियों के संपादन में निथमित विद्युत तथा डीजल आपूर्ति इत्यादि का महत्व अधिक बढ़ गया है। अत: यह आवश्यकता है कि इनकी अनियमित एवं अपर्यास आपूर्ति के कारण कृषि क्षेत्र में उत्पन्न होने वाली अनिश्चितता को दूर करने हेतु नियमित एवं पर्यास विद्युत आपूर्ति को आश्वस्त किया जाये। कृषि को एक महत्वपूर्ण अर्थिक क्रिया मानते हुऐ अर्थव्यवस्था के अन्य क्षेत्रों के समान ही प्रथमिकता स्तर पर इन आदानों की पूर्ति की जानी चाहिए।

(6) साख की अनिश्चितता (Uncertainty of Credit) - यद्यपि वर्तमान में कृषि तथा सम्बन्धी गतिविधियों को साख प्रदान करने वाली वित्तीय संस्थाओं का जाल सा बिछ चुका है। किन्तु इन सस्थाओं का व्यवहारिक महत्व सिद्ध होना अभी शेष हैं। अनेक गतिविधियों में वित्त के महत्व के समान ही कृषि में भी वित्त का महत्व सर्वोपरी है। अनेक बार यह अनुभव किया गया है कि कृषकों को समय पर पर्यास साख ना मिल पाने के कारण फसल को उगाने, काटने तथा मण्डियों तक पहुँचाने में साख उपलब्ध ना होने के कारण अनिश्चितता उत्पन्न हो जाती है। अनेक बार साख समय पर उपलब्ध न होने के कारण कृषक सामाजिक गतिविधियों का निर्वाह समय पर नहीं कर पाता जिससे भी उसका कृषि उत्पादन सम्बन्धी कार्य गड़बड़ा जाता है।

अत: इस प्रकार के प्रयासों की आवश्यकता है जिससे कृषकों को उपयुक्त समय पर उपयुक्त प्रयोजन हेतु पर्यास तथा नियमित साख की पूर्ति को आश्वस्त किया जा सके। कृषक को केवल उत्पादक नहीं वरन् गैर-उत्पादक कार्यों के लिए साख की समय पर उपलब्धि हेतु प्रयास किये जाने आवश्यक हैं।

(7) बाजार सम्बन्धि अनिश्चितता (Market Uncertainty) - अनेक बार कृषकों के समक्ष यह जोखिम तथा अनिश्चितता रहती है कि वह अपनी कृषि जिन्सों को क्रय हेतु किन बाजरों में ले जाये जिससे उसे अपनी उपज का उपयुक्त मूल्य प्राप्त हो सके। कुछ विशिष्ट प्रकार के कृषि बाजार होते है जिनमें सामान्य कृषि वस्तुओं का व्यापार नहीं होता। किन्तु कृषकों को इसकी जानकारी नहीं होती। अतः कृषकों के समक्ष बाजार सम्बन्धी अनिश्चिततायें बनी रहती है। कृषकों का पढ़े लिखे ना होना इस समस्या का प्रमुख कारण है।

अतः यह आवश्यक है कि कृषकों को संचार तथा प्रचार माध्यमों द्वारा कृषि वस्तुओं के विशिष्ट तथा सामान्य बाजारों की पर्याप्त जानकारी उपलब्ध करवायी जाये। इस सम्बन्ध में उस माध्यम तथा विधि का प्रयोग करना अत्यन्त श्रेयकर होगा जिससे किसान समझ सके।

(8) गुणवत्ता की अनिश्चितता (Uncertainty of Quality) – कृषि उत्पादन अन्य अनेक घटकों का योगदान होने के कारण तथा इन घटकें के सम्बन्ध में कृषको को विस्तृत ज्ञान ना होने के कारण वह कृषि उत्पादन की गुणवत्ता के सम्बन्ध में कुछ नहीं कह सकता। फसल के तैयार होकर अन्तिम रूप में आ जाने के पश्चात ही उसे अपनी फसल की गुणवत्ता का पता चलता है। गुणवत्ता के अभाव में वह अपनी फसल का कोई अग्रिम सौदा इत्यादि नहीं कर सकता।

अतः यह आवश्यक है कि कृषि शोध के परिणामों द्वारा कृषकों को अवगत करवाकर कृषि पदार्थों की गुणवत्ता के सम्बन्ध में कुछ अनुमान लगाये जाने योग्य बनाया जाये। यद्यपि भारतीय कृषकों की अशिक्षा इसके मार्ग में पुनः बाधा बनेगी। किन्तु कुछ जोखित तथा अनिश्चितता को इससे कम किया जा सकता है।

(9) निर्यातरूप अनिश्चितता (Uncertainty of Export) – भारत के निर्यातों में कृषि वस्तुओं का भाग निरन्तर बढ़ रहा है। कृषि क्षेत्र विदेशी मुद्रा अर्जन का प्रमुख स्रोत बन चुका है किन्तु कृषकों को आज भी इस बात की सम्पूर्ण जानकारी नहीं है कि किन फसलों को उगाकर वह विदेशी बाजारों में प्रवेश कर सकता है। अनेक बार वह सूचनाओं के अभाव में ऐसी फसलों के उत्पादन पर अधिक महत्व देता है जो उसके जानकारी के अनुसार निर्यातों में प्रमुख है, किन्तु अपर्याप्त अथवा गलत जानकारी के कारण वह ऐसा नही कर पाता है।

अतः यह आवश्यक है कि इस क्षेत्र में व्याप्त जोखिम तथा अनिश्चितता को कम करने के उपाय स्वरूप किसानों को भारतीय निर्यात व्यापार में उन कृषि वस्तुओं की सम्पूर्ण जानकारी उपलब्ध करवायी जाये जिनका निर्यात में विशेष महत्व है। उन्हें इन वस्तुओं की गुणवत्ता के सम्बन्ध में जानकारी उपलब्ध करवायी जाए जिनकी विदेशों में अधिक माँग है।

(10) रोजगार की अनिश्चितत (Uncertainty of Employment) – कृषि क्षेत्र में किस वर्ष कितने लोगों को रोजगार उपलब्ध हो सकेगा इस सम्बन्ध में निश्चित रूप से कुछ भी नहीं का जा सकता। इसका प्रमुख कारण यह है कि क्रषि परिस्थितियों का जुँआ है। यद्यपि अर्द्ध विकसित राष्ट्रों में कृषि रोजगार को उपलब्ध करवाने वाला एक महत्वपूर्ण क्षेत्र हैं। किन्तु अनिश्चितता की स्थिति कृषि क्षेत्र में रोजगार सम्बन्धि योजना बनाने के मार्ग में बाधक है।

(11) आकस्मिक अनिश्चतता (Casual Uncertainties) – कृषि क्षेत्र में अनेक आकस्मिक अनिश्चिताएँ भी व्याप्त रहती है। इन अनिश्चततओं में प्रमुख अनिश्चिततायें कृषि उत्पादन का आग अथवा बाढ़ इत्यादि से नष्ट हो जाना आदि सम्मिलित होते है। यह अनिश्चितताऐ मानव निर्मित अथवा प्रकृति निर्मित हो सकती है। कृषि फसलें खुले मैदान में उत्पन्न की जाती है जिनका आग इत्यादि की चपेट में आ जाना सामान्य बात है। इसी प्रकार से बाढ़ इत्यादि से फसलों का नष्ट हो जाना सामान्य बात है।

इन अनिश्चितताओं के उपचार स्वरूप इधर हाल के वर्षो में कुछ राज्य सरकारों द्वारा प्रयास प्रारम्भ किये गये है जिसके अन्तर्गत कृषि क्षेत्र में फसल बीमा प्रणाली को लागु किया गया है। किन्तु इस प्रकार की व्यवस्थाओं का भारत में अभी तक व्यापक प्रयोग नहीं हुआ है।

(12) भूमि की उर्वरकता विनाश सम्बन्धि अनिश्चिततायें (Uncertainty Regarding Erosion of Land Fertility) - अनेक बार भूमी की उर्वरकता सम्बन्धी कुछ प्राकृतिक कारणों से नष्ट अथवा कम हो जाती है। उदाहरण के लिए आँधी द्वारा मरू भूमि की ताकत को नष्ट अथवा कम कर दिया जाना । इस प्रकार की अनिश्चितता निरन्तर तेज आँधी के आने से उत्पन्न होती है। कृषि वैज्ञानिकों का विचार है कि आँधी की इस प्रकार की मार अकाल से भी ज्यादा खतरनाक सिद्ध होती है। कृषि भूमि की उर्वरा शक्ति वाली ऊपरी सतह (टॉप सोइल) के हवा में उड़ जाने से किसानों को फसल खराबी की महत्वपूर्ण हानि का सामना करना पड़ता है। इससे कृषि उत्पादकता भी कम हो जाती है।

वस्तुतः कृषि क्षेत्र में यह एक ऐसी अनिश्चितता है जिससे सही मात्रा और नुकसान की तीव्रता का आंकलन भी किसी एंजेन्सी के द्वारा किया जाना सम्भव नहीं है। रेगिस्तान के अन्य अनेक क्षेत्रों में उत्पन्न हुई कृषि क्षेत्र की यह एक अत्यन्त नवीन अनिश्चितता है।

भारतीय कृषि क्षेत्र को उपर्युक्त वर्णित सभी अनिश्चितताओं द्वारा समान रूप से प्रभावित किया गया है। इन समस्याओं में से कुछ पर मानव प्रयासों द्वारा विजय प्राप्त कि जा सकती है, किन्तु अनेक अनिश्चितताओं का समाधान प्राकृतिक परिस्थितियों पर ही निर्भर करता है। यदि उन अनिश्चितताओं की पुनरावृत्ति तथा गहनता को कम करना भी सम्भव हो जाय, जिन पर मानव का प्रत्यक्ष तथा अप्रत्यक्ष नियन्त्रण है तो बहुत बड़ी उपलब्धि होगी।

परिक्षापयोगी प्रश्न

1. भारतीय अर्थव्यवस्था में कृषि के योगदान की विवेचना कीजिये।

   Discuss role of agriculture in Indian economy.

2. भारतीय अर्थव्यवस्था में कृषि विकास की वर्तमान स्थिति की विवेचना कीजिये। कृषि उत्पादन वृद्धि के मार्ग में प्रमुख समस्याएँ क्या है।

   What is the present position of Indian Agriculture. What are the main problems in Agriculture production in India.

3. विश्व व्यापार संगठन का भारतीय कृषि पर क्या प्रभाव पड़ा है संक्षेप में समझाइये।

   Discuss briefly impact of World Trade Organisation on Indian Agriculture.

4. भारतीय कृषि की प्रमुख अनिश्चितताएँ समझाइये। इन अनिश्चितताओं की गहनता कम करने हेतु क्या प्रयास किये गये है।

   What are the main uncertainty in Indian Agriculture. What measures have been adopted to remove these uncertainty.

□□□

10

औद्योगिक विकास
(Industrial Development)

स्वतन्त्रता प्राप्ति के समय भारत में कुछ उपभोज्य वस्तुओं का उत्पादन करने वाले उद्योगों का विकास इतना हो गया था कि उनके उत्पादन से घरेलू मांग को पूरा किया जा सके। लेकिन पूंजीगत वस्तुओं का उत्पादन करने वाले उद्योग बहुत कम विकसित थे। आधुनिक उद्योगों में काम पाने वाले मजदूरों की संख्या बहुत थोड़ी थी। अनुमान है कि औद्योगिक क्षेत्र में केवल 10 प्रतिशत लोगों के पास रोजगार था। भारत में औद्योगिक विकास को आधार प्रदान करने वाला उद्यमी वर्ग भी छोटा था। छोटे व्यवसायी बड़े उद्योगों में रूचि नहीं दिखाते थे। उनकी रूचि मुख्य रूप से लघु उद्योगों में थी। उनके द्वारा भारत में औद्योगिक क्रांति के लिए कोई सहयोग नहीं मिला। संरक्षण मिलने पर भारत के बड़े पूँजीपतियों ने कुछ बड़े पैमाने पर उद्योगों की स्थापना की, लेकिन वे तकनीकि दृष्टि में पूरी तरह पश्चिमी देशों पर निर्भर थे। 1914 के बाद यद्यपि भारतीय पूंजीपतियों का भारतीय उद्योगों में हिस्सा बढ़ा, लेकिन बुनियादी उद्योगों पर ब्रिटिश कम्पनियों का नियन्त्रण बना रहा।

स्वतन्त्रता के समय विशेषताए
(Characteristics At the time of Independence)

अत: स्वतन्त्रता के समय भारत के औद्योगिक ढ़ांचे की निम्नलिखित विशेषताएं थीं:-

1. विनिर्माण उद्योगों का अल्पविकास (Under-development of Manufacturing Industries)- स्वतन्त्रता के समय देश का औद्योगिक ढ़ांचा बहुत पिछड़ा हुआ था। इस तथ्य का अनुमान इस बात से हो सकता है कि 1948-49 में विनिर्माण उद्योगों का राष्ट्रीय आय में 6.6 प्रतिशत योगदान था और इसमें काम करने वाले श्रमिकों की संख्या 24 लाख थी, जो देश की श्रम-शक्ति की 1.2 प्रतिशत थी।

2. उद्योगों में ढांचागत असंतुलन (Organisational Imbalances)- देश का औद्योगिक ढ़ांचा असन्तुलित था। इसका कारण यह था कि भारत में पंचवर्षीय योजनाओं का युग प्रारम्भ होने से पहले औद्योगिक ढ़ांचे को इकाई के रूप में मानकर, किसी योजना द्वारा

उसके विकास का कोई प्रयास नहीं किया गया। अतः अनेक उद्योगों की आपसी निर्भरता और उनके बीच सम्बन्ध पर कोई विशेष ध्यान नहीं दिया गया। उदाहरणार्थ, लकड़ी और कपास पर आधारित उद्योगों में सल्फ्यूरिक एसिड, टिन इत्यादि की आवश्यकता पड़ती है। उद्योगों की इस प्रकार की पारस्परिक निर्भरता की ओर स्वतन्त्रता से पहले कोई ध्यान नहीं दिया गया था।

3. क्षेत्रीय असन्तुलन (Regional Imbalances)- औद्योगिक विकास में क्षेत्रिय सन्तुलन की दिशा में भी स्वतन्त्रता से पहले कोई प्रयास नहीं किया गया। अतः अनेक राज्य औद्योगिकरण की दिशा में काफी पिछड़ गए। विभिन्न राज्यों के बड़े उद्योगों में काम करने वाले श्रमिकों के अनुपात पर ध्यान देने से पता चलता है कि इस सम्बन्ध में बहुत असमानताएं थीं। वास्तविकता यह थी कि क्षेत्रीय आधार पर औद्योगिक विकास के नियन्त्रण के लिए कोई राष्ट्रीय प्रयास न होने के कारण ही यह स्थिति उत्पन्न हुई।

4. निजी क्षेत्र की प्रधानता (Dominance of Private Sector)- 1947 तक भारत का लगभग सभी औद्योगिक विकास निजी क्षेत्र में हुआ था। 1947 से पहले सार्वजनिक क्षेत्र में केवल रेलें, पोस्ट और टेलीग्राफ, पोर्ट ट्रस्ट, आर्डिनेंस तथा एयरक्राफ्ट फैक्ट्री तथा नमक और क्विनीन बनाने के कुछ कारखाने थे। अतः यह स्पष्ट है कि निर्माण उद्योग की परिभाषा में आने वाले सभी उद्योग निजी क्षेत्र में ही स्थापित हुए थे। वास्तविकता तो यह थी कि स्वतन्त्रता से पहले निजी और सार्वजनिक क्षेत्र के बीच किसी प्रकार का विवाद नहीं था। वस्तुतः भारत की औद्योगिक विकास के प्रति उपेक्षापूर्ण नीति के कारण ही देश में सार्वजनिक क्षेत्र का विकास नहीं हुआ। यह एक ऐसा तथ्य है जो भारत में ढ़ांचागत और क्षेत्रीय असन्तुलन पर प्रकाश डालता हैं।

स्वतन्त्रता के पश्चात औद्योगिक विकास की प्रक्रिया
(Process of Industrial Development After Independence)

स्वतन्त्रता प्राप्ति के पश्चात् भारत को औद्योगिकरण के हित में राष्ट्रीय नीति निर्धारित करने का अवसर मिला। दिसम्बर 1947 में श्रम-पूंजी के सम्बन्धों पर विचार करने के लिए एक त्रिदलीय उद्योग सम्मेलन बुलाया गया। इस सम्मेलन में तीन वर्ष के लिए श्रम और पूंजी के बीच शान्ति का प्रस्ताव रखा गया और श्रम के लिए उचित मजदूरी तथा कार्स की दशाओं और पूंजी के लिए समुचित पुरस्कार के निर्धारण से सम्बन्धित समस्याओं के लिए उचित व्यवस्था करने का सुझाव दिया गया। इसके अतिरिक्त औद्योगिक विकास में सहयोग प्रदान करने के उद्देश्य से सरकार ने 1948-49 के बजट में उद्योगों को कुछ कर सम्बन्धी छूट दी और संविधान सभा द्वारा औद्योगिक वित्त निगम की स्थापना का निर्णय किया। सरकार ने औद्योगिक विकास के सम्बन्ध में अपनी नीति का स्पष्टीकरण देने के उद्देश्य से 1948 में संसद में औद्योगिक नीति सम्बन्धी प्रस्ताव पास किया। 1949 में सरकार ने विदेशी पूंजी के सम्बन्ध में अपनी नीति स्पष्ट कर यह आश्वासन दिया कि उसके साथ किसी प्रकार का भेदभाव नहीं किया जाएगा।

भारत सरकार के इन सभी प्रयासों का औद्योगिक विकास पर अच्छा प्रभाव पड़ा। स्वतन्त्रता के बाद औद्योगिक उत्पादन में वृद्धि हुई। औद्योगिक उत्पादन के सूचकांक से पता चलता हैं 1946 की तुलना में 1951 में भारत का औद्योगिक उत्पादन 17.4 प्रतिशत अधिक

था। इस अवधि में कोयला, लोहा और इस्पात, यन्त्र और विशेष रूप से डीजल के इंजन, पावर ट्रांसफार्मर्स आदि के उत्पादन में महत्वपूर्ण वृद्धि हुई। सूती वस्त्र, चीनी, दीयासलाई, कागज तथा बिजली के सामान का भी उत्पादन बढ़ा। इस अवधि में स्वचालित (ऑटोमैटिक) करघों और अल्युमीनियम के पाउडर का उत्पादन भी प्रारम्भ हो गया। स्वतन्त्रता के तुरन्त बाद के वर्षों में केवल जूट उद्योग में ही उत्पादन गिरा।

औद्योगिक नीति
(Industrial Policy)

'औद्योगिक नीति' शब्द अत्यन्त व्यापक है। इसमें वे सभी सिद्धान्त, नीतियाँ नियम, प्रक्रिया एवं पद्धतियाँ सम्मिलित है, जिनके द्वारा किसी देश के औद्योगिक विकास का नियमन एवं नियन्त्रण किया जाता है तथा औद्योगिकरण के स्वरूप को निर्धारित किया जाता है। औद्योगिक नीति में वित्तीय, मौद्रिक, श्रम, प्रशुल्क नीतियाँ तथा सरकार का दृष्टिकोण एवं व्यवहार भी सम्मिलित होते है। इसके अध्ययन से निजी एवं सार्वजनिक क्षेत्र के विकास में सरकार के प्रत्यक्ष एवं अप्रत्यक्ष सहयोग की इच्छा एवं प्रयासों के स्वरूप का ज्ञान हो जाता है।

औद्योगिक नीति के उद्देश्य एवं महत्व
(Objectives and Importance of Industrial Policy)

औद्योगिक नीति प्रत्येक राष्ट्र की आर्थिक नीति का महत्वपूर्ण उपकरण स्वीकार की जाती है। सुदृढ़ औद्योगिक नीति के बिना कोई भी राष्ट्र अपने देश में समुचित एवं सन्तुलित रूप से औद्योगिक विकास की कल्पना नहीं कर सकता है। इसके अभाव में कोई भी राष्ट्र आधुनिक युग की आर्थिक चुनौतियों का सामना भी सफलतापूर्वक नहीं कर सकता है। अधिकांश राष्ट्र आज भी अर्द्धविकसित हैं जो अब तक भी विकास का मार्ग उपयुक्त प्रकार से निर्धारित नहीं कर सके हैं। इसके पीछे एक आधारभूत कारण यह है कि वहाँ सरकार अपने देश की आवश्यकता के अनुसार सुदृढ़ औद्योगिक नीति का निर्माण नहीं कर पाई है। विश्वबैंक (World Bank) की रिपोर्ट में यह तथ्य सन् 1959 में ही स्पष्ट रूप से प्रकट कर दिया गया था। इस रिपोर्ट में उल्लेखित है कि "हमारे वे सदस्य देश जिन्हें आज भी विश्व मंच पर विकास का कम स्तर प्राप्त है, निःसन्देह अपनी दोषपूर्ण आर्थिक एवं औद्योगिक नीतियों के परिणामस्वरूप ही इस अवस्था में फंसे पड़े हुए है।"

सुदृढ़ औद्योगिक नीति देश की सर्वप्रथम आवश्यकता मानी जानी चाहिए। ऐसा होने के बावजूद ही देश के साधनों का समुचित उपयोग संभव हो सकेगा। इसी से औद्योगिक उपक्रमों का सन्तुलित विकास हो सकेगा एवं औद्योगिकरण की दिशा का समुचित निर्धारण किया जा सकेगा। इसी के परिणामस्वरूप श्रम, पूँजी तथा देश के अन्य उत्पादन के साधनों का समुचित लाभ प्राप्त हो सकेगा। संक्षेप में, औद्योगिक नीति के प्रमुख उद्देश्य एवं उसके महत्व को निम्नलिखित विवेचन में कतिपय शीर्षकों में आसानी से समझा जा सकता है –

1. देश के आर्थिक साधनों के समुचित उपयोग को प्रोत्साहित करना (Encourage Adequately Economic Resources)– औद्योगिक नीति का प्रथम उद्देश्य

देश के आर्थिक साधनों के समुचित उपयोग को प्रोत्साहित करना होता है। औद्योगिक नीति में इस बात के लिए सिद्धान्त, नियम एवं प्रक्रिया निर्धारित की जाती है जिससे देश के आर्थिक साधनों का समुचित उपयोग किया जा सके।

2. देश का सन्तुलित विकास करना (Balance Development)- प्रत्येक राष्ट्र का विकास सन्तुलित हो, यह आवश्यक है। औद्योगिक नीति के द्वारा छोटे एवं बड़े उद्योगों, पूँजीगत एवं उपभोग उद्योगों, कृषि आदि के विकास का स्वरूप एवं स्तर निर्धारित करके देश के सन्तुलित आर्थिक विकास का मार्ग निर्धारित किया जाता है।

3. सभी भौगोलिक क्षेत्रों का सन्तुलित विकास करना (Balanced Development of Geographical Regions)- सुदृढ़ औद्योगिक नीति के द्वारा सभी भौगोलिक क्षेत्रों अथवा राज्यों का नियन्त्रित रूप से सन्तुलित विकास किया जा सकता है। ऐसा इसलिए संभव होता है कि इस नीति से संपूर्ण राष्ट्रीय हितों पर पूरा ध्यान दिया जाता है।

4. निजी एवं सार्वजनिक क्षेत्रों का सन्तुलित विकास करना (Balanced Development of Public and Private Sector)- औद्योगिक नीति में निजी एवं सार्वजनिक क्षेत्र के कार्यक्षेत्र का स्पष्ट विभाजन पहले से ही कर दिया जाता है। इससे सम्पूर्ण अर्थव्यवस्था में निजी क्षेत्र एवं सार्वजनिक क्षेत्र के महत्व एवं भूमिका पर पूर्व विचार द्वारा सन्तुलित विकास किया जा सकता है।

5. आर्थिक एकाधिकारों पर नियन्त्रण करना (Control Economic Concentration)- औद्योगिक नीति देश में आर्थिक एकाधिकार को रोकने के लिए एक सार्थक उपकरण की भूमिका का भी निर्वाह करती है। औद्योगिक नीति द्वारा पूर्व में ही भली प्रकार निर्धारित किया जा सकता है कि किस प्रकार उद्योगों के स्वामित्व का विकेन्द्रीकरण किया जायेगा तथा आर्थिक एकाधिकार को रोका जायेगा।

6. आधारभूत वं उपभोक्ता उद्योगों में सन्तुलन स्थापित करना (Balance between Basic and Consumer Industries)- औद्योगिक नीति के द्वारा आधारभूत उद्योगों तथा उपभोक्ता उद्योगों के बीच सन्तुलन स्थापित करना भी सरल होता है। औद्योगिक नीति में यह स्पष्ट किया जा सकता है कि आधारभूत एवं उपभोक्ता उद्योगों के विकास का क्रम एव स्वरूप क्या रहेगा? इससे देश में पूँजी निर्माण तथा भावी औद्योगिक विकास की गति को सन्तुलित करने में बड़ी सुविधा रहती है।

7. वृहद् एवं लघु उद्योगों के समन्वित विकास को प्रोत्साहित करना (Integrated Development of Big and Small Industries)- औद्योगिक नीति वृहद् एवं लघु उद्योगों की भूमिका को भी निर्धारित कर देती है। सरकार बड़े उद्योगों एवं छोटे उद्योगों के बीच प्रतिस्पर्द्धा को समाप्त करने के लिए औद्योगिक नीति में समुचित व्यवस्था कर सकती है जिससे बड़े उद्योगों के साथ-साथ छोटे उद्योगों का भी विकास हो सके।

8. निजी क्षेत्र के नियमन एवं नियन्त्रण की सुविधा (Control and Regularison of Private Sector)- औद्योगिक नीति से निजी क्षेत्र का नियमन एवं नियन्त्रण भी आसानी से किया जा सकता है। इस नीति में निजी क्षेत्र के विकास के लिए

आवश्यक सिद्धान्त, प्रक्रिया तथा नियम निर्धारित किये जा सकते है और उन्ही के आधार पर उनके विकास का नियमन एवं नियन्त्रण किया जा सकता है।

9. विदेशी पूंजी के क्षेत्र का निर्धारण (Sector Determination for Foreign Capital)- औद्योगिक नीति के द्वारा विदेशी पूँजी निवेश की संभावनाओं का भी निर्धारण करना आसान हो जाता है। सरकारी नीति विदेशी व्यवसायियों को आकर्षित करना चाहती है अथवा नहीं, इसका स्पष्ट संकेत औद्योगिक नीति से ही मिल जाता है। औद्योगिक नीति के द्वारा विदेशी पूँजी निवेश की सीमा तथा क्षेत्र को नियन्त्रित किया जा सकता है।

10. श्रम एवं पूँजी में सौहार्दपूर्ण सम्बन्धों का निर्माण (Cordial Relation between Labour and Capital)- औद्योगिक नीति में श्रम व पूँजी दोनों के महत्व एवं प्रभाव को स्पष्ट किया जा सकता है। इससे उद्योग के दोनों महत्वपूर्ण स्तम्भों के सौहार्दपूर्ण सम्बन्धों का निर्माण किया जा सकता है। सरकार का श्रम एवं पूँजीपतियों के प्रति व्यवहार का स्पष्ट विवरण इस नीति में दिया जा सकता है। श्रम समस्याओं के निराकरण एवं उनकी सुविधाओं के विकास एवं विस्तार पर व्यापक ध्यान इस नीति में दिया जाता है। इससे पूँजीपति अपनी नीतियों को पहले से ही सरकारी नीति के अनुरूप निर्धारित करते हैं और दोनों वर्गों में सौहार्दपूर्ण सम्बन्धों का निर्माण होता है।

11. तीव्र आर्थिक विकास करना (Speedy Economic Development)- औद्योगिक नीति के उपर्युक्त उद्देश्यों एवं आवश्यकताओं के पूरा होने से देश के तीव्र आर्थिक विकास के लक्ष्य को आसानी से पूरा किया जा सकता है। देश मे प्रति व्यक्ति उत्पादकता, राष्ट्रीय उत्पादकता में वृद्धि की जा सकती है और राष्ट्रीय आर्थिक विकास की गति को तेज किया जा सकता है।

भारत में औद्योगिक नीति

(Industrial Policy in India)

स्वतंत्रता प्राप्ति से पूर्व भारतीय उद्योगों के विकास एवं नियमन के लिए कोई निश्चित नीति नही थी। ब्रिटिश सरकार की सदैव यही नीति रही कि भारतवर्ष में उत्पादित कच्चे माल को इंग्लैण्ड भेजा जाये तथा वहाँ से पक्का माल आयात कर भारतवर्ष में बेचा जाये जिससे इँग्लैण्ड समृद्ध हो सके। इसके परिणामस्वरूप, भारतवर्ष में बड़े उद्योगों की स्थापना का प्रश्न ही उत्पन्न नहीं हुआ। साथ ही विदेशी मशीनों से निर्मित माल की प्रतिस्पर्धा में देश के लघु एवं कुटीर उद्योग भी नहीं टिक सके और शनैः शनैः उनका पतन हो गया। डॉ. वैराएनेट के अनुसार, "1858 से पूर्व ईस्ट इण्डिया कम्पनी के अधिकारियों की दमनपूर्ण नीति से भारत के परम्परागत उद्योग नष्ट हो गये।"

किन्तु समय एवं परिस्थितियों में परिवर्तन के साथ साथ तत्कालीन सरकार को भी अपनी नीति बदलनी पड़ी। भारत में स्वतन्त्रता प्राप्ति के बाद ही कोई ठोस औद्योगिक नीति बनाई जा सकी। स्वतन्त्रता के बाद से अब तक औद्योगिक नीति में समय एवं परिस्थितियों के अनुसार परिवर्तन, परिवर्द्धन होता रहा है। अब तक निम्नलिखित प्रमुख औद्योगिक नीतियों के आधार पर देश का औद्योगिक विकास हुआ है। स्वतन्त्र भारत में एक नई सुनियोजित व स्पष्ट नीति की आवश्यकता अनुभव हुई। इसके लिए 1948 में पहली, 1956 में दूसरी, 1977 में तीसरी, 1980 में चौथी तथा 1991 में पांचवी औद्योगिक नीति बनाई गई।

सन् 1948 की औद्योगिक नीति की मुख्य विशेषताएं

भारत की पहली औद्योगिक नीति (1948) के मुख्य तत्व इस प्रकार थे :

1. उद्योगों का वर्गीकरण- बड़े पैमाने पर उद्योगा चार भागों में बांटे गए :

(1) सार्वजनिक क्षेत्र- पहले वर्ग में वह उद्योग शामिल किए गए जिन पर राज्य का पूर्ण अधिकार स्वीकार किया गया। इसमें अस्त्र-शस्त्र, अणु-शक्ति तथा रेल्वे परिवहन आदि के उद्योग सम्मिलित किए गए।

(2) सार्वजनिक क्षेत्र तथा निजी क्षेत्र- दूसरे वर्ग में 6 मुख्य आधारभूत उद्योग सम्मिलित किए गए, जैसे कोयला, लोहा तथा इस्पात, वायुयान निर्माण, समुद्री जहाज निर्माण, खनिज तेल तथा टेलीफोन तार एवं बेतार के कल पुर्जे बनाने के उद्योग। इन उद्योगों में नई इकाईयां लगाने का अधिकार सरकार को दिया गया और पहले से लगी इकाईयों का प्रबन्ध व विस्तार दस वर्षों तक निजी क्षेत्र को सौंपा गया।

(3) नियन्त्रित निजी क्षेत्र- तीसरे वर्ग में 18 महत्वपूर्ण उद्योग रखे गए, जैसे ट्रैक्टर, मोटर गाड़ियां, भारी मशीनी औजार, भारी रसायन, बिजली, सूती वस्त्र, सीमेंट, चीनी, कागज, समुद्री परिवहन, खनिज आदि। इन उद्योगों को निजी क्षेत्र में ही रखा गया परन्तु केन्द्रीय सरकार प्रांतीय सरकारों के परामर्श से इन पर सामान्य नियन्त्रण रखेगी।

(4) निजी तथा सहकारी क्षेत्र- चौथे वर्ग में वह सभी उद्योग रखे गए हैं जिन्हें निजी स्वामित्व अथवा सहकारी आधार पर चलाया जायेगा। यह भी निश्चिय किया गया कि अगर कोई उद्योग संतोषजनक कार्य न करेगा तो उसके कार्य में सरकार को हस्तक्षेप करने का अधिकार होगा।

(5) कुटीर एवं लघु उद्योग- इस नीति के अन्तर्गत कुटीर एवं लघु उद्योगों को पयौप्त महत्व देने का निश्चय किया गया। स्थानीय साधनों का प्रयोग तथा अधिक रोजगार प्रदान करने के लिए लघु उद्योगों के तीव्र विकास पर बहुत जोर दिया गया।

1956 की औद्योगिक नीति

भारत की एक नई तथा विस्तृत औद्योगिक नीति का निर्माण सन् 1956 में किया गया।

1956 की नीति की मुख्य विशेषताएं

इस नई नीति की मुख्य विशेषताएं निम्नलिखित है:

1. उद्योगों का वर्गीकरण- बड़े पैमाने के उद्योगों को तीन वर्गों में बांटा गया है:

(1) सार्वजनिक क्षेत्र- पहले वर्ग में 17 उद्योग सम्मिलित किए गए। इन उद्योगों पर मुख्य रूप से केवल राज्य को एकाधिकार प्राप्त है। इस वर्ग में युद्ध का सामान बनाने वाले, अणुशक्ति, लोहा व इस्पात, भारी मशीनरी, भारी विद्युत का सामान, खनिज तेल, कोयला, वायुयान, रेलवे समुद्री जहाज, टेलीफोन, बेतार के उद्योगों व तांबे व जस्ता की खानें हैं।

(2) निजी तथा सार्वजनिक क्षेत्र-दूसरे वर्ग में 12 उद्योग शामिल हैं। इन उद्योगों का स्वामित्व अधिकतर सरकार के हाथों में रहेगा तथा नई इकाइयों में लगाने में सामान्यत: सरकार पहल करेगी। इसके साथ-साथ निजी उद्यमों को भी इस क्षेत्र में विकास करने के लिए अवसर दिए जाएंगे और इनसे आशा की जाएगी कि राज्य उद्यमों के पूरक सिद्ध होंगे। इनमें एल्यूमीनियम, मशीनी औजार, आवश्यक दवाइयां, रासायनिक खादें, सड़क परिवहन व खनिज मशीनों आदि के उद्योग शामिल हैं।

(3) निजी क्षेत्र- तीसरे वर्ग में शेष सभी उद्योग शामिल किए गए जो ऊपर के दो वर्गों में सम्मिलित नहीं किए गए, किन्तु निजी उद्योगों को राज्य की आर्थिक व सामाजिक नीति के अनुसार कार्य करना होगा।

2.निजी क्षेत्र के साथ उचित व्यवहार- इस नीति में निजी क्षेत्र के उद्योगों को शक्ति, यातायात व वित्त सम्बन्धी सुविधाएं देकर विशेष प्रोत्साहन देने की व्यवस्था की गई हैं। सरकार निजी क्षेत्र के प्रति कोई भेदभाव वाली नीति नहीं अपनाएगी और इन्हें समानता व स्वतन्त्रता दी जाएगी।

3. कुटीर उद्योग- इस नीति में कुटीर व लघु उद्योगों को पर्याप्त महत्व प्रदान किया गया हैं क्योंकि ये उद्योग अधिक व शीघ्र रोजगार पैदा करने, धन के वितरण की असमानताओं को खत्म करने व स्थानीय पूंजी के उचित प्रयोग के लिए कुशल प्रमाणित होते हैं। सरकार इनके विकास को प्रोत्साहन देने के लिए पूर्ण प्रयत्न कनेगी। इनके विकास के लिए औद्योगिक सहकारी समितियां व औद्योगिक बस्तियां स्थापित करेगी।

4. सन्तुलित क्षेत्रीय विकास- देश के विभिन्न भागों में उद्योगों के विषम विकास को रोकने के लिए इस नीति में विशेष व्यवस्थ की गई है। जो क्षेत्र औद्योगिक रूप से पिछड़े हुए हैं, उनका पर्याप्त औद्योगिक विकास किया जायेगा। सरकार ऐसे क्षेत्रों की ओर अधिक ध्यान देगी तथा उनके औद्योगिक विकास के लिए अधिक-से-अधिक सुविधाएं प्रदान करेगी।

5. विदेशी पूंजी- विदेशी पूंजी से सम्बन्धित नीति में काफी संशोधन किए गए और विदेशी पूंजी का बड़े पैमाने प्रयोग करने के लिए अधिकाधिक छूट दे दी गई।

1977 की औद्योगिक नीति

23 दिसम्बर, 1977 को जनता सरकार ने एक नई औद्योगिक नीति की घोषणा की थी। इस नीति में लघु तथा कुटीर उद्योगों के विकास को विशेष महत्व दिया गया।

इस औद्योगिक नीति की मुख्य विशेषताएं निम्नलिखित थी:

(1) लघु उद्योग-अब तक प्रमुखत: बड़े उद्योगों पर ही औद्योगिक नीति विशेष बल देती रही है। इस औद्योगिक नीति में छोटे तथा बहुत छोटे उद्योगों के सफल विकास पर विशेष ध्यान दिया जाएगा। इन उद्योगों की सभी आवश्यकताओं को पूरा करने के लिए प्रत्येक जिले में एक **जिला उद्योग केन्द्र** स्थापित किया जाएगा। **औद्योगिक विकास बैंक** में एक ऐसे अलग कक्ष की स्थापना की जाएगी जो केवल लघु उद्योगों की आवश्यकताओं पर विशेष बल देगा। इन क्षेत्रों की वस्तुओं के विपणन, सहउत्पादों के मानवीकरण, किस्म, नियंत्रण, सर्वेक्षण आदि पर विशेष ध्यान दिया जाएगा।

(2) उचित तकनीक- इस औद्योगिक नीति में लघु तथा ग्रामीण उद्योगों में लगे कर्मचारीयों की उत्पादकता और आय कमाने की क्षमता में सुधार करने के लिए छोटी तथा साधारण किस्म की मशीनों और उपकरणों के विकास और अधिकाधिक उपयोग का विशेष प्रबन्ध किया जाएगा।

(3) बड़े पैमाने के उद्योगों की भूमिका- इस औद्योगिक नीति में सन् 1956 की नीति की .रह बड़े उद्योगों की एक स्पष्ट भूमिका मानी गई है। इस औद्योगिक नीति के अन्तर्गत बड़े उद्योगों की भूमिका इस प्रकार निर्धारित की गई है कि ये अधिक व्यापक क्षेत्र में लघु उद्योगों तथा ग्रामोद्योग स्थापित कर तथा कृषि क्षेत्र को मजबूत कर जनसाधारण की मूलभूत न्यूनतम आवश्यकताओं की पूर्ति करने के कार्यक्रम में योगदान दे सकें।

(4) लाइसेन्सिंग नीति- इस औद्योगिक नीति की लाइसेन्सिंग प्रणाली का उद्देश्य सरकार द्वारा बड़े औद्योगिक घरानों के कार्यों का देश के सामाजिक आर्थिक उद्देश्य के अनुरूप लाने के लिए नियमित किया जाना था। बड़ी इकाइयों, चाहे वे बड़े औद्योगिक गृहों से सम्बन्धित हों या नहीं या वे पहले से ही लघु उद्योगों के लिए सुरक्षित वस्तुओं के बनाने में लगी हों, इनकी क्षमता में कोई विस्तार नहीं किया जाना था जबकि लघु तथा कुटीर क्षेत्र का विकास किया जाना था।

(5) सार्वजनिक क्षेत्र- सरकार की कोशिश इस क्षेत्र के उद्यमों को लाभ पर चलाने की होगी। इनका कुशल संचालन करके इन उद्योगों में किए गए निवेश से पर्याप्त लाभ प्राप्त करने की कोशिश की जाएगी। इनका प्रबन्ध कुशल मैनेजरों द्वारा कराया जाएगा जिन्हें आवश्यक स्वतन्त्रता प्रदान की जाएगी।

(6) देशी तथा विदेशी तकनीक -देश में वैज्ञानिक संस्थाओं का सुविकसित ढ़ांचा है। भविष्य में भारतीय उद्योगों का विकास जहां तक सम्भव हो सके, देशी तकनीकी पर निर्भर होना चाहिए। परन्तु जटिल और उच्च प्राथमिकता वाले क्षेत्रों में, जिनमें भारतीय तकनीक का विकास नहीं हुआ है, सरकार विदेशों से उपलब्ध सर्वोत्तम तकनीक को सीधे खरीद लेने की प्राथमिकता देगी। फिर देश की आवश्यकता के अनुरूप इस तकनीक का प्रयोग किया जाएगा।

(7) रोगग्रस्त उद्योग- सरकार भविष्य में रोगग्रस्त इकाइयों को अपने हाथ में लेते हुए इनका चुनाव करेगी जिससे अधिक आर्थिक हानि न उठानी पड़े। उन इकाइयों को पुन: स्थापित करने तथा इनका उचित प्रबन्ध करने के लिए सरकार शीघ्र कदम उठाएगी। सरकार की इस नीति का मुख्य उद्देश्य लघु तथा कुटीर उद्योगों का विशेष रूप से विकास करना था।

1980 की औद्योगिक नीति

कांग्रेस सरकार ने 23 जुलाई, 1980 को नई औद्योगिक नीति की घोषणा की थी। यह नीति मुख्य रूप से सन् 1956 की औद्योगिक नीति पर ही आधारित है। जनता सरकार द्वारा बनाई गई सन् 1977 की औद्योगिक नीति का मुख्य दोष यह था कि इस नीति ने लघु तथा कुटीर उद्योग-धन्धों की आवश्यकता से अधिक महत्व दिया था। इस नीति ने बड़े उद्योगों तथा सार्तजनिक क्षेत्र के विकास की अवहेलना की थी। इसके फलस्वरूप देश के

औद्योगिक विकास की दर के कम होने तथा उसके असन्तुलित होने की सम्भावना बढ़ गई थी। सरकार का यह विचार था कि जनता सरकार के शासन काल में इस गलत धारणा का विकास हुआ कि सार्वजनिक क्षेत्र और निजी क्षेत्र परस्पर विरोधी हैं। इसके अतिरिक्त आर्थिक क्षेत्रों का बड़ा अस्वाभाविक तथा कृत्रिम वर्गीकरण भी कर दिया गया था। इन गलत धारणाओं तथा अप्राकृतिक वर्गीकरण के दोषो को दूर करने के लिए ही नई औद्योगिक नीति का निर्माण किया गया है। इसलिए कांग्रेस सरकार ने सन् 1980 में एक अधिक सन्तुलित नीति की घोषणा की थी।

इस नीति की मुख्य विशेषतायें निम्नलिखित थी:

(1) उद्योगों की वर्तमान क्षमता का इष्टतम उपयोग (Best Utilisation of Industrial Capacity)- देश की उत्पादन क्षमता का इष्टतम उपयोग करके उत्पादन की मात्रा को बढ़ाया जाएगा। नये उद्योग स्थापित किये जाएगे।

(2) सन्तुलित विकास (Balanced Development)- नई नीति के अनुसार औद्योगिक क्रान्ति के लिए भारी उद्योगों के साथ-साथ लघु उद्योगों की ओर विशेष ध्यान दिया जाएगा। इस प्रकार सन्तुलित विकास के लक्ष्य को प्राप्त करने के लिए बड़े उद्योगों तथा लघु उद्योगों दोनो का ही समुचित विकास किया जाएगा।

(3) उदारवादी लाइसेन्सिंग नीति (Liberal Licensing Policy)- लाइसेन्सिंग नीति को अधिक उदारवादी बनाया जायेगा। उद्योगों पर प्रतिबन्ध कम किये जायेंगे तथा उन्हें अधिक प्रोत्साहन दिया जायेगा।

(4) निर्यात प्रेरित उद्योग (Export Oriented Industries)- नई नीति में निर्यात प्रेरित उद्योगों की स्थापना के प्रस्तावों पर सहानुभूति पूर्वक विचार किया जाएगा। उन्हें तकनीक, कच्चे माल के आयात आदि की सुविधाएं दी जायेंगी।

(5) अद्योसंरचना (Infrastructure)- नई नीति में उद्योगों के लिए आवश्यक **अद्योसंरचना** जैसे शक्ति, यातायात तथा कोयले आदि के विकास का पूर्ण प्रयत्न किया गया है। सरकार का प्रयत्न रहेगा कि देश में शक्ति के वैकल्पिक साधन का विकास किया जाए। शक्ति के संचय से सम्बन्धित योजनाओं के विकास के लिए वित्तीय सहायता दी जाएगी।

(6) क्षेत्रीय सन्तुलन (Regional Imbalance)- क्षेत्रीय सन्तुलन पर वर्तमान नीति में बहुत बल दिया गया है। बड़े शहरों में जहां पहले से उद्योगों की भरमार हैं नये विशाल उद्योगों की स्थापना की आज्ञा नहीं दी जाएगी। उपेक्षित क्षेत्रों का विकास किया जाएगा।

(7) कीमत स्थिरता (Price Stability)- नई नीति के अनुसार उद्योगों को उचित तथा हर संभव सहयोग दिए जाएंगे। उनसे यह अपेक्षा की जाएगी कि वे कीमतों में स्थायित्व रखें। इसके लिए उद्योगों को जमाखोरी तथा सट्टे से दूर रहना होगा। उन्हें क्षमताओं के अनुसार अधिकतम उत्पादकता का विस्तार करना होगा। उपभोक्ताओं के लाभ तथा कीमतों की स्थिरता के लिए सरकार तथा उद्योगपतियों के बीच वार्ता चलाई जाएगी।

नवीनतम औद्योगिक नीति, 1991
(Latest Industrial Policy, 1991)

भारत सरकार के उद्योग मन्त्री श्री पी. जे. कुरियन ने 24 जुलाई, 1991 को लोकसभा में एक नई औद्योगिक नीति की घोषणा की। इस नीति के द्वारा भारतीय औद्योगिक अर्थव्यवस्था को विश्व के समक्ष खोल दिया गया जिससे भारतीय अर्थव्यवस्था अन्तर्राष्ट्रीय अर्थव्यवस्था के समानान्तर विकास कर सके।

उद्देश्य
(Objectives)

यह नवीन नीति व्यापक उद्देश्यों से प्रेरित है, किन्तु, इसके प्रमुख उद्देश्य निम्नानुसार हैं :

1. अर्थव्यवस्था में खुलापन को प्रोत्साहित करना।
2. अब तक हुए विकास के आधार पर भावी विकास का ढांचा तैयार करना।
3. देश के विकास में उत्पन्न हुई बाधाओं अथवा कमियों को दूर करना।
4. पिछड़े क्षेत्रों का औद्योगिक विकास करना।
5. उत्पादकता तथा लाभकारी रोजगार के विकास को जारी रखना।
6. देश की अन्तर्राष्ट्रीय स्तर पर प्रतिस्पर्धात्मक स्थिति को मजबूत बनाना तथा देश के लिए विदेशी मुद्रा अर्जित करना।
7. विदशी सहयोग एवं भागीदारी को बढ़ावा देना।
8. उद्योगों को प्रशासकीय एवं वैधानिक नियंत्रण की बेड़ियों से मुक्त करना।
9. सामाजिक एवं आर्थिक न्याय के लिए नये उत्साह से संघर्ष करना तथा गरीबी को दूर करना।
10. उद्योगों से देश को आत्म निर्भर बनाना।
11. पूँजी बाजार का विकास करना।

प्रमुख बातें या विशेषतायें (Main Contents or Features)

जुलाई 1991 में घोषित नवीन औद्योगिक नीति की प्रमुख बातों को निम्नलिखित कुछ शीर्षकों में स्पष्ट किया जा रहा है:

1. सार्वजनिक क्षेत्र के सम्बन्ध में नीति (Policy for Public Sector)

नवीन औद्योगिक नीति विवरण में सार्वजनिक क्षेत्र (Public Sector) के सम्बन्ध में प्रमुख प्रावधान निम्नानुसार है –

1. कुछ विशेष उद्योगों में निवेश (Investment in Specific Industries)- इस नवीन नीति वक्तव्य में कहा गया है कि सार्वजनिक क्षेत्र में विनियोग का पुनरावलोकन

किया जायेगा। यह भी कहा गया है कि अब सुरक्षा तथा सामाजिक महत्व के उद्योगों, आधारभूत संसाधनों तथा उच्च तकनीक वाले उद्योगों में ही सरकार द्वारा विनियोग किया जायेगा। उपभोक्ता वस्तुओं तथा सेवा उद्योगों में सामान्यत: विनियोग नहीं किया जायेगा।

2. कुछ उद्योगों का आरक्षण (Reservation of Certain Industries)- सार्वजनिक क्षेत्र के लिए उद्योगों के आरक्षण की नीति को इस नीति में भी कायम रखा गया हैं। इस नीति के अनुसार अब भी कुछ उद्योग सार्वजनिक क्षेत्र के लिए आरक्षित रहेंगे। ये उद्योग इस नीति के परिशिष्ट प्रथम में दिये गये है। जिन्हें निम्नलिखित आठ वर्गों में बाँटा गया था किन्तु अब सार्वजनिक क्षेत्र के लिए आरक्षित उद्योगों के वर्गों को घटाकर चार ही कर दिया है, वे इस प्रकार हैं: (1) शस्त्र, गोला बारूछ, सम्बन्धित सुरक्षा उपकरण, सेना के लिए विमान एवं युद्ध जलपोत, (2) एटमी ऊर्जा, (3) अणु शक्ति के लिए आवश्यक खनिज जो अणु शक्ति अध्यादेश 1953 में अनुसूचित हैं, (4) रेल परिवहन।

3. खनिज एवं तेल शोधन (Mineral and Oil Refinery)- पिछले एक वर्ष में खनिज तेल की खोज एवं शोधन उद्योग में भी निजी क्षेत्र को अनुमति दे दी गई है, किन्तु इसके विपणन कार्य पर केन्द्रीय सरकार का ही एकाधिकार है। इसी प्रकार कोयला क्षेत्र में निजी क्षेत्र से विनियोग आमंत्रित कर लिया गया है। विद्युत कानून में परिवर्तन करके विद्युत वितरण के क्षेत्र में भी निजी क्षेत्र को अनुमति देने का रास्ता खोल दिया है। अब रक्षा उत्पादन भी निजी क्षेत्र के लिए खोल दिया गया है। जिसमें प्रत्यक्ष विदेशी निवेश 26 प्रतिशत तक किया जा सकता है।

4. रूग्ण उपक्रमों की अपुनर्स्थापना या पुनर्निर्माण (Revival of Sick Industries)- जो सार्वजनिक उपक्रम निरन्तर रूप से रूग्ण चले आ रहे है तथ जिनके ठीक होने की सम्भावना भी नहीं है, उनके पुनर्निर्माण या पुनर्स्थापना की योजना बनाई जायेगी। यह कार्य औद्योगिक एवं वित्तीय पुनर्निर्माण बोर्ड या ऐसी ही किसी संस्था को जौंपा जायेगा। इस योजना से प्रभावित होने वाले श्रमिकों के हितों की रक्षा के लिए सामाजिक सुरक्षा की योजना भी बनाई जायेगी।

5. सार्वजनिक उपक्रमों के अंशों का विक्रय (Sale of Public Sector Shares)- सरकार वित्तीय संसाधन जुटाने की दृष्टि से अपने द्वारा धारित सार्वजनिक उपक्रमों के कुछ अंशों को बाजार में बेचेगी। ये अंश सहयोग निधियों (Mutual Funds) वित्तीय संस्थाओं, कर्मचारियों तथा सामान्य जनता को बेचे जायेगें।

6. पेशेवर प्रबन्ध एवं अधिक शक्तियाँ (Professionalisation of Public Sector Management)- सार्वजनिक उपक्रमों के संचालक मण्डल को अब अधिक पेशेवर बना जायेगा तथा उन्हें अधिक शक्तियाँ प्रदान की जायेगी।

7. सहमति समझौतों से काम-काज में सुधार (Reforms in Working of Memorandum of Understandings)- इस नीति में यह कहा गया है कि सार्वजनिक उपक्रमों के काम-काज में सुधार लाने के लिए सहमति समझौतों पर (Memorandum of Understanding) पर अधिक बल दिया जायेगा तथा उन्हें जवाबदेय बनाया जायेगा। सरकार की ओर से इन समझौतो में भाग लेने वाले पक्षों का तकनीकी स्तर भी ऊंचा उठाया जायेगा।

8. सहमति समझौतों को संसद में प्रस्तुत करना (Presentation of MOUs in Parliament)- सार्वजनिक उपक्रमों तथा उनके कार्यकलापों के बारे में खुली चर्चा करवाने के उद्देश्य से सहमति समझौतों को संसद में भी प्रस्तुत किया जायेगा।

2. निजी क्षेत्र के सम्बन्ध में नीति

(Policy for Private Sector)

इस नवीन नीति विवरण में निजी क्षेत्र के सम्बन्ध में वर्णित प्रमुख बातें निम्नानुसार हैं :

1. निजी क्षेत्र की महत्वपूर्ण भूमिका (Special Role to Private Sector)- इस नवीन नीति में यह स्पष्ट कर दिया गया है कि निजी क्षेत्र को अबे और अधिक आगे आने का अवसर दिया जायेगा। इस हेतु परिशिष्ट प्रथम के अतिरिक्त सभी उद्योग निजी क्षेत्र के प्रवेश लिए खोल दिये गये है। इस नीति विवरण में यह भी कहा गया है कि सरकार के लिए आरक्षित उद्योगों में भी चुनिन्दा आधार पर निजी क्षेत्र को प्रवेश करने दिया जायेगा।

2. कुछ उद्योगों को छोड़कर सभी उद्योग लाइसेन्स प्रक्रिया से मुक्त (Free From Licensing)- सरकार ने निजी क्षेत्र के लिए केवल कुछ उद्योगों में प्रवेश के लिए भी लाइसेन्स लेना अनिवार्य रखा है। शेष सभी उद्योगों में निजी क्षेत्र बिना किसी लाइसेन्स के प्रवेश कर सकेगा। नवीन नीति की घोषणा करते समय अठारह उद्योग वर्गो के लिये निजी क्षेत्र के उद्योगपतियों को लाइसेन्स लेना पड़ता था। किन्तु, वर्तमान में (जून, 2002 को) इन उद्योग वर्गों की संख्या को घटाकर छः ही कर दिया गया है, जो निम्नानुसार हैं -

(1) मादक पेय पदार्थों का निर्माण,

(2) तम्बाकू की सिगार तथा सिगरेट तथा तम्बाकू के स्थानापन्नों का निर्माण,

(3) सभी प्रकार के इलैक्ट्रोनिक, अन्तरिक्ष यान तथा रक्षा उपकरण,

(4) औद्योगिक विस्फोटक जिसमें विस्फोट प्रेरक फ्यूज, सुरक्षा फ्यूज, बन्दूक का बारूद, नाइट्रोसैल्यूलोज तथा माचिसें,

(5) खतरनाक रसायन तथा

(6) ड्रग एवं फारमास्यूटिकल्स जो 1994 की संशोधित ड्रग पॉलिसी के अनुसार है।

3. क्रमागत निर्माण कार्यक्रम (Phased Manufacturing Programme) से मुक्ति - अब नये उपक्रमों को क्रमागत निर्माण कार्यक्रम के प्रावधानों से मुक्ति प्रदान की गई है।

4. ऋणों का पूँजी में परिवर्तन - अब वित्तीय संस्थाओं के ऋणों का पूँजी में परिवर्तित करने के अधिकार को समाप्त कर दिया गया है।

3. लघु उद्योगों के सम्बन्ध में नीति (Policy for Small Sector)

लघु उद्योगों के सम्बन्ध में इस नीति में निम्नलिखित प्रावधान किये गये हैं:

1. आरक्षण व्यवस्था जारी (System of Reservation)- इस नीति में यह स्पष्ट कर दिया गया है कि लघु उद्योगों के उत्पादन के लिए वस्तुओं/उद्योगों के आरक्षण की व्यवस्था पूर्ववत् जारी रहेगी।

2. कोई लाइसेन्स नहीं (No Licensing)- लघु उद्योग सभी लाइसेन्स प्रक्रियाओं से मुक्त होंगे। यदि दूसरे परिशिष्ट के चौदह उद्योगों (अब छः उद्योगों) में से किसी भी उद्योग/वस्तु का लघु उद्योग क्षेत्र के लिए आरक्षण किया जाता है तो भी उसके उत्पादन के लिए लघु उद्यौं को को कोई लाइसेंस नहीं लेना पड़ेगा।

3. पंजीयन की अनिवार्यता से मुक्त (No Registration)- इस नीति में यह भी स्पष्ट कर दिया गया है कि लघु उद्योगों को अब किसी भी सुविधा की प्राप्ति के लिए किसी भी विशेष विभाग या निदेशालय में अपना पंजीयन करवाना अनिवार्य नहीं होगा। केवल उन्हें अपने राज्य के उद्योग निदेशालय में ही पंजीकरण करवाना होगा।

4. पूँजी के बड़े उपक्रमों को सहभागिता (Capital Participation)- अब कोई भी लघु उद्योग अपनी अंश पूँजी में से 24 प्रतिशत तक अंश किसी बड़े औद्योगिक उपक्रम को आबण्टित कर सकेगा।

4. एकाधिकारी तथा बड़े घरानों के सम्बन्ध में नीति
(Policy for Monopoly and Big Business)

देश के एकाधिकारी तथा बड़े औद्योगिक घरानों के सम्बन्ध में इस नीति में बड़े महत्वपूर्ण परिवर्तन किये गये हैं। इस नीति में इस बात की घोषणा की गई है कि एकाधिकारी कम्पनियों तथा बड़े घरानों के लिए निर्धारित सम्पत्तियों की सीमा को समाप्त कर दिया जाएगा। इसके परिणामस्वरूप अब इन कम्पनियों तथा घरानों को उपक्रमों की स्थापना एवं विस्तार करने, उनके विलयन, एकीकरण एवं अधिग्रहण करने इत्यादि में केन्द्रीय सरकार की पूर्वानुमति लेने की आवश्यकता नहीं रहेगी।

5. विदेशी विनियोग नीति
(Foreign Investment Policy)

नवीन औद्योगिक नीति में विदेशी विनियोग (Foreign Investment) को प्रोत्साहित करने के लिए निम्नलिखित प्रावधान किये हैं:

1. उच्च प्राथमिकता वाले उद्योगों के लिए 51 प्रतिशत विदेशी पूँजी - उच्च प्राथमिकता वाले उद्योगों के लिए 51 प्रतिशत तक विदेशी पूँजी के प्रस्तावों पर अनुमति प्रदान कर दी जायेगी। किन्तु, ऐसी अनुमति तभी प्रदान की जायेगी जबकि आयात किये जाने वाले पूँजीगत माल के लिए आवश्यक विदेशी मुद्रा की पूर्ति प्राप्त होने वाली विदेशी पूँजी से हो जाती हो।

2. उपकरणों, कच्चे माल, लाभांश इत्यादि के सम्बन्ध में सामान्य नीति का पालन - उच्च प्राथमिकता वाले उद्योगों के लिए उपकरण, कच्चा माल, मध्यवर्ती माल के आयात, फीस तथा रायल्टी के भुगतान के लिए विदेशी मुद्रा की आवश्यकता की पूर्ति के सम्बन्ध में वही नीति लागु होगी जो अन्य घरेलू उद्योगों के सम्बन्ध में लागू होती है। लाभांश का भुगतान भी भारतीय रिजर्व बैंक के सामान्य नियमों के अन्तर्गत ही किया जा सकेगा।

3. अन्य विदेशी पूँजी प्रस्तावों का पूर्वानुमोदन - अन्य कोई भी विदेशी पूँजी प्रस्ताव (जिसमें 51 प्रतिशत पूँजी भी हो सकती है) जो पूँजीगत आयात के लिए आवश्यक विदेशी मुद्रा विदेशी पूँजी से नहीं जुटा पाते हैं उन्हें पहले की तरह ही पूर्वानुमति लेनी पड़ेगी।

4. निर्यात कार्यों में संलग्न कम्पनियों को विदेशी पूँजी की अनुमति - अन्तर्राष्ट्रीय बाजारों में स्थान बनाने के लिए उन व्यापारिक कम्पनियों में 51 प्रतिशत विदेशी पूँजी की अनुमति प्रदान कर दी जायेगी, जो मूलतः निर्यात कार्यों में लगी हुई हैं। यद्यपि इनमें निर्यात क्रियाओं पर ही बल दिया जाएगा। किन्तु ऐसी व्यापारिक कम्पनियों पर वे ही आयात-निर्यात नीतियाँ लागू होगी जो देश की अन्य व्यापारिक एवं निर्यात कम्पनियों पर लागू होती है।

5. विदेशी विनियोग के अनुमोदन के लिए विशेष बोर्ड की स्थापना - नई नीति में यह कहा गया है कि बड़ी अन्तर्राष्ट्रीय संस्थाओं से अनुबन्ध करने तथा कुछ चुने हुए क्षेत्रों में सीधे ही विदेशी विनियोग का अनुमोदन करने के लिए एक विशेषाधिकार प्राप्त बोर्ड का गठन किया जायेगा। ऐसा उच्च तकनीक को प्राप्त करने तथा अन्तर्राष्ट्रीय बाजारों में प्रवेश करने के लिए विनियोग को आकर्षित करने के उद्देश्य से ही किया जायेगा। ऐसी संस्थाओं के साथ किया गया अनुबन्ध पूर्णतः सभी प्रक्रियाओं एवं बन्धनों से मुक्त होगा।

6. विदेशी तकनीक के समझौतों के सम्बन्ध में नीति

विदेशी तकनीक के आयात करने तथा अपनाने के सम्बन्ध में नवीन औद्योगिक नीति में निम्नलिखित प्रावधान किए गये हैं :

1. उच्च प्राथमिकता वाले उद्योगों में स्वयंमेव अनुमति - उच्च प्राथमिकता वाले उद्योगों (परिशिष्ट तृतीय वर्णित उद्योग जिनकी संख्या अभी 34 रखी गई है) में विदेशी तकनीक के समझौतों को निम्नलिखित सीमाओं में स्वतः अनुमति प्रदान कर दी जायेगी:

(अ) यदि उसमें एक करोड़ रू. की राशि एकमुश्त भुगतान किया जाना है अथवा

(ब) यदि घरेलू विक्रय के पाँच प्रतिशत तथा निर्यातों के आठ प्रतिशत के बराबर रायल्टी भुगतान किया जाना है किन्तु यह कुल राशि किसी भी दशा में उस कुल विक्रय के आठ प्रतिशत से अधिक नहीं होगी जो इस समझौते की तिथि के दस वर्षों के भीतर अथवा उत्पादन प्रारम्भ होने के सात वर्षों के भीतर होगा।

2. गैर-उच्च प्राथमिकता वाले उद्योगों के लिए विदेशी तकनीक के समझौतों की अनुमति - किसी भी अन्य उद्योग के लिए भी विदेशी तकनीक के समझौते को स्वतः अनुमति प्राप्त हो जायेगी यदि उसके किसी भी भुगतान के लिए खुली विदेशी मुद्रा (Free Foreign Exchange) की माँग नही की जाती है।

3. अन्य सभी दशाओं में विशेष अनुमोदन आवश्यक - उपर्युक्त दोनो ही दशाओं को छोड़कर किसी भी अन्य स्थिति में उद्योग को विदेशी तकनीक का समझौता करना है तथा विदेशी मुद्रा की आवश्यकता है तो उस उद्योग को सभी आवश्यक अनुमोदन प्राप्त करने होंगे। अनुमोदन प्राप्त होने के बाद ही समझौता किया जा सकता है।

4. तकनीशियनों की नियुक्ति तथा देशी तकनीकों के परीक्षण की छूट - विदेशी तकनीशियनों को नियुक्त करने तथा देश में ही विकसित तकनीकों का विदेशी में परीक्षण करने के लिए किसी भी अनुमति की आवश्यकता नहीं होगी। इनके लिए रिजर्व बैंक के नियमों के अन्तर्गत खुली विदेशी मुद्रा (Free Foreign Exchange) प्राप्त की जा सकेगी।

7. श्रमिकों के सम्बन्ध में नीति

श्रमिकों के सम्बन्ध में इस नीति विवरण में निम्नलिखित बातों का उल्लेख किया गया है:

1. श्रमिकों के हितों की पूर्ण सुरक्षा की जायेगी तथा उनके कल्याण में अभिवृद्धि के लिए प्रयास किये जायेंगे।

2. तकनीकों के परिवर्तनों के अनुरूप उन्हें ठीक से तैयार किया जायेगा।

3. प्रगति एवं समृद्धि में श्रमिकों को बराबर का भागीदार बनाया जायेगा।

4. उद्योगों के प्रबन्ध में श्रमिकों की भागीदारी को प्रोत्साहित किया जायेगा।

5. रूग्ण उद्योगों को ठीक करने की योजनाओं में भागीदारी देने के लिए श्रमिक सहकारी समितियों को प्रौत्साहित किया जायेगा।

6. श्रमिकों के लिए गहन प्रशिक्षण तथा कौशल विकास कार्यक्रम प्रारम्भ किये जायेगें।

7. रूग्ण औद्योगिक इकाइयों में कार्यरत श्रमिकों को सुरक्षा, पुनः प्रशिक्षण तथा रोजगार प्रदान करने के लिए एक राष्ट्रीय नवीनीकरण कोष स्थापित किया जावेगा। फलतः श्रमिक उद्योगों में तकनीकी परिवर्तनों तथा आधुनिकीकरण के दुष्प्रभावों के शिकार नहीं होंगे।

नवीन नीति की आलोचनात्मक समीक्षा (Critical Appraisal of the Latest Policy)

जुलाई 1991 में घोषित औद्योगिक नीति पर भी मिश्रित प्रतिक्रिया हुई है। एक वर्ग विशेष द्वारा इसे सराहा गया है तो कुछ ने इसकी तीखी आलोचना की है। हम दोनों ही प्रकार के दृष्टिकोणों को सामने रखकर इस नीति की समीक्षा करेंगे।

नीति के पक्ष में तर्क (Argumens in Favour)

नवीन औद्योगिक नीति को अनेक उद्योगपतियों, औद्योगिक एवं व्यापारिक संघों आदि ने सराहा है। इन्जीनियरी उद्योग की फेडरेशलन ने कहा है कि "यह एक उत्कृष्ट औद्योगिक नीति है"। फिक्की के अध्यक्ष श्री एस. के बिडला ने कहा है कि "इस नीति के द्वारा अनेक अव्यावहारिक प्रतिबन्धों को हटा दिया या सुधार दिया गया है। इससे भारत अन्तर्राष्ट्रीय मुख्य धारा में शामिल हो सकेगा।" कहने का तात्पर्य यह है कि इस नीति की अनेक आधारों पर प्रशंसा की गई है। इस नीति की प्रंशंसा के लिए दिये गये कुछ प्रमुख तर्क निम्नानुसार हैं:

1. अनावश्यक लाइसेन्स एवं नियन्त्रणों की समाप्ति - इस नीति के पक्ष में प्रथम तर्क यह दिया जाता है कि इससे उद्योगों में अनावश्यक लाइसेंस प्रणाली तथा नियन्त्रण

समाप्त हो जायेगे। उद्योगपतियों को अब सरकारी कार्यालयों के चक्कर नहीं लगाने पड़ेगे तथा अपने कीमती समय को व्यावसायिक अवसरों की खोज में लगा सकेंगे।

2. लालफीताशाही एवं भ्रष्टाचार में कमी – अनावश्यक लाइसेंस प्रणाली तथा नियन्त्रणों को हटाने का एक लाभ यह होगा कि सरकारी कार्यालयों में लालफीताशाही तथा भ्रष्टाचार में कमी आ सकेगी।

3. विदेशी विनियोग को प्रोत्साहन – इस नीति के द्वारा देश में विदेशी विनियोग के द्वार खोल दिए गए है। अब उद्योगों तथा निर्यात प्रधान व्यापारिक कम्पनियों में विदशी विनियोग को अवसर मिल सकेगा। इससे दशे में औद्योगिक विकास एवं निर्यात संवर्द्धन को प्रौत्साहन मिल सकेगा।

4. विदेशी मुद्रा की आवश्यकता में पूर्ति – विदेशी सहयोग से उद्योगों तथा निर्यातों को प्रोत्साहन मिलने से देश में विदेशी मुद्रा की आवश्यकता की पूर्ति हो सकेगी।

5. विदेशी तकनीक का आयात – इस नीति से विदेशी तकनीक का आयात हो सकेगा और उसके लिए देश को विदेशी मुद्रा भी खर्च नहीं करनी पड़ेगी।

6. एकाधिकार कानून की समाप्ति – एकाधिकार कानून को समाप्त करके देश में सभी को उद्योगों के विकास में समान भागीदार बनने का अवसर प्रदान कर दिया है।

7. राजकीय उपक्रमों के काम-काज में सुधार – इस नीति के पालन से राजकीय उपक्रम के काम-काज में आवश्यक सुधार भी लाया जा सकेगा। रूग्ण उद्योगों की पुनर्स्थापना भी की जा सकेगी।

8. सार्वजनिक उपक्रमों के निजीकरण का शुभारम्भ – इस नीति के पालन से देश में सार्वजनिक उपक्रमों के निजीकरण की प्रक्रिया भी प्रारम्भ हो सकेगी। ऐसा सार्वजनिक उपक्रमों के अंशों के विक्रय से सम्भव हो सकेगा।

9. प्रतिस्पर्धात्मक स्थिति में सुधार – इस नीति से भारतीय उद्योगों को अन्तर्राष्ट्रीय तकनीक तथा साधन प्राप्त होंगें। फलतः वे अन्तर्राष्ट्रीय स्तर पर अपनी प्रतिस्पर्धात्मक स्थिति में सुधार कर सकेंगे।

10. क्षमता का पूर्ण उपयोग – इस नीति में उद्योगों के लिए विशद वर्गीकरण की नीति के अपनाने का प्रावधान किया गया है। फलतः अब कोई भी उद्योग अपने विद्यमान विनियोग से किसी भी प्रकार की वस्तु का उत्पादन कर सकेगा। इससे देश के उद्योगों की क्षमता का पूर्ण उपयोग किया जा सकेगा।

11. नवीन उद्योगो का विकास – इस नीति में अब और अधिक उद्योग निजी क्षेत्र के लिए खोल दिये गये हैं। इससे देश में नवीन उद्योगों का विकास हो सकेगा।

12. क्षमता का विस्तार – अब कोई भी विद्यमान उद्योग अपनी क्षमता का स्वयमेव विस्ताकर कर सकेगा। इसके लिए उसको पूर्व अनुमति नहीं लेनी पड़ेगी।

13. शोध एवं विकास को प्रोत्साहन – इस नीति में कहा गया है कि शोध एवं विकास के लिए विदेशी तकनीशियनों को नियुक्त करने तथा उत्पादनों के परीक्षण की फीस

देने के लिए विदेशी मुद्रा आसानी से उपलब्ध कर दी जायगी। इसके परिणामस्वरूप देश में शोध एवं विकास कार्यक्रमों को प्रोत्साहन मिल सकेगा।

14. श्रमिकों के हितों का पोषण – इस नीति के पक्ष में एक तर्क यह भी दिया जाता है कि इससे श्रमिकों के हितों का पोषण होगा। अब श्रमिकों को प्रबन्ध में भागीदारी मिल सकेगी तथा परिवर्तनों के अनुरूप उनके लिए प्रशिक्षण व्यवस्था भी की जा सकेगी।

15. वित्तीय संस्थाओं के शिकंजे से मुक्ति – इस नीति में वित्तीय संस्थाओं के दीर्घकालीन ऋणों को पूँजी में परिवर्तित करने के अधिकार पर रोक लगा दी है। इससे इन संस्थाओं का कम्पनियों पर अधिकार नहीं बढ़ सकेगा और वे इनके काम–काज में हस्तक्षेप नहीं कर सकेगी।

नीति के विपक्ष में तर्क
(Arguments against the Policy)

आलोचकों द्वारा इस नीति के कतिपय प्रावधानों पर कुछ तीखी प्रतिक्रियाएं भी हुई है। इस नीति के विपक्ष में निम्नलिखित तर्क प्रस्तुत किये गये हैं:

1. कृषि एवं उद्योगों में दूरी – इस नीति की आलोचना में सबसे बड़ा तर्क यह प्रस्तुत किया जाता है कि इससे देश के उद्योगों तथा कृषि के बीच दूरी बढ जायेगी। प्रमुख अर्थशास्त्री डॉ. के. एन. काबरा ने भी कहा है कि ''इससे कृषि एवं उद्योग की दूरी और बढ़ेगी।''

2. आवश्यकता से अधिक उत्पादन – इस नीति के विरोध में एक तर्क यह भी दिया जाता है कि इस नीति से उद्योगों की उत्पादन क्षमता स्वयमेव बढ़ती चली जायेगी। अत: कई वस्तुओं का आवश्यकता से अधिक उत्पादन हो जायेगा।

3. विदेशी घुसपैठ की संभावना – कुछ लोग यह तर्क देकर भी इस नीति की आलोचना करते हैं कि इस नीति से देश में विदेशी फर्मो की अनावश्यक घुसपैठ बढ़ जायेगी।

4. पूँजीगत माल आयात की सीमा बहुत कम – इस नीति में बिना लाइसेंस के पूँजीगत माल के आयात की अधिकतम सीमा दो करोड रू. रखी गई है। यह सीमा बहुत कम हैं।

5. कुछ उद्योंगों के लिए लाइसेन्स की अनिवार्यता अनावश्यक – कुछ लोग यह तर्क भी देते हैं कि इस नीति में कुछ उद्योगों के लिए लाइसेंन्स की अनिवार्यता को अनावश्यक ही बनाये रखा गया है। उदारहणार्थ, चीनी तथा पेपर जैसे कम आपूर्ति वाली वस्तुओं पर लाइसेन्स व्यवस्था जारी रखने का कोई औचित्य नहीं है।

6. एकाधिकारी प्रवृत्ति के बढ़ने की सम्भावना – यह आशंका हैं कि एकाधिकारी कम्पनियों पर से नियन्त्रण हटाने के बाद देश में आर्थिक एकाधिकार की प्रवृत्ति बढ जायेगी। इससे उपभोक्ताओं के हितों पर बुरा प्रभाव बढ़ेगा।

7. निकास नीति अस्पष्ट – इस नीति की एक आलोचना यह भी की जाती है कि इसमें बीमार उद्योगों के निकास की नीति को स्पष्ट नहीं किया गया है। अत: रूग्ण इकाइयों की समस्या का समाधान नहीं हो पाया है।

8. श्रमसंघों का विरोध - इस नीति का श्रम संघों ने भी विरोध किया है। वे यह तर्क देते हैं कि राजकीय उपक्रमों के अंश बाजार में बेचने से धीरे धीरे इनका निजीकरण हो जायेगा। इससे श्रमिकों एवं स्वामियों के बीच संघर्ष बढ़ेगा तथा श्रमिकों का विदोहन किया जाने लगेगा।

9. विदेशी विनियोग की सीमा तय करना अनुचित - कुछ उद्योग संघ तथा उद्योगपतियों ने विदेशी पूँजी की 51 प्रतिशत की अधिकतम सीमा निर्धारित करने की आलोचना की है। उनका तर्क है कि भारतीय व्यवसायी स्वयं ही अपने हितों की सुरक्षा कर सकते है।

10. विशद वर्गीकरण की योजना एक छलावा - उद्योगों के लिए विशद वर्गीकरण की योजना की आलोचना करते हुये आलोचना है कि बिना विनियोग बढ़ाये किसी भी अन्य वस्तु का निर्माण सम्भव नहीं हो सकता है। अतः उद्योगों को उसका लाभ नहीं मिल सकेगा।

11. राजकीय एकाधिकार को समाप्त करने की योजना नहीं - इस नीति की आलोचना के लिए एक तर्क यह दिया जाता है कि कुछ एकाधिकारी घरानों के एकाधिकार को समाप्त करने के लिये तो नीति में व्यवस्था की गई है किन्तु राजकीय एकाधिकार को समाप्त करने के लिए इस नीति में कुछ भी नहीं कहा गया है।

इस प्रकार स्पष्ट है कि इस नति के पक्ष एवं विपक्ष में अनेक तर्क दिये गये हैं। किन्तु, निष्कर्ष स्वरूप यह मत व्यक्त किया जा सकता है कि यह नीति एक बहुत सुदृढ़ एवं सही दिशा में उठाया गया कदम है। भारतीय अर्थव्यवस्था की बेड़ियों को इस नीति के प्रावधानों में तोड़ दिया गया है। अब यह स्वतन्त्र रूप से अन्तर्राष्ट्रीय अर्थव्यवस्था के समानान्तर विकास कर सकेगी। अब उद्योग प्रतिस्पर्धी बाजार की आवश्यकताओं के अनुरूप अपना विकास एवं आधुनिकीरण कर सकेंगे। देश के लिये अति आवश्यक विदेशी मुद्रा प्राप्त हो सकेगी। नवयुवकों को रोजगार के अवसर मिल सकेंगे। किन्तु इस नीति की सफलता अब उद्योगपतियों की योग्यता एवं प्रयासों पर निर्भर करेंगी। अब तक वे सरकारी संरक्षण की छत्रछाया में पलते रहें है। देखना यह है कि वे इस खुले बाजार की परिस्थितियों में कैसा व्यवहार करते है।

औद्योगिक नीति में नवीन प्रवृत्तियाँ
(Recent Trends in Industrial Policy)

भारत सरकार ने सन् 1991 में नवीन औद्योगिक नीति की घोषणा की थी। तत्पश्चात् इस नीति में भी कुछ संशोधन किये गये तथा कुछ नई बातें जोड़ी गई। जून 1998 तक इस नीतिं में किये गये प्रमुख संशोधम एवं जोड़ी गई प्रमुख बातें निम्नानुसार हैं -

1. सार्वजनिक क्षेत्र के आरक्षित उद्योगों की संख्या में कमी - इस नीति को बनाते समय सार्वजनिक क्षेत्र के लिए आठ उद्योग वर्ग आरक्षित किये गये थे, जिन्हें अब घटाकर चार ही कर दिया। इसके अतिरिक्त सार्वजनिक क्षेत्र के लिए आरक्षित खनिजों में से 13 खनिजों को भी निजी क्षेत्र के लिए खोल दिया गया है। खनिज तेल की खोज एवं शोधन, कोयला तथा विद्युत वितरण का कार्य भी निजी क्षेत्र के लिए खोल दिया गया है। खनिज,

ऊर्जा, आधारभूत दूरसंचार तथा रक्षा उत्पादन (Mining, Power, Basic Telecommunication and Defence Production) क्षेत्र में प्रवेश के लिए भी देशी एवं विदेशी निवेशकों को छूट दे दी गई हैं।

2. निजी क्षेत्र के लिए लाइसेन्सिंग की अनिवार्यता में कमी - जुलाई 1991 में निजी क्षेत्र के लिए अठारह उद्योग वर्गों के लिए लाइसेन्स प्राप्त करना अनिवार्य किया गया था। इन वर्गों की संख्या को घटाकर अब छः ही कर दिया है। इसके अतिरिक्त अब लगभग सभी औषधियों के लिए लाइसेन्स प्रणाली को समाप्त कर दिया गया है।

3. लघु उद्योगों की विनियोग सीमा में वृद्धि - लघु उद्योग में विनियोग सीमा को बढ़ा दिया गया है। इस क्षेत्र की विभिन्न श्रेणी की इकाइयों की विनियोग सीमा अब अग्रानुसार हैं :

(अ) लघु स्तरीय उद्योग इकाइयों की पूँजी सम्पत्तियों की विनियोग सीमा को साठ लाख से बढ़ा कर एक करोड़ रूपये किया गया है।

(ब) सहायक उद्योगों की इकाइयों में पूँजी सम्पत्तियों में विनियोग सीमा को पिचहत्तर लाख रूपये से बढ़ाकर भी एक करोड़ रूपये किया गया है।

यह उल्लेखनीय है कि 1997 तथा 1998 में कुछ समय के लिए विनियोग सीमा तीन करोड़ रू. थी जिसे 1999 में घटाकर एक करोड़ रू. कर दिया गया है।

(स) लघुत्तर क्षेत्र की इकाइयों में पूँजी सम्पत्तियों में विनियोग सीमा को पाँच लाख रू. से बढ़ाकर पच्चीस लाख रू. किया गया है।

4. लघु स्तरीय उद्योगों के लिए आरक्षित उद्योगों में अनिवासी भारतीयों को 24 प्रतिशत तक अंश पूँजी लगाने की छूट दे दी गई है। बशर्ते ऐसी इकाइयाँ निर्यात दायित्व उठाने को तैयार है।

5. सार्वजनिक उपक्रमों की समता अंश पूँजी के विनिवेश हेतु विनिवेश आयोग (Disinvestment Commission) की स्थापना की गई है।

6. विदेशी निवेश को बढ़ावा देने के लिए विदेशी निवेशन संवर्धन बोर्ड का पुनर्गठन किया गया है तथा विदेशी निवेश संवर्धन परिषद का गठन किया गया है।

7. अब किसी भी उपक्रम के विदेशी निवेश प्रस्तावों के स्वतः अनुमोदन के लिए यह भी आवश्यक नहीं है कि लायी जाने वाली विदेशी पूँजी, पूँजीगत सामान आयात के लिए पर्याप्त होगी।

8. सौ प्रतिशत तक विदेशी पूँजी निवेश की स्वतः अनुमोदन वाली 35 उद्योगों की सूची में उद्योगों की संख्या बढ़ाकर 48 कर दिया गया है।

9. उच्च प्राथमिकता वाले 48 उद्योगों तथा तीन खनन उद्योगों में अनिवासी भारतीयों तथा विदेशी निगमों को 100 प्रतिशत तक पूँजी निवेश की छूट दे दी गई है। इसके अतिरिक्त कुछ उद्योगों को छोड़कर सभी उद्योगों को विदेशी प्रत्यक्ष निवेश की स्वतः अनुमति दे दी गई है।

10. विदेशी संस्थागत निवेशक, अनिवासी भारतीय आदि मिलकर पहले किसी भी सूचीबद्ध कम्पनी की 24 प्रतिशत तक अंश पूंजी क्रय कर सकते थे, किन्तु अब वे 48 प्रतिशत अंश पूँजी के क्रय कर सकते है।

11. विदेशी संस्थागत निवेशक असूचीबद्ध कम्पनियों की अंश पूंजी में 10 प्रतिशत तक विनियोग कर सकते है।

12. विदेशी निवेश क्रियान्वयन प्राधिकरण की स्थापना कर दी गई है। जो विदेशी निवेशक तथा सरकार के बीच प्रत्यक्ष सम्पर्क बनाये रखेगी तथा विदेशी निवेश को प्रोत्साहन देगी। प्राधिकरण को एकीकृत व्यापक अनुमतियाँ (Composite/compsehensive approvals) जारी करने का अधिकार भी दियां गया है।

13. बीमा क्षेत्र में सार्वजनिक क्षेत्र के एकाधिकार को समाप्त कर इसे निजी क्षेत्र के लिए खोल दिया गया है। निजी क्षेत्र की बीमा कम्पनियों की स्थापना एवं बीमा मध्यस्थों की नियुक्ति की प्रक्रिया प्रारम्भ हो गई।

14. बीमा क्षेत्र की कम्पनियों की अंश पूँजी में 26 प्रतिशत तक पूँजी निवेश करने की छूट विदेशी कम्पनियों/संस्थाओं को दे दी गई है।

15. बैंकों को अन्य संस्थाओं की भागीदारी के साथ बीमा क्षेत्र में प्रवेश की छुट दे दी गई है।

16. उद्योगों में कर्मचारियों की भागीदारी को प्रभावी बनाने हेतु परिश्रम समता अंश (Sweet equity share) जारी करने की छूट दे दी गई है।

17. इ-कामर्स को बढ़ावा देने के लिए देश की संसद ने सूचना प्रौद्योगिकी अधिनियम पारित कर दिया है।

18. निजी क्षेत्र में 'सोफ्टवेयर पार्क' स्थापित करने की छूट दे दी गई है।

19. विदेशी मुद्रा नियमन अधिनियम के स्थान पर विदेशी मुद्रा प्रबन्ध अधिनियम (FEMA) पारित कर दिया गया है। इससे देश में विदेशी मुद्रा का उदार बाजार विकसित होगा।

20. आधारभूत संरचना उद्योगों के लिए 15 वर्ष का कर अवकाश (Tax Holiday) घोषित किया गया है।

21. तेल शोधन एवं इलैक्ट्रोनिक वाणिज्य (E-Commerce) के क्षेत्रों में प्रत्यक्ष विदेशी निवेश की सीमा 49 प्रतिशत से बढ़ाकर शत-प्रतिशत कर दी गयी है।

22. विद्युत क्षेत्र में विदेशी निवेश की 15 अरब रू. की सीमा को हटा दिया गया है।

23. आधारभूत दुरसंचार सेवाओं के सभी क्षेत्रों (Local, long distance calls and cellular) को निजी क्षेत्र के लिए खोल दिया गया है। इन क्षेत्रों में विदेशी निवेश की सीमा को 49 प्रतिशत से बढ़ाकर 74 प्रतिशत कर दिया गया है।

24. कुरियर सेवा, होटल तथा पर्यटन, नगरिय विकास, हवाई अड्डे तथा औषधियों के क्षेत्र में विदेशी निवेश की सीमा को शत प्रतिशत कर दिया गया है।

25. सभी महानगरों में त्वरित परिवहन प्रणाली (Rapid Transport System) में शत प्रतिशत प्रत्यक्ष विदेशी निवेश करने की छूट दी गई है।

26. रक्षा उत्पादन भी निजी क्षेत्र के लिए खोल दिया गया है। निजी क्षेत्र के साहसी लाइसेन्स लेकर इस क्षेत्र में प्रवेश कर सकते है।

27. अब पंचवर्षीय आयात-निर्यात नीति (Exim Policy) की घोषणा की गई जो 2002 से 2007 के लिए है। यह नीति अत्यन्त उदार स्वीकार की जा रही है। इस नीति में कुछ संवदेनशील वस्तुओं (प्याज, जूट आदि) को छोड़कर सभी वस्तुओं के निर्यात पर से मात्रात्मक प्रतिबन्ध हटाने की घोषणा की गई है। इसमें कृषि उत्पादों के निर्यातों को प्रोत्साहन देने हेतु परिवहन सहायता देने की व्यवस्था की गई है। कुटीर एवं हस्तशिल्प के उत्पादों के निर्यात को प्रौत्साहित करने की आधारभूत सुविधाएं उपलब्ध करने की घोषणा की गई है। निर्यातोन्मुख औद्योगिक क्षेत्रों के लिए आसान वित्तीय एवं साख सुविधाएँ उपलब्ध करने की व्यवस्था की गई है। निर्यात विकास एवं नये बाजार तलाशने के लिए राज्यों को दी जाने वाली सहायता राशि में भारी बढ़ोतरी की घोषणा की गई है। मध्यकालीन एवं दीर्घकालीन पूँजी आवश्यकताओं के वित्त की उपलब्धि को प्राथमिकता के आधार पर करने की घोषण की गई है।

उपर्युक्त विवेचन से स्पष्ट है कि देश की औद्योगिक नीति में व्यापक उदारीकरण किया गया है। इस उदारवादी नीति का प्रमुख उद्धेश्य भारतीय औद्योगिक क्षेत्र को कुशल एवं प्रतिस्पर्धात्मक बनाना है। इस प्रयोजन हेतु उद्योगों को अनेक अनावश्यक प्रशासनीय एवं वैधानिक नियन्त्रणों से मुक्त रखने की घोषणा वर्तमान औद्योगिक नीति में की गई है, वह निश्चित रूप से सराहनीय है। इससे भारतीय औद्योगिक क्षेत्र में महत्वपूर्ण परिवर्तन सम्भावित होगें। इस औद्योगिक नीति का केन्द्र बिन्दु पूर्व की औद्योगिक नीतियों से प्राप्त अनुभव के आधार पर एक ऐसी सन्तुलित औद्योगिक नीति प्रस्ताव को प्रस्तुत करना है पूर्व की नीतियों में अनुभव की गई कमजोरियों से मुक्त हो तथा रोजगार के अधिक-से-अधिक अवसर उपलब्ध करवाने हेतु सक्षम हो।

आयोजन काल में औद्योगिक विकास

(Industrial Development During Plans)

भारत में आर्थिक नियोजन प्रारम्भ होने के समय औद्योगिक ढ़ांचा अल्प-विकसित और असंतुलित था। पॉच दशक के नियोजित विकास के बाद स्थिति भिन्न हैं। अब हम आयोजन काल में औद्योगिक विकास को निम्न प्रकार प्रस्तुत किया जा सकता है:

प्रथम पंचवर्षीय योजना काल (First Five Years Plan)- पहली पंचवर्षीय योजना औद्योगिक विकास की दृष्टि से महत्वपूर्ण नहीं थी। परन्तु इस योजना में सर्वप्रथम सरकार ने सार्वजनिक और निजी क्षेत्रों को पूरक मानकर मिश्रित अर्थव्यवस्था को व्यावहारिक रूप प्रदान करने का प्रयास किया। इस दृष्टि से इस योजनावधि में भारत में औद्योगिकरण की प्रक्रिया को नवीन दिशा प्राप्त हुई। प्रथम पंचवर्षीय योजना प्रारम्भ होने के समय राष्ट्र की

बचत का स्तर नीचा था। अतः औद्योगिक क्षेत्र में भारी मात्रा में निवेश सम्भव न था। योजना आयोग ने व्यावहारिक दृष्टिकोण अपनाकर वर्तमान क्षमता के उपयोग द्वारा ही औद्योगिक उत्पादन बढ़ाने का सुझाव दिया।

प्रथम योजना काल में औद्योगिक उत्पादन में 38 प्रतिशत की वृद्धि सराहनीय प्रतीत होती हैं। इस काल में पूंजीगत पदार्थों के उत्पादन में 70 प्रतिशत तथा मध्यवर्ती वस्तुओं एवं उपभोज्य पदार्थों के उत्पादन में 34 प्रतिशत वृद्धि हुई थी जो इस पृष्ठभूमि में कि पहली योजना प्रधानतः कृषि विकास की योजना थी, कम नहीं हैं। परन्तु योजना के लक्ष्यों, उद्योगों की उत्पादन क्षमताओं और विकास सम्बन्धी प्राथमिकताओं को ध्यान में रखकर विचार करने पर यह निष्कर्ष निकलता हैं कि प्रथम योजना काल में औद्योगिक प्रगति आशातीत नहीं हुई हैं।

सार्वजनिक क्षेत्र में सिन्दरी उर्वरक फैक्टरी, हिन्दुस्तान ऐंटीबायोटिक्स, हिन्दुस्तान केबिल्स, चितरंजन के रेल के इंजन के कारखाने और इण्डियन टेलीफोन इंडस्ट्रीज ने सन्तोषजनक प्रगति की, परन्तु इंटीग्रल कोच फैक्टरी, नेपा के न्यूजप्रिन्ट के कारखाने, हिन्दुस्तान मशीन टूल्स, बिहार सूपरफास्ट फैक्टरी, हिन्दुस्तान शिपयार्ड, नेशनल इन्स्ट्रूमेन्टस, हैवी इलैक्ट्रिकल मशीनरी तथा इन्सैक्टिसाइड्स की प्रगति नहीं हुई। इस काल में मैसूर ऑयरन एण्ड स्टील वर्क्स की उत्पादन क्षमता में विस्तार का कार्यक्रम भी पूर्ण नहीं हो सका और इस कारखाने के इस्पात में वृद्धि का लक्ष्य प्राप्त नहीं हो सका।

निजी क्षेत्र में औद्योगिक प्रगति सामान्यतः सन्तोषजनक रही। चीनी, सूती वस्त्र, सल्फ्यूरिक एसिड, कास्टिक सोडा, सिलाई की मशीन, इलैक्ट्रिक टॉसफार्मर्स, स्पिनिंग रिंग फ्रेम्स, कार्डिग इंजन, मालगाड़ियों के डिब्बे बनाने वाले उद्योगों की आशातीत प्रगति हुई। इन उद्योगों में वर्तमान क्षमता के पूर्ण प्रयोग और उसमें विस्तार के द्वारा उत्पादन में वृद्धि कर सकना सम्भव हुआ। कागज, सीमेंट, साइकिल, रेयन, कास्टिक सोडा आदि उद्योगों की उत्पादन क्षमता में भारी विस्तार हुआ। इस काल में विदेशों में जूट की वस्तुओं की मांग गिर जाने के कारण उनका उत्पादन कम हुआ।

द्वितिय पंचवर्षीय योजना काल (Second Five Years Plan)– दूसरी योजना के अन्तर्गत प्राथमिकता क्रम में औद्योगिकरण को महत्वपूर्ण स्थान प्रदान किया गया। इस योजना के द्वारा सरकार का लक्ष्य आधारभूत उद्योगों को विकसित कर भविष्य में औद्योगिक विकास के लिए दृढ़ आधार तैयार करना था। 1956 की औद्योगिक नीति के अनुसार इस योजना के अन्तर्गत अधिकांश पुंजीगत उद्योगों की स्थापना तथा विकास सार्वजनिक क्षेत्र में होना था, तथापि निजी क्षेत्र को भी विविध उद्योगों के विकास के लिए महत्वपूर्ण भूमिका प्रदान की गई।

द्वितीय पंचवर्षीय योजना में औद्योगिक विकास के लिए अपनाया जाने वाला कार्यक्रम इस प्रकार था:-

(1) लोहा तथा इस्पात, भारी रसायन, नाइट्रोजन उर्वरक, भारी इंजीनियरिंग तथा मशीन उद्योग का विकास

(2)अन्य उत्पादक वस्तुओं जैसे सीमेंट, एल्युमिनियम, फास्टोफेटिक उर्वरक, रसायनिक लुगदी, रंग, तथा अनिवार्य औषधियों से सम्बन्धित उद्योगों की उत्पादन क्षमता में विस्तार

(3) राष्ट्रीय महत्व के उद्योगों जैसे- सूती वस्त्र, जूट चीनी आदि का आधुनिकीकरण,

(4) जिन उद्योगों में क्षमता से कम उत्पादन हो रहा हैं उनके उत्पादन में वृद्धि करना,

(5) विकेन्द्रित क्षेत्रों में उत्पादन लक्ष्यों तथा उपभोग की वस्तुओं की मांग को ध्यान में रखकर सम्बन्धित उद्योगों की उत्पादन क्षमता में विस्तार करना।

द्वितिय योजना काल में उद्योगों में कुल निवेश लक्ष्य से लगभग 40 प्रतिशत अधिक हुए। योजना के अन्तर्गत सार्वजनिक और निजी दोनों क्षेत्रों में उद्योगों में 1,094 करोड़ रूपयों के निवेश की व्यवस्था थी, परन्तु वास्तविक निवेश 1,570 करोड़ रूपए के हुए थे। निवेश की मौद्रिक राशि में अधिकता के बावजूद उद्योगों की उत्पादन क्षमता में अशानुकूल वृद्धि नहीं हुई। लोहा एवं इस्पात, नाइट्रोजन व फास्फेटिक उर्वरक, सीमेंट, कागज तथा वस्तु उद्योग के लिए आवश्यक मशीनरी, एल्युमितियम, अखबार का कागज, रासायनिक लुगदी, सोडा ऐश, कास्टिक सोडा, रंग, सीमेंट इत्यादि उद्योगों के उत्पादन सम्बन्धी लक्ष्य पूरे नहीं हो सके। यह तथ्य दूसरी योजना काल में सार्वजनिक क्षेत्र में भिलाई, राउरकेला और दुर्गापुर में 10 लाख टन इस्पात की उत्पादन क्षमता का विस्तार हुआ। दूसरी पंचवर्षीय योजना काल में ही कागज और सीमेंट उद्योग के लिए आवश्यक मशीनों का उत्पादन प्रारम्भ हुआ। अनेक रासायनिक तथा इंजीनियरिंग पदार्थो का उत्पादन करने वाले उद्योग इसी योजनावधि में स्थापित हुए। उद्योगों के विकेन्द्रीकरण की दृष्टि से भी दूसरी योजना का विशेष महत्व हैं। राउरकेला, भिलाई, दुर्गापुर, बरौनी, गोहाटी तथा भोपाल का औद्योगिक नगरों के रूप में विकास इसी काल में हुआ हैं। वस्तुतः दूसरी पंचवर्षीय योजना के द्वारा भारत में औद्योगिक क्रांति का सूत्रपात हुआ हैं। इस काल में भारत सरकार ने अनुभव किया कि अल्प-विकसित अवस्था में साधनों और तकनीकी ज्ञान के अभाव के कारण विदेशी सहायता पर निर्भरता आवश्यक हो जाती हैं। इसमें अनिश्चितता तथा विलम्ब के कारण औद्योगिक विकास के लक्ष्य सामान्यतः निर्धारित समय के भीतर पूरे नहीं हो पाते। इसके अतिरिक्त वृहत् इकाइयों की स्थापना में भी अनुमान से अधिक समय लग जाता हैं।

तृतीय योजना काल (Third Five Years Plan)- तृतीय योजना काल में औद्योगिक विकास से सम्बन्धित नीति का निर्धारण 1956 के औद्योगिक नीति प्रस्ताव के आधार पर हुआ। अतः उद्योगों की स्थापना तथा उनके विकास के लिए सार्वजनिक तथा निजी दोनों ही क्षेत्रों की महत्ता को स्वीकार किया गया, परन्तु तीसरी योजना के अन्तर्गत सरकार ने निजी क्षेत्र को अनेक रियायतें दी। सरकार ने राज्य के लिए सामान्यतः सुरक्षित उद्योगों को निजी क्षेत्र के स्थापित होने की स्वीकृति प्रदान की। इस सम्बन्ध में उर्वरक उद्योग और 1 लाख टन के वार्षिक क्षमता वाले लोहे व इस्पात के कारखानों की निजी क्षेत्र में स्थापना की स्वीकृति उल्लेखनीय हैं।

औद्योगिक विकास कार्यक्रमों के सम्बन्ध में सरकार का प्राथमिकता क्रम निम्नलिखित था –

(1) तीसरी योजना के अन्तर्गत औद्योगिक विकास के कार्यक्रमों में सर्वोच्च प्राथमिकता उन कार्यक्रमों को प्रदान की गई जो दूसरी योजना काल में अधुरे रह गए थे अथवा जिन्हें विदेशी विनिमय संकट के कारण कुछ समय के लिए स्थगित कर दिया गया था।

(2) भारी इंजीनियरिंग तथा मशीन, लोहा व इस्पात, फैरोएलॉय, एलॉय टूल्स, उर्वरक तथा पैट्रोलियम और उससे सम्बन्धित वस्तुओं का उत्पादन करने वाले उद्योगों की उत्पादन क्षमता में विस्तार को प्राथमिकता की दृष्टि से दूसरा स्थान प्रदान किया गया।

(3) आधारभूत कच्चे पदार्थों जैसे एल्युमिनियम, तथा रासायनिक तत्वों के उत्पादन को प्राथमिकता क्रम में तीसरा स्थान प्रदान किया गया!

(4) विभिन्न उपभोग की वस्तुओं का देश में अभाव उत्पन्न न होने पाए, इसलिए वस्त्र, चीनी, कागज, वनस्पति तेल, भवन निर्माण के लिए आवश्यक पदार्थों और औषधियों से सम्बन्धित उद्योगों के उत्पादन में वृद्धि की ओर भी ध्यान दिया गया।

तृतिय योजना काल में औद्योगिक प्रगति आशातीत नहीं हुई। योजना में औद्योगिक उत्पादन में 14 प्रतिशत वार्षिक वृद्धि का लक्ष्य निर्धारित किया गया था। इसकी तुलना में योजना के अन्तर्गत औद्योगिक उत्पादन में 5.7 प्रतिशत वार्षिक वृद्धि हुई। इस असफलता का प्रधान कारण था, कच्चे पदार्थों के आयात पर नियन्त्रण। पूंजीगत वस्तुओं के उत्पादन सम्बन्धी लक्ष्य यद्पि पूरे नहीं हो सके, तथापि स्थिति बहुत अधिक असंतोषजनक नहीं कही जा सकती। बिजली की मशीनों के उत्पादन में 71 प्रतिशत और दूसरी मशीनों में उत्पादन में 82 प्रतिशत वृद्धि हुई। परिवहन सम्बन्धी उपकरणों का उत्पादन 59 प्रतिशत और आधारभूत वस्तुओं का 49 प्रतिशत बढ़ा, परन्तु चीनी के उत्पादन में केवल 13 प्रतिशत और वस्त्रों के उत्पादन में 20 प्रतिशत वृद्धि हुई।

तीसरी योजना के अर्न्तगत जो उद्योग उत्पादन तथा क्षमता से सम्बन्धित लक्ष्य प्राप्त करने में पूर्ण रूप से सफल हुए हैं, उनमे उल्लेखनीय हैं :- एल्युमिनियम, पैट्रोलियम सम्बन्धी पदार्थ, आटोमोबाइल्स, बाल बियरिंग्स, बिजली के ट्रांसफार्मर्स, मशीन टूल्स, शक्तिचालित पम्प, डीजल इंजन, वस्त्र उद्योग के लिए आवश्यक मशीनरी, चीनी तथा जुट लोहा व इस्पात, सीमेंट और उर्वरक उद्योगों के लक्ष्य पूरे नहीं हो सके।

चतुर्थ पंचवर्षीय योजना काल (Fourth Five Years Plan)– तृतिय पंचवर्षीय योजना की असफलता और भारत में आर्थिक नियोजन की मूलभूत नीति में दोषों के परिणाम 1966 में लगभग स्पष्टतया प्रकट होने लगे। भारत में यह मुद्रा–स्फीति के साथ– साथ मन्दी की अवस्था थी। इस स्थिति का सामना अधिक व्यापक नियोजन के द्वारा किया जाना चाहिए था, परन्तु भारत सरकार ने तीन वर्षों के लिए चौथी पंचवर्षीय याजना को स्थगित कर दिया। इसका दुष्परिणाम यह हुआ कि औद्योगिक क्षेत्र में मन्दी गम्भीर हो गई। मशीनों तथा धातु उद्योगों में उत्पादन को भारी धक्का लगा। अनेक उद्योगों में क्षमता से कम उत्पादन किया गया। इस प्रकार 1966 में औद्योगिक उत्पादन में 0.7 प्रतिशत कमी हुई। 1967 में स्थिति में

थोड़ा सुधार हुआ और औद्योगिक उत्पादन 0.9 प्रतिशत बढ़ा। 1967 से कृषि उत्पादन में वृद्धि होने तथा अर्थव्यवस्था की सामान्य स्थिति में सुधार होने से औद्योगिक उत्पादन में भी 6.4 प्रतिशत वृद्धि हुई।

चतुर्थ पंचवर्षीय योजना में औद्योगिक विकास को प्राथमिकता की दृष्टि से वही स्थान दिया गया था, जो स्थान कृषि को मिला था। इस योजना में सार्वजनिक क्षेत्र में कुल निवेश का 26.7 प्रतिशत वृहत् एवं लघु उद्योगों और खनिज विकास पर लगाने का आयोजन था। योजना में निम्नलिखित तीन दिशाओं की ओर विशेष ध्यान दिया गया :-

(1) औद्योगिक विकास की योजनाओं को पूरा करना, जिनके सम्बन्ध में पहले निर्णय लिया जा चुका था।

(2) वर्तमान अथवा भावी विकास के लिए आवश्यक स्तरों तक औद्योगिक क्षमता में वृद्धि करना। औद्योगिक विकास की ये आवश्यकताएं निर्यात संवर्धन, आयात प्रतिस्थापन अथवा बढ़ती हुई घरेलू माँग से उत्पन्न हो सकती हैं।

(3) घरेलू उपलब्धियों को ध्यान में रखते हुए नए उद्योगों की स्थापना करना।

योजना के मसौदे में स्पष्ट किया गया था कि 1956 के औद्योगिक नीति प्रस्ताव के आधार पर ही सार्वजनिक एवं निजी क्षेत्रों में औद्योगिक विकास के लिए कार्यक्रम निर्धारित होंगे। परन्तु निजी एकाधिकारों में वृद्धि और कुछ व्यक्तियों के हाथ में आर्थिक शक्ति के केन्द्रीकरण को रोकने के लिए प्रयत्न लिए जाएंगे। योजना आयोग ने औद्योगिक लाइसेंसिग प्रणाली की वांछनीयता को स्वीकार किया।

चतुर्थ पंचवर्षीय योजनावधि में औद्योगिक उत्पादन में आशतीत वृद्धि नहीं हुई। योजना के अन्तर्गत औद्योगिक उत्पादन में 12.0 प्रतिशत वार्षिक वृद्धि का लक्ष्य रखा गया था। यह लक्ष्य तो अधूरा ही रह गया, साथ ही अनेक आधारभूत उद्योगों का अपर्याप्त विकास हुआ। चौथी योजना की सम्पूर्ण अवधि में औद्योगिक उत्पादन लगभग स्थिर रहा हैं।

औद्योगिक उत्पादन के निर्देशांक औद्योगिक ढ़ांचे में होने वाले परिवर्तनों को ठीक प्रकार से प्रकट नहीं कर पाये। चौथी योजनावधि में उन उद्योगों का पर्याप्त विकास हुआ जो 1960 के बाद स्थापित हुए हैं। एल्युमिनियम, नाइट्रोजन उर्वरक, एलाय तथा विशेष प्रकार के इस्पात, पॅट्रोलियम, ट्रैक्टरों आदि के उत्पादन में वृद्धि हुई हैं। परन्तु ताँबा, जस्ता, मशीन टूल्स और लोहे व इस्पात के उत्पादन में कमी हुई हैं। इसके अतिरिक्त सूती वस्त्र उद्योग, कोयला, चीनी तथा परिवहन उपकरणों का उत्पादन लगभग स्थिर रहा हैं।

चतुर्थ योजनावधि में औद्योगिक क्षेत्र की असफलता कोई अपवाद नहीं हैं। योजना की असफलता सर्वव्यापक हैं। अतः औद्योगिक उत्पादन में धीमी वृद्धि के कारण इसी क्षेत्र में देखना भूल होगी। बीसवीं शताब्दी के सातवे दशक में किसी भी अल्प-विकसित देश में इंग्लैण्ड अथवा जापान की भांति औद्योगिकरण की सम्भावनाएं नहीं हैं। भारत में कृषि क्षेत्र में भूमि सुधार न होने से उसके पिछड़ेपन के परिणामस्वरूप औद्योगिक वस्तुओं के लिए बाजार सीमित है और विकसित पूंजीवादी देश की प्रतियोगिता में दूसरे देशों में भारतीय वस्तुओं को बड़ी मात्रा में बेच पाना सम्भव नहीं हैं। अतएव, मांग की अपर्याप्तता औद्योगिक विकास में

बाधक हैं। इसके अलावा बचत की दर नीची होना, पूंजीगत उपकरणों का अभाव, कच्चे पदार्थों के स्रोतों के अविवेकपूर्ण विदोहन और काले धन का उत्पादन कार्यों में उपयोग के स्थान पर प्रदर्शन उपभोग पर व्यय करना, वे अन्य कारण हैं जिनसे औद्योगिक क्षेत्र में व्यापक मन्दी की स्थिति उत्पन्न हो गई हैं।

पांचवी पंचवर्षीय योजना (Fifth Five Year Plan)- पांचवी पंचवर्षीय योजना का प्रारूप 1973 के अन्त में प्रकाशित हुआ था। उस समय अर्थव्यवस्था मन्दी का शिकार थी। अतः आयोजकों ने इस योजना के अन्तर्गत औद्योगिक उत्पादन में 8 प्रतिशत वार्षिक वृद्धि का लक्ष्य निर्धारित किया, जो पिछली पंचवर्षीय योजनाओं में औद्योगिक विकास के लक्ष्यों से नीचा था।

पांचवी योजना के प्रारम्भिक वर्षों में अर्थव्यवस्था मन्दी का शिकार रही। इसका परिणाम यह हुआ कि 1974-75 में औद्योगिक उत्पादन केवल 2.5 प्रतिशत बढ़ा इसके बाद 1975-76 में स्थिति कुछ सुधरी, लेकिन उत्पादन में केवल 5.7 प्रतिशत वृद्धि हुई। लेकिन इस लगभग ठहराव की स्थिति में इस्पात, कोयला, सीमेंट, अलौह धातुओं और बिजली के उत्पादन में पर्याप्त वृद्धि हुई। इस अवधि में सूती वस्त्र और उपभोग की टिकाऊ वस्तुओं के उत्पादन में कमी हुई।

पांचवी योजनावधि में उद्योगों का उत्पादन बढ़ानें के लिए विविध प्रयास किए गए। 21 उद्योग जिनमें सूत की कताई, औद्योगिक मशीन तथा आधारभूत औषधि उद्योग भी थे लाइसेंस मुक्त कर दिए गए। 29 उद्योगों के अन्तर्गत सभी कम्पनियों को जिनमें विदेशी कम्पनियों के अलावा एकाधिकारी प्रबन्धकीय व्यापारिक रीति अपनाने वाली कम्पनियां भी सम्मिलित थीं, स्वीकृत क्षमता से अधिक उत्पादन करने की स्वाकृति दी गई। औद्योगिक विकास के लिए पूंजी की समस्या के समाधान के उद्देश्य से औद्योगिक विकास बैंक, औद्योगिक वित्त निगम आदि औद्योगिक वित्त प्रदान करने वाली विभिन्न संस्थाओं के साधनों में विस्तार करने के लिए अनेक उपाय किए गए। इन सब प्रयत्नों के बावजूद 1974-75 से 1978-79 तक औद्योगिक विकास की दर केवल 5.2 प्रतिशत थी।

योजना आयोग के अनुसार पांचवी योजना में भारत में औद्योगिक ढ़ांचे में निम्नलिखित बातें गम्भीर चिन्ता का विषय व्यक्त की गई:-

(1) भारत में रोजगार और आय के वितरण की दृष्टि से लघु उद्योगों के महत्व के बावजूद भी औद्योगिक ढ़ांचे में इनके सापेक्षिक महत्व में कमी हो रही हैं।

(2) अनेक औद्योगिक वस्तुओं की देश में कीमतें इनकी अन्तर्राष्ट्रीय कीमतों से अधिक हैं। इस स्थिति का प्रधान कारण प्रतियोगिता का अभाव हैं। आयात पर शुल्क और विविध प्रकार के प्रतिबन्ध भारतीय औद्योगिक वस्तुओं को विदेशी प्रतियोगिता से बचाते हैं और लाइसेंसिंग प्रणाली घरेलू प्रतियोगिता को कम करती हैं।

(3) हाल के वर्षों में बड़े और मध्यम आकार के अद्योगों में बीमार कारखानों की संख्या बढ़ गई हैं। सूती वस्त्र, जूट और चीनी उद्योग मुख्य रूप से इस समस्या के शिकार हैं। बड़ी संख्या में इन इकाइयों की उपस्थिति से उत्पादन की हानि तो होती ही हैं। साथ ही इससे औद्योगिक शांति को भी खतरा उत्पन्न होता हैं।

छठी पंचवर्षीय योजना (Sixth Five Years Plan)- छठी पंचवर्षीय योजना के अन्तर्गत औद्योगिक उत्पादन को बढ़ाना एक चुनौती के रूप में रहा है लेकिन योजना आयोग का अनुमान था कि छठी योजनावधि में औद्योगिक उत्पादन वृद्धि का लक्ष्य 7 प्रतिशत वार्षिक होगा। व्यवहार में ऊर्जा संकट कों देखते हुए ये कोई सरल काम नहीं था। अतः सार्वजनिक क्षेत्र में उद्योगों में भारी निवेश किए गए हैं। योजना आयोग का विचार था कि यदि कृषि विकास आशा के अनुकूल होता और कृषि उत्पादन में आयोजित वृद्धि होती, तो औद्योगिक उत्पादन में 7 प्रतिशत वृद्धि बहुत कठिन नहीं थी। छठी योजना काल में बुनियादी ढ़ांचे और विशेषकर कोयला उद्योग, ऊर्जा उत्पादन और रेलों का कार्य संचालन सुधारने पर बल था, इसके बिना औद्योगिक उत्पादन के लक्ष्य को पा सकना कठिन था। इसके अलावा उद्योगों की कार्यकुशलता में सुधार जरूरी हैं। इससे उद्योगों की प्रतियोगी शक्ति बढ़ती हैं। उद्योगों के विकेन्द्रीकरण की दृष्टि से उद्योगों को अपेक्षाकृत अल्पविकसित क्षेत्र में लाने का आयोजन था। निर्यात के लिए उत्पादन को प्रोत्साहन देने के लिए लाइसेंस सम्बत्धी व्यवस्थाओं में ढ़ील दी गई। आधारभूत और निर्यात उद्योगों के लिए तकनीक के आयात से सम्बन्धित व्यवस्थाओं मे ढ़ील दी गई। आत्म-निर्भरता के लक्ष्य को ध्यान में रखकर छठी योजना के अन्तर्गत बुनियादी उद्योगों जैसे इस्पात, अलौह धातुओं, पूंजीगत वस्तुओं, उर्वरकों, पैट्रो-रसायन की क्षमता का विस्तार किया गया। उपभोज्य वस्तुओं की बढ़ती हुई मांग को पूरा करने के लिए निजी क्षेत्र में स्थापित इन उद्योगों को उत्पादन बढ़ाने के लिए आवश्यक सुविधायें दी गई। रोजगार के विस्तार की दृष्टि से लघु और ग्रमोद्योगों के विकास को प्राथमिकता क्रम में ऊंचा स्थान दिया गया।

सातवीं पंचवर्षीय योजना (Seventh Five Year Plan)- सातवी योजना में संवृद्धि के साथ विकास, तथा उत्पादकता में सुधार को विशेष महत्व दिया गया। इन बातों को ध्यान में रखते हुए, औद्योगिक क्षेत्र के लिए निम्नलिखित उद्देश्य रखे गए :-

(1) उचित कीमतों तथा सही गुणवत्ता की आम उपभोग वस्तुओं की पर्याप्त आपूर्ति बनाए रखना,

(2) उपलब्ध सुविधाओं के बेहतर उपयोग को उत्पादकता में सुधार लाकर तथा अच्छी तकनीक का प्रयोग करके संभव बनाना,

(3) व्यापक घरेलू बाजार तथा निर्यात संभाव्यता वाले उद्योगों के विकास पर बल देना,

(4) इलैक्ट्रानिक्स व कम्पयूटर उद्योगों का विकास करना, तथा

(5) आत्म-निर्भरता की दिशा में एकीकृत नीति अपनाना और प्रशिक्षित वं कौशल प्राप्त लोगों के लिए रोजगार के अवसर पैदा करना।

सातवीं योजना में सार्वजनिक क्षेत्र में कुल परिव्यय 1,80,000 करोड़ रूपये रखा गया, जिसमें उद्योग व खनिज कायक्रमों का भाग 22,461 करोड़ रूपये (12.5 प्रतिशत) था। औद्योगिक उत्पादन में वृद्धि का लक्ष्य 8 प्रतिशत वर्ष रखा गया। इसके विपरीत, सातवीं योजना में औद्योगिक उत्पादन में वृद्धि की औसत दन 8.4 प्रतिशत प्रति वर्ष रही। इस प्रकार उपलब्धि लक्ष्य की तुलना में अधिक थी। ऐसा सातवीं योजना में औद्योगिक नीति एवं आयात

नीति के और उदारीकरण के कारण संभव हुआ हैं। पन्तु जैसा कि हम आगे सिद्ध करेंगे सातवीं योजना में औद्योगिक विकास का जो पैटर्न उभरा है उससे भविष्य में गम्भीर कठिनाइयां पैदा हो सकती हैं।

योजना आयोग के अनुसार भारत के औद्योगिक ढ़ांचे सातवीं में निम्नलिखित बातें गम्भीर चिन्ता का विषय व्यक्त की गई :-

(1) भारत में रोजगार और आय में वितरण की दृष्टि से लघु उद्योगों के महत्व के बावजूद औद्योगिक ढ़ांचे में इनके महत्व में कमी हो रही हैं।

(2) अनेक औद्योगिक वस्तुओं की देश में कीमतें इनकी अन्तर्राष्ट्रीय कीमतों से अधिक हैं। इस स्थिति का प्रधान कारण प्रतियोगिता का अभाव हैं। आयात पर शुल्क और विभिन्न प्रकार के प्रतिबन्ध भारतीय औद्योगिक वस्तुओं को विदेशी प्रतियोगिता से बचाते हैं और लाइसेंसिंग प्रणाली घरेलू प्रतियोगिता को कम करती हैं।

(3) हाल के वर्षों में बड़े औरद्ध मध्यम आकार के उद्योगों में बीमार कारखानों की संख्या बढ़ गई हैं। सूती वस्त्र, जूट और चीनी उद्योग विशेष रूप से इस समस्या के शिकार हैं। बड़ी संख्या में इनकी उपस्थिति से उत्पादन की हानि तो होती ही है, साथ ही इससे औद्योगिक शांति को खतरा पैदा होता हैं।

वार्षिक योजनाएँ (Annual Plan)- राजनीतिक संक्रमण के कारण आठवीं पंचवर्षीय योजना नियत समय पर प्रारम्भ नहीं की जा सकी। वर्ष 1990-91 और 1991-92 को वार्षिक योजनाओं के रूप में स्वीकार किया गया। वर्ष 1990-91 में उद्योग तथा खनन विकास शीर्ष पर 6,374 करोड़ रूपए तथा 1991-92 में 6,504 करोड़ रूपये व्यय किए गए।

आठवीं योजना और औद्योगिक विकास (Eight Plan and Industrial Development)- भारत में आठवीं पंचवर्षीय योजना का निर्माण आर्थिक संक्रमण काल में किया गया। गौरतलब है कि भारत में वर्ष 1991-92 से आर्थिक उदारीकरण का दौर जारी है। आठवीं योजना पर आर्थिक उदारीकरण की छाया दृष्टिगोचर हुई। उदारीकरण के परिणामस्वरूप आठवीं योजना अपेक्षाकृत कम चर्चित रही।

वर्ष 1991 की औद्योगिक नीति में औद्योगीकरण के क्षेत्र में उद्यमियों को उत्साहवर्द्धन, विकास और अनुसंधान में निवेश, नई प्रौद्योगिक को आत्मसात करना, पूँजी बाजार का विकास, उन्नत प्रौद्योगिक द्वारा लघु क्षेत्र का तीव्र विकास, सार्वजनिक, निजी एवं सहकारी क्षेत्र के लघु, मझौले, बड़े उद्योगों को बढ़ावा देने आदि उद्धेश्य निर्धारित किए गए है। सार्वजनिक और निजी क्षेत्र के कार्यभाग की समीक्षा पर बल दिया गया है। योजना में सार्वजनिक क्षेत्र को दक्ष और प्रतिस्पर्धी बनाने के लिए आधुनिकीकरण, विनिवेश, अधिक स्वायत्तता, निष्पादन का मूल्यांकन, कुशल प्रबन्ध, प्रदेशों की सार्वजनिक इकाईयों के निष्पादन में सुधार आदि युक्ति अपनाने पर बल दिया गया है।

आठवीं योजना में सावैजनिक क्षेत्र में 4,34,100 करोड़ रूपए व्यय का प्रावधान है। इसमें से उद्योग एवं खनिज विकास शीर्ष के लिए 46,921.7 करोड़ रूपए व्यय का प्रावधान हैं जो योजना व्यय का 10.8 प्रतिशत है।

योजनावधि में औद्योगिक संवृद्धि दर 1992–93 में 2.30 प्रतिशत, 1993–94 में 6.0 प्रतिशत, 1994–95 में 8.4 प्रतिशत तथा 1995–96 में 12.8 प्रतिशत तथा 1996–97 में 5.6 प्रतिशत रही।

नौवीं पंचवर्षीय योजना (Ninth Five Years Plan)–नौवी पंचवर्षीय योजना में उद्योग और खनन के लिये 65,148 करोड़ रूपये का परिव्यय निर्धारित किया गया। यह कुल योजना परिव्यय 8,59,200 करोड़ रूपये का 7.6 प्रतिशत था। नौवीं योजना में औद्योगिक संवृद्धि का लक्ष्य 8.2 प्रतिशत प्रति वर्ष रखा गया । इस योजना में वास्तविक उत्पादन लक्ष्य से कम रहने की सम्भावना है। इस योजना के प्रथम चार वर्षों में औद्योगिक संवृद्धि की दर 5.6 प्रतिशत प्रति वर्ष रही जबकि अन्तिम वर्ष 2001–2002 में यह दर मात्र 2.7 प्रतिशत अनुमानित है।

उदारीकरण और औद्योगिक संवृद्धि (Liberalisation and Industrial Growth)

1991 के पश्चात् भारतीय अर्थव्यवस्था में एक नये युग का प्रारम्भ हुआ जिसे उदारीकरण कहा जाता है। औद्योगिक क्षेत्र के कार्य निष्पादन को सकारात्मक रूप से प्रभावित करने हेतु अनेक उदारीकृत नीतियों की घोषणा की गयी। औद्योगिक लाइसेन्सिंग में व्यापाक उदारीकरण, अधिकांश उद्योगों को लाइसेन्स लेने की अनिवार्यता से मुक्ति, नियमों एवं नियन्त्रणों का सरलीकरण, सार्वजनिक क्षेत्र के लिये आरक्षित उद्योगों में कमी, अधिकांश बड़े उद्योगों के निर्माण एवं विकास हेतु निजी क्षेत्र का प्रवेश, सार्वजनिक क्षेत्र के उद्योगों में विनिवेश, घरेलू औद्योगिक क्षेत्र में विदेशी भागीदारी को प्रोत्साहन, व्यापारिक नीतियों का उदारीकरण, उत्पादन शुल्क, सीमा शुल्क, आय तथा निगम कर की दरों में कमी आदि प्रमुख उपाय है। इन सभी उदारीकरण के प्रयासों का भारतीय औद्योगिक क्षेत्र में क्या प्रभाव रहा है यह वर्तमान आर्थिक क्षेत्र में रूचि का विषय है। उदारीकरण से पूर्व तथा उदारीकरण के पश्चात् औद्योगिक उत्पादन की औसत वार्षिक वृद्धि दर को तालिका–1 में दर्शाया गया है:

तालिका–1

उदारीकरण से पूर्व और पश्चात् के दशकों में
औद्योगिक उत्पादन की औसत वार्षिक दर

औद्योगिक समूह	1980–81 से 1991–92	1992–93 से 2000–01
मूल उद्योग	7.4	5.9
मध्यवर्त्ती वस्तु उद्योग	4.9	8.6
पूँजीगत वस्तु उद्योग	9.4	5.4
उपभोक्ता वस्तु उद्योग	6.0	6.5
(अ) उपभोक्ता टिकाऊ वस्तु	10.8	11.6
(ब) उपभोक्ता गैर टिकाऊ वस्तुएँ	5.3	5.2
सामान्य सुचकांक	7.8	6.6

तालिका-1 में प्रस्तुत आंकड़ों के विश्लेषण से यह स्पष्ट होता है कि औद्योगिक समुहों अनेक के सम्बन्धों में उदारीकरण के पश्चात औद्योगिक उत्पादन की औसत **वार्षिक** संवृद्धि दर निराशाजनक निष्पादन का प्रदर्शन करती है और केवल कुछ समुह में ही अत्यन्त कम महत्वपूर्ण सुधार दृष्टिगत होता है। औद्योगिक उत्पादन की संवृद्धि का सामान्य सुचकांक जो उदारीकरण से पूर्व के दशक में 7.8 प्रतिशत प्रतिवर्ष था, वह गिरकर पश्चात् के दशक में 6.6 प्रतिशत प्रतिवर्ष रह गया। पूँजीगत उद्योगों के उत्पादन संवृद्धि दर, जो उदारीकरण के पूर्व 9.4 प्रतिशत प्रति वर्ष थी, वह गिरकर बाद के दशक में 5.4 प्रतिशत रह गयी। इसी प्रकार मूल उद्योगों की संवृद्धि दर भी पूर्व में 7.4 प्रतिशत प्रति वर्ष से कम होकर बाद में 5.9 प्रतिशत प्रति वर्ष रह गयी।

उदारीकरण की अवधि में असन्तोषजनक औद्योगिक निष्पादन के कारण
(Causes of Unsatisfactory Performance in Post Reforms Period)

प्राय: यह प्रश्न उठता है कि भारत द्वारा विश्व की अन्य अनेक देशों की अर्थव्यवस्था के समान ही उदारीकरण को अर्थव्यवस्था के प्रत्येक क्षेत्र में सकारात्मक प्रभाव के लिये अपनाया गया, किन्तु औद्योगिक क्षेत्र में असन्तोषजनक प्रगति हेतु मुख्य रूप से कौन से कारण उत्तरदायी रहे है। उदारीकरण की प्रक्रिया अपनाये जाने के पश्चात् भारतीय औद्योगिक क्षेत्र में असन्तोषजनक औद्योगिक निष्पादन हेतु निम्नलिखित कारण उत्तरदायी रहे है:

(1) विदेशी प्रतिस्पर्धा (External Competition) -भारतीय योजना आयोग के अनुसार सातवीं योजना की तुलना में आठवीं योजना में निम्न औद्योगिक संवृद्धि दर का कारण 1991 से पहले चार दशकों तक औद्योगिक क्षेत्रों में व्याप्त प्रतिस्पर्धा रही है। 1991 के पश्चात आयातों के उदारीकरण की नीति के कारण तथा आयात शुल्कों में तेजी से कटोती के कारण भारत को विदेशी प्रतिस्पर्धा का सामना करना पड़ा जिसका भारतीय औद्योगिक वस्तुओं के उत्पादन पर विपरीत प्रभाव पड़ा।

(2) निवेश में कमी (Slow down in Investment) - औद्योगिक विकास की गति को त्वरित करने में सार्वजनिक और निजी क्षेत्र की समान भूमिका होती है। किन्तु अन्तर्राष्ट्रीय मुद्रा कोष तथा अन्य विश्व स्तर पर संचालित मौद्रिक संस्थाओं के दबाव में भारत को सार्वजनिक व्यय में भारी कटौती करनी पड़ी। इसका प्रत्यक्ष प्रभाव सार्वजनिक क्षेत्र के पूँजी निर्माण कार्यों पर पड़ा। सार्वजनिक निवेश में कमी के कारण निजी क्षेत्र में भी निवेश पर विपरीत प्रभाव पड़ा।

(3) आधारित संरचना की कमजोर स्थति (Weak Position of Infrastructural Structure)- औद्योगिक क्षेत्र में असन्तोषजनक निष्पादन का सबसे महत्वपूर्ण कारण विद्यमान आधारित संरचना की कमजोर स्थिति रहा है। बिजली और परिवहन व्यवस्था की अपर्याप्तता बिजली की बार बार कटौती, सड़को की खस्ता हालत, बन्दरगाहों पर माल उतारने चढ़ाने में अव्यवस्था आदि का औद्योगिक विकास पर विपरीत प्रभाव पड़ा। इसके अतिरिक्त उत्पादन की वास्तविक लागतों में भी महत्वपूर्ण वृद्धि हुई। कुल मिलाकर इन सभी स्थितियों का औद्योगिक उत्पादन में संवृद्धि दर पर विपरीत प्रभाव पड़ा।

(4) विकास के लिये साधन जुटाने में कठिनाई (Difficulty in Mobilisation of Resources) –औद्योगिक विकास हेतु कुशल पूँजी बाजार का पर्याप्त विकास आवश्यक है। किन्तु उदारीकरण अपनाये जाने के पश्चात् 1991 के पश्चात् शेयर बाजार में दो महत्वपूर्ण घोटाले हुये – प्रथम 1992 में और द्वितीय मार्च-अप्रैल 2001। इन घौटालों के कारण निवेशकों का शेयर बाजार से ऐसा विश्वास उठा कि आज तक पुनः नहीं जम पाया। इससे भारतीय पूँजी बाजार विपरीत रूप से प्रभावित हुआ जिसका अन्तिम प्रभाव औद्योगिक क्षेत्र पर पड़ा।

(5) निर्यातों में शिथिलता (Sluggishness in Export) –1991 के पश्चात् अन्तर्राष्ट्रीय बाजार में बढ़ती हुई प्रतिस्पर्धा, घरेलू उद्योगों की अधिक लागतें, वस्तुओं की गुणात्मक स्तर पर विदेशी वस्तुओं से प्रतिस्पर्धा न कर पाने में असमर्थता, समय पर निर्यात आदेशों की पालना न कर पाने इत्यादि के कारण भारतीय निर्यातों में महत्वपूर्ण कमी हुई। इसके अतिरिक्त 1997 के मध्य में पूर्व एशियाई देशों में उत्पन्न हुये संकट के कारण बिगड़ी स्थिति से भी भारतीय निर्यातकों को धक्का लगा।

(6) प्रशुल्क संरचना में विसंगतियाँ (Anomalies in Tariff Structure) –भारतीय योजना आयोग द्वारा भारतीय प्रशुल्क संरचना में अनेक महत्वपूर्ण विसंगतियाँ उजागर की गयी जिनके कारण एक तरफ स्वदेशी उत्पादकों पर करों व शुल्कों का अत्यधिक भार था वहीं दूसरी तरफ इन्ही वस्तुएैं का आयात बिना आयात शुल्क के करने की छुट थी। प्रशुल्क संरचना में इन विसंगतियों के कारण भी भारतीय औद्योगिक उत्पादन हतोत्साहित हुआ इसके अतिरिक्त प्रशुल्क संरचना में विसंगतियों के कारण ही बड़ मात्रा में पुरानी मशीनों का सस्ती कीमत पर आयात सम्भव हुआ इसका भी घरेलू उद्योगों पर प्रतिकूल प्रभाव पड़ा।

(7) उपभोक्ताओं की माँग का संकुचन (Contraction in Consumer Demand) –1990 दशक के पश्चात् भारत के उपभोक्ताओं की मांग में महत्वपूर्ण संकुचन दृष्टिगत हुआ। इस मांग संकुचन के उत्तरदायी प्रमुख कारण कृषि क्षेत्र में संवृद्धि दर का कम रहना, ग्रामीण क्षेत्रों में उतार चढ़ाव के कारण ग्रामीणों की क्रय शक्ति पर बुरा प्रभाव पड़ने, आय वितरण में बढ़ती हुई असमानताये रहे है।

योजनाकाल में औद्योगिक ढाँचे में परिवर्तन
(Changes in Industrial Pattern during the Plan)

भारत में आर्थिक नियोजन के माध्यम से आर्थिक विकास किये जाने के पाँच दशक व्यतीत हो चुके है। इस अवधि में भारत द्वारा नौ पांचवर्षीय एवं वार्षिक योजनाओं लागू की जा चुकी है। इस दिर्घ अवधि में अर्थव्यवस्था के प्रत्येक क्षेत्र में महत्वपूर्ण परिवर्तन आना स्वाभाविक है। भारतीय औद्योगिक ढाँचे में इस दौरान अनेक परिवर्तन हुये है जिनका विवेचन निम्न प्रकार है:

(1) आधारित संरचना का विकास (Development of Infrastructural) –यह स्वीकार्य तथ्य है कि बिना आधारित संरचना का पर्याप्त विकास किये औद्योगिक विकास संभव नहीं है। अतः पंचवर्षीय योजनाओं की अवधि में परिवहन व संचार, जलापूर्ति, बिजली आदि आधारभूत सुविधाओं के विकास हेतु सार्थक प्रयास किये गये है। इन उद्योगों तथा इनसे जुड़े हुऐ उद्योगों को विकास हेतु उच्च प्राथमिकता प्रदान की गयी है।

(2) सकल घरेल उत्पाद में औद्यागिक क्षेत्र के भाग में वृद्धि (Increase in the Stare of Industrial Sector in GDP) -पंचवर्षीय योजनाओं के दौरान सकल घरेलू उत्पाद में औद्योगिक क्षेत्र का भाग धीरे धीरे बढ़ रहा है। 1950-51 में यह 13.3 प्रतिशत था, जोकि 1980-81 में बढ़कर 21.6 प्रतिशत तथा 2000-01 में 25.0 प्रतिशत (1993-94 की कीमतों पर हो गया।

(3) भारी तथा पूँजीगत वस्तु उद्योगों का निर्माण (Building up of Heavy and Capital Goods Industries) -पंचवर्षीय योजना के प्रारम्भ में भारत में भारती व पूँजीगत वस्तु उद्योगों में निवेश पर बहुत कम ध्यान दिया गया। इसका परिणाम यह हुआ कि पंचवर्षीय योजनाओं के प्रारम्भ में राष्ट्र का औद्योगिक आधार अत्यन्त ही कमजोर था। किन्तु आज स्थिति सर्वथा विपरीत है भारत द्वारा वर्तमान में इंजीनियरिंग वस्तुओं, लोह एवं इस्पात, धातु व धातु आधारित वस्तुओं इत्यादि का देश में ही उत्पादन किया जाता है। इसके साथ ही इन वस्तुओं के सम्बन्ध में भारत की विदेशों पर आश्रितता भी कम हुई है।

(4) विविधिकृत औद्योगिक ढाँचे का निर्माण (Development of Diversified Industrial Structure) -प्रथम पंचवर्षीय योजन के प्रारम्भ में भारत के औद्योगिक उत्पादन में केवल 4 उद्योगों (कपड़ा उद्योग, मूल धातु, खाद्य पदाथों, लकड़ी व फर्नीचर) का हिस्सा दो तिहाई (67.4 प्रतिशत) था। 1990 के दशक के प्रारम्भ में यह एक तिहाई (32.9 प्रतिशत) रह गया। निःसन्देह इस कमी का प्रभाव अन्य उद्योगों के हिस्से में वृद्धि के रूप में परिलक्षित हुआ। उदाहरण के लिए मशीनरी का हिस्सा 1950 के दशक के प्रारम्भ 1.2 प्रतिशत था, 1990 के दशक में 12.7 प्रतिशत हो गया। इसी प्रकार इसी अवधि में रसायनों का हिस्सा 4.7 प्रतिशत से बढकर 12.4 प्रतिशत हो गया। गैर खनिज पदार्थों का हिस्सा 1.6 प्रतिशत से बढ़कर 4.6 प्रतिशत, तथा परिवहन उपक्रमों का हिस्सा 3.4 प्रतिशत बढ़कर 6.5 प्रतिशत हो गया।

(5) उपभोक्ता टिकाऊ वस्तुओं का तेज विकास (Rapid Grwoth of Consumer Durable)-उदारीकरण के अन्तर्गत उदार औद्योगिक नीति एवं आयात निर्यात नीति को अपनाया गया है। इन नीतियों के अनुसरण से उपभोक्ता टिकाऊ वस्तुओं के उत्पादन में तेजी से वृद्धि हुई है। 1981-85 के दौरान इन उद्योगों का कुल उत्पादन में हिस्सा 14.4 प्रतिशत था जो बढकर 16.9 प्रतिशत हो गया। यद्यपि 1991-92 और 1992-93 में इन उद्योगों की संवृद्धि दर कम रही किन्तु उसके बाद के वर्षों में इसमें महत्वपूर्ण वृद्धि हुई। 1999-2000 में इन वस्तुओं की संवृद्धि दर बढ़कर 14.2 प्रतिशत तथा 2000-2001 में 14.5 प्रतिशत हो गयी।

(6) सार्वजनिक क्षेत्र का विकास (Development of Public Sector) -स्वतन्त्रता से पूर्व भारतीय अर्थव्यवस्था में सार्वजनिक क्षेत्र का स्थान नगण्य था। सम्पूर्ण अर्थव्यवस्था को निजी क्षेत्र द्वारा नियन्त्रित किया जाता है। पंचवर्षीय योजनाओं की अवधि में सार्वजनिक क्षेत्र का महत्वपूर्ण विकास तथा विस्तार हुआ। प्रथम योजना के प्रारम्भ में सार्वजनिक क्षेत्र की पाँच इकाइयों में 29 करोड़ रूपये का विनियोजन था। 31 मार्च 2001 को 242 सार्वजनिक क्षेत्र की इकाइयों में विनियोग की राशि 274114 करोड़ रूपये थी। इस क्षेत्र में अनेक उद्योगों जैसे ईधन आधारभूत उद्योग, अलौह धातु उद्योग, उर्वरकों, संचार उपकरणों आदि में महत्वपूर्ण उपलब्धियाँ अर्जित की है।

योजना काल में प्रारम्भ से ही औद्योगिक विकास पर सरकार का भारी नियन्त्रण रहा हैं। सार्वजरिक क्षेत्र में उद्यमों में निवेश तो प्रत्यक्ष आर्थिक नियोजन के पारिणाम रहे हैं, और इनमें लगाई जाने वाली पूंजी की मात्रा निजी क्षेत्र से अधिक रही हैं। निजी क्षेत्र में भी निवेशों पर सरकार ने अपना नियन्त्रण रखा है, और इसके लिए व्यापक लाइसेंसिंग प्रणाली का प्रयोग किया गया हैं। इस प्रणाली द्वारा सरकार ने व्यवहार में दो उद्देश्यों को प्राप्त करने का प्रयत्न किया हैं :- (1) निजी क्षेत्र में निवेश की दिशा एवं मात्रा को निर्धारित करना, तथा (2) तकनीक के चुनाव, उत्पादन के पैमाने, औद्योगिक इकाइयों के स्थानीयकरण, उद्यमों के विस्तार, उत्पादित माल में आयातित कच्चे पदार्थों का अंश, तथा विदेशी कम्पनियों की साझेदारी की शर्तों को प्रभावित करना है। इसका तात्पर्य यह है कि सरकार ने निजी क्षेत्र पर भी अपना नियन्त्रण रखने कि लिए व्यवस्था की हैं। ऐसी स्थिति में सार्वजनिक तथा निजी दोनों ही क्षेत्रों में लक्ष्यों तथा उपलब्धियों में भारी अन्तर औद्योगिक क्षेत्र में दोषपूर्ण नियोजन को प्रकट करते हैं।

परिक्षापयोगी प्रश्न

1. पंचवर्षीय योजनाओं में भारत के औद्योगिक विकास की स्थिति की संक्षेप में विवेचना कीजिये।

   Discuss briefly stage of Industrial Development during Five Year Plan.

2. भारत के औद्योगिक विकास के मार्ग में प्रमुख समस्याएँ क्या है। इन समस्याओं को दूर करने हेतु अपने सुझाव प्रस्तुत कीजिये।

   What are the main problems in the way of Industrial Development of India. What suggestions you have to remove these problems.

3. आर्थिक उदारीकरण के अन्तर्गत भारत की औद्योगिक विकास की संक्षेप में विवेचना कीजिये। इस अवधि में भारत की औद्योगिक विकास द्वारा किन प्रमुख समस्याओं का सामना करना पड़ा है।

   Discuss briefly Industrial Development taken place during economic liberalisation. What problem faced by India's Industrial Development during this period.

□□□

11

लघु एवं कुटीर उद्योग
(Small Scale and Cottage Industries)

भारतीय लघु उद्योग का अतीत बड़ा स्वर्णीम था। लघु एवं कुटीर उद्योगों द्वारा किस समय विशेष पर औद्योगीकरण में मुख्य भूमिका थी। उस समय लगभग समस्त वस्तुएँ लघु एवं कुटीर उद्योगों द्वारा ही निर्मित होती थी। भारतीय लघु एवं कुटीर उद्योगों द्वारा निर्मित वस्तुएँ उत्कृष्ट किस्म की होती है। भारतीय लघु एवं कुटीर उद्योगों द्वारा निर्मित सूती-वस्त्र, बहुमूल्य धातु, जवाहरात के काम एवं काष्ठ नक्काशी आदि विश्व-विख्यात थे। कपड़ों की छपाई एवं उसकी कलाकृति देखते ही बनती थी।

प्राचीन भारतीय लघु एवं कुटीर उद्योगों को न केवल कपड़ों के निर्माण में ही कौशल प्राप्त था, वरन् अन्य क्षेत्रों में भी काफी निपुणता प्राप्त थी। उस समय के धातु कर्म उद्योग आज के धातुकर्मियों के लिये एक खुली चुनौती है। भारतीय कुटीर उद्योगों की कला-कृतियों की उत्कृष्टता की समय-समय पर भारत आने वाले विदेशियों ने भूरि-भूरि प्रशंसा की है। किन्तु शायद इसी उत्कृष्टता को विदेशी गले नहीं उतार पाए और भारत के हस्त शिल्प एवं कुटीर उद्योग विदेशियों की आँखों की किरकिरी बने। इसके परिणामस्वरूप भारत पर समय-समय पर विदेशी आक्रमण होते रहे और भारतीय लघु एवं कुटीर उद्योग लगभग तहस नहस हो चुके थे, किन्तु येन-केन प्रकारेण इन उद्योगों का अस्तित्व बना रहा।

अंग्रेजी शासनकाल में लघु एवं कुटीर उद्योगों के पतन के कारण
(Causes of Decline of Small and Cottage Industries During British Regime)

ब्रिटिश सरकार की नीतियाँ कभी भी भारत के विकास के पक्ष में नहीं रही। ब्रिटिश सरकार अर्थव्यवस्था के प्रत्येक क्षेत्र में भारत को कच्चा माल का निर्यातक तथा पक्के निर्मित माल का आयातक बनाये रखने की पक्षधर थी। ऐसे वातावरण में लघु एवं कुटिर उद्योगों का अस्तित्व से बाहर हो जाना स्वाभाविक ही था। ब्रिटिश शासनकाल में लघु एवं कुटिर उद्यौगों के पतन हेतु निम्न कारण प्रमुख रूप से उत्तरदायी रहे।

1. ब्रिटिश सरकार की दोषपूर्ण नीति (Defective Policy of British Government)- अंग्रेजों ने भारतीय कुटीर एवं लघु उद्योगों के विनाश के भरसक प्रयत्न किये। उन्होनें जानबूझ कर ऐसी आर्थिक नीति बनाई जो भारतीय उद्योगों के लिए घातक रही। अंग्रेजों ने भारत से निर्मित माल के निर्यात पर रोक लगाई तथा कच्चे गाल के निर्यात को प्रोत्साहन दिया तथा इंगलैण्ड से निर्मित माल के विक्रय को भारत में प्रोत्साहित किया।

2. वृहत् उद्योगों से कड़ी प्रतिस्पर्धा (Tough Competition with Large Scale Industries)- भारतीय लघु एवं कुटीर उद्योगों को इंगलैण्ड के वृहत. उद्योगों से निर्मित तैयार माल के साथ कड़ी प्रतिस्पर्धा करनी पड़ती थी। इंग्लेण्ड में निर्मित माल भारत में निर्मित माल की अपेक्षा सस्ता था। परिणामस्वरूप भारतीय नागरिकों द्वारा अंग्रेजी माल अधिक मात्रा में क्रय किया जाने लगा। इससे भारतीय निर्मित माल का बाजार पतन की तरफ अग्रसर होने लगा। इस प्रतिस्पर्धा में भारतीय लघु एवं कुटीर उद्योग टिक नहीं सके।

3. देशी राजाओं एवं शासकों का पतन (Decline of Indigenous Rulers and Kings)- सम्पूर्ण भारत छोटी बड़ी अनेक रियासतों में बंटा हुआ था। प्रत्येक रियासत स्वतन्त्र थी। जिनके शासन स्वतन्त्र थे। पारस्परिक विरोधी हित होने के कारण इन राजाओं में वैमनस्यता थी। इस कमजोरी का लाभ उठाते हुए अंग्रेजों ने इन रियासतों का धीरे धीरे समाप्त कर दिया। रियासतों के अन्त होने के साथ साथ लघु एवं कुटीर उद्योगों का भी पतन होने लगा, क्योंकि ये राजा-महाराजा कला प्रेमी थे। उनके संरक्षण में ही कारीगर एवं दस्तकार वस्तुओं का उत्पादन करते थे। ज्योंही कारीगरों एवं दस्तकारों का संरक्षण समाप्त होने लगा, त्योंही उन्होंने उत्पादन करना बन्द कर दिया।

4. परिवहन साधनों का विकास (Development of the Means of Transport)- भारत में अंग्रेजों द्वारा व्यावहारिक आधार पर पहली बार विभिन्न परिवहनों के साधनों का विकास किया, फलस्वरूप इंग्लैण्ड में निर्मित माल भारत के कोने-कोने में आसानी से पहुँचने लगा। सस्ता होने के कारण भारतीय उपभोक्ताओं द्वारा उस माल का प्रयोग प्रारम्भ कर दिया गया । इसका भारतीय उद्योगों पर कुप्रभाव पड़ा।

5. अंग्रेजों का भारतीय कारीगरों के साथ बुरा बर्ताव (Bad Treatment of Indian Artisans by the Britishers)- अपने माल को भारत में अधिक से अधिक बेचने के उद्देश्य से अंग्रेजों ने भारतीय कारीगरों पर अनेक प्रतिबन्ध लगा दिये। उन्होंने अच्छे कारीगरों के अंगुठे व हाथ तक काट दिये थे।

6. भारतीय कारीगरों में अदूरदर्शिता (Lack of Foresightedness of Indian Artisans)- भारतीय कारगरों ने अपनी कला व निपुणता को अपने तक ही सीमित रख उसे अन्य व्यक्तियों को नहीं सिखाया, जिससे उनकी मृत्यु या हाथ काटने के साथ ही वह कला व ज्ञान भी समाप्त हो गया ।

7. परम्परागत एवं कलात्मक वस्तुओं का ही उत्पादन (Production of Artistic and Traditional Goods Only)- भारतीय लघु एवं कुटीर उद्योगों द्वारा परम्परागत एवं कलात्मक वस्तुओं का ही उत्पादन किया जाता था। आम उपभोक्ताओं के उपयोग की वस्तुओं का उत्पादन इनके द्वारा नहीं किया जाता था, जिससे ये भारतीय जनता में अधिक लोकप्रिय नहीं हो पाये।

8. अंग्रेजी शिक्षा का प्रभाव (Effects of British Education)- भारत में अंग्रेजों द्वारा शिक्षा अपने तरीकों द्वारा ही दी गई, जिससे उनकी सभ्यता का प्रभाव भारतीय लोगों पर होने लगा, जिससे अंग्रेजी मानसिकता वाले भारतीयों द्वारा इंग्लैण्ड के माल को अधिक काम में लेना अपनी शान माना जाने लगा।

लघु एवं कुटीर उद्योगों का अर्थ एवं परिभाषा

(Meaning and Definition of Small and Cottage Industries)

लघु, एव कुटीर उद्योगों से तात्पर्य ऐसे उद्योग से होता है जो पूर्णतया या मुख्यतया परिवार के सदस्यों द्वारा पूर्णकालीन या अंशकालीन व्यापार के रूप में चलाया जाता है। वर्ष 1997-98 में किये गये संशोधनों के अनुसार, "वह औद्योगिक इकाई लघु उद्योग की श्रेणी में सम्मिलित की जाती है जिसमें प्लान्ट एवं मशीनरी में अधिकतम 3 करोड़ रूपये का विनियोग हो, अतिलघु क्षेत्र के लिये यह सीमा 25 लाख रूपये निर्धारित की गई है।" सन् 2000 में सरकार ने प्लान्ट एवं मशीनरी में विनयोजन की सीमा 3 करोड़ रूपये से कम करके 1 करोड़ रूपये कर दी किन्तु अति लघु इकाइयों में विनियोग की सीमा 25 लाख रूपये ही रहने दी।

लघु एवं कुटीर उद्योगों का वर्गीकरण

(Classification of Small and Cottage Industries)

भारतीय राजकोषीय आयोग ने लघु एवं कुटीर उद्योगों का वर्गीकरण अग्रांकित चार्ट के रूप से किया है -

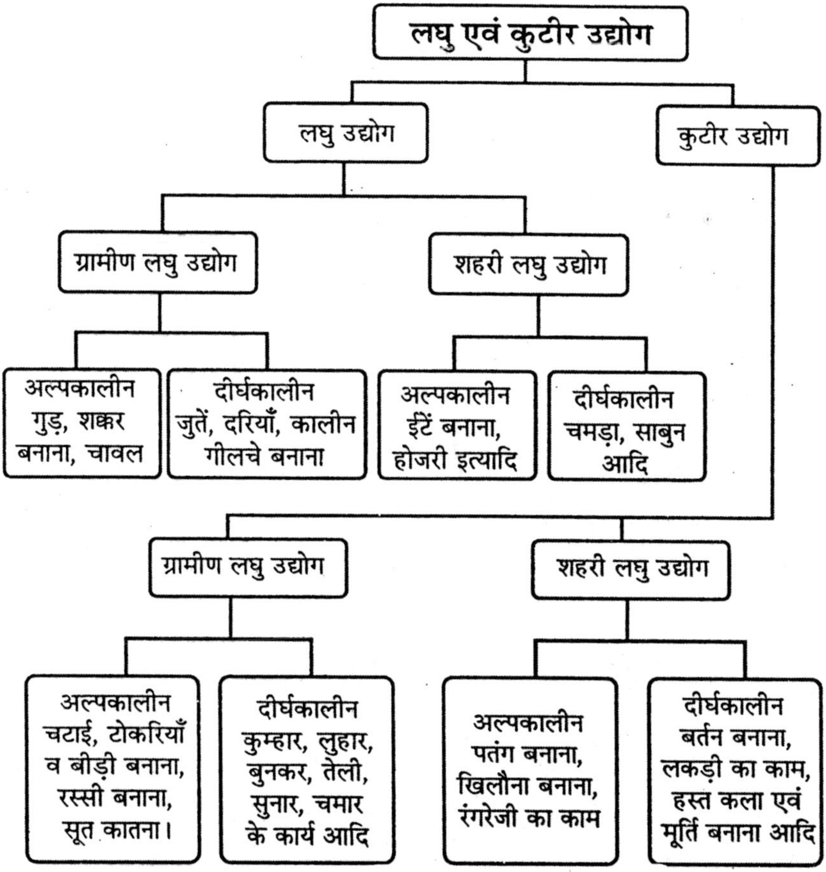

लघु एवं कुटीर उद्योगों में अन्तर

(Difference between Small Scale and Cottage Industries)

लघु एवं कुटीर उद्योगों मे मध्य अन्तर को निम्नांकित चार्ट के माध्यम से स्पष्ट किया जा सकता है:

अन्तर का आधार	लघु उद्योग	कुटीर उद्योग
श्रम की प्रकृति	1. लघु उद्योग में पारिवारिक व्यक्तियों के अतिरिक्त वेतन भोगी श्रमिक भी कार्य करते है।	1. कुटीर उद्योग में बहुधा पारिवारिक सदस्यों द्वारा कार्य किया जाता है।
उत्पादन की किस्म	2. इनमें विभिन्न किस्म की वस्तुओं का यन्त्रों द्वारा उत्पादन किया जाता है।	2. इनमें परम्परागत वस्तुओं का परम्परागत विधियों से उत्पादन किया जाता है।
उत्पादन की श्रेणी	3. इनमें विद्युत यन्त्रों, रासायनिक पदार्थों एवं अभियान्त्रिक वस्तुओं का उत्पादन किया जाता है।	3. इनमें उपभोग योग्य वस्तुओं का उत्पादन होता है।
कलात्मकता का महत्व	4. ये कलात्मकता प्रधान नहीं होता है।	4. कुटीर उद्योग कलात्मकता प्रधान होते है।
कच्चे माल का स्त्रोत	5. इनमें यह आवश्यक नहीं है कि ये विस्तृत बाजार से भी कच्चा माल प्राप्त करते है।	5. ये उद्योग स्थानीय कच्चे माल का प्रयोग करते है।
सम्भावित बाजार	6. ये राष्ट्रीय एवं अन्तर्राष्ट्रीय बाजार में अपने उत्पादन का विपणन करते हैं।	6. ये स्थानीय बाजार में अपने उत्पादन का विपणन करते है।
उत्पादन तकनिक	7. ये आधुनिक तकनीकी से उत्पादन करते हैं।	7. ये तकनीकी दृष्टि से पिछड़े होते है।

लघु एवं कुटीर उद्योगों का महत्व
(Importance of Small and Cottage Industries)

1. रोजगार के अवसरों में वृद्धि (Increase in Employment Opportunities)

लघु एवं कुटीर उद्योगों मे श्रम प्रधान तकनीक अपनायी जाती है जिसमें श्रमिकों का प्रयोग अधिक मात्रा में किया जाता है। इससे रोजगार के अवसरों में वृद्धि होती है और लघु एवं कुटीर उद्योगों के विकास से बेरोजगारी एवं अर्द्ध बेरोजगारी की समस्या का निराकरण होता है। भारतीय लघु एवं कुटिर उद्योगों द्वारा रोजगार प्रदान करने की क्षमता में निरन्तर वृद्धि हो रही है। 1990-91 द्वारा इन उद्योगों द्वारा 125 लाख व्यक्तियों को रोजगार के अवसरों को तालिका-1 में दर्शाया गया है। वर्ष 2000-2001 में लघु एवं कुटीर उद्योगों से 186 लाख व्यक्तियों को रोजगार प्राप्त हो रहा है।

2. कम पूँजी की आवश्यकता (Low Capital Requirement)

लघु एवु कुटीर उद्योगों को कम पूँजी की आवश्यकता पड़ती है, क्योंकि इनमें मशीनों का प्रयोग कम किया जाता है। श्रमिकों का अधिक मात्रा में प्रयोग किया जाता है। अतः भारत जैसे देश में जहाँ पूँजी का अभाव है, इन औद्योगिक इकाइयों की स्थापना से आय, उत्पादन एवं रोजगार में वृद्धि सम्भव है।

3. औद्योगिक विकेन्द्रीकरण (Industrial Decentralisation)

लघु उद्योगों को पिछड़े एवं दूर दराज के क्षेत्रों में स्थापित किया जाता है ताकि प्रक्रियाओं का विकेन्द्रीकरण किया जा सके। इससे केन्द्रीकरण के दोषों (अर्थात्, पेयजल, नैतिक पतन, प्रदुषण) से देश को बचाया ज़ा सकता है। इससे देश का आर्थिक विकास, प्रौद्योगिक सन्तुलन एवं क्षेत्रीय प्रौद्योगिकी विषमता को कम करना सम्भव होता है।

4. आर्थिक विषमता में कमी (Reduction in Economic Inequalities)

वृहत् पैमाने के उद्योग बड़े औद्योगिक घरानों द्वारा ही स्थापित किये जाते हैं, जिससे लाभ के रूप में आर्थिक सत्ता का केन्द्रीयकरण चन्द हाथों में ही होता है। इसके परिणामस्वरूप समाज में आर्थिक विषमता बढ़ी है। पूँजीपति श्रमिकों की अधिक पूर्ति होने के कारण उनका शोषण करते हैं। ऐसी स्थिति में सामाजिक न्याय की दृष्टि से यह उचित है कि आय एव सम्पत्ति का न्यायसंगत वितरण हो। आय एवं सम्पत्ति का न्यायसंगत वितरण लघु एवं कुटीर उद्योगों द्वारा ही संभव है, क्योंकि इन उद्योगों का स्वामित्व अनेक हाथों में बंटा हुआ होता है तथा श्रम की प्रधानता के कारण लघु एवं कुटीर उद्योगों में आय एवं सम्पत्ति के समान वितरण की सम्भावनाएं बढ़ जाती है, जो हमारे देश के समाजवादी सिद्धान्त के अनुरूप है।

5. औद्योगिक शान्ति की स्थापना (Establishment of Industrial Peace)

वृहत. पैमाने के उद्योगों में श्रमिकों की संख्या अधिक होने के कारण वे संगठित होते हैं तथा राजनैतिक स्वार्थों की पूर्ति के लिये विभिन्न राजनैतिक दल भी इन श्रम संघों के साथ ताल मेल रखते हैं जिसके परिणामस्वरूप पूँजीपतियों एवं श्रमिकों के मध्य संघर्ष होते रहते हैं। आये दिन हड़ताल, घेराव, तालाबन्दी एवं तोड़फोड़ होती रहती है। इसके फलस्वरूप लाखों श्रम घंटों का नुकसान होता है। उत्पादन में कमी होती है तथा आये दिन बन्द के आह्वान एवं रास्ता रोकों जैसे प्रयास जन साधारण का जीवन भी संकट में डाल देते हैं। जबकि लघु एव कुटीर उद्योगों में श्रमिकों की संख्या कम होती है, इस कारण से वे अधिक संगठित होकर मजबूत मजदूर संघ नहीं बना पाते और न ही राजनैतिक दलों से अधिक ताल मेल बन पाता है। इस कारण वृहत् उद्योगों जैसे श्रम एवं पूंजी के मध्य वैमनस्यता विस्फोटक स्थिति में नही पहुँच पाती है। श्रमिकों की संख्या कम होने के कारण लघु उद्योगों में स्वामियों एवं श्रमिकों के मध्य मधुर सम्बन्ध बने रहते हैं, क्योंकि वे एक दूसरे के अधिक निकट होते है। एक दूसरे की मजबूरियों एवं परेशानिर्यों को भली प्रकार समझ सकते हैं, जिससे संकट के विस्फोटक होने से पूर्व ही वे उसे हल करके सद्भाव बनाये रख सकते हैं।

6. विदेशी आक्रमणों एवं युद्धों से सुरक्षित (Security from Attack and War)

सामरिक दृष्टि से भी लघु एवं कुटीर उद्योग अधिक उपयुक्त रहते हैं। ऐसे उद्योग देश के सभी भागों में छोटी इकाइयों के रूप में फैले हुए होते है। अतः दुश्मन द्वारा आणविक या अन्य विस्फोटकों द्वारा इन्हें नष्ट करना संभव नहीं होता है। जबकि बड़े उद्योगों की स्थापना होने पर केन्द्रीयकरण की प्रवृत्ति पनपती है। बम बारी से इन्हें आसानी से नष्ट किया जा सकता है। जापान के हिरोशिमा एवं नागासाकी इसके ज्वलंत उदाहरण है।

7. सरल संचालन (Easy Operation)

लघु एवं कुटीर उद्योगों की उत्पादन प्रक्रिया एवं कार्य प्रणाली सरल होने के कारण इनका संचालन आसान होता है। इनके संचालन में कोई विशिष्ट ज्ञान एवं प्रशिक्षण की आवश्यकता नहीं होती है। साधारण एवं औसत मस्तिष्क वाला व्यक्ति, औसत कौशल से इनका संचालन कर सकता है।

8. राष्ट्रीय आय एवं प्रति व्यक्ति आय में वृद्धि
(Increase in National Income and Per Capita Income)

लघु एवं कुटीर उद्योग स्थापित करके देश में अधिक से अधिक लोगों को रोजगार उपलब्ध कराया जा सकता है। इससे देश में प्रति व्यक्ति आय तथा राष्ट्रीय आय दोनों में वृद्धि होगी। अतः यह राष्ट्रीय आय एवं प्रति व्यक्ति आय वृद्धि में सहायक होते हैं।

9. कलात्मक एवं श्रेष्ठ वस्तुओं का उत्पादन
(Production of Superier Artistic Products)

इन उद्योगों में उपभोक्ताओं की अभिरूचि एवं पसन्द के अनुरूप उत्पादन किया जाता है तथा उत्पादन की किस्म, आकार एवं गुणों में इच्छित परिवर्तन किये जा सकते हैं। उत्पादन का किसी प्रकार का मानक न होने के कारण इन उद्योगों द्वारा विभिन्न कलात्मक वस्तुओं का उत्पादन किया जाता है जिससे हमारे देश की विभिन्न कलाओं को ये सुरक्षित रखने में सफल होते हैं।

10. देश की सभ्यता एवं संस्कृति के अनुरूप
(In Accordance with the Civilisation and Culture of the Country)

कुटीर एवं लघु उद्योगों से पारस्परिक सद्भावना, सहकारिता, समानता एवं भातृत्व की भावना को बल मिलता है। यह भारतीय सभ्यता एवं संस्कृति के अनुरूप है। विश्व में भारत को शान्ति का प्रतीक माना जाता है तथा यहाँ की संस्कृति में ही "वसुधैव कुटुम्बकम्" की बात की जाती है, तो कम से कम एक इकाई में तो मधुर सम्बन्ध होते ही है, जबकि वृहत उद्योग इस संस्कृति के अनुरूप नहीं होते हैं।

11. व्यापार चक्रों से मुक्त (Free from Trade Cycles)

लघु एवं कुटीर उद्योग द्वारा मांग के अनुरूप ही उत्पादन किया जाता है। इनमें गला काट प्रतियोगिता भी नहीं होती हैं जिससे इन्हें स्पर्धा के लिये मूल्यों में भी अनावश्यक कटौती की आवश्यकता नहीं रहती हैं और न ही उत्पादन में वृद्धि की। इससे देश में आर्थिक

क्रियाओं में सामान्यतया उच्चावचन नहीं आते हैं और अर्थव्यवस्था को व्यापार चक्रों के जाल में फंसने से बचाया जा सकता है।

12. विदेशी मुद्रा का अर्जन (Earning of Foreign Currency)

लघु एवं कुटीर उद्योगों द्वारा निर्मित माल के निर्यात से दुर्लभ विदेशी मुद्रा भी अर्जित की जाती है, जिससे व्यापार सन्तुलन एवं भुगतान को अनुकूल बनाने में मदद मिलती है। मार्च 2001 में लघु उद्योग द्वारा उत्पादन के निर्यात द्वारा 13.13 बिलियन्स यू. एस. डालर विदेशी मुद्रा प्राप्त हुई थी।

लघु उद्योगों का विकास (Development of Small Scale Industries)

भारत में लघु उद्योगों के महत्तव को स्वीकार करके इन्हें विकास का उपयुक्त वातावरण प्रदान करने का प्रयास किया है। कृषि के पश्चात् लघु एवं कुटीर उद्योग ही रोजगार के सर्वाधिक अवशर प्रदान करने वाला अर्थव्यवस्था का क्षेत्र महत्वपर्ण क्षेत्र हैं। इस दृष्टि से भारत की विकास योजनाओं में इन उद्योगों के विकास हेतु पर्याप्त अवशर प्रदान किये गये है। इन प्रयासों के बावजूद भारत में लघु उद्योगों जो परिदृश्य निर्मित हुआ है उसे निम्न प्रकार दर्शाया जा सकता है।

1. इकाईयों की संख्या (No. of Units)-भारत में लघु आकार की दो प्रकार की इकाइयां है- पंजीकृत (Registered) तथा अपंजीकृत (Un-registered), विगत वर्षों में दोनों प्रकार की इकाइयों की संख्या में महत्वपूर्ण वृद्धि हुई है। 1994-95 में भारत में इन दोनों ही प्रकार की इकाइयों की संख्या 25.71 लाख थी। इनकी संख्या में अगामी वर्षो में निरन्तर वृद्धि के कारण 2002-03 में इनकी संख्या 35.72 लाख हो जाने की आशा हैं। तालिका-1 में लघु उद्योगों की संख्या में विस्तार का वर्णन किया गया है।

2. उत्पादन (Production) -लघु उद्योगों द्वारा उत्पादित किये जाने वाले माल के आकार में निरन्तर वृद्धि का क्रम दृष्टिगत हुआ है। तालिका-1 में दर्शाये गये आंकड़े यह स्पष्ट करते है कि 1991-92 में वर्तमान मूल्य पर लघु उद्यागों द्वारा 178699 करोड़ रूपये का माल उत्पादित किया गया, जबकी 2001-02 में चालु मूल्यों पर इन उद्योगों द्वारा उत्पादित किये गये माल की राशि 690316 करोड़ रूपये थी। यद्यपि वास्तविक अर्थ में लघु उद्योगों द्वारा उत्पादित माल की राशि में वृद्धि हुई है, किन्तु तुलनात्मक रूप से इसमें गिरावट का क्रम दृष्टिगत हुआ है। 2000-01 की तुलना में 2001-02 8 प्रतिशत उत्पादन वृद्धि दृष्टिगत हुई है। जबकि विगत वर्षों में पिछले वर्ष की तुलना में यह 10 से 23 प्रतिशत तक रही है। वैश्वीकरण तथा उदारीकरण की नीतियों को अपनाये जाने के पश्चात लघु उद्योगों का कार्य निष्पादन निरन्तर गिर रहा है।

3. रोजगार (Employment) -लघु उद्योगों द्वारा 1991-92 में 129.80 लाख लोगों को रोजगार प्रदान किया गया। 2001-02 में लघु उद्योगों द्वारा 192.23 लाख लोगों को रोजगार प्रदान किया गया। यद्यपि विगत वर्षों में प्रत्येक वर्ष रोजगार वृद्धि दर का प्रतिशत बढ़ रहा था किन्तु 1998-99 के पश्चात् इसमें गिरावट का क्रम दृष्टिगत हुआ है।

तालिका–1

विभिन्न वर्षों में लघु उद्योगों का योगदान

वर्ष	इकाईयों की संख्या (मि.)	उत्पादन (करोड़ रूपये)		रोजगार (मि.)	निर्यात चालू मूल्यों पर (यू. एस. डालर बि.)
		चालू कीमत पर	स्थिर कीमतों पर		
1991-92	20.81 (6.9)	178699 (15.0)	160156 (3.1)	129.80 (3.6)	13883 (43.7)
1992-93	22.46 (7.9)	209300 (17.1)	169125 (5.6)	134.05 (3.3)	17785 (28.1)
1993-94	23.81 (6.0)	241648 (15.5)	181133 (7.1)	139.38 (4.0)	25307 (42.3)
1994-95	25.71 (8.)	293990 (21.7)	199427 (10.1)	145.56 (5.2)	29068 (14.9)
1995-96	27.24 (6.0)	356213 (21.2)	222162 (11.4)	152.61 (4.1)	36470 (25.5)
1996-97	28.57 (4.9)	412636 (15.8)	247311 (11.3)	160.0 (4.8)	39249 (7.6)
1997-98	30.14 (5.5)	465171 (12.7)	268159 (8.4)	167.20 (4.5)	43946 (12.0)
1998-99	30.80 (4.62)	520650 (12.54)	385296 (7.70)	171.58 (2.62)	48979 (10.21)
1999-00	32.12 (4.29)	572887 (10.03)	416736 (8.16)	178.50 (4.03)	54200 (10.66)
2000-01	33.12 (3.11)	639024 (11.54)	451033 (8.23)	185.64 (4.0)	69797 (28.78)
2001-02	34.42 (3.91)	690316 (8.03)	478456 (6.01)	192.23 (3.55)	अप्राप्त
2002-03 अनुमानित	35.72 (3.8)	742021 (7.5)	514292 (7.5)	199.65 (3.9)	अप्राप्त

मि.–मिलियन्स; बि.–बिलियन्स

टिप्पणी : कोष्ठक में दिए गए आंकड़े पिछले वर्ष की तुलना में वृद्धि दर्शाते हैं।

स्त्रोत – आर्थिक सर्वेक्षण 2002–2003 पृष्ठ संख्या 181

4. निर्यात (Export) -लघु उद्योगों की भारत के निर्यात में महत्वपूर्ण भूमिका रही है। किन्तु विगत कुछ वर्षों में लघु उद्योगों का स्थान भारत के निर्यात व्यापार से हटने के समान दृष्टिगत हो रहा है। 1991-92 में इन उद्योगों द्वारा 13,883 करोड़ रूपये का निर्यात किया गया जो कि बढ़कर 2001-02 में 69,797 करोड़ रूपये हो गया।

लघु एवं कुटीर उद्योगों के दोष/समस्याएँ
(Disadvantages of Small Scale and Cottage Industries)

भारतीय अर्थव्यवस्था में लघु एवं कुटिर उद्योगों अति प्राचिन समय से महत्व रहा है। इन उद्योगों को पूर्व में ब्रिटिश सरकार की उपेक्षापूर्ण नीति के कारण तथा उसके पश्चा् तथा वर्तमान में बड़े उद्योगों के उपेक्षापूर्ण रवैये तथा सरकार की इन उद्योगों के सम्बन्ध में अधिक प्रभावपूर्ण नीति नहीं अपनाये जाने के कारण हुई। भारत में लघु एवं कुटीर उद्योगों के दोष तथा प्रमुख समस्याएँ निम्नलिखित है:

1. विशिष्टीकरण का अभाव (Lack of Specialization) - लघु एवं कुटीर उद्योगों में कम मात्रा में श्रमिकों एवं मशीन यन्त्रों का प्रयोग होता है। उत्पादन प्रक्रिया सामान्यत: विभिन्न उप विधियों में बंटी हुई होती है। एक ही श्रमिक को एक से अधिक उत्पादन की गतिविधियों में भाग लेना पड़ता है। इसके परिणामस्वरूप किसी एक उप विधि में श्रमिक अधिक कौशल अर्जित नहीं कर पाता जिससे उसकी उत्पादकता कम होती है। इन उद्योगों में मशीनें व यन्त्र भी आधुनिकतम तकनीकी के नहीं होते जिससे मशीनों व यन्त्रों की उत्पादकता भी कम रहती है।

2. सीमित वित्तीय साधन (Limited Financial Resources) -सामान्यत: लघु एवं कुटीर उद्योगों में साहसी, एकल एवं साझेदारी स्वामित्व से उत्पादन करता है। इनके पास व्यक्तिगत वित्तीय साधन ही होते हैं। उत्पादन भी इन उद्योगों का कम होता है, इस कारण से साख सुविधा भी कम मात्रा में प्राप्त कर पाते हैं तथा जो साख प्राप्त भी होती हे, उसकी ब्याज की दर ऊँची होती है।

3. कम प्रतियोगी क्षमता (Low Competitive Efficiency) -लघु एवं कुटीर उद्योगों के उत्पादन की लागत अधिक होती है, जबकि वृहत् पैमाने के उद्योगों की उत्पादन लागत कम होती है और उत्पादन अधिक होता है जिससे इनका उत्पाद बाजार में अधिक बिकता है और लघु उद्योग को अपने उत्पादन को बेचने में पेरशानी होती है। कभी कभी तो स्थिति इतनी विकट हो जाती है कि इन्हें अपना उत्पादन बन्द करना पड़ जाता है।

4. उप-उत्पाद एवं अवशिष्ट पदार्थों का प्रयोग में न आना (No Use of by -Products) -लघु एवं कुटीर उद्योगों में उत्पादन प्रक्रिया के दौरान बचने वाले उप-उत्पाद एवं अवशिष्ट पदार्थ का उचित उपयोग नहीं हो पाता है, क्योंकि इन उद्योगों में स्वामित्व द्वारा इनके प्रयोग से सम्बन्धित उद्योग स्थापित नहीं किये जा सकते हैं। इस कारण लघु उद्योगों के स्वामित्वों को अवशिष्ट पदार्थ या तो इधर उधर फैंकने पड़ते हैं या सस्ती दर पर बेचने को विवश होना पड़ता है।

5. अनुसंधानों का अभाव (Lack of Research)–लघु उद्योगपतियों के वित्तीय साधन बहुत सीमित होते हैं, इस कारण इन सीमित साधनों में से वे अनुसंधान पर होने वाले व्यय का भार वहन करने में असमर्थ होते हैं । इस कारण वे अनुसंधानों से होने वाले लाभ प्राप्त करने से भी वंचित रहते हैं।

6. श्रेष्ठ किस्म का कच्चा माल उपलब्ध न होना (Non-Availability of Superior Quality Raw Material) –वृहत् पैमाने के उद्योगपतियों द्वारा अधिक मात्रा में कच्चा माल क्रय किया जाता है तथा इनके पास वित्तीय साधन व विशेषज्ञों की सुविधा नहीं होने के कारण ये श्रेष्ठ कच्चे माल को पहले खरीदने में सफल हो जाते हैं तथा शेष बचे कच्चे माल को ही लघु उद्यमी खरीद पाते हैं जो कि तुलनात्मक रूप से निम्न किस्म का होता है।

7. उत्पादन में समरूपता का अभाव (Lack of Homogenous Product) –लघु उद्योगपतियों द्वारा उत्पादन में बहुत ही कम मात्रा में यन्त्रों एवं मशीनों का उपयोग किया जाता है। अधिकतर उत्पादन श्रमिकों द्वारा किया जाता है। इस कारण श्रमिकों द्वारा उत्पादित माल की सभी इकाइयाँ किस्म, गुणों व आकार की दृष्टि से समरूप नहीं हो पाती है।

8. आर्थिक संकटों का सामना करने में असमर्थ (Unable to Face Economic Crises)–जब अर्थव्यवस्था आर्थिक मंदी के दुष्चक्र में फँस जाती है, उस समय लघु एवं कुटीर उद्योग इस परिस्थितियों से उबर नहीं पाते और उन्हें अपना उत्पादन बन्द करना पड़ जाता है। उत्पादन जारी रखने के लिये उनके पास न तो स्वयं के पर्याप्त वित्तीय साधन ही होते हैं और न ही सीमित साख के कारण के पर्याप्त ऋण प्राप्त कर सकते हैं।

9. आधुनिक लेखा पद्धति का अभाव (Lack of Modern Accounting System) –लघु उद्योगों में साहसी द्वारा ही प्रबन्ध पर्यवेक्षण एवं हिसाब किताब की पुस्तिका का रख-रखाव किया जाता है। वह व्यक्ति हिसाबों एवं पुस्तिका को लिखने की आधुनिक पद्धतियों से अपरिचित होता है। वित्तीय साधनों की कमी के कारण वह ऐसे व्यक्तियों को भी नियुक्त नहीं कर पाता है जो इस काम में प्रवीण हो। इसके परिणामस्वरूप साहसी सही अवसरों का लाभ नहीं उठा पाते हैं।

10. बड़े उद्योगों से प्रतिस्पर्धा (Competition with Large Scale Industries) – लघु एवं कुटीर उद्योग की एक सबसे बड़ी समस्या यह है कि उसे बड़े उद्योगों द्वारा उत्पादित वस्तुओं से प्रतिस्पर्धा का सामना करना पड़ता है। बड़े उद्योगों द्वारा निर्मित वस्तुऐ सस्ती, आकर्षक एवं प्रमाणित होती है, जबकि लघु उद्योगों द्वारा बनी वस्तुएँ तुलनात्मक रूप से कम सस्ती एवं अप्रमाणित होती है।

11. कुशल प्रबन्धकों का अभाव (Lack of Efficient Managers) – लघु एवं कुटीर उद्योगों के पास वित्तीय संसाधनों की कमी के कारण वे कुशल, प्रशिक्षित एवं अनुभवी प्रबन्धकों की नियुक्ति नहीं कर पाते हैं, परिणामस्वरूप ये उद्योग बड़े उद्योगों एवं विदेशी उद्योगों की तुलना में अधिक लाभार्जन करने में सफल नही हो पाते हैं।

12. विपणन की समस्या (Problem of Marketing) – लघु एवं कुटीर उद्योग द्वारा निर्मित वस्तुओं को विपणन की समस्या का भी सामना करना पड़ता है अर्थात् उत्पादित

वस्तुओं के लिए बाजार ढूँढ़ने एवं सौदा करने की शक्ति कम होने के कारण इन्हें बड़े उद्योगों से प्रतिस्पर्धा का सामना करना पड़ता है। इससे इन्हें अपने द्वारा निर्मित माल की पर्याप्त एवं उचित कीमत भी नहीं मिल पाती है।

13. परिवहन की समस्या (Problems of Transportation) – स्वतन्त्रता के पचास वर्ष व्यतीत होने के बावजूद भी आज दूरदराज के ग्रामीण क्षेत्रों में परिवहन साधनों का अभाव देखा जा सकता है अर्थात् आज भी आशानुरूप सड़क, रेल एवं वायु परिवहन का विकास नहीं हो पाया है जिसका परिणाम लघु एवं कुटीर उद्योगों को समस्या के रूप में भुगतना पड़ रहा है।

लघु उद्योगों की समस्याओं के समाधान हेतु सुझाव
(Suggestions for the Solution of the Problems of Small Scale Industries)

भारत में लघु एवं कुटीर उद्योग की समस्याओं के समाधान हेतु समय समय पर केन्द्र सरकार एवं राज्य सरकारों ने कई प्रयत्न किये है। अनेक अध्ययन दलों द्वारा भी इन उद्योगों के कार्य-संचालन के अध्ययन द्वारा विशिष्ट सुझाव प्रस्तुत किये गये है। इसके बावजूद भीलघु एवं कुटीर उद्योगों के विकास को भारत में विकास का उपयुक्त वातावरण प्राप्त होना अभी शेष है। इन उद्योगों में व्याप्त दोषों अथवा समस्याओं के निवारण हेतु निम्न सुझाव अत्यन्त महत्वपूर्ण है:

1. सहकारी समितियों का विकास (Development of Co-operative Societies) – लघु एवं कुटीर उद्योग की समस्याओं के समाधान के लिए सहकारी समितियों का विकास किया जाना चाहिए। इससे कच्चे माल की प्राप्ति की समस्या, वित्तीय समस्या, विपणन समस्या आदि अनेक समस्याओं से छुटकारा पाने में मदद मिलेगी तथा इनके द्वारा उत्पादित वस्तुओं की उचित कीमत प्राप्त करने में सहायता मिलेगी।

2. बड़े एवं लघु उद्योगों में समन्वय (Co-ordination between Large and Small Scale Industries)–बड़े एवं लघु उद्योगों के मध्य प्रतिस्पर्धा के स्थान पर समन्वय होना चाहिए। इसके लिये लघु एवं कुटीर उद्योगों द्वारा निर्मित वस्तुओं को बड़े उद्योगों द्वारा कच्चे माल के रूप में काम में लेना चाहिए।

3. अनुसन्धान कार्यक्रम का विस्तार (Expansion of Research Programme) –लघु एवं कुटीर उद्योगों की समस्या के समाधान एवं उत्पादन हेतु इनसे सम्बन्धित कार्यों में शोध एवं अनुसंधान किया जाना चाहिए, जिससे उत्पादन लागत को कम किया जाना संभव हो सकेगा एवं बेकार पड़ी हुई कच्ची सामग्री को अन्यत्र उपयोग में लाकर प्रत्यक्ष एवं अप्रत्यक्ष रूप से लाभ में वृद्धि की जा सकेगी।

4. गुणवत्ता नियन्त्रण (Quality Control) – लघु एवं कुटीर उद्योगों के विकास के लिये यह आवश्यक होगा कि उनके द्वारा निर्मित वस्तुओं की किस्म में सुधार किया जाए जिससे बाजार में समान गुण एवं किस्म वाली वस्तुओं का विपणन सम्भव हो एवं इन्हें निर्यात योग्य बनाये जाने से वे बाजार में बड़े उद्योगों से प्रतियोगिता में टिक पाएगी। इस गुणवत्ता नियन्त्रण के माध्यम से लघु उद्योग न केवल विश्व व्यापार में अपना स्थान बना पाएंगे, अपितु अपने लाभ में वृद्धि करने में सफल हो सकेंगे।

5. उत्पादन तकनीक में सुधार (Improvement ın Production Technique) – लघु एवं कुटीर उद्योगों को अपने द्वारा निर्मित वस्तुओं की उत्पादन तकनीक में भी परिवर्तन करना होगा अर्थात परम्परागत उत्पादन तकनीक के स्थान पर नवीन अवधि एवं तकनीकी द्वारा उत्पादन प्रक्रिया को अपनाना चाहिए जिससे कि न केवल प्रति इकाई उत्पादन कम होगी, अपितु बाजार में उपभोक्ताओं को सस्ती एवं अच्छी किस्म की वस्तुएं उपलब्ध हो सकेगी।

6. वित्तीय सुविधाओं का विस्तार (Improvement in Financial Facilities) – लघु एवं कुटीर उद्योगों को प्रमुख रूप से वित्तीय समस्याओं का सामना करना पड़ रहा है। इस सम्बन्ध में सरकार एवं विभिन्न वित्तीय संस्थाओं द्वारा इन उद्योगों को आसान शर्तों एवं कम ब्याज दर वित्तीय सुविधाएं उपलब्ध कराई जानी चाहिए।

7. प्रशिक्षण सुविधाओं का विस्तार (Expansion of Training Facilities) – लघु एवं कुटीर उद्योगों के श्रमिकों एवं उद्यमियों के लिए सरकार एवं अर्द्ध सरकारी संस्थाओं द्वारा समय समय पर प्रशिक्षण कार्यक्रम चलाए जाने चाहिए जिसमें बाजार की वर्तमान परिस्थितियों एवं प्रतियोगिता में टिकने के लिए, इन्हें प्रशिक्षित किया जाना चाहिए।

8. प्रदर्शनियों का आयोजन (Organisation of Exhibitions) - लघु एवं कुटीर उद्योगों द्वारा निर्मित माल के सम्बन्ध में समय समय पर प्रदर्शनियों का आयोजन किया जाना चाहिए जिससे उनके द्वारा उत्पादित माल का विपणन व विक्रय का प्रचार प्रसार हो सके।

9. बीमार उद्योगों को सहायता (Assistance to Sick Industries) – सरकार द्वारा बीमार एवं रूग्ण लघु एवं कुटीर उद्योगों को वित्तीय सहायता एवं परामर्श देकर उन्हें लाभ कमाने के लिए प्रेरित करना चाहिए।

10. रियायती दरों पर ऊर्जा (Availability of Power at Concessional Rates)– लघु एवं कुटीर उद्योगों को सरकार द्वारा रियायती दरों पर बिजली उपलब्ध कराई जानी चाहिए जिससे ये उद्योग अपनी उत्पादन क्षमता का पूरा उपयोग कर सके।

11. परिवहन एवं संचार सुविधाओं का विकास (Development of Transportation and Communication Facilities) – लघु एवं कुटीर उद्योगों के विकास के लिए पर्याप्त परिवहन एवं संचार साधनों का विकास होना एक आवश्यक शर्त है। अत: अर्ध शहरी एवं ग्रामीण क्षेत्रों में तीव्र गति से परिवहन एवं संचार साधनों का विकास किया जाना चाहिए।

वैश्वीकरण बनाम् लघु क्षेत्र
(Globalisation V/s Small Sactor)

1990 के दशक में राष्ट्रीय अर्थव्यवस्थाओं को अन्तर्राष्ट्रीय अर्थव्यवस्था पक्ष में खोलने के प्रयास प्रारम्भ हुये। इन प्रयासों में प्रमुख औद्योगिक लाइसेंस की समाप्ति, आरक्षित वस्तुओं की संख्या में कमी स्वदेशी व विदेशी उद्योगों के साथ प्रतिस्पर्धा की प्रवृत्ति को प्रोत्साहन, प्रशुल्कों में कमी, मात्रात्मक प्रतिबन्धों को समाप्त करना आदि है। इन प्रयासों का

लघु उद्योग क्षेत्र पर प्रतिकूल प्रभाव पड़ा है। लघु उद्योगों का भारतीय अर्थव्यवस्था में अत्यन्त महत्वपूर्ण स्थान है क्योंकि कुल राष्ट्रीय विनिर्माण उत्पादन में 40 प्रतिशत भाग इन उद्योगों द्वारा उपलब्ध करवाया जाता है, कुल रोजगार का 50 प्रतिशत भाग इन उद्योगों द्वारा उपलब्ध करवाया गया है। तथा भारत के कुल निर्यातों में लघु उद्योगों का हिस्सा लगभग 33 प्रतिशत है। भारतीय अर्थव्यवस्था के इतने महत्वपूर्ण क्षेत्र के समक्ष विश्व अर्थव्यवस्था में वैश्वीकरण की प्रक्रिया द्वारा जो संकट उत्पन्न किया गया है उसका विवेचन निम्न प्रकार प्रस्तुत किया जा सकता है:

(1) विश्व व्यापार संगठन की व्यवस्था के अन्तर्गत आरक्षणों को हटा दिया गया है। लघु औद्येगिक इकाइयों को प्राथमिकता -आधारित क्रय या अन्य रियायतें अब उपलब्ध नहीं होगी। इसके परिणामस्वरूप लघु इकाइयों को देश के बड़े आकार वाले उद्योगों से प्रतिस्पर्धा करनी होगी।

(2) लघु औद्योगिक इकाइयों को सस्ते आयातित वस्तुओं से प्रतिस्पर्धा करनी पड़ेगी।

(3) लघु औद्योगिक इकाइयों के सम्बन्ध में ''बलिष्ठ-अति जीवित'' (Survival of the Fittest) का नियम लागु हो जाने के बावजूद अधिकांश लघु औद्योगिक इकाइयाँ बन्द हो चुकी है अथवा बन्द होने के कगार पर पहुँच चूकी है।

(4)चीनी वस्तुएँ के डम्पिंग ने भी लघु औद्योगिक इकाइयों को महत्वपूर्ण रूप से आतंकित किया है। वस्तुत: लघु क्षेत्र के अस्तित्व पर यह एक नवीन खतरा है। इस सम्बन्ध में वास्तविक कठिनाई यह है कि चीनी अर्थव्यवस्था में अपारदर्शिता के कारण डम्पिंग विरोधी अभियान को तैयार करने हेतु सूचनाओ की प्राप्त नही हो सकती। प्रत्येक वस्तु के सम्बन्ध में डम्पिंग विरोधी निदेशालय के लिये यह सम्भव नहीं है कि आवश्यक सुचनाएँ एकत्रित कर सके। इसका विपरीत प्रभाव भारतीय लघु उद्योगों पर यह हो रहा है कि वे डम्पिंग निति के कारण दूर्बल होते जा रहे है।

(5) बहुराष्ट्रीय कम्पनियों द्वारा साधारण उपभोग वस्तुओं जैसे अगरबत्ती निर्माण, खाद्य संसाधन, शीलत पेय पदार्थ, आइसक्रिम आदि के क्षेत्र में स्वतन्त्रता पूर्वक प्रवेश का भी लघु क्षेत्र के उद्योगों पर विपरीत प्रभाव पड़ा है। क्योंकि इन वस्तुओं का उत्पादन पारम्परिक रूप से लघु उद्योगों द्वारा किया जाता है। विगत वर्षों में विश्व के शक्तिशाली शीतल पेय कोका कोला और पेप्सी के प्रयोग से इस क्षेत्र में पूर्व में कार्य कर रही अनेक लघु इकाइयों के समक्ष अस्तित्व का खतरा उत्पन्न हो गया।

(6) बहुराष्ट्रीय निगम ऐसी वस्तुओं के उत्पादन में रूचि रखते हैं जिनकी माँग पूरे वर्ष अधिक तथा समान रहे। अधिकांश लघु उद्योग ऐसी ही वस्तुओं के उत्पादन में संलग्न हैं। अत: बहुराष्ट्रीय निगमों की दृष्टि अब इन वस्तुओं के उत्पादन को लघु उद्योगों से हड़पने की है।

वैश्वीकरण से भारत के लघु उद्योगों के समक्ष अस्तित्व का जो संकट उत्पन्न हुआ है वह उपयुक्त वर्णित बुरे प्रभाव से स्वत: स्पष्ट है। भारत में लघु उद्योगों का कार्य संचालन 1990 के दशक में विपरीत रूप से प्रभावित हुआ है। यदि हम आर्थिक सुधारों को लागु किये

जाने से पूर्व इनकी संचय वार्षिक वृद्धि दर की तुलना आर्थिक सुधार लागु किये जाने के पश्चात् के वर्षों की संचयी वार्षिक वृद्धि दर से करें तो इसमें गिरावट नजर आती है। उदाहरण के लिये 1985–91 में लघु उद्योगों की संख्या में वृद्धि की दर 7.56 प्रतिशत आंकी गयी जो कि 1991–97 में घट कर 6.53 प्रतिशत रह गयी। यदि इसी अवधि में उत्पादन की सवंद्धि दर का अध्ययन किया जाय तो स्पष्ट होता है कि यह 20.47 प्रतिशत प्रतिवर्ष से घटकर 18.57 प्रतिशत प्रतिवर्ष रह गयी। इसी प्रकार इसी अवधि में रोजगार की वृद्धि दर 5.47 प्रतिशत प्रतिवर्ष से कम होकर 4.27 प्रतिशत प्रतिवर्ष, निर्यात की वृद्धि दर 28.40 प्रतिशत प्रतिवर्ष से घटकर 23.52 प्रतिशत प्रतिवर्ष रह गयी। [1]

परिक्षापयोगी प्रश्न

1. लघु तथा कुटिर उद्योगों के मध्य अन्तर बतलाइये। इन उद्योगों की भारतीय अर्थव्यवस्था में स्थिति स्पष्ट कीजिये।

   Distinguish between Small and Cottage Industries. Discuss clearly their role in Indian Economy.

2. भारत में लघु एवं कुटिर उद्योगों के विकास की प्रमुख समस्याएँ बतलाइये। इन उद्योगों की समस्याएँ दूर करने हेतु आपके पास क्या सुझाव है।

   What are the main problems of Cottage and Small Industries in India. What suggestions you have to solve this problem.

3. "भारत में लघु उद्योगों का आदर्श सैद्धान्तिक रूप से महत्वपूर्ण है, किन्तु व्यवहार में कमजोर"। विवेचना कीजिये।

   "The concept of small sale industries more practical on paper and weak in practice." Discuss.

□□□

---

1 . Sandip Da, "SSIs to Have Tough Time after QR Phase Out", *Business Standard,* December 20, 2000, p.3.

12

सार्वजनिक क्षेत्र
(Public Sector)

व्यापारिक एवं औद्योगिक गतिविधियों में सरकार का प्रत्यक्ष योगदान एक आधुनिक घटना है। इससे पूर्व तक व्यक्तिगत एवं सामाजिक स्वतन्त्रता की प्रधानता थी। किसी देश की सरकार के कार्यकलापों का क्षेत्र केवल बाहरी आक्रमणों से रक्षा, आन्तरिक शान्ति तथा लोकोपयोगी कार्यों तक ही सीमित था। व्यापारिक क्षेत्र में सरकार का हस्तक्षेप अवांछनीय समझा जाता था। साधारणतया ऐसी भावना प्रचलित थी कि जिस देश का राजा व्यापार करता है वह देश नष्ट हो जाता है। शनैः शनैः औद्योगिक एवं व्यापारिक क्षेत्रों में विकास के साथ इस नीति में कुछ दोष दिखायी पड़ने लगे। इन दोषों में औद्योगिक प्रतिष्ठानों में श्रमिकों (प्रमुखतः बच्चों तथा औरतों) का शोषण, छोटे-छोटे व्यापारिक प्रतिष्ठानों का बन्द हो जाना तथा बड़े आकार के एकाधिकारी प्रतिष्ठानों द्वारा उपभोक्ता वर्ग का शोषण आदि प्रमुख थे। इन सब के परिणामस्वरूप यह भावना विकसित हुई कि इन सामाजिक तथा वैयक्तिक दबावों से रक्षा सरकार के अतिरिक्त और कोई नहीं कर सकता। इस प्रकार सार्वजनिक क्षेत्र अथवा लोक उद्योगों के विकास का क्रम प्रारम्भ हुआ।

परिभाषा (Definition)

विभिन्न लेखकों द्वारा लोक उद्योग शब्द की व्याख्या करने का प्रयास किया गया है। लोक उद्योग की प्रमुख परिभाषाएँ निम्नलिखित हैं :

(1) एस. एस. खेरा के अनुसार, "राजकीय उपक्रमों का आशय उन औद्योगिक, वाणिज्यिक एवं आर्थिक क्रियाओं से हैं जिन्हें केन्द्रीय सरकार, राज्य सरकार अथवा केन्द्रीय एवं राज्य सरकार सम्मिलित रूप से मिलकर सम्पन्न करे। यह कार्य सरकार स्वयं अथवा निजी उपक्रम के साथ करे किन्तु प्रबन्ध का स्वयं में पूर्ण होना आवश्यक है।"

(2) ए. एच. हैन्सन के अनुसार, "लोक उद्योग का आशय सरकार के स्वामित्व एवं संचालन के अन्तर्गत आने वाली औद्योगिक, कृषि, वित्तीय एवं वाणिज्यिक इकाइयों से हैं।"

(3) एन. एन. माल्या के अनुसार, ''लोक उद्योग का अभिप्राय सरकारी स्वामित्व में स्थापित तथा नियन्त्रित ऐसी स्वायत्तशासी अथवा अर्द्ध-स्वायत्तशासी कम्पनियों तथा निगमों से है जो औद्योगिक तथा वाणिज्यिक क्रियाओं में संलग्न हो।''

(4) डॉ टी. आर. शर्मा के अनुसार, ''सार्वजनिक अथवा राजकीय उपक्रम का आशय एक ऐसी संस्था से है जिस पर या तो राज्य का स्वामित्व है अथवा जिसकी प्रबन्ध व्यवस्था राजकीय यन्त्र द्वारा संचालित की जाती है अथवा ये दोनों ही राज्य के अधीन हो।''

लोक उद्योग की उपर्युक्त वर्णित परिभाषाओं का अध्ययन करने के पश्चात् इसे सामान्य स्वीकार्य परिभाषा के रूप में इस प्रकार परिभाषित किया जा सकता है- लोक अथवा सार्वजनिक उद्योग का आशय ऐसे औद्योगिक, वाणिज्यिक एवं व्यापारिक उद्योगों अथवा सेवाओं से हैं जिनका स्वामित्व, प्रबन्ध एवं नियन्त्रण केन्द्र, राज्य अथवा स्थानीय सरकार अथवा किसी सार्वजनिक संस्था द्वारा किया जाता है।

लोक उद्योगों की प्रमुख विशेषताएँ (Main Characteristics of Public Enterprises)

लोक उद्योग की उपर्युक्त वर्णित परिभाषाओं का अध्ययन करने से निम्नलिखित विशेषताएँ दृष्टिगोचर होती है:

(1) सरकारी स्वामित्व (Government's Ownership)- विश्व के सभी देशों में लोक उद्योग या उपक्रम का स्वामित्व वहाँ की सरकार के पास है। लोक उद्योगों पर सरकारी स्वामित्व का यह अर्थ कदापि नहीं है कि इन उद्योगों की समस्त पूँजी सरकार द्वारा प्रदान की जाय। केवल पूँजी का बड़ा भाग (Major Portion) सरकार का हो जिससे सरकारी स्वामित्व को बहुमत सिद्ध किया जा सके। भारत में सरकारी स्तर पर लोक उद्योग को परिभाषित नहीं किया है। लेकिन भारतीय कम्पनी अधिनियम, 1956 की धारा 617 में सरकारी कम्पनी की परिभाषा दी गयी है। इस परिभाषा के अनुसार, 'सरकारी कम्पनी' का अभिप्राय किसी ऐसी कम्पनी से है जिसमें कम-से-कम 51 प्रतिशत अंश केन्द्रीय सरकार अथवा किसी राज्य सरकार अथवा सरकारों अथवा केन्द्रीय तथा एक अथवा अधिक राज्य सरकारों के हाथ में हों। इस परिभाषा में सरकारी स्वामित्व पर ही बल दिया गया है। भारतीय सन्दर्भ में लोक उद्योगों पर पूर्णतः सरकारी स्वामित्व होना अनिवार्य नहीं है। पूर्णतः के स्थान पर अधिकांश सरकारी स्वामित्व वाले उद्योगों को भी लोक उद्योगों की श्रेणी में सम्मिलित किया जाता है।

(2) प्रबन्ध (Management) -लोक उद्योगों की यह विशेषता है कि इनका नियन्त्रण सरकार अथवा किसी लोक सत्ता द्वारा किया जाता है। यदि किसी लोक उद्योग पर केवल सरकारी स्वामित्व ही है तथा नियन्त्रण सरकार द्वारा नहीं किया जाता है तो ऐसे उद्योग को लोक उद्योगों की श्रेणी में नही रखा जा सकता। अतः स्पष्ट है कि लोक उद्योग केवल उसी उद्योग को नहीं कहा जायेगा जिस पर बहुमत स्वामित्व सरकार का है; ऐसे बहुमत स्वामित्व वाले उद्योग का नियन्त्रण भी सरकार द्वारा किया जाना चाहिए।

(4) निजी उद्योगों के समान जनता को वस्तुएँ तथा सेवाएँ प्रदान करना (Supplying the Public with Goods and Services, which alternatively are Supplied by Private Enterprise) -लोक उद्योग की इस विशेषता के अन्तर्गत लोक

उद्योगों को निजी उद्योग का विकल्प स्वीकार किया गया है। इस विशेषता के अनुसार लोक उद्योगों की श्रेणी में उन उद्योगों को सम्मिलित किया जाता है जो उन सेवाओं तथा वस्तुओं का उत्पादन करते हैं जिनका उत्पादन लोक उद्योगों के अभाव में निजी उपक्रम करते। इस विशेषता के अनुसार शिक्षा, स्वास्थ्य, न्याय तथा कानून व्यवस्था आदि को लोक उद्योगों के अन्तर्गत सम्मिलित नहीं किया जाता। इन सेवाओं को लोक क्षेत्र के अन्तर्गत सम्मिलित किया जाता है। सभी लोक उद्योगों की स्थापना प्रत्यक्ष अथवा अप्रत्यक्ष रूप से जनता की सेवा करने के लिए की गयी है।

(5) स्वतन्त्र वित्त व्यवस्था (Self-contained Finance) –सरकारी स्वामित्व होने के कारण लोक उद्योगों में प्रारम्भिक पूँजी के सम्पूर्ण अथवा अधिकांश भाग की व्यवस्था सरकार द्वारा की जाती है। प्रारम्भिक विनियोग के पश्चात्, प्रबन्ध के प्रारूप से लोक उद्योगों की वित्तीय व्यवस्था निर्धारित होती है। सरकारी कम्पनियों अथवा लोक निगमों की वित्तीय व्यवस्था का राष्ट्र की वित्तीय व्यवस्था (बजट आदि) से प्रत्यक्षत: कोई सम्बन्ध नहीं होता है। इस प्रकार लोक उद्योग के संगठन के ये प्रारूप वित्तीय स्वारूत्तता रखते हैं। इसके अतिरिक्त विभागीय संगठन अपनी वित्तीय व्यवस्था के लिए पूर्णत: सरकारी बजट के अंशदान पर निर्भर होते हैं। अत: विभागीय प्रबन्ध के उपक्रमों को लोक निगम तथा सरकारी कम्पनी के समान वित्तीय स्वायत्तता प्राप्त नहीं होती है।

लोक उद्योगों की उपर्युक्त वर्णित विशेषताओं से स्पष्ट है कि लोक उद्योग की परिभाषा में प्रमुख तत्व इन उपक्रमों के स्वामित्व तथा जनता के लिए वस्तुओं तथा सेवाओं के उत्पादन से सम्बन्धित है। लोक उद्योग की परिभाषा में सम्मिलित अन्य तत्वों का किसी राष्ट्र की स्थिति एवं आवश्यकतानुसार विभिन्न मात्राओं में समावेश होता है। इसलिए यह कहना उपयुक्त ही होगा कि लोक उद्योग ऐसे उद्योगों को कहा जाता है जो मूल्य प्राप्त करके जनता के लिए वस्तुओं तथा सेवाओं का उत्पादन करने के लिए स्थापित किये गये हैं तथा जिनका प्रबन्ध एवं नियन्त्रण सरकार द्वारा किया जाता है तथा जिन पर स्वामित्व भी सरकार का ही है। इन उद्योगों की वित्त व्यवस्था भी सरकार द्वारा की जाती है।

भारत के सार्वजनिक उपक्रम के विकास का महत्व
(Importance of The Development of Public Enterprises in India)

आज विश्व के सभी विकासशील देश आर्थिक नियोजन के आधार पर अपना विकास करने का प्रयास कर रहे हैं जिसके लिए विशाल पूँजी के विनियोग की आवश्यकता होती है, जिसको निजी क्षेत्र पूरा करने में अपने को असमर्थ पाता है। इन कार्यक्रमों में जोखिम भी अधिक होती है। तत्काल लाभ मिलना भी कठिन होता है। इच्छानुसार तीव्र औद्योगीकरण भी विभिन्न अवरोधों के कारण नहीं हो पाता है। अत: भारत में सार्वजनिक उपक्रमों के विकास के लिए निम्न तर्क प्रस्तुत किये जाते हैं जिन्हें सार्वजनिक उपक्रमों के विकास के महत्व के रूप में भी रखा जा सकता है:

(1) समाजवादी समाज की स्थापना – भारत सरकार ने दिसम्बर 1954 में समाजवादी समाज की स्थापना का निश्चय किया। द्वितीय योजना में भी कहा गया कि ''समाजवादी ढंग के समाज की राष्ट्रीय महत्त्व के रूप में अपनाने एवं नियोजन एवं तीव्र विकास की आवश्यकता की पूर्ति के लिए यह अनिवार्य है कि आधारभूत एवं केन्द्रीय महत्व

के सभी उद्योग तथा जन-उपयोगी सेवाओं से सम्बन्धित उद्योग सार्वजनिक क्षेत्र में हों। इस प्रकार सार्वजनिक उपक्रमों के विकास से समाजवादी समाज की स्थापना करने में सहयोग मिलेगा।

(2) एकाधिकार एवं केन्द्रीयकरण पर नियन्त्रण - सार्वजनिक क्षेत्र का विस्तार करके निजी क्षेत्र के एकाधिकार को समाप्त किया जा सकता है तथा आर्थिक शक्ति का केन्द्रीयकरण जो कुछ निजी व्यक्तियों के हाथों में हो गया है उस पर नियन्त्रण रखा जा सकता है और उन्हें जनहित में कार्य करने के लिए विवश किया जा सकता है।

(3) उपभोक्ताओं के लिए लाभकारी - सार्वजनिक उपक्रम उपभोक्ताओं के लिए लाभकारी है। इनके विकसित होने से निजी क्षेत्र शोषण नहीं कर पाता है तथा सरकार द्वारा विभेदात्मक मूल्य नीति अपनाकर कम आय वाले जन समुदाय को लाभ पहुँचाया जा सकता है। इस नीति में एक ही वस्तु का कम आय वालों से कम मूल्य व अधिक आय वालों से अधिक मूल्य लिया जा सकना सम्भव होता है।

(4) सार्वजनिक उपक्रमों के लाभों का जनहित में उपयोग - सार्वजनिक उपक्रमों को होने वाले लाभ उन उपक्रमों द्वारा सरकार को लाभांश के रूप में दिये जाते हैं जिन्हें सरकार जनहित में उपयोग कर समाजवादी समाज की स्थापना में योग दे सकती है।

(5) प्रादेशिक विकास में सन्तुलन - पूंजीपति व उद्योगपति उन्हीं स्थानों पर कारखाने, मिल व उद्योग खोलते हैं जहाँ प्राकृतिक साधन सुलभ होते हैं तथा जहाँ स्थापित करने से लाभ की सम्भावनाएँ अधिक होती है। इससे प्रादेशिक सन्तुलन नहीं रहता है। कुछ क्षेत्रों का विकास तीव्र गति से हो जाता है, तो कुछ क्षेत्र पिछड़े रह जाते हैं। सार्वजनिक उपक्रम इस खाई को पाटने में सहायक होते है इसलिए उनकी स्थापना देश में भिन्न भिन्न स्थानों पर होती है।

(6) साधनों का आवश्यकतानुसार आबंटन - देश में उपलब्ध साधनों का सार्वजनिक उपक्रमों द्वारा प्राथमिकताओं के आधार पर आबंटन किया जाता है जो देश के हित में होता है। निजी व्यवसायी इस बात का ध्यान नहीं रखते हैं। वे उन उद्योगों को स्थापित करते हैं जो शीघ्र एवं अधिक लाभ देने वाले होते हैं। वे उन उद्योगों में धन नहीं विनियोजन लगते हैं जहाँ लाभ की सम्भावनाएँ कम होती हैं या जहाँ हानि की सम्भावनाएँ अधिक होती है।

(7) आर्थिक विकास की दर में वृद्धि - योजनाओं में आर्थिक विकास की दर का लक्ष्य रखा जाता है जिसे निजी क्षेत्र अकेले ही प्राप्त कर ले ऐसा सम्भव प्रतीत नहीं होता है क्योंकि इसमें निजी क्षेत्र की अपनी सीमाएँ होती है जैसे पूँजी का अभाव, तकनीक का अभाव, आदि। अत: यह सर्वथा उचित एवं आवश्यक है कि विकास दर को प्राप्त करने के लिए सार्वजनिक उपक्रमों का विस्तार किया जाय।

(8) निजी क्षेत्र की बुराईयाँ - निजी क्षेत्र में कुछ बुराइयाँ हैं जैसे अधिक लाभ कमाने की लालसा, मजदूरों को आवश्यक मजदूरी न देना, कृत्रिम कमी पैदा करना, दुर्लभ पदार्थों को नियन्त्रित मूल्य पर अधिकाधिक प्राप्त करना आदि। इससे समाज को हानि होती

है। निजी क्षेत्र में पूँजी की सीमितता भी है। इससे उद्योग का विकास नहीं हो पाता है। अतः निजी क्षेत्र की बुराइयों एवं सीमाओं के लिए सार्वजनिक उपक्रमों के विकास का महत्व है।

(9) सुरक्षा उद्योगों के लिए - प्रत्येक देश में कुछ सुरक्षा उद्योग होते हैं जो देश के लिए अस्त्र-शस्त्र, गोला बारूद, मशीन व उपकरण बनाते हैँ। यह सर्वथा उचित हैं कि ऐसे उद्योग सार्वजनिक क्षेत्रों में ही हो जिससे कि उन पर सरकार का पूरा नियन्त्रण रह सके।

(10) जन-उपयोगी सेवाओं के लिए - कुछ सेवाएं जन सेवाएं होती है जिनको सार्वजनिक क्षेत्र में रखा जाना चाहिए। इन सेवाओं में पानी व बिजली पूर्ति, परिवहन, स्वास्थ्य सुविधा आदि सम्मिलित होती है।

सार्वजनिक उपक्रम - एक दृष्टिपात (Public Sector-AT A GLANCE)

इस शीर्षक के अन्तर्गत सार्वजनिक उपक्रमों के विकास से सम्बन्धित महत्वपूर्ण तथ्यों पर एक दृष्टि डाली गयी है। ये तथ्य भारत में सार्वजनिक उपक्रमों की वर्तमान स्थिति भी बताते हैं। निम्न विवेचन में सार्वजनिक क्षेत्र पर विभिन्न पंचवर्षीय योजनाओं में परिव्यय, सार्वजनिक उपक्रमों के विकास एवं विनियोग, सार्वजनिक उपक्रम के उत्पादन का कुल आन्तरिक उत्पादन में योगदान, सरकारी खजाने में योगदान, श्रम एवं मजदूरी तथा क्षमता के प्रयोग की प्रवृत्ति आदि पर एक दृष्टि डाली गयी है।

(1) विभिन्न पंचवर्षीय योजनाओं में सार्वजनिक क्षेत्र में विनियोजन

(Investment in the Public Sector under the Plans)

भारत के कुल संगठित औद्योगिक क्षेत्र एवं खनन क्षेत्र में किये गये विनियोग में प्रथम पंचवर्षीय योजना (1951-56) के पश्चात् सार्वजनिक क्षेत्र के उद्योगों का भाग अत्यन्त ही महत्वपूर्ण था। विभिन्न योजनाओं में सार्वजनिक क्षेत्र का विनियोग में भाग 46 से 63 प्रतिशत तक रहा। केवल प्रथम पंचवर्षीय योजना को छोड़कर पाँचवी योजना तक सार्वजनिक क्षेत्र के हिस्से में कुल विनियोग का महत्वपूर्ण भाग आया है। छठी योजना के पश्चात् सार्वजनिक क्षेत्र के कुल विनियोग में प्रतिशत भाग में कमी आयी है। अब देश में विनिवेश की प्रक्रिया प्रारम्भ हो जाने के पश्चात् तथा निजी क्षेत्र को पहले से अधिक महत्वपूर्ण भूमिका प्रदान किये जाने के कारण कुल विनियोग में सार्वजनिक क्षेत्र के प्रतिशत भाग में कमी आयी है। नौवीं योजना में सार्वजनिक क्षेत्र में कुल विनियोग का प्रतिशत प्रथम योजना से भी कम हो गया जैसा कि तालिका -1 में दर्शाया गया है।

तालिका -1

विभिन्न पंचवर्षीय योजनाओं में लोक क्षेत्र में विनियोग

योजना	संगठित औद्योगिक क्षेत्र तथा खनन क्षेत्र में कुल विनियोग	सार्वजनिक क्षेत्र में विनियोग	कुल विनियोग में सार्वजनिक क्षेत्र का प्रतिशत भाग
प्रथम	398	60	16
द्वितीय	1620	770	47
तृतीय	2605	1330	51
चतुर्थ	5300	3050	58
पाँचवी	16,000	10,201	62
छठी	50,730	20,407	40
सातवी	104,627	42,455	40
आठवीं	227,000	756,00	33.3
नौवीं	501,900	71,684	14.3

(2) सार्वजनिक क्षेत्र : विकास एवं विनियोग

(Public Sector : Growth and Investment)

प्रथम पंचवर्षीय योजना के प्रारम्भ में अंश पूंजी तथा दीर्घकालीन ऋणों के रूप में केवल 29 करोड़ रूपये का विनियोजन था तथा प्रतिष्ठानों की संख्या केवल 5 थी। यह राशि पाँचवी पंचवर्षीय योजना के अनत तक 174 प्रतिष्ठानों में बढ़कर 11,389 करोड़ रूपये हो गयी तथा फिर मार्च 1986 के अन्त में 225 प्रतिष्ठानों में बढ़कर 50,341 करोड़ रूपये हो गयी। 31 मार्च 2001 तक 242 लोक क्षेत्र प्रतिष्ठानों में 2,74,114 करोड़ रूपये विनियोजित थी तालिका-2 में इसे स्पष्ट किया गया है :

तालिका-2

वर्ष	प्रतिष्ठानों की संख्या	विनियोग (करोड़ रूपये)
1-4-1951	5	29
1-4-1956	21	81
1-4-1961	48	953
1-4-1980	186	18,225
31 मार्च, 1990	244	99,329
31 मार्च, 2001	142	2,74,114

(3) निर्यात आगम (Export Earning)

लोक उद्योगों के कार्य निष्पादन-का एक महत्वपूर्ण भाग इन उपक्रमों द्वारा विगत वर्षों में अन्तर्राष्ट्रीय व्यापार में निभायी गयी भूमिका से सम्बन्धित है। भारत में विदेशी मुद्रा के प्रमुख अर्जनकर्त्ता के रूप में लोक उद्योगों की भूमिका अत्यन्त प्रभावशाली रही है। वर्ष 1978-79 में लोक उद्योगों द्वारा कुल 1,834.16 करोड़ रूपये का निर्यात किया गया जो 1985-86 में 3,799.34 तथा 2000-01 में 19,714 करोड़ रूपये हो गया। तालिका -3 में लोक उद्योगों द्वारा विगत वर्षें में किये गये निर्यात को दर्शाया गया है:

तालिका-3

निर्यात आगम

(करोड़ रूपये में)

वर्ष	निर्यात का मूल्य	विगत वर्ष से प्रतिशत परिवर्तन
1978-79	1,834.16	17.44
1979-80	1,912.98	4.30
1980-81	2,216.75	15.88
1981-82	2,755.78	24.32
1982-83	4,693.77	70.32
1983-84	5,532.10	16.53
1984-85	5,831.45	5.41
1985-86	3,799.34	(—)34.85
2000-01	19,714	अप्राप्त

(4) केन्द्रीय खजाने में सार्वजनिक उपक्रमों का योगदान

(Contribution of Public Enterprise in Central Exchequer)

लोक उद्योगों द्वारा लाभांश, निगम कर, उत्पादन शुल्क तथा चुंगी एवं अन्य शुल्क के रूप में सरकारी खजाने में योगदान महत्वपूर्ण रहा है। विगत वर्षों की तुलना में 2000-01 में यह योगदान अत्यन्त ही श्रेष्ठ रहा। निम्न तालिका-4 में लोक उद्योगों द्वारा विगत वर्षों में सरकारी खजाने में किया गया योगदान दर्शाया गया है:

तालिका-4

(करोड़ रूपये)

वर्ष	योगदान
1975-76	1,196
1979-80	3,539
1984-85	7,610
2000-01	60,977

(5) सार्वजनिक उपक्रमों में क्षमता का प्रयोग
(Capacity Utilisation in Public Enterprises)

सार्वजनिक उपक्रमों के अन्तर्गत ऐसे प्रतिष्ठानों की संख्या वर्ष 1981-82 में 80 थी जिन्होंने 75 प्रतिशत से अधिक उत्पादन क्षमता का प्रयोग किया। ऐसे प्रतिष्ठानों की संख्या बढ़कर 2000-01 में 144 हो गयी। निम्न तालिका-5 में उत्पादन क्षमता सम्बन्धी स्थिति को और अधिक स्पष्ट किया गया है:

तालिका-5

क्षमता का प्रयोग

	1980-81	1985-86	2000-01
1. सर्वेक्षण किये गये लोक उपक्रम	150	189	236
(अ) 75 प्रतिशत से अधिक क्षमता का प्रयोग करने वाले उपक्रम	69	96	144
(ब) 50 से 75 प्रतिशत के मध्य क्षमता का प्रयोग करने वाले उपक्रम	39	45	33
(स) 50 प्रतिशत से कम क्षमता का प्रयोग करने वाले उपक्रम	42	48	59
कुल	150	189	236

(6) सार्वजनिक क्षेत्र में कर्मचारी तथा मजदूरी
(Public Sector Employees and Wages)

1974-75 में विभिन्न सार्वजनिक उपक्रमों में कुल कर्मचारियों की संख्या 13.44 लाख तथा उनकी कुल परिलब्धियाँ की राशि 5,573 लाख रूपये थी। वर्तमान में इनकी परिलब्धियाँ 26,069 लाख रूपये तक पहुँच गयी है। निम्न तालिका-6 से इसे अधिक स्पष्ट किया गया है:

तालिका-6

वर्ष	कर्मचारियों की संख्या (इकाई लाखों में)	औसत मजदूरी (इकाई लाख रूपये में)
1974-75	14.32	7,402
1980-81	18.39	14,239
1984-85	21.07	24,322
1991-92	21.79	56,508
1995-96	20.52	1,06,876
2000-01	17.42	2,19,546

सार्वजनिक क्षेत्र के विकास से सम्बन्धित उपर्युक्त प्रस्तुत विवेचन से स्पष्ट है कि सार्वजनिक क्षेत्र पंचवर्षीय योजनाओं में विकास के महत्वपूर्ण उपकरण रहे है। वस्तुत: यह सार्वजनिक क्षेत्र विकास के सम्बन्ध में अपनायी गयी उपयुक्त नीति का ही परिणाम हैं कि राष्ट्र ठोस औद्योगिक आधार एवं आत्म निर्भरता प्राप्त करने की दिशा में अग्रसर है। विगत वर्षों में सार्वजनिक क्षेत्र के विकास को प्रदान किये गये महत्व के कारण इस क्षेत्र को विकास का उपयुक्त अवसर प्राप्त हुआ है। इसके फलस्वरूप सार्वजनिक क्षेत्र के उपक्रम सरकारी खजाने में भी प्रमुख अंशदाता के रूप में उभर रहे हैं। राष्ट्र के आर्थिक एवं सामाजिक विकास में सार्वजनिक क्षेत्र का सहयोग प्राप्त करने के लिए विकास की उपयुक्त नीति एवं उचित मार्गदर्शन की आवश्यकता है।

भारतीय अर्थ-व्यवस्था में सार्वजनिक उपक्रमों का योगदान
(Contribution of Public Enterprises in Indian Economy)

यह कहा जा सकता है कि भारतीय अर्थ-व्यवस्था में सार्वजनिक उपक्रमों द्वारा महत्वपूर्ण योगदान दिया गया है और देश का वर्तमान औद्योगिक एवं आर्थिक ढाँचा एक सीमा तक सार्वजनिक उपक्रमों के योगदान का ही परिणाम है। अर्थ-व्यवस्था में सार्वजनिक उपक्रमों के योगदान का अध्ययन निम्न आधारों पर किया जा सकता है:

(1) राष्ट्रीय आय में योगदान (Contribution in National Income) - सार्वजनिक उपक्रमों की निरन्तर वृद्धि के कारण उनका देश की शुद्ध आय में योगदान बराबर बढ़ रहा है। 1960-61 में राष्ट्रीय आय में सार्वजनिक क्षेत्र का भाग 0.9 प्रतिशत था जो जब बढ़कर 15 प्रतिशत से भी अधिक हो गया है।

(2) पिछड़े एवं अविकसित क्षेत्रों का विकास (Development of Backward and Undeveloped Areas) -सार्वजनिक उपक्रमों का भारतीय अर्थव्यवस्था में दूसरा महत्वपूर्ण योगदान भारत के पिछड़े एवं अविकसित क्षेत्रों का विकास करना है। मार्च 2001 के अन्त में सार्वजनिक उपक्रमों में कुल विनियोजन 2,74,114 करोड़ रूपये का अधिकांश भाग देश के पिछड़े एवं अविकसित राज्यों में लगा हुआ था। ये राज्य हैं - नागालैण्ड, जम्मू एवं कश्मीर, उत्तर प्रदेश, मध्य प्रदेश, असम, राजस्थान, हिमाचल प्रदेश, उड़ीसा, आन्ध्र व बिहार। विगत कुछ वर्षो से सार्वजनिक क्षेत्र में विनियोजन के विनिवेश के कारण सार्वजनिक क्षेत्र के संकुचित होना दृष्टिगत हुआ है।

(3) रोजगार अवसरों में वृद्धि (Increase in Employment Opportunities) - सार्वजनिक उपक्रमों की स्थापना होने से देश में रोजगार अवसरों में वृद्धि हुई है जिससे बेरोजगारी की समस्या को हल करने में महत्वपूर्ण योगदान मिला है। 1964-65 में सार्वजनिक उपक्रमों में 4 लाख व्यक्तियों को रोजगार मिला हुआ था लेकिन 31 मार्च 2001 तक 242 सार्वजनिक क्षेत्र के उपक्रमों द्वारा 17.42 लाख से अधिक लोगों को रोजगार प्रदान कर रखा था।

(4) आधारभूत एवं पूँजीगत उद्योगों का विकास (Development of Basic and Capital Intensive Industries) - सार्वजनिक उपक्रमों की बहुत ही महत्वपूर्ण भूमिका आधारभूत एवं पूँजीगत उद्योगों के विकास में रही है। इस क्षेत्र में लोहा एवं इस्पात

उद्योग, भारी इंजीनियरिंग उद्योग, रसायन एवं उर्वरक उद्योग, भारी मशीन उद्योग, परिवहन सेवाओं आदि का विकास हुआ है। इससे देश में सार्वजनिक उपक्रमों का महत्व बढ़ा है तथा देश के औद्योगिक विकास को प्रगति मिली है। आज भारत में अनेक वस्तुएँ भारत में ही बनने लगी हैं जिनका पहले कोई उत्पादन नहीं होता था जैसे सुरक्षा की साज-सज्जा, हवाई जहाज, पानी का जहाज, अस्त्र शस्त्र, उपभोक्ता वस्तुएँ, घड़ियाँ आदि।

(5) निर्यात वृद्धि में योगदान (Contribution in Development of Exports) -सार्वजनिक उपक्रमों द्वारा निर्यात वृद्धि में भी महत्वपूर्ण योगदान किया जा रहा है। 1970-71 वर्ष में में सार्वजनिक क्षेत्र का निर्यात 189 करोड़ रूपये का था जो 1981-82 में बढ़कर 2,746 करोड़ रूपये हो गया है। 2001-01 में सार्वजनिक क्षेत्र के उद्योगों द्वारा कुल 19,714 करोड़ रूपये मूल्य का निर्यात किया गया। यह एक महत्वपूर्ण उपलब्धि है।

(6) लघु एवं सहायक उद्योगों के विकास में योगदान (Contribution in the Development of Small and Ancilliary Industries) - देश में बहुत-से लघु एवं सहायक उद्योगों की स्थापना सार्वजनिक उपक्रमों के निर्देशन एवं सहायता से की गयी है। सार्वजनिक क्षेत्र के उद्योगों द्वारा लघु उद्योगों से कच्चा अथवा निर्मित माल क्रय करने में प्राथमिकता प्रदान की जाती है। इस प्रकार लघु उद्योगों के विकास में सार्वजनिक उद्योगों द्वारा सकारात्मक भूमिका का निर्वाह किया गया है।

(7) बीमार मिलों के पुनर्वास में सहायता (Helpful in Rehabilitation of Sick Mills) -सार्वजनिक उपक्रमों ने बीमार मिलों के पुनर्वास करने में महत्वपूर्ण योगदान दिया है। सार्वजनिक उपक्रम राष्ट्रीय सूती वस्त्र निगम इस सम्बन्ध में आजकल 112 मिलों का नियन्त्रण अपने हाथ में लिये हुए है जिनके पुनर्वास पर वह करोड़ों रूपये व्यय कर रहा है।

(8) आत्मनिर्भरता को प्राप्त करने में सहयोग (Contribution in Achieving Self-Reliance) - सार्वजनिक उपक्रमों का प्रमुख योगदान आत्मनिर्भरता को प्राप्त करने में सहयोग देना है। भारतीय इस्पात उद्योग के विभिन्न उपकरणों व संयन्त्रों के निर्माण में भारत एक सीमा तक आत्मनिर्भर हो गया है। बहुत-सी मशीनरी व इंजीनियरिंग का सामान अब आयात नहीं किया जाता है। रासायनिक उर्वरकों का उत्पादन काफी बढ़ा है। हवाई जहाज व पानी के जहाज अब भारत में बन रहे हैं। इस्पात के उत्पादन में भी सार्वजनिक क्षेत्र में काफी वृद्धि हुई है। विभिन्न प्रकार की इकाइयाँ अब भारत में ही मिल जाती हैं। यह सब सार्वजनिक क्षेत्र के विस्तार का ही परिणाम है।

सार्वजनिक क्षेत्र के लाभ (Advantages of Public Sector)

विश्व के लगभग सभी विकासशील देशों ने अपने विकास का आधार आर्थिक नियोजन को बनाया है। नियोजन की सफलता अनेक महत्त्वपूर्ण बातों पर निर्भर करती है। सरकार का उद्देश्य देश का सर्वांगीण विकास करना होता है और इस हेतु सरकार को हस्तक्षेप की नीति का अनुसरण करना पड़ता है। सार्वजनिक क्षेत्र भी एक प्रकार से सरकारी हस्तक्षेप का ही स्वरूप है। उसका महत्व निम्नलिखित बिन्दुओं से स्पष्ट हो जाता है।

(1) सुरक्षा सम्बन्धी उद्योग - सुरक्षा से सम्बन्धित सभी उद्योगों का संचालन सार्वजनिक क्षेत्र में किया जाता है। इन उद्योगों में गोपनीयता को सुरक्षित रखना आवश्यक होता है जो निजी क्षेत्र में सम्भव नहीं हो सकता। अस्त्र शस्त्र निर्माण और अणुशक्ति सम्बन्धी उद्योगों को इस श्रेणी में रखा जा सकता है।

(2) आधारभूत एवं जोखिमी उद्योग - ऐसे आधारभूत उद्योग जिनमें जोखिम की मात्रा तो अधिक होती है परन्तु जिनका विकास शीघ्रता से करना आवश्यक हो उनके लिये सार्वजनिक क्षेत्र ही उपयुक्त रहता है। ऐसे उद्योगों में निजी क्षेत्र पूँजी विनियोग करने के इच्छुक नहीं रहते। खनिज तेल, जहाज निर्माण आदि इन उद्योगों की श्रेणी में रखे जा सकते हैं।

(3) विपुल पूँजी विनियोजन की आवश्यकता वाले उद्योग - ऐसे उद्योग जिनमे बहुत बड़ी मात्रा में पूँजी की आवश्यकता होती है। उनको सार्वजनिक क्षेत्र में ही विकसित किया जा सकता है। निजी क्षेत्र के पास पूँजी विनियोजन के विपुल भण्डार नहीं होने के कारण उनके भरोसे ऐसे उद्योगों को नहीं छोड़ा जा सकता। लोहा, इस्पात, भारी मशीन निर्माण आदि उद्योगों को विपुल पूँजी विनियोजन की आवश्यकता होती है।

(4) तकनीकी आवश्यकतायें - विदेशी तकनीकी ज्ञान और पेटेन्ट अधिकारों की आवश्यकता वाले उद्योगो के लिये भी सार्वजनिक क्षेत्र एक वरदान सिद्ध होता है। निजी क्षेत्र इस प्रकार की सहायता विदेशों से प्राप्त करने में असमर्थ रहता है।

(5) राष्ट्रीय महत्व के उद्योग - राष्ट्रीय महत्व के उद्योग जैसे विद्युत उत्पादन एवं वितरण, रेल, वायु एवं सड़क परिवहन, डाक, तार, सूचना एवं प्रसारण आदि सरकारी नियन्त्रण में ही राष्ट्रीय और जनोपयोगी उद्देश्यों की पूर्ति के लिये संचालित किये जा सकते हैं। इनका उद्देश्य लाभ कमाना न होकर सेवा करना ही होता है।

(6) एकाधिकार और केन्द्रियकरण पर रोक - एकाधिकार और केन्द्रियकरण के दोषों से समाज और राष्ट्र को बचाने के लिये कुछ वस्तुओं का उत्पादन सार्वजनिक क्षेत्र में प्रारम्भ करना आवश्यक समझा जाता है। ऐसा किया जाने से उपभोक्ताओं को वस्तुएँ सस्ते मूल्यों पर उपलब्ध कराया जाना सम्भव हो जाता है।

सार्वजनिक उपक्रमों की प्रमुख समस्याएं

सार्वजनिक उपक्रमों के सामने अनेक समस्याएं हैं, जिनके समाधान करने पर इनकी स्थिति में अधिक सुधार हो सकता हैं। प्रमुख समस्याएं निम्न है :

(1) औद्योगिक इकाइयों का गलत चुनाव - किसी भी औद्योगिक इकाई की सफलता के लिए इकाई का आकार, इकाई द्वारा अपनाई जाने वाली तकनीक तथा इकाई का स्थान पूर्ण जांच के बाद चुना जाना चाहिये। परन्तु इन सभी क्षेत्रों में हमने भूतकाल में बड़ी गलतियां की है तथा अनेक बार उनको दोहराया है। परियोजनाओं ऐसे क्षेत्रों में प्रारम्भ की गई हैं जहां उनका कोई आर्थिक औचित्य नहीं था। स्थान चुनाव आर्थिक आधारों को छोड़कर राजनीतिक आधारों पर किया गया है। इकाई के आधार का निर्धारण बड़ेपन की भावना से किया गया है न कि मांग तथा उत्पादन की सम्भावनाओं के आधार पर। इकाइयों

में प्रयुक्त तकनीक का चुनाव भी पूर्ण जानकारी तथा गहन विचार के अभाव में किया गया है। अनेकों बार ऐसी विदेशी फर्मों से सहयोग किया गया जिनकी स्वयं की भी तकनीकी सफलतायें अधिक नहीं थी। अतः कोई भी नवीन इकाई का चुनाव पूर्ण जांच के बाद आर्थिक आधारों पर किया जाना चाहिये। यदि ऐसा नहीं किया जायेगा तो उससे लागत अधिक होगी।

(2) औद्योगिक इकाइयों को पूर्ण करने में विलम्ब - सार्वजनिक क्षेत्र की अधिकांश औद्योगिक इकाइयों को पूर्ण करने में निर्धारित समय से बहुत अधिक समय लिया गया है। अनेक औद्योगिक इकाइयों पर कार्य चलते हुए 5 से 10 वर्ष तक हो जाते हैं परन्तु फिर भी उनको निर्माणधीन अवस्था में ही बताया जाता है। सार्वजनिक क्षेत्र की अधिकांश इकाइयां निर्धारित समय पर पूर्ण नहीं होती हैं। एक इकाई के देरी स्त्र प्रारम्भ होने पर ब्याज का प्रत्यक्ष नुकसान तो होता ही है तथा इसके साथ उद्योग भी उन साधनों से वंचित रह जाता है जो वह जल्दी प्रारम्भ होने पर प्राप्त कर सकता है।

(3) कुशल प्रबन्धकों की नियुक्ति का अभाव - एक औद्योगिक इकाई सार्वजनिक क्षेत्र में हो या निजी क्षेत्र में उसकी बहुत अधिक सफलता कुशल प्रबन्ध पर निर्भर करती है। आज वह समय आ गया है जबकि उद्यम के लिए व्यावसायिक प्रबन्धकों तथा अच्छे ज्ञान वाले प्रबन्धकों को नियुक्त किया जाये। भारत में यौग्य व्यावसायिक प्रबन्धकों के महत्व को सभी व्यक्ति यहां तक कि राजनीतिज्ञ तथा प्रशासक भी स्वीकार करते हैं परन्तु व्यवहार में इस तथ्य को भुला दिया जाता है। अधिकांश सार्वजनिक उपक्रमों के संचालक मण्डलों पर हारे हुए राजनीतिज्ञों अथवा प्रशासनिक सेवा के व्यक्तियों को नियुक्त किया जाता है। इससे उपक्रमों के संचालन में अकार्यकुशलता आती है एवं उपक्रमों को हानि होती है। यह बात बिल्कुल सही है कि 'एक सुयोग्य व्यवस्थापक दिवाले में जाती हुई औद्योगिक इकाई को लाभ अर्जित करने वाली इकाई में बदल सकता है जबकि एक अयोग्य व्यवस्थापक लाभ कमाने वाली इकाई को दिवाले की स्थिति में पहुंचा सकता है।

(4) कुशल अंकेक्षण का अभाव - सार्वजनिक उद्योगों की जवाबदेही के सम्बन्ध में देश में अनेक बातें कही जाती है, परन्तु इसके सम्बन्ध में वास्तविक कार्य बहुत कम किया गया है। सार्वजनिक उद्योगों की जवाबदेही के लिए उनका ऑडिटर एण्ड कण्ट्रोलर जनरल के द्वारा अंकेक्षण भी किया जाता है। देश में वर्तमान अंकेक्षण केवल वित्तीय अंकेक्षण है जो कि कार्यकुशलता को कम करता है। इस अंकेक्षण में केवल यह देखा जाता है कि नियमों के अनुसार व्यय किया गया है अथवा नही। इसका परिणाम यह होता है कि प्रत्येक कर्मचारी इस बात का प्रयत्न करता है कि सभी नियमों का सख्ती से पालन किया जाये। ऐसा करने से चाहे अधिक समय लगे या उद्योग की कार्यकुशलता भी घट जाये। यह अंकेक्षण गलती होने के बाद विवेक दिखाने के समान होता है।

(5) कुशल पुरस्कार का अभाव - सार्वजनिक उद्योगों में कर्मचारियों तथा प्रबन्धकों को उनकी कार्यक्षमता के अनुसार पुरस्कार प्रदान करने की उचित व्यवस्था नहीं है। सार्वजनिक उपक्रमों में गुण-दोष श्रेणी तथा कार्य मूल्यांकन जैसी अच्छी विधियों का

अभाव है। एक विभाग में कार्य करने वाले सभी व्यक्तियों को एकसा पुरस्कार दिया जाता है चाहे उनमें कुछ कर्मचारियों की उत्पादकता अधिक हो। इस कमी के कारण सार्वजनिक क्षेत्र के यौग्य कर्मचारी अवसर मिलने पर निजी क्षेत्र में चले जाते हैं।

(6) अप्रयोगित उत्पादन क्षमता – औद्योगिक इकाइयों के चुनाव के सम्बन्ध में अध्ययन करते समय बताया गया है कि सार्वजनिक क्षेत्र की इकाइयों के आकार का निर्धारण मांग सम्बन्धी तथ्यों के स्थान पर बड़ेपन की भावना से किया जाता है जिसका परिणाम यह होता है कि अनेक वर्षो तक उद्योग अपनी स्थापित क्षमता का पूर्ण उपयोग नहीं कर सकता है। देश में सार्वजनिक क्षेत्र की अनेक इकाइयों में बहुत अधिक अप्रयोगिता क्षमता विद्यमान है। इस अप्रयोगित क्षमता के कारण उद्यम व्यय अधिक हैं तथा उत्पादन कम होने से प्रति इकाई लागत अधिक है। उत्पादन बढ़ाया जाये तो खर्चो में वृद्धि धीमी गति से होगी तथा प्रति इकाई लागत कम होगी।

(7) आवश्यकता से अधिक श्रम शक्ति – सार्वजनिक क्षेत्र के उद्योगों में आवश्यकता से अधिक श्रमिकों को भर्ती कर लिया जाता है, जिससे एक तरफ उद्योग को मजदूरी तथा अन्य खर्चों के रूप में अधिक भुगतान करना पड़ता है, दूसरे, श्रमिकों के बेकार बैठे रहने से उनकी उत्पादकता कम होती है तथा वे आपस में झगड़ा करते रहते हैं। आवश्यकता से अधिक श्रमिकों की उपस्थिति का प्रधान कारण व्यवस्थित श्रम नीति तथा विशेषत: नियोजित भर्ती नीति का अभाव है।

(8) श्रम असन्तोष – भारत में सार्वजनिक क्षेत्र के उद्योगों में औद्योगिक शान्ति का अभाव दिखाई देता है। सार्वजनिक क्षेत्र में निजी क्षेत्र की तुलना में काम की सुरक्षा, अच्छी कार्य दशायें तथा अनेक सुविधायें होने पर भी श्रम अशान्ति अधिक है। इसके लिए कुछ तो राजनीतिक दल जिम्मेदार हैं जो राजनीतिक लाभों के लिए श्रमिकों को हड़ताल आदि के लिए उकसाते रहते हैं। इससे भी महत्वपूर्ण तत्व हो इस स्थिति के लिए जिम्मेदार है वह सार्वजनिक क्षेत्र के उद्योगों में कुशल प्रबन्धकों तथा श्रम विशेषज्ञों का अभाव है। अधिकांश प्रबन्धक श्रमिकों से मानवीय बर्ताव नहीं करते तथा उनमें उद्योग के प्रति अपनत्व पैदा करने में असमर्थ रहते हैं।

(9) हस्तक्षेप – सार्वजनिक क्षेत्र की इकाइयों के संचालन कार्य में संसद, केन्द्र व राज्य सरकारों का हस्तक्षेप रहता है। निर्णय आर्थिक आधार पर नहीं वरन् राजनीतिक आधार पर लिये जाते हैं। अत: कई बार गलत निर्णय लिए जाते हैं जो हानि का कारण बनते हैं।

(10) गलत मूल्य नीति – सार्वजनिक क्षेत्र में उचित मूल्य नीति का सर्वथा अभाव है। एक और सरकार जनता को सस्ते मूल्य पर वस्तुएं प्रदान करना चाहती है तो दूसरी ओर घाटे की समस्या है। इन दोनों में समन्वय स्थापित करने के लिए उचित मूल्य नीति होनी चाहिये तथा लागत कम करने के कठोर प्रयत्न किये जाने चाहिये।

(11) उत्पादन आधिक्य की समस्या – अनेक बार सार्वजनिक क्षेत्र की इकाइयों को उत्पादन आधिक्य की समस्या का सामना करना पड़ता है। इकाइयों को इस समस्या के कारण बन्द भी रखना पड़ता है। ऐसा उचित उत्पादन एवं विपणन नीति के अभाव के कारण होता है।

(12) उत्तरदायित्व हीनता - जैसा कि प्राय: होता है सार्वजनिक क्षेत्र में नौकरी की अधिक सुरक्षा व प्रेरणाओं के अभाव में श्रमिकों व प्रबन्धकों में उत्तरदायित्वों हीनता पाई जाती है। वे काम कम करते हैं व अपव्यय ज्यादा। अत: उत्तरदायित्व की भावना का विकास किया जाना चाहिए।

(13) अपव्यय - सार्वजनिक क्षेत्र के उद्योगों में मनोरंजन तथा विज्ञापन पर अनावश्यक व्यय किया जाता है। इस अपव्यय से इन उद्योगों की स्थिति कमजोर रहती है।

(14) अजि पूँजीकरण - सार्वजनिक उपक्रमों की एक कमी उनमें अति पूँजी का होना है। विद्वानों का कहना है कि सार्वजनिक उपक्रमों में कई उपक्रम ऐसे हैं जिनमें आवश्यकता से अधिक पूंजी लगी हुई है। उदाहरण के लिए, फर्टिलाइजन कॉरपोरेशन, हैवी इंजीनियरिंग कॉरपोरशन व हिन्दुस्तान एरोनॉटिक्स आदि। इसके कारण त्रुटिपूर्ण नियोजन, मशीनों का आधिक्य, निर्माण में देरी, प्रयोजनाओं का गलत स्थायीकरण आदि है। इसके उपक्रमों में लगी हुई पूंजी से प्राप्त होने वाले प्रतिफल में कमी हो जाती है। इसके लिए सुझाव दिया जाता है अति-पूँजी की स्थिति को सुधारने के लिए उपक्रमों का मूल्याकंन किया जाना चाहिए और जहाँ आवश्यकता से अधिक पूँजी हो उसे वहाँ से हटाकर अन्य उपयोगी कार्यों में लगाया जाना चाहिए।

परिक्षापयोगी प्रश्न

1. लोक उद्योगों की धारणा को परिभाषित कीजिये। भारत में इनके महत्व की व्याख्या कीजिये।

   Discuss the concept of public enterprise. Discuss its role in India.

2. भारत जैसे विकासशील देश की अर्थव्यवस्था में लोक उपक्रमों की भूमिका की विवेचना कीजिये।

   Discuss the role of public enterprise in a developing economy like India.

3. भारत में स्वतन्त्रता प्राप्ति के पश्चात लोक उद्योगों के क्षेत्र में हुए विकास की विवेचना कीजिये। इन उद्योगों की प्रमुख समस्याएँ क्या है।

   What efforts are made after independence for the development of public sector in India. What are the main problems of public enterprise.

□□□

13

निजीकरण

(Privatisation)

वर्तमान समय में लोक क्षेत्र का निजीकरण अत्यन्त बहुचर्चित विषय है। निजीकरण का अर्थ अनेक प्रकार से व्यक्त किया जाता है। संकुचित दृष्टि से निजीकरण का अभिप्राय सार्वजनिक स्वामित्व के अन्तर्गत कार्यरत उद्योगों में निजी स्वामित्व के प्रवेश से लगाया जाता है। विस्तृत दृष्टि से निजी स्वामित्व के अतिरिक्त (अर्थात स्वामित्व के परिवर्तन किये बिना भी) सार्वजनिक उद्योगों में निजी प्रबन्ध एवं नियन्त्रण के प्रवेश से लगाया जाता है, निजीकरण की उपर्युक्त दोनों विचारधाराओं का अध्ययन करने के पश्चात यही अधिक उपयुक्त प्रतीत होता है कि निजीकरण को विस्तृत रूप में ही देखा जाना चाहिये। यह भी सम्भव है कि सार्वजनिक क्षेत्र से निजीक्षेत्र को सम्पत्ति के अधिकारो का हस्तान्तरण बिना विक्रय के ही हो जाये। तकनीकी दृष्टि से इसे अविनियम (Deregulation) कहा जा सकता है जिसका आशय यह है कि जो क्षेत्र अब तक सार्वजनिक क्षेत्र के लिए आरक्षित थे उनमें अब निजी क्षेत्र के प्रवेश की अनुमति दे दी जायेगी। अन्य स्पष्ट शब्दों में निजीकरण एक ऐसी प्रक्रिया है जिसके अन्तर्गत एक नवीन औद्योगिक संस्कृति का विकास होता है- सार्वजनिक क्षेत्र से निजी क्षेत्र की तरफ कदम बढ़ाया जाना।

आर्थिक सुधारों के सन्दर्भ में निजीकरण का अर्थ है सार्वजनिक क्षेत्र के लिए सुरक्षित उद्योगों में से अधिक से अधिक उद्योगों को निजी क्षेत्र के लिए खोलना। इसके अंतर्गत वर्तमान सार्वजनिक क्षेत्र के उद्यमों को पूरी तरह या उसके एक हिस्से को निजी क्षेत्र को बेच दिया जाता है।

''निजीकरण वह सामान्य प्रक्रिया है जिसके द्वारा निजी क्षेत्र किसी सरकारी उद्यम का स्वामी बन जाता है अथवा उसका प्रबन्ध करता है।''

निजीकरण की आवश्यकता मुख्य रूप से सार्वजनिक क्षेत्र के अकुशल होने के कारण अनुभव की गई। भारत के सार्वजनिक क्षेत्र के अधिकतर उद्यम हानिवहन उठा रहे थे। इसका मुख्य कारण यह था कि सार्वजनिक क्षेत्र के प्रबन्धकों को निर्णय लेने की स्वतन्त्रता बहुत कम होती है। इस क्षेत्र के उद्यमों से संबंधित अधिकतर निर्णय मन्त्रियों द्वारा लिये जाते

हैं जो निर्णय लेते समय अपने राजनीतिक हितों का अधिक ध्यान रखते हैं। इसके फलस्वरूप निर्णय लेने में अनावश्यक विलम्ब होता है, उत्पादन क्षमता का पूरा प्रयोग सम्भव नहीं होता है।, प्रबंधक पूरी जिम्मेदारी से कार्य नहीं करते इसलिए उत्पादकता कम हो जाती है। ये तत्व सार्वजनिक क्षेत्र को अकुशल बना रहे थे। निजीकरण के फलस्वरूप अर्थव्यवस्था की कुशलता में वृद्धि होगी, प्रतियोगिता बढ़ेगी उत्पादन की गुणवत्ता तथा विविधता में वृद्धि होगी। इसका उपभोगताओं को विशेष रूप से लाभ होगा।

निजीकरण के तर्क (Rationale of Privatisation)

भारत में स्वतन्त्रता के शीघ्र पश्चात् तथा आर्थिक नियोजन के प्रारंभिक चरण में भारी उद्योगों के लिए काफी बड़ी मात्रा में निवेश की आवश्यकता अनुभव कि गयी। अतः आधारभुत तथा भारी उद्योगों स्थापना सार्वजनिक क्षेत्र में की गई। समाजवादी समाज की स्थापना के भी सर्वथा अनुकूल था। निजी क्षेत्र के पास भारी तथा आधारभूत उद्योगों के विकास हेतु विशेषज्ञता का भी नितान्त अभाव था। इसके अतिरिक्त तात्कालिन परिस्थितियों में निजी उद्यमों के पास विशाल वित्तीय साधन तथा धैर्य का भी नितान्त अभाव था। अर्थशास्त्रियों तथा राजनितीज्ञों द्वारा सार्वजनिक क्षेत्र के विस्तार तथा विकास के सम्बन्ध में एक स्वर में यह आवाज बुलन्द थी कि केवल सार्वजनिक क्षेत्र का विस्तार ही राष्ट्रिय अर्थव्यवस्था का ऊँचाइयों तक ले जाने में सक्षम है। तब से अब तक भारत में निजी क्षेत्र ने एक लंबी यात्रा पूर्ण कर ली है और अब वह राष्ट्रीय अर्थव्यवस्था में काफी बड़ी भूमिका निभाने में सक्षम है। किन्तु विगत कुछ वर्षो में गिरती हुयी लाभदायकता, गुणवत्ता में गिरावट, रूग्णता की प्रवृत्ति में वृद्धि के कारण सार्वजनिक उपक्रमों का जो नवीन स्वरूप उभर कर सामने आया है उससे इन उद्योगों के भविष्य के सम्बन्ध में संदेह व्यक्त करता है।

जो लोग निजीकरण के पक्ष में तर्क देते हैं, उनका कहना है कि भारत में सार्वजनकि क्षेत्र के ज्यादातर उद्यम घाटे में हैं, अकार्यकुशलता, जवाबदेही और स्वायत्तता की कमी से ग्रस्त हैं और वे काफी लम्बे समय से बीमार है। सार्वजनिक उद्यम, उनसे जो आशा की गई थी उन समस्याओं का समाधान प्रस्तुत नहीं कर सके हैं। इसकी बजाय, वे स्वयं ही समस्या बन गए हैं। इन सबके परिणामस्वरूप ही निजीकरण की माँग उठी है, यह माँग इस विश्वास पर आधारित है कि शायद निजीकरण सार्वजनिक क्षेत्र को उसकी सब समस्याओं से छुटकारा दिला सकेगा।

निजीकरण के उपाय (Measures of Disinvestment)

विश्व के विभिन्न राष्ट्रों द्वारा अपनी राष्ट्रीय अर्थव्यवस्था अथवा राष्ट्रीय परिस्थितियों के अनुकूल निजीकरण के विभिन्न उपाय अपनाये जाते हैं। सार्वजनिक क्षेत्र के निजीकरण हेतु प्रमुखतः तीन उपाय अपनाये जाते हैं इनका संक्षिप्त विवरण निम्न प्रकार है :

(1) स्वामित्व सम्बन्धी उपाय (Ownership Measures) - इन उपायों के अन्तर्गत सार्वजनिक उपक्रमों के स्वामित्व का हस्तान्तरण , पूर्णतया या आंशिक रूप में किया जाकर निजीकरण की प्रक्रिया पूरी की जाती है। जितने अधिक सार्वजनिक क्षेत्र के उद्योगों का सवामित्व हस्तान्तरण किसी व्यक्ति, उद्यम या निगम क्षेत्र को किया जाता है उतनी ही अधिक मात्रा में निजीकरण होगा। स्वामित्व हस्तानान्तरण सम्बन्धी उपाय के निम्नलिखित रूप हो सकते हैं -

(i) **पूर्ण अराष्ट्रीयकरण** (Total Denationalisation) - इसके अन्तर्गत किसी सार्वजनिक क्षेत्र के उद्यम का स्वामित्व निजी क्षेत्र को शत प्रतिशत हस्तानान्तरण हो जाता है।

(ii) **साझा उद्यम** (Joint Venture) -साझा उपक्रम का आशय सार्वजनिक उपक्रम के स्वामित्व का निजी क्षेत्र को आंशिक रूप से हस्तनान्तरण है। यह आंशकि हस्तानान्तरण अभिसीमा 25 से 50 प्रतिशत या इससे भी अधिक हो सकती है। वस्तुत: इस सीमा का निर्धारण उद्यम के स्वरूप तथा राजकीय नीति पर निर्भर करता है।

(iii) **परिसमापन** (Liquidation) - इसका आशय सार्वजनिक उपक्रमों की परिसम्पत्तियों का किसी अन्य को विक्रय करने से है। सम्पत्ति प्राप्त करने वाला जो इन सम्पत्तियों को उसी उद्देश्य के लिए या अन्य किसी उद्देश्य के लिए प्रयोग करने हेतु स्वतन्त्र होत हैं। सामान्यत: सम्पत्तियों के प्रयोग का निर्णय क्रेता की प्राथमिकता पर निर्भर करता है।

(iv) **प्रबन्ध क्रय** (Management Buyout) - यह सार्वजनिक उपक्रमों के निजीकरण का एक विशेष रूप है। इसके अन्तर्गत कर्मचारियों को सम्पत्तियों का विक्रय कर दिया जाता है। सम्पत्तियों को क्रय करने के लिये बैंकों इत्यादि से उचित ऋण प्रदान किये जाने की व्यवस्था रहती है। कर्मचारी उपक्रम की सम्पत्तियों का क्रय करके उपक्रम का संचालन करते हैं। उपक्रम को चलाने के लिये कर्मचारी सहकारी समिति भी स्थापित कर सकते हैं। ऐसी स्थिति में कर्मचारी अपनी मजदूरी के अतिरिक्त स्वामित्व लाभांश में हिस्सेदारी के हकदार बन जाते हैं।

(2) **संगठनात्मक उपाय** (Organisational Measures)- इन उपायों के अन्तर्गत सार्वजनिक उपक्रमों के निजीकरण को प्रोत्साहित करने की दृष्टि से उन पर स्थापित राजकीय नियन्त्रण को शिथिल अथवा सीमित करने के लिये प्रयास किये जाते हैँ। इन प्रयासों की क्रियान्विती निम्न रूपों में संभव हैं :

(i) **नियन्त्रक कम्पनी** (Holding Company) - इसके अन्तर्गत एक ऐसे प्रबन्धकीय ढाँचे का विकास किया जाता है जिसके अन्तर्गत सरकार सार्वजनिक उपक्रमों के प्रबन्ध में अपना नियन्त्रण हस्तक्षेप उच्च स्तर के निर्णयों तक सीमित कर देती है। इसके अतिरिक्त नियन्त्रण कम्पनी ढाँचे में कार्य कर रही कम्पनियों को बाजार शक्तियों की परिसीमा में निर्णय करने में पर्याप्त स्वायत्ता रहती है।

(ii) **पट्टे पर देना** (Leasing) - इसके अन्तर्गत सार्वजनिक क्षेत्र के उपक्रम द्वारा उपक्रम का प्रबन्ध स्वयं के हाथों में ही सुरक्षित रखते हुए उसका कार्य संचालन किसी निजी बोली लगाने वाले को निश्चित समय के लिये हस्तान्तरित कर दिया जाता है। इसके अन्तर्गत कोई बोली लगाने वाला एक निश्चित अवधि के लिए उपक्रम का कार्य संचालक बन जाता है। परन्तु उसे समझोते को अन्तिम रूप देने से पूर्व राज्य सरकार को एक हलफनामा देना पड़ता है कि वह उपक्रम द्वारा जनित लाभ कि कितनी मात्रा को राज्य को हस्तान्तरित करेंगें। इसके अतिरिक्त बोलीकर्त्ता को उन उपायों के सम्बन्ध में भी राज्य को आश्वस्त करना होगा जिन्हें वे उपक्रम के कार्य संचालन हेतु अपनायेंगें। सरकार बोली लगाने वाले द्वारा यदि सरकारी प्रत्याक्षा को पूरा नहीं किया जाता अथवा समझौते का उल्लंघन किया जाता है तो बोली को समाप्त कर इसे किसी दूसरे बोलीकर्त्ता को देने का अधिकार होगा।

(iii) **पुनर्गठन** (Restructuring)–सार्वजनिक क्षेत्र के उपक्रमों को बाजार अनुशासन क अन्तर्गत लाने के लिये यह आवश्यक है कि इन उपक्रमों का पुनर्गठन किया जाये। सार्वजनिक क्षेत्र के उपक्रमों का पुनर्गठन दो प्रकार से किया जा सकता है:

(अ) वित्तीय पुनर्गठन (Financial Restructuring) वित्तीय पुनर्गठन के अन्तर्गत उपक्रम की संग्रहित हानि (Accumulated Losses) को समाप्त कर दिया जाता है और पूँजी संरचना को ऋण ईक्विटी अनुपात के साथ युक्ति संगत बना दिया जाता है।

(ब) बुनियादी पुनर्गठन (Basic Restructuring) - सार्वजनिक उपक्रमों के बुनियादी पुनर्गठन हेतु उनकी वाणिज्यिक क्रियाओं को पुनः परिभाषित किया जाता है जो भविष्य में इस उद्यम द्वारा सम्पादित कि जायेगी। इसके अन्तगैत कुछ इकाइयों का पुनर्गठन किया जाने से छोड़ा भी जा सकता है।

(3) **कार्यसंचालन सम्बन्धी उपाय** (Operational Measures) इन उपायों की क्रियान्वीति का उद्देश्य सार्वजनिक क्षेत्र के उपक्रमों की कुशलता में वृद्धि करना है। यह उसी स्थिति में किया जाना सम्भव होता है जब सार्वजनिक उपक्रम का पूर्व में अराष्ट्रीयकरण न कर दिया गया हो। इसके अन्तर्गत निर्णय सम्बन्धी स्वायत्ता, कर्मचारियों के लिए प्रोत्साहन–जिसके अन्तर्गत उपक्रम की कुशलता और उत्पादकता में वृद्धि हो, कुछ इनपुट का उपक्रम में निर्माण करने की बजाय उन्हें बाजार से क्रय करना या उन्हें ठेका प्रणालि द्वारा प्राप्त करना लाभ कर हो, उचित निवेश कर्सांटियों को विकसित करना, सार्वजनिक उपक्रमों को पूँजी बाजार से राशि गतिमान करने की स्वीकृति देना आदि सम्मिलित होते हैं। ये सभी उपाय सार्वजनिक उपक्रम पर सरकारी नियन्त्रण कम करने के उद्देश्य से अपनाये जाते हैं।

निजीकरण के उपर्युक्त वर्णित उपाय का प्रमुख उद्देश्य यह है कि यदि निजीकरण का अर्थ केवल मात्र स्वामित्व हस्तानान्तरण से है तो इस बात पर बल देना आवश्यक है कि सार्वजनिक क्षेत्र का प्रबन्धकिय नियन्त्रण निजी स्वामित्व को सौंप दिया जाये चाहे ऐसा व्यक्ति के रूप में अथवा सहकारी समिति के रूप में हों। निजीकरण सांकेतिक रूप में भी हो सकता है जिसके अन्तर्गत विनिवेश (Disinvestment) की प्रक्रिया को अपनाया जाता है।

विनिवेश/निजीकरण की आवश्यकता (Need for Disinvestment/Privatisation)

विनिवेश/निजीकरण वर्तमान में विश्व आर्थिक परिदृश्य पर एक महत्वपूर्ण धटना है। विश्व के लगभग समस्त राष्ट्रों–विकसित तथा विकासशील, द्वारा विनिवेश/निजीकरण की नीति को सहर्ष अपनाने में अपनी आस्था व्यक्त की गयी है। विनिवशे/निजीकरण की आवश्यकता के पक्ष में निम्नलिखित तर्क प्रस्तुत किये जाते हैं:

1. निजीकरण के औचित्य के पक्ष में अत्यन्त बुनियादि तर्क यह प्रस्तुत किया जाता है कि निजी स्वामित्व संसाधनों के बेहतर उपयोग तथा उनके ओर अधिक दक्ष आबंटन की दिशा में सदैव अग्रणी रहा है। जब यह विस्तृत रूप से अनुभव किया जाने लगा कि राज्य आर्थिक व्यवस्था की बढ़ती हुई माँग को पूरा करने में अब सक्षम नहीं है तथा राज्य की अंशभागिता कम होनी अवश्यम्भावी थी जब विश्वभर में बाजार अर्थव्यवस्था अधिक मजबूत

हुई है। अत: यह अवधारणा की राज्य स्वयं व्यापार करेगा तथा राज्य सरकार द्वारा नागरिकों के आर्थिक जीवन पर सीधा व पूर्ण नियन्त्रण बाजार व्यवस्था की तुलना में बेहतर होगा, धीरे धीरे प्राय लुप्त हो गयी।

2. सार्वभौमिक स्तर पर निजीकरण की नीतियों को अपनाने का दुसरा महत्वपूर्ण कारण उच्च करों का बोझ उठाने, घाटे/मुद्रास्फीति के वित्त पोषण की अनुपालना करने और मुद्रा बाजार तथा निजी उद्यमशीलता के विकास में विश्व के अनेक राष्ट्रों की सराकारों की असमर्थता रही है।

3. प्रोद्यागिकी तथा विश्व व्यापार संगठन की प्रतिबद्धताओं ने विश्व को एक सार्वभौमिक ग्राम (Global Village) में परिवर्तित कर दिया है। इस परिस्थिति में जब तक सार्वजनिक उद्योगों की तीव्र गति से पुनर्सरचना नहीं कर दी जाती तो उनका जीवित रहना संदिग्ध है। इन उपकरणों के स्वामित्व की प्रकृति के कारण सार्वजनिक उद्यमों की पुनर्सरचना तेज गति से नहीं की जा सकती। इस कारण भी निजीकरण के तर्क को बल मिला है। इसके अतिरिक्त विद्युत तथा दूरसंचार जैसे सार्वजनिक एकाधिकार पर नियन्त्रण रखने के लिए अब ऐसी प्रोद्योगिकीयाँ उपलब्ध है जहाँ उपभोगक्ताओं के हित विनियमन/प्रतिस्पर्धा द्वारा ही बेहतर संरक्षित हो सकते हैं। अत: यह तर्क अब अधिक युक्तिसंगत नहीं रह गया है कि उपभोक्ता के हितों का संरक्षण सुनिश्चित करने के लिए सार्वजनिक धन का निवेश आवश्यक है।

4. विनिवेश कार्यक्रम का उद्देश्य सार्वजनिक क्षेत्र के उद्यमों की दक्षता में सुधार लाने से लेकर सार्वभौमिक क्षेत्र में प्रतिस्पर्धा हेतु भारतीय अर्थव्यवस्था को और अधिक गुंजायमान (Bibrant) स्वस्थ्य तथा पर्याप्त रूप से सुसज्जित करने के लिए समाज में आमूलचुल परिवर्तन लाना आवश्यक है।

विनिवेश/निजीकरण के उद्देश्य (Objectives of Disinvestment/Privatisation)

भारत में सार्वजनिक क्षेत्र के उद्यमों के निजीकरण के प्राथमिक उद्देश्य इस प्रकार है:

1. सरकार के लिए अब यह आवश्यक हो गया है कि वह "गैर सामरिक उद्यमों" (Non Strategic Enterprises) के नियत्रण, प्रबंधन और उनके संचालन से स्वयं को हटा ले।

2. गैर महत्वपूर्ण सार्वजनिक क्षेत्र के उद्यमों लगी सार्वजनिक संसाधनों की बड़ी धनराशि को उन क्षेत्रों में लगाने के लिये अवमुक्त (Release) करना जो समाज की प्राथमिकता में सर्वोपरी है। जैसे सार्वजनिक स्वास्थ्य, परिवार कल्याण, प्राथमिक शिक्षा तथा सामाजिक और आवश्यक आधारभूत संरचना।

3. अव्यहार्य और गैर महत्वपूर्ण (Unviable Non Strategic PSEs) सार्वजनिक क्षेत्र के उद्यमों को मात्र बनाये रखने हेतु दुर्लभ सार्वजनिक संसाधनों के उत्तरोत्तर वाह्य प्रवाह (Further Out Flow) को रोकना सार्वजनिक ऋण के बोझ को कम करना जिसके एक बड़े भाग का प्रबन्ध सरकार द्वारा अब नहीं हो पा रहा है।

4. वाणिज्यक जोखिम जिस सार्वजनिक क्षेत्र में कर दाताओं का धन लगा हुआ है, को ऐसे निजी क्षेत्र में हस्तान्तरित करना जिसके सम्बन्ध में निजी क्षेत्र आगे आने के लिए उत्सुक और उसके योग्य है। वस्तुत: सार्वजनिक क्षेत्र के उद्यमों में लगा धन जनसांधारण का पैसा है और सम्पूर्ण रूप से परिहार्य (Avoidable)तथा अनावश्यक जोखिम में लगा हुआ है।

निजीकरण के लाभ (Benefits of Privatisation)

निजीकरण से प्राप्त होने वाले सम्भावित लाभों का संक्षिप्त विवेचन निम्न प्रकार प्रस्तुत किया जा सकता है:

1. विनिवेश, निजीकृत कंपनियों को बाजार अनुशासन से अवगत कराएगा, जिसके परिणामस्वरूप वे और अधिक दक्ष बनने के लिए बाध्य होंगें, और वे अपने ही वित्तीय और आर्थिक बल पर जी सकेंगें। वे बाजार ताकतों का और तेजी से मुकाबला कर सकेंगे और अपनी वाणिज्यिक आवश्यकताओं की पूर्ति और अधिक व्यावसायिक तरीके से कर सकेंगे। विनिवेश से सरकारी क्षेत्र के उद्यमों को सरकारी नियंत्रण से भी छुटकारा मिलेगा और इससे निजीकृत कंपनियों के निगमित शासन की शुरूआत होगी।

2. विनिवेश के परिणामस्वरूप, निजीकृत कंपनियों के शेयरों की पेशकश छोटे निवेशकों और कर्मचारियों को करने के माध्यम से सम्पत्ति का व्यापक संभव हो पाएगा।

3. विनिवेश का पूँजी बाजार पर लाभकारी प्रभाव होगा; चलायमान स्टाक में वृद्धि से बाजार में और पकड़ अधिक और मजबूत होगी निवेशकों को बाहर निकलने के सरल विकल्प मिलेंगे, मूल्यांकन और कीमत निर्धारण के लिए अधिक विशुद्ध नियम स्थापित करने मे सहायता मिलेगी और निजीकृत कंपनियों द्वारा अपनी परियोजनाओं अथवा उनके भावी विस्तार के लिए निधियां जुटाने में सहायता मिलेगी।

4. पूर्व के सार्वजनिक क्षेत्रों को उपयुक्त निजी निवेशकों के लिए खोल देने से आर्थिक गतिविधि में वृद्धि होगी और मध्यम से दीर्घावधी तक अर्थव्यवस्था, रोजगार और कर-राजस्व पर कुल मिलाकर लाभकारी प्रभाव पड़ेगा।

5. दूर-संचार और पेट्रोलियम जैसे अनेक क्षेत्रों में, सार्वजनिक क्षेत्र का एकाधिकार समाप्त हो जाने से, अधिक विकल्पों और सस्ते और बहेतर गुणवत्ता वाले उत्पादों और सेवाओं के द्वारा उपभोक्ताओं को राहत मिलेगीजैसा कि पहले से ही होना आरम्भ हो गया है।

भारतीय अर्थव्यवस्था में निजीकरण के प्रयास
(Steps in Indian Economy Towards Privatisation)

भारत में अब इस विषय पर आम राय बनती जा रही है कि सरकार द्वारा वाणिज्यक उपकरणों का संचालन किया जाना किसी भी दृष्टि से न्यायसंगत नहीं है। दुर्लभ वित्तीय कोषों का अभाव, अकुशल तथा हानि वहन करने वाले लोक उद्योगों का संचालन, लोक उद्योगों के कर्मचारियों में उत्तरदायित्व तथा जवाबदेयता के सम्बन्ध में शिथिल प्रवृत्ति आदि कुछ महत्वपूर्ण कारण है जो भारतीय अर्थव्यवस्था में निजीकरण के पक्षधर है। विगत वर्षो में भारत सरकार द्वारा मिश्रित अर्थव्यवस्था से निजी अर्थव्यवस्था की तरफ बढ़ने हेतु अनेक महत्वपूर्ण प्रयास किये गये है। इस दिशा में किये गये महत्वपूर्ण प्रयास निम्न है:

1. लोक क्षेत्र के लिये उद्योगों अन-आरक्षण (Dereservation of Industries for Public Sector) –औद्योगिक नीति प्रस्ताव 1956 में सम्पूर्ण औद्योगिक इकाईयों को तीन प्रमुख भागों में बाँटा गया तथा 17 उद्योगों को लोक क्षेत्र में विकसित किये जाने हेतु निर्णय किया गया। अब इस संख्या में कटौती करके केवल चार उद्योगों को सार्वजनिक क्षेत्र के सुरक्षित रखा गया है। अर्थव्यवस्था के सभी क्षेत्रों में विनियोग करने के लिए निजी पूँजी को निमन्त्रित तथा आकर्षित किया गया है।

2. लोक क्षेत्र का सीमित क्षेत्र (Limited Area of Public Enterprise) –निजीकरण की नीति के अन्तर्गत यह व्यवस्था की गयी है कि सार्वजनिक क्षेत्र का महत्व केवल सुरक्षा तथा सामरिक महत्व के उद्योगों जैसे (अ) आधारभूत वस्तुओं तथा सेवाएँ प्रदान करने वाले उद्योग (ब) खनन संसाधनों के विदोहन के सार्थक प्रयास, (स) तकनीकी विकास, (द) निजी क्षेत्र द्वारा उपेक्षित क्षेत्रों तथा सुरक्षा एवं युद्ध नीतिक उद्योगों के संचालन तक सीमित रखा जायेगा।

3. लोक क्षेत्र के स्वामित्व पूँजी का विनिवेश (Disinvestment of Equity in Public Sector) – यह निर्णय किया गया है कि लोक उपक्रमों में सार्वजनिक स्वामित्व पूँजी की मात्रा को घटाकर 26 प्रतिशत कर दिया जायेगा। विनिवेश सम्भवत: भारत तथा विश्व के अन्य राष्ट्रों द्वारा अपनाया गया विनिवेश का सर्वथा प्रचलित स्वरूप है। किन्तु भारत में विगत 10 वर्षों में विनिवेश का जो प्रति वर्ष लक्ष्य निर्धारित किया गया है, उसमें सफलता प्राप्त नहीं हुई है। तालिका–1 में प्रस्तुत आंकडें उपर्युक्त वर्णित विचारधारा का पर्याप्त समर्थन करते है।

तालिका–1

सार्वजनिक क्षेत्र के उपक्रमों में वर्षवार विनिवेश

(करोड़ रूपये

वर्ष	कम्पनियों की संख्या, जिन में इक्विटी बेची गई है	वास्तविक प्राप्तियाँ (करोड़ रूपये)	वर्ष के लिए लक्ष्य प्राप्ति (करोड़ रूपये)
1991-92	47	3038	2500
1992-93	35	1913	2500
1993-94	-	Nil	3500
1994-95	13	4843	4000
1995-96	5	362	7000
1996-97	1	380	5000
1997-98	1	902	4800
1998-99	5	5371	5000
1999-00	2	1829	10,000
2000-01	4	1870.53	10,000
2001-02	**9**	**5785**	**12,000**
कुल	**47**	**26293.53**	**66,000**

स्रोत : (1) *Annual Report 2000-2001*
Ministry of Heavy Industries and Public Enterprises Government of India.

(2) *Public Enterprises Survey,* Department of Public Enterprises Government of India Volume-I.

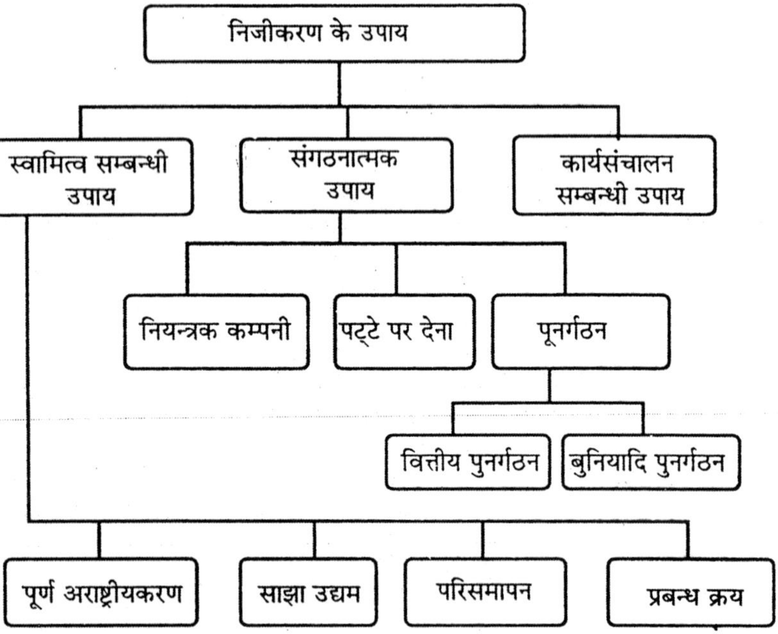

जिन लोक उद्योगों में सुधार के सभी प्रयास असफल हो गये हो तथा जिनके पुनर्जीवित होने की कोई संभावना नहीं है उन्हें बन्द कर दिया जायेगा। अभी हाल ही में मारूती उद्योग लिमिटेड, आई. पी. सी. एल, आई. टी. डी. सी., बी. एस. एन. एल. आदि लोक उपक्रमों निजीकरण की प्रक्रिया के अन्तर्गत लाया गया है। अन्य अनेक महत्वपूर्ण तथा बड़े आकार के लोक उपक्रमों, जैसे एयर इडिंया, इण्डियन एयरलाईन्स, एस. सी. आई., एच. सी. एल आदि में विनिवेश की योजनाओं को क्रियान्वित करना शेष है।

4. निजी क्षेत्र की सहभागिता (Participation of Private Sector) – भारतीय अर्थव्यवस्था के सभी क्षेत्रों में निजी क्षेत्र को आमन्त्रित किया गया है। विद्युत तथा ईंधन, परिवहन, संचार तथा सुरक्षा आदि कतिपय महत्वपूर्ण क्षेत्र है जिनमें निजी क्षेत्र को महत्वपूर्ण भूमिका निभाने हेतु आमन्त्रित किया गया है।

5. औद्योगिक लाइसैन्सिग का परित्याग (Abolition of Industrial Licensing) –नवीन नीति इस बात की पक्षधर है कि विभिन्न प्रकार के नियन्त्रण जैसे औद्योगिक लाइसेन्सिंग, कदम कदम पर सरकार सें अनुमति प्राप्त करने का बन्धन तथा इन्स्पेक्टर राज की समाप्ति की जानी चाहिए। इस तथ्य को महत्व प्रदान कर, केवल कुछ अपवादों को छोड़कर, अनिवार्य औद्योगिक लाईसेन्सिंग को लगभग समाप्त कर दिया गया है। औद्योगिक प्रतिष्ठानों को अपने उत्पादन क्षमता के विस्तार तथा मांग अनुसूची के अनुसार समायोजित करने की सुविधा प्रदान की गयी है।

6. बड़े औद्योगिक घरानों पर से विनियोग नियन्त्रण की समाप्ति (Removal of Investment Control on Big Business Houses) - एकाधिकार व्यवहार तथा प्रतिबन्धात्मक गतिविधि अधिनियम में उल्लेखित तथा अनेक बड़े औद्योगिक प्रतिष्ठानों पर लागु लगभग सभी विनियोग नियन्त्रण समाप्त कर दिये गये है। अब कोई भी उपक्रम तथा व्यवसायिक प्रतिष्ठान अर्थैंव्यवस्था के किसी भी क्षेत्र में अपनी गतिविधियाँ प्रारम्भ करने हेतु स्वतन्त्र है।

7. बीमार उद्योगों से सम्बन्धित नीति (Policy Related to Sick Units) - यह निर्णय किया गया है कि बीमार औद्योगिक इकाइयों को आवश्यक कार्यवाही हेतु औद्योगिक तथा वित्तीय पुनः उद्धार बोर्ड को सुपूर्द किया जायेगा। ऐसी ईकाइयाँ जिनके सुधार की सम्भावना समाप्त हो चुकी है उन्हें बन्द कर दिया जायेगा।

8. लोग उपक्रमों के प्रबन्ध में सुधार (Imporvement in Management of Public Enterprises) - लोक उपक्रमों को व्यवसायिक आधार पर संचालित कर उनके कार्यकुशलता तथा उत्पादकता में वृद्धि की जायेगी। इन उपक्रमों के कर्मचारियों को श्रेष्ठ परिणामों की उपलब्धि हेतु प्रोत्साहित किया जायेगा तथा कार्य संचालन में स्वायत्ता प्रदान की जायेगी।

निजीकरण की कठिनाइयाँ (Dangers or Obstacles to Privatisation)

सार्वजनिक उपक्रमों के अनेक लाभ है। इस तथ्य से आज भी इन्कार नहीं किया जा सकता कि सार्वजनिक क्षेत्र के निजी क्षेत्र की अपेक्षाा अधिक आर्थिक सामाजिक लाभ है। भारत जैसे प्रजातांत्रिक समाज में निजीकरण के कई खतरे अथवा कठिनाइयाँ हैं। इनमें से कुछ प्रमुख इस प्रकार हैं :

(1) श्रमिक विरोध (Labour Resistance)- निजीकरण की प्रक्रिया की सबसे बड़ी कठिनाई यूनियन के माध्यम से श्रमिकों की ओर से होने वाले विरोध हैं। वे बड़े पैमाने पर छँटनी, अपनी पोजीशन खो जाना और काम के वातावरण में परिवर्तन जैसे बातों से आतंकित है।

(2) परिसम्पत्तियों का मूल्यांकन (Valuation Assets)- सरकार द्वारा विशुद्ध परिसंपत्तियों के किताबी मूल्य के आधार पर निर्णय लेकर कपटपूर्ण व्यवहार करने का भी खतरा है।

(3) निगमीकरण को प्रोत्साहन (Encouragement to Corporation)-यह संभव है कि निजीकरण द्वारा बड़े उद्योगों को लाभ पहुँचाने के लिए निगमीकरण को प्रोत्साहित किया जाए।

(4) प्रतियोगिता का अभाव (Lack of Competition)- निजीकरण प्रतियोगिता के बिना सार्वजनिक क्षेत्र के स्थान पर निजी क्षेत्र में अकार्यकुशल एकाधिकारी कंपनियों के रूप में ही परिवर्तित होकर रह जाएगा।

निजीकरण कार्यकुशलता औद्योगिक क्षेत्र की समस्याओं का एक मात्र उपाय नहीं है। उसके लिए तो समुचित आर्थिक वातावरण और कार्य-संस्कृति में आमूल चूक परिवर्तन होना भी आवश्यक है। भारत में, निजीकरण को अर्थव्यवस्था की आज की समस्त समस्याओं की रामबाण औषधि नहीं माना जा सकता। इसे तो पूर्व निर्धारित उद्देश्यों को प्राप्त करने के एक सर्वोत्तम संभव माध्यम के रूप में ही देखना होगा।

परिक्षापयोगी प्रश्न

1. निजीकरण से आप क्या समझते है। भारत में निजीकरण की आवश्यकता तथा उद्धेश्य का संक्षेप में विवेचना कीजिये।

   What do you mean by privatisation. Discuss need and objectives of privatisation.

2. निजीकरण से आप क्या समझते है। निजीकरण के प्रमुख उपाय बतलाइये।

   What do you mean by privatisation. What are the main measures of privatisation.

3. निजीकरण की आवश्यकता स्पष्ट कीजिये। निजीकरण के अपनाये जाने के मार्ग में प्रमुख क्या समस्याएँ है।

   Discuss need of privatisation. What are the main problems in adoption of privatisation.

□□□

14

विदेशी व्यापार एवं भुगतान शेष
(Foreign Trade and Balance of Payment)

विदेशी व्यापार का प्रत्येक राष्ट्र की अर्थव्यवस्था में महत्वपूर्ण भूमिका होती है। कोई भी राष्ट्र विदेशी व्यापार से अलग थलग रह कर अपनी राष्ट्रीय व्यवस्था का निर्बाध पूर्वक संचालन नहीं कर सकता। विदेशी व्यापार के अध्ययन में, विदेशी व्यापार का आकार, आयात तथा निर्यातों की संरचना तथा विदेशी व्यापार की दिशा आदि अनेक महत्वपूर्ण पक्षों को सम्मिलित किया जाता है। किसी भी देश के व्यापार में वृद्धि आर्थिक विकास का सूचक माना जाता है। किन्तु, यदि आयातों की मात्रा अधिक रहे तथा निर्यात अपेक्षित दर के अनुरूप नहीं बड़े तो भुगतान शेष में असंतुलन की स्थिति उत्पन्न हो जाती है। भुगतान सन्तुलन में निरन्तर असंतुलन की स्थिति नुकसानदेय सिद्ध होती है। भारत के विदेशी व्यापार तथा भुगतान शेष में स्वतन्त्रता के पश्चात् महत्वपूर्ण प्रवृत्तियों का उदय हुआ है। भारत के विदेशी व्यापार तथा भुगतान शेष में विगत वर्षों में घटित हुई प्रवृत्तियों का संक्षिप्त विवरण निम्न प्रकार है:

विदेशी व्यापार का महत्व (Importance of Foreign Trade)

प्रत्येक देश की अर्थव्यवस्था में विदेशी व्यापार का महत्त्वपूर्ण स्थान होता है। रोबर्टसन के अनुसार, ''विदेशी व्यापार आर्थिक विकास का इन्जन है।'' (Foreign Trade is an engine of economic growth-Robertson) विदेशी व्यापार में सक्रिय भागीदारी द्वारा ही (1) राष्ट्र अपने प्राकृतिक साधनों का उचित प्रयोग कर सकता है, (2) अतिरिक्त उत्पादन का निर्यात कर सकता है, (3) विदेशों से तकनीकी जानकारी आदि प्राप्त कर सकता है, (4) प्राकृतिक संकट के समय आवश्यक तथा अन्य वस्तुएं प्राप्त कर सकता है, (5) विदेशी व्यापार के द्वारा औद्योगीकरण के लिए आवश्यक पूँजी, मशीने तथा कच्चा माल प्राप्त किया जा सकता है, (6) विदेशी व्यापार उपयुक्त नियन्त्रण द्वारा रोजगार, उत्पादन, कीमत, औद्योगिकरण तथा देश के आर्थिक विकास पर उचित प्रभाव डाला जा सकता है। (7) विदेशी व्यापार द्वारा ही दूसरे देशों से आर्थिक विकास के लिए आवश्यक सहायता तथा अन्य

उपकरण प्राप्त किये जा सकते हैं। यही कारण है कि भारत के योजना आयोग ने विभिन्न पंचवर्षीय योजनाओं में विदेशी व्यापार के विकास को बहुत अधिक महत्त्व दिया है।

विदेशी व्यापार की मुख्य विशेषताएं (Main Features of Foreign Trade)

स्वतन्त्रता के पश्चात् भारत के विदेशी व्यापार की मुख्य विशेषताएँ निम्नलिखित है:

(1) कुल राष्ट्रीय आय का बढ़ता हुआ प्रतिशत (Increasing Share of Gross National Income of World Trade) – भारत के विदेशी व्यापार का कुल राष्ट्रीय आय में काफी महत्त्व है। 1950–51 में भारत का विदेशी व्यापार (आयात+निर्यात) शुद्ध राष्ट्रीय आय का 12 प्रतिशत था। 1997–98 में यह बढ़कर शुद्ध राष्ट्रीय आय का 22 प्रतिशत हो गया है।

(2) विश्व के विदेशी व्यापार में घटता हुआ भाग (Less Percentage of World Trade) – विश्व के विदेशी व्यापार में भारत के विदेशी व्यापार का भाग निरन्तर घटता जा रहा है। 1950–51 में विश्व के कुल आयात व्यापार में भारत का भाग 1.8 प्रतिशत था तथा निर्यात व्यापार में भाग 2 प्रतिशत था। 2000 में आयात व्यापार में भारत का भाग कम होकर 0.63 प्रतिशत तथा निर्यात व्यापार में 0.6 रह गया है।

(3) समुद्री व्यापार (Oceanic Trade) –भारत का अधिकांश व्यापार समुद्री मार्ग से होता है। भारत में पड़ौसी देशों जैसे नेपाल, अफगानिस्तान, बर्मा, श्री लंका, आदि से व्यापारिक सम्बन्ध काफी कम है। इसलिए भारत का 68 प्रतिशत विदेशी व्यापार समुद्री मार्गों द्वारा सम्पन्न होता है।

(4) थोड़े बन्दरगाहों पर निर्भर (Dependence on a few Ports) – भारत का विदेशी व्यापार विशेष रूप में तीन बन्दरगाहों बम्बई, कलकत्ता, और मद्रास के द्वारा होता है। इसके फलस्वरूप इन बन्दरगाहों पर काफी दबाव रहता है। अब भारत सरकार ने कांडला, कोचीन, विशाखापटनम आदि बन्दरगाहों का विकास किया है।

(5) व्यापार के परिमाण तथा मूल्य में वृद्धि (Increase in Volume and Value of Trade) –स्वतन्त्रता के बाद से भारत के विदेशी व्यापार के परिमाण तथा मूल्य में निरन्तर बढ़ी मात्रा में वृद्धि हुई। भारत अब पहले से कई गुणा अधिक मात्रा तथा मूल्य की वस्तुओं का आयात तथा निर्यात करता है। सन् 1939 में आयात 152 करोड़ रूपये के तथा निर्यात 169 करोड़ रूपये के हुए। भारत के विदेशी व्यापार का कुल मूल्य 321 करोड़ रूपये था। स्वतन्त्रता के समय 1948–49 में कुल विदेशी व्यापार 792 करोड़ रूपये का था। 1990–91 में यह बढ़कर 75,750.49 करोड़ रूपये का हो गया। 2000–01 में भारत के विदेशी व्यापार का मूल्य बढ़कर 4,29,246 हो गया जिसमें 2,01,674 करोड़ रूपये के मूल्य का निर्यात तथा 2,27,512 करोड़ रूपये का आयात किया गया।

(6) निर्यात व्यापार के स्वरूप में परिवर्तन (Change in the Composition of Exports) – स्वतन्त्रता के बाद भारत के निर्यात व्यापार के स्वरूप में भी परिवर्तन हुआ है। स्वतन्त्रता से पूर्व भारत कृषि वस्तुओं तथा कच्चा माल जैसे पटसन, कपास, चाय,

तिलहन, चमड़ा, अनाज, काजू तथा खनिज पदार्थों का निर्यात करता था। बहुत सा तैयार माल भी निर्यात किया जाता था। अब भारत तैयार माल जैसे मशीनें, सिले-सिलाए कपड़े, हीरे-जवाहरात, चाय, जूट का तैयार समान, काजू इलैक्ट्रोनिक्स के सामान आदि का भी निर्यात काफी मात्रा में करने लगा है।

(7) आयात व्यापार के स्वरूप में परिवर्तन (Change in the Composition of Imports) - स्वतन्त्रता के पश्चात् भारत के आयात व्यापार के स्वरूप में भी परिवर्तन हुआ है। स्वतन्त्रता से पहले भारत अधिकतर उपभोग वस्तुओं, जैसे दवाइयां, कपड़ा, मोटर गाड़िया, बिजली का सामान, लोहा, इस्पात आदि का आयात करता था। परन्तु अब पैट्रोल, मशीने, रसायन, खाद्य अनाज, तिलहन, कच्चे माल, इस्पात, तेल, कपास आदि का आयात अधिक मात्रा में किया जाता है।

(8) विदेशी व्यापार की दिशा (Direction of Foreign Trade) -किसी देश के विदेशी व्यापार की दिशा से हमारा अभिप्राय उन देशों से होता है जिनके साथ व्यापार किया जाता है। स्वतन्त्रता से पहले भारत का सबसे अधिक विदेशी व्यापार इंग्लैण्ड से होता था परन्तु अब इसमें काफी कमी आ गई है। अब यूरोपियन यूनियन (EU) का भारत के निर्यात तथा आयात व्यापार में सबसे अधिक भाग है। भारत के विदेशी व्यापार में जापान, रूप अमेरिका तथा पैट्रोल निर्यात करने वाले देशों का भी महत्व बढ़ गया है।

(9) व्यापार शेष (Balance of Trade) - स्वतन्त्रता से पूर्व भारत का व्यापार शेष अनुकूल (Favourable) रहा। परन्तु स्वतन्त्रता के बाद यह प्रतिकूल (Unfavourable) हो गया अर्थात् आयात में निरन्तर वृद्धि एवं निर्यात में निरन्तर गिरावट। सन् 1944-45 में व्यापार शेष 42 करोड़ रूपये के मूल्य का भारत के पक्ष में था। परन्तु सन् 1946 में ही व्यापार शेष प्रतिकूल होना शुरू हो गया। 1990-91 में व्यापार शेष का घाटा 10,635 करोड़ रूपये था। जो कि बढ़कर 2000-01 में 25,898 करोड़ रूपये हो गया। योजनाओं की अवधि में केवल 1972-73 तथा 1976-77 के दो वर्षों में ही भारत का व्यापार शेष अनुकूल रहा है।

(10) निर्भर व्यापार (Dependent Trade) -भारत का विदेशी व्यापार अधिकतर विदेशी जहाज कम्पनियों, बीमा कम्पनियों तथा बैंकों पर ही निर्भर रहता है। स्वतन्त्रता के पश्चात् सरकार ने इस ओर विशेष ध्यान देना प्रारम्भ किया है। पंचवर्षीय योजनाओं में व्यापारिक समुद्री जहाजों का भारत में ही निर्माण प्रारम्भ हुआ है। भारतीय बैंकों तथा बीमा कम्पनियों ने भी इस ओर विशेष ध्यान देना आरम्भ कर दिया है।

(11) विदेशी व्यापार पर सरकारी नियन्त्रण (State Control on Foreign Trade) - भारत सरकार विदेशी व्यापार पर पूर्ण नियन्त्रण रखती है। सरकार की विदेशी व्यापार की नीति का प्रमुख उद्देश्य निर्यात को बढ़ावा देना है। अनावश्यक वस्तुओं का आयात बिल्कुल बन्द कर दिया गया है। निर्यात को बढ़ाने के लिए कई संस्थाएं स्थापित की गई हैं जैसे - (अ) व्यापार बोर्ड (Board of Trade) (ब) निर्यात विकास समितियां (Export Promotion Councils) (स) निर्यात निरीक्षण सलाहकार समितियां (Expost Inspection Advisory Councils) (द) निर्यात साख तथा गारन्टी निगम (Export Credit and Guarantee Corporation) (य) प्रदर्शनी निर्देशक (Director of Exhibition) आदि।

(12) सरकार द्वारा विदेशो व्यापार (Foreign Trade by Government) - सरकार ने विदेशी व्यापार के निर्बाध संचालन की मंशा से कई निगम स्थापित किये हैं जैसे - (अ) राजकिय व्यापार निगम (State Trading Corporation) की स्थापना 1956 में की गई। इस निगम ने 2001-02 में लगभग 1582 करोड़ रूपए का विदेशी व्यापार किया था। (ब) खनिज तथा धातु व्यापारिक निगम (Mineral and Metal Trading Corporation) की स्थापना 1963 में खनिज पदार्थों तथा धातुओं का निर्यात करने के लिए की गई है। इस निगम द्वारा 2001-02 में 7,243.65 करोड़ रूपये का कारोबार किया गया।

स्वतन्त्रता के पश्चात भारत का विदेशी व्यापार

(Foreign Trade of India after Independence)

स्वतन्त्रता के पश्चात और विशेष रूप से 1951 के पश्चात से जब भारत ने प्रथम पंचवर्षीय योजना आरम्भ की, तो भारत के विदेशी व्यापार में अनेक परिवर्तन घटित हुए है। इस परिवर्तन का अध्ययन भी चार भागों में किया जायेगा।

(1) विदेशी व्यापार का परिमाण (Volume of Foreign Trade) - स्वतन्त्रता प्राप्ति के पश्चात् तथा पंचवर्षीय योजनाओं की अवधि में भारत के विदेशी व्यापार में वृद्धि हुई है। वर्ष 1946-47 में भारत का विदेशी व्यापार 507 करोड़ रूपये का था। सन् 1951 में यह बढ़कर 1,250 करोड़ रूपये का हो गया। सन् 2001-02 में भारत के विदेशी व्यापार का आकार बढ़कर 4,54,217 करोड़ रूपये हो गया। सन. 1951 के बाद महत्वपूर्ण औद्योगिक प्रगति के फलस्वरूप विदेशी व्यापार की पूरी तरह कायापलट हो गई है। अब यह व्यापार कुछ ही देशों या कुछ ही वस्तुओं तक सीमित नहीं है। आज विश्व के लगभग सभी देशों के साथ भारत के व्यापारिक सम्बन्ध है और निर्यात होने वाले या आयात किए जाने वाले सामान की सूची में लगभग (7,500) वस्तुएं है। स्वतन्त्रता के पश्चात् विभिन्न पंचवर्षीय योजनाओं के अन्तिम वर्ष में भारत के विदेशी व्यापार का परिमाण निम्नलिखित **तालिका-1** से ज्ञात हो जाता है।

तालिका-1 के विश्लेषण से यह स्पष्ट होता है कि (1) पंचवर्षीय योजना की अवधि में विदेशी व्यापार का परिमाण जो 1950-51 में 1,250 करोड़ रूपये था। 2001-02 में बढ़कर 4,54,217 करोड़ रूपये हो गया। विदेशी व्यापार के परिमाण में इस दौरान लगभग 222 गुणा वृद्धि हुई है। (2) वर्ष 1950-51 में भारत के कुल आयात 650 करोड़ रूपये के थे, वह वर्ष 2001-02 में बढ़कर 2,45,199 करोड़ रूपये के हो गया। इस प्रकार आयात लगभग 233 गुणा बढ़ गये। (3) वर्ष 1950-51 में भारत के कुल निर्यात 600 करोड़ रूपये के थे जो बढ़कर 2001-02 में 2,09,018 करोड़ रूपये के हो गये। इस प्रकार निर्यात लगभग 210 गुणा बढ़ गये।

तालिका-1

भारत के विदेशी व्यापार का आकार

(करोड़ रूपये)

	वर्ष	आयात	निर्यात	कुल व्यापार का मूल्य
	(1950-51)	650	600	1,250
First Plan	(1951-56)	3,651	3,109	6,760
Second Plan	(1956-61)	5,402	3,063	8,465
Third Plan	(1961-66)	6,119	2,735	9,854
Fourth Plan	(1969-74)	10,035	9,426	19,461
Fifth Plan	(1974-78)	20,882	17,937	38,819
Sixth Plan	(1980-85	73,410	45,035	1,18,445
Seventh Plan	(1985-90)	35,412	27,681	63,093
Eighth Plan	(1992-97)	1,36,844	1,17,525	2,54,369
	1997-98	1,54,176	1,30,100	2,84,277
	1998-99	1,78,331	1,39,753	3,18,084
	1999-00	2,15,528	1,59,561	3,75,089
	2000-01	2,27,512	2,01,674	4,29,246
	2001-02	2,45,199	2,09,018	4,54,217

Source : Economic Surveys.

(2) विदेशी व्यापार का स्वरूप (Composition of Foreign Trade) – स्वतन्त्रता के पश्चात् पंचवर्षीय योजनाओं में भारत के विदेशी व्यापार के स्वरूप में भी काफी परिवर्तन आया है। जिन वस्तुओं का पहले भारत से निर्यात किया जाता था, जैसे अनाज, कपास आदि उनका आयात किया जाने लगा। इसके विपरीत भारत के निर्यातों में तैयार माल, लोहा व इस्पात, इन्जीनियरिंग वस्तुओं, जवाहरात का अंश काफी बढ़ गया।

(अ) निर्यात व्यापार की रचना में परिवर्तन (Change in the Composition of Exports) –सन् 1947 के पश्चात् भारत के निर्यात व्यापार में महत्त्वपूर्ण परिवर्तन हुए है। स्वतन्त्रता प्राप्ति से पहले भारत चाय, जूट, कपड़े, चमड़े, कच्चे लोहे, काजू तथा मसालों का अधिक निर्यात करता था। अब अनेक प्रकार की तैयार वस्तुओं का निर्यात किया जाने लगा है जैसे पूंजीगत माल (मशीनें), इन्जीनियरिंग समान, रासायनिक उत्पादन, सिले सिलायें कपड़े, हीरे जवाहरात, तैयार भोजन, हस्तशिल्प आदि। भारत के परम्परागत निर्यातों में चाय, जूट तथा

कृषि पदार्थों का 1950-51 में कुल निर्यात में हिस्सा 55 प्रतिशत था। 1997-98 में यह काम होकर केवल 18.8 प्रतिशत रह गया। भारत के निर्यातों में जूट का हिस्सा 2000-01 में मात्र 0.4 प्रतिशत तथा चाय का हिस्सा 1.0 प्रतिशत रह गया है। इसके विपरीत इन्जीनियरिंग वस्तुओं का भाग जो 1961 में कवेल 0.05 प्रतिशत था वह 2001-02 में बढ़कर 15.6 प्रतिशत हो गया।

(ब) आयात व्यापार की रचना में परिवर्तन (Change in the Composition of Imports) - सन. 1947 के पश्चात भारत के अयात व्यापार की रचना में हुए निरन्तर परिवर्तनों के परिणाम स्वरूप अनाज, कपास, जूट के आयात काफी बढ़ गये थे। अब ये कम हो गये हैं। भारत द्वारा पैट्रोलियम, खाद, इस्पात, लोहा, अलौह धातुएं, औद्योगिक कच्चे माल, मशीनरी, पूंजीगत सामग्री, खाने के तेल, रसायन, बिना तराशे जवाहरात के आयात अब बढ़ गये हैं।

(3) विदेशी व्यापार की दिशा (Direction of Foreign Trade) - स्वतन्त्रता के पश्चात् विदेशी व्यापार की दिशा में अनेक परिवर्तन घटित हुए। विदेशी व्यापार की दिशा में हुए परिवर्तनों का संक्षिप्त विवरण निम्न प्रकार है :

(अ) निर्यात व्यापार की दिशा में परिवर्तन (Change in the Direction of Export Trade) -वर्ष 1950-51 से पहले भारत का अधिकतर निर्यात व्यापार इंग्लैण्ड, राष्ट्रमण्डल के देशों तथा अमेरिका से था। 1951-52 में भारत के 27 प्रतिशत निर्यात इंग्लैझड या यू. के. को, 18.6 प्रतिशत यू. एस. ए. को तथा 2.2 प्रतिशत जापान को होते थे। भारत के निर्यात व्यापार में रूस का भाग केवल 1.2 प्रतिशत, यूरोपियन यूनियन (E.U.) का 5.9 प्रतिशत था। वर्ष 2000-01 में भारत का निर्यात व्यापार में यू. के. का भाग कम होकर 5.2 प्रतिशत तथा यू. एस. ए. का 20.9 प्रतिशत रह गया तथा जापान का भाग बढ़ कर 4.0 प्रतिशत तथा रूस का बढ़ कर 2.0 प्रतिशत हो गया। EU के देशों अर्थात् बेल्जियम, फ्रांस लक्समबर्ग, जर्मनी, नीदरलैण्ड, यू. के., इटली, डेनमार्क तथा आयरलैंड का भाग बढकर 25.5 प्रतिशत तथा पैट्रोलियम, निर्यात करने वाले देशों का भाग बढ़कंर 10 प्रतिशत हो गया। भारत नये देशों जैसे केनिया, अर्जेटाइना, बेल्जियम आदि से भी व्यापार अब करने लग है।

(ब) आयात व्यापार की दिशा में परिवर्तन (Change in the Direction of Imports) स्वतन्त्रता से पहले अधिकतर आयात व्यापार भी इँगलैण्ड, अमेरिका आदि से होता था। 1951-52 में भारत के आयात व्यापार में अमेरिका का भाग 33.6 प्रतिशत, यू. के. का 18.0 प्रतिशत, रूस का 0.2 प्रतिशत था। 2000-01 जापान का भाग बढ़कर 3.6 प्रतिशत तथा रूस का 1.0 प्रतिशत हो गया, EU के देशों का भाग बढ़कर 23.8 प्रतिशत तथा O.P.E.C. के देशों का भाग बढ़कर 23.1 प्रतिशत हो गया।

(4) व्यापार शेष (Balance of Trade) -स्वतन्त्रता के पश्चात् से अभी तक भारत के व्यापार शेष में निरन्तर घाटे का क्रम दृष्टिगत हुआ। स्वतन्त्रता के पश्चात् केवल 1972-73 में पहली बार व्यापार शेष अनुकूल हुआ था। किन्तु 1973-74 में यह पुनः प्रतिकूल हो गया है। यद्यपि 1976-77 में पुनः अनुकूल हो गया । भारत के निर्यात स्वतन्त्रता के बाद काफी बढ़ गये है। परन्तु आयात और भी अधिक मात्रा में बढ़ गये। भारत का विभिन्न वर्षों में व्यापार शेष आगे दी तालिका से स्पष्ट हो जाता है।

तालिका–2

भारत का व्यापार शेष

(करोड़ रूपये)

	वर्ष	**व्यापार सन्तुलन (करोड़ रूपये)**
First Plan (Last Year)	1950-51	— 50
Second Plan (Last Year)	1955-56	— 825
Third Plan (Last Year)	1960-61	— 480
Fourth Plan	1965-67	— 604
(Last Year)	1972-73	+ 104
Fifth Plan	1973-74	— 432
(Last Year)	1076-77	+ 68
Sixth Plan	1978-79	— 2,724
(Last Year)	1984-85	— 5,390
Seventh Plan (Last Year)	1985-90	— 7,731
Eighth Plan (Last Year)	1996-97	— 19,318
	1997-98	— 24,075
	1998-99	— 38,578
	1999-00	— 55,967
	2000-01	— 27,302
	2001-02	— 36,181

स्त्रोत – विभिन्न वर्षों के आर्थिक सर्वेक्षण भारत सरकार द्वारा प्रकाशित।

तालिका –2 के विश्लेषण से यह स्पष्ट होता है कि भारत का विदेशी व्यापार में स्वतन्त्रता के पश्चात् निरन्तर घाटा हो रहा है। भारत के विदेशी व्यापार का घाटा 1950–51 में 50 करोड़ रूपये से बढ़कर 2001–02 में 36,181 करोड़ रूपये तक पहुँच गया है।

भारत के मुख्य आयात तथा निर्यात (Main Imports and Exports of India)

स्वतन्त्रता प्राप्ति के पश्चात् से भारत के विदेशी व्यापार के आकार में निरन्तर वृद्धि के कारण आयात की मात्रा संरचना तथा वस्तुओं की संख्या में महत्वपूर्ण बदलाव आया है। भारत लगभग 7500 वस्तुओं के आयात तथा निर्यात करता है। भारत के आयात तथा निर्यात निरन्तर बढ़ते जा रहे है। भारत के मूख्य आयात–निर्यात निम्नलिखित है:

प्रमुख आयात (Chief Imports)

भारत के आयात सम्बन्ध विश्व के लगभग सभी महत्व राष्ट्रों से विकसित हो चुके है। इसके बावजूद भारत द्वारा अनेक वस्तुओं का आयात किया जाता है। तालिका –3 में भारतीय आयातों की संरचना का विवरण दर्शाया गया है:

तालिका–3

भारतीय आयातों की संरचना

वस्तुएँ	1960–61		1990–91		2000–01	
	मिलियन डालर	कुल का प्रतिशत	मिलियन डालर	कुल का प्रतिशत	मिलियन डालर	कुल का प्रतिशत
1. खाद्य उपभोग वस्तुएं	449	19.1	उ.न.	उ.न.	उ.न.	उ.न.
जिनमें अनाज और अनाज उत्पाद	380	16.1	102	0.4	20	0.0
2. कच्चे पदार्थ और मध्यवर्ती विनिर्मित वस्तुएँ	1105	47.0	उ.न.	उ.न.	उ.न.	उ.न.
(अ) खाद्य तेल	8	0.4	182	0.8	1334	2.6
(ब) पैट्रोलियम तेल और लुब्रिकेंट	145	6.1	6028	25.0	15650	31.0
(स) उर्वरक और उर्वकर सामग्री	27	1.1	984	4.1	664	1.3
(द) लोहा व इस्पात	258	11.0	1178	4.9	781	1.5
(य) रासायनिक तत्व और यौगिक	82	3.5	1276	5.3	338	0.7
(र) मोती और बहुमूल्य रत्न	2	0.1	2083	8.7	4838	9.6
3. पूंजीगत वस्तुएं	747	31.7	5833	24.2	8785	17.4
(अ) गैर- विद्युतीय मशीरनी	426	18.1	2363	9.8	3703	7.3
(ब) विद्युतीय मशीनरी	120	5.1	949	3.9	487	1.0
(स) परिवहन सम्बन्धी उपकरण	151	6.4	921	3.9	643	1.3
4. अन्य (अवर्गीकृत)	52	2.2	उ.न.	उ.न.	उ.न.	उ.न.
कुल	2353	100.0	24075	100.0	50536	100.0

Source: Government of India, *Economic Survey*, 2001-02,(New Delhi, 2002) Statement 7.2 (A), pp.S-80 to S-82.

भारत के प्रमुख आयातों का संक्षिप्त विवरण निम्न प्रकार है:

(1) मशीनरी (Machinery) –भारत के औद्योगीकरण की आवश्यकताओं के कारण सबसे अधिक आयात मशीनों का किया जाता है। इन मशीनों का अमेरिका, इंग्लेण्ड, पश्चिमी, जर्मनी, जापान, रूस तथा यूरोप से आयात हुआ है। भारत द्वारा 2001–02 में 23,405 करोड़ रूपये की मशीनरी का आयात किया गया।

(2) लोहा और इस्पात (Iron and Steel) –भारत अभी तक लोहे एवं इस्पात के उत्पादन में आत्मनिर्भर नहीं हुआ है। अत: प्रतिवर्ष काफी इस्पात विदेशों से मंगवाना पड़ता है। यह अधिकतर जर्मनी, अमेरिका, इंग्लेण्ड, इटली तथा फ्रांस से मंगवाया जाता है। 1997–98 में 5,595 करोड़ रूपये का लोहा तथा इस्पात बाहर से मंगवाया गया। भारत द्वारा 2001–02 में 3,976 करोड रूपये का लोहा–इस्पात आयात किया गया।

(3) लौह-हीन धातुएं तथा धातुओं का सामान (Non-Ferrous Metals and Metal Products) –लोह–हीन धातुएं जैसे जस्ता, तांबा, टिन तथा इन धातुओं द्वारा निर्मित पदार्थ हमें दूसरे देशों से मंगवाने पड़ते हैं। ये धातुएँ मलाया, ब्राजील, अमेरिका आदि देशों से मंगाई जाती है। इस मद के अन्तर्गत 1997–98 में 3,377 करोड़ रूपये आयात 2001–02 में 3086 करोड़ रूपये हुआ।

(4) पैट्रोल तथा पैट्रोल उत्पादन - भारत अपनी मांग का 35 प्रतिशत पैट्रोल विदेशों से मंगवाता है। यह पैट्रोल, ईरान, ईराक, कुवैत, तथा सऊदी अरब से आता है। 1997–98 में 30,538 करोड़ रूपये तथा 2001–02 में 66,769 करोड़ रूपये का पैट्रोल तथा अन्य पैट्रोल का आयात किया गया।

(5) यातायात के साधन (Transport Equipment) - देश के आर्थिक विकास के लिये यातायात के साधनों की बहुत आवश्यकता है। इसके लिये मोटरें, समुद्री जहाज, हवाई जहाज आदि दूसर सामान विदेशों से मंगवाने पड़ते हैं। यातायात का सामान अधिकतर जर्मनी, इटली, जापान अमेरिका तथा ब्रिटेन से आयात किया जाता है। 1997–98 में 3,368 करोड़ रूपये का यातायात का सामान विदेशों से आयात किया गया। 2001–02 में 5,482 करोड़ रूपये के परिवहन उपकरणों का आयात किया गया।

(6) रासायनिक खाद (Chemical Fertilizers) –भारत में कृषि उत्पादन को विकसित करने के लिये रासायनिक खाद की बहुत आवश्यकता है। अत: रासायनिक खाद काफी मात्रा में आयात की जा रही है। यह खाद अमेरिका, रूस तथा E.U. के देशों से विशेष रूप से आयात की जाती है। 1997–98 में 3,755 करोड़ रूपये की खाद का आयात किया गया। 1999–2000 में 6063 करोड़ रूपये तथा 2000–01 में 3,407 करोड़ रूपये की रासायनिक खादों का आयात किया गया।

(7) खाद्यान्न (Foodgrains) –विभाजन के बाद खाद्यान्नों की देश में बहुत कमी की गई थी। इस कमी को आयात द्वारा पूरा किया जाता था। खाद्यान्न अमेरिका, आस्ट्रेलिया, कैनेड़ा, बर्मा तथा अर्जेन्टाइना से मंगवाये जाते हैं7 सन् 1997–98 में 1,061 करोड़ रूपये के खाद्यान्न विदेशों से आयात किये गये। जबकि 1995–97 में कवेल 481 करोड़ रूपय के खाद्यान्न ही आयात किये गये थे। खाद्यान्न के आयातों में वृद्धि होने के मुख्य कारण गेहूं के आयातों में होने वाली वृद्धि थी। वर्तमान में खाद्यान्नों के आयात में महत्वपूर्ण कमी हुई है।

(8) ऊन (Wool) –भारत में ऊन आस्ट्रेलिया, न्यूजीलैण्ड आदि देशों से आयात की जाती है। 1995–98 में 593 करोड़ रूपय की ऊन आयात की गई। आयात की गई कच्चा ऊन का मूल्य 2001–02 में 623 करोड़ रूपये हो गया।

(9) काजू (Cashewnuts) –भारत में विदेशों से कच्चा काजू आयात किया जाता है। इसे तैयार करके पुनः निर्यात कर दिया जाता है। वर्ष 1970–71 में 29 करोड़ रूपये के काजू आयात किये गये। 1997–98 में काजू के आयात बढ़कर 744 करोड़ रूपये तथा 2000–01 में 962 करोड़, किन्तु 2001–02 में कम होकर 431 करोड़ रूपये हो गए।

(10) कागज (Paper) –भारत स्वीड़न, चेकोस्लोवाकिया आदि कई देशों के कागज बोर्ड आदि का भी आयात करता है। 1997–98 में विदेशों से 1,844 करोड़ रूपये के कागज तथा कागज का तैयार माल आयात किया गया। 2001–02 में रद्दी कागज, पेपर तथा पेपर बोर्ड तथा अखबारी कागज का 3536 करोड़ रूपये का आयात किया गया।

(11) रसायन (Chemical) –भारत में विदेशों से कई प्रकार के रसायन, दवाइयां, रंगने का सामान आदि मंगवाए जाते हैं। 1997–98 में 12,128 करोड़ रूपये तथा 2001–02 में 15,471 करोड़ रूपये के रसायनों किया गया।

(12) खाने के तेल (Edible Oil) –भारत में पिछले कुछ वर्षों से खाने के तेलों तथा तिलहन के आयात काफी बढ़ गये हैं। परन्तु 1997–98 में इनके आयात बढ़कर 2,733 करोड़ रूपये के हो गये। तेलों का आयात अधिकतर यू.एस. ए. कैनेड़ा, आदि से किया जाता है। 2001–02 में भारत द्वारा 6,465 करोड़ रूपये का खाद्य तेल आयात किया गया।

(13) हीरे जवाहरात (Precious Stones) – भारत में हीरे जवाहरात के आयात पहले से काफी बढ़ गये हैं। उन्हें तराश कर दुबारा निर्यात किया जाता है। ये अधिकतर बैल्जियम, अमेरिका, आदि देशों से आते हैं। 1997–98 में 11,680 करोड़ रूपये के हीरे जवाहरात आयात किये गये। 2001–02 में हीरे–जवाहरात का अयात बढ़कर 22,046 करोड़ रूपये हो गया।

आयातों की संरचना में परिवर्तन (Change in the Composition of Imports)

स्वतन्त्रता के बाद आयातों की संरचना में निम्नलिखित परिवर्तन हुये हैं :

(1) कृषि पदार्थों के आयातों में परिवर्तन (Change in Imports of Agricultural Products) – स्वतन्त्रता के पश्चात् भारत के आयातों में कृषि पदार्थों विशेष रूप से गेहूं का प्रतिशत भाग बहुत अधिक था। परन्तु हरित क्रान्ति के बाद भारत के आयातों में खाद्य पदार्थों का कुल आयातों में प्रतिशत भाग काफी कम हो गया है। 1970–71 में कृषि पदार्थों का कुल आयातों में भाग 14.6 प्रतिशत था परन्तु 2001–02 में कम हो कर 4.5 प्रतिशत हो गया।

(2) मध्यवर्ती वस्तुओं के आयात में वृद्धि (Increase in Imports of Intermediate Goods) – कई प्रकार की मध्यवर्ती वस्तुओं जैसे कच्चे काजू, धातु के रूप में रत्न आदि के आयातों में काफी वृद्धि हुई है। इन वस्तुओं का प्रयोग करके तैयार वस्तुयें बना कर उनका निर्यात् कर दिया जाता है। उदाहरण के लिये 1870–71 में 29 करोड़ रूपये

के कच्चे काजू तथा 25 करोड़ रूपये के रत्नों का आयात किया गया था। 2001–02 में काजू गिरी आयात बढ़कर 431 करोड़ रू. तथा मोती, बेशकीमती, कीमती पत्थर के आयात 22046 करोड़ रू. हो गये। इसका मुख्य कारण भारत में श्रम का सस्ता होना है।

(3) पैट्रोलियम का आयातों में प्रथम स्थान (Petroleum Enjoys First Place in Imports) – भारत के आयातों में पैट्रोलियम का प्रथम स्थान है। 1970–71 में केवल 163 करोड़ रूपये के मूल्य के पैट्रोलियम का आयात किया गया था, परन्तु 1996–97 में इनके आयातों का मूल्य बढ़कर 30538 करोड़ रूपये हो गया। पेट्रोलियम तथा पैट्रोलियम उत्पाद का आयात 2000–01 में बढ़कर 71,497 करोड़ रूपये हो गया। 2001–02 में पैट्रोलियम तथा पैट्रोलियम उत्पाद का आयात 66,769 करोड़ रूपये का हुआ। विगत वर्षों में इस मद भुगतान की गयी राशि में महत्वपूर्ण वृद्धि के उत्तरदायी के दो मुख्य कारण है एक तो पैट्रोलियम कीमतों में होने वाली वृद्धि तथा दूसरा भारत के बढ़ते हुए उद्योगों तथा यातायात के लिये पैट्रोलियम की मांग में होने वाली वृद्धि।

(4) पूंजीगत पदार्थों के आयात में वृद्धि (Increase in Imports of Caapital Goods) –भारत के औद्योगिक विकास के फलस्वरूप पूंजीगत पदार्थों जैसे: मशीनों, बिजली के यन्त्रों, धातुओं, यातायात के सामान के आयात में काफी वृद्धि हुई है। उदाहरण के लिए 1970–71 में 404 करोड़ रूपये के पूंजीगत पदार्थों का आयात किया गया, परन्तु 1997–98 में इनके आयात बढ़कर 26,532 करोड़ रूपये तथा 2001–02 में 28,059 करोड़ रूपये के हो गये। पूंजीगत पदार्थों के आयातों में वृद्धि के प्रमुख उत्तरदायी कारण है: (1) पूजीगत पदार्थ देश की पूंजी निर्माण के आवश्यक तत्त्व हैं। देश के आर्थिक विकास के साथ साथ पूंजी निर्माण की दर बढ़ती जा रही है। इसके फलस्वरूप पूंजीगत पदार्थों के आयात भी बढ़ने की प्रवृत्ति दर्शाते है। (2) आधुनिक मशीनों का अधिक आयात देश की विवशता बन चुकि है। (3) इन्जिनियरिंग उद्योग के विकास के लिये आधुनिक तथा उन्नत मशीनों तथा औजारों के अधिक आयात की आवश्यकता की अनदेखी किया जाना असम्भव् है, (4) पूंजीगत पदार्थों के लिये उदारवादी आयात नीति का अनशरण किया जा रहा है।

(5) रासायनिक खाद के आयात में वृद्धि (Increase in Imports of Chemical Fertiliser) –भारत में हरित क्रान्ति के कारण रासायनिक खाद की मांग काफी बढ़ गई है। रासायनिक खाद के घरेलू उत्पादन के अपर्याप्त होने के कारण अनेक प्रकार की रासायनिक खादों के आयातों में काफी वृद्धि हुई है। सन् 1970–71 में कवेल 85 करोड़ की रासायनिक खाद का आयात किया गया परन्तु 1997–98 में इनके आयात बढ़कर 3755 करोड़ रूपये के हो गये।

संक्षेप में भारत में अनाज के आयातों में कमी हो गई हैं परन्तु मध्यवर्त्ती वस्तुओ, कच्चे माल, पैट्रोल तथा पंजीगत वस्तुओं था रासायनिक खाद के आयातों में काफी वृद्धि हुई।

आयातों की दिशा में परिवर्तन (Change in the Direction of Imports)

स्वतन्त्रता के पश्चात् भारत के आयातों की दिशा में महत्वपूर्ण परिवर्तन हुए है। पूर्व में जिन देशों के साथ महत्वपूर्ण आयात होता था, उसके स्थान पर अन्य अनेक नवीन राष्ट्रों का उदय हुआ। भारतीय आयात व्यापार की दिशा में हुये परिवर्तन को तालिका–4 में दर्शाया गया है।

तालिका-4

भारतीय व्यापार की दिशा (आयात)

(प्रतिशत हिस्सा)

वस्तुएँ	1960-61	1990-91	2000-01
1. ओ. ई. सी. डी. जिसमें से-	78.0	54.0	39.9
(अ) यूरोपिय संघ जिसमें से	37.1	29.4	19.8
(क) बेल्जियम	1.4	6.3	5.7
(ख) फ्रांस	1.9	3.0	1.3
(ग) जर्मनी*	10.9	8.0	3.5
(घ) इंग्लैण्ड	19.4	6.7	6.3
(ब) अमेरिका	29.2	12.1	6.0
(स) जापान	5.4	6.0	3.6
2. तेल निर्यातक देशों का संगठन जिसमें	4.6	27.8	5.1
(अ) ईरान	2.6	10.7	0.2
(ब) इराक	0.2	6.0	Nil
(स) कुवैत	0.0	2.7	0.2
(द) सऊदी अरब	1.3	4.3	1.2
3. पूर्वी यूरोप जिसमें	3.4	10.3	1.3
(अ) रूस**	1.4	8.1	1.0
4. विकासशील देश *** जिसमें	11.8	15.7	17.5
(अ) अफ्रीका	5.6	1.6	1.7
(ब) एशिया	5.7	11.4	14.4
(स) लैटिन अमेरिका और केरेबियन	0.4	2.5	1.5
5. अन्य	2.2	0.5	36.2
कुल	100.0	100.0	100.0

* 1999-2000 और 2000-01 के आंकड़े संयुक्त जर्मनी के लिए है

** 1992-93 से पूर्व के आंकड़े भूतपूर्व सोवियत संघ के लिए हैं।

*** ओपेक के सदस्य देशों को छोड़ करे।

Source: Government of India, Economic Survey, 2001-02, Statement 7.4 (A), p.S-88 and 7.4 (B), p, S-89.

भारत के आयातों की दिशा में हुए परिवर्तन को निम्न विवेचन में दर्शाया गया है:

(अ) स्वतन्त्रता से पहले भारत के काफी अधिक आयात इंग्लैण्ड से होते थे। 1950–51 में आयात व्यापार में इंग्लेण्ड का भाग 18.5 प्रतिशत था अब यह कम होकर 6.3 प्रतिशत रह गया है।

(ब) भारत 1950–51 में सबसे अधिक आयात अमरीका से करता था। 1950–51 में भारत के आयातों में अमरीका का भाग 18.8 प्रतिशत था परन्तु 2001–02 में यह कम होकर 6.0 प्रतिशत हो गया।

(स) भारत सबसे अधिक आयात यूरोपीयन यूनियन देशों अथात यू. के., जर्मनी, इटली, फ्रांस, लक्समबर्ग, नीदरलैण्ड, आयरलैण्ड, बेल्जियम तथा डेनमार्क से करता है। 2001–02 में कुल अयातों में इन देशों का भाग 19.8 प्रतिशत था।

(द) तेल निर्यात देशो का संगठन (OPEC-Orgainisation of Petroluem Exporting Countries): तेल निर्यातक संगठन के देशों अर्थात् सऊदी अरब, ईरान, ईराक, ब्राजील आदि देशों से भीभारत काफी मात्रा में आयात करता है। इन देशों का कुल आयात में भाग बढ़कर 23 प्रतिशत हो गया है। यह 2000–01 में गिरकर 5.1 रह गया।

(य) रूस (U.S.S.R.): रूस के विघटन के बाद रूप से किये जाने वाले आयात काफी कम हो गये हैं। रूस से आयात व्यापांर की मांग कम होकर केवल 1.7 प्रतिशत रह गई है।

(र) जापान (Japan): जापान से भारत को होने वाले आयातों में काफी वृद्धि हुई है। 1950–51 में जापान का आयात माल 2.9 प्रतिशत था परन्तु 2000–01 में यह बढ़कर 1.0 प्रतिशत हो गया।

(ल) विकासशील देशों (Developing Countries) से भारत का विदेशी व्यापार बढ़ रहा है। इन देशों का भारत के आयात व्यापार में भाग बढ़कर 17.5 प्रतिशत हो गया। अफ्रिका के साथ किये जाने वाले आयातों के प्रतिशत में वृद्धि हुई है।

उदारवादी आयात नीति (Liberalised Import Policy)

सन् 1991 में विश्व अर्थव्यवस्था में उदारवादी प्रवृत्ति का उदय हुआ तथा विश्व के अनेक विकसित एवं विकासशील राष्ट्रों द्वारा नवीन आर्थिक नीति की घोषणा की गई। नई आर्थिक नीति के अन्तर्गत भारत की आयात नीति को भी अधिक उदारवादी बना दिया गया है। भारत सरकार की नई आयात–निर्यात नीति की घोषणा 31 मार्च 1997 को तथा अभी हाल ही में 2001 में की गईं। वर्तमान व्यापार नीति 2002–2007, पाँच वर्ष, अर्थात 2007 तक प्रभावी रहेगी। सरकार प्रतिवर्ष इनमें संशोधन करती रहती है। नवीनतम संशोधनों की के अनुसार: (अ) देश में जिन वस्तुओं का उत्पादन कम होता है उनका पर्याप्त मात्रा में आयात करके कीमतों में अनुचित वृद्धि को रोकना, (ब) अर्थव्यवस्था के आधुनिकीकरण के लिये आवश्यक मशीनों तथा आधुनिक तकनीकों के आयात को आसान बनाना। (स) उद्योगों की उत्पादन क्षमता के पूर्ण उपभोग के लिये आवश्यक कच्चे माल तथा कलपुर्जों के आयात की

सुविधा में वृद्धि करना। (द) वस्तुओं का आयात करने से जो विदेशी प्रतियोगिता बढ़ेगी, घरेलू उत्पादकों को उसका सामना करने के लिये अपने उत्पादन की गुणवत्ता में वृद्धि तथा लागत कम करने की प्रेरणा देना। भारत द्वारा जो उदारवादी आयात नीति की मुख्य विशेषतायं निम्नलिखित है।

(1) लाईसेन्सों में कमी (Reduction in Licensing)- आयात लाइसेन्सों की संख्या में कमी कर दी गई है। निर्यातकों को यह सुविधा दी गई है कि निर्यातों के फलस्वरूप जितनी विदेशी मुद्रा प्राप्त करेंगें वे उसके कुछ भाग का अपनी इच्छानुसार स्वीकृत वस्तुओं का आयात करने के लिये प्रयोग कर सकेंगे। इस प्रकार उन्हें बिना किसी लाइसेंन्स के आयात करने की सुविधा प्रदान की गई है।

(2) पूंजीगत पदार्थों के आयातों का सरलीकरण (Simplification of Imports of Capital Goods)- पूंजीगत पदार्थों के आयातों की विधि को सरल बना दिया गया। नए कारखाने या वे कारखाने जो अपनी क्षमता का निरन्तर विस्तार करना चाहते है। केवल रिजर्व बैंक की अनुमति पत्र प्राप्त करके पूंजीगत पदार्थों अर्थात् मशीनों, यन्त्रों आदि का अयात कर सकते हैं।

(3) खुली सामान्य सूची में वृद्धि (Increase in Open General List OGL)- खुली सामान्य सूची से अभिप्राय उन मदों की सूची से है जिनका बिना कोई लाइसेंस या सरकारी अनुमति के आयात किया जा सकता है। नई आयात नीति में इस सूची की मदों में काफी वृद्धि कर दी गई हैं। उसका अभिप्राय यह है कि जिन वस्तुओं के आयात पहले प्रतिबन्धित थे उन्हें अब मुक्त कर दिया गया है।

(4) केवल सार्वजनिक क्षेत्र की एजेन्सियों द्वारा किये जाने वाले आयातों में कमी (Reduction in Canalised Items) : केवल सार्वजनिक क्षेत्र की एजेन्सियों जैसे STC या MMTC आदि द्वारा किये जाने वाले मदों की सूची में कमी कर दी गई है। इसके फलस्वरूप सूचो से हटाई गई वस्तुओं का आयात अब निजी क्षेत्र द्वारा भी किया जा सकता है।

(5) आयात करों में कमी (Reduction of Imports Duties)-नई आयात नीति में आवश्यकता को ध्यान में रखकर आयात करों में काफी कमी की गई हैं। इसके फलस्वरूप आयातों को प्रोत्साहन प्राप्त हुआ है।

(6) निजी भंडार गृहों की स्थापना (Establishment of Private Warehousing)- नई आयात निर्यात नीति में यह भी व्यवस्था की गई है कि निजी कम्पनियों को बंधक भंडारगृह स्थापित करने की अनुमति दी जायेगी। इनमें वे आयातित सामान का भंडार कर सकेगी। यह सामान निर्यातकों तथा लघु उद्योगों को उचित मूल्य पर तथा थोड़ी मात्रा में भी बेचा जा सकेगा। इससे निर्यातकों को सही समय पर कच्चा माल मिल सकेगा और उनके निर्यात लक्ष्य में कोई बाधा नहीं आयेगी।

मुख्य निर्यात (Main Exports)

स्वतन्त्रता के पश्चात देश के निर्यात बढ़ाने के विशेष प्रयत्न किये गये हैं। इन प्रयासों में नि:सन्देह सफलता प्राप्त हुई है। तालिका-5 में भारत के निर्यात संरचना में हुये महत्वपूर्ण परिवर्तनों को दर्शाया गया है।

तालिका -5

भारतीय निर्यातो की संरचना

वस्तुएँ	1960-61		1990-91		2000-01	
	मिलियन डालर	कुल का प्रतिशत	मिलियन डालर	कुल का प्रतिशत	मिलियन डालर	कुल का प्रतिशत
1. कृषि व संबद्ध उत्पाद जिनमें	596	44.2	3521	19.4	6246	14.0
(अ) चाय और मेट	260	19.3	596	3.4	433	1.0
(ब) काजू गिरी	40	3.0	249	1.4	412	0.9
(स) मछली व मछली उत्पादन	10	0.8	535	2.9	1394	3.1
2. अयस्क और खनिज (कोयले के अतिरिक्त)	109	8.1	834	4.6	906	2.0
जिसमें						
(अ) कच्चा लोहा	36	2.6	585	3.2	358	0.8
3. विनिर्मित वस्तुएं	610	45.3	3229	72.9	35192	79.0
(अ) सूती धागे, रेशा व उससे निर्मित कपड़ा इत्यादि	136	10.1	1170	6.4	3509	7.9
(ब) सिले सिलाएं कपड़े	2	0.1	2236	12.8	5577	12.5
(स) जूट उत्पाद	283	21.0	166	0.9	204	0.4
(द) चमड़ा व उससे निर्मित सामान	59	4.4	1449	8.0	1951	4.4
(य) हस्तशिल्प	23	1.7	3437	18.4	8500	19.1
जिसमें से रत्न और आभुषण	2	0.1	2924	16.1	7384	16.6
(र) रसायन और संबद्ध उत्पाद	15	1.1	1176	6.5	5002	11.2
(ल) इंजीनियरिंग वस्तुएं	46	3.4	2158	11.9	6976	15.6
4. अन्य	31	2.4	31	0.2	2216	5.0
कुल	1346	100.0	18143	100.0	44560	100.0

Source: Government of India, Economic Survey, 2001-02, Statement 7.3 (A), p.S-84 to S-86.

भारत के मुख्य निर्यातों का संक्षिप्त विवेचन निम्न प्रकार प्रस्तुत किया जा सकता है:

(1) पटसन का सामान (Jute Products)- भारत में निर्यात में पटसन के सामान का स्थान पूर्व के वर्षों में पहला था परन्तु 1994-95 में यह 25 वां हो गया। यह भारत के लिये डालर कमाने का मुख्य साधन था। पटसन की बनी वस्तुएं अधिकतर अमेरिका, जापान, बैल्जियम, रूस, ब्रिटेन, तथा कैनेड्रा को जाती है। भारत द्वारा 1997-98 में 363 करोड़ रूपये तथा 2001-02 में 633 करोड़ रूपये के सामान का निर्यात किया गया है।

(2) चाय (Tea)- विश्व में चाय का सबसे अधिक निर्यात भारत द्वारा किया जाता है। 1997-98 में 1,505 करोड़ रूपये तथा 2001-02 में 2814 करोड़ रूपये की चाय विदेशों में भेजी गई। विश्व बाजार में भारत की चाय के प्रमुख ग्राहक, ब्रिटेन, रूस, ईरान, मिस्र, जापान तथा जर्मनी हैं। आजकल रूस को भी काफी मात्रा में चाय निर्यात की जाती है। भारत से सर्वाधिक चाय ब्रिटेन को निर्यात की जाती है।

(3) सूती कपड़ा तथा सिले सिलाएं कपड़े (Cloth and Apparels)- भारत द्वारा सूती कपड़े तथा वस्त्रों का निर्यात प्रमुख रूप से किया जाता है। 1997-98 में 12,094 करोड़ रूपये का सूती कपड़ा विदेशों को भेजा गया तथा 14,032 करोड़ रूपये के सिले सिलाये कपड़े निर्यात किये गये। भारत द्वारा 2000-01 तथा 2001 -02 में क्रमश: 25,478 करोड़ रूपये तथा 23,877 करोड़ रूपये के सिले सिलाए वस्त्रों का निर्यात किया गया।

(4) कच्ची धातुएं (Metallic Ores)- भारत में कच्ची धातुएं जैसे मैगनीज, अभ्रक तथा लोहा विदेशों को भेजा जाता है। ये धातुएं अमेरिका तथा जापान आदि देशों को भेजी जाती है। 1997-98 में 1,763 करोड़ रूपये का लोहा 25 करोड़ रूपये का अभ्रक तथा 17 करोड़ रूपये का मैगनीज विदेशों को भेजा गया। 2001-02 में 6020 करोड़ रूपये का अयस्क व खनिज निर्यात किया गया।

(5) मसाले (Spices)- भारत द्वारा अनेक प्रकार के मसाले जैसे काली मिर्च आदि का निर्यात किया जाता है। यह निर्यात इंग्लेण्ड, जर्मनी, इटली, जापान, रूस, सऊदी अरब, अमेरिका आदि देशों को किया जाता है। 1997-98 में 1,408 करोड़ रूपये तथा 2001-02 में 1497 करोड़ रूपये के मसाले विदेशों को भेजे गये।

(6) चमड़ा तथा चमड़े का सामान (Leather and Leather Products)- भारत से चमड़ा, जुते, चमड़े का दूसरा सामान, विदेशों को भेजा जाता है। इसके प्रमुख ग्राहक इँगलेण्ड, संयुक्त राज्य अमेरिका, फ्रांस, जर्मनी, रूस, इटली आदि देश है 1997-98 में 5,461 करोड़ रूपये तथा 2001-02 में 6,108 करोड़ रूपये के मूल्य का चमड़े का सामान विदेशों को भेजा गया।

(7) खल (Oil Cakes)- भारत से खल भी काफी मात्रा में निर्यात की जाती है। मुख्य ग्राहक जापान, नीदरलैण्ड, तथा ब्रिटेन आदि देश है। 1997-98 में 3,404 करोड़ रूपये तथा 2001-02 में 2263 करोड़ रूपये की खल का निर्यात किया गया।

(8) तम्बाकू (Tobacco)- भारत द्वारा प्रमुख रूप से तम्बाकू का निर्यात किया जाता है। भारत से तम्बाकू, मुख्य रूप से इंगलैण्ड, जापान, रूस तथा नेताल को निर्यात किया

जाता है। 1997-98 में तम्बाकू का निर्यात बढ़कर 1,058 करोड़ रूपये हो गया। 2001-02 में भारत द्वारा तम्बाकू का निर्यात गिरकर 808 करोड़ रूपये हो गया।

(9) कॉफी (Coffee)- भारत से कॉफी का निर्यात बढ़ता जा रहा है। भारत से काफी यम. एस.ए., इटली तथा योगोस्वालाविया आदि देशों को भेजी जाती है। 1997-98 में 1,622 करोड़ रूपये की कॉफी का निर्यात किया गया। यद्यपि 2001-02 में काफी निर्यात गिरकर 1095 करोड़ रूपये रह गया।

(10) जवाहरात (Jewellery) - भारत से किये जाने वाले निर्यातों में सबसे अधिक वृद्धि जवाहरात के निर्यात में हुई है। भारत से हांगकांग, यू. एस. ए. तथा बेल्जियम, जापान आदि कई देशों को कई प्रकार के जवाहरात निर्यात किये जाते हैं। वर्ष 1997-98 में 19,014 करोड़ रूपये तथा 2001-02 में 34,845 करोड़ रूपये के जवाहरात निर्यात किये गए।

(11) काजू (Cashew Kernels)- काजू के निर्यात से भारत को अपेक्षाकृत अधि लाभ प्राप्त होता है। भारत से काजू रूस, अमेरिका, तथा जापान आदि देशों को भेजे जाते हैं। 1997-98 में 1,384 करोड़ रूपये तथा 2001-02 में 1652 करोड़ रूपये के काजू निर्यात किय गये।

(12) इन्जीनियरिंग का सामान (Engineering Goods)- भारत से इन्जीनियरिंग का सामान बंगलादेश, ईराक, जापान, रूस, नाईजीरिया, आदि देशों को भेजा जाता है। 1997-98 में 18,354 करोड़ रूपये तथा 2001-02 में 27,406 करोड़ रूपये का इंजीनियरिंग का सामान निर्यात किया है।

(13) हस्तकला (Handicrafts)- भारत के कुटीर उद्योगों द्वारा निर्मित हस्तकला का सामान जैसे हाथी दांत की वस्तुएं विदेशों को निर्यात की जाती है। ये वस्तुएं अमेरिका, जर्मनी, सऊदी अरब तथा मध्य पूर्व के देशों को भी निर्यात की जाती है। 1997-98 में 5,310 करोड़ रूपये के मूल्य का हस्तकला का सामान निर्यात किया गया। 2001-02 में हस्तकला निर्यात कम होकर 2618 करोड़ रूपये रह गया।

निर्यातों की रचना में परिवर्तन (Change in Composition of Exports)

स्वतन्त्रता के पश्चात भारत के निर्यात व्यापार में महत्वपूर्ण परिवर्तन हुए है। स्वतन्त्रता प्राप्ति से पहले भारत द्वारा चाय, जूट, चमड़े, कच्चे लोहे तथा मसालों का अधिक निर्यात था। अब अनेक प्रकार की तैयार वस्तुओं का निर्यात किया जाने लगा है। जैसे पूंजीगत माल (मशीने) इन्जीनियरिंग सामान, रसायन उत्पादन, सिले-सिलाये कपड़े, हीरे, तैयार भोजन, हस्तशिल्प आदि। भारत के परम्परागत निर्यातों में चाय, जुट तथा खनिज पदार्थों का 1950-51 में कुल निर्यात में हिस्सा 55 प्रतिशत था। 2001-02 में जूट का हिस्सा मात्र 0.4 प्रतिशत तथा चाय का हिस्सा केवल 9.6 प्रतिशत रह गया। इसके विपरीत इन्जीनियरिंग वस्तुओं का भाग जो 1951 में केवल 0.05 प्रतिशत था वह 2001-02 में बढ़कर 13.11 प्रतिशत हो गया। भारत के निर्यातों की रचना में निम्नलिखित मुख्य परिवर्तन हुये हैं:

(1) कृषि पदार्थों के निर्यातों के प्रतिशत में कमी (Decline in Percentage of Exports of Agricultural)- स्वतन्तन्त्रता के पश्चात् कृषि पदार्थों के निर्यातों का कुल निर्यातों में प्रतिशत भाग कम होता जा रहा है। उदाहरण के लिये 1970-71 में कृषि तथा सम्बन्धित पदार्थों के निर्यातों का कुल निर्यात में 31 प्रतिशत भाग था परन्तु 1997-98 में यह कम होकर 18.8 प्रतिशत तथा 2001-02 में 9 प्रतिशत भाग रह गया। इसका मुख्य कारण यह है कि देश की जनसंख्या में बहुत अधिक वृद्धि हो जाने के कारण कृषि पदार्थां की घरेलू मांग काफी अधिक बढ़ गई है। इसके फलस्वरूप कृषि पदार्थ निर्यात के लिये उपलब्ध नहीं हो पाते।

(2) परम्परागत वस्तुओं के निर्यातों के प्रतिशत में कमी (Deline in Percentage of Exports of Conventional Items)- भारत अधिकतर निर्यात परम्परागत वस्तुओं जैसे चाय, जुट, खाद्यान्न आदि कृषि पदार्थों तथा खनिज पदार्थों का करता था। 1970-71 में इन परम्परागत वस्तुओं का कुल निर्यात में 41 प्रतिशत भाग था। परन्तु अब इनका भाग कम होकर केवल 20 प्रतिशत रह गया। इसका मुख्य कारण इन पदार्थों की घरेलू मांग में वृद्धि हो जाने के कारण निर्यात के लिये कम मात्रा का उपलब्ध होना है। देश के औद्योगिकरण में वृद्धि हो जाने के कारण कच्चे माल की देश में ही खपत बढ़ गई हैं।

(3) तैयार माल के निर्यातों में प्रतिशत वृद्धि (Increase in Percentage of xports of Manufacturing)- स्वतन्त्रता के पश्चात् भारत के निर्यातों में तैयार माल के ात में काफी अधिक वृद्धि हुई है। उदाहरण के लिय 1970-71 में भारत के कुल निर्यातों माल का भाग 56 प्रतिशत था परन्तु 2000-01 में यह बढ़कर 72.9 प्रतिशत

) जवाहरात तथा सिलेसिलायें कपडों के निर्यात का बढ़ता हुआ महत्व (Increasing Importance of Exports Readmades Cloth etc.) - भारत के कुल निर्यातों में जहॉ पहलं जुट तथा चाय का सबसे महत्तवपूर्ण स्थान था वहां अब उनका स्थान जवाहरात तथा सिले सिलाये कपड़ों के निर्यातों ने ने लिया है। भारत के कुल निर्यातों में जवाहरात का स्थान प्रथम तथा सिले सिलायें कपडों का तीसरा स्थान है।

(5) पैट्रोलियम पदार्थों के निर्यात (Exports of Petroleum Products) - भारत अब पैट्रोलियम पदार्थों का भी काफी निर्यात करने लगा है। 1970-71 में इन पदार्थों के निर्यात का मूल्य केवल 13 करोड़ रूपये था। अब यह 2001-02 बढ़कर 10107 करोड़ रूपये हो गया है। इससे सिद्ध होता है कि देश में पैट्रोलियम उद्योगों का विकास हो रहा है।

(6) कृषि निर्यातों की संरचना में परिवर्तन (Change in Composition of Agricultural Exports) - कृषित निर्यातों की संरचना में काफी परिवर्तन दृष्टिगत हुआ है। 1997-98 में इनके निर्यात क्रमशः 1,622 करोड़ रू., 1058 करोड़ रू. तथा 4,314 करोड़ रू. मछलियों तथा उनसे बने पदार्थो के निर्यात् में विगत वर्षों में बहुत अधिक वृद्धि हुई। 1970-71 में चावल का निर्यात नहीं किया जाता था। परन्तु 1997-98 में 840 करोड़ रूपये तथा 2001-02 में 3,174 करोड़ रूपये मूल्य के चावल का निर्यात किया गया। यह वास्तव में नीति क्रान्ति तथा हरित क्रान्ति का परिणाम है। जूट के निर्यातों में कोई विशेष वृद्धि नहीं हुई।

(7) इन्जीनियरिंग के सामान, हस्तकला तथा चमड़े के सामान के निर्यातों में वृद्धि (Increase in Engineering Goods, Handicrafts and Leather Products) - भारत के निर्यातों में इन्जीनियरिंग के सामान, हस्तकला तथा चमड़े के सामान का महत्त्व वर्तमान वर्षों में काफी बढ़ गया। 1970-71 में इन्जीनियरिंग के सामान हस्तकला तथा चमड़े के सामान के निर्यातों का मूल्य क्रमश: 198 करोड़ रू., 73 करोड़ रू. तथा 80 करोड़ रू. था। 2001-02 में इनके निर्यात बढ़कर क्रमश: 27406 करोड़ रू., 2618 करोड़ रू. तथा 1951 करोड़ रू. हो गया।

निर्यातों की दिशा में परिवर्तन (Change in the Direction of Exports)

स्वतन्त्रता के पश्चात भारत के निर्यातों की दिशा में अनेक महत्वपूर्ण परिवर्तन हुए है। इन परिवर्तनों का संक्षिप्त विवरण तालिका -6 में दर्शाया गया है।

भारत के निर्यातों में विगत वर्षों में निम्नलिखित मुख्य परिवर्तन दृष्टिगत हुये हैं:

(अ) स्वतन्त्रा से पहले भारत के सर्वाधिक निर्यात व्यापार इंग्लेण्ड से होते थे। 1950-51 में भारत के निर्यातों में इंग्लैण्ड का भाग 27 प्रतिशत था परन्तु 2000-01 में यह कम होकर केवल 5.2 प्रतिशत रह गया।

(ब) भारत द्वारा अमरीका से काफी मूल्य के निर्यात किये जाते थे। 1950-51 में भारत के निर्यात व्यापार में अमरीका का भाग 18.6 प्रतिशत था। अब यह बढ़कर 20.9 प्रतिशत हो गया। इस प्रकार अमरीका को किये जाने वाले निर्यातों में निरन्तर वृद्धि हो रही है।

(स) भारत सबसे अधिक निर्यात यूरोपियन यूनियन के देशों को करता है। इन देशों में इंगलैण्ड, जर्मनी, बैल्जियम, फ्रांस, लग्समबर्ग, नीदरलैण्ड, इटली, डैनमार्ग आदि शामिल है। इन देशों का 2000-01 में निर्यातों में भाग 23 प्रतिशत था।

(द) पैट्रोलियम निर्यातक देशों के संगठन (Organisation of Petroleum Exporting Countries-OPEC) को भी काफी मात्रा में निर्यात किये जाने लगे है। 1997-98 में इन देशों का कुल निर्यात में भाग 10 प्रतिशत जो बढ़कर 2000-01 में 10.9 प्रतिशत हो गया।

(य) सन् 1950-51 में भारत के निर्यात व्यापार में रूस का भाग केवल 1.2 प्रतिशत था परन्तु 1997-98 में यह बढ़कर 2.6 प्रतिशत किन्तु 2000-01 में गिरकर 2.0 प्रतिशत रह गया।। रूस के विघ्रटन के कारण इसमें अधिक वृद्धि नहीं हो सकी है।

(र) भारत के निर्यात व्यापार में जापान का महत्व बढ़ता जा रहा है। 1950-51 में भारत के निर्यात व्यापार में जापान का भाग केवल 2.2 प्रतिशत था। परन्तु 1997-98 में यह बढ़कर 5.5 प्रतिशत हो गया। किन्तु 2000-01 में कम होकर 4.0 प्रतिशत रह गया।

(ल) भारत कई विकासशील देशों जैसे कीनिया, इथोपिया, नाइजीरिया, अर्जेन्टाइना आदि को भी निर्यात करने लगा है। इन देशों को किये जाने वाले निर्यातों में भी निरन्तर वृद्धि हो रही है।

तालिका -6

भारतीय व्यापार की दिशा (निर्यात)

(प्रतिशत हिस्सा)

वस्तुएँ	1960-61	1990-91	2000-01
1. ओ. ई. सी. डी. जिसमें से-	66.1	53.5	52.7
(अ) यूरोपिय संघ जिसमें से	36.2	27.5	22.7
(क) बेल्जियम	0.8	3.9	3.3
(ख) फ्रांस	1.4	2.4	2.3
(ग) जर्मनी*	3.1	7.8	4.3
(घ) इंग्लैण्ड	26.9	6.5	5.2
(ब) अमेरिका	16.0	14.7	20.9
(स) जापान	5.5	9.3	4.0
2. तेल निर्यातक देशों का संगठन जिसमें	4.1	5.6	10.9
(अ) ईरान	0.8	0.4	0.5
(ब) इराक	0.5	0.1	0.2
(स) कुवैत	0.5	0.2	0.4
(द) सऊदी अरब	0.9	1.3	1.8
3. पूर्वी यूरोप जिसमें	7.0	17.9	2.4
(अ) रूस**	4.5	16.1	2.0
4. विकासशील देश *** जिसमें	14.8	16.8	26.7
(अ) अफ्रीका	6.3	2.1	3.2
(ब) एशिया	6.9	14.3	21.4
(स) लैटिन अमेरिका और केरेबियन	1.6	0.4	3.1
5. अन्य	8.0	6.2	7.3
कुल	100.0	100.0	100.0

* 1999-2000 और 2000-01 के आंकड़े संयुक्त जर्मनी के लिए है

** 1992-93 से पूर्व के आंकड़े भूतपूर्व सोवियत संघ के लिए हैं।

*** ओपेक के सदस्य देशों को छोड़ करे।

Source: Government of India, Economic Survey, 2001-02, Statement 7.4 (A), p.S-88 and 7.4 (B), p, S-89.

भारत के भुगतान शेष (India's Balance of Payments)

भारत के भुगतान शेष के प्रतिकूल या घाटे का होना एक गम्भीर समस्या है। इस समस्या का विस्तृत अध्ययन करने से पहले यह जानना आवश्यक है कि भुगतान शेष से क्या अभिप्राय है।

अर्थ (Meaning) भुगतान शेष से अभिप्राय उस लेन देन से है जिसमें किसी देश के निश्चित समय में अन्य देशों के साथ होने वाले सभी आर्थिक लेन देन का उल्लेख होता है। किसी देश के भुगतान शेष में वस्तुओं, सेवाओं तथा पूंजी के सभी प्रकार के आयात तथा निर्यात सम्मिलित होते है। व्यापार शेष तो भुगतान शेष का केवल एक भाग है, क्योंकि व्यापार शेष में केवल वस्तुओं के आयात तथा निर्यात ही सम्मिलित किया जाता है। भुगतान शेष के दो खाते हैं - (1) चालू खाता (Current Account) चालू खाते में (अ) वस्तुओं अर्थात् व्यापार की दृश्य मदों के निर्यात तथा आयात के अन्तर को सम्मिलित किया जाता है। तथा (ब) सेवाओं जैसे बीमा, बैंकिंग आदि अर्थात अदृश्य मदों के निर्यात तथा आयात के अन्तर को सम्मिलित किए जाते हैं। (2) पूंजी खाता (Capital Accounts) - इसके अन्तर्गत पूंजीगत भुगतानों तथा प्राप्तियों को सम्मिलित किया जाता है। भुगतान शेष के अनुकूल या प्रतिकूल होने से हमारा अभिप्राय चालू खाते के अनुकूल या प्रतिकूल होने से है। भुगतान शेष के घाटे से अभिप्राय यह है कि भारत के दृश्य तथा अदृश्य आयात अधिक है तथा उनकी तुलना में दृश्य और अदृश्य निर्यात कम हैं। भुगतान शेष के अनुकूल होने का अर्थ है कि भारत का विदेशी व्यापार लाभकर है अर्थात् भारत के दृश्य और अदृश्य निर्यात अधिक हैं तथा तुलना में दृश्य और अदृश्य आयात कम हैं।

भुगतान शेष की प्रवृत्तियां (Trends of Balance of Payments)

स्वतन्त्रता के पश्चात् से ही भारत का भुगतान शेष प्रतिकूल रहना प्रारम्भ हो गया दूसरे महायुद्ध के दौरान भारत का भुगतान शेष अनूकूल रहा है। युद्धकाल में भारत ने मित्र देशों को काफी मात्रा में निर्यात किए तथा तथा बदले में आयात बहुत कम मात्रा में किये। इंगलैण्ड पर स्टलिंग क रूप में भारत का 1733 करोड़ रूपये का कर्जा चढ़ गया परन्तु विभाजन के तुरन्त बाद भारत के निर्यातों की अपेक्षा आयात काफी बढ़ गए।

तालिका-7 से ज्ञात होता है कि पांचवी योजना की अवधि को छोड़कर बाकी सभी योजनाओं में भारत का भुगतान शेष घाटे का रहा है।

चालू खाते के घाटे को पूंजीगत खाते से पूरा किया जाता है। इसके अन्तर्गत निम्नलिखित प्राप्तियों को शामिल किया जाता है। (अ) विदेशी सरकारों तथा अन्तर्राष्टीय संस्थाओं से कर्जा, (ब) निजी विदेशी क्षेत्र से कर्जे तथा उनके द्वारा निवेश, (स) बैंकों से प्राप्त फण्डस। यदि इन स्रोतों से भुगतान शेष के चालू खाते का घाटा पूरा नहीं होता तो शेष धाटे को देश की विदेशी मुद्रा भण्डार को कम करके पूरा किया जाता है।

तालिका-7

भारत का भुगतान शेष

अवधि	भुगतान शेष (करोड़ रूपये)
प्रथम योजना (1950-51)	— 151
द्वितीय योजना (1956-61)	— 1,838
तृतीय योजना (1961-66)	— 2,360
वार्षिक योजना (1966-69)	—2,150
चतुर्थ योजना (1969-74)	—1,781
पाँचवी योजना (1974-78)	+ 3, 803 (Favourable)
छठी योजना (1980-85)	—11,385
सातवीं योजना (1989-90)	—38,284
1992-93	—12,764

Source: Reserve Bank of India Bulletin April 1995 Economic Survey 1995

प्रतिकूल भुगतान शेष के कारण (Causes of Unfavourable Balance of Payments)

भुगतान शेष में उत्पन्न हुए घाटे को पूरा करने के लिए सरकार अल्पकालीन उपायों (जैसे संचित विदेशी मुद्रा कोष का प्रयोग, अन्तर्राष्ट्रीय मुद्रा कोष से ऋण तथा विदेशी ऋण या अनुदान प्राप्त कर ले) द्वारा अस्थायी राहत प्राप्त कर सकती है। इन उपायों से भुगतान शेष की समस्या का स्थायी समाधान नहीं किया जा सकता है। जब तक भुगतान शेष में निरन्तर घाटा उत्पन्न करने वाले के कारण विद्यमान रहते है, देश भुगतान संतुलन में प्रतिकूलता अनुभव करता रहेगा। यह भी समभव है कि कोई देश इस समस्या के समाधान के अस्थायी उपायों पर आश्रित रहते हुए एक दिन ऐसी अवस्था में पहुँच जाय जब

(अ) उसके संचित विदेशी विनिमय कोष समाप्त हो जाय,

(ब) अन्तर्राष्ट्रीय मुद्रा कोष से सामान्य और विशिष्ट योजनाओं के अन्तर्गत समस्त ऋण प्राप्त कर लिये जाये, तथा

(स) कोई राष्ट्रीय तथा विदेशी सरकार अथवा संस्था सरकार को और अधिक उधार देने के लिए राजी न हो। अतः सर्वाधिक सुरक्षित स्थिति यही है है कि भुगतान शेष में प्रतिकुलता के कारणों का विश्लेषण कर उपाय सुझाये जाय। भारत के भुगतान शेष के प्रतिकूल होने के कारण निम्नलिखित हैं :

(1) मशीनों का आयात (Import of Machinery)- स्वतन्त्रता के पश्चात, भारत में मशीनों का आयात दो कारणों से बढ़ गया। प्रथम, द्वितीय महायुद्ध में कारखानों से अधिक काम लिया गया। इससे उनकी मशीने घिस गई तथा पुरानी पड़ गई। इनको बदलने के

लिए विदेशों से काफी मूल्य की नई मशीनें मंगवानी पड़ी। द्वितीय, पंचवर्षीय योजनाओं के कारण देश के औद्योगिकरण के लिए भी बहुत अधिक मूल्य की मशीनों तथा तकनीक के आयात ने भारत के भुगतान शेष को प्रतिकूल कर दिया।

(2) युद्ध सामग्री का आयात (Import of War Equipment)- स्वतन्त्रता के पश्चात् भारत को एक बार चीन तथा दो बार पाकिस्तान के साथ युद्ध लड़ना पड़ा। भारत को चीन तथा पाकिस्तान से रक्षा करने के लिए विदेशों से अधिक मूल्य की युद्ध सामग्री मंगवानी पड़ी। इनके आयात ने भी भुगतान शेष को असन्तुलित बना दिया।

(3) उपभोक्ता वस्तुओं की अधिक मांग (More Demand of Consumption Goods)- युद्ध के बाद न केवल विदेशी बल्कि भारतीय वस्तुओं की मांग भी बढ़ गई। पहले तिलहन, चाय, कच्चा लोहा अधिक मात्रा में निर्यात किये जाते थे परन्तु अब इनका उपयोग देश के अन्दर ही बढ़ गया है। अत: उन वस्तुओं का निर्यात कम होने लगा है जिनकी विदेशों में अधिक माँग थी।

(4) मूल्य असन्तुलन (Price Disequilibrium)- राजकोषीय आयोग की रिपोट के अनुसार 1945 के पश्चात् से भारत में वस्तुओं के घरेलू किमतों और विदेशी व्यापार प्रसारण बढ़ गया है। अनाज के दाम बढ़ने के कारण दूसरी वस्तुओं के दाम बढ़े। इसके कारण आयात बढ़े तथा निर्यात कम हो गया।

(5) विदेशों में दुतावास (Embassies)- भारत को स्वतन्त्रता के बाद विदेशों से सम्बन्ध स्थापित करने के लिए विश्व के लगभग सभी देशों में दूतावास कार्यालय खोलने पड़े। इन पर काफी खर्च करना पड़ता है। इसके फलस्वरूप भी भुगतान शेष प्रतिकूल हो गया है।

(6) विदेशी प्रतियोगिता (Foreign Competition) - भारत मुख्य रूप से पटसन, चाय तथा कपड़े का निर्यात करता है, परन्तु अब इन वस्तुओं में विदेशी प्रतियोगिता बढ़ने लगी है, जैसे- जूट में बंगला देश से तथा चाय में लंका और पूर्वी अफ्रीका से। इसके कारण भारत के निर्यात कम हो गए।

(7) पैट्रोल की कीमतों में वृद्धि (Increase in the Price of Petrol) - पिछले कई वर्षो से पैट्रोल की कीमतों में वृद्धि होने के कारण भी आयात का मूल्य बहुत अधिक बढ़ गया है। सन् 1973 में पैट्रोल की कीमत दो डालर प्रति बैरल थी अब यह बढ़कर 36 डालर प्रति बैरल हो गई। इसके फलस्वरूप पैट्रोल के आयात का मूल्य बहुत बढ़ गया। 1970-71 में केवल 136 करोड़ रूपये के पैट्रोल का आयात किया गया। सन् 1994 में पैट्रोल का आयात बढ़कर 18,046 करोड़ रूपये का हो गया। कुल निर्यात का 24 प्रतिशत भाग पैट्रोल के आयात पर खर्च किया जाता है।

(8) विदेशी ऋणों पर ब्याज का भुगतान (Payments of Interest on Foreign Loans)- सरकार ने विदेशों से लगभग 9,040 करोड़ डार के ऋण लिये हैं। इन ऋणों पर 1994 में लगभग 372 करोड़ डालर का भुगतान ऋण सेवाओं के रूप में विदेशों को दिया गया है। इसके फलस्वरूप भी भुगतान शेष असन्तुलित हो जाता है।

(9) निर्यात में कम वृद्धि (Less Growth of Exports)- सन् 1976 तक देश के निर्यात में आयात की तुलना में कम वृद्धि हुई उसके फलस्वरूप भुगतान शेष का असन्तुलन बढ़ गया। सातवीं योजना के आरम्भ से ही यह स्थिति उत्पन्न हो गई। आयात तथा निर्यात का अन्तर बहुत अधिक बढ़ गया है। इस कारणवश भी भुगतान शेष प्रतिकूल हो गया है।

भुगतान शेष के असन्तुलन को ठीक करने के उपाय

(Measures to Correct Disequilibrium in the Balance of Payments)

भुगतान शेष में असन्तुलन होने का मुख्य कारण निर्यात की अपेक्षा आयात का अधिक होना है। इसलिए भुगतान शेष के असन्तुलन को ठीक करने के लिए दो उपाय किये जाने चाहिए। भुगतान शेष को अनुकूल बनाने के लिए निर्यात बढ़ाने (Export Promotion) तथा आयात कम किये जाने चाहिए। इसके अतिरिक्त आयात प्रतिस्थापन्न (Import Substitution) किया जाना चाहिए। भुगतान शेष के असन्तुलन को ठीक करने के लिए निम्नलिखित उपाय अपनाने चाहिए -

(1) निर्यातों को प्रोत्साहन (Promotion to Exports)- भुगतान सन्तुलन के प्रतिकूल होने पर निर्यातों को बढ़ाना सर्वोत्तम उपाय है। इस उद्देश्य की पूर्ति के लिए निर्यातों पर से सभी कर हटा देने चाहिए, निर्यात उद्योगों को कच्चे माल तथा यातायात की सुविधाएं कम लागत पर प्रदान की जानी चाहिए जिससे निर्यात वस्तुओं की कीमतें कम हों। इसके अतिरिक्त इन उद्योगों को बैंकिंग तथा साख की अधिक सुविधाएं तथा वित्तीय सहायता दी जानी चाहिए। वस्तुओं के निर्यात को बढ़ावा देने के लिए विदेशी बाजार में प्रचार किया जाना चाहिए तथा विदेशियों की रूचि के अनुसार वस्तुओं का निर्माण किया जाना चाहिए।

(2) उत्पादन में वृद्धि (Increase in Production)- देश के आयात कम करने तथा निर्यात बढाने के लिए यह आवश्यक है कि देश में कृषि, उद्योगों और खानों का उत्पादन बढ़ाया जाए। भारत के निर्यात में जूट के सामान, चाय तथा सूती कपड़े तथा कॉफी का बहुत महत्व है। पंचवर्षीय योजनाओं में इन तीनों के उत्पादन में वृद्धि करने के अनेक सार्थक प्रयत्न किया गये हैं। कई नई वस्तुओं का निर्यात किया जा रहा है जैसे मशीनें, बिजली के पंखे, साईकिलें, सिले-सिलाये कपड़े, हौजरी का सामान, लोहा और इस्पात, जवाहरात तथा जूते आदि। निर्यात उद्योगों को अन्तर्राष्ट्रीय मूल्यों पर कच्चे माल की उपलब्धि कराई जानी चाहिए। देश में सीमेंट, खाद लोहें तथा इस्पात, चीनी आदि उद्योगों की उत्पादन क्षमता का पूर्ण उपयोग किया जाना चाहिए।

(3) व्यापारिक समझौते (Trade Agreements)- अन्तर्राष्ट्रीय व्यापारिक परिदृश्य में बहुत अधिक तेजी से परिवर्तन हो रहे है। विदेशों में व्यापार बढ़ाने के लिए हमारी सरकार दूसरे देशों की सरकारों से कई समझौते करती है। व्यापार बढ़ाने के लिए विदेशों के कई व्यापारिक प्रतिनिधि मण्डल भारत आते हैं। इसी प्रकार कई व्यापारिक प्रतिनिधि मण्डल भारत से विश्व के अनेक देशों में भ्रमण करते हैं। भारत विश्व व्यापार संगठन आदि

अन्तर्राष्ट्रीय संस्थाओं का सक्रिय सदस्य है। विगत वर्षों में भारत के दक्षिण एशिया तथा साक्र, उत्तरी पूर्वी, एशिया, दक्षिण-पूर्व एशिया, स्वतन्त्र राष्ट्रकुल देश एवं बाल्टिक देश आदि के साथ अनेक व्यापारिक समझौते की क्रियान्विति हुई है तथा आपकी व्यापाकरिक सम्बन्ध मजबूत हुए है। इस दिशा में और अधिक प्रयास किये जाने चाहिए।

(4) विदेशी निवेश को प्रोत्साहन (Encouragement to Foreign Investment)- भुगतान सन्तुलन की प्रतिकूलता को दूर करने का यह महत्वपूर्ण उपाय है। इसके अन्तर्गत विदेशी उद्योगपतियों को भारत में पूंजी लगाने के लिए प्रोत्साहित किया जाता है। विदेशी पूंजी को आकर्षित करने के लिए विशेष सुविधाएं प्रदान की जाती है। इससे निर्यात वस्तुओं का उत्पादन बढ़ता है और इसी प्रकार निर्यातों को प्रोत्साहन मिलता है। परन्तु विदेशी पूंजी के निवेश में सरकार को अत्यन्त सावधानी से काम लेना चहिए जिससे विदेशी पूँजीपति देश की अर्थव्यवस्था पर अपना प्रभुत्व न जमा लें।

(5) विदेशी पर्यटकों को आकर्षित करना (Attraction to Foreign Tourists)- विदेशी पर्यटकों को आकर्षित करने के लिए देश के विभिन्न प्रदेशों में आकर्षक पिकनिक स्थानों का निर्माण करना चाहिए। सरकार इस प्रकार के स्थानों को विकसित करने में पर्याप्त धन राशि व्यय करे इनके अतिरिक्त विदेशी पर्यटकों को यातायात तथा अन्य सुविधाऐं प्रदान कि जानी चाहिए। इन विदेशी पर्यटकों से पर्याप्त मात्रा में विदेशी मुद्रा प्राप्त होती है।

(6) भारतीय मुद्रा का अवमूल्यन (Devaluation of Indian Currency)- अवमूल्यन का अर्थ है किसी देश की मुद्रा का मूल्य दूसरे देशों की मुद्रा के मूल्य की अपेक्षा कम हो जाता है। किसी मुद्रा के अवमूल्यन की आवश्यकता मुख्य रूप से उस समय होती है जब देश के आयात, निर्यात से अधिक होने लगते हैं। अवमूल्यन के कारण आयात महंगा हो जाता है तथा निर्यात सस्ता हो जाता है। भारत में प्रथम अवमूल्यन 1949 में किया गया। 6 जून, 1966 को भारतीय रूपये का फिर से अवमूल्यन कर दिया गया। रूपए का मूल्य कम होकर 118 ग्रेन सोना या 13.3 सेन्ट्स रह गया। 1991 में रूपये का तीसरी बार अवमूल्यन कर दिया गया।

(7) मुद्रा विस्फीति या कीमतों में कमी (Deflation)- इसका अभिप्राय यह है कि देश में उत्पादित वस्तुओं की कीमतों को कम किया जाए। इसके फलस्वरूप देश के द्वारा निर्यात की जाने वाली वस्तुएं विदेशियों को सस्ती प्राप्त हो सकेगी। इसके कारण देश के निर्यात बढ़ेंगें।

(8) आयातों पर नियन्त्रण (Restriction on Imports)- भुगतान संतुलन को सुधारने का दूसरा महत्वपूर्ण उपाय आयातों पर रोक लगाना है। आयातों को कम करने के लिए निम्नलिखित उपाय सुझाये जा सकते हैं -

(अ) विलासितापूर्ण वस्तुओं के आयातों पर प्रतिबन्ध लगाना,

(ब) आयात की जाने वाली वस्तुओं का देश में ही उत्पादन करने का प्रयत्न करना, (स) अति आवश्यक वस्तुओं के आयात पर लाइसेंस व्यवस्था लागू करना,

(द) विभिन्न वस्तुओं के आयात का कोटा निर्धारित करना,

(य) नए आयात कर लगाना तथा पुराने करों में वृद्धि करना,

(र) आयात की जाने वाली वस्तुओं के माल भाड़े में वृद्धि करना,

(ल) स्वदेशी वस्तुओं के उपभोग की भावना जागृत करना,

(व) आयातित वस्तुओं के लिए कम साख सुविधाएं प्रदान करना, इत्यादि।

(9) आयात प्रतिस्थापन (Import Substitution)- भुगतान सन्तुलन शेष के घाटे को पूरा करने के लिए आयात प्रतिस्थापन का बहुत अधिक महत्व है। "आयात प्रतिस्थापन का अर्थ है आयात की जाने वाली किसी वस्तु का कुल या आंशिक रूप से देश के कच्चे माल तथा तकनीकी ज्ञान द्वारा उत्पादित उसी प्रकार के कार्य करने वाली वस्तु द्वारा प्रतिस्थापन करना" इसका मुख्य उद्देश्य आयात को कम करना है। उदाहरण के लिए स्वतन्त्रता से पहले साईकिलें, सिलाई की मशीनें, बिजली के पंखे आयात किये जाते थे। परन्तु अब इनका देश में ही उत्पादन होने लगा है। इसी प्रकार बिजली उद्योग के लिए आयात किए गए तांबे के तार के स्थान पर देश में बने एल्यूमीनियम के तार का उपयोग किया जाने लगा।

संक्षेप में, निर्यात बढ़ाकर तथा आयात कम करके भुगतान शेष के घाटे के कम किया जा सकता है, भारत सरकार ने निर्यात प्रोत्साहन तथा आयात प्रतिस्थापन के लिए कई उपाय किए गए हैं।

परिक्षापयोगी प्रश्न

1. स्वतन्त्रता प्राप्ति के पश्चात् भारत के विदेशी व्यापार की घटना और दिशा में हुऐ परिवर्तनों का संक्षिप्त वर्णन कीजिये।

   What changes are taken place in composition and direction of India's Foreign Trade after independence.

2. भारत के मुख्य निर्यात तथा आयात क्या है। भारत में विगत वर्षों में निर्यात तथा आयात की संरचना में क्या महत्वपूर्ण परिवर्तन हुए है।

   What are the main import and export in India. What are the important changes taken place in the composition of Export and Import of India.

3. भारत के भुगतान सन्तुलन की वर्तमान स्थिति तथा आधुनिक प्रवृत्तियों की संक्षेप में विवेचना कीजिये। भुगतान असन्तुलन की समस्या को दूर करने हेतु आपके क्या सुझाव है।

   Discuss briefly recent trends in Balance of Payment in India. What suggestions have you to correct imbalance in balance of payment.

❑❑❑

15

निर्यात संवर्द्धन
(Export Promotion)

प्रत्येक विकासशील देश के लिए निर्यातों का महत्व बहुत अधिक होता है। विकास की आवश्यकताओं को पूरा करने के लिए यह आवश्यक हो जाता है कि मशीनों एवं तकनीकी ज्ञान का अधिक से अधिक आयात किया जाय। इन बढ़ते हुए आयातों का भुगतान निर्यातों को बढ़ाकर ही किया जा सकता है; अन्यथा देश को विदेश से भारी मात्रा में ऋण लेने होंगें और उन पर ब्याज देना होगा। सन् 1945 में भारत का विदेशी व्यापार प्रतिकूल अवस्था में था। इस स्थिति को अनुकूल बनाने हेतु राष्ट्र के आर्थिक निती निर्माता इस दिशा में प्रयत्नशील है। कि हमारे निर्यात बढ़े और अनावश्यक आयात प्रभावी नियन्त्रण स्थापित किये जाये। स्वतन्त्रता के पश्चात् निती निर्धारकों का व्यापार नीति की तरफ ध्यान विशेष रूप से आकर्षित हुआ जिसके परिणास्वरूप और आयात को सीमित करने और निर्यात को अधिकाधिक बढावा देने कि दिशा में सजग प्रयास प्रारम्भ हुये। पंचवर्षीय योजनाओं के सुचारू रूप से संचालन और उनकी सफलता भी देश के निर्यात संवर्द्धन प्रयत्नों की सफलता पर निर्भर है। निर्यात के क्षेत्र और उनकी मात्रा विस्तार के साथ साथ उनके विविधीकरण की और भी ध्यान दिया जाना प्रारम्भ हुआ।

द्वितीय एवं तृतीय पंचवर्षीय योजनाओं की अवधि में हमारे आयातों में जिस तेजी से वृद्धि हुई उसी अनुपात में हम अपने निर्यातों में वृद्धि नहीं कर सके। अतः हमारा व्यापार शेष विपक्ष में बढ़ता गया और देश के समक्ष भुगतान-सन्तुलन का संकट बढ़ता गया। पिछले ऋणों पर मूल एवं ब्याज की किस्तों का बोझ बढ़ता गया और दूसरी ओर विदेशों से प्राप्त होने वाली सहायता की धनराशि में कमी होने लगी। इस विषम स्थिति का सामना करने के लिए भारत सरकार द्वारा निर्यात-सम्बर्द्धन के लिए विशेष प्रयास किये गये। वस्तुतः हमारे आर्थिक विकास की सफलता और हमारी अर्थ-व्यवस्था का उज्ज्वल भविष्य हमारी निर्यात संवर्द्धन प्रयासों की सफलता पर ही निर्भर है।

निर्यात संवर्द्धन का अर्थ (Meaning of Export Promotion)

निर्यात बढ़ाने के प्रत्यक्ष और अप्रत्यक्ष दोनों प्रकार के प्रयत्नों किये जाते हैं। प्रत्यक्ष प्रयत्न वे है जिनके द्वारा निर्यात की जाने वाली वस्तुएओं का उत्पादन बढ़ाये जाने तथा उसका मूल्य कम किये जाने के प्रयत्न किये जाते है, निर्यातकों को आर्थिक सहायता एवं साख उपलब्ध करायी जाती है तथा निर्यात बढ़ाने के अन्य अनेक प्रत्यक्ष प्रयत्न किये जाते हैं। अप्रत्यक्ष प्रयत्न वे है जिनके द्वारा निर्यात माल को बन्धन मुक्त किया जाता है, उससे कर हटाये जाते हैं अथवा घटाये जाते हैं, निर्यातकों को प्रेरणा और प्रोत्साहन प्रदान किये जाते है और उनके मार्ग की क्रिया विधि संबंधी कठिनाइयों को न्यूनतम उन्हें विविध सुविधाएं प्रदान की जाती है।

निर्यात सम्बर्द्धन की आवश्यकता व महत्व
(Need and Importance of Export Promotion)

भारत जैसे विकासशील देश में भुगतान शेष में घाटे को कम करने, विदेशी ऋण भार को कम करने, विदेशी सहायता पर देश को निर्भरता समाप्त करने, विदेशी व्यापार ढाँचे में परिवर्तन करके उसे सुदृढ़ बनाने तथा व्यापार की दिशा में अनुकूल परिवर्तन करने के लिए और नियोजित विकास को सफल बनाने हेतु निर्यात-सम्बर्द्धन की आवश्यकता है। भारत में विदेशी विनिमय की कठिनाइयाँ लगातार बनी हुई हैं तथा देश में अधिकांश वस्तुओं का घरेलू बाजार विस्तृत होने से तथा निजी क्षेत्रों द्वारा निर्यात व्यापार में निराशाजनक प्रगति करने से निर्यात-सम्बर्द्धन की आवश्यकता अधिक बढ़ जाती है। निर्यात-सम्बर्द्धन की आवश्यकता का औचित्य हम निम्न रूप में सिद्ध कर सकते हैं:

(1) आर्थिक आत्मनिर्भरता प्राप्त करने के लिए (For Self-Reliance)- भारत में प्रत्येक पाँच वर्षीय योजना को पूरा करने हेतु विदेशी सहायता पर निर्भरता बढ़ी है। योजना के आरम्भ में विभिन्न देशों ने सहायता के प्रति उदार दृष्टिकोण अपनाते हुए हमें बड़े पैमाने पर सहायता दी। परन्तु भारत-पाक, भारत-चीन युद्धों के समय विदेशी सहायता आर्थिक हितों के विपरीत रही। अतः विदेशी सहायता पर निर्भरता समाप्त करना जरूरी हो गया। देश को आत्मनिर्भर बनाने व विदेशी सहायता से उत्पन्न बुरे प्रभाव को दूर करने के लिए निर्यात व्यापार द्वारा अधिक विदेशी मुद्रा प्राप्त करने की आवश्यकता है जो निर्यात-सम्बर्द्धन द्वारा सम्भव है। अप्रैल 1980 में हमारे विदेशी विनिमय कोष में 5,000 करोड़ रूपये जमा होना एक अच्छी शुरूआत थी किन्तु इसके बाद से इसमें कमी हुई है।

(2) आर्थिक कठिनाइयों को दूर करने हेतु (To Remove Economic Constraints)- भारत को स्वतन्त्र होने के बाद भी अनेक कठिनाइयों का सामना करना पड़ा। जनसंख्या वृद्धि के साथ-साथ खाद्यान्नों की कमी भारत की भयंकर समस्या बन गयी। जिससे विदेशों से खाद्यान्न आयात करना पड़ा। भारत का विभाजन होने के फलस्वरूप कच्चे माल के उत्पादन क्षेत्र भारत से निकल गये जिससे हमारा निर्यात घट गया व हमें कच्चा माल प्राप्त करने के लिए विदेशों पर निर्भर रहना पड़ा। रूई तथा पटसन के निर्यात में बहुत कमी हो गयी। इन कठिनाइयों के निवारण हेतु निर्यात सम्बर्द्धन जरूरी हो गया।

(3) व्यापार-शेष को पक्ष में करने हेतु (For Favourable Balane of Trade)- भारत का व्यापार-शेष द्वितीय विश्व महायुद्ध के बाद से ही विपक्ष में है अर्थात देश के आयात निर्यातों की तुलना में अधिक रहे हैं। देश के भुगतान शेष को धनात्मक बनाने के लिए निर्यात जरूरी है जो कि सरकारी प्रौत्साहन के बिना बढ़ने असम्भव है। अत: व्यापार-शेष को पक्ष में लाने हेतु निर्यात-सम्बर्द्धन आवश्यक है।

(4) निर्यात व्यापार ढाँचे को सुदृढ़ करने हेतु (For a Strong Export Trade Base)- भारत स्वतन्त्र होने से पूर्व तक कच्चे माल का निर्यातक व पक्के माल का आयातक था। स्वतन्त्रता के पश्चात् हमें परम्परागत निर्यात व्यापार को कम करने के स्थान पर नवीन निर्मित माल को निर्यात करने की तीव्र आवश्यकता महसूस हुई जिसे पूर्ण करने हेतु निर्यात-सम्बर्द्धन आवश्यक है।

(5) विदेशी ऋण भार को कम करने हेतु (To reduce Foreign Debt Burden)- पंचवर्षीय योजनाओं के दौरान भारत ने विदेशों से व अन्य अन्तर्राष्ट्रीय संस्थाओं से भारी मात्रा में ऋण प्राप्त किया। अत: ऋणों के पुन: भुगतान हेतु विदेशी विनिमय की आवश्यकता है जो निर्यात-सम्बर्द्धन द्वारा ही सम्भव है।

विदेशी ऋणों पर मूलधन की किश्त एवं ब्याज के भुगतान के रूप में ऋण सेवा (Debt-Servicing) का भार इधर तेजी से बढ़ा है। सन् 1981-82 में यह 837 करोड़ रूपये था।

(6) औद्योगीकरण की गति को तेज करने हेतु (To Accelerate the Pace of Industrialisation)- भारत में तीव्र औद्योगिक विकास के लिए मशीनों, पेट्रोल, कच्चे माल तथा पूँजीगत सामान का अधिक आयात करना आवश्यकत है। इनके भुगतान के लिए निर्यात बढ़ाना हमारे देश के लिए एक अनिवार्यता है।

निर्यात व्यापार के मार्ग में कठिनाइयाँ (Constraints in Our Export Trade)

(1) ऊँचा मूल्य स्तर (High Price Level)- भारत में मूल्यों का स्तर तीव्र गति से बढ़ रहा है, जिससे अनेक वस्तुओं का मूल्य बढ़ता जा रहा है। मूल्य वृद्धि से विदेशियों के लिए हमारे निर्यात महँगे होते हैं। उच्च तकनीक अपनाकर तथा लागतों में कमी करके ही हम विदेशी बाजारों में प्रतियोगिता का सामना करना सकते हैं।

(2) सीमित बाजार (Low Market Potential)- भारत में निर्यातों के सन्दर्भ में परम्परागत वस्तुओं का अधिक महत्व है, साथ ही वस्तु का बाजार कुछ ही देशों में हैं; जहाँ स्थिति क्षणिक भी विपरीत होने पर व्यापार को हानि वहन करना पड़ता है। इसके लिए निरन्तर नवीन बाजारों की खोज का कार्य करना होगा जिससे कि बाजार का क्षेत्र व्यापक बन सके।

(3) प्रचार का अभाव (Lack of Publicity) - भारत की वस्तुओं का विदेशी भूमि पर बहुत कम प्रचार एवं प्रसार होने से विदेशी ग्राहकों को वस्तुओं के विषय में पर्याप्त जानकारी नहीं प्राप्त होती है।

(4) निम्न स्तर का माल (Inferior Quality of Goods)- भारत में उत्पादित माल पुरानी मशीनों, आधुनिकीकरण के अभाव व उत्पादन की परम्परागत विधियों के कारण निम्न स्तर का होता है, जिससे हमारा माल विदेशी प्रतियोगिता में अपने पाँव जमाने में असमर्थ रहता है।

(5) उत्पादकों एवं निर्यातकों का दृष्टिकोण (Outlook of Manufacturers & Exporters)- भारत के उत्पादक व निर्यातक लाभ बढ़ाने की भावना के वशीभूत होकर अनेक अनुचित तरीकों का सहारा लेते हैं जिससे विदेशों में भारत की साख को धक्का लगता है। उदाहरणार्थ, काली मिर्च में अखाद्य वस्तुओं की मिलावट, रूस को भेजे गये जूतों में चमड़े के स्थान पर गत्तों का प्रयोग आदि व्यवहारों के कारण हमारे माल की साख विश्व बाजार में गिरी है।

(6) विदेशी प्रतियोगिता (Foreign Competition)- भारत की अधिकतर निर्यात होने वाली वस्तुओं को विकसित व विकासशील देशों से कड़ी प्रतियोगिता का सामना करना पड़ता है, इससे अधिकांश वस्तुओं को प्रेतियोगिता में बेचना पड़ता है।

(7) विकसित देशों द्वारा ऊँचे तटकर (High Tariffs by Developed Nations)- विकसित देशों में से अनेक ने हमारी वस्तुओं के आयात पर भारी तटकर लगा रखा है, जिससे हमें उन देशों में माल बेचने में कठिनाई होती है।

निर्यात संवर्द्धन की आवश्यकता (Need of Export Promotion)

(1) देश में आर्थिक विकास तथा आत्मनिर्भरता के लक्ष्य को प्राप्त करने के के लिए निर्यात संवर्द्धन आवश्यक माना जाता है।

(2) प्रतिकूल व्यापार शेष को ठीक करने के लिए निर्यातों में वृद्धि करना आवश्यक है। निर्यातों में वृद्धि हेतु निर्यात संवर्द्धन आवश्यक होता है।

(3) किसी भी देश के निर्यात उसके आयातों के भुगतान की व्यवस्था करते हैं। इय दृष्टि से निर्यात संवर्द्धन आवश्यक हो जाता है।

(4) निर्यात संवर्द्धन से देश की आय एवं उत्पादन को बढ़ाया जा सकता है। विदेशी व्यापार में वृद्धि होने के कारण देश की आय बढ़ती है, जिससे और अधिक निर्यात उद्योग प्रोत्साहित होंगे।

(5) आर्थिक विकास हेतु निर्यातों को बढ़ाना आवश्यक होता है। निर्यात वृद्धि के लिए नये-नये उद्योगों की स्थापना की जायेगी जिससे रोजगार में वृद्धि होगी व परिवहन तथा संचालन के साधनों का विकास होगा, तथा जिससे देश का आर्थिक विकास तीव्र होगा।

(6) निर्यात के लिए आज अन्तर्राष्ट्रीय बाजार में बहुत प्रतिस्पर्धा है। अत: कीमत एवं किस्म में निर्यातित वस्तु का अच्छा होना नितान्त आवश्यक है।

(7) निर्यात संवर्द्धन के अंतर्गत करों में छूट, परिवहन में रियायतें तथा सस्ती वित्तीय साख एवं जोखिम से सुरक्षा प्रदान करना आवश्यक होता है।

(8) नई-नई वस्तुओं के निर्यात में वृद्धि करना तथा निर्यात के लिये नये-नये बाजारों की खोज करना नितान्त आवश्यक है।

(9) इसके अतिरिक्त, औद्योगिकरण की गति तीव्र करने, सामरिक महत्त्व की वस्तों के आयात, भुगतान सन्तुलन में साम्यता इत्यादि के लिए भी निर्यात संवर्द्धन आवश्यक है।

सरकार द्वारा निर्यात संवर्द्धन के लिए किए गए प्रयास
(Government Efforts for Export Promotion)

स्वतंत्रता प्राप्ति के पश्चात् से ही सरकार निर्यात वृद्धि के लिए प्रयत्नशील है। सरकार ने निर्यात बढ़ाने के लिए जो प्रयास किए उनमें से मुख्य निम्न है :

1. जाँच समितियों की नियुक्ति (Appointment of Enquiry Committees)

निर्यात संबंधी समस्याओं का अध्ययन करने के लिए विभिन्न समितियों की स्थापना व्यापार क्षेत्र के विशेषज्ञों की अध्यक्षता में नियुक्ति की गयी। इस प्रयोजन हेतु समय-समय पर जो विभिन्न समितियां नियुक्त की गई उनका संक्षिप्त विवरण निम्नलिखित है :

(1) गोरवाला समिति, 1949 : यह निर्यात संवर्द्धन समिति, देश के विभाजन तथा द्वितीय विश्व युद्ध से उत्पन्न भुगतान सन्तुलन की कठिनाइयों का अध्ययंन करने तथा उन्हें दूर करने के उपायों और साधनों के संबंध में सुझाव देने के लिए *श्री ए. डी. गोरवाला* की अध्यक्षता में गठित की गयी थी।

(2) डीसूजा समिति, 1957 : सरकार ने *श्री बी. एल. डीसूजा* की अध्यक्षता में एक और समिति की नियुक्ति की। वर्ष 1957 की भुगतान सन्तंलन कठिनाइयाँ कुछ भिन्न प्रकार की थी, क्योंकि उस समय पंचवर्षीय योजनाओं के सहयोग से देश की अर्थ व्यवस्था का विकास करने के लक्ष्य पर चलना आरम्भ कर दिया गया था। इस स्थिति में ही निर्यात संवर्द्धन ने देश के विकास संबंधी कार्यक्रम में एक अत्यन्त महत्वपूर्ण कड़ी कारूप धारण किया। इस समिति ने भारतीयं व्यापार का मूल्यांकंन अन्तर्राष्ट्रीय स्तर पर किया और निम्न सुझाव दिये :

(i) कुछ विशेष वस्तुओं के निर्यात को बढ़ाने के लिए विशिष्ट उपाय सुझाये।

(ii) समिति ने उत्पादन की लागत में कमी करने की आवश्यकता पर जोर दिया।

(iii) निर्यात योग्य वस्तुओं को उत्पादन कर तथा बिक्री कर से पूर्णतः मुक्त करने का जोर दिया।

(3) मुदालियर समिति, 1961 : तृतीय योजना में निर्यात लक्ष्यों की पूर्ति के लिए सुझाव हेतु मुदालियर समिति की नियुक्ति की गयी। इस समिति ने समस्त आयात-निर्यात, व्यापार नीति और कार्याविधि तथा निर्यात संवर्द्धन प्रयत्नों की समीक्षा की। इस समिति ने निम्न निर्यात संवर्द्धन हेतु निम्न सुझाव दिये:

(i) निर्यात संबंधी उद्योगों के लिए कच्चा माल, मशीनरी आदि हेतु आवश्यक विदेशी मुद्रा की व्यवस्था होनी चाहिए।

(ii) सरकार को चाहिए कि वे आन्तरिक उपभोग पर एक उपकर लगायें तथा इस कर से प्राप्त आय का उपयोग निर्यात व्यापार में सहायता करने के लिए करें।

समिति की अनुशंसा में निर्यात अनिवार्यत: होना चाहिये। इसके अतिरिक्त समिति ने अन्तर्राष्ट्रीय मेले में भाग लेने, विदेशी यात्रियों की संख्या में वृद्धि करने, राजकीय व्यापार, किस्म नियंत्रण तथा निर्यात जोखिम आदि के सम्बन्ध में महत्वपूर्ण सुझाव दिये। सरकार ने इनमें कुछ सुझावों को कार्यान्वित भी किया ।

2. निर्यात संवर्द्धन संगठनों की स्थापना

(Establishment of Export Promotion Organisation)

निर्यात संवर्द्धन के कार्यों को सुचारू रूप से चलाने के लिए कुछ संस्थागत संगठन बनाये गये हैं, जिनका विवरण निम्नलिखित है-

(1) व्यापार मण्डल (Trade Boards) - मई 1962 में इस बोर्ड की स्थापना की गयी। इस बोर्ड का कार्य व्यापार तथा वाणिज्य के सभी पहलुओं पर विचार करना तथा उनके संबंध में सरकार को सलाह देना है। अन्तर्राष्ट्रीय व्यापार में वृद्धि के लिए विशेषतया निर्यात वृद्धि के लिए प्रयत्न करना बोर्ड का प्रमुख कार्य है। बोर्ड ने समय-समय पर निर्यात व्यापार से संबंधित वस्तुओं तथा देशों के विषय में विश्लेषण किया है तथा निर्यात संबंधी अवसरों के विषय में जानकारी प्राप्त करायी है। उत्पादन व्यय में कमी, साख-सुविधा, जहाज तथा भाड़े की समस्या, विदेशों में व्यापारिक प्रतिनिधियों की नियुक्ति आदि विषयों पर इसने महत्वपूर्ण सुझाव दिये हैं। बोर्ड ने देशी व्यापार संस्थान की भी स्थापना किये जाने की भी अनुशंसा की है। बोर्ड द्वारा कुछ समितियाँ भी बनायी गयी हैं जो विदेशी व्यापार के विभिन्न पहलुओं का अध्ययन करती है।

(2) निर्यात संवर्द्धन निदेशालय (Export Promotion Directorate) - इसकी स्थापना अगस्त 1957 में की गयी । इसका प्रमुख कार्य निर्यातकों को आवश्यक सुचनाएं तथा सहायता देना तथा व्यापार मण्डल के आदेशों व सुझावों को कार्यान्वित करना है। निदेशालय ने चार क्षेत्रीय कार्यालय तथा बम्बई, कलकत्ता और तमिलनाडु में तीन पोर्ट कार्यालय बनाये है।

(3) निर्यात संवर्द्धन सलाहकार परिषद (Export Promotion Advisory Council) - इसकी स्थापना केन्द्रीय स्तर पर की गयी है। इस समिति में व्यापार के प्रतिनिधि होते हैं। समिति सरकार की निर्यात नीति की समीक्षा करती है, तथा सरकार को इस विषय में सलाह देती है।

(4) क्षेत्रीय निर्यात संवर्द्धन सलाहकार समितियाँ (Regional Export Promotion Councils) -देश के विभिन्न भागों से निर्यात की संभावनाओं तथा समस्याओं पर यह समितियाँ विचार करती है। अपने क्षेत्र की निर्यात समस्याओं के सम्बन्ध में ये समितियाँ सरकार का ध्यान आकर्षित करती हैं। ये समितियाँ माह में एक बार मिलती हैं तथा अपने-अपने क्षेत्र की उद्योग तथा व्यापार संबंधी समस्याओं पर विचार करती है और सुझाव

देती हैं। समितियों का नेतृत्व स्थानीय व्यापार व उद्योग के अवैतनिक निर्यात संवर्द्धन सलाहकारों द्वारा किया जाता है। इस समय बम्बई, कलकत्ता, तथा मद्रास बन्दरगाहों पर ये समितियाँ कार्य कर रही है।

(5) निर्यात संवर्द्धन परिषदें (Export Promotion Councils) -इन परिषदों की स्थापना स्वायत्तशासी निगमों के रूप में की गयी है। इनमें उद्योग व व्यापार के प्रतिनिधि तथा सरकार के प्रतिनिधि होते हैं। ये परिषदें अपने उद्योग की वस्तुओं का निर्यात बढ़ाने के लिए प्रयत्न करती है। इस समय देश में इस प्रकार की 19 परिषदें कार्य कर रही है, जो अलग अलग सूती वस्त्र, काजू, मसाला, तम्बाकू, चमड़ा, रेशम, रेयन, रासायनिक पदार्थ, खेल के सामान, फल, इंजीनियरी का सामान आदि के निर्यात संवर्द्धन संबंधी कार्य कर रही है।

(6) वस्तु मण्डल (Commodity Boards) -निर्यात संवर्द्धन परिषदों के अतिरिक्त बहुत से बोर्ड गठित किये गये हैं जैसे टी बोर्ड, काफी बोर्ड, सिल्क बोर्ड ऑल इंडिया हैण्डलूम बोर्ड आदि। ये बोर्ड संबंधित वस्तुओं के निर्यात के विषय में सूचना व सहायता देते हैं। ये बोर्ड निर्यात संवर्द्धन परिषदों के समान कार्य भी करते हैं।

(7) भारतीय विदेशी व्यापार संस्थान (Indian Institute of Foreign Trade) -भारत सरकार द्वारा इस संस्थान की स्थापना सन् 1964 में विदेशी व्यापार प्रबंध में प्रशिक्षण, अनुसंधान तथा बाजार सर्वेक्षण इत्यादि के विकास के लिए की थी। इस संस्था के प्रमुख कार्य निम्नांकित हैं -

(i) अन्तर्राष्ट्रीय व्यापार की आधुनिक विधियों से संबंधित प्रशिक्षण देना।

(ii) विपणन, सर्वेक्षण क्षेत्र, तथा बाजार सर्वेक्षण की व्यवस्था करना।

(iii) विदेशी व्यापार की समस्याओं के सम्बन्ध में अनुसंधान करना।

(8) व्यापार विकास प्राधिकरण (Trade Development Authority) -सन् 1971 में इस प्राधिकरण की स्थापना की गई थी। इसकी स्थापना के मुख्य उद्देश्य छोटे तथा मध्यम श्रेणी के उद्यमियों की निर्यात क्षमताओं को बढ़ाना है। इस प्राधिकरण का मुख्य कार्यालय नई दिल्ली में हैं। यह प्राधिकरण उद्यमियों को नये बाजारों की जानकारी देता है, निर्यात विकास के लिए सेवाएँ उपलब्ध कराता है, माल के उत्पादन तथा निर्यात में सहायता देता है।

(9) भारतीय पैंकिंग संस्थान (Indian Institute of Packing) - पैंकिंग से संबंधित नवीन सामग्री का पता लगाने, पैंकिंग की नवीनतम रीतियों का आविष्कार करने तथा उनकी जानकारी देने के लिए मई, 1966 में इस संस्थान की स्थापना भारत सरकार द्वारा की गई थी।

(10) भारतीय व्यापार मेला प्राधिकरण (Trade Fair Authority of India) -भारतीय व्यापार मेला प्राधिकरण की स्थापना 11 मार्च 1977 को की गई थी। इस प्राधिकरण के प्रमुख उद्देश्य औद्योगिक तथा अन्य व्यापारिक वस्तुओं के निर्यात के लिए मेले

तथा प्रदर्शनियों के विकास तथा इनके आयोजनों की व्यवस्था करना तथा उसमें भाग लेना, भारत तथा विदेशी शोरूम स्थापित करना तथा इन मेलों से संबंधित वस्तुओं के व्यापार से संबंधित क्रियाओं को व्यवस्थित करना है।

(11) वाणिज्य मंत्रालय (Commerce Ministry) सन् 1985 में सरकार के पुर्नगठन के बाद भारत के विदेशी व्यापार के नियंत्रण तथा विकास की जिम्मेदारी वाणिज्य मंत्रालय को सौंपी गई थी। विदेशी व्यापार से संबंधित सभी कार्य करने का दायित्व इस मंत्रालय के वाणिज्य विभाग का है। विदेशी व्यापारिक संबंधों, राज्य-व्यापार, निर्यात संवर्द्धन उपायों तथा कुछ निर्यात उद्योगों के विकास एवं नियंत्रण का उत्तरदायित्व इसी विभाग की है।

3. सार्वजनिक व्यापारिक संस्थानों की स्थापना

(Establishment of Public Sector Commercial Institutions)

भारत में निर्यातों के प्रोत्साहन तथा आयातित माल के उचित वितरण हेतु सरकारी क्षेत्र में कुछ संस्थाएँ स्थापित की गई है। इनमें निम्नांकित उल्लेखनीय हैं -

(1) राजकीय व्यापार निगम (State Trading Corporation) –व्यापार निगम की स्थापना सन् 1956 में भारत के निर्यातों में वृद्धि करने तथा आवश्यक आयातों की व्यवस्था करने के उद्देश्यों से की गई थी। इस निगम के माध्यम से विदेशी व्यापार इस प्रकार से किया जाता है, जिससे सामाजिक लक्ष्यों की पूर्ति में सहायता मिले।

(2) खनिज एवं धातु व्यापार निगम (Minerals and Metals Trading Corporation) –सन् 1963 में इस निगम की स्थापना राज्य व्यापार निगम से अलग रूप में की गई थी। इसके पहले खनिज एवं धातु का निर्यात, राज्य व्यापार निगम द्वारा किया जाता था। इस निगम का प्रमुख कार्य खनिज एवं धातुओं का आयात-निर्यात करना है।

(3) चाय व्यापार निगम (Tea Trading Corporation) –एक सरकारी कंपनी के रूप में इस निगम की स्थापना सन् 1971 में की गई थी। इस निगम का कार्य सभी प्रकार की चाय का घरेलू तथा विदेशी व्यापार करना है। निगम चाय बागानों तथा गोदामों के प्रबंध का कार्य करता है। निगम की प्रबंध व्यवस्था केन्द्र सरकार के द्वारा होती है।

(4) अभ्रक व्यापार निगम (Mica Trading Corporation) – इस निगम की स्थापना सन् 1972 में खनिज एवं धातु व्यापार निगम की सहयोगी संस्था के रूप में की गई जो अभ्रक निर्यात में संलग्न है।

(5) भारतीय चल चित्र संवर्द्धन निगम (Indian Movies Export Corporation) – यह निगम चलचित्र सर्वेक्षण का कार्य करता है। राज्य व्यापार निगम की सहायक कंपनी के रूप में चलचित्रों के निर्यात एवं प्रचार तथा बाजार सर्वेक्षण का कार्य करता है।

4. निर्यात वित्त सुविधाओं का विस्तार
(Expansion of Export Finance Facilities)

निर्यात व्यावसायियों को वित्तीय सुविधा उपलब्ध कराने के लिए राष्ट्रीयकृत बैंक अल्पकालीन वित्त की व्यवस्था करते हैं। किन्तु दीर्घकालीन एवं मध्यकालीन वित्त हेतु निम्नांकित संस्थाएँ महत्वपूर्ण भूमिका निभा रही हैं :

(1) निर्यात साख तथा गारन्टी निगम (Export Credit and Guarantee Corporation) –सन् 1964 में इस निगम की स्थापना की गई। यह निर्यात बीमा सुविधाएँ प्रदान करता है जो सामान्यत: साधारण बीमा कंपनियों के द्वारा प्रदान नहीं की जाती है। निर्यातकों को निगम द्वारा इसकी निर्यात साख गारन्टी पॉलिसी के आधार पर बैंकों से ऋण प्राप्त करवाया जाता है। निगम बैंकों को निम्न प्रकार को वित्तीय गारण्टियां प्रदान करता है।

(1) पैंकिग साख गारंटी (Packing Credit Guarantee)

(2) हस्तान्तरण गारंटी (Tranfer Guarantee)

(3) निर्यात निष्पादन गारंटी (Export Performance Guarantee)

(4) निर्यात–वित्त गारंटी (Export Finance Guarantee)

(5) पोत लदानोत्तर निर्यात साख गारंटी (Post-Shipment Export Credit Guarantee)

(2) सरकार द्वारा सुपूर्द किए गए अन्य कार्य (Performed other Work-Assigned by Government) –निगम उन सभी कार्यों को भी करता हैं जो निर्यात वृद्धि हेतु समय–समय पर सरकार द्वारा इसे सौंपे जाते हैं जैसे –विदेशी बाजारों का सर्वेक्षण, सरकार व निर्यातकर्त्ता तथा संबंधित बैंक के मध्य आवश्यक संबंध स्थापित करने के लिए उत्प्रेरक के रूप में कार्य करना।

(3) बैंकों द्वारा अल्पकालीन वित्त व्यवस्था (Short Term Finance) –सन् 1980 में छ: बैंकों के राष्ट्रीयकरण से कुल 20 बैंकों का राष्ट्रीयकरण हो चुका है। इन बैंकों के द्वारा भी प्राथमिकता के आधार पर निर्यात वृद्धि के लिए अल्पकालीन ऋणों की व्यवस्था की जाती है।

(4) आयात निर्यात बैंक की स्थापना (Establishment of Import-Export Bank) – सरकार ने आयात–निर्यात बैंक की स्थापना 1982 में की गई। यह बैंक आसान शर्तों पर निर्यातों तथा आयातों के लिए ऋण देता है। बैंक ने एक ऐसे कोष की स्थापना भी की है जो अन्तर्राष्ट्रीय बाजारों का अध्ययन करने के लिए व्यय करता है। इस बैंक का मुख्य कार्यालय मुम्बई में स्थापित किया गया है।

(5) ग्रीन कार्ड (Green Card) – ऐसी संस्थाओं को जो कि शत–प्रतिशत निर्यात कार्यों में संलग्न हैं, केन्द्रिय सरकार द्वारा उन्हें ग्रीन कार्ड जारी किया जाता है। इन संस्थाओं को सरकार उन सभी मामलों में उच्च प्राथमिकता प्रदान करती है जिससे तथा उनका कार्य निर्बाध रूप से चलता रहे।

5. निर्यात सबर्द्धन की अन्य प्रोत्साहन योजनाएँ
(Other Export Promotion Schemes)

निर्यात संवर्द्धन हेतु उपर्युक्त वर्णित उपायों के अतिरिक्त निम्नलिखित प्रोत्साहन योजनाएँ भी प्रभावी है:

(1) निर्यात सदन (Export House) - भारत सरकार ने कुछ प्रसिद्ध व्यापारिक संस्थाओं एवं प्रचुर मात्रा के निर्यातकों को 'निर्यात सदन' नाम की मान्यता प्रदान की है। जिन कंपनियों, सहकारी समितियों अथवा व्यापार संघों का वार्षिक निर्यात, चुनी गई वस्तुओं का एक करोड़ रूपये और अन्य उत्पादनों का 5 करोड़ रूपय से अधिक है, उन्हें सरकार 'निर्यात सदन' घोषित कर सकती है।

(2) विशेष निर्यात सफलता के पुरस्कार देना (Export Awards) - सन् 1969 से भारत सरकार ने सफल निर्यातकों को पुरस्कार देकर प्रोत्साहित करने की योजना प्रारम्भ की। यह विचारधारा पश्चिमी देशों से ली गयी है। ब्रिटेन में रानी पुरस्कार और संयुक्त राज्य अमरीका में राष्ट्रपति पुरस्कार दिये जाते हैं और असाधारण उत्साह दिखाने वाले निर्यातकों को योग्यता के प्रमाण पत्र दिये जाते हैं। इन इनामों को प्रतिवर्ष एक विशेष समारोह आयोजित करके वितरित किया जाता है जिससे कि निर्यातक अपने आपकों गौरवान्वित समझे और भविष्य में अधिकाधिक उत्साह दिखाने की उन्हें प्रेरणा मिले।

(3) विदेशों में औद्योगिक उधम (Industrial Ventures Abroad) - भारत की पंचवर्षीय योजनाओं की प्रगति के साथ साथ देश के औद्योगिक उत्पादन में वृद्धि हुई है और देश अब अपनी आवश्यकताओं की पूर्ति के अतिरिक्त मशीनें, यंत्र-उपकरण और तकनीकी ज्ञान का निर्यात भी करने लगा है। भारतीय उद्योगपति अब विदेशों में उद्योग स्थापित करने में रूचि दर्शाने लगे हैं। यह निर्यात बढ़ाने की नयी युक्ति है। इससे हमारे देश की प्रतिष्ठा भी बढ़ेगी।

(4) विपणन विकास निधि (Marketing Development Fund) -निर्यात संवर्द्धन परिषदों एवं अन्य संस्थाओं को निर्यात वृद्धि के निमित्त आर्थिक सहायता देने के विचार से जुलाई सन् 1963 में भारत सरकार ने विपणन विकास निधि स्थापित की थी। इसका उद्देश्य भारतीय माल की खपत के लिए विदेशी बाजारों का विकास करना है।

(5) प्रदर्शन केन्द्र (Demonstration Centres) - कुछ देशों में भारतीय दुतावासों की देख रेख में स्थायी प्रदर्शन -कक्ष, व्यापार केन्द्र भी खोले गये हैं जहाँ भारतीय माल के नमूने प्रदर्शित किये जाते है। कोलम्बों, बैंकांक, न्यूयार्क, लंदन, सैनफ्रांसिसकों, काहिरा, टोकियों, जकार्त्ता, सिंगापुर, जेनेवा, पेरिस, औटावा, लाओस इत्यादि नगरों में ऐसे केन्द्र खोले जा चुके हैं।

(6) प्रदर्शनियाँ एवं मेले (Exhibitions and Fairs) -भारत के वर्तमान बाजारों को बनाये रखने, विदेशों में भारतीय माल की माँग बढ़ाने तथा निर्यात वस्तुओं के लिए नये बाजार खोलने के विचार से भारत सरकार ने अन्तर्राष्ट्रीय प्रदर्शनियों और मेले

संगठित करने अथवा उनमें भाग लेने की व्यवस्था की है। देश के अन्दर भी औद्योगिक प्रदर्शनियां समय समय पर आयोजित की जाती है, जहाँ भारतीय माल का प्रदर्शन किया जाता है। इस काम को भारत सरकार का व्यापारिक मेला प्राधिकरण करता है जिसने मार्च 1977 से कार्य आरम्भ किया।

(7) परिवहन सुविधाएँ (Transport Facilities) –परिवहन संबंधि कठिनाइयां भी निर्यात वृद्धि में बाधा डालती है। इस असुविधा को दूर करने के लिए भारत सरकार के रेल परिवहन और पोतचालन सभी मंत्रालय समान रूप से चिन्तित रहते हैं। भारतीय रेलें निर्यात वस्तुओं हेतु डिब्बे देने और माल को शीघ्र बन्दरगाह तक पहुँचाने के कार्य को प्राथमिकता प्रदान करती है। कुछ निर्यात वस्तुओं के रेल–भाड़े 20 से 40 प्रतिशत तक कम दर से लिए जाते है।

(8) गुणवत्ता नियंत्रण (Quality Control) – निर्यात बढ़ाने के लिए माल का गुणवत्ता नियंत्रण परम आवश्यक है। निम्न कोटि का माल निर्यात करने के कारण कई बार भारत उत्पाद की बनी हुई साख को धक्का लग चुका है और हमारा निर्यात कम हो गया है। भारत सरकार का इस और गत वर्षों में आकर्षित हुआ है और गुणवत्ता नियंत्रण के लिए व्यापक व्यवस्था की गयी है। इस काम को करने के लिए वर्ष 1964 में निर्यात निरीक्षण परिषद स्थापित की गयी। यह परिषद सभी निर्यात वस्तुओं के अनिवार्य गुणवत्ता–नियंत्रण एवं लदान पूर्व निरीक्षण की व्यवस्था करती है। कलकत्ता और दिल्ली में परिषद के मुख्य कार्यालय हैं तथा बम्बई व कोचीन में इसके क्षेत्रीय कार्यालय हैं। राज्य सरकारों ने भी अपने यहाँ गुणवत्ता नियंत्रण विभाग स्थापित किये हैं। निर्यात संवर्द्धन परिषदें और भारतीय मानक संस्था भी निर्यात माल की गुणवत्ता सुधार का प्रयास करती हैं। कुछ वस्तुओं को निर्यात से पूर्व अनिवार्य रूप से प्रतिमानित व चिन्हित किया जाता है।

(९) काण्डला स्वतंत्र व्यापार क्षेत्र (Kandala Free Trade Zone) –भारत सरकार ने काण्डला बन्दरगाह पर 320 एकड़ क्षेत्र का स्वतंत्र व्यापार क्षेत्र विकसित किया है। इस क्षेत्र के अंतर्गत सम्मिलित हुए अथवा बने हुए माल पर आयात व निर्यात कर (Taxes) नहीं लगते। इस प्रकार विदेश से माल मँगाकर उसका इस क्षेत्र में परिष्करण करके बिना आयात कर दिये निर्यात किया जा सकता है।

(10) शान्ताक्रुज इलेक्ट्रोनिक्स निर्यात परिष्करण क्षेत्र (Electronics Export Procesing Zone) –सन् 1973 में शान्ताक्रुज (मुम्बई) में इलेक्ट्रोनिक्स निर्यात परिष्करण क्षेत्र की स्थापना की गयी जहाँ बिजली के सामान पर परिष्करण कर उसे बिना आयात निर्यात कर दिये निर्यात किया जा सकता है। इस क्षेत्र में उद्योग स्थापित करने के लिए एक बोर्ड बना है जो एकीकृत केन्द्र के रूप में कार्य करता है।

(11) समुद्री उत्पाद निर्यात विकास प्राधिकरण (Marine Export Products Development Authority) –अगस्त 1972 में प्राधिकरण को एक वैधानिक निकाय के रूप में स्थापित किया गया। इसका मुख्यालय कोचीन में हैं तथा कोचीन, मद्रास, बम्बई एवं

कलकत्ता में क्षेत्रीय कार्यालय हैं। इसका कार्य समुद्री उत्पादन के महत्वपूर्ण और सम्भाव्यता वाले क्षेत्रों की आवश्यकता की पूर्ति करना है। विदेशों में हुए मेलों और प्रदर्शनियों में भाग लेकर अथवा भारत में मेलों और प्रदर्शनियों का आयोजन कर प्राधिकरण भारतीय समुद्री उत्पादों को लोकप्रिय बनाता है।

6. निर्यातोन्मुख इकाइयों तथा निर्यात परिष्करण क्षेत्र योजनाएँ

(Export Oriented Units and Export Processing Zone Schemes)

सरकार ने निर्यातोन्मुख इकाइयों तथा निर्यात परिष्करण क्षेत्र योजनाओं को और अधिक उदार बना दिया है। निर्यात प्रसंष्करण क्षेत्र की इकाइयाँ निर्यात व्यापार और राज्य व्यापार गृहों के माध्यम से भी निर्यात कर सकती हैं तथा पट्टे पर मशीने लगा सकती हैं। इन इकाइयों में शत-प्रतिशत विदेशी इक्विटी भागीदारिता की अनुमति भी प्रदान कर दी गई है।

(1) निर्यात परिष्करण क्षेत्र (Export Processing Zones) इन क्षेत्रों की स्थापना का उद्देश्य भारत से निर्यातित वस्तुओं के लिए उपयुक्त वातावरण तैयार करना है जिससे वह अन्तर्राष्ट्रीय प्रतियोगिता में अपना स्थान बना सकें। भारत में वर्तमान में ऐसे 8 निर्यात प्रोसेसिंग क्षेत्र हैं। सार्वजनिक क्षेत्र में ऐसे 7 क्षेत्र कांडला (गुजरात), सांताक्रुज (मुम्बई), फाहटा (पश्चिमी बंगाल), नोएडा (उत्तरप्रदेश), कोचीन (केरल), चैन्नई (तमिलनाडु) तथा विशाखापट्टनम (आन्ध्रप्रदेश) में स्थित हैं। शांताक्रुज इलेक्ट्रोनिक्स निर्यात संसाधन क्षेत्र विशिष्ट रूप से इलेक्ट्रोनिक सामान तथा रत्नों के लिए हैं, जब कि अन्य क्षेत्र सभी प्रकार के उत्पादों के लिए है।

निर्यात संवर्द्धन हेतु, आधारभुत संरचना सुदृढ़ करने के उद्देश्य से सरकार ने पहली बार निजी क्षेत्र में दो 'एक्सपोर्ट प्रोसेसिंग जोंस' स्थापित करने की अनुमति दिसम्बर 1994 में प्रदान की थी। इनमें से एक मुम्बई (महाराष्ट्र) में तथा दूसरा सूरत (गुजरात) में स्थापित किया जाना था। सूरत के निर्यात प्रोसेसिंग केन्द्र ने सन् 1995 से कार्य प्रारम्भ कर दिया है। दोनों ही निर्यात प्रोसेसिंग क्षेत्रों में मुख्यतत: रत्नों एवं आभुषणों से संबंधित इकाइयाँ स्थापित की जाएंगी।

निर्यात संवर्द्धन के लिए देश में विशेष आर्थिक परिक्षेत्रों की स्थापना की घोषणा केन्द्रिय वाणिज्य एवं उद्योग मंत्री मुरासोली मारन ने 31 मार्च, 2000 को वित्तीय वर्ष 2000-01 की एक्जिम पॉलिसी के तहत की थी। चीन में स्थापित किये गये आर्थिक परिक्षेत्रों के अनुभव पर स्थापित किए जाने वाले इन परिक्षेत्रों में अन्तर्राष्ट्रीय प्रतिद्वन्द्वी वातावरण प्रदान किया जाना है।

(2) निर्यातोन्मुखी इकाइयाँ (Export Oriented Units) -सरकार ने निर्यात प्रोसेसिंग क्षेत्रों के पूरक के रूप में 1981 से शत प्रतिशत निर्यात करने वाली इकाइयों की एक योजना प्रारम्भ की थी। इस योजना के अंतर्गत आने वाली इकाइयों द्वारा निर्यातों के लिए उत्पादन क्षमता को बढ़ाने के लिए अनेक प्रकार के प्रोत्साहन दिए जाते हैं। अन्तर्राष्ट्रीय बाजार में प्रतियोगी बनाने हेतु इन इकाइयों को मशीन, कच्चा माल, उपकरण तथा शुल्क मुक्त

उपभोग वस्तुओं के आयात की भी स्वीकृति प्रदान की गई हैं। निर्यात-आयात नीति के अंतर्गत कृषि क्षेत्र को वरीयता देते हुए निर्यात घरानों तथा व्यापारिक गृहों आदि की योग्यता निर्धारित करते समय कृषि निर्यात को दोगुना भार देने का निर्णय लिया गया हैं।

(3) निर्यात गृह, निर्यात व्यापार गृह तथा स्टार ट्रेड़िग गृह (Export Trading Houses and Star Trading House) -निर्यात गृहों, व्यापार गृहों तथा स्टार ट्रेड़िग गृहों की योजना का उद्देश्य पहले से स्थापित निर्यातकों तथा बड़े निर्यात गृहों की बाजार क्षमता में वृद्धि करना है। वे पंजीकृत निर्यातक, जिनका अनेक वर्षो तक निर्यात निष्पादन उच्च बना हुआ है उन्हें निर्यात व्यापार गृह अथवा स्टार ट्रेड़िग गृह का स्तर प्रदान किया जाता है। इनके लिए प्रति वर्ष एक निश्चित न्यूनतम औसत शुद्ध निर्यात आय अर्जन करना आवश्यक होता है। 31 दिसम्बर, 1999 तक देश में 6 व्यापार गृह तथा 39 स्टार ट्रेड़िग गृह कार्यरत थे।

(4) निर्यात संवर्द्धन औद्योगिक पार्क (Export Promotion on Industrial Park) - निर्यात संवर्द्धन में राज्यों की भूमिका सुनिश्चित करने के उद्धेश्य से केन्द्र सरकार ने राज्यों में निर्यात संवर्द्धन औद्योगिक पार्क स्थापित करने की योजना बनाई है। इसमें 75 प्रतिशत केन्द्रिय अनुदान की व्यवस्था है, किन्तु इसकी भूमि की लागत राज्य सरकारों को स्वयं वहन करनी होगी। जयपुर के निकट सीतापुरा में देश के पहले निर्यात संवर्द्धन औद्योगिक पार्क का औपचारिक उद्घाटन केन्द्रिय वाणिज्य राज्यमंत्री ने 22 मार्च, 1997 को किया। 365 एकड़ क्षेत्र में फैले इस औद्योगिक पार्क का विकास राजस्थान औद्योगिक निवेश निगम द्वारा केन्द्र सरकार के सहयोग से किया गया है। इसकी कुल लागत 47.15 करोड़ रूपये आई है। इसमें केन्द्रीय सहायता 10 करोड़ रूपये की हैं। उल्लेखनीय है कि निर्यात संवर्द्धन औद्योगिक पार्क की स्थापना के लिए केन्द्र सरकार कुल लागत का 75 प्रतिशत या अधिकतम 10 करोड़ रूपये तक की आर्थिक सहायता प्रदान करती है।

भावी निर्यात संवर्द्धन के लिए सुझाव (Suggestions for Future Export Promotion)

15 अगस्त सन् 1947 में देश के स्वतन्त्र होने के उपरान्त सरकार द्वारा इस सन्दर्भ में अनेक व्यवस्थाएँ की गयी है जिससे निर्यातों में वृद्धि तो हुई; फिर भी विदेशी व्यापार को प्रोत्साहित करने हेतु अनेक सुझाव प्रस्तुत किये गये है जो निम्न हैं:

(1) निर्यात उत्पादन (Export Production) -विस्तार और विविधीकरण के साथ वर्तमान उत्पादन क्षमता का पूर्णतम उपयोग किया जाना आवश्यक है। इसके लिए राजकोषीय प्रेरणा द्वारा निर्यात प्रधान उद्योगों में विनियोग को आकर्षक बनाने की नितान्त आवश्यकता है।

(2) गुणवत्ता सुधार (Quality Improvement) -भारत के निर्यात माल गुण की दृष्टि से उच्च कोटि का होना चाहिए। इसके लिए निर्यात संवर्द्धन परिषदों, अन्वेषण संस्थाओं, गुणवत्ता नियन्त्रण प्रयोगशालाओं एवं भारतीय मानक संस्था इत्यादि द्वारा सम्मिलित रूप से प्रयासों द्वारा निरन्तर प्रयत्न करने चाहिए।

(3) कच्चा माल बैंक (Raw Material Bank)-महत्वपूर्ण कच्चा माल, मशीनें एवं यंत्र उपकरण सुविधापूर्वक उद्योगों को उपलब्ध होने चाहिए। इस संबंध में **'कच्चा माल बैंक'** स्थापित किये जाने का सुझाव अत्यन्त महत्वपूर्ण है।

(4) वित्त एवं साख (Finance and Credit)-भारतीय वित्तीय संस्थाओं का यह कर्त्तव्य है कि वे निर्यात उद्योगों को प्रतियोगी ब्याज दर पर पर्याप्त अल्पकालीन साख की व्यवस्था करें।

(5) निर्यात माल की ढुलाई (Transportation of Export Goods) -रेल, सड़क, जहाज व बन्दरगाह सुविधाओं का आधुनिकीकरण किया जाय तथा निर्यात माल की ढुलाई को अत्यधिक महत्व प्रदान किया जाए।

(6) माल गोदाम सुविधाएँ (Godown Facilities) -विदेशी वितरण स्थलों में पर्यात मालगोदाम सुविधाएँ बढ़ाई जायें जहाँ ग्राहकों को भारतीय माल आवश्यकतानुसार प्राप्त हो सके।

(7) चयनात्मक (Selectivity) -इस समय देश में अनेक निर्यातकर्त्ता हैं। इनमें से चयन प्रक्रिया द्वारा अधिक क्षमता वाले कुशल निर्यातकों निर्यात हेतु को विशेष सुविधाएँ और सहायता दी जाऐ।

(8) निर्यात सदन (Export Houses) -निर्यात सदनों को श्रेणीबद्ध निर्यात माल के, आयात संग्रह एवं वितरण का अधिकार प्रदान किया जाना चाहिए, तथा इन्हें अपनी लक्ष्यपूर्ति के निमित्त कर-प्रेरणा दी जानी चाहिए।

(9) एकल खिड़की व्यवस्था (Single Window System) -अनुदान एक अल्पकालीन सहायता है, किन्तु दीर्घकालीन निर्यात संवर्द्धन का एकमात्र उपाय लागत प्रतियोगिता है। अत: किसी ऐसी संस्था अथवा अधिकारी की आवश्यकता है। जहाँ से सभी निर्यात छूटें एक साथ मिल सकें, निर्यातकों को अनेक अधिकारियों के पास भटकना न पड़े।

(10) कृषि -आधारित निर्यात (Agriculture Based Export) -अनाज, दालें, फल, सब्जियाँ, अण्डे इत्यादि कृषि-आधारित निर्यात वस्तुओं के लिए एक पृथक निर्यात संवर्द्धन परिषद की स्थापना की जाए।

(11) क्षेत्रीय सहयोग (Regional Cooperation) -व्यापार एक द्विपक्षीय प्रक्रिया है जिसके सुचारू संचालन के लिए हमें विकासशील देशों के साथ व्यापारिक एवं तकनीकी संबंध सुदृढ़ करते रहना चाहिए।

(12) विदेशों में विपणन अभियान (Marketing Camprign in Foreign Countreis) -भारत द्वारा अधिकाधिक बिक्री-विशेषज्ञ विदेश भेजने चाहिए जिन्हें पर्याप्त विदेशी विनिमय दिया जाना चाहिए।

(13) निर्यात लक्ष्य (Export Targets) -हमें प्रतिवर्ष प्रति-उद्योग एवं प्रति-निर्यात वस्तु के लक्ष्य निर्धारित करने चाहिए और उन्हें प्राप्त करने के हर सम्भव प्रयत्न करने चाहिए।

(14) निर्यात संवर्द्धन संस्थाएँ (Export Promotion Institutions) -निर्यात संवर्द्धन परिषदों को एक सफल मूल्यांकन कार्यक्रम बनाना चाहिए और अनुभव के आधार पर निर्यात बढ़ाने के नये-नये उपाय पता लगाते रहना चाहिए।

(15) निर्यात प्रचार (Export Publicity) –फिल्म, टेलीविजन, प्रदर्शनी प्रदर्शन इत्यादि प्रचार साधनों के लिए ग्राहक की भाषा का उपयोग करना चाहिए।

(16) निर्यात प्रबन्ध (Export Management) –नवीन वस्तुओं के निर्यात की और अधिक ध्यान देना चाहिए, क्योंकि इस दिशा में भारत पिछले वर्षो में अच्छी सफलता प्राप्त कर चुका है। हमारे इंजीनियरी वस्तुओं की माँग विश्व के उद्योग-प्रधान देशों में तीव्र गति से बढ़ रही है। इस बात की आवश्यकता है कि हम निर्यात बिक्री व्यवस्था का आधुनिक तकनीकी आधार पर प्रबंध करें और व्यापार संगठन को अन्तर्राष्ट्रीय व्यापार गृहों के समकक्ष बनाये।

(17) लघु उद्योग निर्यात (Small-Scale Exports) –लघु उद्योगपतियों को संयुक्त बिक्री व्यवस्था द्वारा अपने माल का निर्यात बढ़ाने को प्रोत्साहित करना चाहिए।

(18) सूचना प्रौद्योगिकी का विकास (Development of Information Technology) -विदेशों में हमारे माल की माँग एवं खपत की सूचना का अभाव निर्यात वृद्धि में बाधक है। अतः विश्व बाजारों की माँग की ठीक-ठाक एवं सामयिक जानकारी प्राप्त करते रहने की नियमित व्यवस्था की जाए। उपर्युक्त सुझावों को यदि उचित रूप से क्रियान्वित किया जाये तो निर्यातों में निश्चित रूप से वृद्धि की जा सकती है।

परिक्षापयोगी प्रश्न

1. भारत में निर्यात संवर्द्धन पर एक लेख लिखिये।

   Write an essay on Export Promotion in India.
2. भारत में निर्यात संवर्द्धन हेतु किये गये प्रयासों की विवेचना कीजिये। निर्यात संवर्द्धन हेतु अपने सुझाव दीजिये।

   What effords have been made for export promotion in India. Discuss. Give your suggestion for export promotion.
3. निर्यात संवर्द्धन से आप क्या समझते है तथा इसकी भारत में क्या आवश्यकत है। भारत द्वारा इस दिशा में किये गये प्रयासों की विवेचना कीजिये।

   What do you mean by export promotion. What are its needs in India. Discuss briefly effords made by India in this direction.

□□□

16

उदारीकरण तथा वैश्वीकरण
(Liberalisation & Globalisation)

भारत सरकार द्वारा राष्ट्रीय अर्थव्यवस्था को विभिन्न आर्थिक संकटों से उभारने तथा विकास की गति को त्वरित करने के उद्देश्य से अनेक आर्थिक सुधार अपनाये गये है। इन सुधारों में नियन्त्रित व्यवस्था के स्थान पर उदारता की नीति का अनुसरण किया गया है। इस नीति को नवीन आर्थिक नीति की संज्ञा प्रदान की गयी है। इस नीति के अन्तर्गत जिन नीतिगत उपायों और परिवर्तनों का सहारा लिया गया है। उनका संयुक्त उद्देश्य राष्ट्रीय अर्थव्यवस्था में प्रतियोगी वातावरण तैयार करके उत्पादकता और कुशलता में वृद्धि करना है। भारत द्वारा स्वतन्त्र रूप से आर्थिक विकास का क्रम 1 अप्रैल, 1951 से प्रारम्भ किया गया। आर्थिक विकास के लक्ष्य की प्राप्ति हेतु आर्थिक योजनाओं का निर्माण किया गया और अब तक 9 पंचवर्षीय योजनाएँ तथा 5 एक वर्षीय योजनाएँ क्रियान्वित की जा चुकी है। लगभग 5 दशकों की लम्बी अवधि के दौरान क्रियान्वित की गयी पंचवर्षीय योजनाओं के क्रियान्वयन से नि: सन्देह राष्ट्र द्वारा अनेक सफलताएँ अर्जित की गयी। किन्तु, इन योजनाओं की अनेक विफलताएँ भी रही है। दुर्भाग्यवश सफलताओं की अपेक्षा विफलताओं का पलड़ा भारी रहने के कारण विभिन्न प्रकार की अनेक समस्याएँ उत्पन्न हो गयी। राजकोषीय घाटे में वृद्धि के कारण राष्ट्रीय अर्थव्यवस्था ऋण-जाल (Debt-Trap) में फँसने के कगार पर पहुँच गयी। प्रतिकुल भुगतान संतुलन के कारण समस्या अधिक विकट हो गयी। विदेशी विनिमय के भण्डारों में कमी के कारण, विदेशी ऋण सेवा का भुगतान करने के लिये देश का सोना तक गिरवी रखना पड़ा। कीमतों में निरन्तर वृद्धि के कारण मुद्रा स्फिति के दबाव में आर्थिक स्थिति काफी खराब हो गयी। अनेक आकाँक्षाओं के साथ सार्वजनिक क्षेत्र पर अत्यन्त विश्वास एवं विनियोग के बदले में प्राप्त असफलताओं ने समस्याओं को और अधिक विकट बना दिया।

उदारीकरण (Liberalisation)

उपयुक्त वर्णित समस्याओं के संतोषजनक समाधान हेतु राष्ट्रीय अर्थव्यवस्था में आर्थिक सुधार या नई आर्थिक नीति के क्रियान्वयन को एक अनिवार्य आवश्यकता समझा

गया। नवीन आर्थिक नीति को अपनाकर राष्ट्रीय अर्थव्यवस्था में अनेक नीतिगत उपाय अपनाये गये। राष्ट्रीय अर्थव्यवस्था को विश्व अर्थव्यवस्था के परिपेक्ष्य में अधिक उदार बनाया गया। इस व्यवस्था की सफलता के लिये उदारीकरण की नीति को अपनाया गया जिसके अन्तर्गत सरकार द्वारा राष्ट्रीय अर्थव्यवस्था के विभिन्न क्षेत्रों पर अब तक रोपित किये हुए विभिन्न प्रत्यक्ष अथवा भौतिक नियन्त्रणों से अर्थव्यवस्था को मुक्ति प्रदान की गयी। इस उदारीकरण की नीति के अन्तर्गत जो महत्वपूर्ण उपाय अपनाये गये वे इस मान्यता पर आधारित है कि सरकारी नियन्त्रण की बजाय बाजार शक्तियाँ अर्थव्यवस्था का उचित मार्गदर्शन कर सकती है। विश्व में अन्य अनेक अर्थव्यवस्थाओं जैसे कोरिया, थाइलैण्ड, सिंगापुर आदि अल्पविकसित देशों के उदाहरण इस बात के प्रत्यक्ष प्रमाण है कि उदारीकरण के फलस्वरूप तीव्र गति से आर्थिक विकास किया जाना सम्भव है।

भारत में आर्थिक उदारीकरण की नीति को जुलाई 1991 के पश्चात् अपनाया गया। इस नीति को अपनाये हुऐ अब लगभग एक दशक से अधिक समय व्यतीत हो चुका है। इस अवधि में अर्थव्यवस्था में एक नवीन आर्थिक संस्कृति का उदय हुआ है जिससे अर्थव्यवस्था का कोई भी क्षेत्र अछुता नहीं रहा है। अत: यह आवश्यक है कि भारतीय अर्थव्यवस्था के परिपेक्ष्य में अपनायी गयी उदारीकरण की नीति का आंकलन राष्ट्रीय अर्थव्यवस्था के कतिपय महत्वपूर्ण क्षेत्रों के सन्दर्भ में किया गया।

उदारीकरण का कृषि पर प्रभाव
(Impact of Liberalisation on Agricuture)

उदारीकरण के अन्तर्गत जिस नवीन आर्थिक नीति का अनुसरण किया जा रहा है उसके अन्तर्गत कृषि की उपेक्षा की गयी है। इस नीति के अन्तर्गत कृषि तथा उससे सम्बन्धित क्रियाओं को विशेष महत्व प्रदान नहीं किया गया है। इस नीति का मूख्य सम्बन्ध उद्योगों के विकास तथा उनके आधुनिकीकरण तक सीमित है। यह नीति प्रमुखत: विकसित राष्ट्रों में विद्यमान आर्थिक संस्कृति से प्रभावित है। विकसित राष्ट्रों में कृषि की अपेक्षा औद्योगिकरण को अधिक महत्व प्रदान किया जाता है। यद्यपि उदारीकृत आर्थिक नीतियों के अन्तर्गत कृषि के विकास की अवहेलना की गयी है, कृषि विकास पर अन्य अनेक प्रतिबन्ध लगाये गये हैं, किन्तु यह सार्वभौमिक तथा सर्व स्वीकार्य सत्य है कि भारतीय अर्थव्यवस्था का तब तक विकास नहीं हो सकता जब तक कृषि को सम्मानजनक स्थान प्रदान नहीं किया जाता। उदारीकरण के अन्तर्गत भारतीय कृषि क्षेत्र के लिए जो सम्भावित खतरे उत्पन्न हुये है अथवा भारतीय कृषि अर्थव्यवस्था पर उदारीकरण के प्रभाव को निम्न प्रकार स्पष्ट किया जा सकता है:

1. कृषि निर्यात को धक्का (Threaten to Agricultural Exports) –विश्व व्यापार में भारत का हिस्सा (मात्र 0.6 प्रतिशत) लगभग नगण्य है, किन्तु सकल राष्ट्रीय उत्पाद का 25 प्रतिशत कृषि से प्राप्त होता है। भारत के कृषि निर्यात बहुत ही कम है। भारतीय कृषि क्षेत्र में यह अपेक्षा की गयी कि उदारीकृत नीति के अन्तर्गत विकसित देशों द्वारा भारतीय कृषि वस्तु के आयात को प्राथमिकता प्रदान की जायेगी। इस आशा के विपरीत विकसित देशों द्वारा भारतीय कृषि वस्तुओं के आयात पर अनेक मात्रात्मक प्रतिबन्ध लगाये गये है। इस प्रकार उदारीकरण की नीति के अन्तर्गत भारतीय कृषि निर्यातों को धक्का लगा है।

2. आत्मनिर्भरता को धक्का (Threaten to Self-dependence) – कृषि क्षेत्र में उदारीकृत नीतियों को अपनाये जाने के बावजूद उत्पादन में आत्मनिर्भरता को प्राप्त नहीं किया जा सकता। इसका प्रमुख कारण यह है कि उदारीकरण के अन्तर्गत भारत उन कृषि वस्तुओं के उत्पादन में विशिष्टीकरण प्राप्त करना चाहेगा जिनमें उसे तुलनात्मक लाभ प्राप्त है।भारत जैसे अत्यधिक जनसंख्या वाले तथा निम्न क्रय शक्ति वाले देश में यह आवश्यक है कि खाद्यान्न की उपलब्धि पर पर्याप्त ध्यान रखा जाय। किन्तु उदारीकरण के अन्तर्गत ऐसा कर पाना शायद सम्भव न हो सके।

3. कृषि कीमतों में अनिश्चितता (Uncertianty in Agriculture Price) - घरेलू कीमतों की अपेक्षा अन्तर्राष्ट्रीय कीमतों में अधिक उतार चढ़ाव दृष्टिगत होते हैं। अतः उदारीकरण की नीति को अपनाये जाने के पश्चात यदि कृषि क्षेत्र में प्रतिबन्धों को कम करने की बात की जाये तो इसका परिणाम यह होगा कि घरेलू कीमतों तथा किसानों की आय में अस्थिरता व अनिश्चितता बढ़ जायेगी। इसके अतिरिक्त यह सम्भावित खतरा उत्पन्न होने की आशंका भी है कि किसी देश में कृषि वस्तु का अधिक उत्पादन हो जाये और वह अपने अधिशेष को भारत में बहुत सस्ती कीमतों पर खपाने का प्रयास करें। अतः भारत को घरेलू कृषि उत्पादन को संरक्षण प्रदान करने के लिए कृषि वस्तुओं के भारी आयातों पर समुचित नियन्त्रण रखना पड़ेगा

4. विपरीत प्रभाव (Adverse Effect) –उदारीकरण के अन्तर्गत भारतीय कृषि के कतिपय विशिष्ट क्षेत्रों, विशिष्ट फसलों विशिष्ट लोगों के विशिष्ट वर्गों पर विपरीत प्रभाव पड़ने की सम्भावना से भी इन्कार नहीं किया जा सकता। उदारीकरण के लाभ अधिकांश उन क्षेत्रों को प्राप्त होंगें जिनमें संसाधनों की मात्रा अधिक है, उन फसलों को प्राप्त होंगें जिनमें तुलनात्मक लाभ प्राप्त है, तथा जनसंख्या के उन वर्गों को प्राप्त होंगे जो निर्यात वस्तुओं का उत्पादन करने में लगे हुए है।

उपयुक्त वर्णित सम्भावनाओं के अतिरिक्त कृषि क्षेत्र में उदारीकरण के परिणामस्वरूप कुछ अनिवार्य उपभोग वस्तुओं की कीमतें बढ़ सकती है जिसका लोगों के कल्याण पर बुरा प्रभाव पड़ सकता है। अतः कृषि क्षेत्र में उदारीकरण के सम्भावित खतरों से बचने के लिए जिन फसलों, लोगों तथा क्षेत्रों पर बुरा प्रभाव पड़ने की आशंका है उनका पता लगाकर कृषि नीति में उनके हितों की सुरक्षा के लिए उपयुक्त व्यवस्था किया जाना आवश्यक है।

5. घरेलू अनुदान को खतरा (Danger to Domestic Subsidy) - यद्यपि वर्तमान में कृषि को घरेलू समर्थन कृषि उत्पाद के मूल्य के 10 प्रतिशत से काफी कम है, अतः अभी इसमें कमी करने की आवश्यकता नहीं है। किन्तु यदि भारतीय कृषि क्षेत्र में उदारीकृत आर्थिक नीति को अपनाया जाता है तो विकासशील देशों में कृषि को प्राप्त होने वाली रियायतों को समाप्त करने के सम्बन्ध में विकसित देशों का दबाव बढ़ सकता है। ऐसी सम्भावना व्यक्त की जाती है कि खाद्यान्नों की वसुली तथा सार्वजनिक वितरण प्रणाली पर आर्थिक सहायता को कम करने का विकसित देश दबाव बना सकते है। अतः यह आवश्यक है कि इस दबाव को सफलतापूर्वक सहन करने हेतु भारत द्वारा ग्रीन बॉक्स की तरह ही खाद्यान्न सुरक्षा बॉक्स (Food Security Box) तथा विकास बॉक्स (Development Box) बनाया जाये।

6. खाद्यानों की उपलब्धि (Availability of Foodgrains) - यद्यपि विकसित देशों द्वारा विकासशील देशों के कृषि क्षेत्र में उदारीकरण को सहर्ष स्वीकार करने के पक्ष में यह तर्क प्रस्तुत किया जा रहा है कि इससे खाद्यान्नों का एक ऐसा ढाँचा तैयार हो सकेगा जिससे गरीब विकासशील देशों की जनसंख्या को सस्ती कीमतों पर अपनी जरूरत का पूरा अनाज मिल सकेगा। विकासशील देशों में इस सुखद स्थिति की कल्पना करना इसलिए आसान नहीं है क्योंकि बिना सरकारी हस्तक्षेप के यह सम्भव नहीं हो सकेगा।

7. पेटेन्ट की विवशता (Compulsion of Patents) - विगत अनेक वर्षों से भारत में पौद्यो व बीजों के लिये पेटेन्टों तथा पौधों की किस्मों के लिए संरक्षण की कोई व्यवस्था नहीं है। इसके पीछे यह पुनित भावना निहित है कि भारतीय कृषि संसाधनों पर भारत के समस्त मानवजाति का अधिकार है। किन्तु विश्व स्तर पर जिस प्रकार बौद्धिक सम्पदा पर अधिकारों से सम्बन्धित समझौते किये गये है उनके अनुसार उदारीकरण की विचारधारा में आस्था रखने वाले सभी सदस्य देशों को पौधों की किस्मों के संरक्षण के लिए तथा बीजों के लिए पेटैन्ट प्रदान करने होंगें।

नि:सन्देह उपयुक्त वर्णित व्यवस्था का लाभ विकसित देशों को, प्रमुखत: विकसित देशों के बहुराष्ट्रीय निगमों को प्राप्त होगा। इसका प्रमुख कारण यह है कि बहुराष्ट्रीय निगमों को विकासशील देशों में अच्छे किस्म की बीजों की बिक्री सम्भावनाओं का सम्पूर्ण ज्ञान है। इन किस्मों को पेटैन्ट करके वे विकासशील देशों के बाजारों से भरपुर लाभ उठाना चाहते है। इस समस्त शोषणपूर्ण प्रवृत्ति का भारतीय कृषि विकास पर विपरीत प्रभाव पड़ेगा।

8. कृषि में पूँजी निर्माण पर प्रभाव (Impact on Capital Formation in Agriculture) - विगत कुछ वर्षों के दौरान भारतीय कृषि में सार्वजनिक निवेश में गिरावट हो रही है। उदारीकरण के अन्तर्गत इस उभरतीहुई प्रवृत्ति पर किसी प्रकार का नियन्त्रण लागू करना सम्भव प्रतीत नहीं होता यदि भारतीय कृषि को उदारीकरण का सफलतापूर्वक सामना करना है तथा विश्व बाजार में प्रतिस्पर्धात्मक बनाना है तो कृषि अनुसंधान, कृषि प्रौद्योगिकी, कृषि बाजार विकास, भंडारण व्यवस्था, सड़क विकास, आधारिक संरचना इत्यादि में अत्यधिक निवेश करना होगा। यह तब ही सम्भव है जबकि कृषि में सार्वजनिक निवेश को बढ़ाया जाये। किन्तु भारत में बचत की वर्तमान प्रवृत्ति को देखते हुए ऐसा हो सकना सम्भव प्रतीत नहीं होता।

उदारीकरण का औद्योगिकरण पर प्रभाव

(Impact of Liberalisation on Industrial Development)

विश्व व्यापार संगठन सम्बन्धी अन्तर्राष्ट्रीय मंच भारत पर इस बात के लिए निरन्तर दबाव बनाये हुये है कि आयात शुल्कों में कमी की जाए, उपभोग वस्तुओं के आयात पर लगाये गये नियन्त्रणों को हटाया जाये तथा विभिन्न प्रकार के मात्रात्मक प्रतिबन्धों को न्यूनतम किया जाये। ऊरूग्वे दौर की संधि के अन्तर्गत भारत द्वारा पूँजीगत वस्तुओं, संघठकों, मध्यवर्ती वस्तुएँ एवं कच्चे मालों पर आयात शुल्कों को घटा कर 40 प्रतिशत करने का प्रस्ताव किया गया है। इसके अतिरिक्त यदि विद्यमान आयात शुल्क 25 से 40 प्रतिशत के बीच है तो इसे घटाकर 25 प्रतिशत करने की वचनबद्धता दर्शायी गयी है। आयात शुल्कों में उपर्युक्त वर्णित कटौती वर्ष 2000 के अन्त तक किये जाने की बात कही गयी।

भारत द्वारा पूर्ण निष्ठा द्वारा इस संधि में सम्मिलीत बातों को अनुकरण किये जाने का आश्वासन दिया गया। विश्व व्यापार संगठन के प्रस्तावों से युक्ति संगत बनाने के प्रयोजन से सीमा शुल्कों में प्रतिवर्ष कटौती का क्रम जारी रखा गया। इसके अन्तर्गत आयात शुल्कों के रूप में दिया गया संरक्षण धीरे धीरे समाप्त कर दिया गया, यद्यपि इसके परिणामस्वरूप भारतीय उद्योगों को विदेशी वस्तुओं के साथ बढ़ती हुई कठोर प्रतिस्पर्धा का सामना करना पड़ा। उद्योगों की शिखर सस्था भारतीय उद्योग के माहासंघ (Confederation of Indian Industry-CII) द्वारा पूँजी वस्तु क्षेत्र की आयात शुल्क मूक्ति को अनुपूयुक्त बताया गया। इस महासंघ द्वारा लगाये गये एक अनुमान के अनुसार उपयुक्त वर्णित शुल्क मुँक्ति से स्वदेशी पूँजी वस्तु उद्योगों को विदेशों से आदेश न मिलने के कारण 5000 करोड़ की हानि हुई। यद्यपि यह अनुमान अत्यन्त ही सीमित है।

स्वदेशी उद्योगों को उत्पाद शुल्क, बिक्री कर, चुँगी आदि भुगतान करने की विवशता है। जबकि आयातित वस्तुएँ भारतीय बाजारों में शुल्क मुक्त पहुँच सकती है। विनिर्माण उद्योग भयंकर औद्योगिक संकट का सामना कर रहा है। इसके अतिरिक्त मशीनी उद्योग और बायलरों के उत्पादकों को भी गम्भीर हानि की स्थिति का सामना करना पड़ रहा है। यही नहीं विनिर्मित उत्पाद के आयात द्वारा देश में उत्पादित की गयी वस्तुओं का विदेशी वस्तुओं से प्रतिस्थापन हो रहा है। उपयुक्त वर्णित समस्त विपरीत गतिविधियों का समग्र प्रभाव यह हो रहा है कि अधिकांश औद्योगिक इकाइयाँ बंन्द हो चुकी है अथवा बन्द होने की कगार पर है। भारतीय बाजारों में उत्पन्न होने वाली प्रतिसार की स्थिति बहुत कुछ सस्ते आयातों के कारण उत्पन्न हुई है। भारत द्वारा कोटा आयात व निर्यात लाइसेंसों के प्रतिबन्ध के रूप में 2700 कृषि जन्य वस्तुएं, टैक्सटाइल एवं औद्योगिक उत्पादकों पर मात्रात्मक प्रतिबन्ध रोपित किये हुये थे। यह प्रतिबन्द संयुक्त राज्य अमरिका, आस्ट्रेलिया, न्युजीलैण्ड, स्वीटजरलैण्ड, यूरोपिय आर्थिक समुदाय और कनाड़ा स्वकीर्य नहीं होने के कारण विश्व व्यापार संगठन की विवाद समाधान मशीनरी (Dispute Settlement Machinery) को इसकी शिकायत कर दी गयी। इन राष्ट्रों द्वारा अपनी शिकायत में इस पक्ष पर जोर दिया गया कि भारत द्वारा रोपित यह मात्रात्मक प्रतिबन्ध विश्व व्यापार संगठन द्वारा निर्धारित मानदण्डों के साथ युक्ति संगत नहीं है। दुर्भाग्यवश विवाद समाधान मशीनरी ने अपना निर्णय भारत के हितों के विरूद्ध दिया। यद्यपि भारत ने उपयुक्त निर्णय के विरूद्ध 23 अगस्त 1999 को शिकायत निवारण मशीनरी के निर्णय के विरूद्ध अपील की जिसे अस्वीकार कर दिया गया।

विश्व व्यापार संगठन की समाधान निवारण समिति के निर्णय का पालन करते हुए भारत मार्च 2003 तक मात्रात्मक प्रतिबन्ध जारी रख सकता था। किन्तु विवादास्पद सभी मदों पर से मात्रात्मक प्रतिबन्ध हटा लिये गये। इन प्रतिबन्धों के हटते ही भारतीय बाजार में विदेशी वस्तुओं की बाढ सी आ गयी जिसका खामियाना भारतीय उद्योगों को भुगतना पड़ा।

पुरानी कारों के आयात का प्रभाव (Impact on Import of Old Car)

भारत सरकार द्वारा भारत में पुरानी कारों के आयात की अनुमति प्रदान की गयी है। निःसन्देह यह अनुमति भारतीय ऑटोमॉबाइल उद्योग के भावी विकास पर एक करारा प्रहार है। इस सम्बन्ध में विश्व बाजार का अनुभव यह इंगित करता है कि जहाँ तथा जब भी कहीं पुरानी कारों के आयात की अनुमति दी गयी है, स्वदेशी कार उद्योग पर इसका विपरीत असर

पड़ा है। विश्व के उदाहरण इस बात का प्रमाण है कि जापानी पुरानी कारों ने न्युजीलैण्ड के बाजारों में प्रवेश कर वहाँ के बाजार को लगभग नष्ट कर दिया। प्रमुख उद्योगपति राहुल बजाज ने पुरानी कारों के आयात सम्बन्धी निर्णय को ''राष्ट्र विरोधी एवं भारत विरूद्ध कार्य'' की संज्ञा प्रदान की है। फोर्ड इंडिया के प्रबंध निदेशक फ़िल स्पेंडर ने भी भारत में पुरानी कारों के आयात के निर्णय को गलत बताते हुए विचार व्यक्त किया है कि : ''यदि सरकार मुझसे यह पुछे कि पुरानी कारों के सम्बन्ध में क्या करना चाहिये, तो में सबसे पहले पुरानी कारों को भारत के बाहर रखने का समर्थन करूंगा।'' बहुराष्ट्रीय निगम जो भारतीय ऑटोमाँबाइल उद्योग में निवेश कर चुके है, इस निर्णय के विरूद्ध विचार रखते है। विश्व प्रसिद्ध जनरल मोटर्स के प्रबन्ध निदेशक रिचर्ड सुहानों का मत है कि '' पुरानी कारों के आयात को प्रतिबन्धित करने की दृष्टि से 40-50 प्रतिशत की अपेक्षा 100 प्रतिशत आयात शुल्क रोपित किया जाना चाहिए।

चीनी वस्तुओं का आयात (Imports of Chinies Goods)

चीन द्वारा सस्ती औद्योगिक वस्तुओं के उत्पादन द्वारा सम्पूर्ण विश्व के समस्त औद्योगिक क्षेत्र में अस्तित्व का संकट उत्पन्न कर दिया है। विगत कुछ वर्षों में भारत सहित विश्व के अन्य अनेक देशों के बाजारों में चीनी वस्तुओं की बाढ़ सी आ गयी है। प्रमुख चीनी वस्तुएँ जिनके द्वारा विश्व के अनेक राष्ट्रों का औद्योगिक बाजार चिन्तित हुआ है उनमें कलाई पर बाँधने वाली घड़िया, सिगरेट लाइटर, बैटरी सैल, ताले, कार स्टीरियों, बिजली के लैम्प, वी.सी.डी. प्लेयर, खिलौने, पंखे, विद्युत ऑवन और इसी प्रकार अन्य उपभोक्ता वस्तुएँ सम्मिलित है। अब चीन विश्व व्यापार संगठन का सदस्य बन गया है, अतः अब चीनी-डम्पिंग के विरूद्ध कार्यवाही विश्व व्यापार संगठन के प्रावधानों के अन्तर्गत ही की जा सकती है। इसके अतिरिक्त चीनी वस्तुएँ भारत में केवल सामान्य व्यापार मार्ग से ही प्रवेश नहीं कर रही है, बल्कि इनका भारी मात्रा में आयात नेपाल से शुन्य शुल्क चुकाये तथा गैर कानूनी ढंग से भी किया जा रहा है। नेपाल की सीमा कमजोर होने के कारण तस्करों द्वारा चीन से भारी मात्रा में आयात संभव हो रहा है। इस प्रकार चीनी वस्तुओं ने नियमित एवं गैर कानूनी दोनों प्रकार के आयात द्वारा भारतीय बाजारों पर आक्रमण किया है। इससे भारत के उपभोक्ता वरतु उद्योगों पर काफी विपरीत प्रभाव पड़ने की सम्भावना है। चीनी अर्थव्यवस्था के अपारदर्शी स्वभाव के कारण चीनी स्रोतों से सूचना एकत्र करना भी लगभग असंभव है। इसके परिणामस्वरूप चीन के विरूद्ध डम्पिंग विरोधी कार्यवाही करना अत्यन्त कठिन है।

टैक्सटाइल संधि का अनुचित प्रभाव (Adverse Effect of Textile Treaty)

विश्व व्यापार में भारत के टैक्सटाइल उद्योग की अत्यन्त प्रतिस्पर्धात्मक स्थिति है किन्तु विकसित देश विभिन्न प्रकार के संरक्षण वादी उपायों का सहारा लेकर कुशल टैक्सटाइल उपायों को बाजार तक पहुंचने में रूकावटै उत्पन्न कर रहे हैं। विकसित देशों द्वारा इस सम्बन्ध में अनेक रूकावटों का प्रयोग किया गया है जैसे डम्पिंग विरोधी क्रियायें, एक पक्षीय नियमों में परिवर्तन तथा पर्यावरण के मुद्दे पर स्पर्धा को निरस्त करने के प्रयास आदि। उपयुक्त वर्णित सभी प्रयास विकसित देशों द्वारा स्वदेशी उद्योग को संरक्षण प्रदान किये जाने हेतु प्रयुक्त किये जाते हैं जिनके परिणामस्वरूप भारतीय टैक्सटाइल निर्यात के निर्बाध प्रवाह के प्रति रूकावटें उत्पन्न होती है।

यद्यपि विकसित देशों द्वारा अपने देश के टैक्सटाइल उद्योग में कोटा कम करने के लिए दस वर्षों की मोहलत का प्रस्ताव किया गया, किन्तु जब विकासशील देशों ने अपने टेरिफ मात्रात्मक प्रतिबन्ध हटाने की बात रखी तो विकसित देशों द्वारा बौद्धिक सम्पत्ति अधिकारों (Intellectual Property Rights) को तुरन्त क्रियान्वित करने हेतु दबाव डालना प्रारम्भ कर दिया। इससे स्पष्ट है कि विकसित देश टैक्सटाइल संधि के सम्बन्ध में एक अत्यन्त खतरनाक खेल खेल रहे है।

संयुक्त राज्य अमरिका द्वारा विश्व व्यापार संधियों पर हस्ताक्षर करने से पूर्व इस दबाव की राजनीति का प्रयोग किया गया कि सभी संधियों को पारित करने से पूर्व यू एस काँग्रेस से विचार विमर्श किया जाना आवश्यक है। अमरीकन राष्ट्रपति ने यू-एस कांग्रेस को जो एक अन्य आश्वासन दिया है उसके अनुरूप यदि विश्व व्यापार संगठन विवाद समाधान मशीनरी, संयुक्त राज्य अमरीका के विरूद्ध कोई भी निर्णय देती है तो अमरीका के न्यायधीशों द्वारा इसकी समीक्षा की जाएगी। यदि न्यायधीशों द्वारा इन निर्णयों को अनुचित सिद्ध कर दिया जाता है तो अमरिका को विश्व व्यापार संगठन से एक पक्षीय रूप में बाहर जाने का अधिकार होगा। स्पष्ट है कि इससे अमरिका की यह प्रवृत्ति परिलक्षित होती है कि नियम बनाने वाले यह नहीं चाहते कि नियमों का संचालन उनके विरूद्ध किया जाये।

उदारीकरण का भारतीय विदेशी व्यापार पर प्रभाव
(Impact of Liberalisation on India's Foreign Trade)

भारत में वैश्वीकरण की नीति का अनुसरण का एक दशक पूर्ण हो चुका है। विश्व अर्थव्यवस्था में अपनाई गयी वैश्वीकरण की नीति में भारतीय अर्थव्यवस्था के विभिन्न क्षेत्रों पर बहुआयामी प्रभाव दृष्टिगत हुये है। निम्नलिखित विवेचन में वैश्वीकरण अथवा उदारीकरण की नीति के भारतीय विदेशी व्यापार पर प्रभाव का विवेचन प्रस्तुत किया गया है।

भारतीय वस्तुओं का एवं सेवाओं का विश्व निर्यात में भाग
(Share of India's Goods & Services in World Export)

विश्व निर्यात में भारत का भाग उदारीकरण की नीति के प्रारम्भ, 1990 में 0.54 प्रतिशत था जो कि बढ़कर 1999 में 0.67 प्रतिशत हो गया। विश्व व्यापार में 1990 से 1999 के बीच की अवधि में लगभग 64 प्रतिशत वृद्धि दर्ज की गयी - 1990 में 3328 अरब डॉलर से बढ़कर 1999 में 5442 अरब डॉलर हो गयी। इस अवधि के दौरान भारत के निर्यात में 10 प्रतिशत की वृद्धि हुई - 1990 में 17.97 अरब डौंलर से 1999 में 36.56 अरब डॉलर हो गयी। इस दृष्टि से भारत के निर्यातों में जो वृद्धि हुई है उसे संतोषजनक नहीं कहा जा सकता। यह वृद्धि चीन, दक्षिणी कोरिया और मेक्सिकों की तुलना में भी महत्वपूर्ण प्रतीत नहीं होती है। 1990 से 1999 के दौरान चीन का विश्व व्यापार में भाग 1.86 प्रतिशत से बढ़कर 3.59 प्रतिशत हो गया, जबकि इसी अवधि में दक्षिण कोरिया का भाग 1.95 प्रतिशत से बढकर 2.66 प्रतिशत हो गया। इसी अवधि में मैक्सिकों द्वारा तो अत्यन्त गौरवपूर्ण स्थिति की प्राप्ति की गयी। जिसका विश्व निर्यात में भाग 1990 में 1.22 प्रतिशत से बढ़कर 1999 में 2.51

प्रतिशत हो गया। यदि हम 1990 से 1999 के दौरान विश्व निर्यात में विभिन्न देशों की औसत वार्षिक वृद्धि दर का अध्ययन करे तो पता चलता है कि भारत के सम्बन्ध में औसत वार्षिक दर 8.2 प्रतिशत थी जबकि चीन और मैक्सिकों के सम्बन्ध में क्रमश: 13.6 प्रतिशत तथा 14.4 प्रतिशत अंकित की गयी।

इस सम्बन्ध में सम्पूर्ण प्रवृत्ति का अध्ययन करने के लिये यह वांछनीय होगा कि वस्तुओं के निर्यात के साथ सेवाओं के निर्यात का भी अध्ययन किया जाय। विश्व द्वारा कुल सेवाओं के निर्यात में भारत का भाग 1990 में 0.60 प्रतिशत था जो बढ़कर 1999 में 1.1 प्रतिशत हो गया - 1990 में 4.6 अरब डॉलर से बढ़कर 1999 में 13.94 अरब डॉलर हो गया। भारत के सेवा निर्यात की औसत वार्षिक दर 13.1 प्रतिशत थी जिसकी तुलना में चीन के सेवा निर्यात की वार्षिक वृद्धि 8.4 प्रतिशत तथा मैक्सिकों की वार्षिक वृद्धि केवल 5.6 प्रतिशत थी। इस दृष्टि से सेवा निर्यात के सम्बन्ध में भारतीय विदेशी व्यापार का कार्य निष्पादन काफी संतोषजनक प्रतीत होता है। इस निष्पादन में प्रमुख योगादान सोफ्टवेयर सेवाओं के निर्यात में वृद्धि के कारण संभव हुआ।

यदि हम वस्तुओं तथा सेवाओं के निर्यात को जोड़कर विश्व निर्यात के परिपेक्ष्य में भारत की स्थिति का अध्ययन करे तो पता चलता है कि वस्तुओं एवं सेवाओं का सम्मिलीत भारतीय निर्यात 1990 में 22.4 अरब डॉलर से बढ़कर 1999 में 50.5 अरब डॉलर हो गया। इसी प्रकार सम्मिलीत रूप में वस्तुओं एवं सेवाओं के विश्व निर्यात में भारत का भाग 1990 में 0.55 प्रतिशत से बढ़कर 1999 में 0.75 प्रतिशत हो गया। चीन का भाग 1990 में 1.56 प्रतिशत से बढ़कर 1999 में 2.96 प्रतिशत हो गया तथा मैक्सिकों का भाग इसी अवधि में 1.17 प्रतिशत से बढ़कर 2.21 प्रतिशत हो गया। अत: स्पष्ट है कि भारतीय निर्यातों को उदारीकरण की नीति का उतना लाभ नहीं पहुँचा जितना की चीन और मैक्सिकों को प्राप्त हुआ। भारत के वस्तु एवं सेवाओं के निर्यात की वार्षिक वृद्धि दर 1990 से 1999 के दौरान 8.9 प्रतिशत थी। इसी अवधि में मैक्सिकों की वार्षिक वृद्धि दर 13.4 प्रतिशत तथा चीन की वार्षिक वृद्धि दर 13.5 प्रतिशत थी। इस दृष्टि से चीन और मैक्सिकों की तुलना में भारत का प्रदर्शन अत्यन्त ही निराशाजनक रहा।

भारत में विदेशी निवेश का प्रवाह (Flow of Foreign Investment in India)

उदारीकरण की नीति को अपनाये जाने का एक अन्य लाभ भारत में विदेशी निवेश के प्रवाह के सम्बन्ध में परखा जा सकता है। भारत में 1990-91 और 1994-95 के दौरान प्रत्यक्ष विदेशी निवेश का भाग केवल 24.2 प्रतिशत था जबकि फोर्टफोलिथों निवेश का भाग 75.8 प्रतिशत था। अर्थात कुल विदेशी निवेश का केवल एक चौथाई भाग ही उत्पादन क्षमता के विस्तार के लिये उपलब्ध हुआ, जबकि तीन चौथाई भाग अस्थिर गतिविधियों के लिए प्राप्त हुआ। 1994-95 के पश्चात् फोर्टफोलियो निवेश में गिरावट का क्रम दृष्टिगत हुआ तथा 1998-99 में यह नकारात्मक हो गया। 1999-2000 के पश्चात् इसमें पुन वृद्धि का क्रम प्रारम्भ हुआ और फोर्टफोलियो निवेश बढ़कर 3.26 अरब डॉलर हो गया। यद्यपि 2000 और 2001 में पुन: कम होकर 2.76 अरब डॉलर रह गया। इस सम्बन्ध में विशेष महत्वपूर्ण बात यह है कि कुल विनियोग 1996-97 में 6.17 अरब डॉलर के सर्वोच्च स्तर पर पहुचने के पश्चात् गिरना प्रारम्भ हुआ और 2000-2001 में गिरकर 5.1 अरब डॉलर रह गया। 1995-

96 से 2000-2001 के छः वर्षों में प्रत्यक्ष विदेशी निवेश के अनुपात में सुधार के परिणामस्वरूप यह 53 प्रतिशत हो गया। यद्यपि इस दौरान भी फोर्टफोलियों निवेश का भाग 47 प्रतिशत के सर्वोच्च स्तर पर ही कायम रहा। 1995-96 से 2000-2001 की छः वर्ष की अवधि में विदेशी निवेश का औसत प्रवाह 4.85 अरब डॉलर का रहा। इन आँकड़ों से स्पष्ट है कि भारत को प्रत्यक्ष विदेशी निवेश का भी उतना लाभ प्राप्त नहीं हुआ जितना की उदारीकरण के पक्षधर लोग कर रहे है।

वैश्वीकरण (Globalisation)

वैश्वीकरण से अभिप्राय राष्ट्रीय अर्थव्यवस्था को विश्व की अर्थव्यवस्था से जोड़ना है। इसके अन्तर्गत राष्ट्रीय अर्थव्यवस्था को अन्य देशों की अर्थव्यवस्था से मुख्य व्यापार, पूँजी और श्रम की मुक्त गतिशीलता आदि के द्वारा सम्बन्धित करना है। ''वैश्वीकरण से अभिप्राय विश्व अर्थव्यवस्था में आये खुलेपन, बढ़ती हुई परस्पर आर्थिक निर्भरता तथा आर्थिक एकीकरण के विस्तार से है।''

वैश्वीकरण तथा स्वदेशी (Globalisation and Swadeshi)

वैश्वीकरण तथा स्वदेशीकरण परस्पर विरोधाभासी अवधारणाएँ है। प्रत्येक राष्ट्र की अर्थव्यवस्था में इन दोनों ही विचारधाराओं का अपना अपना महत्व है। किन्तु यह सत्य है कि इन दोनों ही विचारधाराओं में कोई समझौता सम्भव नहीं है। एक विचारधारा में उत्पन्न दोष अथवा बुराइयाँ दूसरी विचारधारा को अपनाने के लिये प्रेरित करती है। वैश्वीकरण को अन्तर्राष्ट्रीय स्तर पर स्वीकार किये जाने के पश्चात् विश्व के अनेक राष्ट्रों द्वारा इस व्यवस्था को स्वैच्छिक रूप से अथवा कतिपय दबावों में स्वीकार किया गया है। कुछ राष्ट्रों, प्रमुखतः विकासशील एवं अर्द्धविकसित राष्ट्रों द्वारा विवशतावश अथवा विश्व अर्थव्यवस्था की मुख्य धारा में जुड़ जाने के प्रलोभन से वैश्वीकरण की विचारधारा को अपनाया गया है। यह सर्वविदित सत्य है कि मुख्य धारा से हटकर कार्य सम्पादन करना अथवा अस्तित्व में बने रहना कठिन है, किन्तु कुछ विवशतायें तथा आवश्यकताएँ विश्व स्तर पर इस रूप में उभर कर दृष्टिगत हुई है कि वर्तमान परिपेक्ष्य में यह संभव दिखाई नहीं देता कि कोई राष्ट्र अपनी अर्थव्यवस्था के वैश्वीकरण को स्वदेशीकरण की कीमत पर त्याग दे। यदि हम गम्भिरता पूर्वक विचार करें तो इस तथ्य में भी कुछ सच्चाई है कि विश्व अर्थव्यवस्था का जिस गति से विकास तथा विभेदीकरण वर्तमान में हो रहा है उसमें कोई भी राष्ट्र केवल स्वदेशीकरण के आधार पर ना तो आर्थिक विकास की दौड़ में विजय अथवा सम्मानजनक स्थान प्राप्त कर सकता है और न ही विश्व में हो रहे दिन प्रतिदिन के नवीन अविष्कारों, तकनीकों एवं गतिविधियों से अपनी देश की अर्थव्यवस्था तथा नागरिकों को लाभान्वित कर सकता है।

विश्व स्तर पर वैश्वीकरण की जिस भावना का विकास हुआ है अथवा हो रहा है उससे एक स्पष्ट बात उभर कर सामने आ रही है कि अब नियन्त्रित अर्थव्यवस्था का भविष्य अधिक उज्जवल नहीं है। यद्यपि उस समय को व्यतीत हुये अधिक समय नहीं हुआ है जब विश्व स्तर पर राष्ट्रीय आर्थिक व्यवस्था में सरकारी हस्तक्षेप को महत्वपूर्ण स्थान प्रदान किया जाता था। उपभोक्ता को उद्योगपतियों के शोषण से संरक्षण प्रदान किये जाने में राज्य की

अग्रणी भूमिका को स्वीकार किया जाता था। प्रत्येक आर्थिक तथा सामाजिक समस्या का समाधान सरकारी संरक्षण तथा नियन्त्रण में संचालित गतिविधियों के अन्तर्गत ढूँढा जाता था। नि:सन्देह आर्थिक एवं सामाजिक क्षेत्र में सरकारी हस्तक्षेप अथवा सरकारी गतिविधियों कि अधिक मात्रा कालान्तर में इस व्यवस्था में उत्पन्न हुई बुराइयों तथा दोष के लिये उत्तरदायी है।

विश्व अर्थव्यवस्था के वैश्वीकरण के वर्तमान युग में उदारीकृत अर्थव्यवस्था की पक्षधर वर्तमान परिस्थितियों में निजीकरण की प्रक्रिया को अधिक महत्व प्रदान किया गया है। यह मत व्यक्त किया गया हे कि सरकारी अथवा लोक क्षेत्र का संचालन अर्थव्यवस्था पर भार बन चुका है जिसे और अधिक वहन किया जाना किसी भी अर्थव्यवस्था के पक्ष में नहीं हो सकता। अत: औद्योगिक क्षेत्र में विकास हेतु निजी क्षेत्र को आगे आना चाहिए। इस भावना से प्रेरित होकर विश्व के अन्य अनेक देशों के समान ही भारत में भी 90 के दशक के प्रारम्भ से निजी क्षेत्र को प्रोत्साहन देने की अनेक योजनाएँ तैयार की गयी तथा इसके स्थान पर पूर्व में प्राथमिकता प्राप्त लोक क्षेत्र के आकार तथा गतिविधियों को सीमित करने के प्रयास प्रारम्भ हुये।

विश्व अर्थव्यवस्था के वैश्वीकरण के वर्तमान युंग में निजीकरण की प्रक्रिया दो रूपों मे प्रकट हुई :

(1) **विदेशी निजीकरण** (Foreign Privatisation) – निजीकरण की इस प्रक्रिया के अन्तर्गत विदेशी कम्पनियों, निगमों एवं बहुराष्ट्रीय कम्पनियों को भारत में निवेश किये जाने हेतु आमंत्रित किया गया।

(2) **स्वदेशी निजीकरण** (Domestic Privatisation) –इसके अन्तर्गत सरकार द्वारा देश में विद्यमान निजी क्षेत्र को अनेक प्रेरणाएँ तथा प्रोत्साहन प्रदान किये गये, अनेक विंद्यमान अधिनियमों में ऐसे संशोधन किये गये जो पूर्व में या तो निजी क्षेत्र के विकास में बाधक सिद्ध हुये अथवा जिनकी उपस्थिति में निजी क्षेत्र विकास की किसी योजना को बनाने के सम्बन्ध में आतंकित रहे।

विश्व अर्थव्यवस्था के वैश्वीकरण के युग में भी राष्ट्रों, प्रमुखत: विकासशील एवं अर्द्धविकसित राष्ट्रों द्वारा सरकारी हस्तक्षेप की पूर्णतया अवहेलना नहीं की गयी। उपयुक्त वर्णित निजीकरण के दो स्वरूपों के बावजूद भी यह विचार व्यक्त किया गया कि सरकार अर्थव्यवस्था के संरक्षक के रूप में कार्य करे। किन्तु आर्थिक विषय कम से कम सरकार के अधिन रहे। सरकार द्वारा बनायी जाने वाली भावी समस्त योजनाओं में इस प्रकार के प्रयास किये जाये कि उद्योग, व्यापार एवं अर्थव्यवस्था के सभी क्षेत्रों में निजी क्षेत्र की अधिक से अधिक भागीदारी को आश्वस्त किया जाये। इस प्रक्रिया में यदि शीघ्र कुछ किया जाना सम्भव न हो तो सरकारी उद्यमों, उपक्रमों एवं व्यवसायिक संस्थाओं के प्रबंध एवं नियन्त्रण को धीरे धीरे विनिवेश के माध्यम से निजी क्षेत्र को सौंप दिया जाये।

जन विरोध का सामना कम से कम करना पड़े, अत: यह मंशा व्यक्त की गयी कि सरकार किसी भी दृष्टि से लोक उद्योगो अथवा लोक सेवाओं का संचालन सरकार द्वारा ही किये जाने विरूद्ध नहीं है। केवल निजीकरण का उद्धेश्य व्यवसायिक संस्थाओं की कार्यकुशलता को बढ़ाना, उनके उत्पादन में वृद्धि करना तथा उनके आधुनिकीकरण द्वारा

लाभार्जन् की अधिक मात्रा को सुनिश्चित करना है। इस प्रकार विश्व अर्थव्यवस्था के वर्तमान वैश्वीकरण के युग में स्वदेशीकरण की तिलांजली दिया जाना आवश्यक समझा गया। वर्तमान में किसी भी सेवा अथवा वस्तु के उत्पादन अथवा उपलब्धता की दृष्टि से समस्त विश्व एक बाजार है जिसमें भौगोलिक सीमाओं का कोई बंधन नहीं है। विश्व अर्थव्यवस्था के वैश्वीकरण की प्रक्रिया को लागू हुये लगभग एक दशक से अधिक का समय व्यतीत हो चुका है। इस प्रक्रिया को लागू किये जाने के पश्चात विश्व की किस अर्थव्यवस्था द्वारा क्या प्राप्त किया गया अथवा क्या प्राप्त नहीं किया गया इसका आंकलन किया जाना अभी जल्दी हैं। किन्तु वैश्वीकरण तथा स्वदेशीकरण से प्राप्त होने वाले लाभ एवं दोषों के तुलनात्मक अध्ययन का यही उपयुक्त समय है जिससे समय रहते यह निर्णय किया जा सके कि हमें अर्थव्यवस्था के वैश्वीकरण की दिशा में ही आगे बढ़ना है अथवा स्वदेशीकरण की नीति का अनुशरण किया जाना ही उपयुक्त है। इसका निर्णय स्वदेशी निजीकरण के लाभ अथवा स्वदेशी निजीकरण की हानियों का अध्ययन द्वारा ही किया जा सकता है।

स्वदेशी निजीकरण के लाभ (Advantages of Domestic Privatisation)

स्वेदशीकरण अथवा स्वदेशी निजीकरण एक ऐसी व्यवस्था है जिसका प्रयोग विश्व अर्थव्यवस्था, प्रमुखत: विकासशील एवं अर्द्ध विकसित अर्थव्यवस्था में नवीन है इस अर्थव्यवस्था को अपनाये जाने के पश्चात किसी अर्थव्यवस्था में निम्नलिखित लाभों की प्राप्ति संभव है।

(1) अर्थव्यवस्था में स्फूर्ति एवं गतिशीलता (Promptners and Movement in Economy) – किसी राष्ट्रीय अर्थव्यवस्था में नियन्त्रणों की अधिक मात्रा तथा नियमों, अधिनियमों एवं उबाऊ प्रक्रियाओं की बाहुलता नि:सन्देह किसी राष्ट्रिय अर्थव्यवस्था के स्वतन्त्र कार्य संचालन में बाधाएँ उपस्थित करती है इनकी उपस्थिति अर्थव्यवस्था में एक घुटन का वातावरण उत्पन्न करती है। जिसके अन्तर्गत स्वयं पहल का स्थान गौण होता है। प्रत्येक आर्थिक एवं सामाजिक गतिविधि के प्रारम्भ तथा संचालन हेतु सरकार की तरफ नजरें लगाये रहना होता है। कुल मिलाकर किसी व्यक्तिगत प्रेरणात्मक शक्ति का आर्थिक गतिविधियों में नितान्त अभाव पाया जाता है।

स्वदेशी निजीकरण की प्रक्रिया के अन्तर्गत जिस प्रकार अधिनियमों में संशोधन किये गये है, नियन्त्रणों की मात्रा को कम किया गया है, प्रक्रियाओं को सरल बनाया गया है उससे यह अपेक्षा की जानी चाहिए कि इनके क्रियान्वयन से राष्ट्रींय अर्थव्यवस्था में स्फुर्ति एवं गतिशीलता का वातावरण विकसित होगा। इस प्रकार उपस्थित हुये वातावरण में व्यक्तिगत प्रतिभाओं को उभरने का अवसर प्राप्त होगा, स्वतन्त्र प्रतिस्पर्धा विकसित होगी जिसमें विदेशी निवेशकों तथा पूँजीपतियों के प्रवेश पर किसी प्रकार की रोक नहीं रहेगी। कुल मिलाकर एक ऐसी अर्थव्यवस्था का विकास होगा जो वास्तविक अर्थ में कुशल हो।

(2) विनिवेश के फलस्वरूप सरकारी आय में वृद्धि (Increase in Government Income Through Investment) – भारत सहित विश्व के अन्य अनेक राष्ट्रों की अर्थव्यवस्था के समक्ष आर्थिक गतिविधियों के निर्बाध संचालन हेतु वित्तीय साधनों

के अभाव की समस्या को अनुभव किया जा रहा है। अनेक राष्ट्रों प्रमुखत: विकासशील एवं अर्द्ध विकसित, में सरकार पर लोक क्षेत्र के उद्योगों के संचालन से दोहर मार पड़ रही है- एक तो इन उद्योगों से सरकार को ही आय प्राप्त नहीं होती तथा दूसरे इनके घाटे की पूर्ति हेतु सरकार को करोड़ों रूपये की आवश्यकत होती है।

अत: यदि इन उद्योगों में निवेश का विनिवेश कर दिया जाये तो विनिवेश से जो धनराशि प्राप्ति होगी उससे सरकार की वित्तीय स्थिति मजबूत होगी तथा जो उद्योग घाटे पर चल रहे है उनके घाटे की पूर्ति हेतु भी सरकार को कुछ नहीं करना पड़ेगा। इस तथ्य से प्रेरित होकर भारत सहित विश्व के अनेक देशों में लोक उद्योगों में विनिवेश की प्रवृत्ति अधिक प्रचंड रही है। यहाँ यह उल्लेख करना उपयुक्त होगा कि भारत में विनिवेश की प्रक्रिया प्रारम्भ से ही विवादास्प्रद, जनविरोधि तथा लक्ष्य पूरी नहीं होने वाली रही है।

(3) औद्योगिक संस्थाओं की कार्यक्षमता में वृद्धि (Increase in Efficiency of Industrial Sector) - यह अनुभव किया गया कि प्रतिस्पर्घात्मक वातावरण के अभाव में औद्योगिक गतिविधियों में चुनौतीयों का नितान्त अभाव अनुभव किया गया। औद्योगिक क्षेत्र में अनेक वस्तुओं तथा सेवाओं की आपूर्ति में कतिपय औद्योगिक प्रतिष्ठानों, प्रमुखत: सरकारी प्रतिष्ठानों का एकाधिकार था। इस स्थिति में कार्यक्षमता में वृद्धि अथवा कार्यक्षमता में कमी का कोई विकल्प नहीं था।

स्वदेशी निजीकरण के वातावरण में औद्योगिक क्षेत्र में एकाधिकार की विचारधारा लोप हो चुकी है। अब किसी आर्थिक एवं औद्योगिक गतिविधि को संचालित करने के लिये सरकारी क्षेत्र के साथ साथ केवल निजी क्षेत्र ही नहीं वरन् विदेशों के औद्योगिक प्रतिष्ठान भी स्वतन्त्र है। अत: किसी आर्थिक एवं औद्योगिक गतिविधी का संचालन करने वाले उद्योगों को अपने अस्तित्व के लिये संघर्ष करना पड़ेगा। इस संघर्ष में विजय केवल कार्यक्षमता में वृद्धि द्वारा ही संभव है। अत: स्वदेश निजीकरण के सम्बन्ध में यह तर्क प्रस्तुत किया जाता है कि इससे राष्ट्रीय अर्थव्यवस्थाओं के वातावरण में एक ऐसी व्यवस्था का विकास होगा जो अत्यन्त ही कार्यकुशल सिद्ध हो सके।

(4) अर्थव्यवस्था का आधुनिकीकरण (Modernisation of Economy) - विश्व के अन्य अनेक देशों में विदेशी पूँजी, विदेशी तकनीक तथा बहुराष्ट्रीय निगमों के स्वतन्त्र प्रवेश पर अनेक प्रकार के प्रतिबन्ध लगे हुये थे। इस स्थिति में किसी राष्ट्र के उद्योग धन्धे उन तकनीकों का प्रयोग करने से वंचित रह जाते थे। जिनका अविष्कार विश्व स्तर पर हुआ है तथा जिनका प्रयोग कर उत्पादन वृद्धि के क्षेत्र में सफलता प्राप्त की गयी है।

विश्व अर्थव्यस्था के वैश्वीकरण के युग में विदेशी पूँजी, विदेशी तकनीक तथा विदेशी उद्योग अपने देश की भौगोलिक सीमाओं से बाहर निकलकर जहाँ भी इनकी आवश्यकता अनुभव की जा रही है अथवा जहाँ भी पहुँचने की आवश्यकता इनके स्वयं द्वारा अनुभव की जाती है, उन भौगोलिक सीमाओं में इनका बेरोकटोक प्रवेश हो रहा है। इससे सम्पूर्ण विश्व की प्रत्येक अर्थव्यवस्था के लिये विश्व में किसी भी स्थान पर विकसित हुई आधुनिक तकनीक का प्रयोग किया जाना संभव हो सका है। नि:सन्देह अत्यन्त आधुनिक तकनीक का प्रयोग तथा पुरानी तकनीकों के त्याग से उत्पादन क्षेत्र में सम्पन्नता आयेगी जिससे सम्पूर्ण अर्थव्यस्था में विकास का वातावरण प्रोत्साहित होगा।

(5) उत्पादन एवं उत्पादकता में वृद्धि (Increase in Production and Productivity) - आर्थिक गतिविधियों के खुलेपन से अर्थव्यवस्था के किसी क्षेत्र में अब किन्ही विशिष्ट साधनों अथवा किसी विशिष्ट स्थान से साधनों की प्राप्ति अथवा किसी विशिष्ट स्थान पर उत्पादन का विक्रय अथवा किसी विशिष्ट वर्ग को उत्पादन का विक्रय अथवा उत्पादन को उसकी उत्पादन लागत से कम मूल्य पर विक्रय आदि समस्त प्रतिबन्धों से मुक्ति प्राप्त हो चुकी है। अत: वैश्वीकरण से एक ऐसे औद्योगिक वातावरण का विकास हुआ है जिसमें उत्पादन एवं उत्पादकता वृद्धि सर्वोपरी है। अर्थव्यवस्था उत्पादन एवं उत्पादकता वृद्धि हेतु किसी प्रकार का निर्णय लेने हेतु पूर्णतया स्वतन्त्र है। नि:सन्देह यह सकारात्मक परिस्थितियाँ अर्थव्यवस्था के लिये लाभकारी सिद्ध होगी। अत: वैश्वीकरण को अपनाया जाना एक उपयुक्त कदम है।

स्वदेशी निजीकरण की हानियाँ (Disadvantages of Domestic Privatisation)

स्वदेशी निजीकरण की उपयुक्त वर्णित लाभों के अध्ययन से इस निष्कर्ष पर पहुँचना उपयुक्त नहीं होगा कि स्वदेशी निजीकरण की कोई भी हानि अथवा बुराई नहीं है। वस्तुत: विकासशील एवं अर्द्ध-विकसित राष्ट्रों की अर्थव्यवस्थाओं के समक्ष यह एक अत्यन्त महत्वपूर्ण प्रश्नवाचक है कि स्वदेशी निजीकरण अर्थव्यवस्था को किस दिशा में ले जाएगा? क्या स्वदेशी निजीकरण अर्द्धविकसित एवं विकासशील राष्ट्रों में गहराई से व्याप्त समस्याओं जैसे तीव्र गति से जनसंख्या वृद्धि, व्यापक बेरोजगारी एवं भुखमरी, आय की असमानताओं में निरन्तर वृद्धि आदि का कोई सन्तोषजनक समाधान प्रस्तुत करने में सक्षम होगी? यदि हाँ, तो वैश्वीकरण अनेक राष्ट्रों के लिये विनाशकारी सिद्ध होगा। स्वदेशी निजीकरण यद्यपि लाभकारी होतु हुए भी उचित नियमन एवं नियन्त्रण के अभाव में इससे निम्नलिखित हानियों की प्राप्ति संभव है:

(1) श्रमिक एवं कर्मचारियों के शोषण की संभावनाएँ (Fear of Exploitation of Workers) - अर्थव्यवस्था के वैश्वीकरण में एक कुशल एवं अत्यधिक आधुनिक अर्थव्यवस्था के विकास की अपेक्षा व्यक्त की गयी है। इसमें केवल कुशलता का बोलबाला रहेगा तथा अकुशलता का कोई भी स्थान नही होगा। अधिकांश उत्पादन कार्यों में अत्यधिक आधुनिकतम मशीनों का प्रयोग किया जाएगा। यह सभी गतिविधयाँ श्रमिकों की शक्ति को कमजोर करेगी। उन्हें रोजगार में बने रहने हेतु नियोजकों की मनमानी अथवा तानाशाही को सहन करना पड़ेगा। कुल मिलाकर एक ऐसा कार्य वातावरण उत्पन्न होगा जो पूर्णतया श्रमिकों तथा कर्मचारियों के शोषण से युक्त होगा।

(2) प्रतिस्पर्धा से हानि (Disadvantages from Competition) -यद्यपि प्रतिस्पर्धा की भावना एक आदर्श है, जिसे सभी द्वारा सहर्ष स्वीकार किया जाना चाहिए। किन्तु गलाकाट प्रतिस्पर्धा एक अभिशाप है जिसका सर्वत्र विरोध किया जाना चाहिए वैश्वीकरण की प्रक्रिया के अन्तर्गत प्रतिस्पर्धा में टिके रहने अथवा आगे बढ़ने की लालसा में गलाकाट प्रतिस्पर्द्धा के ही अधिक विकसित होने की सम्भावना है। इस प्रकार की प्रतिस्पर्धा से आर्थिक तथा सामाजिक जगत में सर्वत्र में शोषण, भ्रष्टाचार, अकुशलता तथा किसी भी तरीके का प्रयोग कर हर कीमत पर सब कुछ प्राप्त करने की प्रवृत्ति बलवती होगी। नि:सन्देह इससे घटिया मानव सम्पदा का विकास होगा। इस प्रकार का स्वदेशी निजीकरण किस क्षेत्र के लिए लाभकारी होगा। इसकी कल्पना भी नहीं की जा सकती।

(3) सरकार की आय में कमी (Reduction in Government Income) - यदि सरकार द्वारा कतिपय आर्थिक एवं सामाजिक गतिविधयों का संचालन किया जाता है तो इससे सरकार के एक सामाजिक उत्तरदायित्व को पूर्ति किये जाने के उद्देश्य की प्राप्ति तो होती ही है साथ ही सरकार को आय भी प्राप्त होती है। इस बात से प्रेरित होकर सरकार द्वारा स्वयं पहल करके अनेक ऐसी गतिविधियों का संचालन प्रारम्भ किया गया जिनसे सरकार को कुछ आय प्राप्त हो सके। नि:सन्देह इस प्रकार से प्राप्त आय प्राप्ति के अधिकांश भाग का प्रयोग सामाजिक कल्याण हेतु किया जाता था। अब चूकिं सरकार द्वारा आर्थिक गतिविधयों के संचालन में प्रवेश निषेध की बात की जाती है, अत: सरकार को आय के महत्वपूर्ण साधन प्राप्त करने से वंचित रहना पड़ेगा। इसके विपरीत निजी व्यक्तियों को आय की अधिक अवसर सुलभ होंगें जिसके परिणामस्वरूप धनिक तथा गरीब के मध्य अन्तर में और अधिक वृद्धि होगी। सामाजिक दृष्टि से यह एक अत्यन्त गम्भीर समस्या के रूप में उभरेगी जिसकी कल्पना अभी हम नहीं कर सक रहे है।

(4) कर चोरी एवं भ्रष्टाचार (Tax Evasion and Corruption) - स्वदेशी निजीकरण की उपस्थिति में अर्थव्यवस्था पर पूर्व में विद्यमान नियन्त्रणें, अधिनियम एवं उबाऊ सरकारी तंत्र का भार कम हो जाएगा। नि:सन्देह ऐसा होना अर्थव्यवस्था को स्वतंत्र वातावरण में कार्य करने का अवसर प्रदान करेगा, किन्तु नागरिकों का निम्न मनोबल इसका फायदा उठाकर अधिक से अधिक भ्रष्टाचारी गतिविधयों में लिप्त हो जायगा। किसी प्रकार की रोक टोक नहीं रहने के कारण कर चोरी इत्यादि समस्या में वृद्धि की सम्भावना से भी इन्कार नहीं किया जा सकता है।

(5) निजी क्षेत्र को अनुचित लाभ की सम्भावना (Positiblity of Undesirable Benefit to Private Sector) - स्वदेशी निजीकरण के अन्तर्गत इस बात की सम्भावना भी व्यक्त की जाती है कि जब सार्वजनिक क्षेत्र से निजी क्षेत्र को पनपाने की दिशा में बढ़ा जायेगा तो अनेक निजी उद्योगपति इससे अवांछीत रूप से लाभ प्राप्त कर सकते है। उदाहरण के लिये सरकारी उद्योगों में निवेश के विनिवेश का ही प्रश्न है, कुछ निजी उद्योगपति सरकार के साथ साठ गांठ करके जिन सरकारी उद्योगों में करोड़ों रूपयों की पूँजी विनियोजित है उन्हें औने पौने दामों पर क्रय हेतु प्रयत्नशील है। भारत में ऐसा सार्वजनिक क्षेत्र के प्रतिष्ठान बाल्कों के विनिवेश के सम्बन्ध में हो भी चुका है। इसका सार्वजनिक रूप से विरोध भी हुआ, किन्तु जिन लोगों द्वारा इसके विक्रय का निर्णय किया गया उनका सत्ता में पक्ष मजबूत होने के कारण इस विरोध का कोई सार्थक परिणाम नहीं निकला।

(6) भविष्य में उपभोक्ता शोषण की सम्भावना (Posibility of Consumer Exploitation) - नि:सन्देह वैश्वीकरण के प्रारम्भिक चरण में एकाधिकार रूपी विचारधारा का कोई अस्तित्व नहीं होगा। ऐसी स्थिति में उपभोक्ता उपभोग जगत में सम्राट बनकर राज करेगा। किन्तु ऐसी सम्भावना है कि अकुशलता के कारण यदि धीरे धीरे कुछ उद्योग धन्धे बन्द हो जाये तथा विद्यमान उद्योग धन्धे एकाधिकार की स्थिति में आ जाये तो भविष्य में उपभोक्ता के शोषण की सम्भावना है। इसके अतिरिक्त यह भी सम्भावना है कि कोई उद्योग कुशलता का उच्चतम स्तर प्राप्त करके ऐसी स्थिति में आ जाए कि वह अपना उत्पाद उपभोक्ता को किसी भी कीमत पर क्रय करने के लिये विवश कर सके। ऐसी स्थिति उपभोक्ता के लिये अत्यन्त विनाशकारी तथा दुखदायी सिद्ध होगी।

स्वदेशी निजीकरण के लाभ तथा हानियों का उपयुक्त वर्णित अध्ययन करने के पश्चात यह निष्कर्ष व्यक्त किया जा सकता है कि विश्व अर्थव्यवस्था के वैंश्वीकरण के वर्तमान परिपेक्ष्य मं राष्ट्रों की अर्थव्यवस्थाओं में जो बदलाव हो रहा है उसको ध्यान में रखते हुए स्वदेशी निजीकरण की अवधारणा का विशेष महत्व है। वर्तमान सार्वजनिक उपक्रमों की खस्ता हालत, इनके प्रति सरकार के दायित्वों में निरन्तर वृद्धि तथा विश्व अर्थव्यवस्था स्तर पर जिस प्रकार की व्यवस्था पनप रही है उसे दृष्टिगत रखते हुए स्वदेशी निजीकरण आर्थिक समस्याओं के निदान का महत्वपूर्ण उपकरण है। यह प्रक्रिया विश्व की समस्त राष्ट्रों की अर्थव्यवस्था में लागु हो चुकी है। वैश्वीकरण एक चुनौती है जिसका स्वैच्छिक अथवा विवशतावश सामना करने में ही समृद्धि निहित है। इस व्यवस्था के अन्तर्गत स्वदेशी की भावना का कोई स्थान नहीं है, यद्यपि अल्प विकसित तथा विकासशील राष्ट्रों की जो तत्कालीन समस्यायें हैं उनको ध्यान में रखते हुए इसका विशेष महत्व अवश्य है।

परिक्षापयोगी प्रश्न

1. निजीकरण तथा वैश्वीकरण का अर्थ समझाइये। इनका भारतीय अर्थव्यवस्था की कृषि क्षेत्र पर क्या प्रभाव पड़ा है।

   Discuss meaning of liberalisation and Globalisation. What are their impact on agriculture sector in India.

2. विदेशी निजीकरण तथा स्वदेशी निजीकरण के तुलनात्मक लाभ दोषों की संक्षेप में विवेचना कीजिये।

   Give a comperative study of foreign privatisation and domestic privatisation.

3. उदारीकरण का भारत की औद्योगिक विकास पर प्रभाव की संक्षेप में विवेचना कीजिये।

   Discuss the impact of liberalisation on Industrial Development of India.